Heide Göttner-Abendroth

Berggöttinnen der Alpen

Matriarchale Landschaftsmythologie in vier Alpenländern

Mit freundlicher Unterstützung der Abteilung Deutsche Kultur in der
Südtiroler Landesregierung über das Südtiroler Kulturinstitut, und der
Autonomen Region Trentino-Südtirol und der Stiftung Südtiroler Sparkasse.

Ebenso kam freundliche Unterstützung vom Fonds für Matriarchatsforschung im
„Förderverein der Akademie HAGIA e.V.", www.hagia.de
und von der „Gerda-Weiler-Stiftung für feministische Frauenforschung",
D-53894 Mechernich, www.gerda-weiler-stiftung.de

1. Auflage
© Edition Raetia, Bozen 2016

Lektorat: Joe Rabl
Korrektur: Ex Libris Genossenschaft, Bozen
Umschlaggestaltung: Arnold Dall'O
Druckvorstufe: Typoplus, Frangart

ISBN 978-88-7283-556-2

Unseren Gesamtkatalog finden Sie unter www.raetia.com
Bei Fragen und Anregungen wenden Sie sich bitte an info@raetia.com

Heide Göttner-Abendroth

Berggöttinnen der Alpen

Matriarchale Landschaftsmythologie
in vier Alpenländern

Dieses Buch ist Cécile Keller gewidmet.

Zusammen unternahmen wir auf landschaftsmythologischen Spuren viele Reisen und Wanderungen in der Schweiz und in anderen Alpenländern. Stets war es eine schöne und kreative Zusammenarbeit.

Mein Dank gebührt allen Unterstützerinnen dieses Buches:

In erster Linie den Frauen, die in den Fonds für Matriarchatsforschung im „Förderverein der Akademie HAGIA e. V." spendeten und damit erheblich zur Drucklegung dieses Buches beitrugen: www.hagia.de

dann der Gerda-Weiler-Stiftung für ihre freundschaftliche Unterstützung:
„Gerda-Weiler-Stiftung für feministische Frauenforschung"
D-53894 Mechernich, www.gerda-weiler-stiftung.de

Mein Dank geht auch an die Abteilung Deutsche Kultur in der Südtiroler Landesregierung über das Südtiroler Kulturinstitut, die Autonome Region Trentino-Südtirol und die Stiftung Südtiroler Sparkasse.

Ebenso danke ich Christina Schlatter, die mir oft und zuverlässig bei der Recherche von speziellem Material zur Seite stand und vieles anderes mehr.

Inhalt

Einführung in die matriarchale Landschaftsmythologie 9

Auf den Spuren von „Ötzis" Göttin
Zur Kulturepoche der Jungsteinzeit in den Ötztaler Alpen 27

Im Reich der Fanes-Königinnen
Mythische Berge in den Dolomiten in Italien 73

Die gebärende Berggöttin und ihr Tal
Der Landschaftstempel Oberhalbstein-Surses in der Ostschweiz ... 129

Das Salz des Lebens
An den Flüssen Saalach und Salzach bei Reichenhall und Hallein.. 185

Der Garten der Percht
Das Berchtesgadener Land in den deutschen Alpen 227

Die Bergkönigin und ihr Drache
Rigi und Pilatus am Vierwaldstättersee............................ 283

Vom Mutterhorn zur Jungfrau
Andere bedeutende Berggöttinnen der Alpen 323

    Das Mutterhorn
    Im Zermatter Tal im Wallis, Westschweiz..................... 323

    Die „Weiße Kuh"
    Das Lötschental im Wallis, Westschweiz 348

    Wo die Dreifaltige ragt ...
    Im Berner Oberland in der Zentralschweiz.................... 369

Anmerkungen... 388
Bildverzeichnis 408
Literaturliste 409
Die Autorin.. 414

Einführung in die matriarchale Landschaftsmythologie

Begriff und Grundzüge

Wenn in diesem Buch besondere Landschaften in den Alpen aus der Perspektive der matriarchalen Landschaftsmythologie betrachtet werden, so möchte ich zu Anfang erläutern, was „matriarchale Landschaftsmythologie" eigentlich heißt. Denn dies kann nicht als selbstverständlich vorausgesetzt werden.[1]

„Matriarchale Landschaftsmythologie" ist zugleich eine Theorie und eine Praxis, die sich gegenseitig bedingen. Ich begann praktisch schon sehr früh damit, als ich im Rahmen der *Internationalen Akademie HAGIA* ab 1987 fortlaufend Studienreisen in Länder durchführte, deren Landschaften reiche archäologische und kulturhistorische Denkmäler besitzen. Der Fokus lag dabei auf den frühesten Epochen der menschlichen Siedlungstätigkeit, nämlich der Jungsteinzeit und der nachfolgenden Bronzezeit. Zu den Fernreisen kamen viele Wanderreisen in den heimischen Gegenden Mitteleuropas von der Ostsee bis zu den Alpen hinzu, und in wiederholten, längeren Aufenthalten erschloss ich mir verschiedene Alpengebiete in Deutschland, Österreich, Italien und der Schweiz. Ein erstes Ergebnis dieser Forschungstätigkeit ist mein Buch *Matriarchale Landschaftsmythologie. Von der Ostsee bis Süddeutschland* (2014).[2] Dieses Buch hier ist sozusagen die „Zwillingsschwester" des ersten und enthält meine Forschungen aus den genannten Alpenländern.

Stets zeigte ich auf diesen Reisen den Teilnehmerinnen und Teilnehmern die prachtvollen oder bescheidenen Relikte aus der Jungstein- und Bronzezeit, die überall in Europa zu finden sind. Dabei wurden diejenigen Fragen beantwortet, die bei üblichen Kulturreisen offenbleiben. Die erste Frage war: Warum liegen solche Anlagen jeweils an einem bestimmten Platz in der Landschaft, das heißt, was fügt die umgebende Landschaft zur Anlage hinzu? Es ging also nicht nur um die Monumente, sondern auch um ihre Einbettung in den weiten, natürlichen Raum. Dies führte zu einer umfassenden Art des Sehens, das von dem zerstückelten Sehen völlig verschieden ist, das den modernen Menschen aufgezwungen wird, wenn sie in eine von Straßen, Schildern, Zäunen und Gebäuden zerschnittene Landschaft blicken.

Daraus ergab sich die zweite Frage: Wie haben die Menschen aus jenen sehr frühen Kulturepochen die Landschaft gelesen, um für ihr Monument den entsprechenden Platz zu finden? Dazu muss man tief in ihre Denkweise einsteigen, die sich in ihrer Mythologie und Symbolik zeigt; auf diese Weise kann man sich ihrem Blick auf die Landschaft annähern. Ihre Betrachtungsweise war in jedem Fall symbolisch, wobei die Symbolik aus ihrem matriarchalen Weltbild stammt. Die Kenntnis der matriarchalen Mythologie und Symbolik aus der Jungstein- und Bronzezeit, wie sie die moderne Matriarchatsforschung zur Verfügung gestellt hat, ist deshalb die Voraussetzung für diese Art von Forschung.[3] Nur so war es mir möglich, den Mitreisenden Bauwerk und Landschaft im Zusammenhang zu erschließen, wie es von den Erbauern gemeint gewesen sein könnte. In vielen Fällen standen auch Mythen und Sagen zur Verfügung, die sich genau auf diese Plätze beziehen und Fragmente des matriarchalen Weltbildes enthalten. Diese lokalen Mythen und Sagen erläuterte ich an Ort und Stelle. Alles zusammen ergab oft verblüffende Erkenntnisse und führte zu einer neuen Denk- und Sehweise, die Verborgenes und Verschüttetes hervorholen konnte.

Denn die Menschen der Jungsteinzeit, welche die ersten dauerhaften Siedler und Siedlerinnen auf der Erde waren, wandten sich den Landschaften nicht nur unter dem Aspekt des Nutzens zu. Sie errichteten ihre Orte und Kultplätze nicht nur da, wo sie Wasser und fruchtbares Land oder Bodenschätze wie Feuerstein und Salz fanden, sondern sie betrachteten die Erde als ein göttliches Wesen, als eine Urgöttin, worauf unser heutiger Ausdruck „Mutter Erde" noch hinweist. Grundsätzlich ist eine solche Betrachtensweise, die Erde als Göttin zu sehen, nicht patriarchal. Denn patriarchale Gesellschaften erfinden sich Götter, die in der Regel mit materieller und geistiger Eroberung zu tun haben, aber nicht mit Vorgängen der Lebensschöpfung und -erhaltung wie Gebären, Nähren und Schützen, die der Erde als Mutter von allem Lebendigen zugesprochen werden. Patriarchale Gesellschaften betrachten die Erde und ihre Landschaften unter dem Aspekt des strategischen und ökonomischen Nutzens und profanieren sie damit, während die matriarchale Sichtweise auf die Erde zugleich eine religiöse oder spirituelle Haltung der Verehrung enthält. Diese frühen Menschen wandten sich der Erde als der einen Urgöttin zu, dem Kosmos als der anderen Urgöttin, und versuchten, sowohl die eine wie die andere durch Beobachtung besser zu erkennen, ihre Erscheinungen tiefer zu verstehen und die eigenen kulturellen Schöpfungen nach ihrem Bild zu formen. Auch die früheste Himmelsbeobachtung (Astronomie) war deshalb nicht nur eine wissenschaftliche Technik, sondern zugleich eine religiöse oder spirituelle Handlung, das heißt: Erkennen und Verehren gingen Hand in Hand.

Weil die Erde jedoch eine große, nicht zu überschauende Göttin ist, nahmen die Menschen ihre begrenzten Erscheinungen wie einen Berg, ein Tal, einen See, einen Stein als Teil für das Ganze. Auf Berg und Tal konnten sie sich bewegen oder dort wohnen und alle diese Landschaftszüge gleichzeitig verehren. Bevorzugt wurden dabei Teile der Erde mit ausgeprägt weiblichen Zügen, eben mit Formen, die symbolisch als weiblich gelesen werden konnten. Hier zeigte sich die Erde für die Menschen sinnfällig als Große Frau und Mutter – wie beispielsweise ein Tal in Form eines weiblichen Schoßes; zwei gleichförmige Berge wie Brüste; eine Bergkette in Gestalt einer liegenden Frau; eine halbkreisförmige Schlucht, in der eine Quelle wie ein Schoßwasser entspringt; ein mächtiger Findlingsstein wie ein Nabel oder ein vulva-artiger Quellstein in der Landschaft. Solche Beispiele stammen nicht nur aus Europa, sondern lassen sich weltweit auffinden, was beweist, dass diese Sichtweise auf die Erde einst allgemein war. Trotz der Vielfalt dieser Erscheinungen wussten die Menschen, dass es sich nur um Eine Göttin handelt, denn die Erde wurde die „Eine mit den tausend Gesichtern" genannt. Es gibt nur Eine Erde, aber Tausende verschiedener Landschaften auf ihr, von denen die ausgeprägt weiblichen als heilig galten. Dieses Heilige wurde nicht scheu gemieden, sondern im Gegenteil bevorzugten es die Menschen, hier zu wohnen, mitten im „Schoß der Landschaft" oder „am Busen der Natur". An diesen Wohnplätzen, die zugleich Kultplätze waren, fühlten sie sich am meisten geborgen und mütterlich beschützt.

Da die Menschen der frühesten Ackerbaukulturen sich als Erste dauerhaft niederließen, waren sie auch die Ersten, die solche Landschaften symbolisch betrachteten und nachformten. In den altsteinzeitlichen Kulturepochen vorher wurde Landschaft nicht nachgeformt, sondern die Menschen wanderten in ihr umher und zogen hindurch. Doch nun wurde eine Landschaft, die mit Berg, Hügeln oder Schlucht in irgendeiner Form die Weiblichkeit der Göttin Erde manifestierte, zur konkreten Landschaftsgöttin mit einem konkreten Namen. Die frühesten Siedler und Siedlerinnen richteten ihre Häuser und besonders ihre Kultbauten nach ihr aus und betonten dabei einen bestimmten, weiblichen Zug der Erdgöttin, der ihnen am jeweiligen Ort auffiel. Die Nachformung der Landschaft konnte dabei vieles einschließen, nicht nur Architektur in Holz und Stein, sondern auch die Anlage von Hügeln und symbolischen Erdwällen, die Pflanzung von Bäumen, ebenso die Verbindung von mehreren Wohn-Kultplätzen untereinander, was zum Entwerfen von großräumigen Symbolbildern in der Landschaft führte.

Dafür waren die Sichtlinien von einem Ort zum anderen außerordentlich wichtig. Sichtlinien wurden mithilfe der megalithischen Kalenderanlagen, wie Steinkreise und Steinreihen, nach den kardinalen Himmelsrichtungen bestimmt: die Ost-West-Linie und Nord-Süd-Linie, ebenso die Himmelsrichtungen dazwischen: die Nordost-Südwest-Linie und die Südost-Nordwest-Linie. Diese Richtungen waren nicht nur für die Orientierung, sondern auch mythologisch bedeutungsvoll. Wenn von einem bestimmten Standpunkt aus gesehen Hügel oder Bergspitzen am Horizont genau in ihnen lagen und Orientierungspunkte in der Landschaft boten, wurden diese Himmelsrichtungen auf die Erde projiziert. So entstand ein erstes Ordnungssystem in der jeweiligen Landschaft. Die Hügel entlang der Sichtlinien wurden dann mit Kultplätzen besetzt, und man blickte von jedem Kulthügel direkt zum nächsten. Auf diese Weise wurden die Sichtlinien zu sakralen Kultlinien, denn sie führten schnurgerade von einem Kultplatz zum anderen. Dieses erste Ordnungssystem war zugleich ein Kommunikationssystem, wobei die weiträumige Fernkommunikation mithilfe von Feuern von Hügel zu Hügel hergestellt wurde. Es wurde in der Jungsteinzeit geschaffen, denn die Menschen fanden die Landschaft noch unverstellt und offen vor. In der späteren Kulturepoche der Bronzezeit führten es die Menschen weiter, weil diese Methode, sich über weite Distanzen zu verständigen, ebenso einfach wie wirksam war. Die Telekommunikation galt neben anderem besonders der Ankündigung der großen, heiligen Feste im Jahreszeitenkreis, die vom ganzen Volk gefeiert wurden. Überreste davon finden wir heute noch in dem Brauch von Höhenfeuern, die man in manchen Gegenden in Bayern und in den Alpenländern am Vorabend vor Festtagen anzündet, wie zum Beispiel das Osterfeuer und das Walpurgisfeuer im Frühling, das Sommersonnwendfeuer im Juni und das Martinsfeuer im November.

Die jungsteinzeitlichen Wege folgten ebenfalls den Sicht- und Kultlinien, womit sie die kürzesten, weil schnurgeraden Verbindungen von einem Platz zum anderen darstellten. Auf diese Weise entstanden die frühesten Fernwege über Land, die zusätzlich zu den weiträumigen Wasserwegen auf den Flüssen für den Fernhandel genutzt wurden. Zugleich waren sie Pilgerwege, denn sie führten ja von einem Heiligtum zum nächsten. Man kann dies nicht trennen, denn in diesen frühen Kulturen wurden das Profane und das Sakrale zusammen gesehen, das heißt, Alltagsgegenstände hatten zugleich symbolischen und Alltagshandlungen zugleich rituellen Charakter.

Dieses Ensemble von natürlichen Landschaftsformen, menschlichen Bauwerken, die deren symbolische Bedeutung betonten, und Sichtlinien, die zugleich Kultlinien und Fernwege waren, macht das landschaftsmythologische Gefüge aus, das von den frühesten sesshaften Kulturen geschaffen wurde. Es ist eine Kunst, eine Landschaft so zu sehen und zu formen; wir können sie die Kunst nennen, menschliche Kultur im Einklang mit den Landschaften der Erde zu schaffen. Die Landschaft wurde dabei verehrt, denn zusätzlich zu allen praktischen Vorteilen war diese Kunst zugleich mit religiösen oder spirituellen Handlungen verbunden.

Die matriarchale Jungsteinzeit und der Weg der Symbolik

In der kulturhistorisch ausgerichteten modernen Matriarchatsforschung wurden die matriarchalen Züge der jungsteinzeitlichen Gesellschaft wiederentdeckt und benannt: das Leben in großen Clanhäusern, in denen die Menschen, die in Mutterlinie verwandt sind, zusammenwohnen. Die großen Megalithgräber sind ihrerseits Clangräber und Tempel für die Ahninnen und Ahnen. Die Gesellschaftsordnung zeigt sich als grundsätzlich egalitär; sie ist um die Ahnfrauen und Mütter zentriert.[4]

Die umfangreiche, ethnologisch ausgerichtete moderne Matriarchatsforschung hat die Kriterien für die matriarchale Gesellschaftsform weitergeführt und detailliert ausgearbeitet, und zwar anhand von heute noch existierenden, indigenen matriarchalen Gesellschaften auf verschiedenen Kontinenten. Sie hat gezeigt, dass die Mütter im Zentrum ihrer Clans nicht „herrschen", sondern ihre Gemeinschaften durch ein Netz von Räten nach den Prinzipien von Balance und Konsens führen. Das Weltbild ist geprägt von der Auffassung, dass die Welt selbst göttlich ist, sodass die Naturkräfte in Gestalt von Gottheiten verehrt werden. Leben und Tod werden als sich zyklisch abwechselnd gesehen, sodass es keinen ewigen Tod gibt, sondern die Fortdauer des Lebens durch Wiedergeburt. Diese Kriterien wurden an vielen Beispielen ausdrücklich formuliert und damit eine neue Definition von Matriarchat gegeben, die im Gegensatz zu dem alten, leeren Klischee von der „Frauenherrschaft" steht.[5]

Bei unserer Aufgabe hier ist immer wieder die Frage zu beantworten, wie sich matriarchale Symbolik trotz der sich verändernden gesellschaftlichen Verhältnisse bis in die patriarchalen Jahrtausende hinein erhalten konnte. In der Jungsteinzeit entwickelt, wurde sie auch in der Bronzezeit mit ihren spätmatriarchalen Mustern weitergeführt, sie wurde in dieser

Epoche sogar deutlich differenziert und bereichert. Doch auch in der frühpatriarchalen Epoche erlosch sie nicht, obwohl die diversen frühpatriarchalen Reiche rasch entstanden und ebenso rasch wieder zerfielen, auf Kosten der unterjochten Bevölkerung. Aus vielen alten Kultplätzen wurden nun von den Kelten sogenannte „Keltenschanzen" gemacht, strategische Plätze, die deswegen militärisch so günstig lagen, weil sie sich in einem Netz von Sichtlinien befanden. Als auf die Kelten die frühpatriarchalen Germanen folgten, wurden daraus dann germanische strategische Plätze. Doch zahlreiche Plätze blieben noch Kultorte, wobei die frühere Kultstätte der Göttin zum Platz eines Keltengottes oder germanischen Kriegsgottes umfunktioniert wurde. Aber auch das geschah nicht überall, denn viele Stätten der matriarchalen Göttinnen blieben erhalten, auch wenn sie nun den obersten patriarchalen Vater- und Kriegsgöttern untergeordnet wurden. Diese Göttinnen wurden jetzt mit keltischen, dann germanischen Namen benannt, obwohl sie weder „keltische" noch „germanische" Göttinnen waren. Außerdem behielt die bäuerliche Bevölkerung viele Gedanken aus der matriarchalen Weltanschauung bei. Denn noch immer hatte sie mit Mutter Erde zu tun und hing von deren Wohlwollen ab, ebenso davon, welches Wetter oder Unwetter der Himmel ihnen sandte. In den südlichen Teilen Mitteleuropas, besonders in den Alpen und entlang der großen Flüsse, wurde schließlich die römische Kulturschicht darüber gestülpt. Hier erhielten die keltisierten Göttinnen römische Namen, und eine keltisch-römische Mischkultur entstand. Die römischen Kastelle, die Kasernen des neuen Imperiums, wurden wiederum auf die „strategisch günstigen" Kultplätze gesetzt. Auf die schnurgeraden Kultlinien, die uralten Wege, baute man nun die schnurgeraden Römerstraßen, die jetzt nicht friedliche Händler-Pilger, sondern marschierende Soldaten auf dem schnellsten Weg zum Ziel brachten. Dennoch verraten diese fortgesetzten Überbauungen noch immer, welche Strukturen zuvor in der Landschaft bestanden haben.

Im Mittelalter fuhren die Herrscher mit der Überbauung fort, denn ihre Zwingburgen, heute meist zu Ruinen zerfallen, stehen größtenteils auf alten Kultplätzen jungsteinzeitlich-bronzezeitlicher Herkunft und gewähren den berühmten „strategischen" Weitblick. Was an Kultstätten noch übrig war, obwohl schon keltisiert, romanisiert oder germanisiert, wurde bewusst mit christlichen Kapellen, Kirchen und Klöstern besetzt. Denn nun wurden alle vorhergegangenen Kulturen unterschiedslos unters „Heidentum" subsumiert, dessen Stätten verschwinden sollten. Die früheren Gottheiten wurden verteufelt und systematisch ausgemerzt, was insbesondere für die Göttinnen galt – dies brachte einen scharfen, weltanschaulichen Bruch und den Verlust von langen Epochen der Geschichte mit sich. Wo es möglich war, wurden manche der alten Göttinnen und Götter zu „Heiligen" umfunktioniert und mit Märtyrer-Legenden ausgestattet, und im Hochmittelalter war es dann die christliche Maria, welche die Göttinnen ersetzen und jede Erinnerung an sie tilgen sollte.

Aber das einfache, beharrlich an alten Symbolen und Bräuchen festhaltende Volk las keine Schrift und keine Legenden, sondern orientierte sich an Bildern. Das zwang die jahrhundertelang tätigen Missionare, ihre neuen weiblichen Heiligen und insbesondere die christliche Madonna in den uralten, matriarchalen Bildern von Göttinnen erscheinen zu lassen und sie mit deren Symbolik zu schmücken. Auf diese Weise sollte das der Schrift unkundige Volk endlich begreifen, dass nun die neuen christlichen Frauen all das vermochten, was früher die Göttinnen taten – allerdings ihrem „Herrn Gott" untergeordnet und ihm dienend ergeben.

Auf diese Weise lebte die matriarchale Symbolik in genauer Übertragung, aber durch die neue Interpretation ins Gegenteil verkehrt, noch immer weiter, bis ins 17. Jh. Das Volk las die Symbolik jedoch weiterhin naiv auf die alte Weise und verstand die neue Interpretation meist nicht. So wurde die umfunktionierte, matriarchale Symbolik noch immer getreu, wenn auch in anderer Absicht, weitergegeben. Sie reichte bis zu den barocken Kirchenmalern, die sich stereotyp an die Vorgaben zur Gestaltung der Bilder hielten, weil „Kunst" zu jener Zeit als detailgenaue Wiedergabe des Traditionellen verstanden wurde und nicht als subjektive Erfindung von Neuem. Deshalb sind die barocken Altarbilder und Figuren in Kirchen, die auf alten Kultplätzen stehen, außerordentlich vielsagend. In den späteren Zeiten bis heute macht sich dagegen der Verfall dieser Symbolik bemerkbar, denn nun gilt der individuelle Künstler mehr als das uralte Bild oder Symbol.

Damit ist der geschichtliche Weg angedeutet, auf dem die jungsteinzeitliche Göttinnen-Symbolik noch bis in unsere Gegenwart hinein fassbar wird. Wenn man ihre typischen Strukturen kennt, ebenso die typischen Veränderungen, denen sie zu den verschiedenen Zeiten ausgesetzt war, kann man ihre alten Muster wieder aufdecken. Sie gibt uns eine wertvolle Hilfe in die Hand, einen mehrfach überbauten Kultplatz und seine Bedeutung in der Landschaft wieder zu entziffern.[6]

Die Methodik der matriarchalen Landschaftsmythologie

Die matriarchale Landschaftsmythologie ist der matriarchalen Kunst der Landschaftsformung, wie ich sie oben angedeutet habe, auf der Spur und entdeckt sie wieder. Darin werden die Prinzipien dieser frühen Sichtweise erforscht, und diese dienen wiederum dazu, individuelle Landschaften in ihrem alten, heiligen Sinngehalt zu entschlüsseln. Dabei ist jede Landschaft ein individuelles Ganzes und wird als solches betrachtet, wobei die Forschenden sich der Sichtweise der jungsteinzeitlichen Menschen, die hier wohnten, anzunähern versuchen.

Die Methodik der matriarchalen Landschaftsmythologie, die ich hier kurz skizziere, hilft dabei. Ihre Tragfähigkeit zeigt sich schließlich an den in diesem Buch versammelten Beispielen, an denen man ihre Anwendung sehen kann.

Erste Methode: Begehen einer Landschaft

Die erste und elementare Methode ist, eine Landschaft zu erwandern. Sie immer wieder zu begehen ist die Voraussetzung für jede landschaftsmythologische Erkenntnis, denn auch die jungsteinzeitlichen Menschen gingen zu Fuß. Dabei braucht es einen offenen und weiten Blick und ein ebenso offenes Herz, um ihre Besonderheit und Weiblichkeit zu entdecken. Manchmal fallen einem spezielle Landschaftszüge wie „Schoßtäler" und „Busenberge" sofort auf, doch die Frage ist dann, worin diese eigentümlichen Formen eingebettet sind und was sie umgibt. Dieses Gehen und Schauen stimmt uns allmählich in eine Landschaft ein, was notwendig ist, um den symbolischen und ganzheitlichen Blick zu entwickeln, mit dem die Menschen der jungsteinzeitlichen Kulturepoche sie betrachtet haben. Dabei ändert sich unsere Sehweise allmählich, die an unzusammenhängende Einzelheiten gewöhnt ist und uns quasi „blind" für eine Landschaft macht. Dieses Gehen und Schauen geschieht schweigend und meditativ, ohne Ablenkung und meist allein, bis eine Landschaft selbst „zu sprechen" beginnt.

Dieser Prozess braucht viel Zeit. In der Regel erfasst man eine Landschaft keineswegs schon bei der ersten neugierigen Begehung, sondern es braucht zahlreiche Wiederholungen, bis sich die Zusammenhänge enthüllen. Oft vergehen sogar Jahre, in denen man immer wieder kommt, wandert und schaut und sich nach und nach in den verschiedenen Teilen einer Landschaft bewegt. Dabei werden stets neue Entdeckungen gemacht, und diese sind meist überraschend. So findet man

Steinchen für Steinchen des Mosaiks, bis es sich zu einen Ganzen zusammenfügt, das allmählich das symbolische Bild der Landschaft erscheinen lässt. Dabei bleibt die Herausforderung bestehen, die moderne Zerstückelung von Landschaft durch Gebäude, Straßen und sonstige technische Anlagen zu „übersehen".

Aus alledem geht hervor, dass man entweder in einer Landschaft wohnen muss, die man entdecken möchte, dort sozusagen „einheimisch" ist, oder dass man oft wiederkehren muss. In keinem Fall offenbart sich eine Landschaft dem flüchtigen, touristischen Betrachten, das nicht mehr wahrnimmt als die Postkarten-Schönheit eines besonderen Berges oder hübschen Tales. Dieses punktuelle Wahrnehmen bleibt völlig äußerlich und kann keinen Zusammenhang erkennen.

Zweite Methode: Entdecken „Heiliger Hügel" mit abgesenktem Horizont
Dem offenen Blick in die Landschaft fallen immer wieder Hügel auf, die frei stehend und von mittlerer Höhe sind. Sie sind in der Regel mit Kirchen, Kapellen, Klöstern, Burgen oder Schlössern besetzt, die ihren exponierten Charakter betonen. Sie ziehen beim Wandern oder Reisen durch die jeweilige Landschaft den Blick sofort an. Bei Kirchen und Kapellen dort oben fragt man sich, weshalb die Kirche nicht im Dorf geblieben ist, weil der Aufstieg für Gottesdienstbesucher keineswegs bequem sein dürfte. Bei Burgen und Schlössern denkt man eher an die „strategisch günstige" Lage. Denn wenn man dort hinaufsteigt, hat man in der Regel eine bemerkenswerte Aussicht, die nur durch die Kapelle, Kirche, Burg oder Ruine gestört wird. Die Sicht geht weit in die Landschaft, trotz der mäßigen Höhe des Hügels, und wird oft als touristisch „schöner Blick" angepriesen.

Die zweite Methode besteht darin, von einem solchen Hügel aus den Horizont zu prüfen. Die schöne Aussicht entsteht nämlich dadurch, dass der Horizont – obwohl nicht am Meer, sondern im Hügel- oder Bergland – sich scheinbar absenkt und nahezu eben wirkt. Dieser „abgesenkte Horizont" kommt nur bei besonderen Hügeln in unebener Landschaft vor, und das ist jedes Mal erstaunlich. Der Blick kann in einem mehr oder weniger weiten Winkel über die Landschaft schweifen, manchmal sogar ringsum, weil er durch Hügelkuppen und Bergspitzen, die sich scheinbar ducken, nicht behindert wird. Der weite Winkel reicht meistens von Ost nach Süd nach West, zumindest aber von Ost nach Süd oder von Süd nach West. Der Norden ist nicht einbezogen, dort kann sich ein Hügel oder Berg erheben. Es sind genau jene Himmelsrichtungen, durch die alle Gestirne ihren Weg ziehen, denn die Wahl dieser besonderen Hügel mit dem abgesenkten Horizont galt der astronomischen Beobachtung. Es sind uralte „Heilige Hügel", die den jungsteinzeitlichen Menschen zur Bestimmung ihres Kalenders dienten, denn nur bei einem ebenen Horizont kann man die zeitlich genauen Auf- und Untergänge der Gestirne beobachten. Deshalb besaßen diese Heiligen Hügel in jener frühen Epoche Steinsetzungen als aufrechte Peilsteine, mit deren Hilfe die exakten Gestirnsbewegungen gemessen werden konnten. Solche Steinsetzungen der Megalithkultur, wie Steinkreise, stehende Steine (Menhire) und Großsteingräber (Dolmen), sind überall in Mitteleuropa noch heute erhalten. Jede dieser Steinsetzungen war zugleich ein Heiligtum. Später wurden solche „heidnischen" Tempel von den christlichen Missionaren rücksichtslos zerstört, indem sie Kirchen und Kapellen auf diese Hügel setzten. Ebenso gern wurden die Plätze wegen des „strategisch günstigen" Blicks von späteren Burg- und Schlossherren benutzt, weil sie keinen anderen Blick mehr kannten.

Dritte Methode: Prüfen von Sichtlinien gemäß der Archäo-Astronomie
Hat man einen solchen jungsteinzeitlichen Heiligen Hügel entdeckt – was nicht allzu schwierig ist, denn es gibt sie häufig –, dann ist die dritte Methode, sich mit den Sichtlinien zu befassen. Das Land liegt bis zum Horizont den Betrachtenden zu Füßen und bietet sich dieser Nachprüfung offen dar. Nicht jede Sichtlinie ist allerdings eine besondere, es geht hier um die astronomisch wichtigen Linien: die Ost-West-Linie, die Süd-Nord-Linie, die Nordost-Südwest-Linie und die Südost-Nordwest-Linie. Sie lassen sich leicht durch einen Kompass herausfinden. Diese Linien dienten den jungsteinzeitlichen Menschen zur Bestimmung ihres Kalenders, denn es sind die Himmelsrichtungen der Auf- und Untergänge der Sonne zu Beginn der vier Jahreszeiten. Sie hatten außer ihrer praktischen Bedeutung auch eine mythologische, die für die symbolische Entzifferung der Landschaft von größtem Interesse ist. Beispielsweise galt der Osten als die Himmelsrichtung des Lichts und des Lebens, denn dort gehen die Gestirne auf, und der Westen als die der Dunkelheit und des Todes, denn dort gehen sie unter.

Außer den einfachen Sonnenbewegungen haben die frühesten Astronominnen und Kalenderbauer mithilfe von komplexen Anlagen auch die Bewegungen des Mondes studiert und in Mondlinien festgehalten, deren Winkel ebenfalls Sichtlinien ergeben. Alle anderen sonstigen Linien, die nicht mit den Himmelsrichtungen von Sonnenlinien oder

Mondlinien (Kalenderlinien) übereinstimmen, sind ohne Bedeutung und keine relevanten Sichtlinien im hier genannten Sinn. Das heißt, die jungsteinzeitlichen Menschen blickten nicht irgendwie flüchtig und wirr in die Landschaft, sondern betrachteten sie sehr strukturiert. Auch diese Sehweise können wir wieder einüben.

Vierte Methode: Prüfen von Kultlinien und Kultwegen

Hat man eine exakte astronomische Sichtlinie von einem Heiligen Hügel aus gefunden, so ist es interessant nachzuprüfen, ob genau auf dieser Linie weitere Hügel mit Kirchen, Kapellen, Burgen usw. liegen. Das ist meist der Fall, und man sieht dann diese Bauten sich wie an einer Schnur auf dieser exakt geraden Linie aufreihen. Eine solche Entdeckung ist spannend, denn nun hat man eine Kultlinie gefunden. Das heißt, auf jedem dieser Hügel gab es in den frühen Kulturen eine Steinsetzung zur Gestirnsbeobachtung, und damit ist er ein Kultplatz, auf dem sich Menschen befanden. Auf diese Weise konnte die Fernkommunikation mithilfe von Feuer von einem Kultplatz zum nächsten großräumig durch die gesamte Landschaft erfolgen. Auf erhöhen Bergkämmen gibt es auch solche Plätze, von denen man sogar in zwei Landschaften schauen kann. Hier wurde die jungsteinzeitliche Telekommunikation über den Horizont hinweg in die benachbarte Landschaft weitergeführt.

Diese Kultplätze waren durch Wege verbunden. Lagen sie auf Hügeln entlang eines Flusses, so bewegten sich die Menschen auf diesem Wasserweg zu ihnen. Lagen sie hingegen auf Hügeln im Land, dann führten die frühesten Pfade schnurgerade durch die Landschaft von einem Kultplatz zum nächsten. Für diese ersten Wege über Land ist typisch, dass sie in ständigem Auf und Ab verlaufen, alle diese Hügel hinab und wieder hinauf. Die Hügel dienten dabei als Orientierungspunkte und, wenn man oben angekommen war, als Rastplätze. Außerdem verliefen die Wege, wenn möglich, auf Höhenrücken und nicht durch Täler. Die Niederungen von Bächen und Flüssen wurden gemieden, weil sie im Frühling bei der Schneeschmelze gefährlich anschwollen; ebenso unwegsam waren Täler und Senken, die häufig Sümpfe bildeten. Zudem ist der Weg den Höhenrücken entlang der kürzeste. Auf diese Weise entstanden die frühesten Handelswege über Land, die zugleich Pilgerwege von einer heiligen Stätte zur nächsten waren.

Fünfte Methode: archäologische Analyse
Ist man mit den Entdeckungen in der Landschaft so weit fortgeschritten, gilt es nun, sie durch mehrere interdisziplinäre Analysen zu untermauern, um zufällige Übereinstimmungen auszuschließen. Eine grundsätzliche Analyse ist die archäologische, die darüber Auskunft gibt, ob in dieser Landschaft überhaupt Relikte aus der Jungsteinzeit vorkommen. Man kann die schönsten „Busenberge" und „Schoßtäler" gefunden haben, was jedoch nichts nützt, wenn keine archäologischen Funde bestätigen, dass es dort jungsteinzeitliche Wege und Siedlungen gegeben hat. Sind dort aber keine frühen Menschen mit ihrem symbolischen Blick auf die Landschaft gewesen, dann hat unser eigener symbolischer Blick keine Grundlage. Allein die Archäologie liefert den Boden, ob wir mit der landschaftsmythologischen Betrachtungsweise in bestimmten Landschaften fortfahren können oder sie aufgeben müssen.

Dabei ist jedoch zu bedenken, dass es in manchen Gegenden, die heute als „Provinz" gelten, um die Archäologie oft schlecht bestellt ist. Sei es, dass für die Provinzen zu wenig finanzielle Mittel für archäologische Forschung bereitgestellt werden oder dass kein Interesse an der Jungsteinzeit besteht – man erforscht dort lieber die patriarchalen Römer, höchstens noch die kriegerischen Kelten, oder es gibt grundsätzlich ideologische Hindernisse, eine Kulturepoche zu erforschen, in der Göttinnen vorkamen. Hier stehen die Kirchenherren den Archäologen oft im Wege, weil für sie Kulturgeschichte definitiv mit dem Bau ihrer ersten Klöster beginnt. Oder die Bauern behindern die Archäologen, weil sie nicht wollen, dass bei Funden die Wissenschaftler in ihren Äckern zu graben beginnen; deshalb lassen sie die Funde lieber verschwinden. Daher ist, was die Archäologie betrifft, die menschliche Situation in dieser Wissenschaft und um sie herum ebenfalls relevant.

Für konkrete Landschaften sind dabei nicht die großen Werke berühmter Archäologen wichtig, sondern eher die kleinen Schriften lokaler Archäologen und rühriger Heimatforscher. Was sie zu ihrer heimischen Landschaft zu sagen haben, ist von größter Bedeutung, denn sie benennen die genauen Orte und Plätze.

Sechste Methode: linguistische Analyse
Sehr aufschlussreich sind Landschaftsnamen, seien es die Namen von Bergen, Hügeln, Seen, Flüssen, Tälern oder von Orten, Dörfern und Städten. Auch Flurnamen, das heißt, Bezeichnungen von Plätzen und Flurstücken sind wichtig, die volkstümlich bekannt sind oder vom ent-

sprechenden Amt erfragt werden können. Die Namen von landschaftlichen Besonderheiten sind oft sehr alt, weil die Tradition an ihnen festhält, selbst wenn der Name nicht mehr verstanden wird. Manchmal gehen sie sprachgeschichtlich bis zu vor-indoeuropäischen Wurzeln zurück, und damit gelangen wir in die jungsteinzeit-bronzezeitliche Kulturschicht, die Jahrtausende vor den Indoeuropäern war. Durch Sprachforscher ist die Bedeutung von häufig vorkommenden vor-indoeuropäischen Wörtern erschlossen worden. Das ist sehr hilfreich, um die Sichtweise der vor-indoeuropäischen Bevölkerung auf eine Landschaft herauszufinden, insbesondere was deren Weiblichkeit und Göttlichkeit betrifft.

Ebenso aufschlussreich ist, dass manche auffallende Landschaftszüge während der verschiedenen kulturellen Überschichtungen immer wieder neu benannt wurden, jedoch im alten Sinne. Das ist dann der Fall, wenn in Bergen oder Flüssen eine Landschaftsgöttin gesehen wurde, welche die späteren Kulturen übernahmen. Ihr ältester Name wird dann zuerst keltisiert, dann romanisiert oder germanisiert, ein Vorgang, der auch in den Mythen zu beobachten ist.

Bei Orten, Dörfern und Städten kann man an bestimmten Eigenheiten, wie zum Beispiel Anfangs- oder Endsilben, ablesen, welches Volk sie gegründet hat, wobei auch hier die interessantesten jene sind, deren Namen ebenfalls auf die vor-indoeuropäischen Kulturen zurückgehen. Flurnamen oder Namen von alten Heiligen Hügeln können sehr symbolisch sein, wie die vielen lokalen Bezeichnungen mit dem Wort „Frau" zeigen, zum Beispiel „Frauenberg", „Frauenholz", „Frauenau", „Frauendorf", „Frauenbrunnen". Keineswegs ist damit immer die christliche Maria gemeint, die als „Unsere liebe Frau" tituliert wird, denn dieser Titel bezog sich früher auf Göttinnen.

Siebte Methode: Kirchenforschung

Mit den Kirchen und Kapellen auf den alten Heiligen Hügeln wurde die christliche Symbolik auf viel ältere symbolische Vorstellungen daraufgesetzt. Wenn man frühere Kultstätten nicht zerstört hat, so wurden sie umfunktioniert, was insbesondere dann geschah, wenn die Verehrung der Bevölkerung an dem alten heiligen Platz festhielt. Das missionarische Prinzip, das dabei zur Anwendung kam, war, die vorchristliche Symbolik unmittelbar auf christliche Gestalten zu übertragen, doch den Sinn zu verdrehen, sodass die Bevölkerung quasi dasselbe, aber im christlichen Gewand vorfand. Da die einfachen Leute Bilder statt Schrift lasen, verstanden sie, dass alle Kräfte, die sie zuvor hier verehrt hatten, nun von christlichen Gestalten verkörpert wurden – falls sie das akzeptierten. Deshalb ist die Ikonografie in den Kirchen, das heißt die Bildlichkeit von Gemälden und Skulpturen mit ihrer offenen oder versteckten Symbolik, weitaus wichtiger als die christlichen Legenden dazu, die mit den Bildern häufig nicht übereinstimmen. Diese traditionelle Symbolik transportiert noch immer die vorchristlichen Bedeutungen.

Besonders auffällig sind in diesem Zusammenhang Marien-Wallfahrtskirchen. Sie befinden sich auf sehr wichtigen alten Kultplätzen der Göttin, was man anhand ihrer besonderen Lage leicht erkennt. War diese beispielsweise eine Himmelsgöttin, so erscheint Maria nun als Himmelsfrau; war die Göttin erdhaft und mütterlich, so findet sich die Betonung auf Maria in ihrer Mutterrolle; handelte es sich um eine Göttin der Unterwelt, so finden wir Maria als Alte Frau oder sogar als Schwarze Madonna wieder. Diese kurze Bemerkung mag zeigen, wie direkt die christliche Übernahme war, weshalb sie uns wirksame Hilfen bietet, den alten Sinngehalt des Kultplatzes aufzudecken. Um Kirchenforschung in diesem Sinne zu betreiben, muss man die christliche Symbolik ebenso gut kennen wie die hinter ihr stehende, matriarchale Symbolik. Erst vor dem Hintergrund der Letzteren wird durchsichtig, was mit der viel späteren christlichen Symbolik verdeckt werden soll.

Es ist dabei wesentlich, zugleich die Landschaft um den Kirchplatz zu studieren, denn eine Himmelsgöttin wurde an anderen Stellen verehrt als eine Muttergöttin oder Göttin der Unterwelt. Göttinnen waren im matriarchalen Denken keine abstrakten, transzendenten Wesen, sondern stets auf die konkreten Erscheinungen der Erde und des Himmels bezogen; sie waren Landschaftsgöttinnen und sagen deshalb außerordentlich viel über den symbolischen Sinn einer Landschaft aus.

Außerdem ist die Landschaftsgöttin als Berg, Hügel oder Fluss immer noch existent und nicht zu übersehen. Dies zwang die Missionare zu drastischen Aussagen in christlichen Legenden und Ikonografie, bis hin zur Dämonisierung der Landschaft, um den Blick der Menschen ausschließlich ins Innere der Kirchen zu lenken, sie sozusagen „blind" für die umgebende Landschaft zu machen. Deshalb findet man häufig Namen mit „Teufel" oder „Hexen" für bestimmte Landschaftszüge, zum Beispiel „Teufelshörner", „Teufelskopf", „Hexenküche", „Hexentanzplatz" usw. Sie weisen gerade durch die spätere Dämonisierung darauf hin, dass diese Plätze vorher bedeutend waren und positiv verstanden wurden. Dämonisierte Landschaftszüge kehren manchmal auch als Teufels- oder Drachengestalten in den Kirchen wieder. In diesem Sinne sind Kirchen und Kapellen auf alten Heiligen Hügeln sehr aussagekräftig, wenn auch nicht im christlichen Sinne. Denn sie bewahren an diesen Plätzen eine sakrale Kultkontinuität, wenn auch keine Kontinuität der Kulturen.

Viel schlechter steht es um die Heiligen Hügel, die mit Burgen oder Schlössern besetzt wurden, denn die sakrale Symbolik verschwand unter den dicken, profanen Mauern, selbst wenn diese noch nicht zur Ruine zerfallen sind. Doch zum Glück knüpfen sich oft Sagen an Burgen, die uns weiteren Aufschluss geben können.

Achte Methode: Sagen- und Mythenforschung
Sagen- und Mythenforschung ist einer der wichtigsten Bereiche, um die Symbolik von Landschaften zu erkennen – nicht umsonst heißt es „Landschaftsmythologie". Es geht dabei um die Erschließung des Weltbildes der frühen Kulturen, sozusagen um „geistige Archäologie". Das ist jedoch nicht möglich in der Art und Weise, wie mit authentischen Sagen und Mythen noch heute umgegangen wird. Sie werden nicht unterschieden von Fabeln, Schwänken oder literarischen Erfindungen der Romantik, sondern wie diese als skurrile Fantasie-Gebilde abgetan. Dabei glauben die verschiedenen geistigen Strömungen, ihre neuzeitlichen Ansichten hineinlesen zu dürfen, wofür die grassierende psychologische Interpretation ein typisches Beispiel ist.

Gegen solche Vereinnahmung sperren sich jedoch nicht nur ihre spröden Inhalte und seltsam fremden Motive, sondern ebenfalls ihre immer wiederkehrende Struktur und die gleichbleibenden Handlungsabläufe.[7] Solche Übereinstimmungen kann sich keine „Volksfantasie" in den verschiedensten Gegenden Europas ausgedacht haben, sondern dahinter stehen weitreichende, sozialhistorische Vorgänge, die im Sagenkern in knappster Form enthalten sind. Diese Sagenkerne funktionierten wie eine Gedächtnisstütze für die mündliche Erzählung, denn über außerordentlich lange Zeiträume wurden Mythen und Sagen ausschließlich mündlich tradiert.

Ihre sinngemäßen Aussagen lassen sich nur vor dem Hintergrund des Weltbildes herausfinden, aus dem sie stammen, nämlich dem der matriarchalen Jungstein- und Bronzezeit. Das wird besonders deutlich in den weitverbreiteten Drei-Frauen-Sagen, die einen Abglanz der matriarchalen Dreifachen Göttin spiegeln. In der Regel werden diese mit übermenschlichen Fähigkeiten ausgestatteten Frauen in den Sagen dämonisiert oder zu Schuldigen und Erlösungsbedürftigen herabgewürdigt, was auf die spätere patriarchale und christliche Umdeutung des Sageninhaltes zurückgeht. Ähnlich wird mit den zahllosen Sagen von sogenannten „Zwergen" verfahren, die sehr verbreitet sind und stets dieselben Muster aufweisen. Ihre Inhalte wurden der Lächerlichkeit oder Verniedlichung preisgegeben, falls diese seltsamen Wesen nicht schon als „böse Geister" abgestempelt waren. Jede Art von Verteufelung und Dämonisierung sollte uns jedoch aufmerksam machen, weil sich dahinter die Umkehrung der Werte nicht nur gegen Erscheinungen der Natur verbirgt, sondern auch gegen die frühen Völker, welche die Natur seit uralter Zeit verehrten.

Solche fremdartigen Sageninhalte wurden zwar eifrig gesammelt und füllen heute Bücher über Bücher, aber sie werden noch immer in unverstandener Form wie ein wirrer Haufen von Kuriositäten präsentiert. Das ist ein beschämender Umgang mit den Resten einer sehr alten, kulturellen Tradition, die in solchen Mythen und Sagen steckt. Erst vor dem Hintergrund der Forschung zur matriarchalen Mythologie werden ihre Inhalte verständlich, denn damit werden sie in den Rahmen der eigenen Kultur zurückversetzt. Dabei kann man deutlich die späteren Zufügungen aus patriarchaler und christlicher Zeit erkennen und sie eliminieren.[8]

Das heißt, man muss in Mythen und Sagen auf diese ältesten Muster und Motive zurückgehen, denn keine Mythe oder Sage ist ein homogenes Gebilde, sondern aus verschiedenen Schichten aus den unterschiedlichen Kulturepochen zusammengesetzt. Hier geht die „geistige Archäologie" in die Details, um den kostbaren geistigen Schatz sachangemessen heben zu können. Auf diese Weise werden die Sagen und Mythen in ihren Kernaussagen sehr klar und liefern viele Informationen aus den frühen Kulturepochen. Sie können uns mitteilen, auf welche Weise die damaligen Menschen ihr Leben und die Landschaft, in der sie wohnten, verstanden haben und dieses Verständnis in ihre eigentümliche Symbolsprache kleideten.

Neunte Methode: Folklore-Forschung
Sagen und Mythen als einst mündlich tradierte Erzählungen gehören zum weiten Bereich der Folklore, denn sie sind nicht von individuellen Autoren geschaffene Literatur, auch wenn individuelle Personen sie überliefert haben. Erst viel später wurden sie von Sagensammlern aufgeschrieben. Dasselbe gilt von anderen Bereichen der Folklore, wie Bräuche, Volkslieder und Tanzspiele, konventionelle Muster in Wandmalerei,

Geweben und Gebäck, Volksfeste und sogenannte „heidnische" Relikte noch in christlichen Festen. Sie wurden nie aufgeschrieben, werden aber noch immer – wenn auch unverstanden – praktiziert. Heute sind sie, wie die Sagen, meist zur touristischen Belustigung verkommen.

Der Bereich der Volkstraditionen ist umfangreich und zeigt von Region zu Region eine große Verschiedenheit. Wenn man deshalb eine bestimmte Gegend erforscht, gehört die Kenntnis der lokalen Bräuche dazu, denn sie beziehen sich in der Regel auf die umgebende Landschaft. In ihnen werden die Jahreszeiten gefeiert, wobei die Landschaft im Frühling, Sommer, Herbst und Winter verschiedene Gesichter zeigt. Oder es werden bestimmte, symbolisch verstandene Landschaftszüge, wie Teiche, Quellen und besondere Steine, in den Bräuchen geehrt. Dabei verraten uns ihre Handlungsabläufe genau, welche Symbolik man in dem jeweiligen Platz sieht.

Die uralten Aussagen solcher Bräuche können mithilfe der matriarchalen Mythologie erschlossen werden. Das heißt, auch Symbolik und Handlungsablauf in Bräuchen, Liedern usw. benötigen dieselbe genaue Entschlüsselung wie die Sagen und Mythen, damit ihr Bezug zur Landschaft sichtbar wird. Dabei zeigt sich, welcher Brauch noch einen authentischen Kern besitzt oder sich späterer, patriarchaler und christlicher Herkunft verdankt. Bei diesen Analysen darf man sich nicht davon irritieren lassen, dass Historiker und Kirchenherren die meisten dieser Bräuche zeitlich sehr spät ansetzen, denn sie richten sich nach der ersten Erwähnung des Brauches in Urkunden, in denen er meist verboten wird. Nun schafft nicht erst die schriftliche Urkunde einen solchen Brauch, und insbesondere das Verbot zeigt, dass er schon lange vorher existierte. Außerdem pflegte die Bevölkerung ihre alten, ererbten Brauchtümer nicht aufzuschreiben, sondern sie gehören zum großen Bereich mündlicher Tradition, eben zur Folklore.

Zehnte Methode: Erforschung von Rückzugsgebieten und kulturellen Nischen

Der weite Bereich der Folklore gedieh am besten in Rückzugsgebieten und kulturellen Nischen, die zu den verachteten „Provinzen" wurden. Manche dieser Gegenden waren in den frühen Epochen kulturelle Zentren, bis zu ihrer Zerstörung, was die Archäologie ans Licht bringt. Danach dienten sie als Rückzugsgebiete, und hinzu kamen andere Gegenden, die schon damals am Rande der Zentren lagen. Diese Gebiete haben bestimmte Landschaftszüge, die einen Rückzug ermöglichten:

große Wälder, weite Moore, hohe Gebirge mit einsamen Tälern und Seen, abgelegene Inseln, alles, was Mitteleuropa auch aufzuweisen hat.

Solche Rückzüge geschahen in der Regel nicht nur einmal. Wiederholt zogen sich dorthin frühere Völker vor späteren Eroberern zurück und wichen ihnen aus, wie die Alten Völker vor den hereinbrechenden Indoeuropäern, zum Beispiel die Räter vor den Kelten, wie später auch die Kelten vor den Germanen, wie zuletzt Gruppen von gesellschaftlich Ausgestoßenen vor dem Zugriff der Herrschenden.

Die Geschichtsschreibung kann hier die Archäologie ergänzen. Sie lässt uns wissen, wann bestimmte Gegenden zu Rückzugsgebieten wurden und zur abseits gelegenen Provinz herabsanken. Wir erfahren dabei auch, in welchem kulturellen Kontext sie zur Provinz wurden, denn das zeigt an, was ab jetzt konserviert und beharrlich als Tradition weitergeführt wird, unberührt von neueren und modernen Strömungen. In solchen Gebieten bleiben wesentlich ältere Traditionen erhalten als in Durchgangsgebieten oder Städten, sie werden zu einer kulturellen Nische. Diese älteren Traditionen reichen natürlich nicht mehr ungebrochen in die matriarchalen jungsteinzeit-bronzezeitlichen Epochen zurück. Aber matriarchale Reste bleiben darin trotz späterer Überschichtung und Verchristlichung besser erhalten, während sie in den sich rasch wandelnden städtischen Zentren längst erloschen sind.

Deshalb sind gerade diese Rückzugsgebiete und Provinzen einer näheren geschichtlichen Betrachtung wert, vor allem, weil sie sich in der Regel in den schönen und wilden Landschaften befinden, die in der Jungsteinzeit wegen ihrer Besonderheit verehrt wurden.

Heute werden sie von der matriarchalen Landschaftsmythologie in ihrer alten Bedeutung und Heiligkeit wiederentdeckt. Beide Male, sowohl in der Jungsteinzeit wie in der Gegenwart, handelt es sich um ein Anschauen und Erkennen mit den Augen und dem Herzen zugleich.

Mögen viele Menschen Freude daran finden, diese Landschaften nach dem hier gegebenen Leitfaden zu erwandern und sie in einem neuen Licht zu sehen und zu lieben!

Auf den Spuren von „Ötzis" Göttin

Zur Kulturepoche der Jungsteinzeit in den Ötztaler Alpen[9]

Mit dem sensationellen Fund des Mannes aus dem Eis, populär „Ötzi" genannt, am Tisenjoch in 3210 m Höhe, direkt am Übergang vom Ötztal ins Schnalstal, kommen wir in eine enorme historische Tiefe zurück. Die Datierung hat ergeben, dass er um 3350 bis 3100 v. u. Z. gelebt hat, also in der späten Jungsteinzeit (Spätneolithikum).[10] In dieser Epoche war die Verarbeitung von Kupfer schon bekannt, weshalb sie auch als „Kupferzeit" bezeichnet wird. Mit großer archäologischer und naturwissenschaftlicher Genauigkeit ist dieser Fund untersucht und ausgewertet worden, doch bis heute fehlt weitgehend eine Darstellung des kulturellen Hintergrundes.

Dabei gibt es genügend Möglichkeiten, den jungsteinzeitlichen Kulturhorizont zu erforschen. Allerdings müssen dazu die Grenzen der archäologischen Fachdisziplin überschritten werden und Gebiete wie Religionswissenschaft, Sprachforschung, Mythologie und Symbolforschung, Volkskunde, Kultplatzforschung zum Vergleich herangezogen werden und gelegentlich auch die Ethnologie. Das darf jedoch nicht derart vereinzelt und zufällig geschehen wie bisher, sondern muss systematisch unternommen werden. Dafür stellt die moderne Matriarchatsforschung als eine innovative Wissenschaft das philosophische Fundament und den systematisch-methodologischen Rahmen bereit. Außerdem ist sie als kulturgeschichtliche Grundlagenforschung von nicht zu unterschätzender Reichweite.[11]

Die moderne Matriarchatsforschung stellt eine neue Interpretation der Kulturgeschichte der Menschheit bereit und ist geeignet, die bisherige patriarchale Interpretation abzulösen. Obwohl die patriarchale Geschichtsschreibung eine lange Tradition hat, bewegt sie sich keinesfalls im Feld unumstößlicher Wahrheiten. Viele Dinge werden als „Fakten" ausgegeben, die bereits gedeutete Befunde sind, und Widersprüche im eigenen Denksystem werden tunlichst versteckt. Sie ist nicht mehr als eine Interpretation aus patriarchaler Perspektive, und eine bestimmte Interpretation kann durch eine andere aufgehoben werden.

Nach philosophischen Grundsätzen ist diejenige Interpretation oder Theorie die bessere, die mehr wissenschaftliche Rätsel, Ungereimtheiten und Widersprüche auflösen kann als die vorige. In diesem Sinne hat die matriarchale Interpretation der Kulturgeschichte einige Vorzüge. Insbesondere kann sie uns für das Verständnis der frühen Geschichte der Menschheit, zu der die hier in Betracht kommende Epoche gehört, den Schlüssel liefern. Das gilt auch für den „Fall Ötzi", zu dessen Tod es verschiedene Deutungen gibt, die jedoch unseres Erachtens den patriarchalen Denkrahmen nicht überschreiten.

„Ötzis" Ökonomie und Sozialordnung: Jungsteinzeitliche Hirtenkultur

Hier taucht als erste Frage auf, was „jungsteinzeitliche Hirtenkultur" eigentlich ist. Es ist erwiesen, dass es bereits zu „Ötzis" Zeiten die Transhumanz der Almauftriebe mit Schafherden gab. Der Begriff „Transhumanz" leitet sich von „transhumare" ab, das „Hin- und Herwandern" bedeutet und ein lokales, geregeltes Nomadentum meint. Diese Wanderungen der Hirten führten bereits in der Jungsteinzeit vom südlichen Vinschgau (Val Venosta) über vorgelagerte Pässe wie das Tascheljöchl ins obere Schnalstal (Val Senales) und von dort über die hohen Pässe Hochjoch, Niederjoch und Gurgler Eisjoch über den Alpenhauptkamm hinweg in das hintere Ötztal. Im Juni wurden die Schafherden über die Pässe und Gletscher auf die hoch gelegenen Sommerweiden bei Vent und Gurgl im hinteren Ötztal hinaufgeführt, und im September kamen sie wieder herunter. Diese Wanderungen blicken auf eine extrem lange Geschichte zurück, denn sie wurden vor mehr als 5000 Jahren genauso wie heute unternommen. Dabei gab es um 4000–3000 v. u. Z. eine warme Epoche mit weit zurückgezogenen Gletschern, eine geografische

Situation, der wir uns heute mit dem sich rapide erwärmenden Klima wieder annähern. Aus diesem Grund taute „Ötzi" aus seinem Eissarg wieder heraus, in dem er in den dazwischen liegenden 5000 Jahren unverweslich eingefroren war.[12] Damals waren die genannten Pässe eisfrei und die Übergänge leichter als heute, was das hintere Ötztal mit der südlicher gelegenen Kultur verband. Von Süden her wurde es kultiviert und nicht von Norden her, denn von Norden ist der Zugang durch endlos lange Wege und schluchtartige Täler sehr schwierig. Außerdem zogen die Menschen in der Jungsteinzeit nicht durch von reißenden Gewässern und Steinschlag gefährdete Täler, sondern bewegten sich auf trockenen Höhenrücken und über lichte Pässe. Damit gehören kulturgeschichtlich das hintere Ötztal und Südtirol zusammen, ebenso ist das gesamte Dolomiten-Gebiet damit verbunden. Es ist das alte Gebiet der Räter und Ladiner und jener Völker, die noch vor ihnen da waren. Die früheste, sesshafte Bauernkultur, die in den breiten, sonnigen Gebirgstälern der Dolomiten und des Vinschgaus die ersten Dörfer und Städte schuf, kam aus der großen Ebene Norditaliens, das heißt aus dem Mittelmeerraum mit seinen hochentwickelten, matriarchalen Kulturen der Jungsteinzeit. Die Hirtenkultur in der oberen Zone der Alpen ist ein Ableger davon und überall mit diesen Bauernsiedlungen verbunden – genau so, wie es heute noch ist.

Nun scheint in der heutigen Sichtweise die jungsteinzeitliche Hirtenkultur, die mit gelegentlicher Jägerei verknüpft war, eine reine Männerangelegenheit gewesen zu sein. Nicht nur ist unser „Ötzi", der mit Jagdgerät ausgestattet war, ein Mann, auch sonst ist nur von „Jägern und Hirten" die Rede. Die Hirtenwirtschaft stellt man bedenkenlos genau so dar, wie sie heute ist, nämlich fest in Männerhand. Hier beginnen die ideologischen Probleme.

Im Widerspruch dazu stehen Sagenmotive, die etwas anderes zeigen: Hier ist zuerst das aus der Schweiz bekannte rätoromanische Margarethenlied bedeutsam, in dem es eine Hirtin ist, nämlich Margaretha, welche die Almwirtschaft ganz allein versieht. Sie hütet Schafe und Kühe, sie mäht die Wiesen, sie schneidet und mahlt den Roggen und Weizen, sie melkt und buttert, sie macht sich Kleidung aus feiner Schafwolle.[13] Es ist von keinem einzigen Mann die Rede, der ihr dabei geholfen hätte. Ganz im Gegenteil: Als die Männer auf die Alm kommen, ereignet sich ein Kulturbruch, denn Margaretha wird vertrieben und nimmt ihre praktischen Künste, mitsamt ihrem Kräuter- und Heilwissen, mit sich fort. Ihr Name „Marga-Retha" enthält außerdem den Namen „Reitia/

Rätia/Rita". Reitia war die Göttin der Räter, wobei „Räter" ein Sammelbegriff für verschiedene Volksgruppen ist, die ursprünglich eine vor-indoeuropäische Sprache gesprochen haben.[14] Zu ihnen gehören zum Beispiel Ligurer und Etrusker, die einst auch die Po-Ebene Norditaliens bewohnten und um 400 v. u. Z. durch frühpatriarchale, kriegerische Keltenstämme daraus vertrieben wurden. Viele von ihnen wichen nach Mittelitalien aus, andere zogen sich vor diesen Eroberern in die südlichen Alpentäler zurück. Von diesen „Rätern" ist dokumentiert, dass sie in noch späterer Zeit aus ihren Alpentälern herabstiegen, um ihre Göttin Reitia in deren Heiligtum von Este, in der Nähe von Padua, zu verehren.[15] Damit erfassen wir die mediterrane Herkunft dieser verschiedenen Volksgruppen, die von den Römern später, gemäß dem Namen ihrer Göttin, „Räter" genannt wurden. Nach den Sprachforschern Brunner und Toth enthält die rätoromanische Sprache – eine Variante des Lateinischen – noch einzelne Wörter aus einer altorientalisch-mediterranen Sprache. So bedeutet der Name der Göttin Reitia „meine Hirtin".[16] Ist es nicht merkwürdig, dass eine angeblich reine Männer-Hirtenkultur ausgerechnet eine Göttin anbeten sollte? Dabei lebten die Räter noch erheblich später als die jungsteinzeitliche Kultur unseres „Ötzi".

Auch andere Sagen weisen auf die Frau als früheste Hirtin hin, so eine Sage aus Südtirol, in der eine Hirtin allein auf der Alm wohnt und alle Arbeit verrichtet, obwohl die Alm angeblich einem Bauern gehört, der aber nie auftritt. Diese Hirtin ruht am Abend „auf dem steinernen Stuhl aus, der neben der Hütte im Unkraut steht", worin wir unschwer einen Kultstein erkennen können.[17] Ebenso verhält es sich mit der „steinernen Platte", auf der Margaretha angeblich nur ausrutscht, jedoch eher ein altes Fruchtbarkeitsritual vollzieht, wie sie auf den Rutschsteinen, auch „Kindersteine/Chindlisteine" genannt, üblich waren. Die Südtiroler Hirtin klagt über die Kriegshorden im Tal, die alles verwüstet haben, was auf gewaltsame Eroberung hinweist, der eine ältere Kultur zum Opfer fiel. Es begegnet ihr dann die Weiße Frau, die sich als Herrin vom Rosengarten herausstellt. Sie lehrt die junge Frau eine neue Kunst, das Brokatweben, was die Armut der Hirtin beendet.

Außerdem: Was sind die im ganzen Alpengebiet in den Sagen auftretenden „Saligen" oder „Wildfrauen" anderes als Hirtinnen, welche die Wildziegen, die Gämsen, zähmen und als ihre Tiere hüten? Sie verteidigen sie stets gegen andrängende Jäger und gelten deshalb als Schützerinnen der Tiere. Sie verstehen sich weitaus besser als die späteren Menschen auf die Verarbeitung der Milch und auf die Kräuterheilkunde, ebenso aufs Spinnen und Weben, und sie pflegen ihre schneeweiße Wäsche in der Höhe an Bergzinnen zu trocknen. Zudem sind sie wetterkundig, weshalb sie den Menschen hilfreich Rat erteilen. Heiratet eine Wildfrau sogar einen von diesen späteren Menschen, so weiß sie die Wirtschaft besser zu führen, als es auf den anderen Höfen der Fall ist. Der Hof dieses glücklichen Bauern blüht, aber nur so lange, bis er ein Versprechen, das er der Wildfrau gegeben hat, bricht.[18]

Alle diese Sagen weisen darauf hin, dass es vor der Männerwirtschaft eine ältere Kultur gegeben hat, die von Frauen getragen wurde. Sie waren die Bäuerinnen in den Tälern und in den Hochlagen der Alpen die Hirtinnen. Diese alteuropäische Kultur blühte in den Alpen seit der Jungsteinzeit und zog sich wegen der späteren Eroberungen auch der Alpentäler durch die Kelten und Germanen in die hohen, verborgenen Zonen der Gebirge zurück. Um 15 v. u. Z. eroberten die Römer den Alpenraum, der zur Provinz „Rätien" des Römischen Reiches wurde, und sie romanisierten die dort alteingesessene Bevölkerung. Doch in den verborgenen Rückzugsgebieten der Berge erhielten sich alte Sitten und Weltanschauungen auf der Grundlage des Hirtinnentums noch lange, bis in christliche Zeiten hinein.

Darauf weist auch die Sage von dem Mädchen Sadra und der Göttin Alpina in Rätien hin, in der die Göttin höchstpersönlich als Alpenkönigin mit einer Krone aus Bergkristall und Edelweiß auftritt und die kranke Sadra heilt. Auffallend ist, dass hier – obwohl schon Männer aus der Familie Sadras auf der Alm mitwirken – die Verarbeitung der Milch und die Zubereitung der Nahrung ausschließlich in den Händen der Frau liegt. Dabei ist Sadra keine Magd, sondern die Erbtochter mit ausgeprägt eigenem Willen, der ihr jüngerer Bruder selbstlos dient. Bei der späteren patriarchalen Hirtenkultur ist es aber festes Gesetz, dass für die Verarbeitung der Milch nur der erwachsene Mann, der Senn oder Senner, zuständig ist.[19] Die Sage lässt sich daher nur auf dem Boden einer vorangegangenen Hirtinnen-Kultur verstehen. Sie stellt einen Übergang dar, bei dem bereits eine gemischte Gesellschaft auf der Alm arbeitet, das wichtigste Recht aber noch in der Hand der Frau liegt. Es zeigt, dass nicht die Männer, sondern dass sie die Besitzerin der Lebensmittel und damit die Ernährerin ist.

Nun besteht die allgemeine Auffassung, die auch in wissenschaftlichen Standardwerken vertreten wird, dass Hirtenkultur in der Frühgeschichte immer männlich geprägt und patriarchal gewesen sei, während matriarchale Muster – wenn überhaupt – nur bei den Pflanzerkulturen im exotischen Asien, also möglichst weit weg, vorgekommen seien. Es kann hier nicht auf die massive Ideologie eingegangen werden, die in dieser Auffassung steckt, dazu ist hier nicht der Raum. Jedoch sei auf die Verwechslung hingewiesen, die dieser Auffassung zugrunde liegt, von einer Gelehrtengeneration zur nächsten weitergetragen wird und damit unser Geschichtsbild verzerrt. Es ist die Verwechslung der späteren Hirtenkrieger-Kulturen mit der frühen Hirtenkultur, die als Transhumanz mit dem frühesten Ackerbau verknüpft war. Die Hirtenkrieger-Kulturen tauchten ein paar Jahrtausende später in den südrussischen Steppen auf und beunruhigten die alten Ackerbaukulturen im Vorderen Orient und in Süd- und Osteuropa. Die Hirtenkrieger stellen keine unabhängige Kulturstufe dar, wie behauptet wird, sondern sie existierten parasitär von den älteren Ackerbaugesellschaften, die sie überfielen und ihrer agrarischen Produkte beraubten, ohne die Menschen nicht leben können. Jahrtausende vor diesem Aufeinanderprallen feindlicher Völker gab es bereits die friedliche Verbindung von Ackerbau und Hirtentum, und zwar innerhalb ein und desselben Volkes, das zugleich von Ackerbau und Herdenhaltung lebte. Das wurde besonders in den Gebirgen praktiziert, wo der Boden für den Ackerbau knapp ist, und es hat sich seit der Jungsteinzeit bis heute in diesen Regionen erhalten.

Die frühe Ackerbaukultur der Jungsteinzeit war überall von der matriarchalen Sozialordnung geprägt, die der patriarchalen vorausging. Diese Ackerbaukultur ist die Grundlage der mit ihr verbundenen Hirtenkultur, sodass auch diese als matriarchal zu gelten hat. Dafür haben wir heute noch Beispiele von Gesellschaften außerhalb Europas, deren Wurzeln bis in die Jungsteinzeit zurückreichen: die traditionelle tibetische Kultur[20] und die traditionelle Kultur der Tuareg, der berberischen Hirtennomaden in der Sahara.[21] Die Tuareg als uraltes Hirtenvolk, das zusätzlich Ackerbau in den Oasen betreibt, verbanden in ihrer traditionellen Gesellschaft bis an den Rand der Gegenwart eine matriarchale Sozialordnung mit Hirtenkultur. Nach ihren alten Regeln gehören die Herden den Frauen, sowohl die Ziegenherden wie die Kamelherden. Die Männer hüten die Kamele im Auftrag der Frauen, führen sie auf die Weiden und unternehmen mit ihnen Handelszüge in Karawanen. Die Ziegenherden bleiben bei den Frauen, mit denen sie sich und die Kinder in der Wüste ernähren. Sind die Kamelherden bei den Zelten der Frauen, dann werden sie zwar von den Männern gemolken, aber jeder Tropfen Milch wird in die Hände der Frauen gegeben. Weil die Tiere den Frauen gehören, gehören ihnen auch die Lebensmittel. Die älteste Frau jedes Zeltes, die Mutter eines matriarchalen Clans und „Herrin des Zeltes", empfängt die Milch und ordnet an, was weiterverarbeitet und was zum Verzehr verteilt wird, was sie eigenhändig besorgt. Aus ihrer Hand als Ernährerin empfangen ihre Töchter, Söhne und Enkelkinder die tägliche Nahrung.

Dies ist ein ethnologisches Beispiel, mit dem wir noch in der Gegenwart die Muster ältester matriarchaler Hirtenkultur erfassen können. Es gibt auch mythologische Beispiele aus der Frühgeschichte, die dasselbe besagen. So erwählte Inanna, die Große Göttin von Sumer, den Hirten Dumuzi als ihren Geliebten und Heiligen König.[22] Dabei war sie die Repräsentantin der matriarchalen Ackerbaukultur des Zweistromlandes an Euphrat und Tigris, und er war der Repräsentant der Hirtenkultur der Steppe. Von dieser frühen Hirtenkultur erfahren wir, dass Dumuzi in der Sippe seiner Mutter und Schwester lebte und dass diese Frauen ihn beauftragten, *ihre* Herden zu hüten. Die Sozialordnung war also matrilinear und matrilokal, und die Schaf- und Ziegenherden gehörten ebenfalls den Frauen. Die Heirat zwischen Inanna von Sumer und Dumuzi aus der Steppe stellt symbolisch die friedliche Verbindung zweier Völker und Kulturen dar, die beide matriarchal gewesen sind. Sonst wäre es wohl kaum so konfliktfrei verlaufen!

Betrachten wir mit diesem Hintergrundswissen nun das Umfeld von „Ötzi": Er war höchstwahrscheinlich das Mitglied einer matriarchal geprägten Ackerbaukultur aus dem Vinschgau, die Tochtersiedlungen in den höheren Alpentälern hatte. Eine Hirtenkultur als sommerliche Weidewirtschaft war diesen Ackerbausiedlungen angegliedert. Denn in der Jungsteinzeit gab es noch kein Patriarchat, ebenso wenig in der Kupferzeit. Die Weidewirtschaft wurde entweder von Hirtinnen allein betrieben oder von Hirtinnen und Hirten gemeinsam, wobei die Männer als Brüder den Frauen, ihren Schwestern, halfen. Die Milch der Tiere kam dabei, wie üblich, in die Hände der Frauen, die sie als Besitzerinnen der Herden verarbeiteten oder in ihrem Clan verteilten. Die Männer gingen außerdem gelegentlich auf Jagd, obwohl die Jagd keine Wirtschaftsgrundlage mehr war. Auch „Ötzi" war auf der Jagd, aber sein gesellschaftlicher Hintergrund war keine Jägerkultur mehr; diese war seit der Altsteinzeit vergangen. So können wir es uns vorstellen, und das würde die oben erwähnten Sagen vollständig erklären.

„Ötzis" Weltbild und Religion: Jungsteinzeitliche Göttinkultur

Um die Sache konkreter zu machen, widmen wir uns hier der Frage nach „Ötzis" Muttersippe und nach seiner Göttin. Denn jungsteinzeitliche Religion war grundsätzlich Göttinnen-Religion. Wie hießen diese, und wer waren sie? Der historische Kern, der in Sagen und Mythen steckt, kann uns den Weg zu den Antworten weisen.

Als die Warmzeit um 4000–3000 v. u. Z. zu Ende ging, hörten die paradiesischen Verhältnisse in den Alpen auf, die eisfreie Pässe und Siedlungsmöglichkeiten auf saftigen Wiesen bis hoch hinauf an den Rand der Felsen geboten hatten. Schneestürme tobten, Gletscher stießen rasch vorwärts und bedeckten ehemals blühende alpine Almen, auch die Hochtäler wurden rau und kahl. Dieser Klimawechsel ist offenbar nicht langsam, sondern abrupt vor sich gegangen. Die Fülle der Sagen aus dem gesamten Alpenraum, die sich auf das Thema der Vergletscherung beziehen, belegt, dass der Wechsel schlagartig und überraschend kam.

Immer ist dabei auch von Problemen in der Gesellschaft die Rede und die Vereisung deshalb von Warnungen und Verfluchungen begleitet. Die Menschen der matriarchalen Kultur müssen diesen Klimawechsel als Strafe der Göttin wegen eines gewissen Verfalls ihrer traditionellen Sitten in der Kupferzeit empfunden haben, denn darauf weisen die mit den Untergangssagen verbundenen moralisierenden Motive hin: Eine alte Mutter wurde zu wenig geachtet, kostbare Lebensmittel wurden verschwendet, ein Fremder oder eine Familie erhielt keine Gastfreundschaft. Die Achtung vor der ältesten Frau, die Heilighaltung der Lebensmittel, die bedingungslose Gastfreundschaft sind allesamt matriarchale Werte. Daher ist die verfluchende Person in den meisten Fällen die alte Mutter selbst oder eine andere, die traditionellen Werte anmahnende Person. Später wurden dieser Sagengruppe patriarchale Moralvorstellungen untergeschoben wie zum Beispiel Mangel an Keuschheit und Demut bei den Frauen, deren „lasterhaftes" Leben oder versäumter Kirchgang bestraft wird, und ausufernder Stolz, verbunden mit Habgier oder Geiz bei den Männern.

Was das hintere Ötztal und das Schnalstal betrifft, so sind die Ortsnamen, die in den dortigen Untergangssagen auftauchen, verblüffend. Diese hoch gelegenen, durch plötzlichen Kälteeinbruch untergegangenen Städte tragen die Namen „Tanneh", die unter dem Großen Gurgler Ferner oder Grafferner liegen soll („Ferner" heißt „Gletscher"), oder „Onanä" unter dem Langtauferer Ferner oder sogar „Dananä" unter dem Vernagtferner.[23] Alle diese großen Gletscherfelder liegen unmittelbar nördlich vom Schnalstal auf der dem Ötztal zugewandten Seite des Alpenhauptkammes. In der Sage von Dananä ist es sogar die Göttin selbst, die im Getöse des Schneesturmes und von Blitzen erhellt als riesige Gestalt sichtbar wird und die Verfluchung ausruft: *„Dananä! Dananä! Weh dir, weh! Schneib zu – und aper nimmermeh!"* („Dananä, Dananä! Weh dir, weh! Schneie zu – und taue nie mehr auf!")[24]

Nun gibt es nicht weit davon entfernt in den Dolomiten die Sage von „Tanna", der Königin der Crodères, den Felsriesen vom Dolomiten-Bergstock Marmaròles.[25] Tanna sitzt oben auf dem ewigen Eis, und ihrer Macht nach zu urteilen ist sie eine Göttin wie Alpina, denn sie kann Lawinen und Bergstürze sowie reißende Wildwasser anhalten oder auf die Menschen niedergehen lassen. Hier erscheint die Göttin nicht nur als Verfluchende, sondern selbst als Handelnde und unmittelbar Strafende. Im Namen der Stadt „Tanneneh" steckt der Name dieser Göttin, denn der Kulturkreis ist derselbe. Man kann ihn daher übersetzen mit „Stadt der Göttin Tanna".

Hinter Tanna steht eine frühe, mediterrane Göttin, deren Name durch die allmähliche Ausbreitung der jungsteinzeitlichen Mittelmeerkultur auf dem ganzen Kontinent überall in Europa vorkommt. Es ist „Danaë", die Muttergöttin des neolithischen Kreta, und sie selbst verkörpert das Land. Das Wort ist kretisch und gehört damit zu einer uralten, vor-indoeuropäischen Sprachschicht. Auf dem Seeweg verbreitete sich die matriarchal geprägte, jungsteinzeitliche Mittelmeerkultur nach Frankreich und den Britischen Inseln, wo eins der Einwanderervölker sich „Túatha Dé Danaan" nannte, das „Volk der Göttin Dana". Zwei gleichförmige Hügel in Irland heißen „Paps Danu", das heißt „die Brüste der Dana". Auch Skandinavien wurde erreicht, wovon das Wort „Dänemark" als „Land der Dana" noch heute zeugt. Auch auf dem Weg über die großen Ströme ging die Ausbreitung nach Mitteleuropa hinein, wie der Name des Flusses Donau (lat. Danuvius) zeigt, was „Aue/Fluss der Dana" heißt. Der einst in ganz Europa verbreitete Diana-Kult weist ebenfalls darauf hin, denn „Di-ana" ist die „Göttin Dana/Ana". Die Diana-Verehrung überdauerte in Europa noch das Mittelalter und erlosch erst zu Beginn der Neuzeit während der lang anhaltenden Pogrome gegen Frauen, der sogenannten „Hexen-Verfolgung". Alle weiteren Bezeichnungen mit „Ana/Anu/En" gehören ebenfalls zum Umfeld dieser uralten Muttergöttin. Sie kehrt noch in verchristlichter Form als „Heilige Anna", die Großmutter des Jesuskindes, wieder.[26]

Wie wir schon sagten, wanderten von der Adria über die Po-Ebene matriarchal geprägte Völker mit mediterraner Kultur von Süden in die Alpen ein, in sehr früher Zeit freiwillig und später unfreiwillig. Sie besiedelten die sonnigen Dolomitentäler, gelangten in den Vinschgau, ins Schnalstal und ins hintere Ötztal als einem nördlichen Ausläufer ihrer Kultur jenseits des Alpenhauptkammes. Das ist der Grund, weshalb wir den kretischen Göttin-Namen „Danaë" in dem Stadtnamen „Dananä" wiederfinden und in lautlicher Abwandlung auch in „Onanä" und „Tanneneh". Ebenso ist der Name der Alpengöttin „Tanna" von Dana abgeleitet. Nun wissen wir, wie „Ötzis" Göttin geheißen hat.

Doch wie hieß seine Muttersippe, sein Clan? Die aus Südtirol stammende Forscherin Claire French-Wieser hat darauf aufmerksam gemacht, dass in dieser Region der Sippenname „Daney" oder „Thanai", auch „Donay" oder „Thonay" sehr häufig vorkommt, so in Naturns, Meran und Andrian, aber auch nördlich des Brennerpasses.[27] Gleichermaßen viele Ortsnamen gibt es, die mit der Silbe „dan-" oder „tan-" beginnen, zum Beispiel die Ortschaft Doney bei Innsbruck. Das steht im Einklang mit matriarchalen Mustern, bei denen sich die Clans und Stämme nach ihrer Hauptgöttin benennen. Denn jede Stammesmutter oder Ahnfrau gilt als eine Verkörperung der Göttin und trägt daher den Göttin-Namen als Titel. In der Mutterlinie vererbt sich dann dieser Name als Sippenname auf den ganzen Clan oder Stamm. Die Dörfer werden nach der Sippe benannt, die dort wohnt, so führt zum Beispiel der Familienname „Thanai" dann zu Thanaihof (im Matscher Tal) oder auch zu Thanai-Dorf oder Thanai-Stadt. Demnach ist die Stadt Tanneneh der Sage die Stadt des Clans Thannai gewesen, der wiederum nach der Göttin Tanna hieß. Könnte daher nicht auch einer dieser Namen der Sippenname unseres „Ötzi" gewesen sein?

Zu den Göttinnen-Namen „Tanna" und „Alpina" tritt noch dieselbe Gestalt in germanisierter Sprachform hinzu, die „Frau Berchta" oder „Percht" (von althochdeutsch „perachta"), was „die Helle, Glänzende, Strahlende" bedeutet. Es ist nur ein anderes Wort für die Weiße Frau, die Göttin der Firne, Gletscher und Bergkristalle. Ihr Palast wird oft als auf oder unter dem Eis gelegen beschrieben, wo sie in einer geheimnisvoll schimmernden Welt mit ihren Priesterinnen, den Saligen Frauen, wohnt. Es sind die „Gläsernen Berge" der Sagen, die Anderswelt, in der niemand hausen kann außer der Göttin, ihren Dienerinnen und den Ahnenseelen. Die Ahnenseelen verjüngen sich in der Anderswelt und werden wieder zu Kinderseelchen, und als Kinder werden sie nach matriarchalem Glauben in den Clans wiedergeboren. Für Lebende ist es immer gefährlich, sich dieser Anderswelt zu nähern, und mancher kehrte nie mehr von dort zurück.

So wohnt die Weiße Frau in der Sage „Die blaue Blume von Tirol" im Gletscher, und sie beschenkt einen verirrten Jäger mit Flachsblüten, einer Pflanze, aus der das Leinen gewonnen wird.[28] In der Sage „Die Herrin der Tiere und ihre Saligen Fräulein" sitzt Frau Berchta im weißen Kleid und blauen Mantel ebenfalls im Gletscher, wo sie einen Hirten beschenkt.[29] Die Göttin Tanna der Dolomiten-Sage wohnt auf oder im Gletscher der Marmaròles.[30] Eine weitere Dolomiten-Göttin, Samblana, sitzt auf dem Gletscher des Antelào, der als ihr weiter, faltenreicher Mantel gilt, unter dem sie die Ahnenseelen in Gestalt von kleinen Mädchen hütet.[31] Das erinnert an Sagen von Frau Berchta oder Frau Holle, die als Seelenführerin im Winter durchs Land zieht und als Schutzmantelmutter die Seelchen unter den weiten Falten ihres Gewandes birgt.[32] Im Ötztal ist es die sogenannte „Hexe Langtüttin", eine urtümliche, doch bereits dämonisierte Göttin mit langen Brüsten, die auf dem großen Ötztaler Ferner sitzt. Sie hat ebenfalls Kinder bei sich, ein Mädchen und einen Knaben, welche die Ahnenseelen repräsentieren.[33] Sie nährt sie aus ihren Brüsten, wobei aus der einen Milch und der anderen Eiter fließt, was die Ambivalenz ausdrückt, mit der die späteren Menschen die Göttin der Anderswelt betrachteten.

Die Göttin, die aus ihren Brüsten die Ahnenseelen nährt, ist uralt im Mittelmeerraum, wie das Beispiel der ägyptischen Hathor zeigt, die diese Aufgabe in ihrem Aspekt als Totengöttin erfüllt.[34] Denn die Ahnenseelen müssen wie die Lebenden genährt werden, sonst können sie nicht aus dem Jenseits wiedergeboren werden. Darauf weisen auch die weltweit verbreiteten Bräuche der Totenspeisung hin.

Die Göttin kann sich ebenfalls in Gestalt der weisen Alten verkörpern, welche die Menschen prüft und warnt. Frau Holle oder Frau Berchta tut dies häufig in Gestalt der „Muhme Mählen", eines steinalten, buckligen Weibes. Je nachdem, wie die Prüfung ausgeht, belohnt sie Menschen mit guten Herzen und bestraft die Hartherzigen.[35] In der Sage „Die Hexe vom Niederjoch" warnt sie in Gestalt der weisen Alten die Hirten, die ihre Schafherde über den Gletscher treiben wollen, vor einem Unwetter mit Schneesturm. Doch sie wird nicht ernst genommen, und das Unglück bricht herein.[36] Wie die Göttin wissen auch ihre Priesterinnen, die Saligen, in den Sagen über das Wetter und die Natur der Alpen besser

Bescheid als die späteren Menschen. Damit taucht die Frage auf, wie sie diese Wetterprognosen aufstellen konnten, die ihnen entweder als magische Fähigkeit zugutegehalten oder als „Unwettermachen" negativ angekreidet wurden.

Bevor wir diese Frage beantworten, werfen wir noch einen Blick auf das Volk der Göttin, wie es durch die Erzählungen geistert. Es sind die Wildfrauen und die Wilden Männer, die „Wildweiblein" und „Wildmännlein", die in zahllosen Gestalten unter vielen Benennungen durch die Sagen in ganz Europa ziehen: die Zwerge und Wichtel, die Alben und Elfen, die Wald-, Moos- und Holzweiblein, die Holden und Unholden, die Brownies, Pookas und Pixies, wobei ihr Verhalten von Schottland bis zu den Alpen und Pyrenäen dieselben Muster aufweist. Es handelt sich bei ihnen keineswegs um Erfindungen der Volksfantasie, wie noch die Romantiker meinten, sondern diese Sagen sind der Niederschlag von etwas, dem die späteren Menschen tatsächlich begegneten: den Resten des Alten Volkes der Göttin, der „Kleinen Leute" (engl. „The Little People"). Diese letzten Nachkommen der alteuropäischen Bevölkerung überlebten in den unwegsamen Rückzugsgebieten des Kontinents, in großen Mooren und Wäldern, in wilden Gebirgen und sogar in unterirdischen Höhlensystemen, noch lange.

Dabei gleichen sich ihre Verhaltensmuster in den Sagen in ganz Europa, sogar darüber hinaus, und diese Gleichheit in den verschiedenen Ländern weist auf den Realitätsgehalt der Sagen hin: Stets versuchen die Kleinen Leute zunächst friedlich mit den späteren Menschen auszukommen, obwohl diese sie verdrängen. Sie helfen ihnen mit Rat und magischen Künsten, wobei ihre „Magie" auf eine höhere Kulturstufe hinweist, die sie sogar im Rückzug noch besaßen. Sie hatten Wissen und praktische Künste, über welche die späteren Menschen nicht verfügten. Wird ihr freundliches Entgegenkommen aber missbraucht, dann bestrafen sie die Boshaften konsequent und ohne Nachsicht. Das hat ihnen den ambivalenten Ruf von „gut" und „böse" zugleich eingetragen, was aber lediglich die Perspektive der verständnislosen späteren Menschen wiedergibt.

In der Regel verläuft es so, dass die Kontakte, auch die Liebesverbindungen und Ehen, die wohl einer besseren Koexistenz beider Kulturen dienen sollten, letzten Endes nicht gelingen. Schließlich muss das Kleine oder Alte Volk seine jeweilige Heimat verlassen und zieht verzweifelt und unter großem Wehklagen fort. Es gibt viele solche Sagen vom Auszug der Zwerge, vom Weggang der Saligen Fräulein und Weißen Frauen, vom endgültigen Abschied der Feen und Dialas.[37] Sie spiegeln den Schlussakt der Tragödie zwischen der Urbevölkerung und den neuen, patriarchalen Menschen wider, der mit dem definitiven Untergang der matriarchalen Kultur endet.

Was das Ötztal betrifft, so weise ich hier auf die analogen Sagen von den Nörggelen, Niederjöchlern, Eismandln und „Freilas", das heißt Saligen Fräulein hin.[38]

Die symbolische Landschaft um „Ötzi": Kultplätze und ihr Zusammenhang

Die matriarchale Vorstellung von der Göttin schlägt sich in der Sichtweise nieder, welche die Menschen der Jungsteinzeit von der Landschaft hatten. Sie betrachteten Landschaft symbolisch, und besonders „weibliche" Züge im Landschaftsbild deuteten sie als Erscheinungen der Göttin. Denn die Erde insgesamt galt ihnen als Urgöttin, die umfassende Mutter, die alles Lebendige hervorbringt und nährt. In Bergen mit weichen Doppelgipfeln sahen die damaligen Menschen den Busen der Erdmutter, in uterusförmigen Tälern und Schluchten ihren Schoß, Felsen und Steine mit Spalten und Öffnungen galten als ihre Vulva; so erkannten sie die Göttin in vielen möglichen Erscheinungen. Orte mit diesen Eigenschaften wurden Plätze zur Verehrung der Erde, eben Kultplätze, und Landschaften mit einer Vielzahl von Kultplätzen wurden Kultlandschaften.

Das heißt nicht, dass diese Plätze allein der kultischen Verehrung dienten und nicht auch für andere Zwecke genutzt wurden. Die matriarchale Kultur kennt keine Trennung von Sakralem und Profanem, wie wir es heute gewohnt sind. Daher konnte ein Wohnort oder ein Schutzbau im Gebirge gleichzeitig eine praktische und sakrale Bedeutung haben. Jede alltägliche, praktische Handlung konnte zugleich ein Ritual sein, denn sie besaß auch eine symbolische Bedeutung und war von Gebet oder Gesang begleitet. Erst die Einseitigkeit der ausschließenden Deutung aus dem Entweder-oder-Denken unserer patriarchalen Zivilisation, die solche Plätze *nur* als profane Stätten betrachtet oder *nur* als Kultstätten, verzerrt diese Sachlage und produziert Scheinprobleme für das Verständnis. Diese Plätze dienten nützlichen und sakralen Zwecken zugleich und wurden in der jungsteinzeitlichen Kultur multifunktional gebraucht.

Auffallende Plätze in diesem Sinne gibt es entlang aller alten Wanderrouten für die Schafauftriebe mit den Überquerungen der Pässe Hochjoch, Niederjoch und Gurgler Eisjoch. Sie finden sich sowohl im Schnalstal auf der südlichen Seite des Alpenhauptkammes wie auch im hinteren Ötztal (Venter Tal und Gurgler Tal) auf seiner nördlichen Seite. Diese von Süd nach Nord führenden Wege waren außerdem durch Querwege von Ost nach West zwischen 2100 und 2400 m Höhe verbunden, welche die Routen zu den Pässen kreuzten. Auf diese Weise konnte man auch zwischen den Seitentälern des Schnalstales hin und her wechseln.[39]

Das wurde entdeckt, weil sich entlang dieser Querwege an wichtigen Kreuzungspunkten auffallende Schalensteine befinden, die eine erstaunliche Kontinuität und Regelmäßigkeit aufweisen. Sie liegen auf markanten Anhöhen und Plateaus und kommen in Verbindung mit alten Mauerresten vor. Die kleinen Schalen sind genau nach den Himmelsrichtungen in die Steine vertieft, sodass sie als archaischer Kompass oder Wegweiser dienen konnten, um die Richtungen der sich jeweils kreuzenden Wege anzuzeigen. Es sind „Urwege" oder „Schafwege", denn ihnen entlang wurden auch die Schafe in der Jungsteinzeit getrieben, wobei die Hochplateaus, über die sie von einem Seitental zum nächsten führen, ideale Weideplätze boten. Noch heute folgen Hirten mit Schafen und Ziegen und sogar das Wild diesen Pfaden.[40]

Auch Steine mit großen Schalen kommen vor, sie liegen noch höher, nämlich auf 2400–2850 m. Von den Höhen mit den großen Steinschalen öffnet sich ein guter Blick auf die gegenüberliegende Talseite des Schnalstales mit den uralten Passübergängen über die Vorberge, die in den Vinschgau hinunterführen. Außerdem geht der Blick mit erstaunlicher Regelmäßigkeit von einer großen Schale zur nächsten weiter. Die Pfade zwischen den großen Schalen waren die kürzesten Verbindungen zwischen den einzelnen Seitentälern und den hoch gelegenen Weideplateaus.[41] Dieselben Markierungen mit Schalensteinen finden sich reichlich entlang der Südhänge des Vinschgaus, woher die damaligen Hirtinnen und Hirten kamen.[42]

Demnach stellen diese Pfade ein ganzes Wegenetz dar. Die Wegeverbindungen folgten den Sichtlinien, die sich von einer großen Schale zur nächsten auftaten. Diese Sichtlinien stellten – wie in anderen jungsteinzeitlich geprägten Landschaften auch – zugleich das Kommunikationsnetz über größere Entfernungen dar, das mit Feuerzeichen in der Nacht und Rauchzeichen am Tag aufrechterhalten wurde. Für die Feuer- und

Rauchzeichen könnten die großen Schalen als windgeschützte Behälter gedient haben. Auf diese Weise war ein Kommunikationssystem vom Alpenhauptkamm bis hinunter in den Vinschgau möglich. Auch der zentrale Felshügel unten auf dem Boden des hinteren Schnalstales, der heute die Marien-Wallfahrtskirche „Unser Frau" trägt, lag von vielen Punkten aus im Blickfeld. Dort befand sich vermutlich die lokale, neolithische Siedlung, von der aus man gen Norden zu den Pässen und gen Süden zum Vinschgau hin aufbrach.[43]

Diese Sicht- und Kommunikationslinien waren zugleich Kultlinien, denn sie schlossen Plätze ein, die zugleich Siedlungs- und Kultorte waren, wie man an „Unser Frau" im Schnalstal erkennen kann. Auch die stark zerfallenen Steinbauten und Einfriedungen entlang dieser Höhenwege dürften eine Doppelfunktion gehabt haben: Sie waren sowohl Schutzhütten für die Hirtinnen und Hirten als auch Pferche für die Schafe, zugleich aber auch Plätze einer alltäglichen Verehrung der Berggeister und anderer als göttlich betrachteten Wesen in diesen rauen Zonen. Darauf weisen Merkmale hin, auf die wir noch zu sprechen kommen werden. Denn die Hirtinnen und Hirten errichteten die einfachen Bauten hier oben nicht nur gegen schlechtes Wetter, sondern sie dienten als reguläre Almunterkünfte, wo die Leute mit den Herden den ganzen Sommer über lebten.[44] Dass sie während dieser langen Zeit nicht ihre religiösen Anschauungen und Praktiken ablegten, sondern genauso ausübten wie im Tal, liegt auf der Hand. In diesem Sinne waren diese Orte Wohn- und Kultplätze in einem.

Warum aber lagen die Almhütten der jungsteinzeitlichen Hirtinnen und Hirten in dieser Höhe, weit oberhalb der Waldgrenze? Abgesehen von den guten Sichtlinien und kurzen Querverbindungen zwischen den Tälern musste es doch einigermaßen schwierig gewesen sein, das benötigte Holz für den täglichen Bedarf heraufzuschaffen. Die Erklärung dafür wurde durch paläo-biologische Untersuchungen gegeben: In der damaligen Warmzeit lag die Waldgrenze erheblich höher als heute, nämlich genau da, wo diese alten Höhenwege verlaufen und die Almhütten der Hirtinnen und Hirten lagen.[45] Damit ergibt das Wegenetz auf dieser Höhe umso mehr Sinn, denn in den tiefer gelegenen, unwegsamen Berg-Urwald begab man sich nicht hinein, sondern wanderte auf den sonnigen Höhen entlang der damaligen Waldgrenze.

Wohn- und Kultstätten auf der nördlichen Seite

Folgen wir nun dem Wanderweg von „Ötzi", der eine Hauptroute gewesen sein muss. Dieser uralte Weg verbindet Vent im Ötztal mit Unser Frau im Schnalstal, wobei er auf der Nordseite durch das lange Niedertal auf das Niederjoch hinaufführt und auf der südlichen Seite durch das kurze, steile Tisental von diesem Pass herunterkommt, oder umgekehrt (Karte 1). Er verlief einst über das benachbarte Tisenjoch (auch „Hauslabjoch" genannt) und nicht über das Niederjoch wie heute, eine

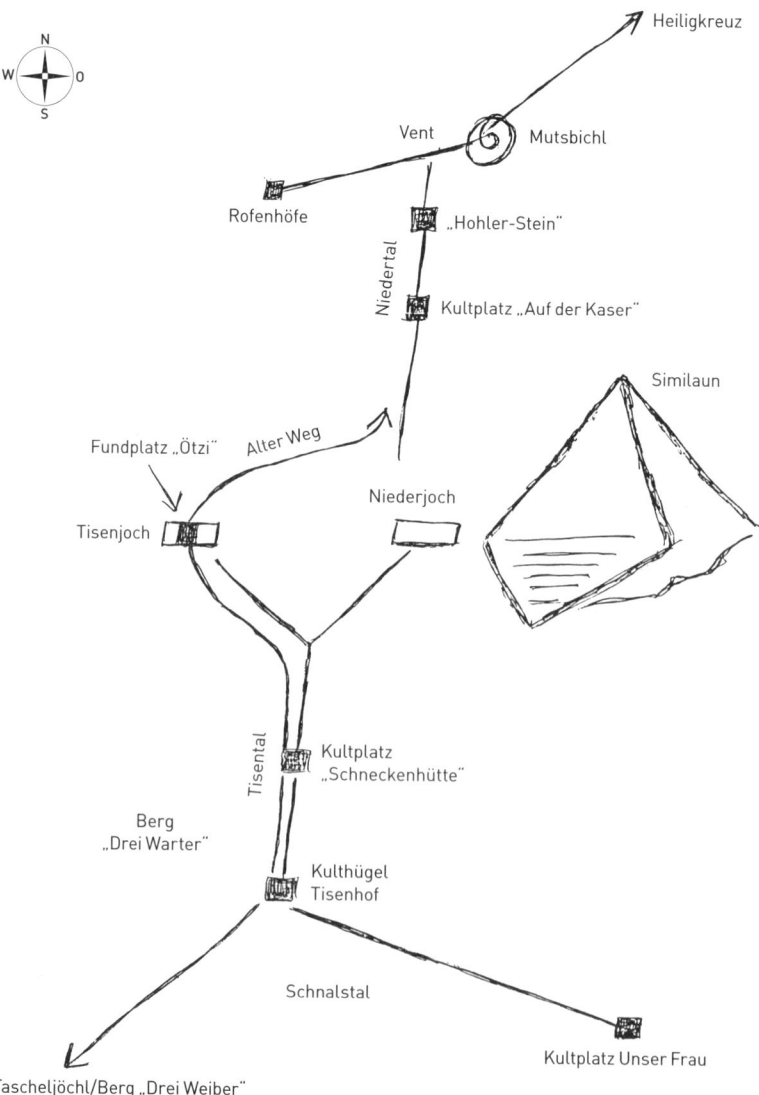

Karte 1:
Kultplätze und Sichtlinien im Niedertal und Tisental

Abb. 1:
Hohler Stein mit Gesicht im Profil, linke Seite

Wegführung, die noch im 19. Jh dokumentiert ist. Das Tisenjoch, auf dem „Ötzi" gefunden wurde, gewährt einen sanfteren Abstieg ins Tisental als das Niederjoch, von dem Serpentinen über eine Steilstufe hinabführen. Außerdem war das Niederjoch lange Zeit derart vereist, dass es nicht passiert werden konnte. Auch der uralte Schaftrieb im Frühling und Herbst über den Alpenhauptkamm, der heute noch stattfindet, ging lange über das Tisenjoch.

An Wohn- und Kultplätzen entlang dieses Weges ist im Niedertal nördlich des Tisenjochs *Auf der Kaser* bei Vent zu nennen (vgl. Karte 1).[46] Es ist ein bemerkenswertes Ensemble von Gestaltungsformen aus der Megalithkultur, von denen schon eine einzige ausreichen würde, um diesen Ort zu einer heiligen Stätte zu machen: ein stehender Stein oder Menhir, ein dolmenartig ruhender Stein, ein umbauter Platz, zwei Steinkreise und eine heilige Quelle. Eine kurze Strecke nördlich davon entfernt liegt der *Hohle Stein,* der gemäß einer archäologischen Grabung seit 8000 v. u. Z. von Menschen besucht worden ist (vgl. Karte 1).[47]

Zum „Hohlen Stein"

Am Eingang des Niedertales nicht weit von der Ortschaft Vent steht dieser mächtige Stein isoliert da, doch nicht senkrecht gerade, sondern auf der Kante, sodass er wie eine breit gelagerte Raute erscheint (Abb. 1).

Abb. 2 a/b:
Weiblicher Megalithstein und männlicher Megalithstein in Avebury

Die Raute ist ein uraltes, weibliches Symbol. So gelten zum Beispiel die breiten, rautenförmigen Megalithsteine in den Steinkreisen der riesigen Kultanlage von Avebury in Südengland als „weiblich", die geraden, schlanken hingegen als „männlich" (Abb. 2 a/b).[48] Durch die schräge Lagerung bildet der Hohle Stein an einer Seite einen schönen „Abri", das heißt ein Schutzdach als Unterschlupf. Dieser ist ausführlich durch archäologische Sondierungen untersucht worden. Außer der Rautenform hat der Stein noch ein paar weitere auffällige Merkmale: Von Süden betrachtet, woher der alte Weg aus dem Schnalstal kommt, zeigt der Stein auf der linken Seite ein Gesicht, uralt und verwittert, das von unten nach oben schaut (siehe Abb. 1). Es wirkt wie das Gesicht der Erdmutter und wurde vielleicht auch von den frühen Menschen so gesehen. Solche Steine werden im Rätoromanischen noch immer „Muma Veglia", das heißt „Alte Mutter" genannt.[49] Auch im Niedertal war es die Erdmutter selbst, die den vorüberziehenden Menschen Schutz unter ihrem Haupt bot, das machte diesen Stein für sie besonders.

Unter dem Abri auf der rechten Seite des Hohlen Steines finden mehrere Personen Platz. Dieses Schutzdach geht auf der Oberseite in eine breite, in den Stein gehauene Sitzbank über. Ist das „Gesicht" des Steines noch Natur, so ist es diese Sitzbank nicht mehr, denn die Rückenlehne ist ebenmäßig geglättet, und rechts und links sind sogar zwei Armlehnen geformt. Dort können nebeneinander bequem drei Menschen sitzen (Abb. 3). Wer aber thronte da und weshalb?

Die Antwort liegt in den Sichtlinien, die der Hohle Stein eröffnet, wenn man auf dieser Steinbank sitzt: Eine Linie geht hinauf zum *Mutsbichl* gleich oberhalb von Vent, dessen Kuppe mit 2200 m ein bemerkenswerter Platz ist (vgl. Karte 1). Schon die Silbe „Mut" in diesem Namen

Abb. 3:
Sitzbank auf dem
Hohlen Stein

Abb. 4:
Schalenstein auf dem Mutsbichl bei Vent

weist darauf hin, denn überall in den Alpen gibt es besondere, abgerundete Hügel, die als „Mut/Mot/Muotta/Motta" bezeichnet werden. Das Wort ist vor-indoeuropäisch und stammt aus einer uralten Sprache. Stets bezieht es sich auf neolithische Siedlungshügel oder Kulthügel.[50] Auch die Kuppe des Mutsbichls ist am höchsten Punkt abgeflacht und bildet dadurch einen fast runden Platz, der von sonderbaren Steinen umrahmt wird. Einer von diesen ist ein Schalenstein, auch andere tragen Spuren von künstlicher Bearbeitung (Abb. 4). In Richtung Süden zeigt diese Stein-Umrahmung eine tiefe Kerbe, durch die man ins Niedertal hinunter genau auf den Hohlen Stein blickt. An diesem Abhang der Kuppe befinden sich dicht nebeneinander etliche Sesselsteine, auf denen man bequem sitzen und den Hohlen Stein beobachten kann.

Das kennzeichnet den Mutsbichl nicht nur als einen Kultplatz, sondern macht obendrein die Beziehung zwischen ihm und dem Hohlen Stein deutlich. Zwischen diesen beiden Plätzen hat Sichtkontakt zwecks Fernkommunikation bestanden. Vom Mutsbichl geht der Blick außerdem hinab zu den *Rofenhöfen* bei Vent (vgl. Karte 1), von denen archäologisch nachgewiesen ist, dass sie schon in der Jungsteinzeit ein Wohnplatz waren. Noch bemerkenswerter ist, dass eine andere Sichtlinie vom

Mutsbichl bis nach *Heiligkreuz* reicht, dem nächsten uralten Kultort im hinteren Venter Tal (vgl. Karte 1). Direkt oberhalb der Kirche von Heiligkreuz liegt eine große Platte mit Schalen, sie ist ein prächtiger Schalenstein. Dies zeigt, dass der Mutsbichl ein Knotenpunkt von Sichtlinien war.

Kehren wir zurück zum Hohlen Stein: Sitzt man auf ihm, so geht eine weitere Sichtlinie in östlicher Richtung hinauf zu einem flachen Sattel mit zwei Bergspitzen rechts und links. Diese Himmelsrichtung ist für astronomische Beobachtungen sehr wichtig, denn an den verschiedenen Punkten, an denen die Sonne aufgeht, können kalendarisch die Jahreszeiten abgelesen werden. Die beiden gezackten Bergspitzen neben dem Sattel eignen sich dabei ausgezeichnet als Markierungspunkte.

Sichtlinien und Markierungen für kalendarische Daten in den Alpen zu finden ist wegen des steilen, engen und unregelmäßigen Geländes schwierig. Deshalb liegen die Sichtlinien in halber Höhe, von der sich lokale Fernblicke öffnen. Um die Kommunikation über diese Begrenzung hinaus zu erweitern, wird eine Kombination von lokalen Sichtlinien hergestellt, die wegen der Biegungen der Täler im Zickzack verlaufen, denn sie springen auf halber Höhe von einer Talseite zur anderen. Dies kann man anhand der Lage von alten Kultplätzen mit Schalensteinen in den Alpen feststellen, wobei die spätere, christliche Überbauung solcher Plätze mit Kirchen und Kapellen das Auffinden der Sichtlinien heute erleichtert.

Nun können wir die Frage beantworten, warum in den Sagen die Saligen Fräulein und alte, weise Frauen über das Wetter stets so gut Bescheid wissen. Sie beobachteten es anhand ihres Bergspitzen-Kalenders oder erfuhren es per Fernkommunikation mit Feuer über das Netz der Sichtlinien aus anderen Landschaften, mit denen sie in Kontakt standen. Für neolithische Bergsiedlungen war es lebensnotwendig, das Wetter und die richtigen Kalenderdaten für Aussaat und Ernte zu wissen, weil die Wachstumsperiode in Gebirgen kurz ist, ebenso notwendig war diese Kenntnis für die Viehtriebe. Die später eingedrungenen Menschen wussten von dieser Art der Fernkommunikation nichts, sondern fürchteten sich vor „Hexen", die da oben in den Bergen in Rückzugsgebieten lebten, ihre „heidnischen" Rituale feierten und im Kreis um weithin sichtbare Feuer tanzten.[51]

Vermutlich waren es auch solche „Hexen", nämlich die Saligen Frauen, die zu dritt auf dem Hohlen Stein thronten, um von diesem Platz aus die Sichtlinien zu beobachten. Sie blickten hinauf zum Mutsbichl, wo

Abb. 5:
Menhir auf der Kaser mit Similaun

andere „Hexen" um ein Feuer tanzten, wodurch jene auf dem Hohlen Stein, bei den Rofenhöfen und in Heiligkreuz die Kalenderzeit und den Wetterbericht erfuhren. Ihre Dreizahl, in der sie auch in den Ötztaler Sagen auftreten, ist typisch, denn sie bilden damit die Dreiheit nach, in der die Große Göttin der matriarchalen Kulturen verehrt wurde.[52] Die späteren Nachfahrinnen der matriarchalen Dreifachen Göttin sind die keltisch-römischen Drei Matronen und die angeblich christlichen Drei Bethen sowie die heilige Frauentriade Barbara-Katharina-Margaretha.[53]

Zum Platz „Auf der Kaser"

Die Kaser liegt auf einem sanft geneigten Wiesenplateau weiter südlich taleinwärts im Niedertal. Das Wort „Kaser" ist romanischen Ursprungs, denn von „casa" abgeleitet, was „Haus" bedeutet. Am Platz „Auf der Kaser" gab es also Häuser, und er wird für die Stelle gehalten, wo einst Alt-Vent gestanden hat. Gleichzeitig war der Ort ein Kultplatz von gewisser Bedeutung. Wenn man sich der Kaser von Norden nähert, hat man einen bemerkenswerten Blick auf den Similaun (3597 m). Zugleich fällt auf, dass der einzige Menhir auf der Kaser direkt auf den Similaun im Süden ausgerichtet ist, auf den schneebedeckten Gipfel zusammen mit dem weißen Gletscherschoß des Berges (Abb. 5).

Der Similaun mit seiner überaus harmonischen Dreiecksform muss für die frühen Menschen sehr eindrücklich gewesen sein und ist es noch für die heutigen Menschen. Von der Kaser erblickt man seinen ebenmäßigen Gipfel und zugleich den weißen Gletscherschoß. Gipfelaufbau und Gletscherschoß bilden zusammen von hier aus gesehen die Form einer schrägen Raute. Von vielen weiteren Punkten des Weges sind die großen Gletscherbrüche des Marzellferners zu Füßen des Berges immer deutlicher zu sehen und wirken wie die Falten eines Gewandes (Abb. 6). Das weibliche Symbol der Raute, das der Berg zusammen mit dem Gletscherschoß zeigt, ließ ihn in den Augen der frühen Menschen als einen heiligen Berg, als eine Weiße Berggöttin erscheinen. Im Eisschoß ihres Gletschers haben nach damaliger Auffassung – wie bei der Göttin Samblana auf dem Antelào – die Ahnenseelen gewohnt. Damit haben wir wieder einen mythischen „Glasberg" oder ein „Glasschloss" gefunden, es ist der Ort der hiesigen Anderswelt.

Auch der Name des Berges weist darauf hin, dass er als eine Erscheinung der Weißen Göttin betrachtet wurde. „Similaun" ist ein Wort aus

Abb. 6:
Die weiße Raute des Berges Similaun, gebildet aus Gipfeldreieck und Gletscherschoß

einer vor-indoeuropäischen Sprache und geht auf das altorientalisch-mediterrane „Samaluana" zurück mit den drei Silben „sam-alu-ana". Dabei heißt „sam" so viel wie „weiß", „alu" heißt „göttlich", und „ana" ist das weitverbreitete Wort für Mutter oder Ahnfrau. „Similaun" ist damit wörtlich die „Weiße Göttinmutter" oder die „Weiße Göttin Ana".[54] Sie ist die Mutter der Seelen, die bei ihr weilen, bis sie aus ihrem weißen Schoß wieder in ein neues Leben entlassen werden. Damit wird sie zur Ahnfrau der Menschen dieser Gegend. Wir nennen den Berg deshalb von jetzt an korrekterweise *die* Similaun.

Der halbhohe Menhir auf der Kaser ist ein „männlicher" Stein, wie seine Form zeigt. Er ist auf die Similaun, die Weiße Göttin Ana, bezogen. Dies stellt eine symbolische Verbindung der Polarität weiblich-männlich dar: die Große Göttin und ihr kleiner, irdischer Heros, gedacht als Makrokosmos und Mikrokosmos. Dieser Menhir ist äußerst bemerkenswert, nicht wegen seiner Größe, sondern weil er deutlich widderköpfig gestaltet ist, was man von mehreren Seiten sehen kann (Abb. 7 a/b).

Abb. 7 a/b:
Widderköpfiger Menhir auf der Kaser

In einer schafzüchterischen Kultur ist der Widder ein Symbol für das männliche Prinzip. Der Widder ist ein sehr altes Symbol für die Sonne, was für den gesamten mediterranen Raum, insbesondere Nordafrika, gilt. Dies kann man an nordafrikanischen Felszeichnungen aus der Altsteinzeit, die Widder und Sonne verbinden, bis hin zur ägyptischen Verehrung des Widder-Gottes Amun und zuletzt bis zum hellenistischen Gott Jupiter Ammon, der Widderhörner trug, ablesen. Gemäß dieser altmediterranen Symbolik steht die Sonne zur Frühlings-Tagundnachtgleiche im Sternzeichen „Widder", und nun beginnt die helle Jahreshälfte. Symbolisch gesehen bringt der „Widder" nach dem Winter die Sonne zurück. Es hat daher tiefen Sinn, dass der Widder-Heros von der Kaser der Weißen Göttin Similaun zugeordnet ist, denn ohne seine Sonne würde ihr Eisschoß niemals auftauen. Er bringt im Frühling das Licht und die Wärme, sodass ihre Schmelzwasser zu fließen beginnen, wodurch die Almen ergrünen und ein neuer Lebenszyklus beginnt.

Die Weiblich-männlich-Polarität kehrt auf der Kaser noch in einer anderen Form wieder. Nur wenige Schritte vom Widderkopf-Menhir entfernt

Abb. 8:
Großer, liegender Felsblock mit Plattenumrahmung und kleinen Menhiren

liegt der Hauptstein der ganzen Anlage: ein großer, flacher Felsblock mit einer sorgfältig gebauten Umrahmung aus Platten. Diese führte vermutlich einmal ringsum, heute ist sie an der Ostseite abgerutscht. Die Plattenumrahmung wird von sehr kleinen Menhiren in regelmäßige Abstände unterteilt, die wie winzige, hockende oder sitzende Gestalten aussehen (Abb. 8).

Dieses Ensemble hat keinerlei praktische Funktion, es zeigt aber durch die Betonung des Steines an, dass er eine wichtige symbolische Bedeutung gehabt haben muss. Die Bedeutung lässt sich wieder durch Kulturvergleich erschließen: Die Khasi, ein heute noch lebendes matriarchales Volk in den Bergen Nordost-Indiens, pflegten bis an den Rand der Gegenwart Plätze aus Megalithen zu bauen. Die Khasi-Leute gaben den Ethnologen, die ihre Kultur erforschten, direkte Informationen zur Bedeutung der Steine und Steinformationen, die sie errichteten. Die Forscher sahen darin eine einzigartige Möglichkeit, auch über die Bedeutung der Megalithkultur in Europa, die Jahrtausende zurückliegt, etwas zu erfahren, sogar über die Megalithkultur weltweit, die auf allen Kontinenten sehr ähnliche Formen aufweist.[55] Die Khasi deuten die zwei Grundformen, den liegenden und den stehenden Stein, als „weiblich" und „männlich". Die liegenden, dolmenartigen Steine von oft beträchtlicher Größe repräsentieren gemäß ihren Aussagen die Urmutter oder Ahnfrau, die den matrilinearen Clan hervorgebracht hat. Die um sie herum stehenden, aufrechten Steine stellen ihre Brüder dar, die würdevollen und geachteten Schützer und Wächter des Clans.

Deshalb dürfen wir diesen ruhenden, besonders hervorgehobenen Stein auf der Kaser auch als einen Urmutter- oder Ahnfrauenstein betrachten. Bei der Verehrung der Ahnfrau wurden darauf Opfergaben niedergelegt, was ihn gleichzeitig zu einer Art „Altarstein" machte. Die kleinen Menhire, die ihn umgeben, stellen vielleicht ihre Kinder dar oder die Ahnenseelchen, die sie hier genauso hütet wie die Weiße Göttin Ana in ihrem großen Schoß – es ist wieder eine Mikrokosmos-Makrokosmos-Analogie. Zusammen mit dem Widderkopf-Menhir bildet der Urmutterstein auf der Kaser die Polarität des Weiblichen und Männlichen noch einmal ab, eine Präsentationsform, die in der Epoche der Jungsteinzeit auf allen Kontinenten verbreitet war.

Die große Bedeutung dieses Urmuttersteins geht auch daraus hervor, dass ihm unmittelbar gegenüber ein rechteckiger, aus Platten gebauter Platz liegt, der an beiden Seiten an natürlichen Fels anschließt (Grafik 1). Er hat im hinteren Teil eine dreistufige Plattenreihe wie eine Sitzbank, die mit kleinen Menhirplatten in Abeilungen untergliedert ist. Dieser Platz ist zentral und war allem Anschein nach der Ort für die Dorfversammlung. Er ist direkt auf den Urmutterstein ausgerichtet, denn nach dorthin ist er offen. Heute durchschneidet leider der neue Weg das Bau-Ensemble. Diese Anordnung von Platz und Stein entspricht der matriarchalen Auffassung, dass beim Rathalten der beste Rat und alle Weisheit von der Mutter des Stammes, der Ahnfrau, kommt. Sie wurde wohl von einer Priesterin verkörpert, die bei dieser Gelegenheit auf dem Urmutterstein saß. In der Tat hat man, auf dem Stein sitzend, alle anderen Personen auf dem Versammlungsplatz in angenehmer Sprechweite gegenüber.

Die Kaser besitzt außerdem zwei Steinkreise und ein Quellheiligtum. Die Steinkreise grenzen aneinander, der eine, ebenmäßig kreisrund und kleiner, ist der ältere. Er besteht aus zwei konzentrischen Ringen, ist also doppelt und besitzt in der Mitte große Steine, die vermutlich ein verfallenes Steinkistengrab sind. Der zweite ist viel größer und oval, er schließt an den kleineren mit drei auffallend großen Steinen an: einem der Form nach weiblichen, einem männlichen und einer umgestürzten Platte mit einer Peilkerbe am oberen Rand. Er ist teilweise zerstört, denn aus seinem Material wurde später die Steinhütte in der Mitte errichtet, die heute verfallen ist.

Ein bezaubernder Ort auf der Kaser ist das kleine Quellheiligtum, das „Altar" genannt wird. Genau über dem Ursprung der Quelle, die das ganze Jahr über fließt und auch im Winter nicht gefriert, steht ein

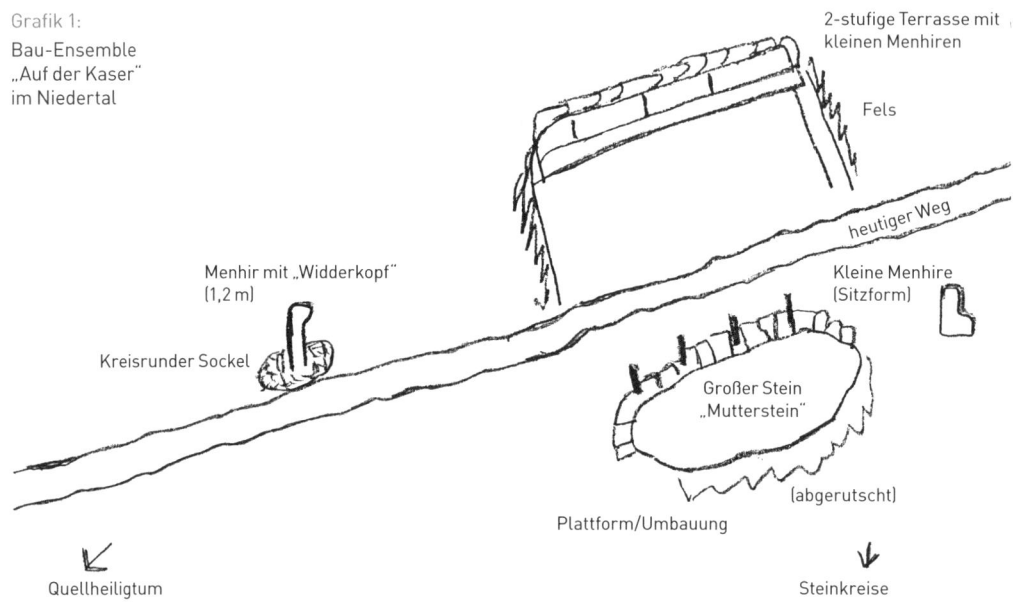

Grafik 1:
Bau-Ensemble „Auf der Kaser" im Niedertal

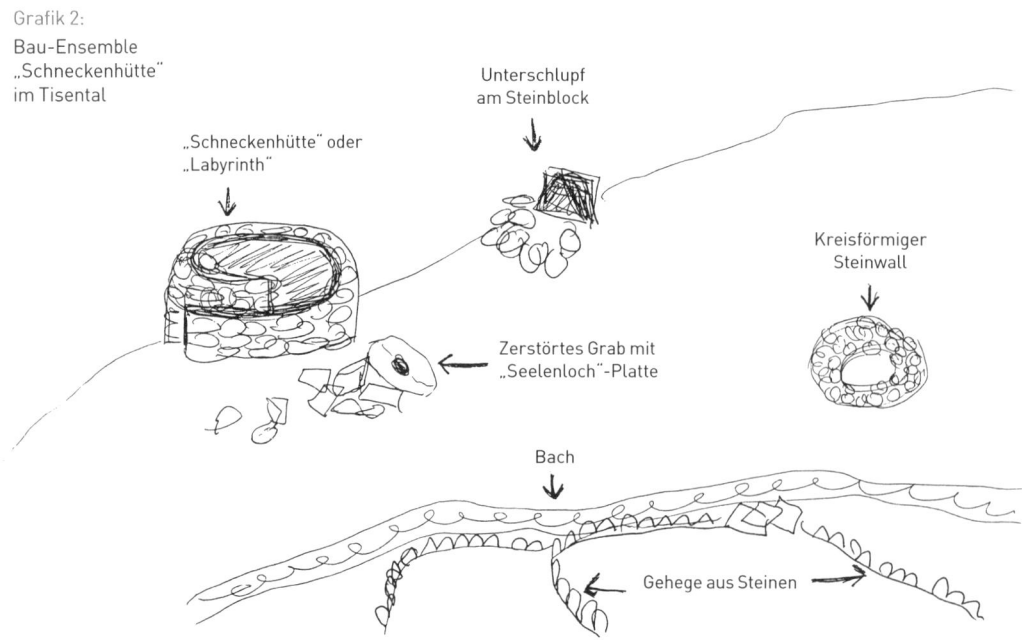

Grafik 2:
Bau-Ensemble „Schneckenhütte" im Tisental

mittelgroßer, pyramidenförmiger Stein, der rundum künstlich geglättet ist. Er hat zur Quelle hin eine ausgehöhlte Schoßvertiefung mit zwei Armlehnen, so perfekt geformt, dass man bequem darauf sitzen konnte (Abb. 9). Er ist wohl das Abbild der Quellgöttin wie auch der Thronsitz der Priesterin gewesen, welche die Quelle hütete. Wenn sie darauf saß, dann schien die Quelle zwischen ihren geöffneten Beinen aus ihrem Schoß hervorzukommen.

Dieser wunderschön gearbeitete Sitz oder Steinschoß wurde später mit losen Steinplatten überdeckt und ein Marienbildnis daraufgestellt. Eine solche Verchristlichung spricht für sich, denn sie zeigt an, dass der Quellenstein schon viel früher „heidnische" Verehrung genoss, die unterbunden werden musste. Heute steht die Marienstatue an einem anderen Ort, nämlich in der Kapelle auf der Kaser. Auffallenderweise wurde jedoch in die Steinplatten auf dem Quellenstein ein weißer Stein eingefügt, der ein weibliches Schoßdreieck darstellt. Jede Quelle symbolisiert seit uralter Auffassung im Kleinen den Schoß der Erde, denn das hervorfließende Wasser macht die Wiesen grün und das Land fruchtbar. Deshalb war dieser Platz wohl einer der heiligsten und zugleich notwendigsten auf der Kaser, denn ohne Wasser kann niemand wohnen. Mit diesen Kultbauten waren auch hier Siedlungsbauten verbunden, die jedoch durch einen noch heute sichtbaren Bergsturz verschüttet worden sind. Von der Kaser aus führte außerdem ein alter Übergang ins benachbarte Gurgler Tal.

Abb. 9: Quellheiligtum auf der Kaser

Die verschiedenen Sagenbruchstücke von der Kaser sprechen dieselbe Sprache: Sie handeln von einer Frau, die hier ein Kind gebar. In einer Version ist diese Frau ein „Lottermensch" oder „Bettelweib", das sich hierher geflüchtet haben soll, um ihre Schande zu verbergen.[56] In einer anderen Version ist sie die Mutter einer ohnehin schon kinderreichen Familie, die – wie in der Weihnachtsgeschichte der Bibel – in den Stall, den Schafpferch, hinaus verstoßen wird, wo sie in Nässe und Kälte gebären muss. Der Vater des Kindes verflucht daraufhin die Alm, sodass von Stund an auf ihr nur noch Schafe, aber keine Rinder mehr weiden konnten.[57] – Das Motiv ist beide Male dasselbe: Es steht die gebärende Frau im Mittelpunkt, deren Schoß sich öffnet, um neues Leben hervorzubringen. Hinter dieser später dämonisierten oder verelendeten Frau verbirgt sich die alte Göttin des Ortes, die Gebärende, die alles fruchtbar macht – wie die Quelle. Eigentlich ist sie die Wiedergebärende, welche die Ahnenseelen vom Marzellferner in ein neues Leben zurückbringt, das heißt, sie entspricht in menschlicher Gestalt der Weißen Muttergöttin, die als „Similaun" über der Kultstätte aufragt.

Es gibt deshalb auch einen symbolischen Zusammenhang zwischen dem weißen Schoß der mächtigen Berggöttin und dem kleinen Quellenschoß, denn beide senden die fruchtbar machenden Wasser, einmal im großen Maßstab, einmal im kleinen, zu Tal. Vermutlich stellt der Thronstein über der Quelle mit seiner vollkommenen Pyramidenform und dem eingelassenen, weißen Stein als Schoßdreieck ein verkleinertes Abbild der pyramidenförmigen Berggöttin mit ihrem Gletscherschoß dar. Deshalb verwundert es nicht, dass dieser Stein später mit der Jungfrau Maria besetzt wurde, die aus ihrem „weißen", das heißt jungfräulichen Schoß das Jesuskind gebar.

Wohn- und Kultstätten auf der südlichen Seite

Wenn man das Niederjoch (3016 m) überschritten hat, in dessen unmittelbarer Nähe das Tisenjoch (3210 m) liegt, wo „Ötzis" Leichnam gefunden wurde, kommt man auf der südlichen Seite des Alpenhauptkammes herab. Auf dieser südlichen Seite liegt das kurze, steile Tisental, das beim Ort Vernagt ins Schnalstal mündet. Vernagt liegt nur wenig oberhalb des Ortes Unser Frau (Madonna di Senales) auf dem Talboden. Im Tisental selbst finden wir genau in dessen Mitte auf einem kleinen Hügel, der an ein sanftes Plateau anschließt, einen weiteren auffallenden Kultplatz mit mehreren Bauelementen. Es ist die heute sogenannte *Schneckenhütte* oder das *Labyrinth* (Grafik 2).

Zum Platz „Schneckenhütte" (mundartlich „Schnegg")

Bei der sogenannten „Schneckenhütte" handelt es sich um einen kleinen, runden Steinbau, der sich in einer einfachen Spirale nach innen biegt und eine geschützte Kammer bildet. Die Wände sind leicht einwärts geneigt, das Dach ist verfallen oder wurde zerstört (Abb. 10).

Abb. 10:
Die sogenannte „Schneckenhütte" im Tisental

Diese Hütte gehört zum uralten Typus der Kragwölbungsbauten aus Trockenmauern. Dies ist ein typisches Bauelement der altmediterranen Kultur, die sich entlang der Atlantikküsten bis nach Schottland ausgebreitet hat, wie man an dem gut erforschten, jungsteinzeitlichen Dorf Skara Brae in Schottland sehen kann. Die einwärts geneigten Wände weisen darauf hin, dass das kleine Gebäude mit einer Steinkuppel im Stil des „falschen Gewölbes" überdeckt war. Solche Bienenkorb-Hütten waren während der Zeit der altmediterranen Kultur, die auch „Ötzis" Epoche ist, weitverbreitet in ganz Europa. Man findet sie heute noch als die „Trulli" in Apulien (Süditalien) und ähnliche Bauten im Inneren Spaniens. In großer Dimension treten sie als die „Brochs" auf, die alten Wohntürme in Schottland und vereinzelt in Irland, und als die „Nuraghi", die noch größeren Wohntürme auf Sardinien.

In den Alpen kommen ähnliche Steinbauten mit Gewölbedach auf dem Glattjoch (1988 m) in der Steiermark und auf dem Berninapass (2300 m) im Oberdengadin vor. Doch sie waren auch in den Alpen der französischen Provence vorhanden, wovon einzelne Exemplare noch heute zeugen. Sie dienten in den Hochlagen der Alpen den Hirtinnen und Hirten als Sommerwohnung und wurden immer wieder hergestellt, genau so wie es mit den Trulli in Apulien gemacht wird, die sogar in der

Gegenwart den Leuten als einfache Behausungen dienen. Das zeugt von ihrer stabilen Statik und ließ sie nicht nur Jahrhunderte, sondern sogar Jahrtausende überdauern.[58]

Bei der sogenannten „Schneckenhütte" ist der einwärts gebogene Eingang sehr nützlich, denn er bietet auf diese Weise Schutz vor Wind, Regen und Schnee. Eine einfache Matte genügte, um den Eingang zu schließen. Diese praktische Bauweise wurde später in den „Tambra retica", den mittelalterlichen Wohnungen Ladiniens, nachgeahmt.[59] Es gibt jedoch ein paar Merkmale, die einen Gebrauch der „Schneckenhütte" nicht nur für profane, sondern gleichzeitig für kultische Zwecke anzeigen. In ihrem Innenraum ist eine gut gebaute Wandnische eingelassen, in der Lebensmittel, aber auch kleine Opfergaben deponiert werden konnten. In dieser ehemals heiligen Ecke, genau in der Fall-Linie des Tales, fand sich etwas Besonderes: Verborgen unter einem Haufen grober Steine, um sie zu schützen, stand aufrecht eine Platte aus schneeweißem Stein. Sie ist sehr schmal, beide Seiten sind ausgezeichnet geglättet und ihre Kanten perfekt gearbeitet. Im oberen Teil stellt sie einen schematischen Widderkopf dar (Abb. 11).[60]

Dieses Widderbildnis in der inneren Kammer der Hütte macht diese gleichzeitig zu einem kleinen, spiralförmigen Heiligtum. Die Widderkopf-Platte findet ihre Entsprechung in dem Widderkopf-Menhir auf der Kaser jenseits des Tisenpasses. Beide Kultstätten nördlich und südlich der Weißen Göttin Similaun wurden damit durch die typische Sakralfigur einer schafzüchterischen Kultur in einen symbolischen Zusammenhang gebracht. Ganz in der Nähe gibt es noch eine dritte Widderkopf-Form: Sie befindet sich auf der kleinen Hochebene *Finailgrub* im Finailtal, einem kurzen, steilen Seitental des Schnalstales, das parallel zum Tisental liegt. Dieser Platz Finailgrub ist gekennzeichnet durch einen weiten, flach liegenden Steinkreis mit einer bemerkenswerten Vielzahl von Schalen, die Orientierungskreuze und abstrakte Figuren bilden und eventuell Sterngruppen abbilden. Daneben steht ein kleiner Felsstock wie ein etwas unförmiger Menhir, der einen großen, roh geformten, aber gut erkennbaren Widderkopf zeigt, der zu den Schalen ausgerichtet ist. Bei ihm liegen aufgeschichtete Steinplatten, als ob es auch hier einen einfachen Bau gegeben hätte.[61] Neuere archäologische Grabungen brachten Brandopfergruben aus der Bronzezeit ans Tageslicht, dazu fein gearbeiteten Bernsteinschmuck von der Ostsee, Glasperlen aus dem Mittelmeerraum und ein Webgewicht – was auch diesen Platz als einen Kultort ausweist.[62]

Eine solche Häufung auf landschaftlich engem Raum ist sehr auffällig, sie bestätigt noch einmal den kultischen Zusammenhang der Gegend nördlich und südlich des Tisenjoches (vgl. Karte 1). Das heißt, wir haben es mit einer Landschaft zu tun, die außer ihrer profanen Nutzung als Weideland „geheiligt" wurde, eben einer „heiligen Landschaft". Dies ist der äußerst eindrücklichen Berggestalt der Weißen Göttin Similaun als ihrem Mittelpunkt zu verdanken. Außerdem fanden sich die Menschen hier oben der Kraft der Elemente, die sie als mächtige Berggeister betrachteten, unmittelbar ausgesetzt: dem Tosen des Windes und Regens, den verfrühten Schneestürmen des Herbstes und der strahlenden Höhensonne. Dabei sei nochmals betont, dass die Menschen gleichzeitig in dieser

Abb. 11:
Die Widderkopf-Platte in der „Schneckenhütte"

heiligen Landschaft wohnten, denn die genannten Kultorte waren auch ihre Sammelplätze und Sommeraufenthalte. „Kultlandschaft" schließt also „Wohnlandschaft" ein, Orte der Verehrung der lokalen Landschaftsgöttin und der Sonne sind gleichzeitig Wohnorte der Menschen und Plätze für die Schafe.

Das mehrfache Auftreten des Widder-Symbols in dieser Kultlandschaft legt es nahe, die Form der sogenannten „Schneckenhütte", nämlich die einfache Spirale, auch als ein Widder-Symbol zu verstehen. Es ist das Nachbild eines Widderhornes, darum sollte sie besser den Namen „Widderhütte" tragen. Das Wort „Schneckenhütte" ist übrigens auch eine symbolische Deutung, aber eine sehr gedankenlose, denn es ist nicht einzusehen, weshalb die Schnecke in einer schafzüchterischen Kultur bedeutsam sein sollte. Die Bezeichnung „Labyrinth" ist ohnehin falsch, denn ein Labyrinth besitzt eine völlig andere Form.

Diese *Widderhütte* – ab jetzt nenne ich sie so – stellt ein kleines Sonnenheiligtum dar. Das legt die Symbolik des Widders nahe. Die Sichtlinien von der Widderhütte führen auf beide Pässe hinauf: zum Tisenjoch und zum Niederjoch. Man blickt dabei in den Abschluss des Tisentales, der einen vollendeten Halbkreis bildet. Von dort kommen die Bäche fächerförmig herunter, um sich in der Talsenke wie in einem Schoß zu sammeln. Man nennt diesen Talabschluss volkstümlich, aber sehr deutlich „*Die Frau*". Das Wasser fließt dann um den exponierten Hügel, auf dem die Widderhütte steht, herum und auf beiden Seiten weiter hinunter. Das heißt, wir finden auch auf dieser Seite des Alpenhauptkammes die Symbolik des fruchtbaren Wassers wieder, das im Frühling durch die Kraft der Widder-Sonne aus dem Gletscherschoß der Landschaftsgöttin Similaun entspringt – obwohl sie von der Widderhütte aus nicht zu sehen ist. Auf diesen Talschoß *Die Frau* ist die Widderhütte bezogen, womit sie die Kultlandschaft betont, in die sie eingebettet ist.[63]

Auch die Umgebung der Widderhütte ist bemerkenswert: Unmittelbar neben ihr fand sich eine Steinplatte mit einem „Seelenloch", sie ist Teil eines noch sichtbaren, zerstörten Steinkistengrabes.[64] Auf der Verlängerung des Hügels ist ein kleiner Ring aus Steinplatten an einen Felsblock gebaut und in der graswachsenen Senke dahinter ein gleicher zweiter Ring; sie waren Fundamente von Hütten, die gänzlich zerfallen sind. Es finden sich zudem niedrige Umgrenzungen aus Steinplatten, die als Schafstall während der Nacht gedient haben. Alles war für den Sommeraufenthalt der Hüteleute mit ihren Schafen bestens geeignet.

Wie zäh die Symbolik der Landschaft im Volksgedächtnis haften geblieben ist, zeigt ein kleiner Bildstock auf halbem Wege vom Schnalstal zur Widderhütte. Er ist St. Martin gewidmet, doch wenn man ihn öffnet, sieht man genau die Perspektive talaufwärts zur Widderhütte, um die rechts und links die Bäche herabkommen. Die Perspektive der Malerei führt weiter bis hinauf zum schoßförmigen Abschluss des Tales *Die Frau*. Im Vordergrund stehen seitlich im Profil die beiden wichtigsten Tiere der Hirtenkultur, eine Kuh und ein Widder. Dieser Widder trägt ein Horn in Form einer einfachen Spirale und zeigt genau dasselbe Profil wie die Widderkopfplatte, die in der Widderhütte gefunden wurde (Abb. 12).

Zum Tisental und Unser Frau im Schnalstal (Madonna di Senales)

Das System der Sicht- oder Kultlinien im Tisental von der Widderhütte aus ist außerordentlich: Der Blick geht wegen der Kürze dieses hängenden Tales einerseits direkt zum Tisenjoch hinauf und andererseits unmittelbar bis zum Schnalstal hinunter. Der alte Schafweg von der Widderhütte zum Tisenjoch folgte dieser Sichtlinie aufwärts und verlief am Bach entlang mittig im Tal. Von der Widderhütte aus wird er ein Stück von auffallenden Felsblöcken begleitet, die paarweise stehen; teils haben

Abb. 12:
Bildstock im Tisental mit der Landschaft und Widder

sie kleine Schalen (Abb. 13). Sie waren bei gutem wie bei schlechtem Wetter, besonders bei Nebel, ausgezeichnete Orientierungspunkte. Sie führen zum nächsten markanten Hügel oberhalb der Widderhütte, der eine verfallene Hirtenhütte besitzt und dicht daneben einen Stein mit zwei schönen Schalen.

In die Richtung abwärts führt die Sichtlinie ebenso unmittelbar zu einem Wohn-Kultplatz am Ausgang des Tales, zu dem alten, schönen *Tisenhof* auf seinem Hügel. In seinem Fundament sieht man noch heute einen großen, eingebauten Megalith-Stein. Vom Tisenhof blickt man direkt auf die Kirche von *Unser Frau im Schnalstal* hinunter, dem bedeutenden Kultplatz mit Dorf im oberen Schnalstal (vgl. Karte 1). Er hatte im frühgeschichtlichen Schnalstal eine zentrale Stellung. Denn man blickt von dort nicht nur bis zum Tisenjoch hinauf, sondern auch zu anderen umliegenden Pässen und hoch gelegenen Kultplätzen. Die Kirche „Unser Frau" steht auf einem breiten Felsbuckel, der eine sehr große, runde Schale zeigt, die später durch eine eingehauene Umrandung verchristlicht wurde. Die Schale liegt unmittelbar neben der Wand des Chorbaues der Kirche, und was sich unter der Kirche befindet, ist nicht mehr zu sehen. Es handelt sich um einen auf typische Weise verchristlichten, neolithischen Kultplatz.

Abb. 13:
Paarweise stehende Felsblöcke am alten Weg zum Tisenjoch, im Hintergrund der kleine Hügel mit der sogenannten „Schneckenhütte"

Die christliche Legende zum Bau der Kirche spricht ebenfalls eine deutliche Sprache. Darin heißt es, dass Pilger auf einem einsamen Felshügel im Schnalstal eine kleine Marienstatue mit Jesuskind entdeckten, die noch nach Sonnenuntergang hell leuchtete. Sie wurde ins Dorf gebracht, wo man sie in einem Hof aufstellte und verehrte. Doch am anderen Morgen war sie verschwunden, man fand sie am alten Platz auf dem Hügel wieder. Das wiederholte sich mehrere Male, bis man beschloss, für die Marienstatue eine Kapelle im Tal zu erbauen. Doch auch dieses Unternehmen gelang nicht, denn Unfälle und Hindernisse jeder Art hemmten das Vorhaben. Maurer fielen vom Gerüst, Zimmerleute verletzten sich, und Vögel trugen die vom Blut der Verunglückten geröteten Späne wieder hinauf zu demselben Hügel, wo man die Statue zuerst erblickt hatte. Da folgte man endlich dem Willen der Muttergottes und erbaute ihr auf diesem Hügel in 1508 m Höhe eine stattliche Kirche, die noch heute Wallfahrtsziel ist.[65]

Dieser Legendentypus vom wandernden Marienbild kommt überaus häufig vor. Es fällt auf, dass sich die Erzählungen stets auf uralte und bedeutende Kultplätze beziehen, die den christlichen Missionaren ein Dorn im Auge waren. Denn die alteingesessene Bevölkerung ließ trotz christlicher Predigten nicht von der Naturverehrung an solchen Plätzen ab. Daher war jedes Mal ein solches „Wunder" nötig, das der Verchristlichung Nachdruck verschaffen sollte, um die so lange gepflegten, alten Bräuche zu untergraben und den Widerstand zu brechen. Es handelt sich um geschickte missionarische Manöver, wobei sich das Marienbildnis auf wundersame Weise stets wieder von selbst auf die erwählte Stätte begibt – natürlich heimlich und ohne menschliches Zutun! Diese Propaganda mit „göttlichen Zeichen" verschaffte die Legitimation, solche Plätze mithilfe des Drucks vonseiten der Obrigkeit endlich zu christianisieren. Maria als „leuchtende Frau" – die in einigen Fällen sogar höchstpersönlich erscheint – weist jedes Mal darauf hin, dass die Kulthügel vorher der Verehrung einer leuchtenden Göttin gewidmet waren, sei dies eine Himmelsgöttin oder Weiße Berggöttin.

Welche Göttin es in dieser Kultlandschaft war, liegt auf der Hand: die Similaun, die Weiße Göttin Ana. Denn nicht nur von Norden her bietet der heilige Berg eine besondere Ansicht, sondern von fast allen Seiten. So geht auch von den südlichen Pässen des Schnalstales zum Vinschgau hin, dem Tascheljöchl, Niederjöchl und Bildstöckeljoch der Blick unmittelbar auf seine ebenmäßige Pyramide. Von Westen betrachtet, sieht der Berg aus wie ein riesiger, weißer Thronsessel mit Lehne. In dieser Gestalt ist er – ebenso wie andere Berge, die den im Alpenraum häufigen Namen „Sella", das heißt „Sessel", tragen – der Thron der Weißen Göttin, die als Himmlische auf ihrem Berg sitzt. In den Mythen aller Völker gelten die ragenden Schneegipfel als Thronsitze von Gottheiten und sind deshalb heilig. An der Südseite der Similaun liegt außerdem der Grafferner. Unter diesem Gletscher soll, nach einer Variante der Sage von der versunkenen Stadt, das geheimnisvolle „Tanneneh" unmittelbar zu Füßen des heiligen Berges im Eis begraben liegen. Die prunkvollen Städte der Sage gab es hier zwar nicht, wohl aber jungsteinzeitliche Almsiedlungen mit Verehrungsplätzen für die Weiße Göttin Ana.

Das Motiv der auf den Bergen thronenden Göttin kehrt bei der Kirche „Unser Frau im Schnalstal" wieder: In dem großen Außengemälde über dem Portal thront nun die Madonna, diesmal ohne Jesuskind in eigener Majestät, auf einem hohen Sessel mit Lehne wie auf einer Bergspitze. Eindeutig zeigt sich hier, dass sie die matriarchale Göttin, die einst auf ihrem weißen Berg thronte und von hier aus verehrt wurde, ersetzt. Damit weist dieser Felsenhügel mitten im Schnalstal eine überaus lange Kultkontinuität auf, wenn auch nicht eine Kontinuität der Kulturen.

Zum Tisenjoch

Die Kultstätten und Orte mit besonderen Namen im Niedertal und Tisental – deren Vorkommen hier noch keineswegs erschöpft ist – kennzeichnen diese beiden zu den Pässen führenden Hochtäler als eine zusammenhängende Kultlandschaft. Der Alpen-Übergang übers Tisenjoch, auf dem „Ötzi" gefunden wurde, war der wichtigste Passweg. Er war bedeutender als der Übergang auf dem Hochjochferner übers Hochjoch und gefahrloser als der Weg übers Gurgler Eisjoch. Denn dieser alte Hauptweg führt in nächster Nähe an der Berggöttin Similaun vorbei und bietet einen herrlichen Blick auf sie. Hier war man der Landschaftsgöttin dieser Gegend greifbar nahe gekommen und befand sich in ihrer heiligen Umgebung.

Der Name „Hauslabjoch" für denselben Pass ist erst 1819 durch den Wiener Vermesser Hauslab aufgekommen.[66] „Tisenjoch" ist der alte Name, denn die Bezeichnung „Tisen" kommt in dieser Gegend mehrfach vor. Es ist ein altes Wort, und in diesem Zusammenhang ist die volkstümliche Benennung des Passes wichtig, denn die Einheimischen sprechen „Tisen" wie „Disen" aus. Die „Dīsen" oder „Idīsen" oder „Dießen" waren die drei Schicksalsschwestern im südgermanischen Glauben, sie entsprechen den nordgermanischen „Nornen". Sie gehen jedoch auf eine vor-germanische Göttinnenreihung zurück, ähnlich wie die römischen Drei Matronen und christlichen Drei Bethen weder römisch noch christlich waren.

Diese Bedeutung des Passnamens wird bestätigt durch eine bemerkenswerte Sage, die in der Gletscherwelt des hinteren Ötztales spielt. In den zwei Varianten „Die drei Wilden Fräulein am Ferner" und „Die drei Saligen Fräulein" gerät ein Hirtenknabe zufällig in den Kristallpalast der Saligen unter dem Gletscher und wird dort verwöhnt. Es wird ihm steter Zutritt zu der geheimnisvollen Welt der Saligen erlaubt, wenn er verspricht, niemals Jäger zu werden und Gämsen zu jagen, überhaupt keine Alpentiere, die alle unter dem Schutz der Frauen stehen. Durch Ausplaudern des Geheimnisses verliert er den Zugang zu den Saligen und ergibt sich als Erwachsener seiner Jagdleidenschaft. Aber als er einmal auf eine Gämse zielt und schießt, wird er von hellem Glanz geblendet, und vor ihm stehen die drei Saligen (oder eine von ihnen) und schauen ihn zornig an. Schwindel ergreift ihn, und er stürzt in den tiefen Abgrund zu Tode.[67]

Diese drei Saligen erinnern an die Dīsen, die drei Schicksalsschwestern. Die Begegnung mit diesen göttlichen Frauen kann Glück bringen oder auch den Tod. Sie können schenken und reich machen oder Frevel durch ihre bloße Anwesenheit bestrafen. Sie werden auch als „Feen" bezeichnet, was mehr aussagt, als dass sie nur Wilde Fräulein sind. In vielen Sagen von den Saligen werden ihre konkreten Wohnorte genannt, in Höhlen, Löchern, Felsen und hier im Gletscher. Mit der Dreiheit, in der sie häufig auftreten, bilden sie die Dreifache Göttin der frühen matriarchalen Kulturen nach.[68] Sie könnten daher Priesterinnen der Weißen Göttin Ana gewesen sein, die an dem abgeschiedenen Platz in der Höhe, direkt neben dem heiligen Berg, ihren alten Kult noch lange pflegten.

Zudem ist ihre Dreiheit auch in der Landschaft verankert, denn auf dem Bergkamm zwischen Tisental und Finailtal befinden sich die „Drei Warter" (Drei Wächter), drei große, künstlich gebaute Steinmandl, das heißt pyramidenförmige Steinhaufen. Sie blicken über das Schnalstal hinweg zum gegenüberliegenden südlichen Bergrücken, wo sich beim Tascheljöchl die „Drei Weiber" (Drei Frauen) befinden. Diese sind drei natürliche, pyramidenförmige Felsen vor einem Massiv und erheblich älter als die „Drei Warter", die wohl als männliche Entsprechung für die Drei Weiber später errichtet worden sind.[69]

Es ist durchaus möglich, dass auf dem Tisenjoch ein Passheiligtum vorhanden war, wie in alten Kulturen üblich, wo auf den Pässen die Berggeister und Berggottheiten verehrt wurden. Auch in heutigen Kulturen, wie zum Beispiel in Nepal und Tibet, wird dieser Brauch noch gepflegt. Ein solches Passheiligtum würde der Bedeutung dieses Hauptweges, der von Kultort zu Kultort direkt zur Similaun führt, durchaus entsprechen.

In diesem Zusammenhang: Vermutungen zu „Ötzis" Tod

„Ötzis" Tod ist ein Rätsel, das zweifellos nie ganz gelöst werden kann. Dennoch lässt es der Neugier der heutigen Menschen keine Ruhe. Es ist eine Reihe sich widersprechender Hypothesen dazu aufgestellt worden, die wir analysieren wollen in der Hoffnung, uns der Sache dabei anzunähern.

1. Da wäre zunächst die „*Streit*"-*Hypothese* (Konrad Spindler et al.):[70]

Bei dieser Deutung entwirft man das Drama vom „Streit im Dorf" (im Schnalstal) und „Ötzis" Flucht in die Berge. Dieser Hypothese entspricht das Untersuchungsergebnis am Leichnam, dass man nämlich in „Ötzis" Schulter den Einschuss von einem Pfeil und den Rest einer Pfeilspitze gefunden hat. Ob dieser Schuss ihn gleich getötet hat oder er später der Verletzung erlag, bleibt offen. Bedauerlicherweise dient dieser Befund dazu, die beliebte Gewalt-These wieder breit auszumalen. Man hört solche reißerische Propaganda wie „Mordfall Ötzi: ein politisches Komplott" oder „älteste Kriminalgeschichte der Menschheit", womit die Jungsteinzeit mit den heutigen Verhältnissen gleichgeschaltet wird, wo es an Verbrechen und Gewaltgeschichten nicht mangelt.

Verbunden mit dieser Vorstellung ist die Einengung des Blicks auf eine reine Männerwelt. Denn „Ötzi" war – was seine schön gearbeitete Kleidung und seine Ausstattung mit Geräten, insbesondere dem prestigeträchtigen Kupferbeil betrifft – ein angesehener Mann. Ob er deshalb schon ein „Dorfoberhaupt" war oder gar ein „Dorftyrann, der an seiner Macht festhielt", bis er ermordet wurde, ist höchst fraglich. Diese Sichtweise ist der Hintergrund der „Streit"-Hypothese, und sie spiegelt ungebrochenes patriarchales Denken, das überall und zu allen Zeiten nur Männer, Chefs, Streit und Krieg sieht. Rivalität und Streit unter Männern um die Macht sind aber kein Charakteristikum für matriarchale Kulturen, mit denen wir es hier zu tun haben. Dort können Männer zwar gewählte, hoch angesehene Vertreter ihres Clans sein, aber sie besitzen keine Machtpositionen im patriarchalen Sinne.

2. In dieselbe Richtung zielt die „*Krieger*"-*Hypothese* (Paul Gleirscher):[71]

Hier wird ein detaillierter Vergleich der Ausstattungsgegenstände des „Ötzi" mit jenen der Männer aus der Remedello-Kultur zwischen Valcamonica, der Po-Ebene und dem Etschtal unternommen. Diese Männer sind mit ihren Gegenständen auf großen Stelen abgebildet, und ihre Gegenstände gleichen denen von „Ötzi". Sämtliche Gegenstände werden dabei als „Waffen" interpretiert, die zugleich Rangabzeichen von Häuptlingen sein sollen: der berühmte Remedello-Dolch[72], das Kupferbeil, ebenso Pfeil und Bogen. Es heißt sogar genauer, sie seien „Kriegswaffen". Die Remedello-Männer werden deshalb als „Krieger" bezeichnet, und genauso ergeht es „Ötzi": Er soll kein Hirte oder Jäger gewesen sein, sondern ein Krieger. Wo ein Krieger ist, da muss auch Krieg gewesen sein, deshalb soll nun Streit um „Anbaugebiete, Weideland und Frauenraub" die Konfliktursache sein.[73] Wir fragen: Frauenraub mitten in einer matriarchal geprägten Kultur? Dieser ist ebenso wenig bewiesen wie immerwährender Krieg unter Männern, sondern es handelt sich hier um stereotyp wiederholte, ideologische Vorurteile. Gleichzeitig wird damit die Hypothese vom „Streit im Dorf" wankend, denn Krieg mit Frauenraub führt man nicht in einem Dorf, sondern mindestens von zwei verschiedenen Regionen aus gegeneinander. Von einem kriegerischen Gemetzel ist aber im Umfeld von „Ötzi" nichts gefunden worden.

Nun zu den „Waffen": Pfeil und Bogen sind zunächst einmal traditionelle Jagdwaffen, insbesondere im Hochgebirge, weil sie leicht zu tragen sind. Der Remedello-Dolch und das Kupferbeil sind sicherlich Rangabzeichen, aber sind sie deshalb schon Kriegswaffen? Außerdem: Müssen sie als Rangabzeichen gleich gesellschaftliche Hierarchie ausdrücken? In der patriarchalen Weltanschauung kann man nichts anderes als Krieg und Hierarchie denken, eine solche Denkweise trifft aber nicht auf matriarchale Gesellschaften zu. Hier gibt es keine „Oberhäupter", da es sich um akephale, das heißt egalitäre Gesellschaften handelt. So war „Ötzi" sicherlich kein „Dorfoberhaupt", weil eine matriarchale Gesellschaft keine Männer als Oberhäupter kennt. Sie kennt Frauen nicht als „Oberhäupter" ihrer Clans, sondern als Sippenmütter, die ihre Clans nach dem Konsensprinzip lenken, nämlich der gemeinsamen Entscheidung aller Mitglieder.[74] So war „Ötzi" sehr wahrscheinlich ein angesehener Mutterbruder, vielleicht sogar der Bruder einer wichtigen Clanmutter im Dorf, und seine Würde war es, den Clan oder gar das Dorf als Delegierter nach außen zu vertreten. Diesen Männern wurden von den Sippenmüttern Rangabzeichen verliehen, um ihre Würde sichtbar zu machen, doch damit war keinerlei Hierarchisierung der Gesellschaft verbunden, denn auch sie waren an das politische Konsensprinzip gebunden.[75]

Vorerst weiß man also nicht, wann und warum „Ötzi" mit einem Pfeil angeschossen wurde, aber dabei taucht die entscheidende Frage auf, wie er auf das 3210 m hohe Tisenjoch hinaufkam? Dies gab Raum für weitere Vermutungen, zum Beispiel

3. die „*Verirrungs*"-*Hypothese:*

Diese besagt, dass „Ötzi" sich dort oben verirrte, erschöpft einschlief und durch den hereinbrechenden Schneesturm zufällig erfror. Das Eis gab ihn hernach nie wieder frei, sodass er bis heute, als er aus dem Gletscher taute, konserviert wurde. Das Erfrieren als Folge von Übermüdung, die es einem nicht mehr erlaubt, den Weg fortzusetzen, ist damals wie heute eine ernsthafte Gefahr in den Alpen. Die Sage von den „Niederjöchlern" drückt es anschaulich aus, in der sich ein Hirt im Unwetter bei strenger Kälte verirrt, todmüde auf eine Steinplatte setzt und einschläft. Nur den Eiszwergen vom Niederjoch, die ihn wachrütteln und abwärts schleppen, hat er sein Leben zu verdanken.[76]

Gegen diese Hypothese spricht, dass Hirten und Jäger die Wege ihrer Umgebung sehr gut kennen und kannten. Außerdem befand sich „Ötzi", als ihn der Tod ereilte, nicht irgendwo abseits, sondern auf dem Hauptweg zwischen dem Tisental und Niedertal und auf diesem Weg an einem sehr wichtigen Platz. Er hatte sich also keineswegs verirrt, sondern hielt an einer kultisch bedeutsamen Stelle inne, dem Tisenpass. Auch waren die Menschen der damaligen Zeit genügend wetterkundig, dass sie nicht bei drohendem Wettersturz aufbrechen würden, um sich dann in 3210 m Höhe zum Ausruhen auf einen Felsen niederzulegen; dafür gab es tiefere, geschützte Orte. „Ötzi" wird wohl imstande gewesen sein, sich den Übergang übers Joch, den er sehr gut kannte, besser zu organisieren. Denn er war ein erfahrener, alter Mann.

Was aber hatte „Ötzi" auf das Tisenjoch hinaufgetrieben, auf diesen kultisch wichtigen Pass direkt gegenüber der Similaun, der Weißen Göttin Ana, wo die Ahnenseelen wohnen? Hatte er dort vielleicht die tödliche Begegnung mit der Göttin, ein Szenario, das einer matriarchalen Kultur mit ihrer ausgeprägten und allgegenwärtigen Spiritualität eher entspricht als der reine Materialismus und die reine Kriegerei?
4. Zur *Hypothese der „tödlichen Begegnung"*:

Wir haben schon eine bemerkenswerte Sage vom Ötztal kennengelernt, in der ein Hirt den Saligen in ihrer Dreigestalt begegnet. Sie schenkten ihm Hilfe in der Not, aber weil er gegen sein Versprechen verstieß und ihre geliebten Gämsen jagte, stürzten sie ihn schließlich durch ihre bloße Erscheinung in den Abgrund.[77] Diese drei Saligen erinnern an die Dīsen, die drei Schicksalsschwestern, nach denen dieser Pass heißt.

Ein Jäger war „Ötzi" sicherlich, wie man aus seiner Jagdwaffe Pfeil und Bogen schließen kann. Jedoch wird es in seinem Fall nicht diese Art der Begegnung mit der Göttin oder dem Schicksal gewesen sein. Man fand ihn weder in einem Abgrund, noch war er abgestürzt. Außerdem konnte er mit seinen vielen unfertigen Pfeilen ohne Spitzen keine Gämsen jagen. Es besaßen nämlich nur zwei seiner Pfeile Spitzen, doch genau diese brauchbaren Pfeile waren zerbrochen. Im Gegenteil: Er schien an diesem Kultplatz in der Höhe, den die Weiße Göttin Similaun prachtvoll überragt, eingeschlafen zu sein.

5. Das führt zur *Hypothese vom „freiwilligen Tod"* in der Nähe der Berggöttin:

Es gibt etliche Sagen, die beschreiben, wie ein Mensch, der sein Leben freiwillig beenden will, auf Nimmerwiedersehen zur Göttin geht: sei es aus Liebe oder einfach weil er fühlt, dass seine Lebenszeit abgelaufen ist. Dieses Sagenmotiv ist keineswegs selten, es reicht von Schottland bis nach Italien. In Schottland ist es über den Dichter Thomas von Erceldoune, „Tom der Reimer" genannt, überliefert, der sich an seinem Lebensende zu seiner geliebten Feenkönigin in die Wildnis begibt, um nie mehr wiederzukehren.[78]

In der Region um „Ötzi" gibt es das Motiv gleich zweimal: So taucht es in den Dolomiten in der Sage von Cian Bolpin auf, der nicht mehr unter den Menschen leben mag und zu seiner Göttin-Fee Dona Kelina in die Anderswelt zurückkehrt.[79] Der Grund für seinen Weg ist die Liebe zur Göttin, und das ist ein sehr matriarchales Motiv. In einer anderen Sage aus Südtirol geht es um das Motiv des Lebensendes, das den Menschen zur Göttin führt. Darin wird ein Mann von der Weißen Frau, die im Gletscher wohnt, beschenkt und mit diesem Göttingeschenk gelangt er in seinem Dorf zu großem Ansehen. Die Sage endet damit, dass er im hohen Alter, in sein Festtagsgewand gekleidet, freiwillig zum Gletscher hinaufsteigt, wo die Göttin wohnt, und dort seinen Tod in ihrer Nähe findet.[80]

Diese letzte Sage entspricht vielem, was wir von „Ötzi" wissen: Er war ein alter Mann, denn die ermittelten 46 Jahre bedeuteten in der Jungsteinzeit ein hohes Alter. Er hatte Beschwerden, wie seine Heiltätowierungen beweisen, und vielleicht zeigten diese Beschwerden ihm das Ende seiner Lebenszeit an. Er trug ein schön gearbeitetes, vornehmes Gewand und hatte außer den praktischen Dingen alles bei sich, was ihm im Leben einst wichtig gewesen war: das wertvolle Kupferbeil, den Feuersteindolch, Pfeil und Bogen, wie er sie auf der Jagd gebrauchte, und magische Gegenstände. Denn er war ein Schamane oder Priester, gekennzeichnet durch seine Tätowierungen, die zugleich auch rituelle Male waren, und im Besitz von Heilkräutern und einem Stein mit gedrehten Schnüren – vermutlich einem Abzählkalender, wie ihn auch die Indios in den Anden kannten.

Er stieg zu einem Platz im Hochgebirge hinauf, der ein Kultort der Similaun, der Weißen Göttin Ana, war. Oben angekommen, legte er seine Gegenstände auf den Steinplatten ab, die wie Simse eine ungefähr rechteckige und mit Wasser gefüllte Felswanne umgeben. Die zwei einzigen fertigen Pfeile von 14 Pfeilschäften zerbrach er, denn er ging nicht mehr auf die Jagd, er ging in das Jenseits, zu den Ahnen, zu seiner Göttin.

Nun scheint alles zu passen. Doch was noch nicht passt, ist die perfekte Mumifizierung, die der Körper von „Ötzi" zeigt, und zwar auf allen

Seiten. So regelmäßig kann dies, nach Aussage von Experten, nicht durch ein zufälliges Erfrieren und die natürliche Vereisung des Körpers geschehen sein. Dies führt von der Hypothese des Selbstopfers am Lebensende zur Opfer-Hypothese.

6. Die „*Opfer*"-*Hypothese* (Heinrich Tilly):[81]

Nach dieser Hypothese wurde „Ötzi" durch einen Giftbecher als Opfer für die Berggöttin getötet. Danach wurde er von seinen Schamanen-Kollegen an diesem heiligen Ort, dem Tisenjoch, feierlich bestattet. Dabei soll sein Leichnam aufrecht in dem großen, steinkistenartigen Viereck, der steinernen „Wanne", in der er aufgefunden wurde, aufgestellt worden sein, mit seinen Insignien in den Händen und am Körper. Dann wurde er in Grasmatten eingewickelt, die von einem grobmaschigen Geflecht gehalten wurden, und zuletzt von einem Schneemantel umhüllt, breit und hoch wie eine Pyramide, was einer Vakuumverpackung gleichkam. Beim Auftauen Tausende Jahre später sei sein Körper dann umgestürzt. Dieses hypothetische Ritualbegräbnis eines Schamanen durch seine Kollegen hat Tilly zeichnerisch detailliert dargestellt.

Seine Auffassung stimmt damit überein, dass der Platz am Tisenjoch ein besonderer ist. Als Ort der Schicksalsschwestern würde er zu einem Sakralbegräbnis durchaus passen, und dazu passt auch die sorgfältige Mumifizierung.

Was aber nicht dazu passt, ist „Ötzis" Ausstattung. Sie ist eine des Alltags, mit Regenschutz, Kohlebehälter und Zunderschwamm zum Feuermachen, ebenso mit Pfeil und Bogen.[82] Für Sakralbegräbnisse sind hingegen nur die besten und erlesensten Gegenstände typisch, wie das Kupferbeil, dem bedeutsamen Anlass entsprechend. Niemals aber würde man halbfertige Gegenstände beifügen, wie es bei „Ötzis" Bogen und den meisten seiner Pfeile der Fall ist. Auch fehlen die Tongefäße als übliche Grabbeigaben, welche die unerlässliche Totenspeise als Wegzehrung in die Anderswelt enthalten. Außerdem passt der „Giftbecher" nicht ins Szenario, denn die Verletzung durch die Pfeilspitze ist mittlerweile erwiesen – was Tilly damals noch nicht wissen konnte.

Was aber am schwersten wiegt, ist, dass wir für diesen dramatischen Vorgang im Alpenraum keinen einzigen vergleichbaren Fall besitzen. Es ist auch kaum vorstellbar, dass ein aufrecht bestatteter Mensch beim Darübergleiten des Gletschers unbeschädigt geblieben wäre. Das Eis hätte ihn umgestürzt und zermalmt, sodass man „Ötzis" Körper nach so vielen Jahrtausenden nicht mehr hätte finden können. Dagegen steht die Tatsache, dass sein Leichnam intakt blieb, und der Grund dafür ist, dass er wohl liegend in der rechteckigen Steinwanne beigesetzt wurde, in der man ihn fand. Der Gletscher glitt über die flache Einsenkung hinweg, ohne den vereisten Körper zu zerdrücken.

So bleibt noch der „Streit im Dorf" offen, bei dem es zu dieser Verletzung durch einen Pfeilschuss gekommen sein konnte. Doch wie ging es danach weiter?

7. Die *„Vertreibungs"-Hypothese* (Heide Göttner-Abendroth):

Es ist durchaus möglich, dass der „Streit im Dorf" nicht auf eine plötzliche soziale Katastrophe, sondern auf eine zeremonielle Vertreibung zurückgeht. Solche rituellen Nachfolgekämpfe um symbolische Würden hat es im Matriarchat, besonders in seiner späteren Phase, wozu die Kupferzeit gehört, gegeben. Dabei musste der alt gewordene Würdenträger, der Vorgänger, dem jungen, vom Clan gewählten Nachfolger weichen, was in der Regel mit dem rituellen Tod des Vorgängers endet. Dazu gibt es eine Vielzahl mythologischer und ethnologischer Quellen, die sich mit dem Heiligen König in matriarchalen Kulturen befassen, der eine sakrale Rolle, aber keine Machtposition besaß.[83]

Auf diese Weise könnte „Ötzi" aus seinem Dorf vertrieben worden sein und dabei den Pfeilschuss empfangen haben. Mit dieser Verletzung ging er nicht dorthin, wo er vielleicht Hilfe gefunden hätte, zum Beispiel in ein anderes Dorf. Denn auch dort hätte man ihn als einen zeremoniell Vertriebenen nicht aufgenommen, es hätte den Sitten widersprochen. Als ein zutiefst spiritueller Mensch, der er als Schamane war, wählte er einen anderen Weg, der zwar schwierig, aber für ihn der einzig mögliche war. Er stieg zum Pass auf dem Tisenjoch hinauf, was ihn außerordentlich viel Kraft gekostet haben musste. Doch es war sein Weg zur Weißen Göttin Ana, der Bergmutter, bei der er den Tod finden wollte. Wenn dies sein Ziel gewesen ist, so hat er es erreicht. Die Weiße Göttin in Gestalt der Similaun ließ nicht lange auf sich warten, sie holte ihn mit Schnee und Eis zu sich in ihre Anderswelt.

Diese Hypothese fügt vieles zusammen, was sonst ausgeklammert bleibt. Doch ist das Rätsel der perfekten Mumifizierung noch nicht gelöst. Deshalb seien ergänzend noch zwei Mumifizierungs-Hypothesen angefügt, die Varianten zum selben Thema darstellen.

8. Die *erste „Mumifizierungs"-Hypothese* (Heide Göttner-Abendroth):

Es ist anzunehmen, dass die Drei Saligen der Sage Priesterinnen der Weißen Göttin waren, die offenbar in Höhlen oder Hütten oben beim

Tisenjoch wohnten, um dort den Kult zu pflegen. Vielleicht fanden sie den Sterbenden oder Toten und mumifizierten ihn, eine Kunst, die sie als Heilerinnen und Kräuterkundige sehr gut verstanden. Dann bestatteten sie ihn in dem großen, natürlichen Steinkistengrab auf dem Pass. Sie waren es auch, die einige seiner Ausrüstungsgegenstände sorgsam der Reihe nach auf den Rand der Steinkiste legten – eine Handlung, die der sterbende „Ötzi" wohl kaum noch hatte ausführen können. Sie zerbrachen auch seine beiden intakten Pfeile, um sie ihm in die Anderswelt mitzugeben. Es ist ein rituelle Handlung, die bei Bestattungsbräuchen in aller Welt als Zerbrechen oder Zerschlagen von geliebten Gegenständen der Verstorbenen bekannt ist.

9. Daran schließt als Variante die *zweite „Mumifizierungs"-Hypothese* an (Alessandro Vanzetti):[84]

Es ist auch gut denkbar, dass „Ötzi" nach dem rituellen Vorgänger-Tod durch seinen Nachfolger noch im Dorf starb. Denn der Weg aus dem Schnalstal hinauf zum Tisenjoch ist für einen Schwerverletzten eigentlich viel zu weit. Dann wurde er als ein hochangesehener Mann, der er noch immer war, im Dorf mumifiziert, und zwar von den Medizinfrauen dort, die zugleich Heil-Priesterinnen waren, wie es in matriarchalen Kulturen üblich ist. Die perfekte Mumifizierung war hier unten im Dorf einfacher als oben auf dem Pass. Schließlich wurde er in mumifiziertem Zustand feierlich auf den Pass, den heiligen Kultort der Weißen Göttin Ana, hinaufgetragen und dort rituell bestattet, unter Beteiligung der Drei Saligen, der Kultpriesterinnen der Weißen Göttin in der hohen Zone. Das Einzige, was gegen diese Hypothese spricht, ist, dass man nicht die bei feierlichen Bestattungen üblichen Tongefäße für die Totenspeisung fand.

Die Hypothesen 7–9 sind die bisher stimmigsten Vorschläge zum Thema „Ötzis Tod". Viele Elemente werden dabei sinnvoll kombiniert, die schon von anderen vorgetragen worden sind, aber jeweils noch Widersprüche enthalten. Nachdrücklich vertrete ich dabei die Auffassung, dass die Umstände von „Ötzis" Tod nicht rein profan gedeutet werden können. Solche Deutungen stammen aus unserer Zeit mit ihren profanen Denkmustern, aber sie entsprechen nicht dem religiösen Denken der matriarchalen Menschen aus der jungsteinzeitlichen Kultur.

Im Reich der Fanes-Königinnen

Mythische Berge in den Dolomiten in Italien

Die Berggöttinnen der Dolomiten

Die Dolomiten sind wohl die sagenreichste Gegend in den Alpen. Die Sagen beziehen sich nicht nur unmittelbar auf die Landschaft, sondern sind außerdem sehr geschichtsträchtig. Deshalb folgen wir hier ihrem Leitfaden.

Wir beginnen mit den Göttinnen, die eine mythische Spiegelung der Landschaft sind: Einst war *Tanna* die Große Göttin der Dolomiten. In ihrer Sage ist sie die Königin der Crodères, der „Felsensöhne", und ihr Reich umfasst den Bergstock der Marmaròles. Die Marmaròles ragen östlich von Cortina d'Ampezzo als düstere, steile Felsriesen nebeneinander auf, alle von derselben Höhe und untereinander ähnlich wie eine trotzige Reihe (Karte 1). Sie bieten keinen Berghöfen oder Almen Platz, ihre Flanken erheben sich zu jäh, und in ihrer oberen Region gibt es nur eisige Einöde. Dort oben soll der Sage nach Tanna in ihrem Eispalast wohnen.[85] Sie hat einen zugleich gütigen und wilden Charakter, wie es der Erscheinung der Erde in dieser zerklüfteten Bergregion entspricht. Tanna kann freundlich sein und Bäche auf saftige Hochweiden und in blumige Täler fließen lassen, aber sie kann auch Eis, Lawinen und Steinschlag, Hochwasser und Muren herabsenden, die im Land der senkrechten Bergstöcke und Felstürme besonders gefährlich sind. Die abweisende Kette der Marmaròles verkörpert dies besonders eindrücklich, doch es trifft für die schroffen Dolomiten insgesamt zu.

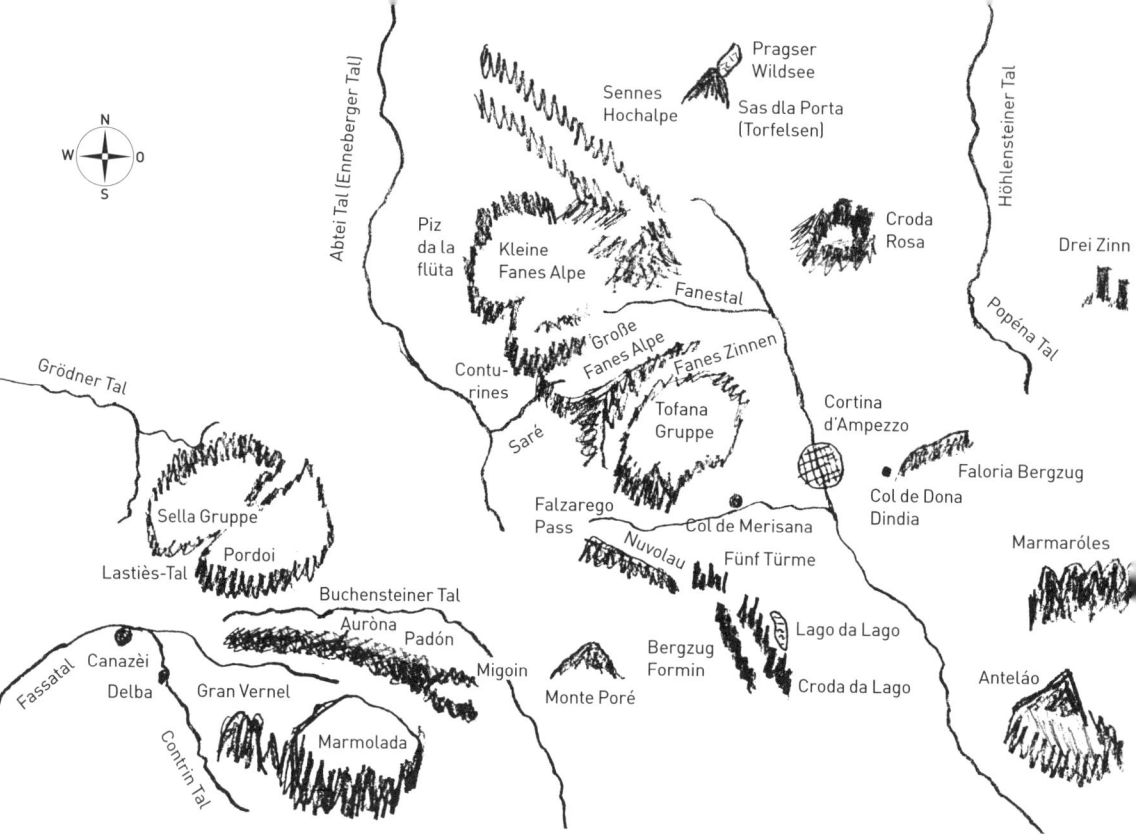

Karte 1:
Die Dolomiten mit den Plätzen der Sagen

Eine weitere Eigenschaft Tannas symbolisiert ebenfalls diese Landschaft: Sie trägt als Krone einen Stein an ihrer Stirn, die „Rayeta" genannt. Die Rayeta sendet wunderbare, blaue Strahlen aus, als ob darin der Taghimmel mit der Sonne eingefangen wäre, sie ist der „Strahlenstein".[86] Mit diesem Symbol ist der tiefblaue, leuchtende Berghimmel über den Dolomiten gemeint. Zugleich ist es einzigartig, denn es kommt nur in den Dolomiten-Sagen vor. Außerdem ist die Rayeta der Inbegriff aller Magie, und sie wird nur von übermenschlichen, weiblichen Wesen getragen: zuerst den Göttinnen und danach den Feenköniginnen dieser Bergwelt.

Hinter Tanna steht eine frühe, mediterrane Göttin, deren Name durch die allmähliche Ausbreitung der jungsteinzeitlichen Kultur des Mittelmeerraumes auf dem ganzen Kontinent Europa vorkommt. Es ist „Danaë", die Muttergöttin des neolithischen Kreta, die das Land verkörpert. Das Wort ist kretisch und gehört damit zu einer vor-indoeuropäischen Sprachschicht, es ist also uralt. Auf dem Seeweg verbreitete sich die matriarchal geprägte Mittelmeerkultur nach Frankreich und den Britischen Inseln, wo sich ihr Volk „Túatha Dé Danaan" nannte, das

Abb. 1:
Der Antelào

„Volk der Göttin Dana". Auch in Skandinavien wurde sie verehrt, wovon das Wort „Däne-mark" als „Land der Dana" noch heute zeugt. Auf dem Weg über die großen Ströme ging die Ausbreitung nach Mitteleuropa hinein, wie der Flussname „Donau" zeigt, was „Aue/Fluss der Dana" heißt.[87] Auch in alpiner Nachbarschaft, am Hauptkamm der Ötztaler Alpen, finden wir ihren Namen wieder in der sagenhaften, im Schneesturm untergegangenen Stadt „Tanneneh", die unter einem der dortigen Gletscher liegen soll.[88] Gerade dieses letzte Beispiel zeigt, dass Tanna eine Berggöttin war, deren Bekanntheit weit über die Marmaròles hinausreichte. Sie wurde im ganzen Dolomiten-Gebiet verehrt, und ihre Verehrung reichte in der jungsteinzeitlichen Epoche weiter gen Westen in den Vinschgau, das Schnalstal, das hintere Ötztal und angrenzende Gebiete.

Nicht weniger rau zeigt sich in den Dolomiten-Sagen die Schwestergöttin der Tanna, die *Samblana*. Sie thront auf dem Gletscher des Antelào, der als ihr weiter, faltenreicher Mantel gilt.[89] Der Antelào, nach der Marmolata der zweithöchste Berg der Dolomiten und gebaut wie eine steile Pyramide, überragt als ein silbernes Horn die Ampezzaner Dolomiten (vgl. Karte 1). Er gilt als besonders gefährlich, weil er am weitesten südlich vorgeschoben ist (Abb. 1). Hier trifft die warme Luft aus der Po-Ebene auf die kalte Bergluft und entlädt sich in gewaltigen Hochgewittern. Diese schwemmen Geröll von seinen steilen Flanken herab, denn der Fels ist dachziegelartig gestuft, und eine solche Formation besitzt wenig Halt. Die Gewitter können auch schreckliche Bergstürze auslösen; es heißt, dass mehrfach Almen mit Hirten und Herden und ganze Dörfer am Fuß des Antelào verschüttet worden sind.

Samblana hat daher die Züge einer Todesgöttin, und die Sage erzählt, dass sie unter ihrem Gletschermantel die Ahnenseelen in Gestalt von kleinen Mädchen hütet.[90] Dem entspricht eine andere Eigentümlichkeit des Berges: der „Gratzug". An einigen Seiten ziehen nämlich steile Grate den Berg hinauf, die eine lange Reihe von kleineren und größeren Zacken zeigen, die wie eine steinerne Prozession aussehen (Abb. 2). Diese Erscheinung hat in den Sagen vom „Gratzug" eine besondere Bedeutung erhalten, denn die frühen Menschen sahen darin den Zug der Verstorbenen hinauf zum Berg, zum Sitz der Todesgöttin. Solche Sagen vom „Gratzug", der die Totenprozession meint, kommen besonders häufig im Wallis vor, doch auch in anderen Alpenregionen. Darin heißt es, dass die Toten über die Berggrate ziehen. Später wird

Abb. 2:
Grat des Antelào mit „Gratzug"

gesagt, dass sie auch über Friedhöfe wandern, denn gemäß christlicher Interpretation wurden sie nun als „Arme Seelen" bezeichnet, die für ihre Sünden büßen müssen und denjenigen schaden, die ihnen begegnen.[91] Die ursprüngliche Bedeutung ist jedoch, dass sie zum Gletscherschoß von Berggöttinnen ziehen, der als eine Art von Anderswelt galt, und im selben Sinne nahm auch Samblana die Toten in ihre Obhut und barg sie unter ihrem Eismantel, wo sie ausruhen konnten bis zu ihrer Wiedergeburt. – Heute ist der Gletscher des Antelào allerdings sehr geschrumpft, sodass der raue, abgeschliffene Fels auf dem steilen Bergrücken zutage tritt.

Auch der Name „Samblana" weist darauf hin, dass sie als Göttin des Todes und der Wiedergeburt betrachtet wurde, insbesondere als mütterliche Hüterin der Seelen in der Anderswelt. Das Wort setzt sich aus den vor-indoeuropäischen Silben „sam" und „al" und „ana" zusammen, hieß daher ursprünglich „Sam-al-ana", woraus durch Verschleifung leicht „Sambalana" oder „Samblana" entstehen konnte. Die Silbe „sam" bedeutet „weiß", die Silbe „al" oder „alu" heißt „göttlich", und „ana" ist das weitverbreitete Wort für Mutter oder Ahnfrau. Es ist dieselbe Silbenfolge wie beim Namen des Ötztaler Berges „Similaun", der sich aus „Sam-alu-ana" zusammensetzt. In beiden Fällen bedeutet der Name des Berges also „Weiße Göttinmutter" oder „Weiße Göttin Ana".[92] Beide Berggöttinnen bergen die Seelen in ihrem weißen Gletscherschoß, bis sie diese wieder in ein neues Leben entlassen. Für den Similaun in den Ötztaler Alpen gibt es die eindrückliche Sage von der Todesgöttin als Seelenhüterin jedoch nicht mehr, sie ist verloren gegangen. Dafür blieb diese Vorstellung am Namen und der Gestalt des Berges haften.

Die entgegengesetzte Gestalt zu Samblana ist die liebliche *Merisana*. Sie ist die „Mittagsfrau/Mittagsmutter", was ihr Name besagt, der aus den Silben „meris" und „ana" besteht. „Meris" ist dabei von „meridies", das heißt „Mittag", abgeleitet. Sie ist zugleich die Sommer- und Lärchengöttin, und in ihrer endlosen Güte zu allen Lebewesen wünscht sie, dass diese immer im Licht weilen können und glücklich sind – ein unerfüllbarer Wunsch.[93]

Ihr heiliger Hügel, wo sie verehrt wurde, ist der „Col de Merisàna" im Costeana-Tal bei Cortina d'Ampezzo. Er zeigt sich als eine sanfte Erhebung in diesem Tal, genau zwischen den mächtigen Südwänden des Tofana-Bergstocks zur Linken und dem Zackenkamm der Croda da Lago zur Rechten und mit schöner Sicht ins breite Ampezzaner Tal (vgl. Karte 1). Der Hügel ist von Lärchen bestanden, welche die blumenreichen Wiesen beschatten. In der Nähe kommt der „Rü de ra Vèrdzhines" oder „Jungfrauenbach" von der Tofana herunter, in dem gemäß der Sage Wasserjungfrauen gewohnt haben. Sie pflegten in der Mittagsstunde auf dem Col de Merisàna zu lustwandeln, und ihre Königin war Merisana. Vor Merisana verneigten sich die Gräser und Blumen, Sträucher und Bäume, sogar die Wellen der Gewässer glätteten sich, und alljährlich feierte sie auf ihrem Hügel die Heilige Hochzeit mit dem „Strahlenkönig" – womit die Sonne gemeint ist.[94] Dies alles kennzeichnet sie als eine Göttin der Liebe und des Lebens.

Doch bevor es zur Heiligen Hochzeit der Merisana kommt, stellt sie gemäß der Sage an ihren Geliebten die unerfüllbare Bedingung, dass alle Lebewesen – Menschen, Tiere und Pflanzen – immer glücklich sein sollen! Das kann selbst die Sonne nicht vollbringen, denn im Winter scheint ihr Licht kaum und in den Nächten überhaupt nicht. So schränkt Merisana ihre Bedingung auf einen Monat ein, an dem alle Lebewesen glücklich sind! Aber auch das ist für den Strahlenkönig nicht möglich, denn es gibt Unwetter bei Mondwechsel und häufig dunkle Wolken. Dann soll es nur ein einziger Tag sein, so bittet sie, ihr Hochzeitstag, der alle Lebewesen glücklich macht! Jedoch findet ihr Geliebter auch das zu schwierig, denn es gibt Schatten am Morgen und am Abend, wenn das Sonnenlicht schwach ist. So bleibt von Merisanas Bitte allein die heilige Mittagsstunde des Hochzeitstages übrig, der auf dem Höchststand der Sonne zur Sommersonnenwende liegt, und dann sind wirklich alle Wesen glücklich![95] An dieser Sage wird deutlich, dass die Heilige Hochzeit in matriarchalen Kulturen als ein magisch-kosmisches Ereignis aufgefasst wurde, bei dem sich Himmel und Erde verbinden, hier in Gestalt des Strahlenkönigs und der Merisana. Der Sinn dieser Zeremonie ist die Erneuerung des Lebens, und das erfüllt natürlich alle Lebewesen mit Glück.

Eine andere Sonnengestalt ist *Delba*, deren Name die „Weiße" bedeutet, wie die Varianten „Elba" oder „Alba" zeigen. Sie ist gemäß der Sage eine Sonnengöttin, die im Sommer alles in weißen Glanz taucht. Während der Zeit der langen Tage pflegte sie in der Mittagsstunde in einem Kahn über ihren heiligen See zu fahren, der östlich von Canazèi im Fassatal am Fuße des hohen Vernèl lag (vgl. Karte 1). Bei ihrer Fahrt über den See ließ sie ihn funkeln und gleißen, als ob er aus lauter Silber bestände, deshalb erhielt er den Namen „Silbersee".

Bolpin, der Schafhirte von Canazèi, beobachtete und bewunderte sie lange Zeit. Sein Name bedeutet „Fuchs", denn er wurde – obwohl von edler Geburt – als Findelkind bei den Füchsen groß. In der Stille der Mittagsstunde, wenn alle Menschen in ihren Häusern aßen oder schliefen, schaute er Delbas Dahingleiten zu. Er verliebte sich in sie, und Delba erwiderte nach einer Weile seine Liebe. Sie bauten sich am Ufer des Sees eine Hütte und genossen ihr Glück. Doch es dauerte nur während der Zeit der langen Tage, im Winter mussten sie Abschied voneinander nehmen.[96]

Delba gebar einen Knaben, ein Sommerkind, das später „Cian Bolpin" genannt wurde, und auf geheimnisvolle Weise brachte sie in der Dunkelheit des Winters ein Mädchen zur Welt, ohne den Vater Bolpin. Sie nannte es „Soreghina", was „Sonnenfädchen" heißt, denn es entstand aus einem winzigen Sonnenstrahl, der durch eine Ritze drang. Im Winter ist das Licht der Sonne dünn und schwach wie feine Fäden, so wurde Soreghina ein schwächliches Kind. Cian Bolpin aber wuchs als ein kräftiger Knabe heran.[97]

Dieser Silbersee ist heute verschwunden, aber dort liegt das Örtchen „Delba" oder „Alba" auf halber Höhe über dem flachen Talgrund (vgl. Karte 1). Einst gab es hier einen See, und an ihm lag eine heilige Stätte der Sonnengöttin, die sich mittags glänzend weiß in dem Gewässer spiegelte. Der Platz Delba ist bemerkenswert, denn obwohl er unter den mächtigen Felsen des Vernèl liegt, den die gewaltige Marmolata noch überragt, hat man von hier einen besonderen Blick durch die Lücken, welche die umgebenden Berge lassen. Man genießt nicht nur eine herrliche Aussicht auf die Sellagruppe, sondern sieht in allen vier Himmelsrichtungen prächtige Felsstöcke aufragen. Sie bieten mit ihren Zacken und Spitzen ausgezeichnete Orientierungspunkte, und vermutlich haben sie den frühesten Bewohnern und Bewohnerinnen des Ortes für die Beobachtung von Sonnenaufgängen und -untergängen gedient. An dieser natürlichen Sonnenuhr konnten sie hier lokal den Jahreszeiten-Kalender ablesen, was zwischen steilen Bergen keineswegs leicht und nur an wenigen Plätzen möglich ist. Von der größeren Ortschaft Canazèi, die nur wenig weiter abwärts im Tal liegt, hat man diese Ausblicke nicht, die der besondere Platz Delba gewährt.

Eine Göttin des Himmels ist auch *Dona Kelina*. Ihr Name kommt von „aquilina", was „Adler" heißt, denn sie ist die Adlerfrau. Sie erscheint in der wichtigen Sage von *Cian Bolpin*, von der es Varianten im ganzen Alpenraum gibt.[98]

Cian Bolpin wurde als Waisenknabe unter Hunden groß, was ihm seinen Namen einbrachte, der „Fuchs-Hund" bedeutet. Auch er wurde wie sein Vater Schafhirte von Canazèi. Er hatte die Gewohnheit, die Schafe im Sommer in das Lastiès-Tal im Sella-Bergstock hineinzutreiben. Das Tal ist ein tiefer Einschnitt zwischen den Felsenzacken des Sas de Salèi und den Wänden des Sas de Pordoi, aber dort wachsen prächtiges Gras und Kräuter zwischen den Steinen (vgl. Karte 1). Einst entdeckte Cian Bolpin in den senkrechten Felsen des Sas de Salèi einen kleinen grünen Platz, der da oben klebte wie ein Adlernest. Er kletterte unter Gefahren hinauf und begegnete Dona Kelina, die hier in einem prächtigen, in die Felsen gehauenen Palast wohnte. Als sie sich sahen, empfanden Cian Bolpin, der Sonnensohn, und Dona Kelina, die Adlerfrau, sogleich Liebe füreinander. Sie behielt ihn bei sich, und beide lebten in ihrem Felsenpalast glücklich und zufrieden.

Aber eines Tages sehnte sich Cian Bolpin nach den Menschen zurück, und Dona Kelina erlaubte ihm, seine Freunde für kurze Zeit zu besuchen. Sie gab ihm einen Ring, mit dem er sie herbeirufen konnte, wenn er in Not sei. Unten in Canazèi erkannte ihn jedoch niemand mehr, denn seit seinem Verschwinden waren mehr als hundert Jahre vergangen. Darüber verwirrt, geriet er zufällig in ein Dorffest, auf dem es zu einer Wette kam, wer wohl die schönste Frau habe! Der schweigsame Cian Bolpin wurde so lange von den jungen Leuten gereizt, bis er mithilfe des Ringes Dona Kelina herbeirief. Da verstummten die Spötter vor ihrer strahlenden Schönheit, aber Dona Kelina war zornig, weil er sie aus nichtigem Anlass gerufen hatte. Sie nahm ihm den Ring weg und verließ ihn.

Sosehr Cian Bolpin nun versuchte, ihren Palast hoch über dem Lastiès-Tal wieder zu erreichen, es gelang ihm nicht. Schließlich kam er in den Besitz eines Zauberdinges bzw. einer verlorenen Feder von Dona Kelina, mit der er fliegen konnte. Aber niemals trug die Feder ihn zurück zu ihr, stattdessen geriet er zum Sturmriesen Orco, der auf dem Pordoi wohnte. Da Cian Bolpin sogar schneller fliegen konnte als dieser, nahm Orco ihn als Gehilfen an, und zu zweit verrichteten sie die Arbeit des Sturmes. Einmal flog Orco als warmer Föhnsturm des Frühlings zu seiner Herrin Dona Kelina, um ihren Palast von Eis und Schnee zu befreien, und Cian Bolpin heftete sich an seine Fersen. Dona Kelina bereute unterdessen, ihren Geliebten verstoßen zu haben, da trat er vor sie hin und sie verzieh ihm. Seither wünschte er niemals mehr, zu den Menschen zurückzukehren.[99]

Als Adlerfrau ist Dona Kelina eine Herrin des Himmels und der Himmelserscheinungen, die sich im Wetter zeigen. Das Wetter bestimmt die Jahreszeiten, die sich in Dona Kelinas Palast abwechseln: Im Sommer ist er trocken und voller Blumensträuße, und dann ist die Adlerfrau wach. Im Winter friert der Palast ein, und Dona Kelina schläft in einem Bett aus Schnee – was Cian Bolpin bemerkt, als er zufällig einmal frierend erwacht.[100] Sommer und Winter wechseln sich in ihrem Palast ab, und sie bestimmt, wann sie kommen und gehen. In diesem Sinne dient ihr der Sturmriese Orco – dessen Name sich von „Orkan" herleitet: Er bringt auf ihren Befehl den winterlichen Schneesturm und knickt ganze Wälder um, oder er bringt den warmen Frühlingswind, der den Schnee schmelzen und die Blumen wieder erwachen lässt.

Wenn man in den schmalen Einschnitt des Lastiès-Tales in der Sella hineingeht, sieht man rechts den kahlen Klotz des Sas de Pordoi ragen und links mehrere Gruppen von Wänden und Türmen, von denen der mittlere der Sas de Salèi ist. Doch es ist fraglich, ob sich Dona Kelinas Palast auf diese Stelle eingrenzen lässt. Der Name des Bergmassivs „Sella" bedeutet „Sessel" oder „Sitz". Die Adlergöttin ist die Herrin der Sella, der gesamte Bergstock gilt als ihr Sessel oder Thron, auf dem sie sitzt. Berge als Sitze von Gottheiten ist eine uralte und ebenso weitverbreitete Vorstellung. Dazu passt das Aussehen der Sella, denn sie ist nicht spitz, sondern rundlich und breit gelagert wie eine riesige Sitz- oder Liegefläche (Abb. 3). Ihre Westseite zeigt Steilwände, die sich in schöner Dreistufigkeit übereinander aufbauen, von Osten gesehen, ist sie ein eher unförmiger, abgeschliffener Block, was von eiszeitlicher Vergletscherung herrührt. Oben ist ihre weißgraue Kalkfläche völlig nackt, ebenso die

Abb. 3:
Die Sella, von Westen gesehen

breiten Bänder, die sie umgeben, was keineswegs einladend wirkt. Doch in der jungsteinzeitlichen Warmzeit, als die Waldgrenze tausend Meter höher hinaufreichte als heute, haben ihre Hochflächen Gras, Büsche und vielleicht auch niedrige Bäume getragen. So könnte Dona Kelinas „Palast" eine Metapher für die gesamte Sella sein, auf der im Sommer Gras und Blumen sprossen und Bäume wuchsen und die im Winter unter dicken Schichten von Eis und Schnee versank. Bei der Schneeschmelze im Föhnsturm des Frühlings brausten dann Wasserfälle von oben herab – so beschreibt die Sage diesen „Palast". Ob die Adlergöttin nun über die Sella flog oder auf ihr saß, in jedem Fall bot das Bergmassiv von seiner Höhe einen „Adlerblick", das heißt eine fantastische Rundumsicht über fast alle westlichen und östlichen Dolomiten-Gipfel.

Die Mythe von dem Mann, der aus Liebe und nach mehreren Prüfungen für immer im Reich einer Göttin oder Fee bleibt, ist unter verschiedenen Namen und in verschiedenen Varianten weitverbreitet. Als Spielmannslied erscheint sie im 13. Jh. in der Tannhäuser-Sage: Darin entscheidet sich Tannhäuser zuletzt, nach seiner vergeblichen Wallfahrt zum Papst, für immer bei seiner geliebten Frau Venus zu bleiben. Die Tannhäuser-Sage kommt in dieser ursprünglichen Version sowohl in Thüringen (Deutschland) wie im Sarganser Land (Ostschweiz) vor.[101] Aus der Toskana (Italien) gibt es aus dem 14. Jh. ebenfalls ein Spielmannsstück, das Lied von Liombruno und seiner Adlerfee, das denselben Inhalt hat wie die Mythe von Cian Bolpin.[102] Eine andere Variante stammt aus Graubünden (Schweiz), wo wir in der Sage vom Julierpass die Feen zu dritt antreffen – wie es der matriarchalen Dreifachen Göttin entspricht. Ein Adler entführte einen Knaben zu ihnen, der sich, als er erwachsen ist, in die Jüngste verliebt. Auch er wünscht, die Menschen bzw. seine Eltern noch einmal zu sehen, und erhält von der Fee einen Zauberring. Es kommt auch hier zu seinem Fehltritt, und in der glücklicheren Version helfen ihm die personifizierten Alpenwinde, seine Geliebte wiederzufinden, bei der er für immer bleibt.[103]

Darüber hinaus enthält die Mythe von Cian Bolpin eine Reihe von Motiven, die in ganz Europa vorkommen: die Wettermagie der Göttin oder Fee; der gefahrvolle Weg zu ihr; der Zeitsprung beim Verweilen in ihrem Reich; der Weggang des geliebten Mannes und seine ebenso gefährliche Rückkehr; zuletzt das freiwillige Verbleiben des Mannes bei der geliebten Göttin oder Fee, der nun für die Menschenwelt für immer verloren ist. Sie bilden zusammen ein festes Mythenmuster. Die außerordentlich weite Verbreitung dieses Mythenmusters weist auf die große Bedeutung hin, die es einst im Kontext der matriarchalen Kultur besessen hat. Denn es zeigt das Verhältnis von Göttin und Mensch in großer Klarheit. Die Göttinnen verkörpern auf verschiedene Weise die Natur, die umfassend und mächtig ist. Der männliche Partner steht hingegen für den Menschen allgemein, der klein und sterblich ist gegenüber der ewig sich erneuernden Natur. Er folgt ihr und ihren Gesetzen, und wenn er sie übertritt, so ist es sein Unglück oder sein Tod. Doch da im matriarchalen Weltbild kein Tod von Dauer ist, gibt es stets die glückliche Wiederkehr oder Wiedergeburt.[104]

Die geschichtliche Situation: Rückzug in die Alpen

Wir stehen jetzt vor der Frage, wer das Volk in den Dolomiten war, das alle diese und noch weitere Berggöttinnen verehrte? Auch darüber geben uns die Sagen indirekt Auskunft, wenn man ihren kulturhistorischen Kern herausfinden kann. Mit diesen Sagen verlassen wir den Bereich der reinen Naturmythen, obwohl naturmythische Elemente einfließen.

Betrachten wir zuerst die interessante Sage von *Dona Dindia*, die eine Gründungskönigin war. Es heißt, dass sie zusammen mit ihrem Geliebten *Zhan de Rame* aus dem Süden kam und die erste Stadt im breiten, hellen Tal von Ampezzo gründete. Beide verehrten die Sonne, immer wenn sie hinter dem Bergzug Faloria aufging. Der Faloria-Felsriegel ist ein Ausläufer des mächtigen Bergstockes Sorapís, und an den Abhängen von Faloria errichteten Dona Dindia und Zhan de Rame die Häuser und die Burg ihrer Stadt (vgl. Karte 1). Die Gebäude waren aus Holz, schön verziert und kunstvoll bemalt. Auch die Ackerbaukultur brachte die Gründungskönigin aus dem Süden mit und ließ das Tal urbar machen. Sie lehrte die Frauen die Kunst des Spinnens und Webens, während Zhan de Rame dem Metall in den Bergen nachspürte. Ihre Stadt, das erste Cortina, die in den Sagen jedoch „Miliera" heißt, wurde wegen der Kunstfertigkeit ihrer Bewohner groß und berühmt und zur wichtigsten Stadt des Ampezzaner Landes.[105]

Anhand der Dona-Dindia-Sage wird deutlich, woher die früheste städtische Kultur in den Alpen kam. Ihr Ursprung liegt im Süden, im Mittelmeerraum, wo die jungsteinzeitlichen Ackerbau- und Stadtkulturen in Europa zuerst blühten, bevor sie sich über den ganzen Kontinent ausbreiteten. Königinnen als Führerinnen ihres Volkes und Städtegründerinnen sind ein klassisch matriarchales Motiv, das sich weltweit auf allen Kontinenten findet und eben auch in den Ländern um das Mittelmeer: Nordafrika, Kleinasien, Südeuropa. Dort wuchsen früheste Städte zu einer Größe bis zu 10.000 Einwohnern und Einwohnerinnen heran.[106] Wenn eine Stadt für ihr agrarisches Umland zu groß geworden war, zogen Teile der Sippen, die darin lebten, fort. Sie bildeten auf friedlichem Wege Tochterstädte, die freundschaftliche Beziehungen zu den Mutterstädten pflegten. So breitete sich jungsteinzeitliche Kultur von einer Region zur anderen aus, insbesondere entlang der Meeresküsten und großen Ströme.

Auf diese Weise wurden von der Adria und Oberitalien her auch die Alpen-Haupttäler von Süden besiedelt. Das erfolgte schon sehr früh: Jungsteinzeitliche Menschen betrieben hier ersten Ackerbau und führten in der angegliederten Hirtenkultur ihre Herden bis in die hohe Zone der Alpen hinauf. Das beweist der sensationelle Fund des Mannes aus dem Eis, populär „Ötzi" genannt. In 3210 m Höhe, auf einem Pass am Übergang vom Schnalstal ins Ötztal, wurde er bekanntlich gefunden, und die archäologische Datierung hat ergeben, dass er um 3350 bis 3100 v. u. Z. gelebt hat, also in der späten Jungsteinzeit. In dieser Epoche war die Verarbeitung von Kupfer schon bekannt, weshalb sie auch als „Kupferzeit" bezeichnet wird. Sein Fund zeigt, dass die Menschen schon in der Jungsteinzeit den Alpenhauptkamm, vom südlichen Vinschgau her kommend, überschritten, um die Hochweiden im hinteren Ötztal zu nutzen.[107]

Bemerkenswert ist, dass es zu dieser Zeit überall in den Alpen bedeutend mehr Hochweiden gegeben hat, die heute zwischen kahlen Felsen oder sogar unterm ewigen Schnee verschwunden sind. Denn um 4000–3000 v. u. Z. herrschte eine Warmzeit mit weit zurückgezogenen Gletschern, und die hohen Pässe waren eisfrei. Die Waldgrenze reichte bis 2100–2400 m hinauf, und darüber grünten Almen in Zonen, die heute nur aus Gestein und Eis bestehen.[108] Das ist besonders relevant für die südliche und warme Alpenregion der Dolomiten. Hier gibt es viele Hochplateaus, die heute nichts als öde Kalkflächen und Geröll zeigen, doch damals waren sie grün von Bäumen und Wiesen – wie es schon das Beispiel der Sella zeigte. Für die frühe Besiedelung der Dolomiten, auch in ihren höheren Lagen, war dies von großer Bedeutung.

Die Mythe von Dona Dindia führt es uns vor Augen: Sie beschreibt eine Ackerbau-Stadt im Tal, wie es sie auch in anderen Alpen-Haupttälern gegeben hat. Die Gebäude von Miliera waren aus Holz, das es reichlich gab, doch außer Steinwerkzeugen haben die Menschen schon Kupfer besessen. Der Hinweis auf dieses Metall verbirgt sich im Namen des Geliebten von Dona Dindia: „Zhan de Rame" soll nämlich „Kupfer-Hans" heißen, wobei „Rame" das Kupfer bedeutet. „Zhan" hingegen ist ein seltsames Wort, denn „Hans" als Ableitung vom biblischen „Johannes" war damals noch nicht in Gebrauch. „Zhan" ist vor-römisch und vor-biblisch, wahrscheinlich sogar vor-indoeuropäisch und hat nichts mit „Hans" zu tun. Es bezeichnet ursprünglich ein mächtiges Wesen aus der Geisterwelt.[109] So könnte „Zhan de Rame" besser als „Geist des Kupfers" oder „Macht des Kupfers" übersetzt werden. Dies erinnert an das schöne Kupferbeil, das bei „Ötzi" gefunden wurde und als ein Statussymbol betrachtet wird. Genauso könnte es bei dem Partner der Königin Dindia gewesen sein, dessen Kupfergegenstände seinen Rang als Beschützer der Stadt hervorhoben, sodass auch sein Name davon abgeleitet wurde. Damit ist die Epoche dieser ersten matriarchalen Stadtgründung im Ampezzaner Tal die Kupferzeit, dieselbe Epoche wie bei „Ötzis" Dorf, nämlich die späte Jungsteinzeit. Solche Stadtgründungen hingen sicher auch vom Auffinden von Metallen in den Bergen ab.

Aber die glückliche Stadt Miliera hatte keine lange Dauer, denn die Menschen rangen mit der wilden Natur der Gegend. So wird das Tal von Ampezzo in der Mythe als gefährlich und wild beschrieben. Es heißt, dass unmittelbar gegenüber Dona Dindias Stadt ein furchtbarer Drache

Abb. 4:
Die Croda da Lago, der „Drache"

an der Croda da Lago hauste (vgl. Karte 1). Dieses steile Zackengebirge sieht selbst wie ein Drachenrücken aus, und so war es auch im symbolischen Denken der frühen Menschen gemeint (Abb. 4). Dieser Drache soll nun alle paar Jahre erwacht sein und aus seinem Felsennest verheerende Unwetter gebracht haben, welche die Stadt und die Felder verwüsteten. Schon der Antelào am Eingang des Ampezzaner Tales ist durch seine Gewitterstürme berüchtigt, und dieselben Wetterbedingungen gibt es auch an der Croda da Lago. Auch hier können Wolken hängen bleiben und sich zu gewaltigen Gewittern zusammenbrauen. Schließlich kämpfte der Held von Dona Dindias Stadt, Zhan de Rame, gegen das Ungeheuer, doch es war ein ungleicher Kampf. Er brachte Zhan de Rame den Tod, und der Drache spie, wie ein nächtliches Unwetter, Blitze und Feuer auf die Stadt, bis Miliera Feuer fing und zu Asche verbrannte.[110]

Trotz des tragischen Ausgangs ist an dieser Sage bemerkenswert, dass im Gegensatz zu patriarchalen Drachensagen, in denen stets der Drache getötet wird, hier der Held nicht siegt. Es ist ein Hinweis darauf, dass in jener Zeit die Naturkräfte noch respektiert wurden, die sich als stärker als der Mensch erweisen. Das Untergangsszenario von Dona Dindias Stadt wird noch dramatischer, denn Miliera soll zuletzt von einem furchtbaren Bergsturz vom Faloria-Gebirge herab verschüttet worden sein. Auch dies war eine Wirkung des „Drachen", das heißt eine Folge

Abb. 5:
Der Faloria-Berg mit dem „Col de Dona Dindia" (rechte Bildmitte)

von Gewittersturm und Sturzregen, die er über das Tal brachte. In der Sage heißt es noch, dass die Überlebenden eine neue Stadt in der Mitte des Tales erbauten, Cortina d'Ampezzo.[111]

Ein bestimmter Platz unter den Felswänden des Faloria-Gebirges heißt noch heute „Col de Dona Dindia" (vgl. Karte 1). Die alte Abbruchstelle des Bergsturzes kann man im Abendlicht noch gut sehen, und darunter liegt der mächtige Schutthang, der inzwischen mit Wald völlig überwachsen ist. Mitten darin befindet sich der recht unzugängliche Col de Dona Dindia, erkennbar nur an der kreisrunden Erhebung im Wald (Abb. 5).

Die Sage berichtet, dass Dona Dindia den Tod ihres Geliebten nicht verwinden konnte. Sie saß bei seinem Leichnam, bis er in einer Berghöhle bestattet wurde, danach fuhr sie wild umher und suchte seine Seele.[112] Eine andere Mythe zeigt sie dann in einem Totenschloss, wo sie mit dunklen Augen und Haaren, ganz in schwarze Gewänder gehüllt, im großen Saal an der Tafel thront. Es ist hier totenstill, und an der Tafel sitzen nur stumme Verstorbene mit bleichen Gesichtern.[113] Hier ist Dona Dindia, die einstige Königin des Tales von Ampezzo, zur Königin der Unterwelt geworden, deren Totenschloss auf dem „Col de Dona Dindia" über der verschütteten Stadt gestanden haben mag. Sie wurde vermutlich auf diesem heiligen Hügel zusammen mit den Toten von Miliera verehrt. Im Laufe der Zeit vergöttlichten die späteren Generationen ihre Gründungskönigin, und auch das ist ein typisch matriarchaler Vorgang.

Weitere wichtige Informationen zur frühen Geschichte der Gegend gibt uns der einzigartige *Zyklus der Fanes-Sagen,* ein Kulturschatz der Ladiner. Diese Sagentradition gilt als die älteste und merkwürdigste Überlieferung in den Dolomiten, und sie wurde bisher wenig verstanden. Denn sie spiegelt in einem großen Sagenkreis die Muster matriarchaler Gesellschaften, wobei sich der Bogen von den schlichten, altertümlichen Anfängen einer solchen Kultur bis zur Bildung eines Königinreiches spannt, das sich zuletzt bewaffnet gegen die später in die Alpentäler eindringenden, frühpatriarchalen Kriegervölker verteidigen muss. Diese Überlieferung aus den Alpen kann sich an Bedeutung mit anderen großen Mythen-Zyklen messen, auch wenn ihre Bekanntheit geringer ist. Denn die Ladiner sind ein kleines Volk, aber sie haben ihre Mythen-Tradition mit erstaunlicher Beharrlichkeit bis ins 20. Jh. bewahrt. Dann wurde sie von den Sagensammlern aufgezeichnet, die diese Mythen nicht nur unzulässig romantisierten, sondern auch ihrer patriarchalen Interpretation unterwarfen. Von diesen späteren Zusätzen und Verzerrungen wurde sie Schritt für Schritt befreit, wodurch ihre kulturhistorische Bedeutung wieder hervortritt.[114]

In den Fanes-Sagen begegnet man zuerst zwei Frauengestalten, die in der Bergeinsamkeit leben: Molta und ihre Tochter Moltina. Sie sind keine Ackerbäuerinnen, aber auch keine Hirtinnen, sondern haben einen Bund mit den Murmeltieren geschlossen, deren scheue, verborgene Lebensweise sie angenommen haben. Der Bund mit Tieren ist ein sehr archaisches Motiv. Bereits in der Altsteinzeit wurden Tiere als den Menschen überlegen betrachtet, als stärker, schneller oder klüger, sodass sich die Menschen mit ihnen magisch verbündeten, um an ihren Fähigkeiten teilzuhaben. Das setzt sich in der Jungsteinzeit fort: Tiere wurden als Ahninnen der matrilinearen Sippen betrachtet, die sich nach ihnen benannten. Clannamen wie „Tiger-Mutter", „Schlangen-Mutter", „Bären-Mutter" usw. zeugen davon.[115] Dabei ist es strikt verboten, das Clan-Tier zu töten, stattdessen wird es wie ein nächster Verwandter behandelt und geehrt. Die Schamaninnen können sich mithilfe von Trance selbst in das betreffende Tier ihres Clans verwandeln, um von ihm zu lernen und Weisungen zu empfangen. So auch in den Fanes-Sagen: Molta und Moltina sind mit den Murmeltieren als Ahninnen und Ratgeberinnen eng verbunden und tragen den Clannamen „Murmeltier". Sie können sich selbst in Murmeltiere verwandeln, erlernen deren Sprache und wohnen gelegentlich in deren Höhlen und Klüften im Gebirge. Die Tiere mischen sich ihrerseits aktiv in das Leben dieser Frauen ein, sie raten und warnen, und sie bestatten Molta nach ihrem Tod. Moltina nennt das Reich der Murmeltiere auch ihr Reich, es ist die Welt der Wildnis in der hohen Zone der Dolomiten.[116]

Die Lebensweise Moltas und Moltinas ist so einfach wie die der Murmeltiere, denn sie leben offenbar vom Sammeln pflanzlicher Nahrung. Der Mann, dem Moltina dann oben in den Bergen begegnet und der später ihr Geliebter und Gatte wird, ist ein Jäger. Aber es handelt sich hier keineswegs mehr um eine altsteinzeitliche Gesellschaft, denn Moltinas Gatte stammt aus den Tälern, aus einer städtischen Kultur, welche die Verarbeitung von Silber kennt. Er ist der Prinz von Landro und kommt von der Burg aus dem Popéna-Tal. Dort lebte er bei seiner Mutter, der Stadtkönigin, und danach in der Wildnis der Berge bei seiner Frau Moltina, deren archaische Lebensweise in „ihrem Reich", das heißt in den Murmeltier-Höhlen, er aufnimmt. Beide Male wohnt er in matriarchalem Kontext, doch es handelt sich um verschiedene Formen des Matriarchats.

Es zeigt sich nämlich daran, dass Moltinas Lebensweise keine ursprüngliche mehr ist, sondern eine des Rückzugs. Gebirge sind klassische Rückzugsgebiete, so auch die Alpen, wo die Menschen nicht nur schon früh gewohnt, sondern in die sich verschiedene Völker auch geflüchtet haben. Es fragt sich, vor wem sich diese Frauen mit ihren magischen Fähigkeiten, die sie als „Feen" oder Angehörige des Alten Volkes kennzeichnen, in die Bergeinsamkeit zurückgezogen haben. Von Feinden ist noch nicht die Rede, wohl aber vom tiefen Missverstehen zwischen der Fee Moltina aus den Bergen und den Menschen in den Tälern. Moltina als Vertreterin eines archaischen Matriarchats folgt zunächst dem Prinzen von Landro, den sie liebt, ins Popéna-Tal auf die Burg seiner Mutter. Die Gestalten dieser Gründungs- und Stadtköniginnen in den Tälern treten in den Mythen lebendig hervor, während „Könige" zwar genannt werden, aber nie erscheinen; das kennzeichnet ihre Figuren als patriarchalen Nachtrag. Die Königinnen legen in ihren Burgen und Städten Wert auf eine gewisse Prachtentfaltung, zu der in Landro auch die Musik auf silbernen Trompeten gehört, ein Lebensstil, der auf die späte Jungsteinzeit hinweist – wie schon bei Dona Dindia. Die Gesellschaft hat sich differenziert, eine Schicht von Vornehmen ist entstanden, die nicht im patriarchalen Sinne „herrschen", sondern geachtet werden, weil sie auf die längsten Traditionen zurückblicken. Dies wird vorgeführt, indem die Stadtköniginnen, die zu Moltinas und des Prinzen Hochzeit eingeladen wurden, ihre umfangreichen Stammbäume zu rühmen beginnen. So kann die Beschämung der archaisch lebenden Fee Moltina nicht ausbleiben, die ein Bündnis mit Tieren, aber keinen solchen Stammbaum vorzuweisen hat. Tief gedemütigt flieht sie in Gestalt eines weißen Murmeltieres aus der Hochzeitsgesellschaft.

Ihre Flucht spiegelt den Rückzug dieser älteren Form des Matriarchats vor der späteren Form aus der Kupfer- und Bronzezeit, die untereinander sehr verschieden sind. Aus den Tälern, welche die späteren Stadtgründerinnen besiedelten, zogen sich die Angehörigen des Alten Feenvolkes in die Höhenregion der Dolomiten zurück. Diese Region mit zahlreichen versteckten Hochalmen bildet eine zweite Terrasse über den Tälern und hat sehr spezielle Lebensbedingungen. Hier oben ist das Leben einfach und elementar, es kann sich bestenfalls eine Hirtinnenkultur entfalten.[117] Für Moltina geht der Rückzug gut aus, weil zuletzt die Matrilokalität gewahrt wird, nach deren Regeln eine Frau nie ins Haus des Gatten zieht, sondern er zu ihr. Der Prinz von Landro folgt Moltina schließlich in ihre Welt, und sie werden zusammen glücklich.[118]

Das Schicksal ihrer Mutter Molta war nicht so günstig verlaufen. Die Murmeltiere warnen Molta ausdrücklich davor, aus den Bergen weg in „ferne Länder zu den Menschen" zu ziehen, womit die große, südliche Ebene gemeint ist. Molta hört nicht auf ihre weisen Verbündeten, sie sehnt sich nach den Menschen und verlässt die schützenden Berge. Alles, was man dann von ihr erfährt, ist, dass sie nach wenigen Jahren zurückkehrt, mit einem kleinen Kind auf dem Arm, und vor Leid und Erschöpfung stirbt. Ihr Töchterchen Moltina wird dann bei einer Wasserfrau und den Murmeltieren groß.[119]

Hier zeigt sich, dass sich die Verhältnisse in der Po-Ebene Norditaliens bereits gewandelt haben. Patriarchale Tendenzen zur Gewalt sind aufgetreten, die Moltas unglückliches Schicksal verursacht haben. Durch die Völkerwanderungen im östlichen Mittelmeerraum hatten sich Krieg und Unterwerfung verbreitet, die durch indoeuropäische Eroberer, zum Beispiel die sogenannten „Seevölker" (ab 1190 v. u. Z.) und die hellenischen Stämme (ab 1100 v. u. Z.), ausgelöst wurden. Diese zerstörten die einheimischen Kulturen im östlichen Mittelmeerraum und beunruhigten diejenigen im westlichen Mittelmeerraum; die „Seevölker" gelangten sogar nach Süditalien, nämlich nach Sizilien und Sardinien. Wie weit die Fee Molta „in ferne Länder" zog, ist nicht bekannt, aber auf welche Art von späteren Menschen sie dort stieß, zeigt sich an ihrem Unglück. Es muss eine Gesellschaft mit patriarchalen Tendenzen gewesen sein, in der sie gelitten hat und aus der sie sterbend heimwärts ins Gebirge floh, wo die Murmeltiere sie schließlich bestatten.

Die matriarchalen Stadtkulturen in den Dolomitentälern wurden von diesem Umsturz in Italien anfangs noch nicht behelligt, die abgelegenen Bergtäler waren kein Objekt der Begierde für Eroberer. Doch die Situation verschärfte sich bald, wie die weitere Erzählung von Moltina zeigt: Die Fee Moltina und ihr Gatte hören in der Nacht das Klagen und Weinen von vielen Menschen, die in einem langen Zug in ihre Gebirgsregion heraufsteigen. Auf ihre Fragen hin bezeichnen sich die Wandernden als ein aus der Ebene vertriebenes Volk, das in den Tälern niemand haben wollte, so kamen sie in diese Wildnis herauf. Die mitfühlende Moltina nimmt die Flüchtlinge auf, sie verbirgt sie in ihrem Rückzugsgebiet, in „ihrem Reich", und wird ihre Gründungskönigin. Auf diese Weise überlebte das vertriebene Volk in der Höhenregion der Dolomiten, indem es wie Moltina nach dem Vorbild der Murmeltiere in größter Einfachheit sein Leben führte.[120]

Hier zeigt sich, was in solchen unruhigen Zeiten mehrfach geschah, nämlich der Rückzug ins Gebirge. Moltinas Volk nannte sich die „Fànes" und entwickelte eine alpine Hirtinnen-Kultur, die sich in der Zone der Hochalmen ausbreitete und später das „Reich von Fanes" hieß. Das Wort „Fànes" stammt bezeichnenderweise aus einer sehr alten, vor-indoeuropäischen Sprache und konnte noch nicht gedeutet werden.[121]

Doch wer waren diese Leute? Ab 1000 v. u. Z. sind die Räter in den Alpen archäologisch nachgewiesen, es muss also Gründe gegeben haben, weshalb sie sich dorthin zurückgezogen haben. Dieses Szenario kann sich zeitlich auch später abgespielt haben, wofür die Eroberung von einheimischen, matriarchal geprägten Kulturen in der Po-Ebene südlich der Alpen durch patriarchale Kriegervölker die Ursache war. Um 400 v. u. Z., in der frühen Eisenzeit, überzogen keltische Stämme Oberitalien mit Krieg, nachdem sie die Alpen umgangen hatten. Sie mordeten und plünderten auch in der fruchtbaren Po-Ebene, um 390 brandschatzten sie Rom und zerstörten die bronzezeitliche, etruskische Kultur in Nord- und Mittelitalien. Vor ihnen flohen verschiedene Volksgruppen in die Alpen, vor allem Etrusker und Ligurer, beide mit einer vor-indoeuropäischen Sprache.[122] Diese kleinen und großen Volksgruppen wurden später von den Römern mit dem Sammelbegriff „Räter" bezeichnet.

Die Räter sind in den Alpen auch geschichtlich greifbar. Von ihnen heißt es, dass sie von den südlichen Alpentälern herabstiegen, um ihre

Göttin Reitia in deren Heiligtum von Este, in der Nähe von Padua, zu verehren.[123] Das zeigt unmissverständlich, dass diese Volksgruppen mediterraner Herkunft waren und sich vor den späteren, indoeuropäischen Eroberern in die Alpentäler zurückgezogen hatten. Gemäß neuer Sprachforschung enthält die rätoromanische Sprache sogar einzelne Wörter aus einer altorientalisch-mediterranen Sprache, zum Beispiel bedeutet der Name der Göttin Reitia „meine Hirtin".[124] Dies weist klar auf eine rätische Hirtinnen-Kultur mit matriarchalen Zügen hin.

Bis heute leben die Räter als kleine, lange isolierte Volksgruppen in den Bergtälern der Alpen, in den Dolomiten heißen sie „Ladiner". Ihr kultureller Zusammenhang reicht von den Dolomiten bis Südtirol, weiter ins Unterengadin, Oberengadin und Oberhalbstein in der Schweiz. Er manifestiert sich durch ihre altertümliche, romanische Sprache, das „Rätoromanische" bzw. „Ladinische" (Lateinische). Sie übernahmen diese Sprache von den Römern, die nach den Kelten um 15 v. u. Z. den Alpenraum eroberten und bis zu den nördlichen Ländern an der Donau vordrangen. Die römische Herrschaft in diesen Gebieten dauerte dann 500 Jahre lang. Doch trotz der Romanisierung bewahrten die Räter und Ladiner Elemente ihrer uralten Traditionen bis in die Gegenwart.

Der magische Rote Berg: die Croda Rosa

Was die Lebensweise und das Reich der Moltina am meisten von den kupferzeitlich-bronzezeitlichen Burgen und Städten in den Tälern unterscheidet, ganz zu schweigen von den späteren frühpatriarchalen Völkern, ist die ausdrückliche Naturmagie. Sie zieht sich durch die gesamten Fanes-Mythen wie ein roter Faden und macht nicht zuletzt ihren Zauber aus. Das beginnt bereits mit der Rayeta, dem blauen Strahlenstein, der ein Symbol für den klaren, tiefen Himmel über den Bergen ist. Zuerst tragen oder hüten ihn die Göttinnen, und von ihnen wird er an die mythischen Königinnen des Fanes-Reiches weitergegeben. Als Erste darf Moltina die Rayeta als Krone tragen, denn sie ist die Gründungskönigin des Reiches in jener Zone der Dolomiten, die gleich unter dem Himmel liegt. Sie erhält die Rayeta von den Murmeltieren, was die magische Bedeutung zeigt, die den Murmeltieren von den Bewohnern der Dolomiten zugeschrieben wurde. Sie galten den Ladinern als heilig, und man hütete sich, sie zu töten.[125]

Abb. 6:
Die Hohe Geisl/ Croda Rosa (Berg rechts) mit dem Zwillingsberg Schlichte Geisl (Berg links)

Die Sage von Moltina beginnt an einem eigentümlichen Berg, wo sie zuerst wohnte. Er überragt mit 3146 m das südliche Ende der langgestreckten Fläche der Sennes-Alpe und ist reich an Klüften und Höhlen, in denen früher zahlreiche Murmeltiere lebten (vgl. Karte 1). Die deutschsprachigen Bewohner der Dolomiten nennen ihn die „Hohe Geisl" oder „Hohe Gaisl", bei den Ladinern heißt er „Croda Rosa", was „Roter Berg" heißt. Der Name „Hohe Geisl" enthält das keltische Wort „Geis", was „Zauber" oder „Magie" bedeutet. Die Hohe Geisl ist also ein magischer Berg und zudem weiblich. Ausladende Zackengrate führen zu ihrem höchsten Kamm hin, der eine Zinnenkrone trägt und alles andere überragt (Abb. 6). Ein phallusartiger Turm lehnt sich an sie an. Außerdem zeigt sie, im Gegensatz zu den weißen Kalkriffen der meisten Dolomiten, eine rosige Farbe, die an vielen Stellen in Blutrot übergeht. Das Merkwürdigste ist jedoch ihre Gestalt, denn sie öffnet einen gewaltigen Schoß. Fast kreisrund biegt sie sich um sich selbst, sodass eine senkrechte Höhlung entsteht, die von der Gipfelzone über rosafarbene, gestaffelte Wände tief hinunterreicht (Abb. 7). So bildet sie eine riesige Uterusform, die durch einen hohen Schuttwall am Eingang von außen nicht einsehbar ist – ein verborgenes Geheimnis. Wenn man es schafft, durch Wald und Gestein bis zu diesem mächtigen Schoß der Croda Rosa hinaufzusteigen, sieht man darin eingebettet einen kleinen Hügel mit

Abb. 7:
Der Schoß der Croda Rosa

Zacken, der aussieht wie ihr Bergkind mit Krönchen. Das heißt, diese Berggöttin war sogar schwanger.

Ihre ungewöhnliche Gestalt und besondere Schönheit machten sie in den Augen der frühen Menschen zur Bergkönigin. Sie war der heilige Berg des Fanes-Volkes. Der Platz, von dem aus sie verehrt wurde, ist nicht schwer zu finden. Unterhalb des Berges und genau mittig zu ihrem Schoß entspringt eine Quelle namens „Sorgente Gòtres", die einen Bach speist. Sie kommt unter kleinen, schoßartigen Felsen hervor, das Wasser rinnt über rosa Kiesel. Es ist das fruchtbare Wasser der Berggöttin, das die grünen Wiesen der Alm zu ihren Füßen nährt. Die Quelle ist das Bild ihres großen Schoßes im Kleinen.

Die fruchtbare, königliche Frau ist stets die Rote. Sie verkörpert den Aspekt der matriarchalen Roten Göttin als Erhalterin des Lebens durch ihre Liebe und als Schöpferin von Gemeinschaft durch ihre Integrationskraft. Damit ist der Rote Berg ein Spiegelbild von Moltina als Königin, und Moltina ist ein Spiegelbild der Bergkönigin. Auf magische Weise sind Moltina und die Bergkönigin verbunden, sie ist ihr Schicksalsberg. Genau das drückt die Sage vom Roten Berg aus, der Moltinas Schicksal teilt: Als ihr aus Liebe ganz warm ums Herz wurde, da wurden auch die Felswände des Berges warm, und zwar auf allen Seiten, auch im Schatten. Als sie bei ihrer Hochzeit auf der Burg von Landro im Popéna-Tal gedemütigt wurde und vor Scham errötete, da wurde auch der Berg am Gipfel feuerrot und ist es seither geblieben.[126] Das soll die auffallende

Farbe der Croda Rosa erklären. Doch eine solche Erklärung verfehlt die magische Naturverbundenheit, die sich in diesen Motiven ausdrückt und die eine Eigenschaft des Fanes-Volkes und seiner Feenköniginnen war. In der matriarchalen Weltsicht sind die Erscheinungen der Natur und die Menschen keine getrennten Wesen, sondern, weil alles beseelt ist, können Naturerscheinungen und Menschen seelische Gemeinsamkeiten haben. Das wird mit dem Prinzip ausgedrückt: Was innen ist, ist auch außen, und was außen ist, ist auch innen. In diesem Sinne entspricht die Bergkönigin Croda Rosa der Fanes-Königin Moltina und umgekehrt.

Die Bergkönigin entspricht auch noch anderen Personen in den Fanes-Sagen, denn auf die Gründungskönigin folgen weitere, bis hin zur letzten Fanes-Königin Dolasilla. Diese hat eine Zwillingsschwester, Luyanta, die jedoch nicht mehr Königin wird.[127] Auch die Croda Rosa ist ein Zwillingsberg, was man am besten von der Sennes-Alpe aus sieht. Sie erscheint hier wie ein hoher Doppelthron mit Armlehnen, doch nur der waagerechte Kamm bzw. die Rückenlehne des einen Thrones ist mit Felszinnen gekrönt. Der zweite Thron trägt auf seinem geraden Kamm keine Zinnen und erscheint ungekrönt (siehe Abb. 6). Dieser Berg wird die „Hohe Schlechte Geisl" genannt, was den Zwillingscharakter ausdrückt, aber nichts mit „schlecht" zu tun hat, sondern mit dem Wort „schlicht". Neben der Hohen Geisl als Bergkönigin ist sie also die Schlichte Geisl, mit 2967 m von fast gleicher Höhe und von gleicher Gestalt bis auf die fehlende Krönung. Sie entspricht der ungekrönten Zwillingsschwester der letzten Fanes-Königin. So galt die Croda Rosa mit ihrem komplexen Aufbau wohl während der ganzen Zeit des Fanes-Reiches als die Bergkönigin und als das größte Heiligtum.

Von der Geisl-Alpe zu ihren Füßen kann man die mythische Kleine Fanes-Alpe erblicken, zu der von hier unmittelbarer Sichtkontakt besteht, genau in Ost-West-Richtung. Das ist sehr überraschend, denn sie ist sonst von keiner Stelle von außen einzusehen. Sie war, außer dem heiligen Berg Hohe Geisl, das Herzstück des Fanes-Reiches, denn dorthin zog Moltina mit ihrem Gemahl und dem neu gefundenen Volk. Im Schutz dieser Alpe überdauerte das Feenvolk die Veränderungen in den Tälern noch lange.

Der Anblick der Kleinen Fanes-Alpe ist von hier aus ganz besonders: Man sieht ihre kreisrunde Senke in der Mitte und blickt damit unmittelbar zum Schoß der Alpe, der wasserreich, grün und sehr lieblich ist. Oberhalb dieses Schoßes erkennt man zwei bewaldete Hügel, die sich völlig ebenmäßig und gleich erheben, sie schließen die runde Senke ab. In der Analogie zum weiblichen Körper, welche die Kleine Fanes-Alpe von hier aus zeigt, stellen sie ihre zwei sanften, dunklen Brüste dar. Ihre Haltung ist liegend, dennoch erblickt man über den beiden Busenhügeln am Ende des Geländes, steil und schmal aufragend wie ein Vogelkopf, einen Gipfel der Kleinen Fanes-Alpe. Es ist der sogenannte „Heiligkreuzkofel" (2907 m), im Ladinischen auch „L'Ciaval" oder „Kalvarienberg" genannt. Diese Benennung zeigt eine intensive Verchristlichung des Berges und macht stutzig, denn sie weist deutlich darauf hin, dass dieser Gipfel früher eine ältere Art von Heiligkeit und einen anderen Namen besaß. Von der Perspektive der Geisl-Alpe aus gesehen stellt er den Kopf der Fanes-Alpe als liegender Landschaftsgöttin dar. Offenherzig zeigt sie sich den Betrachtenden von hier aus in ihrer weiblichen Schönheit.

Welchen Namen trug diese Landschaftsgöttin in früheren Epochen? Ihr richtiger Name ist schon vor 1600 urkundlich überliefert: Sie hieß „Fànis".[128] Das Fanes-Volk leitete seinen Namen von der Landschaftsgöttin Fanis ab, auf deren Leib es wohnte. Vielleicht wurde sie auch „Fàna" genannt, denn das Wort „Fana" kommt in der Umgebung der Fanes-Alpe vor: im Namen des Gebirgsstockes „Tofàna", der unmittelbar benachbart zur Fanes-Alpe liegt. Die „To-Fana" liegt also buchstäblich „bei der Fana".

Man hat die Wörter „Fanis" und „Fanes" mit dem ladinischen (romanischen) Wort „fana" deuten wollen, was „Pfanne" heißt, weil die Fanes-Alpe wie eine riesige, pfannenartige Schale aussieht. Aber „Fanis/Fanes" stammt aus einer vor-indoeuropäischen Sprache und ist nicht romanisch, außerdem heißt ein muldenartig vertieftes Gelände bei den Ladinern „tjaldira".[129] Überdies sehen die Berge der „To-fana", die ja denselben Namen enthält, nicht wie eine Pfanne aus. Sie sind steil und erheben sich als drei schöne, fast gleiche, pyramidenförmige Gipfel direkt nebeneinander. Ihre markante Dreiheit ist den frühesten Einheimischen der Gegend sicher auch aufgefallen und war etwas Heiliges für sie, denn sie entspricht der Dreifaltigkeit der Großen Göttin der matriarchalen Kulturen.[130]

Das mythische Reich der Fanes: die Fanes-Alpe

Der Eindruck eines Feenreiches verstärkt sich, wenn man auf die Fanes-Alpe hinauf wandert und sie in allen Richtungen begeht. Sie gliedert sich in zwei Hochebenen zwischen 2000 und 2600 m, die Große und die Kleine Fanes-Alpe. Beide Hochflächen sind nach außen hin von einem Kranz äußerst steiler Wände und Zinnen umgeben, sodass man sie von den Tälern aus nicht sehen kann. Auf diese Weise liegen sie völlig verborgen

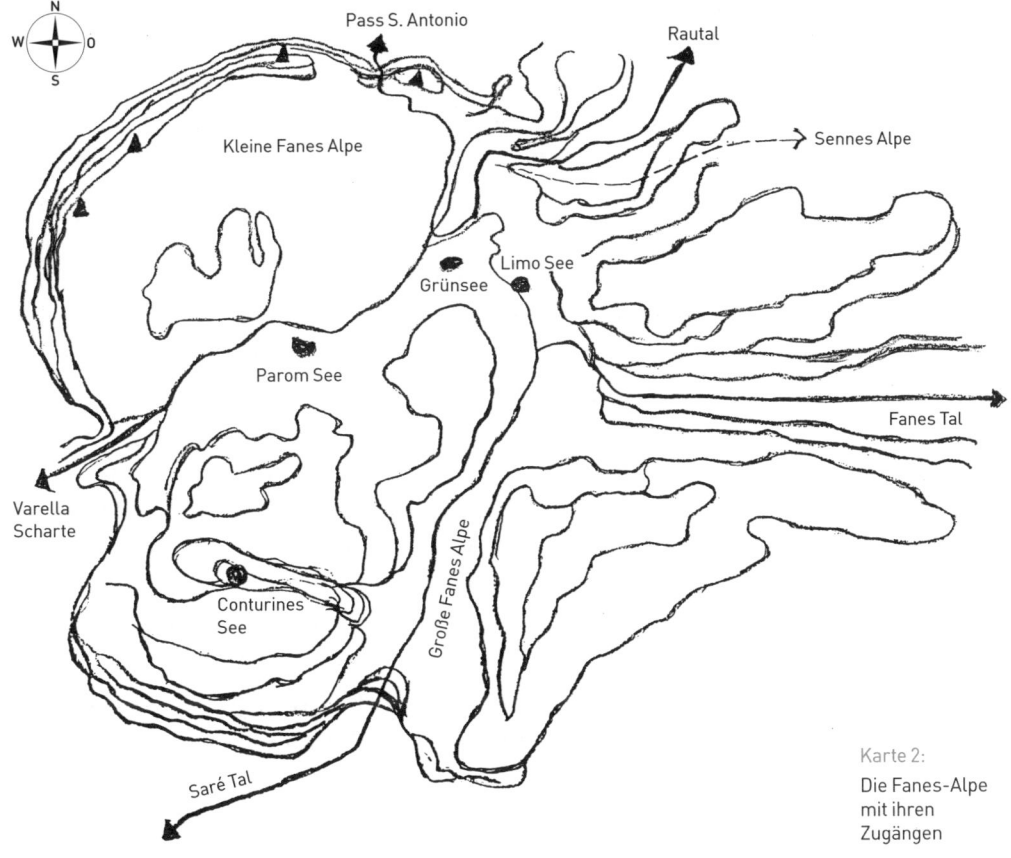

Karte 2:
Die Fanes-Alpe mit ihren Zugängen

hinter ihren Felsmauern wie hinter einer schützenden Bastion und stellen ein ausgezeichnetes Rückzugsgebiet dar.

Ähnlich schwierig und verborgen sind die Pfade, die aus den Tälern hinaufführen, und früher waren sie noch versteckter. Sie zwängen sich durch Lücken zwischen den senkrechten Dolomitenzacken wie durch enge Tore (Karte 2). Von Norden kommt einer durch das lange, schmale Rautal heran und endet plötzlich an den gewaltigen Bergflanken. Hier beginnt eine steile Schotterpiste, die einmal eine Militärstraße war, und ein mühsamer, holpriger Wanderweg windet sich seitlich hinauf. Dieser Zugang ist jüngsten Datums, früher gelangte man auf halber Höhe, entlang eines schwindelerregenden Pfades, von Sennes nach Fanes, ohne zur Talsohle hinabsteigen zu müssen. Der zweite nördliche Zugang führt unmittelbar zwischen den senkrechten Felsen der Kreuzkofelgruppe hinauf zum Antonius-Joch (Fanes-Joch) – von oben gesehen ein jähes Loch. Von Westen her steigt man auf einem Pfad zur Varella-Scharte, ebenfalls ein Loch, mit Geröll gefüllt und noch steiler als das Antonius-Joch. Oben angekommen hat man die schier endlosen Karrenfelder des westlichen Teils der Kleinen Fanes-Alpe vor sich. Von Süden führt der Weg durch ein schmales Tal an der Südseite der Conturines entlang, jenen dicht gedrängten Felstürmen, die wie eine Festungsmauer stehen. Es geht durch lichten Wald höher, doch plötzlich steht man vor einer senkrechten Felsenstufe, die den Weg abriegelt. Der Weg von Osten herauf ist der leichteste, aber er war einst schwer zu finden, denn er beginnt in einem Gewirr von Bergstöcken. Dies war in frühen Zeiten wohl der erste Zugang, denn der Wanderungsweg des Alten Volkes führte aus dem Ampezzaner Tal von Osten auf die Fanes-Alpe herauf.

Heute gibt es hier überall schmale Militärstraßen, die als Jeprouten oder Wanderwege benutzt werden.[131] So wurde auch eine Piste in die Felsenstufe gesprengt, um den Weg von Süden zu öffnen, und er führt schweißtreibend, doch gefahrlos auf die Große Fanes-Alpe hinauf (vgl. Karte 2). Oben angekommen, ist man von der ausgedehnten Hochfläche überrascht, auf ihr wandert man nahezu eben weiter und genießt herrliche Ausblicke auf die nahe und ferne Bergwelt. Die Große Fanes-Alpe zeigt sich als ein langgestrecktes, grünes Weidegebiet zwischen den Gipfeln der Conturines und der Zackenkette der Fanes-Zinnen. Hier oben hatte das Fanes-Volk genug Platz für seine wilden Ziegen und Schafe, die zu seiner Hirtinnen-Ökonomie gehörten.

In der Mitte dieser Alpe zweigt ein kurzes, hängendes Hochtal ab, das in den Conturines-Bergstock hineinführt. Es liegt am Piz Taibun, eines einzeln stehenden, merkwürdigen Berges. Er erscheint wie eine in sich gedrehte Pyramide und wurde vielleicht als eine mythische Gestalt in Fels betrachtet, doch keine Sage gibt darüber Auskunft (Abb. 8). In diesem versteckten Winkel der Conturines soll gemäß der Fanes-Sagen die Burg der Fanes-Königinnen gestanden haben, aus Steinen errichtet und das Burgtor geschmückt mit dem Emblem eines weißen Murmeltieres (vgl. Karte 2).[132] Das steile, in vier Terrassen gestaffelte Hochtälchen wirkt jedoch nicht allzu einladend. Die untere Terrasse ist noch recht breit, von Gras bewachsen und mit Latschenkiefern besetzt, außerdem gibt es hier ein paar Quellen. Die zweite, engere Terrasse liegt direkt unter der Steilwand des Piz Taibun, und ein neuer, großer Bergsturz zeigt, dass dieser Platz gefährlich ist. Die dritte Terrasse, mit nacktem Gletschergeröll gefüllt, hat in ihrer tiefen Mulde einen kleinen See, aber im inneren Kranz der Conturines-Gipfel gelegen, ist sie sehr schattig und kalt. Der Ausblick von hier ist jedoch bemerkenswert, denn er geht zwi-

Abb. 8:
Die Große Fanes-Alpe mit Piz Taibun und dem Einschnitt des Conturines-Hochtales

schen den engen Felsen hindurch direkt zur Croda Rosa, der heiligen Bergkönigin. Die vierte Terrasse befindet sich unmittelbar unter dem Zackenkamm des Bergstocks, und hier liegt eine eisige Schotterwüste. Vielleicht hat irgendwo in diesem Hochtälchen einst ein Gebäude gestanden, von dem aus die Große Fanes-Alpe bewirtschaftet wurde. Näheres ist jedoch nicht bekannt, denn keine archäologischen Funde wurden bisher gemacht.

Der Höhenweg führt uns weiter über die Große Fanes-Alpe, stets ist er begleitet von einem Bach, den zahlreiche Quellen speisen. Das Gelände ist offen, baumlos und weitläufig, sodass hier auch Herden von kleinen Pferden gehalten werden konnten. Die letzte Fanes-Königin, die amazonische Dolasilla, kämpfte beritten mit ihrem Heer gegen die neuen Feinde aus dem Süden, die das Fanes-Reich bedrohten. Es waren die Kelten, die immer stärker in die Dolomiten eindrangen, und um sich ihrer zu erwehren, hatten sich die Fanes die „Reiter-Waffe" der Kelten zugelegt. Auch heute kann man einzelne Pferde grasend auf der Fanes-Alpe antreffen.

Abb. 9:
Der Schoß der Kleinen Fanes-Alpe

Man erreicht die sanfte Schwelle zwischen der Großen und der Kleinen Fanes-Alpe, das Limo-Joch, und hier liegt ein größerer See. Der Wasserreichtum war die Voraussetzung für die Besiedelung der beiden Fanes-Hochebenen, und er ist auf dieser Höhe in einem porösen Kalkgebirge ungewöhnlich. Vom Limo-Joch blickt man auf die Kleine Fanes-Alpe hinab, die Landschaftsgöttin Fanis, die sich von der nur mit Gras und niederen Bäumen bewachsenen Großen Fanes-Alpe unterscheidet. Ihr Schoß ist der liebliche Talkessel, von lockeren Gruppen von Zirbelkiefern und Lärchen bestanden, die einen dunkelgrün, die anderen hellgrün oder golden im Herbst. In seiner Mitte liegen zwei Seen, der kreisrunde Grünsee und ein länglicher See, den der Grünsee speist (Abb. 9). Um den Talkessel bauen sich Kalksteintreppen wie ein riesiges Amphitheater auf, sie schaffen eine einzigartige Szenerie, die man das „Parlament der Murmeltiere" nennt. Dieser Name ist nicht abwegig, denn hier konnte sich tatsächlich ein kleines Volk versammeln, um seine Angelegenheiten zu beraten. Dafür war es in jeder Hinsicht der beste Platz, hier mitten im Schoß der Göttin Fanis!

Die Landschaft in diesem Talkessel ist feenhaft schön. Überall rieselt und plätschert es, was einen starken Kontrast zu den sonst kahlen, trockenen Kalksteingebirgen bildet. Der ruhige Grünsee zeigt eine tiefe, milchige Farbe, so wirkt er wie ein magischer Spiegel, um den sich Sagen

Abb. 10:
Der Grünsee auf der Kleinen Fanes-Alpe

ranken (Abb. 10). Bei klarem Wetter spiegelt sich die rosafarbene Gruppe von drei Gipfeln in seinem Wasser (Abb. 11). Mit einem Netz von filigranen Bächen, von Moos umgeben, entwässert er in den nur wenig tiefer gelegenen See, der wiederum zwei andere, stufenweise tiefer gelegene Seen speist, bis das Wasser im Gestein verschwindet und Stille eintritt. Doch hier oben sprudelt und rauscht es unentwegt, besonders wenn man am Grünsee vorbei über die Kalksteinstufen des Talkessels aufwärts zu den Busenhügeln der Fanis wandert. Der Pfad führt durch lockeren Bergwald, einen wahren Zauberwald, wo Quellen und Bäche funkelnd über das Gestein rinnen, größere und kleinere Wasserfälle herabstürzen oder sich in Senken glitzernd sammeln. Die Pflanzenwelt ist dementsprechend reich. Oben auf den Brüsten der Berggöttin angekommen, öffnet sich den Wandernden ein wunderbarer Tiefblick zurück in ihren Schoß mit den beiden Seen. Für das hier so reichlich fließende Wasser hat man die Erklärung gefunden, dass es unter den Gipfeln im hinteren Teil der Kleinen Fanes-Alpe einen unterirdischen See gibt, der alle Gewässer in ihrem tieferen Gelände speist.

Doch kaum hat man die zwei Busenhügel der Fanis hinter sich gelassen und steigt weiter hinauf, ändert sich das Bild völlig. Je höher man hinaufkommt, desto kahler und steiniger wird es, und wenn man glaubte, zum vogelartigen Kopf der Fanis keinen weiten Weg zu haben, hat

101

Abb. 11:
Auf der Kleinen Fanes-Alpe, im Hintergrund das „Parlament der Murmeltiere"

man sich geirrt. Der Gipfel ist weit entfernt, und plötzlich herrscht Totenstille in wasserloser, leerer Einöde. Die wahre Ausdehnung der sogenannten „Kleinen Fanes-Alpe" tut sich auf, eine wellige, leicht, aber stetig bis auf 2600 m ansteigende Fläche, zerklüftet und zerrissen, voll nackter Karrenfelder und Schottermoränen. Sie erweist sich als viel größer als die sogenannte „Große Fanes-Alpe" und ist in weiten Teilen eine verkarstete Steinwüste, mit scharfkantigen, tiefen Spalten, Dolinen und Löchern. Sie zeigt sich äußerst unwirtlich und schwer zu begehen, ein Verirr-Labyrinth, eine Wildnis, die einer Mondlandschaft gleicht.

Man fragt sich ernsthaft, wie es dem Fanes-Volk in dieser Wüste gelungen ist, ein Reich zu gründen. Es war nur möglich, weil die Vegetation in den Warmzeiten früher Epochen wie der Jungstein- und Kupferzeit erheblich höher in die Gebirge hinaufreichte als heute. Höhlenbären-Funde zeigen, dass sie zeitweise bis auf Höhenlagen um 2700 m hinaufkletterte.[133] Damals prangten dort, wo sich heute die Karrenfelder und Schotterkegel dehnen, üppig grüne Almen, die ein ausgedehntes, fruchtbares Weidegelände boten. Als die Grünflächen schrumpften, haben die Fanes sicherlich die alte Technik der Bewässerung eingesetzt, indem sie Wasser in hölzernen Rinnen auf die Wiesen führten. Diese Methode der Weidegewinnung wurde noch bis vor Kurzem auch in anderen trockenen Hochlagen an den Südhängen der Alpen angewendet.

Abb. 12:
Pferde auf der Fanes-Alpe, im Hintergrund der Zehner

Der Bergkranz der Kleinen Fanes-Alpe, der die Karstwüste in einer riesigen Hufeisenform umgibt, ein Felsen-Halbrund, das nach außen hin senkrecht abfällt, ist nach innen hin fast in seinem eigenen Schutt versunken. Dennoch ragen die Gipfel des Neuners, Zehners und die niedrigere, schmale Kuppe des Heiligkreuzkofels auf. Ihre blanken Felsen blättern wie Zwiebelschalen ab, sodass an ihrem Fuß ständiger Nachschub von Geröll ankommt. Die Namen „Neuner" und „Zehner" sind auffällig, sie weisen auf alte Plätze zur Naturbeobachtung hin, in deren Reihe der Heiligkreuzkofel als „Elfer" gebraucht worden sein könnte (Abb. 12 und Grafik 1). Dahinter steckt ein altes Zählsystem, bei dem die Berggipfel dazu dienten, die Stunden der Sonnenuntergänge festzuhalten. Die Methode ist uralt und bewährt sich dort, wo man keinen ebenen Horizont zur Sonnenbeobachtung findet. Statt Menhiren und Steinkreisen, die man im flachen Gelände zum Peilen aufstellte, um die genauen Sonnendaten festzustellen, benutzten die Menschen in Gebirgen die Gipfel zum selben Zweck. Entsprechend diente der nach Westen ausgerichtete Kranz der Berge dem Fanes-Volk als eine riesige Sonnenuhr und als Kalender. In den Alpen stellt dies keinen Einzelfall dar, wie wir schon am Sonnenbeobachtungsplatz Delba gesehen haben. Außerdem gibt es eine weitere Gipfelgruppierung in den nahe gelegenen Sextner Dolomiten, die ausdrücklich die „Sextner Sonnenuhr" genannt

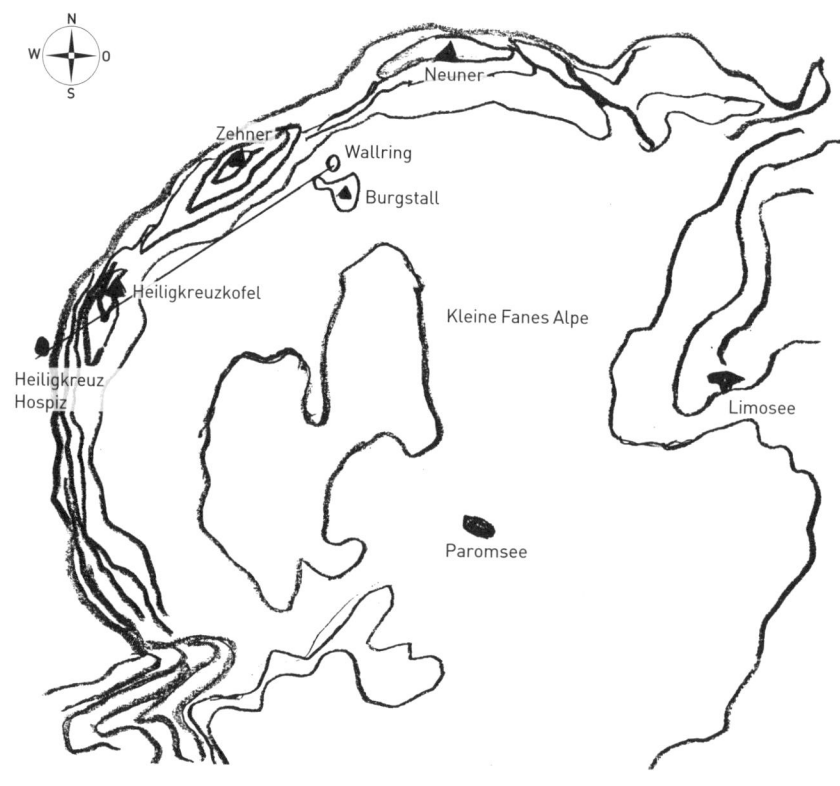

Grafik 1:
Kleine Fanes-Alpe: Burgstall mit Wallringanlage und NO-SW-Linie zum Heiligkreuzkofel

wird. Sie besteht aus den Gipfeln des Elferkogels, Zwölferkogels und Einserkofels, die wie die Fanes-Gipfel eine passende Stellung für die Sonnenbeobachtung haben. Die Fortführung ihrer Namen noch in germanischer Sprache bis heute zeigt, dass auch die späteren Bergbewohner sie in diesem Sinne benutzten.

Zugleich wurde die Natur hier verehrt, was durch einen überraschenden Fund bestätigt wird: Unmittelbar unterhalb des Zehners wurde in 2600 m Höhe ein riesiger Ringwall von 60 m Durchmesser gefunden, in dessen Mitte ein Schuttkegel liegt, der wahrscheinlich von einem mächtigen, in sich zusammengestürzten Turm herrührt. Beim Ringwall und in seiner nächsten Umgebung wurden Tonscherben aus der Bronzezeit entdeckt.[134] Dieser Fund belegt, dass die Karrenfelder unterhalb des Gipfelkranzes früher weitaus mehr bewachsen und einladender waren als heute. Denn die Fanes bewohnten einst das gesamte Areal der Alpe; dieser Turm könnte ein Wohnturm gewesen sein und ein guter Kandidat für die sagenhafte Fanes-Burg. Der Ringwall schmiegt sich zudem an die Nordseite einer natürlichen, einzeln stehenden Pyramide aus Fels und Schotter an, die auffälligerweise „Burgstall", das heißt „Stelle einer Burg", genannt wird. Vom Ringwall aus kann man diese Felsenpyramide ersteigen, deren höchster Punkt 2657 m beträgt (Grafik 1).

Ringwall, Turm und „Burgstall" zusammen waren wohl zugleich ein Heiligtum der Fanes, von dem aus sie die „Sonnenuhr" beobachteten. Dafür spricht auch die auffallende, kurze Sichtlinie von weniger als 2 km zum Gipfel des Heiligkreuzkofels, sie verläuft genau von Nordost nach Südwest und ist damit eine Sonnenwendenlinie: Im Nordosten geht die Sonne zur Sommersonnenwende auf und im Südwesten zur Wintersonnenwende unter, diese Daten konnten mit der Linie erfasst werden (vgl. Grafik 1). Dies zeigt, dass der sogenannte „Heiligkreuzkofel" für die Fanes ein bedeutender heiliger Berg war. Wahrscheinlich zündete man auf dem mächtigen Turm im Ringwall am Datum von großen Sonnenfesten ein Feuer an, wie es in den Kultgebräuchen der Jungsteinzeit üblich war. Oder man entfachte das Feuer auf einem noch höheren Punkt, auf dem Gipfel der Felsenpyramide „Burgstall". Das geschah insbesondere als Sonnwendfeuer zu Mittsommer, ein Brauch, der heute noch in den Alpen ausgeübt wird. Wegen dieses erhöhten Platzes konnte es überall auf der Fanes-Alpe gesehen werden. Vermutlich nahm man es sogar außerhalb der Fanes-Alpe wahr, und zwar als Lichterscheinung beim sogenannten „Heiligkreuzkofel". Für diese Annahme spricht der alte, ladinische Name für diesen Gipfel: „Piz dla Flüta", was „Berg der Flamme" bedeutet.

Darauf bezieht sich eine weitere Sage aus dem Fanes-Zyklus, und was es mit dieser auf sich hat, kann man erkennen, wenn man diesen mythischen Berg von seiner Außenseite betrachtet. Von außen gesehen ist der Halbring der Felsenmauern, der die Kleine Fanes-Alpe umschließt, majestätisch abweisend und schroff. Die Wände haben eine intensiv rote Farbe, was bemerkenswert ist in diesem Land der bleichen Berge. Für die frühen Menschen hatte dies Bedeutung, denn hinter dem roten Bergring lag das Reich von Königinnen, von denen jede symbolisch eine Rote Frau war. Die Rote ist in der matriarchalen Mythologie die fruchtbare, schöpferische Frau, die ihren Clan oder ein ganzes Volk lenkt und schützt.[135] Ein Wanderweg geht direkt unter den ragenden Felsenmauern entlang und führt zum Heilig-Kreuz-Hospiz, das an der westlichsten Ecke der Felswände, direkt unterhalb des Heiligkreuzkofels liegt. Es ist ein malerischer Platz und eine alte Pilger-Stätte, die der Verchristlichung dieses besonderen Berges diente. Die Umdeutung begann mit einer Mönchsklause und drei christlichen Kreuzen, die auf ein Hügelchen

Abb. 13:
Heiligkreuzkofel: der „Flammengeier", später als „Gekreuzigter Christus" gedeutet (Felsformation zwischen den beiden höchsten Kuppen)

gepflanzt wurden und nun den „Kalvarienberg" darstellen. Solche Kalvarienberge, die an die Kreuzigungsstätte von Jesus erinnern sollen, finden sich regelmäßig auf uralten, besonders wichtigen Kultplätzen.

Was führte zu dem hochchristlichen Namen „Heiligkreuzkofel"? Es heißt, dass der Mönch in seiner Klause lange meditierend verweilte, bis er auf einmal in der Westwand, in der Mitte zwischen dem Gipfel des Berges und der unmittelbar benachbarten Kuppe, den „Gekreuzigten Christus" sah. Es war keine Vision, sondern eine tatsächlich gegebene Formation in den Felsen, die von ihm so interpretiert wurde. Die Formation befindet sich dort zwischen den beiden hohen Kuppen und reicht von der oberen Kante bis in die Mitte der Wand hinab. Jedoch war dieser Mönch nicht der Erste, der an dieser Stelle in den Felsen des Berges etwas erblickte: Die Fanes-Leute vor ihm sahen darin den „Varyùl da la flüta", den „Flammengeier", der mit ausgebreiteten Schwingen, von denen die Federn schwarz herunterhängen, hier im Stein erscheint (Abb. 13). Deshalb nannten sie den Berg „Piz dla Flüta", den „Berg der Flamme", und hielten ihn als einen heiligen Berg in hohen Ehren. Früher war diese Geier-Figur wohl noch ausgeprägter, doch trotz der starken Erosion, der Kalkgebirge ausgesetzt sind, kann man sie noch heute gut erkennen.

Von diesem mysteriösen Flammengeier berichtet eine Fanes-Sage, die noch 1905 von einem Ladiner erzählt wurde: An dieser Stelle solle manchmal im Sommer nach Sonnenuntergang eine bläuliche Flamme auf dem Bergkamm emporschlagen, das sei die heilige „flüta". Kurz vorher erscheine ein großer Vogel mit goldenem Schnabel und goldenen Krallen am Berg, der „Flammengeier", der diese Flamme aus seinem Schnabel hervorgehen lasse. Er nähre die blaue Flamme zur Erinnerung an ein untergegangenes Volk, das einst auf der Fanis gelebt habe.[136]

Der Flammengeier ist in den Fanes-Sagen ein heiliges Tier, das die Insel der Anderswelt im Westen bewohnt. Er steht über den menschlichen Verwicklungen im Fanes-Reich, doch gelegentlich bringt er Rat und Hilfe aus der Anderswelt. Neben den Murmeltieren, den Symboltieren des Lebens, war der Flammengeier das andere Symboltier der Fanes und stand für Tod, Anderswelt und Wiederkehr. Wir finden den Geier als eine Gestalt der Todesgöttin auf großen Wandgemälden bereits in der Stadt Chatal Hüyük in Kleinasien, mit 7000 v. u. Z. eine der frühesten Städte aus der matriarchalen Jungsteinzeit.[137] Aus dem östlichen Mittelmeerraum brachten die mediterranen Völker dieses Symboltier in derselben Bedeutung mit. Aus diesem Grund ist es der Geier, der die Flamme der Erinnerung an das untergegangene Reich der Fanes hütet. Der Berg war ihm geweiht, und diese Stelle an der Westwand, wo sein steinernes Abbild zu sehen ist, war hochheilig. Denn an die blaue Flamme knüpfte sich die Hoffnung der Fanes auf Wiederkehr ihres Reiches.

Diese seltsame blaue Flamme, die manche Leute noch im 20. Jh. gesehen haben wollen, ist keine Erfindung. Wenn die Sonne untergeht und die Westwände des Piz dla Flüta glutrot färbt, ist es durchaus möglich, dass sich eine Lichterscheinung im klarblauen Abendhimmel oben an der Kante des Berges zeigt, die als die „Blaue Flamme" gedeutet wurde. Jedoch spiegelt sich darin nicht nur eine Naturerscheinung, sondern auch eine kulturelle Erinnerung, die im Gedächtnis der Leute als traditionelle Erzählung noch lange fortlebte. Sie bezieht sich auf das Sommersonnwendfeuer, das die Fanes im Inneren der Fanes-Alpe auf dem mächtigen Turm ihres Heiligtums oder noch höher auf der Spitze des „Burgstalls" anzuzünden pflegten. Die lodernden Flammen konnten dann von unten zwar nicht selbst, aber als bläulicher Widerschein am dunklen Abendhimmel gesehen werden. Da sich der Kopf des steinernen Geiers genau hier an der Kante befindet, hat man diese Lichterscheinung als vom Schnabel des Geiers ausgehend gedeutet.

Zur Zeit ihres Reiches hatten die Fanes auf diese Weise ausdrücklich einen Bezug zwischen ihren beiden bedeutenden Kultplätzen hier hergestellt: dem östlichen in 2600 m Höhe im Inneren des Felsen-Halbrunds, später „Burgstall" genannt, und dem westlichen direkt unterhalb der Felswände des Piz dla Flüta, später „Heilig-Kreuz-Hospiz" genannt (vgl. Grafik 1). Denn mit dem Sonnwendfeuer in der Höhe gaben sie dieses wichtige Datum auch in die Tiefe unterhalb des heiligen Berges weiter. Von unten sah man den Widerschein der Flammen genau in Richtung Nordosten, wo die Sonne zur Sommersonnenwende aufgeht.

Die Unterwelt der Fanes: der schwarze Padón

Auf seinem Höhepunkt umfasste das Reich des Fanes nicht nur die Große und Kleine Fanes-Alpe. Es schloss im Osten die wilde, rote Zackengruppe der Antruiles über dem östlichen Fanes-Tal ein sowie im Norden die Gruppe der Eisengabelspitzen. Nordöstlich gehörte die riesige, kahle Hochfläche der Sennes-Alpe zu diesem Reich, die sich vom Seekofel im Norden bis zur Hohen Geisl/Croda Rosa im Süden ausdehnt. In der früheren Warmzeit war auch sie mit Gras und Bäumen bewachsen und bot den Herden viel Platz. Heute findet man auf der Sennes-Alpe – bis auf eine Mulde mit einem kleinen See und Vegetation – nacktes, weißes Karstgelände von großer Einförmigkeit, im Sommer trocken und glühend unter der Sonne, im Winter kalt und windig. Nur die Croda Rosa ragt mit ihrem Doppelthron über ihr auf und leuchtet bei Sonnenuntergang wie ein rubinrotes Juwel. Im Norden erhebt sich der Seekofel, dessen höchster Felsen bei den Ladinern „Sas dla Porta" oder „Torfelsen" heißt, doch von der Sennes-Alpe sieht der Seekofel so öde aus wie der Zehner auf der Fanes-Alpe. Nördlich zu seinen Füßen, nicht einzusehen von der Sennes-Alpe, liegt jedoch ein anderes Juwel, der smaragdgrüne Pragser Wildsee (vgl. Karte 2). Im Südwesten schloss das Fanes-Reich die Conturines ein, ebenso das südwestliche Lagazuoi-Gebirge mit seiner kleinen Hochfläche, woran sich die langgestreckten Fanes-Zinnen anschlossen. Auch die südlich davon gelegene Tofana mit ihren drei pyramidenförmigen Gipfeln, oft mit Schnee bedeckt, gehörte dazu (vgl. Karte 2).

Die Landschaftsnamen, die in den Fanes-Sagen vorkommen, reichen aber noch viel weiter: So liegt im Süden der Tofana das Gebiet des Nuvolau mit den Cinque Torri, den „Fünf Türmen", gemäß der Sage ein Jagdgebiet des Fanes-Königs. Gleich daneben ragt der Drachenrücken der Croda da Lago auf, begleitet von dem niedrigeren Bergzug Formin, wo die Wohnung von Spina de Mul, dem „großen Zauberer" der Fanes, gewesen sein soll (vgl. Karte 1). Im Südwesten überragt die vergletscherte Marmolata als der höchste Berg der Dolomiten alles, und zu ihren Füßen

Abb. 14:
Der schwarze Padón (Vordergrund), dahinter die vergletscherte Marmolata

liegt Delba (Alba) mit dem einstigen See der Sonnengöttin, wo die Fanes-Königin Dolasilla die silbernen Zauberpfeile für ihre Schlachten gewann. Der Marmolata ist im Westen die breite Sella benachbart, und zwischen ihnen zieht sich der niedrige Bergrücken des schwarzen Padón dahin, mit dem es eine besondere Bewandtnis hat (vgl. Karte 1).

Schon der Anblick des Padón, der sich gen Osten in mehrere Arme auffächert, mutet eigenartig an, denn diese rabenschwarzen Hügelzüge mitten in den weißen Kalkriffen der Dolomiten sind sehr unerwartet (Abb. 14). Bereits die rötlichen Kalkriffe und Berge wie die rote Fanis und die Croda Rosa, die ihre Färbung von Mineralien erhielten, hatten für das Alte Volk eine große Bedeutung. Sie sahen darin die Kraft der Leben schaffenden Roten Göttin und Königin gespiegelt. Ebenso bedeutungsvoll waren für sie die schwarzen Berge. Diese quollen einst als Lava aus langen Spalten aus der Erde hervor und erstarrten als vulkanische Ergussgesteine; heute liegen sie massig breit und unförmig in der sonst eher senkrechten Landschaft. Schwarz war für das Alte Volk die Farbe der Schwarzen Göttin, der Todesgöttin, welche die Unterwelt und deren verborgene Schätze hütet. Im Gegensatz dazu werden sie die bleichen, himmelragenden Spitzen und Türme, die so reichlich in den Dolomiten vorkommen, mit der Weißen Göttin des Himmels und des Lichts symbolisch verknüpft haben. Es ist eine Dreier-Symbolik, die von den jungsteinzeitlichen Menschen für viele Berge gebraucht wurde, wo nach ihrer Weltanschauung die dreifache Große Göttin der matriarchalen Kulturen wohnte. In den Dolomiten sahen sie sich in einer Landschaft, deren Bergstöcke ausschließlich aus den drei heiligen Farben Weiß, Rot, Schwarz bestehen, und das musste einen außerordentlichen Eindruck auf sie gemacht haben. Sie bewegten sich hier nach ihrer Auffassung überall in Göttinnen-Land.

Der schwarze Padón bedeutete für sie die hiesige Unterwelt, was die Sagen um diesen Bergrücken zeigen. So soll darin die „Auróna" liegen, das „Goldland" mit unermesslichen Schätzen.[138] Das ist keine beliebige Zuschreibung, denn die Ergussgesteine förderten Metalle in geschmolzener Form an die Oberfläche und lagerten sie hier ab; Metalle sind sonst im Dolomiten-Kalk nicht zu finden. Dies war der Fall besonders beim „Monte Póre", dem „Berg der Angst", ebenfalls ein dunkler Lavaberg und die östliche Fortsetzung der Kette des Monte Padón. Hier förderte man über lange Zeit hinweg Eisen, doch der Berg enthielt auch Silber und Gold. Daher war das Buchensteiner Tal, wo er liegt, für seinen Bergbau bekannt.[139] Nun ist Eisen ein Metall, das vor der frühpatriarchalen Eisenzeit, die mit den keltischen Eroberern in diese Bergwelt kam, nicht gebraucht wurde. Davor förderte man Gold und Silber, Metalle, denen die magische Kraft von Sonne und Mond zugesprochen wurde und die man rituell gebrauchte, ebenso Kupfer und die Metalle für den Bronzeguss.

Wenn man sich nach der Auróna, dem „Goldland", auf die Suche machen will, beginnt man bei der Ortschaft Arabba, deren Umgebung, den vielen Liften und plattgewalzten Hängen nach zu urteilen, heute ein beliebtes Skigebiet ist. Über einen solchen Hang führt ein steiler, kurzer Aufstieg am „Rü d'Auróna", dem „Aurona-Bach", entlang aufwärts. Der Bach ist der einzige landschaftliche Hinweis auf die Auróna und dient daher als Wegweiser. Irgendwo im Einschnitt dieses Baches in die Felsen soll sich der Sage nach ein schweres, goldenes Tor, der Eingang zu dem unterirdischen Goldland, befunden haben. Dieses Tor findet man allerdings nicht mehr, es soll längst verschüttet sein, dafür tut sich ein anderes bemerkenswertes Tor auf, die „Porta Vescovo". Denn folgt man dem Bach, der im Unterlauf nur wenig vertieft über schwarzes Gestein rauscht, weit genug hinauf, dann öffnet sich plötzlich zur Rechten ein riesiges, steiles Felsentor, durch das er in mehreren Wasserfällen herunterspringt. Ganz oben endet es als schmaler Einschnitt am Kamm des Bergrückens Padón (Abb. 15). Geht man ein Stück zwischen die Felsen in das düstere Tor hinein, so findet man im Bachbett den Schatz – lauter goldglänzende Kiesel!

Abb. 15:
Die Porta Vescovo,
das Tor der
„Aurona"

Dieser ungewöhnliche Landschaftszug hat die Sage vom Tor der Auróna entstehen lassen, denn die Stelle ist wohl als ein heiliger Eingang in die Unterwelt betrachtet worden. Dabei kann nach Auffassung des Alten Volkes auch ein Bergwerk zum Bereich der Unterwelt gehören, das es mit Sicherheit hier gegeben hat. Nicht nur die Sage von der Auróna, auch die Kirche von Arabba enthält einen Hinweis darauf: Die Sichtlinie geht von hier direkt auf die Kirche unten im Tal, deren Chor auf das Tor der Auróna ausgerichtet ist. Sie enthält ein Bild, auf dem die christliche Maria einem Mönch eine Lampe überreicht. Es ist die Verchristlichung einer älteren Auffassung, denn diese Madonna ersetzt hier die frühere Göttin der Unterwelt, die in der Auróna wohnte. Sie schenkte den Bergmännern in der Tiefe Licht und Führung, und zwar im Leben und im Tode.

Schaut man vom Tor der Auróna in die Ferne, so schweift der Blick bis zur Fanes-Alpe, deren äußere Felsenmauer gut zu sehen ist. Auch eine Gestalt aus dem Fanes-Sagenzyklus hat mit dem Monte Padón zu tun, die „große Zauberin" Zikúta. Gemäß den Mythen wohnt sie in einem Berg, der zu dieser schwarzen Kette gehört, dem dunklen Migòin. Hier haust sie unterirdisch in der Einsamkeit und erscheint selten und nur bei besonderen Gelegenheiten an der Oberfläche.

Zikúta kommt bei Karl Felix Wolff, der die Fanes-Sagen gesammelt hat, nur kurz und sehr negativ besetzt vor; zusammen mit ihrem Bruder, dem „großen Zauberer" Spina de Mul, ist sie die Böse hinter allen Dingen.[140] Doch „Zauberei" heißt nichts anderes als magische Macht besitzen, und diese Macht ist bei Zikúta und Spina de Mul erstaunlich groß. In der Regel hat man es bei den angeblich „Bösen" mit einer patriarchalen Verdrehung zu tun, bei der Gestalten aus einem matriarchalen Zusammenhang dämonisiert wurden, weil sie sich nicht unterwerfen und anpassen ließen. Sie leisteten für ihre angestammte Kultur erbitterten Widerstand, weshalb sie aus der Sicht der späteren Sieger zu Bösewichten erklärt wurden.

Von Zikúta heißt es ausdrücklich, dass sie den letzten Fanes-König glühend hasst und genau weiß, warum. Von diesem wird gesagt, dass er ein „fremder König" ist, der nicht viel von den alten Sitten des Fanes-Volkes versteht, aber danach strebt, die Herrschaft über dieses Königinnen-Reich durch Einheirat an sich zu reißen. Eine solche Haltung stammt nicht aus einem matriarchalen Kontext, wo man zwar auch Probleme mit Heiraten haben kann, aber damit keine Herrschaftspolitik betreibt. Gewaltsame Eroberung oder hinterhältiges Erschleichen von Herrschaft über ein matriarchales Volk sind die Merkmale frühpatriarchaler Kriegerkönige. In diesem Fall konnten es nur die Kelten gewesen sein, die in der frühen Eisenzeit ab 400 v. u. Z. die vor-indoeuropäischen Völker in der Po-Ebene überfielen und dort ihre Eroberungsreiche gründeten. Es scheint keine allzu lange Zeitspanne vergangen zu sein, bis sie auch gen Norden in die fruchtbaren Dolomitentäler eindrangen, die dortigen Städte, Burgen und Dörfer eroberten und die matriarchale Kultur zerstörten. Das verborgene Fanes-Reich in der hohen Zone der Berge blieb davon noch lange verschont, doch schließlich wurde es auch entdeckt. Es ließ sich aber nicht einfach mit Pferden und Waffen überrennen, dazu war sein Territorium in diesem unzugänglichen Gebirge zu schwierig. Auch kannten die Kelten weder die geheimen Pfade noch die Verstecke der Fanes. So griffen sie zu einem anderen Mittel, um dieses Reiches habhaft zu werden, der Einheirat in den Clan der matriarchalen Königinnen, was in subversiver Absicht geschah.

Diese Taktik zeigt sich sehr deutlich bei der Sagengestalt des „fremden Königs", der ein Kelte war. Er drängte sich den Fanes-Königinnen auf, bis eine ihn durch Heirat zum König machte. Darauf nannte er sich „König Rayes", um sich wichtiger zu machen als die Rayeta, die Krone der matriarchalen Königinnen. Diese Situation wird nicht ohne bewaffnete

Drohung eingetreten sein, worauf die friedfertigen Fanes nicht gefasst waren. Zikúta war die Erste, um die er warb, wie die Sage berichtet.[141] Das heißt, sie kann nicht nur eine „Zauberin" gewesen sein, auch nicht eine Nebenperson im Fanes-Reich, sondern sie war selbst eine Fanes-Königin.[142]

Wie aber ist sie in die Einsamkeit des Gebirges Padón, in die Wohnung unter der Erde geraten? Auch Höhlen sind ein typischer Rückzugsort, und dorthin musste sie unter dramatischen Umständen geflohen sein. Es kann dafür nur einen Grund gegeben haben: Das frühe Patriarchat brach in Gestalt des „fremden Königs" über ihre Kultur herein, und sie leistete – nachdem ihre Liebespolitik an diesem König gescheitert war – massiven Widerstand, indem sie sich weigerte, ihn zu heiraten und zum König über das Fanes-Volk zu machen. Diesen Widerstand konnte sie aber nur als eine Königin leisten, und zwar als eine bedeutende. Denn als die Kelten das Fanes-Reich entdeckten, stand es auf seinem Höhepunkt. Die weitere Geschichte ist die seines tragischen Niederganges. Zuletzt musste Zikúta vor der nackten Gewalt fliehen und sich an einem magischen Ort verbergen, den der Keltenkönig nicht kannte und den zu erreichen er nicht die Mittel besaß: eben die hiesige Unterwelt im schwarzen Padón. So hatte sie allen Grund, ihn zu hassen, doch für ihn war dies der Anlass, sie zum Typus des bösen Weibes, der „Hexe" oder „Zauberin", zu erklären.[143]

Ungeachtet dessen bleibt Zikúta im Verlauf der folgenden Ereignisse die respektierte, priesterliche Instanz der Fanes, indem sie warnt, berät, den richtigen Weg weist und zuletzt schicksalhaft in die Ereignisse eingreift. Nur dazu verlässt sie ihre unterirdische Wohnung und erscheint auf dem Migóin, stets zu bemerkenswerter Zeit und auf einem bemerkenswerten Platz: dem „Megón de Megòies" oder „Mohnblumenplatz". Der Megón de Megòies ist ein schwarzer Felskopf auf dem Migóin an der Südseite des Padón, und von ihm heißt es, dass hier lauter Mohnblumen blühen. Doch sie dringen nur aus der Erde, wenn Zikúta aus dem Berg kommt, was sie nur kurz vor einem Gewitter tut, wenn der Himmel sich von schweren Wolken verfinstert. Dann erscheinen die grellroten Mohnblüten und weisen den Suchenden den Weg zu ihr. Aber kaum zuckt ein Blitz und fallen die ersten Regentropfen, verschwindet sie wieder im Berg, und die Mohnblumen zerfallen zu einem Häuflein Staub.[144]

Diese Szenerie passt zum Padón als dem Bereich der Unterwelt der Fanes. Mohnblumen sind Attribute der Göttin der Unterwelt, zum Beispiel bei der griechischen Perséphone, Mohn gibt einen sanften Schlaf

113

oder Tod. Auch die Bedeutung des Namens „Zikúta" ist aufschlussreich, er heißt „Schierling". Der Schierling ist eine geachtete und gefürchtete todbringende Pflanze, ein Todessymbol wie die Mohnblumen. Außerdem erscheint Zikúta nur bei schwarzem Himmel und wechselt souverän die Sphären von Oberwelt und Unterwelt, als sei die Tiefe ihr Reich. Das kennzeichnet sie als mehr als nur eine „Zauberin" oder Priesterin. Wie Moltina als die Rote Fee in den Fanes-Mythen erscheint und schicksalhaft mit dem Roten Berg verbunden ist, so ist Zikúta die Schwarze Fee und die Herrin des schwarzen Padón. Wie eine Königin der Unterwelt ist sie wissend und weise und kann in die Zukunft blicken: So warnt sie Dolasilla vor dem Gebrauch der silbernen Zauberpfeile, was ihr den Tod bringen wird, und sie rät Ey-de-Net, der Dolasilla liebt, wie er sie mithilfe eines silbernen Schildes gewinnen kann – was auch prompt geschieht.

Zikúta ist auch eine Herrin der Zeit, genauso wie die Phasen des Mondes vom weißen Sichelmond über den roten Vollmond bis zum schwarzen Leermond die Zeit anzeigen. Als die Schwarze Fee weiß sie, wann die Zeit abgelaufen ist: So hat sie indirekt mit den 13 Zauberpfeilen zu tun, die Dolasilla zuletzt den Tod bringen. Die 13 ist nach dem uralten Mondkalender die Zahl der Mondmonate. Sie ist keine „Unglückszahl", sondern zeigt die Mondzyklen vom Aufstieg des Jahres bis zu seinem Abstieg an, wobei im 13. Mondzyklus das Jahr endet. Matriarchale Menschen bewerten Aufstieg und Abstieg nicht, sondern betrachten sie als das Gesetz der Natur, das sie respektierten.

Der Drache und das Maultier: die Croda da Lago und der Berg Formin

Der „große Zauberer" Spina de Mul gilt als der Bruder der Zikúta und ist damit ein hochrangiges Mitglied der königlichen Fanes-Sippe. Sein seltsamer Name entspricht dem jedoch nicht, denn „Spina de Mul" heißt „Maultiergerippe". Diesen Namen hat er erhalten, weil er es liebt, die abstoßend hässliche Gestalt eines halb verwesten Maultieres anzunehmen, wenn er wandernd unterwegs ist. Als das Gespenst eines riesigen Maultieres, bei dem nur noch Kopf, Hals und Vorderbeine mit Muskeln und Haut bedeckt sind, der hintere Teil jedoch ein Skelett ist, das er holpernd nachschleppt, tritt er auf und verbirgt damit seine edle Gestalt. Außerdem kommt er nur in der Dunkelheit: Man hört zuerst einen grauenvollen Schrei, dann das stolpernde Traben und knöcherne Nachschleifen, das langsam näher kommt und die zu Tode Erschrockenen umkreist. Blanke Waffen versagen gegen ihn, sie prallen ab und springen den Angreifern aus der Hand, denn Spina de Mul erweist sich als durch Eisen unverwundbar. Mit großen Maultierzähnen beißt er um sich, bis die Gegner die Flucht ergreifen. Nur Pfeile könnten ihn verletzen, doch da er stets im Finsteren und bei schlechtem Wetter auftritt, kann man nicht auf ihn zielen.[145]

So ist nicht nur der Name des Bruders der Zikúta höchst eigenartig, sondern diese Beschreibung enthüllt sein ebenso ungewöhnliches Benehmen. Er muss dafür einen triftigen Grund gehabt haben. Seine äußere Erscheinung erinnert an dämonische Gestalten aus der Unterwelt, die im matriarchalen Verständnis Helfer der Todesgöttin sind. Als Bruder der Zikúta, die wie eine Königin der Unterwelt im Inneren des Padón wohnt, ist Spina de Mul ihr natürlicher Helfer, eine Rolle, die er mit Hingabe erfüllt. In patriarchaler Sichtweise wurde er wegen dieser Zugehörigkeit zum „bösen Zauberer" gemacht.

Es fällt auf, dass Spina de Mul ständig auf Wanderschaft ist und dabei öfters auf Krieger trifft, die ihm mit Speeren und Schwertern etwas anhaben wollen. Diese Krieger sind Kelten. Seit ihr Keltenkönig von der nächsten Fanes-Königin, die auf Zikúta folgte, auf sein Drängen hin geheiratet und zum Fanes-König erhoben wurde, ziehen sie überall im Reich der Fanes umher. Spina de Mul scheint sie zu beobachten, außerdem holt er bei seinen langen Wanderungen Informationen darüber ein, was in den Tälern und Bergen geschieht. So befindet er sich zusammen mit seiner Schwester im permanenten Widerstand, doch hat er als seinen Schutz nicht den Rückzug nach innen in die Verborgenheit in der Erde gewählt, sondern, weil er nach außen gehen muss, das Gespenst des Maultiergerippes.

Seine „Unverwundbarkeit" gilt nur für Eisenwaffen, dem Metall der Eroberer, was eine Metapher dafür ist, dass er klüger und listiger ist als die keltischen Krieger, die sich nur auf ihre Eisenwaffen verlassen. Hingegen ist er verwundbar durch einfache Steine, die ein waffenloser Knabe gegen ihn schleudert. Dieser Knabe gehört jedoch zu den Fanes, ohne dass er selbst es weiß, denn er wurde in der Wildnis groß. Damit beginnt die besondere Geschichte zwischen Spina de Mul und dem jungen Ey-de-Net: Dieser trifft als 15-jähriger Knabe, der allein auf seinem Initiationsweg ist, um seinen Namen zu finden, zufällig auf Spina de Mul in seiner scheußlichen Maultiergestalt. Es ereignet sich im Gebiet des Nuvolau, wo König Rayes mit ein paar seiner Keltenkrieger weilt, die er zur Wache aufgestellt hat. Denn er hat Dolasilla bei sich, die jedoch noch ein Baby ist; sie schlummert, von einer Amme behütet, in einer Sänfte. Ihr Vater, König Rayes, hat sie hierher bringen lassen, um sie einem Freund zu zeigen.

Da die Krieger vor dem Gespenst versagen, meint der Knabe, sie unterstützen zu müssen, und schlägt den mächtigsten aller Zauberer mit Steinwürfen in die Flucht. Er verfolgt ihn sogar, bis Spina de Mul unter dem Steinhagel zusammenbricht. Doch statt ihn für seine Untat zu verfluchen, fragt der Zauberer, verwundert über des Knaben Stärke und seine Fähigkeit, bei Nacht zu sehen wie er selbst, ihn nach seinem Namen. Als er erfährt, dass dieser auf der Suche nach seinem Namen ist und ein Krieger werden will, gibt Spina de Mul ihm den Namen „Ey-de-Net", was „Nachtauge" heißt.[146]

Die Handlung der Namensgebung ist sehr bedeutsam. In matriarchalen Kulturen ist es entweder die Mutter selbst oder der geachtete Mutterbruder, die das Recht haben, den Kindern die Namen zu geben. Dabei ist es bei Knaben vorrangig der Mutterbruder, der dies vollzieht. Auf keinen Fall kommt es vor, dass ein Fremder einen Namen aus einem plötzlichen Anlass gibt, weil Namen stets eine magische Bedeutung haben. Das ist der Fall bei dem Namen „Nachtauge", denn das Auge der Nacht ist der Mond. Die Magie dieses Namens rückt Ey-de-Net in die Nähe der Fanes-Königinnen, deren Erscheinung die Dreifache Mondgöttin der matriarchalen Kultur spiegelt: Moltina, die Gründungskönigin des Fanes-Volkes, symbolisiert den roten Vollmond; Zikúta, die Königin der Unterwelt, wird symbolisch mit dem Schwarzmond verknüpft. Prinzessin Dolasilla mit dem silbernen Bogen, welche die amazonische, kämpfende Königin der Fanes wird, steht symbolisch für die junge, weiße Mondsichel. Es ist Dolasilla, zu der Ey-de-Net auf magische oder schicksalhafte Weise von Anfang an gehört.

Spina de Mul ist demnach der Mutterbruder oder Oheim von Ey-de-Net und gemäß matrilinearen Verwandtschaftsregeln sein nächster männlicher Verwandter und Beschützer. Folgerichtig ist die Mutter Ey-de-Nets niemand anderes als Zikúta, die Schwester Spina de Muls. Von ihr heißt es in typisch patriarchaler Verdrehung der Tatsachen, dass sie aus „Bosheit" einem König das Söhnchen aus der Wiege geraubt habe.[147] Wahr ist, dass ihr selbst das Kind aus der Wiege geraubt worden ist, und zwar von dem Keltenkönig, dem späteren König Rayes, der in dem Knaben einen Nebenbuhler um die Herrschaft im Fanes-Reich befürchtete. Das Kind wurde in der Wildnis ausgesetzt, wo eine mitleidige Vivana, eine Waldfrau, es fand und aufzog. Dies ist der Grund, warum Ey-de-Net nichts von seiner Herkunft weiß, bis sein Oheim ihn darüber aufklärt.[148]

Es kommt noch besser: Spina de Mul macht, wenn auch unfreiwillig, Ey-de-Net ein unvergleichliches Geschenk. Er gibt ihm die Rayeta, die bei seiner Flucht aus dem Maultierhuf fiel, wo er sie eingeklemmt bei sich trug.[149] Es fragt sich, wie er zu dem blauen Strahlenstein gekommen ist, der doch von Göttinnen und Fanes-Königinnen als Krone getragen wurde. Der Schluss liegt nahe, dass Zikúta die Rayeta auf ihrem erzwungenen und schnellen Rückzug vor König Rayes verloren hatte – obwohl es dazu keine Sage gibt. Spina de Mul fand sie wieder und bewahrte sie sorgsam vor fremden Blicken in seinem Huf auf. Damit hütet er, symbolisch betrachtet, die angeschlagene Souveränität des Fanes-Reiches, und zwar auf subversive Weise.

Ganz ohne Absicht ist er damit schließlich erfolgreich: Zunächst gehört der Strahlenstein dem, der ihn gerade besiegt hat, Ey-de-Net. Doch der Knabe, der die Bedeutung der Rayeta nicht kennt, gibt diesen Schatz sehr bald an die Richtige weiter. Diese ist Dolasilla, denn nun folgt die symbolträchtige, erste Begegnung Ey-de-Nets mit ihr. Als der Knabe auf dem Rückweg an der Sänfte mit dem Kind vorüberkommt, beginnt Dolasilla zu schreien und hört nicht auf, denn sie will den blauen Stein haben. Ey-de-Net schenkt ihn dem schönen Kind und legt ihn in Dolasillas Korb. Dort findet die jetzt amtierende Fanes-Königin, Dolasillas Mutter, die Rayeta und hütet sie im Geheimen, bis ihre Tochter erwachsen sein wird, um sie damit zu krönen.[150] Auf diese Weise hat die Rayeta den richtigen Weg genommen.

Spina de Mul aber schleppt sich mit Schmerzen heim zu seiner Höhle im Berg Formin.[151] Diese Wohnung ist einigermaßen erstaunlich für ein Mitglied des königlichen Fanes-Clans. Doch er haust hier ebenso verborgen wie seine Schwester Zikúta im Padón, wozu der Widerstand gegen König Rayes ihn zwingt. Auch der Berg Formin ist landschaftsmythologisch interessant, er liegt direkt an der Croda da Lago, der steilen Zackenkette oberhalb von Cortina d'Ampezzo, und verläuft parallel zu ihr. Deshalb kann man ihn am besten erkennen, wenn man den Bergpfad zur Croda da Lago hinaufsteigt. Aus halber Höhe betrachtet zeigt der Berg Formin an seinem nördlichen Ende eine merkwürdige Formation: Man erkennt einen Felsblock mit Hals und kopfartigem Ende, ähnlich wie das Vorderteil eines Pferdes. Dieser Vorderkörper verlängert sich nicht in einen Hinterkörper, sondern endet scharf abgeschnitten, und drei ebenso scharf abgeschnittene Felsenscheiben folgen ihm, als

Abb. 16:
„Spina de Mul",
Felsformation am
Berg Formin

ob er hinten zerhackt wäre. Die drei Felsenscheiben wirken wie ein nachgeschlepptes, steinernes Gerippe (Abb. 16).

Das ist die Erscheinung von Spina da Mul im Felsen. Denn man fragt sich, warum der Zauberer ausgerechnet eine so seltsame und abstoßende Gestalt angenommen hat, während große Zauberer sich doch eher in prächtige oder gefährliche Tiere zu verwandeln pflegen. Die Gestalt des Maultiergerippes ist in der Mythologie ein absoluter Einzelfall. Dieses Felsgebilde am Berg Formin liefert die natürliche Erklärung, denn es hat für die frühen Bewohner und Bewohnerinnen der Gegend an diesem Ort den großen Zauberer der Fanes dauerhaft verkörpert. Solche

Abb. 17:
Der Lago da Lago
(„See der Seen")

Verknüpfungen von bedeutenden Personen aus der Geschichte der frühen Menschen mit Formationen der bizarren Bergstöcke sind in den Dolomiten keine Seltenheit.

Spina da Mul haust hier in nicht weniger unheimlicher Nachbarschaft, denn Seite an Seite mit dem Berg Formin ragt die Croda da Lago mit ihrem senkrechten, spitzigen Zackenrücken. Sie wurde genauso symbolisch betrachtet, denn sie war für das Alte Volk der „Drache" – wie wir an der Sage von Dona Dindia gesehen haben. Weitere Sagenbruchstücke geben über diesen Drachen mehr Auskunft, denn es wird erzählt, dass die Rayeta auch in einen Bergsee versenkt wurde, wo ein Drache sie bewacht.[152] Es ist also nicht nur Spina de Mul, der die Rayeta im Verborgenen hütete, sondern – noch archaischer – der Drache.

Das hat ebenfalls einen landschaftsmythologischen Bezug: Genau am Felsfuß der Croda da Lago, des „Drachen", liegt ein überaus klarer Bergsee. Er ist so klar, dass man paradoxerweise nicht auf seinen Grund sehen kann, weil er wie ein perfekter Spiegel wirkt. Er spiegelt nicht nur den Himmel in klarster Bläue, sondern auch die Zackenkette der Croda da Lago und die umliegenden Spitzen in jedem Detail, sodass die Spiegelung seinen Grund verdeckt (Abb. 17). Man hat sogar Mühe, an seinem Rand den Übergang von Land zu Wasser zu erkennen. Dieser mysteriöse See heißt „Lago da Lago", der „See der Seen", und die mächtige Croda da Lago bewacht ihn. Landschaftsmythologisch gesehen bewacht der „Drache" diesen See, der seinerseits ein Bild der überaus klaren „Rayeta" ist: See und Rayeta sind symbolisch identisch. Die Metapher des überaus klaren Spiegels gibt es nämlich für die Rayeta. Sie wird von der Berggöttin Samblana, die sie auch zeitweilig in Besitz hatte, auf dem Antelào unmittelbar als Spiegel benutzt, um im Winter das Himmelslicht als „blauen Strahl" bis in die letzten schattigen Talwinkel zu senden, sodass niemand völlig im Dunkeln wohnen musste.[153]

Damit sehen wir hier den „Zauberer", nämlich den steinernen Spina de Mul am Berg Formin, den „Drachen", hier die Croda da Lago, und die „Rayeta", hier den spiegelklaren Lago da Lago, als Landschaftszüge gewaltig groß, doch friedlich beieinander liegen. Es verwundert daher nicht, dass sowohl der Drache wie Spina de Mul die Rayeta hüten konnten. Die Croda da Lago mit ihrem einzigartigen See galt den frühen Bewohnerinnen und Bewohnern des Ampezzaner Tals als heilig, wenn auch als furchterregend-heilig. Denn von dem „Drachen" heißt es weiter, dass er in diesem Bergsee schlief – wie die Zackenkette der Croda da Lago durch perfekte Spiegelung in dem See ruht oder „schläft". Doch wenn jemand nahte, um die Rayeta zu stehlen, dann entstand ein wütender Kampf und der See tobte: Daraus sollen die verheerenden Unwetter entstanden sein, die schließlich Dona Dindias Stadt zerstörten.[154] Dieses Szenario ist sehr archaisch, es bezieht sich unmittelbar auf die Landschaft des Ampezzaner Tales.

Es gibt noch andere Sagenbruchstücke von den Aufenthaltsorten der Rayeta, die weitere landschaftsmythologische Bezüge aufweisen. So wird erzählt, wenn dem Drachen die Rayeta in dem Bergsee nicht mehr sicher war, griff er sie, erhob sich in die Lüfte und flog zu einem anderen

See.[155] Das heißt, auch andere klare Bergseen konnten als Rayeta-Spiegel aufgefasst worden sein. Weiter wird erzählt, dass er von dem Strahlenstein in seinen Krallen ganz feurig erschien. In anderen Sagensplittern ist es dann nicht der feurige Drache, sondern der „feurige Alber" (Adler), der durch die Nacht flog und in seinem Schnabel oder seinen Krallen die Rayeta trug.[156] Nun haben wir bereits gesehen, dass dieser feurige Vogel kein Adler, sondern der Flammengeier ist, der „Varyùl da la flüta", der die Erinnerung an das versunkene Fanes-Reich wachhält. Er erscheint einmal im Jahr auf dem „Piz dla flüta", dem verchristlichten Heiligkreuzkofel, und lässt die „blaue Flamme" lodern. Damit wird klar, woher er – mythologisch gesehen – die Kraft hat, die blaue Flamme lodern zu lassen: Er trägt die berühmte Rayeta in den Krallen oder im Schnabel, und von ihr steigt die blaue Flamme auf.[157]

Diese Bruchstücke von Erzählungen zeigen, wie vielfältig und wie weitverbreitet der Sagenkreis um die Rayeta war. Denn die Sagensplitter reichen nicht nur über das ganze Dolomiten-Gebiet, sondern sie finden sich auch im Südtiroler Vinschgau wieder. Es sind genau diese Regionen, wo sich Teile der Urbevölkerung in den Ladinern und Rätoromanen erhalten haben.

Der Untergang des Fanes-Reiches: Falzarego-Pass und Pragser Wildsee

In der tragischen Geschichte, die den Untergang des Fanes-Reiches erzählt, steht Dolasilla im Mittelpunkt. Sie ist die Tochter des „fremden Königs", das heißt des Keltenkönigs und der Fanes-Königin ohne Namen, der Nachfolgerin von Zikúta. Diese Königin wurde von ihm zur Heirat gedrängt, und um des Friedens willen zwischen seinem Keltenreich in den Tälern und ihrem Fanes-Reich in den Bergen willigte sie ein. Sie musste ihn auf seinen Wunsch hin sogar zum Fanes-König machen, der stolz den Namen „König Rayes" trägt. Diese Königin gebar die Zwillingstöchter Dolasilla und Luyanta, wobei Luyanta nie Fanes-Königin wird, denn sie lebt – wie ihre Ahnfrau Moltina – bei den Murmeltieren. Dolasilla hingegen empfängt, als sie erwachsen ist, die Rayeta-Krone, doch nicht von ihrem Vater – wie uns die patriarchalisierte Version der Sage weismachen will –, sondern von ihrer Mutter. König Rayes besitzt keine Verfügungsmacht über die Rayeta, die wir nur in den Händen von Göttinnen und Feenköniginnen sehen, denn das Fanes-Reich wurde ausschließlich in mütterlicher Linie vererbt. In der patriarchalen Version bleibt Dolasilla, trotz Rayeta, nur eine Prinzessin und seine gehorsame Tochter, die für seinen Machterhalt kämpft, ein willenloses Werkzeug in der Hand des Vaters.[158] Auch das ist widersinnig, denn wer die Rayeta als Krone trägt, ist Fanes-Königin. Als letzte Fanes-Königin kämpft Dolasilla für die Unabhängigkeit ihres matriarchalen Fanes-Reiches und keineswegs für keltische Interessen und Beutegier. Dabei ist sie der Prototyp der Jungfrau, doch nicht im sexistischen Sinne, sondern als die starke, unabhängige, junge Frau, eben die Amazone. Sie kämpft auf amazonische Art: In Weiß und Silber gekleidet lenkt sie die Schlachten hoch zu Ross mit Pfeil und Bogen. Da ihre silbernen Zauberpfeile unfehlbar sind, trägt sie stets den Sieg davon.

Aber König Rayes versucht schon in Dolasillas Jugend, seine Vaterlinie einzuführen und an die Schätze der Fanes in der Auróna heranzukommen, weil er nach der Herrschaft trachtet. Er scheitert am sanften Widerstand der Fanes-Königin ohne Namen, seiner Gemahlin, und sieht sich schließlich ganz unerwartet Dolasilla als neuer Königin gegenüber. Damit sind seine Ambitionen auf die Herrschaft zunichtegemacht, was ihn mit Zorn erfüllt. Als letzten Ausweg versucht er es noch mit der Heiratspolitik, indem er seinen „Sohn", den er vom Flammengeier aber nur geliehen hat, mit Dolasilla vermählen will. Dolasilla hat jedoch bereits Ey-de-Net, den kühnen Krieger mit dem silbernen Schild, gewählt, der sie nun in jeder Schlacht schützt. Zusammen sind die beiden ein unüberwindliches Paar.

Da ihm die Herrschaft über das Fanes-Reich entgangen ist und er die Macht von Dolasilla und Ey-de-Net fürchtet, greift Rayes zuletzt zum Verrat. Er verrät die Fanes, deren König er doch ist, an die Kelten im Süden, mit denen er ein Bündnis schmiedet und das Fanes-Reich mit Krieg überzieht. Dolasilla wollte, als sie ein Kind bekam, das Kämpfen aufgeben. Doch der neue Krieg nötigt sie, ihr Reich gegen die Übermacht der Kelten zu verteidigen, die nun, von Rayes geführt, die geheimen Wegen und Verstecke der Fanes kennen und überall vorrücken. Der Ausgang ist tragisch, denn Dolasilla verschenkt 13 ihrer silbernen Zauberpfeile aus Trauer um ihr Kind, das ihr, ebenfalls durch Verrat, weggenommen wurde, und diese Pfeile gelangen in die Hände ihrer Feinde. Bei der letzten Schlacht stirbt sie durch ihre eigenen unfehlbaren Pfeile, und das Reich der Fanes wird nach heftigem Widerstand von den Kelten zerstört.

So weit diese Geschichte, die sehr realistisch vom Untergang einer matriarchalen Kultur in den Dolomiten berichtet. Sie ist deutlicher als

Abb. 18:
Der „Falsche König" am Falzarego-Pass (der einzelne Felsblock in der Mitte der Wand)

jedes Geschichtsbuch und zeigt, was vielfach in Europa beim Einbruch des Frühpatriarchats geschah.

Wir gehen jetzt den Spuren nach, wo in der Landschaft der Dolomiten sie verankert ist: Dolasillas Berufung zur amazonischen Verteidigerin des von außen bedrohten Fanes-Reiches beginnt am Silbersee, jenem See bei Canazèi, den schon die Sonnengöttin Delba in ihrem Kahn befuhr. Diese hat den See mit ihrem Glanz derart versilbert, dass das Schilfrohr am Seeufer zu den silbernen Pfeilen wurde, die nie ihr Ziel verfehlen. Dolasilla gewinnt diese Zauberpfeile, dazu einen silbernen Bogen und ein magisches Panzerkleid, das aus weißem Murmeltierfell besteht, aber von keiner gewöhnlichen Waffe durchdrungen werden kann. Das heißt, es sind die Göttinnen und die Ahninnen, die sie beschützen, und damit kommen wir an die archaische Schicht ihrer Gestalt. Als unüberwindlich starke, junge Frau ist sie die mächtige Weiße Fee, deren Vorbilder die Göttinnen Artemis und Diana sind; ihr Symbol ist die weiße, junge Mondsichel als „silberner Bogen". Mit ihrer Gestalt vollendet sich die matriarchale Dreiheit, die durch die Feenköniginnen Moltina, die Rote, und Zikúta, die Schwarze, gebildet wird. Damit sind die drei Feenköniginnen ein Abbild der Dreifachen Großen Göttin, die auch die Dreifaltige Mondgöttin ist.

Da die Zeiten sich jedoch zur frühpatriarchalen Epoche gewandelt haben, reitet Dolasilla hoch zu Pferd, auf einem Schimmel, und bietet mit der blau strahlenden Rayeta auf ihrer Stirn und den unfehlbaren Pfeilen ein großartiges und für die Feinde furchterregendes Bild. Das wird in den Fanes-Sagen mehrfach ausdrücklich beschrieben.[159] Das Pferd ist eine Übernahme von den Kelten, denn die matriarchalen Völker Europas besaßen ursprünglich keine Pferde. Die Große Fanes-Alpe und die breite, gewellte Sennes-Alpe boten reichlich Platz für Pferde zum Weiden und Trainieren, sodass man sich die Aufstellung eines berittenes Heeres durch die amazonische Königin Dolasilla gut vorstellen kann.

Die archaische Gestalt des Ey-de-Net, des Mond-Heros mit dem Namen „Nachtauge", tritt hinzu. Er trägt als Verteidiger des Fanes-Reiches einen großen Silberschild, der so schwer ist, dass nur er ihn heben kann. Es handelt sich hier nicht um eine Frage der Kraft, sondern allein der Mond-Heros hat dazu die Fähigkeit, weil der Schild ein Abbild des Mondes ist. So bestehen die Waffen von Dolasilla und Ey-de-Net nur aus dem heiligen Mondmetall Silber, und wie alle Fanes berühren auch sie nie Waffen aus Eisen. Eisen ist das schwarze Metall der frühpatriarchalen Eroberer. Ey-de-Net kämpfte bei seiner Namenssuche sogar nur mit Steinen gegen Spina de Mul – eine recht steinzeitliche Waffe!

Die Macht der Steine holt auch den unrühmlichen König Rayes ein, denn zuletzt erstarrt er zu Stein. Seine steinerne Gestalt ist in den Dolomiten verewigt, sie steht am Falzarego-Pass. Dieser Pass trägt seinen Namen, denn „Falza Rego" heißt „Falscher König". Von Cortina d'Ampezzo kommend überquert man den Pass am Lagazuoi, wo man ihn vor den Felsmauern dieses Bergstocks als breite Steinsäule stehen sieht (vgl. Karte 1). Er ragt dort von halber Höhe auf, mit ausladendem Mantel, die angedeuteten Hände auf das Schwert gestützt, ein paar kleine Zacken als Krone auf dem Kopf (Abb. 18). Diese Felsenstatue wird als der Falsche König gedeutet, nach dem der Pass benannt wurde.

Die Sage berichtet von ihm, dass König Rayes nach der Schlacht, in der Dolasilla starb, auf diesem Pass einsam auf seine siegreichen, keltischen Verbündeten wartet, damit sie die Beute mit ihm teilen und ihm die Auróna erschließen würden. Als die Kelten ankommen, nennen sie ihn jedoch einen Lügner und Verräter, einen König ohne Land und Leute, denn sein eigenes Volk, die Fanes, habe er verraten. Voll Verachtung lassen sie ihn stehen und ziehen weiter gen Süden. König Rayes wird zur Strafe in Stein verwandelt und muss zu seiner Schande für immer dort oben stehen.[160]

Wo aber sind die Überlebenden der Fanes geblieben? Gemäß den Sagen wird die Fanes-Königin ohne Namen mit dem Rest ihres Volkes von Luyanta, die bei den Murmeltieren in den Höhlen lebt, gerettet, bevor die Speere der Kelten sie töten können. Luyanta, die „Leuchtende", Dolasillas Zwillingsschwester, erscheint im rechten Moment und führt die letzten Fanes unter die Erdoberfläche in die Tiefe hinab. Die weisen Murmeltiere nehmen sie bei sich in den Höhlen auf und werden ihre Ratgeber.[161] So mussten die Fanes den extremen Rückzug unter die Erde wählen, und viele Jahre hausten sie dort. Buchstäblich versank das Reich der Fanes auf diese Weise in der Tiefe. So wird es auch von anderen Feen- und Zwergenreichen in vielen Sagen berichtet, wobei diese Wesen nun zu den „Unterirdischen" werden, die ein zwiespältiges Verhältnis zu den späteren Menschen haben.

Nach der Zerstörung der Wohnungen und Bewässerungsanlagen der Fanes durch die Feinde veröbeten die Hochalmen, bis nur die steinigen, staubtrockenen Karstflächen übrig blieben, die man heute dort oben findet. Das berichtet zwar keine Sage, aber es ist die praktische Folge von Krieg. In diesem Sinne nahm das Feenvolk von Fanes auch die Fruchtbarkeit auf den Bergen mit sich fort – ein Motiv, das sich ebenfalls bei den vielen Vertreibungssagen findet, die es nicht nur im Alpenraum gibt. Das Motiv des Rückzugs unter die Erde ist in den Dolomiten besonders realistisch, denn dieses Kalkgebirge ist von ausgedehnten und verzweigten Höhlen durchzogen, die das Wasser ausgewaschen hat. Als Netz von unterirdischen Flussläufen durchzieht es diese Bergstöcke. Solche Höhlensysteme liegen auch unter der Fanes- und Sennes-Alpe und reichen bis zum Pragser Wildsee.

Abb. 19:
Kapelle am Anfang des Weges um den Pragser Wildsees

Abb. 20:
Der „Sas dla Porta" (Seekofel) am Pragser Wildsee

Der Pragser Wildsee/Lago di Bràies ist ein recht großes Gewässer und ein klargrüner Spiegel in der Runde von steilen Felswänden, die sich darin umgekehrt abbilden. Gleich am Anfang des Weges um den See steht eine Kapelle (Abb. 19), auf deren Hochaltar im Zentrum sich eine Pietà befindet, eine trauernde, dunkle Maria als Alte Mutter, die ihren toten Sohn Jesus im Schoß hält. Das ist bemerkenswert, denn diese Darstellung der christlichen Madonna erscheint in der Regel an Plätzen, die vorher der Todesgöttin als dunkler Mutter gewidmet waren. Der Pragser Wildsee ist tatsächlich ein wunderschöner Wasserschoß mitten im Rund der Berge, ein tiefer Schoß der Erdmutter. In diesem Sinne wurde er wohl von den frühen Menschen als ein Ort der Unterwelt betrachtet und verehrt.

Zu dieser Ansicht hat der höchste Berg am Ende des Sees erheblich beigetragen, der Seekofel, der im Ladinischen „Sas dla Porta", der „Torfelsen", heißt. Diese Benennung bezog sich auf ein großes Tor in seiner ragenden, senkrechten Felswand, die man vom See aus sieht. Das Tor öffnete sich halb über dem Wasserspiegel und halb unter Wasser, sodass der See weit ins Innere des Berges hineinreichte und Verbindung zum Höhlensystem der Sennes-Alpe hatte. Es war buchstäblich das dunkle Tor in die Unterwelt und ein heiliger Platz der Todesgöttin. Der Berg Sas dla Porta war früher viel höher als heute, doch wegen der starken Verwitterung, der diese porösen Kalkberge ausgesetzt sind, stürzte viel Geröll von oben herab und hat dieses mythische Tor verschüttet (Abb. 20).

Die Fanes-Sage, die sich an den Torfelsen „Sas dla Porta" und den Pragser Wildsee knüpft, gibt eindrücklich diesen Sinn der Landschaft wieder. Es heißt darin, dass einmal jährlich im Sommer bei wachsender Mondsichel ein schwarzes Boot aus dem Tor herausfuhr und eine Runde auf dem See drehte, bis es wieder in dem geheimnisvollen Tor verschwand. In dem Boot saß die alte Fanes-Königin ohne Namen, die aus Gram über den Tod ihrer Tochter Dolasilla erblindet war, und ihre zweite Tochter Luyanta begleitete sie. Sie warteten auf die Erneuerung des Fanes-Reiches, die durch den Enkel der alten Fanes-Königin, den Sohn Dolasillas mit Namen Lizanèl, vollbracht werden sollte. Doch Lizanèl, der unter Kriegern groß geworden war, erschien nicht zur bezeichneten „Großen Stunde" am Pragser Wildsee, denn er war längst in einem sinnlosen Kampf gefallen. Die letzten Worte der alten Fanes-Königin, der nun alle Hoffnung erstarb, waren daher, dass sie nun schlafen gehen wolle am Grunde des Sees.[162]

Dieses Bild und die Worte sagen alles aus: Das Boot ist ein Schiff aus der Unterwelt, und die Fanes-Königin, die darin sitzt, ist die ursprüngliche Alte Mutter vor der christlichen Madonna. Sie betrauert ihren toten Sohn, hier den Enkelsohn, und ihr Reich liegt am Grunde des Sees, in der Unterwelt, wo sie wohnt oder schläft. So schimmert durch ihre Gestalt die Todesgöttin hindurch, welcher der Pragser Wildsee einst geweiht war. Bevor sie für immer in dieses Reich zurückkehrt, spricht die alte Fanes-Königin noch eine Prophezeiung aus, dass nämlich dereinst die „Verheißene Zeit" kommt, die Frieden und Gerechtigkeit auf die Erde bringen wird. Dann sind alle erlöst, auch die Fanes, die aus der Tiefe in den Bergen, wo sie lange gelitten haben, wiederauferstehen werden. Auch diese Worte haben einen tieferen Sinn, denn sie zeigen, dass die Todesgöttin an diesem See zugleich die Göttin der Wiederkehr und Wiedergeburt gewesen ist – so wie sie es an allen ihren heiligen Orten war.

Die gebärende Berggöttin und ihr Tal

Der Landschaftstempel Oberhalbstein-Surses in der Ostschweiz[163]

Der Weg dorthin in Raum und Zeit

Das Oberhalbstein ist ein besonderes Tal. Schon sein Name – „Oberhalbstein" in der deutschen und „Surses" in der rätoromanischen Sprache – ist merkwürdig. Er bedeutet beide Male dasselbe, nämlich das Tal, das „oberhalb des Steines" liegt. Dieser „Stein" heißt rätoromanisch „Crap Ses" und ist eine senkrechte Felswand, die das Tal zusammen mit steilem Hügelgelände gen Norden hin abschließt, sodass es uneinsehbar ist. Dennoch blieb es den Menschen seit der Jungsteinzeit nicht verborgen. Sie erreichten es, dem schroffen, östlich gelegenen „Crap Ses" ausweichend, über die steilen westlichen Hänge, und wenn sie auf den Hügelkuppen angekommen waren, tat sich dieses Tal wie eine weite, ovale Schale vor ihnen auf. Das musste ihnen wunderbar erschienen sein, denn zuvor führte der Weg entlang der wilden Schlucht der Albula, wobei der römische Name „Albula", die „Weiße", für sich spricht: Er bezeichnet einen weiß schäumenden, wilden Bergfluss, der durch die kilometerlange Schin-Schlucht dahinbraust.

Bereits in dieser frühen Zeit war das Oberhalbstein ein wichtiges Durchgangstal, als Teil einer Route, die hier die kürzeste Überquerung der Alpenkette ermöglichte. Diese besondere Route verlief nahezu gerade von Nord nach Süd bzw. von Süd nach Nord über die Alpen hinweg. Menschen haben bereits in der Jungsteinzeit die Alpen überschritten, dies hat der Fund des „Mannes aus dem Eis", kurz „Ötzi" genannt, in den Ötztaler Alpen auf 3200 m Höhe bewiesen.[164] Genauso führte ihr Weg auch hier über die Ketten der Zentralalpen hinweg.

Jungsteinzeitliche Kulturen gab es schon früh und zahlreich als Pfahlbausiedlungen an den großen Seen nördlich der Alpen, vom Bodensee bis zum Genfer See.[165] Vom Bodensee gelangten die jungsteinzeitlichen Menschen auf ebenem Weg in das breite Rheintal hinein, das gen Süden bis tief in die Alpen zum Platz der heutigen Stadt Chur führt. Bei Chur haben Archäologen frühe Spuren von Ackerbau mit Pflug entdeckt, die sie in die Epoche um 3.000 v. u. Z. datieren, doch sogar Siedlungsreste vom Ende der Altsteinzeit um 11.000 v. u. Z. kamen ans Licht, sodass Chur zu den Orten mit der ältesten Siedlungsgeschichte in der Schweiz gehört.[166] Von Chur folgten die jungsteinzeitlichen Menschen dem Rhein ein kurzes Stück weiter bis zu seiner Gabelung in den Vorderrhein und Hinterrhein beim heutigen Ort Reichenau-Tamins.[167] Die große Rheinschlucht des Vorderrheins, die aus dem gewaltigen Flimser Bergsturz hervorgegangen ist, versperrte ihnen hier den Weg, sodass sie den Hinterrhein entlang durch das breite Domleschg-Tal wieder genau gen Süden weiterzogen. Am Ende des Domleschg-Tales beim heutigen Dorf Sils fließt die Albula in den jungen Hinterrhein, und genau zwischen beiden Flüssen liegt ein Hügelrücken quer im Tal, der aus einiger Entfernung betrachtet (am besten von Rothenbrunnen aus) die Gestalt eines Drachen hat. Das ist ein besonderer Platz, und auch die frühen Menschen haben das so gesehen, denn das ragende Felsenhaupt des Drachen und sein absinkendes Rückenteil sind von ihnen durch Kultplätze gekennzeichnet worden (Karte 1). Sein Haupt trägt die Burg Hohenrätien und fällt senkrecht zur Via-Mala-Schlucht ab, zu der es den Blick versperrt. Die Burg Hohenrätien besitzt Sichtlinien durch das gesamte Domleschg-Tal. Das Rückenteil des Drachen, das sich zur Schlucht der Albula neigt, trägt die berühmten Felszeichnungen der Carschenna: Mehrere Steinblöcke sind übersät mit Schalen, verbunden mit konzentrischen Kreisen, die als kleine Sonnenuhren oder Kalendermarkierungen gedient haben können, und vielen weiteren schönen Mustern (Abb. 1). Damit nicht genug: Ein weiterer Kulthügel am Schwanz des Drachen ist die Ruine Campbell direkt über der Albula, die mit Höhenrätien und Carschenna auf einer kurzen Ost-West-Linie liegt. Alle drei haben archäologische Funde ergeben, denn die jungsteinzeitlichen Menschen wohnten auf dem breiten Rücken des Drachen, der ein kleines Wiesenplateau trägt, weit oberhalb der reißenden Bergflüsse unten

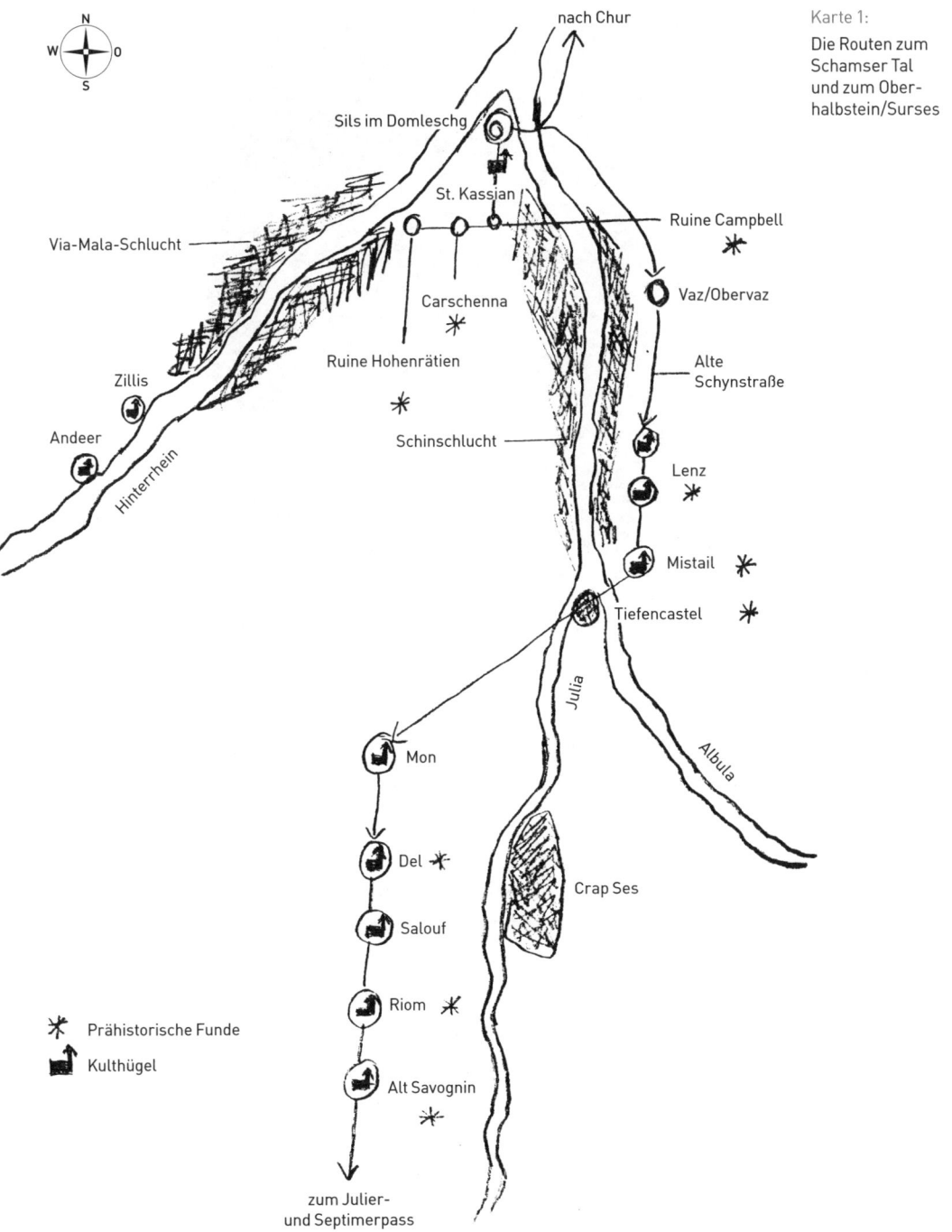

Karte 1: Die Routen zum Schamser Tal und zum Oberhalbstein/Surses

Abb. 1:
Felszeichnungen auf Carschenna

im Tal. In exakter, kurzer Nord-Süd-Linie direkt auf die Carschenna gerichtet findet man die beiden nächsten Kulthügel St. Cassian, heute mit einer Kirche besetzt, und die Ruine Baldenstein. Alle zusammen – Sils, der Hügeldrache und die Kultorte – füllen in höchst sinnreicher Weise das V-Dreieck aus, das die beiden sich vereinigenden Flüsse hier formen. Ein solches V-Dreieck von zusammenfließenden Flüssen wurde von den frühen Menschen als ein weibliches Schoßdreieck und als eine heilige Stelle aufgefasst (vgl. Karte 1).[168] Auch hier bedeutet es symbolisch den Schoß der Erdgöttin, und mitten darin wohnt ihr mächtiges Symboltier, der Drache. Die jungsteinzeitlichen Menschen besaßen hier dauerhafte Wohnplätze.

Für den weiteren Weg hatten sie nur die Wahl zwischen zwei Schluchten, von denen die „Via Mala"-Schlucht des Hinterrheins durch ihre Enge und Steilheit grausig ist und noch lange gemieden wurde.[169] So blieb ihnen nur der Weg oberhalb der Schin-Schlucht entlang der Albula übrig, der über Vaz/Obervaz und Lenz führt und als „Alte Schynstraße" noch Jahrtausende in Gebrauch war. Heute ist er als dramatischer Weg für Wanderfreunde beliebt. Am Ende der von den frühen Menschen erschlossenen Alten Schynstraße kamen sie zum heutigen Tiefencastel/Casti, wo sich der kleine Fluss Julia in die Albula ergießt. Sie folgten der Julia wiederum schnurstracks gen Süden, und das führte sie ins Tal von Oberhalbstein-Surses (vgl. Karte 1). Dieses sanfte, sonnige Tal lud sie zur Besiedelung ein, denn noch in dieser Höhe (1200 m) war Ackerbau möglich und ist es bis heute. Als überschaubares Oval mit der Engstelle der Schlucht beim Crap Ses wirkt es wie ein riesiger, fruchtbarer Schoß.

Der Fluss Julia führte die frühen Menschen durch das Oberhalbstein hindurch weiter hinauf zum Julierpass, wo sie entspringt, und über den Julierpass hinweg gelangten sie zum paradiesisch schönen Hochplateau des Oberengadin mit seinen großen Seen. Oder sie wählten einen noch kürzeren Weg direkt nach Süden, er führte sie sanft zu dem benachbarten Septimerpass hinauf, von dem sie dann steil hinab ins Bergell abstiegen. Beide Pässe blieben noch jahrtausendelang in Gebrauch, wobei der Septimerpass in römischer Zeit, im Mittelalter und in der Neuzeit wegen des kürzeren Weges der wichtigere war. Heute hat ihn der Julierpass mit der modernen, kurvenreichen Autostraße abgelöst. Aus dem Mittelalter ist belegt, dass man auf dieser uralten, die Alpen überquerenden Handelsroute von Chur nach Chiavenna im Bergell über den Septimerpass sechs bis zehn Tage Reisezeit benötigte, wobei der Weg zu Fuß oder mit Packpferden begangen wurde.

Durchs das enge Bergeller Tal ging es dann ziemlich rasch abwärts zum Comer See, einem der großen Seen südlich der Alpen. Auch an den südlichen Alpenseen wohnten die frühen Menschen. In der Nähe des Comer Sees im Gebiet Brianza gab es eine jungsteinzeitliche Kultur mit Pfahlbaudörfern, ebenso am Luganer See und beim Lago Maggiore.[170] Sie sind hier zwar nicht so reich vertreten wie an den nördlichen Alpenseen – oder noch nicht so gut erforscht –, jedoch beweisen sie die Anwesenheit dieser frühen Kulturepoche auf beiden Seiten der Alpen und bis tief in dieses Gebirge hinein. Denn die Alpen bildeten grundsätzlich kein Hindernis für die Menschen auch in dieser frühen Zeit. Aus dem Oberengadin und dem Oberhalbstein sind bisher allerdings nur Funde aus der frühen und späteren Bronzezeit (1800–800 v. u. Z.) bekannt.[171] Doch diese Kulturepoche beruht auf den Erfahrungen, Wegführungen und Siedlungsplätzen der jungsteinzeitlichen Menschen, die sie übernahm und weiterentwickelte. Matriarchale Gesellschaftsmuster und insbesondere das uralte, matriarchale Weltbild in Religion, Kultur und symbolischer Landschaftsbetrachtung lebten dabei ungebrochen weiter.

Nachdem wir diese alten Wege im Raum betrachtet haben, verfolgen wir sie nun durch die Zeit:

Während der späten Bronzezeit kamen von Süden her über dieselbe Route andere Völker, zuerst die Räter. Unter den Rätern kann man genauso wenig einen einheitlichen Stamm verstehen, wie dies für *die* Kelten oder *die* Germanen gilt. Diese Begriffe sind Sammelnamen für verschiedene Stämme, die zu bestimmten Zeiten auftreten. *Die* Räter setzen sich ebenfalls aus verschiedenen Volksgruppen zusammen, von denen man annimmt, dass sie eine vor-indoeuropäische Sprache gesprochen haben, die sie untereinander verband.[172] Ebenso führten sie ihr matriarchales Erbe fort, denn sie stiegen von den südlichen Alpentälern, wo sie wohnten, herab, um ihre Göttin Reitia in deren Heiligtum von Este in der Nähe von Padua zu verehren.[173] Das weist darauf hin, dass diese Volksgruppen aus dem mediterranen Raum mit seinen großen, matriarchalen Kulturen kamen und sich aus Norditalien vor indoeuropäischen, frühpatriarchalen Eroberern in die Alpentäler zurückziehen mussten. Es waren die Kelten, die sie vertrieben, denn Kelten gründeten große Reiche von der Po-Ebene bis zum südlichen Alpenrand.[174] Die vorher dort ansässigen Völker flohen vor ihnen in den Schutz des Gebirges, um ihre alte, angestammte Kultur zu bewahren. So sind die Räter verschiedene Volksgruppen im Rückzugsgebiet, die trotz der Verteidigung mit Waffen ihre matriarchale Kultur beibehielten.

Archäologisch sind die Räter in den Alpen ab 1000 v. u. Z. durch die schöne Keramik der Melauner Kultur belegt, wobei sich zwei Zentren abzeichnen:[175] Das eine ist das große Gebiet in Südtirol, es reicht den Fluss Etsch aufwärts über Trient, Bozen und Meran bis zum Brennerpass. Es erstreckt sich auch längs des Vinschgaus über die niedrigen Pässe bis ins Unterengadin. Es ist das Gebiet der heutigen „Ladiner". Das andere, westlich gelegene Gebiet reicht vom Rheintal mit Seitentälern und dem rechtsrheinischen Gebirgsstock „Rätikon" nach Chur und von dort bis ins Domleschg und ins Oberhalbstein (Graubünden). Die in diesem Gebiet wohnende Bevölkerung sind die heutigen „Rätoromanen".

Nach den Rätern kamen um 15 v. u. Z. die Römer von Süden her über die Pässe gezogen und eroberten den Alpenraum und das nördliche Voralpenland bis zum Rhein und zur Donau. Auch sie benutzten dazu dieselben uralten Wege. Diese waren vorher Handels- und Pilgerwege in einem gewesen, denn sie führten seit der Jungsteinzeit von einem Kultplatz zum nächsten, wobei mit den Kultorten zugleich Raststationen und Siedlungen verbunden waren. Das römische Militär betrachtete die Wege und Plätze jedoch unter rein strategischen Gesichtspunkten: die Wege für die Märsche seiner Soldaten, die Plätze als wichtige Stützpunkte zur Beherrschung der Pässe. So konnten die Römer den Alpenraum und die Länder nördlich der Alpen als römische Kolonien kontrollieren und hatten zugleich den gesamten Warenfluss zwischen Norden und Süden über die Alpen hinweg in der Hand.

Wo es möglich war, bauten sie die Wege mit Platten zu Straßen aus und errichteten an den Brennpunkten ihre Kastelle. Das belegt zum Beispiel der Ortsname „Tiefen-kastel" oder „Casti" (Kastell). Ebenso erhielten die beiden wichtigen Pässe nun römische Bezeichnungen: der „Julier" von „Julo" (das Joch) und der „Septimer" von „separare" (scheiden, Scheideweg). Die Ortschaft vor dem Septimer, wo sich der Weg zu den beiden Pässen gabelt, hieß nun „Bivio/Bivium" (Zwei Wege). Auf den beiden Pässen errichteten die Römer Passheiligtümer und setzten sie auf diejenigen, die schon vorher dort gewesen waren. Denn der Brauch, auf Pässen die Gottheiten zu verehren, ist wesentlich älter. Auf dem Julierpass zeugen heute noch Reste von römischen Säulen von einem einst vorhandenen Tempel.

Der einheimischen Bevölkerung gaben sie den Sammelnamen „Räter", in Anlehnung an die von den Leuten verehrte Große Göttin Reitia/Rätia, und die neue alpine Provinz nannten sie fortan „Rätien". Dabei hatten die nun sogenannten „Räter", in viele Alpentäler verstreut, nie eine politische Einheit gebildet, wohl aber eine Traditionsgemeinschaft, die durch die Sprache und durch die uralte Göttinverehrung zusammengehalten wurde. Wie überall bei den von ihnen unterworfenen Völkern romanisierten die Römer auch hier die einheimischen Räter durch Zwang, das heißt, sie drängten ihnen römische Sprache und Kleidung auf und veränderten ihre Sitten durch das römische Patriarchat. Das war jedoch nicht grundsätzlich erfolgreich, denn die widerspenstigen Räter behielten ihre alte Weltanschauung bei und vermischten die römische Sprache mit ihrer eigenen, woraus in Graubünden das „Rumantsch" (Rätoromanische) hervorging und in Südtirol das „Ladinische" (Lateinische). Auch von ihrer Göttin Reitia/Rätia ließen sie nicht ab, wovon die noch heute weithin gebräuchlichen Personennamen „Rita" (weiblich) und „Reto" (männlich) zeugen.

Die am tiefsten gehende Zerstörung ihres matriarchalen Erbes setzte jedoch ein, nachdem das Römische Reich christlich geworden war und in allen römischen Provinzen die christlichen Missionare auftraten. Für diese war es oft gefährlich, die alten Kultplätze der Bevölkerung zu zerstören, jedoch verliehen die römischen Truppen ihrer aggressiven Missionierung mit militärischer Gewalt Nachdruck. In Chur und seiner Umgebung wurden schon im 5. Jh. die älteren Religionen durch das Christentum verdrängt, und in den folgenden Jahrhunderten erreichte die Missionierung das Oberhalbsteiner Tal. Jedoch konnten auch die Missionare das beharrliche Festhalten der Räter an ihren Traditionen, an ihrem Eigenen, nicht vollends überwinden.[176] Das zeigen die bis an den Rand der Gegenwart ausgeübten Bräuche mit dem dahinter stehenden Glauben an die Naturmächte, wovon die bäuerlichen Menschen nicht abließen. Auch die Göttin Reitia/Rätia verschwand nicht vollends, denn sie manifestiert sich in Sagen, in der Landschaft und – im christlichen Gewand versteckt – noch immer auf ihren Kulthügeln. Diese wurden ja nicht nur mit Kastellen und Burgen besetzt, sondern noch häufiger mit Kapellen und Kirchen, die an diesen Plätzen die frühere Göttinverehrung unsichtbar machen sollten. Solche alten Kirchen ziehen sich wie Perlen an einer Schnur an der früheren Julierpassroute hin, woran man die alte Wegführung ablesen kann, und sie verraten durch ihre Lage und ihre Symbolik im Inneren, welche vor-christliche Bedeutung diese Stätten einst hatten.

Die symbolische Sprache der alten Kulthügel

Der Weg zum Oberhalbstein

Schon entlang der einstigen Wegführung zum Oberhalbstein, bevor die moderne Autostraße gebaut wurde, gibt es eine Reihe bemerkenswerter Kirchen auf einstigen Kulthügeln. Von Sils aus zieht sich die Alte Schynstraße auf der östlichen Seite der Schin-Schlucht hin, und an ihr liegen ebenso alte Ortschaften, die auf noch viel älteren ruhen. Fassbar wird dies zunächst beim Bot da Loz, einer Hügelgruppe südwestlich des Dorfkerns von *Lenz/Lantsch,* nahe bei der einsam am Rand der Schlucht gelegenen Kirche (vgl. Karte 1). Hier kamen Funde vom Anfang der Eisenzeit bis zur Römerzeit zutage, und die Kirche auf ihrem Hügel, urkundlich belegt um 840, ist Maria gewidmet, die in der Regel frühere

Göttinnenplätze besetzt.[177] Dies und die archäologischen Funde verweisen auf einen viel älteren Kultplatz und Rastort für Reisende an dieser Stelle. Der geschnitzte gotische Altar im Inneren der Kirche zeigt im Zentrum eine Frauen-Dreiheit, nämlich St. Katharina, Madonna mit Kind und St. Barbara, die einen späten Abglanz der dreifachen Großen Göttin der Jungsteinzeit und Bronzezeit darstellen. Sie wurde hier lange vor der römischen und christlichen Zeit verehrt.

Oberhalb dieser Kirche und des Ortes Lenz steht eine genauso einsame Kapelle, die ebenfalls einst mit einer Raststation für Pilger-Händler verbunden war.[178] Der Platz ist als ein Kreuzungspunkt sehr wichtig, denn hier trifft die Schyn-Albula-Straße auf die Route, die direkt über die Hügel und Berge von Chur heraufkam – ein Weg, der ebenfalls schon sehr früh bekannt war. Die Kapelle ist dem unbekannten Heiligen Cassian gewidmet, doch auf dem Altar im Zentrum befindet sich wieder eine Madonna, die mit dem Kind auf dem Schoß auf den Wolken schwebt – wohl als Ersatz für eine frühere Himmelsgöttin, was auf diesem hoch gelegenen Platz Sinn ergibt.

Die Cassian-Kapelle und die Marienkirche, beide bei Lenz, liegen auf einer nahezu geraden Nord-Süd-Linie mit der ebenfalls einsamen, alten Kirche von *Mistail* auf ihrem auffallenden Hügel (vgl. Karte 1). Alle drei befinden sich auf halber Höhe über dem südlichen Ende der Schin-Schlucht, genau da, wo der alte Weg verlief, wobei Mistail der Schlucht am nächsten steht. Mistail ist der älteste christliche Platz dieser Gegend, denn schon gegen Ende des 8. Jh. wurde hier von Chur aus ein Frauenkloster in einer Wehrburg gegründet, von dem aus das Oberhalbstein missioniert wurde.[179] Sehr passend findet sich deshalb im Inneren der Kirche St. Georg, der Drachentöter, der in der Regel auf alten Kultplätzen erscheint. Im Symbol des Drachen als des angeblich „Bösen" erschlägt er die alte Naturreligion, in welcher der Drache als ein heiliges Symbol für die Naturkräfte galt, insbesondere für die reißenden Flüsse. Der schäumende, wilde „Drache" zu Füßen von Mistail ist die Albula, die ganz in der Nähe überschritten werden musste, um den Weg fortsetzen zu können. Aus diesem Grund enthält die Kirche außerdem ein 7 m hohes Wandbild des Riesen St. Christophorus, der als Nothelfer bei der Überschreitung gefährlicher Gewässer galt. Seine Gestalt überragt alle anderen, und in der Hand hält er als Stütze eine meterhohe Tanne, deren Wipfel noch grünt. Das Symbol des an der Spitze grünenden Baumes oder Stabes ist verräterisch, denn es gehört zum „Grünen Mann" aus der matriarchalen Mythologie der frühen Epochen. Der Grüne Mann galt als ein Fruchtbarkeitsbringer in der wilden Natur, deren männliche Energien er verkörpert, und das phallische Symbol des grünenden Baumes oder Stabes kennzeichnet ihn. Seine Partnerin ist eine Göttin, die wir auf seinem Abbild in Mistail auch entdecken können, wenn auch in sehr verkleinerter Form. Zwischen den Riesenfüßen des sogenannten „Christophorus" sieht man in den Wellen, in denen Fische schwimmen, eine winzige Nixe, die mit beiden Händen ihre zwei Fischschwänze in die Höhe hält. Ihr Haupt ist gekrönt. Sie ist niemand anderes als die Wassergöttin Albula, deren vorrömischen Namen wir nicht mehr kennen. Diese Art der Darstellung der Wassergöttin mit den erhobenen Fischschwänzen kommt weitverbreitet vor, so auch im Nachbartal, dem Schamser Tal. In der Kirche von Zillis, dem ersten Ort hinter der Via Mala, sieht man sie mehrfach auf dem Deckengemälde zwischen zahlreichen Wassergeistern, wobei sie in Nixengestalt dieselbe Geste ausführt, indem sie mit beiden Händen ihre Fischschwänze nach oben hält (vgl. Karte 1). Die Bedeutung dieser Geste ist einfach und sinnlich: Die Wassergöttin präsentiert – genauso wie die Sheila-na-gig-Figuren in England, Irland und auch in Deutschland – ihre Vulva und lädt damit ihren phallischen Heros, den Grünen Mann, zur erotischen Vereinigung ein. Zugleich bedeutet diese Geste auch einen starken Schutz für die Reisenden, da alle gefährlichen Dämonen vor der Vulva der Göttin als der heiligen Quelle des Lebens zurückschrecken und Reißaus nehmen.[180] Damit ist die alte Bedeutung von Mistail enthüllt: Es war einst der Kultplatz der Wassergöttin Albula, die hier gebetet wurde, bei der Überquerung des reißenden Flusses gnädig zu sein und den Reisenden Schutz vor den Gefahren zu gewähren.

Der Übergang über den Fluss lag in der Nähe bei *Tiefenkastel/Casti*, wo sich Albula und Julia vereinigen (vgl. Karte 1). Hier musste man in die Tiefe hinuntersteigen, um die Gewässer zu durchschreiten, eine äußerst wichtige und heikle Stelle. Bei Tiefenkastel gab es – archäologisch belegt – auf einem Hügel oberhalb des heutigen Dorfes und direkt an der Julierroute eine vorrömische Wehrburg und später ein römisches Kastell, um diese Furt zu sichern. Auch die christlichen Missionare stellten sich früh ein, und so liegt der Platz der ältesten, heute verschwundenen Kirche am selben Ort, auf dem uralten Kulthügel. In dieser alten Kirche war wiederum die Madonna die zentrale Gestalt.[181]

Der Weg setzte sich fort nach *Mon,* das oben am Berghang unmittelbar vor dem Oberhalbstein liegt (vgl. Karte 1). Man gelangte auf einem steilen, jedoch ungefährlichen Anstieg hinauf. Auf einem Felssporn etwas unterhalb des Dorfes liegt wiederum einsam eine alte Kirche, die der Kirche von Mistail ähnlich sieht und ebenfalls die einstige Julierroute genau markiert. Von hier aus hat man ausgezeichnete Sichtlinien quer über die Tiefe direkt zu den Kirchen von Lenz/Lantsch und weit hinein ins Albulatal oberhalb der Schin-Schlucht. Auch die Kirche bei Mon fügt sich in die Nord-Süd-Linie ein, auf der sich alle alten Kirchen, beginnend mit St. Cassian bei Lenz, befinden. Sie ist den beiden heiligen Ärzten und Zwillingsbrüdern Cosmas und Damian gewidmet, eine äußerst seltene und ungewöhnliche Widmung in diesen abgelegenen Tälern. Man hat archäologische Funde aus der Römerzeit von einer Siedlung und einem Grab gemacht, die beweisen, dass die alte Wegführung hier verlief und nicht auf der östlichen Seite beim Crap Ses, der damals den Weg versperrte.[182] Heute ist dieser stolze Felsen von den Tunnels der modernen Autostraße ins Oberhalbstein durchbohrt, sodass die alte Route über Mon nun still und verlassen liegt und auf ihren ehemaligen Kulthügeln beschauliche Ruhe eingekehrt ist.

Reliquien dieser beiden heiligen Ärzte gibt es auch in Pfäfers oberhalb der Tamina-Schlucht[183], in der eine heiße Heilquelle entspringt, die noch heute die Kurbäder von Bad Ragaz im Rheintal speist. Dort war die „Diala" Margaretha zu Hause, die Fee oder Göttin, welche die Fruchtbarkeit der Almen und Heilkräuter, ebenso das Fließen der Heilquellen schenkte, bis sie durch das Christentum vertrieben wurde.[184] Ihr Name „Marga-retha" enthält den Namen der Großen Göttin der Räter: „Reitia". Dies weist darauf hin, dass die Orte, wo später die beiden christlichen Ärzte angesiedelt wurden, früher Plätze einer uralten Heilgöttin gewesen sind, was gleichermaßen für das alte Kloster in Pfäfers wie für den heiligen Kirchenhügel von Mon gilt. Allerdings gibt es bei Mon keine Heilquellen, aber vielleicht war Heilung nötig nach Unfällen beim Überqueren der Furt der wilden Albula in der Tiefe. Vielleicht wuchsen hier oben auch die besten Heilkräuter. Die Heilgöttin dieses Platzes, die von Cosmas und Damian überdeckt wird, wurde sehr wahrscheinlich ebenfalls als Dreifache verehrt, denn auch in dieser Kirche finden wir eine Frauen-Dreiheit mit Dorothea, Katharina und Barbara, die als Fresken in den Choreingang gemalt sind.

Da wir hier auf der anderen Seite der Furt der gefährlichen Albula sind, wundert es nicht, dass an der Außenwand dieser Kirche einst wieder der heilige Christophorus zugegen war.[185] Heute ist die Malerei verschwunden, doch wir hoffen, sein Schutz blieb den Wandernden, die nun von Süden kommend die Furt durchqueren mussten, erhalten.

Crap Ses: die heilige Schwelle

Von Mon aus überschreitet man eine letzte Hügelschwelle, welche die Reisenden noch vom Oberhalbsteiner Tal trennt, und gelangt nach *Del* (Karte 2). Hier breitet sich das schöne Tal als eine sanfte, grüne Schale vor den Betrachtenden aus. Es ist der untere Teil des Oberhalbsteins (Unteres Surses), den man überblickt, während sein oberer Teil (Oberes Surses) durch einen alten, jetzt bewaldeten Bergsturz abgetrennt ist und schmal eingeschnitten und schattig durch wilde Landschaft hinauf zum Julierpass führt. Das Untere Surses fängt die Sonne ein, deshalb ist das Klima trotz der Höhe von 1200 m mild.

Der Ort Del war einst eine größere Siedlung, doch er ist während der Pestzeit von 1580 zu einem kleinen Weiler geschrumpft.[186] Sein malerisches Kirchlein liegt ein wenig östlich von den wenigen Häusern allein auf einem Hügel, wieder in genauer Nord-Süd-Linie zu Mon, das man von hier jedoch nicht mehr sehen kann. Dafür hat man von diesem Platz eine große Sichtlinie von Nord nach Süd durch das ganze Untere Surses, die schnurgerade exakt in der Mitte des weiten Ovals verläuft. Sie ist leicht zu erkennen, denn sie geht von Turm zu Turm auf ihren jeweiligen Hügeln: der Kirchturm von Salouf, der Burgturm von Riom, der Kirchturm St. Martin von Savognin (Abb. 2).[187] Im Osten ragt die Felswand des Crap Ses genau gegenüber auf der anderen Seite des engen Talausganges. Das ist ein markanter Platz, denn symbolisch betrachtet, gemäß der Sichtweise der frühen Menschen, öffnet sich hier nicht nur der fruchtbare Schoß der Landschaftsgöttin dem Blick, sondern man steht unmittelbar an ihrer heiligsten Stelle, an ihrem Schoßausgang, ihrer Vulva. Noch heute ergreift die Wanderin und den Wanderer ein erhabenes Gefühl in dieser Weite und Stille, man möchte bei dem Kirchlein verweilen und hat nicht den Wunsch, von hier wieder wegzugehen. So bleibt man lange sitzen, ins Schauen aus der Vogelperspektive vertieft, in die Betrachtung der Landschaftsgöttin versunken.

Die kleine Kirche ist dem seltsamen heiligen Rochus geweiht, doch in der Mitte auf dem Hauptaltar thront wieder eine Madonna mit Kind als Himmelskönigin, was zu diesem hoch gelegenen Platz mit seiner weiten Sicht passt. Rochus wird hier ein paar Mal abgebildet, und nach christlicher Mythologie ist er der Nothelfer gegen Pestseuchen.[188] Das ist jedoch nur oberflächlich stimmig, denn der Name des Heiligen legt etwas anderes nahe. Im Rätoromanischen heißt er „Son Roc", was wörtlich übersetzt „Heiliger Stein" oder „Heiliger Fels" bedeutet.[189] Damit

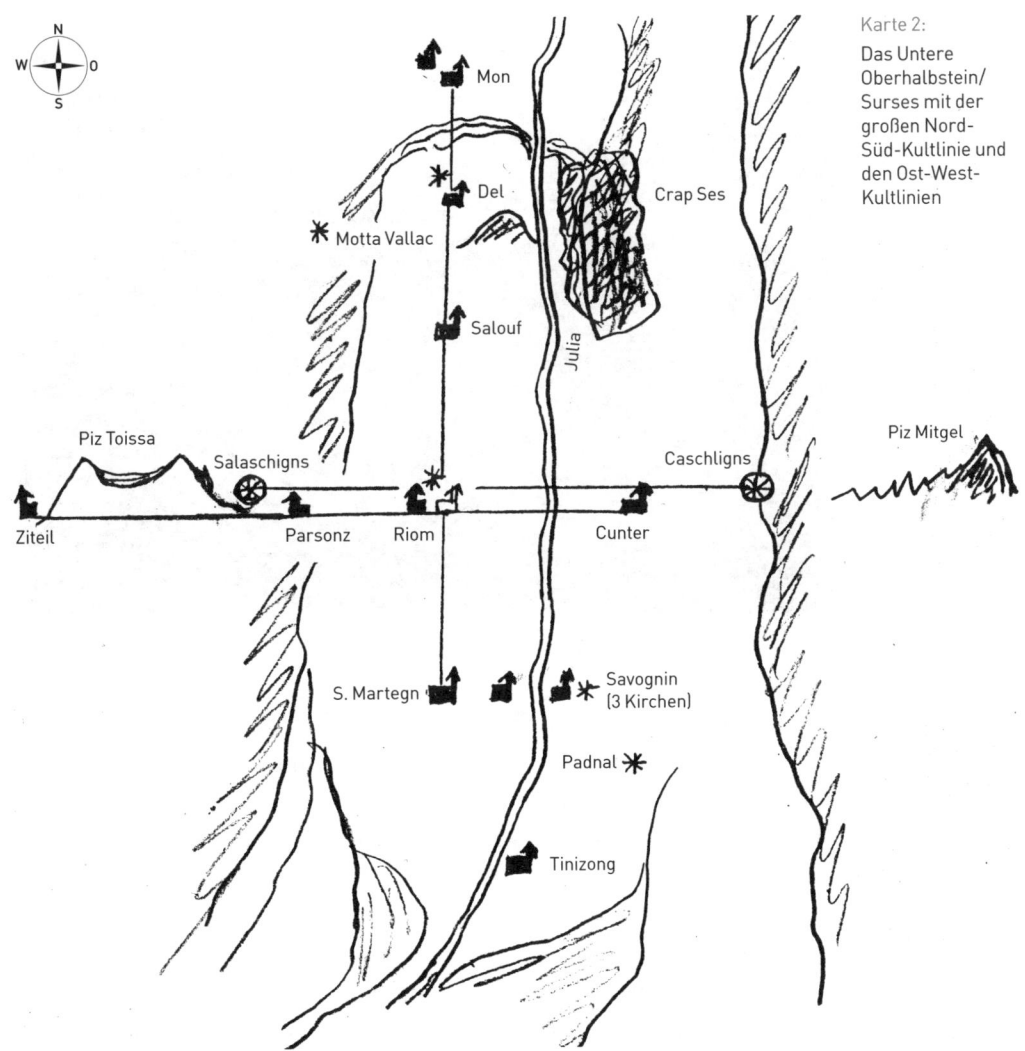

Karte 2:
Das Untere Oberhalbstein/ Surses mit der großen Nord-Süd-Kultlinie und den Ost-West-Kultlinien

kommen wir zur ältesten Bedeutung dieses Platzes, denn von hier aus wurde in der Tat ein heiliger Felsen verehrt. Wir brauchen ihn nicht lange zu suchen: Es ist der Crap Ses direkt gegenüber, der die Vulva am Ausgang des Schoßes der Landschaftsgöttin bildet.

Diese Symbolik wird noch intensiviert durch den Hügel *Motta Vallac*. Er liegt nur wenige hundert Meter südlich von Del mitten in diesem Talausgang (Abb. 3) Er ist rund, sehr groß und breitet sich, nach allen Seiten steil abfallend, zwischen den Hängen von Del bis zum Crap Ses aus, von dem er durch die Schlucht der Julia getrennt ist (vgl. Karte 2). Es ist dieser markante Hügel, der den heiligen Schoß der Göttin abschließt

Abb. 2:
Das Tal von Oberhalbstein (Unteres Surses), von Del aus gesehen mit Blick nach Süden

und die Sicht hinein von Norden her versperrt. Gemäß der weiblichen Körperanalogie stellt er den Venushügel der Landschaftsgöttin dar, und das ist nicht nur ein markanter, sondern ein außerordentlicher Platz für die frühen Menschen gewesen. Außerordentlich ist auch die Sicht von seiner abgeflachten Kuppe (1375 m): Sie reicht gen Süden durchs ganze Oberhalbstein mit seinen eindrucksvollen Bergen und gen Norden weit ins Albulatal hinein bis zur Schin-Schlucht. Damit stellt dieser Hügel die notwendige Sichtverbindung zwischen zwei Landschaften her. Sie war notwendig für die jungstein- und bronzezeitliche Fernkommunikation entlang solcher Sichtlinien, die mit Feuerzeichen in der Nacht und Rauchzeichen am Tag bewerkstelligt wurde.

Entsprechend groß war die Bedeutung dieses Platzes durch mehrere Kulturepochen hindurch. Schon die Bezeichnung „Motta" weist darauf hin, es heißt „Hügel", doch sind damit ganz bestimmte Hügel gemeint. Überall in den Alpen gibt es solche besonderen, oben abgeflachten Hügel, die „Mut/Mot/Muotta/Motta" genannt werden. Das Wort ist vorindoeuropäisch und stammt aus einer uralten Sprache. Stets bezieht es sich auf Hügel, die jungstein- und bronzezeitliche Siedlungen oder Kultstätten trugen. Sie sind also ausgesprochene Wohn- oder Kulthügel, was meistens zusammenfällt.[190] Das bezeugen auch auf dem Motta Vallac die Funde der Archäologen.[191] Hier gab es eine wichtige Höhensiedlung mit

Abb. 3:
Der urgeschichtliche Siedlungshügel Motta Vallac

einer Quelle und mit ausgedehntem wirtschaftlichen Umfeld, was die Erd-Terrassen in der Umgebung von Del noch zeigen. Sie dienten dem Anbau von Getreide an den Hängen, der hier schon in sehr früher Zeit begann und noch über das Mittelalter hinaus weitergeführt wurde. Die Terrassen an den Hängen hat man dabei durch die Jahrtausende immer wieder erneuert, sodass wir sie heute noch gut erkennen können, denn die Wirtschaftsform änderte sich nicht. Sie überziehen die sanften Hänge längs des Oberhalbsteiner Tales auf der Seite der alten Route überall, insbesondere in der Umgebung von Riom sind sie ausgeprägt. Heute bedecken saftige Wiesen die Terrassen, denn der Getreideanbau wird zugunsten von Weidewirtschaft nur noch begrenzt betrieben.[192]

Nach bisherigen Erkenntnissen trug der Motta-Vallac-Hügel bereits in der frühen Bronzezeit ab 1800 v. u. Z. eine feste Dauersiedlung aus mehreren rechteckigen Häusern, deren ausgefeilte Holzkonstruktionen auf feste Trockenmauern gesetzt waren. Die Archäologen gruben die Grundmauern aus, einschließlich der Reste von Mahlzeiten und zu Bruch gegangenem Kochgeschirr. Aus der mittleren Bronzezeit um 1100 v. u. Z. fanden sich ebenfalls Mauerreste, sogar bis in die späte Bronzezeit um 850 v. u. Z. reichten die Bauten, die immer wieder aufeinander errichtet wurden. Eine Ecke war übersät mit großen Wannen und kleineren Gruben, vom Feuer gerötet, doch zu zahlreich, um nur Herdstellen zu sein,

Abb. 4:
Die Frauen-Dreiheit in der Kirche von Salouf

sodass man ein regelrechtes Gewerbe annimmt.[193] Sie könnten der Herstellung von Holzkohle gedient haben, die man für das Kupfer- und Bronzegießen brauchte, eine Technik, die im Oberhalbstein blühte. Das heißt, schon in der Bronzezeit war Motta Vallac ein Jahrtausend lang bewohnt. Wir dürfen mit Gewissheit annehmen, dass dieser Hügel, als „Venushügel" am Schoßausgang der Landschaftsgöttin, auch kultisch von großer Bedeutung war, doch wurden davon noch keine Spuren gefunden. In Ermangelung einer Kirche lässt sich auch keine Symbolik mehr erschließen.

Dafür machte man weitere Funde um das Jahr 0, ferner kamen römische Münzen aus der Zeit Kaiser Konstantins hervor. Unter den Römern wurde dieser uralte heilige Hügel für militärische Ziele zweckentfremdet. Sie errichteten einen Turm mit Wehrbauten, ein einfaches Kastell, um die strategisch wichtige Julierroute auch hier zu überwachen. Eine eiserne Speerspitze und ein Geschossbolzen stehen für diesen einschneidenden Wandel der Weltsicht.[194] Im Mittelalter, als die Kirchenfürsten die Julierroute beherrschten, wurde die Befestigungsanlage fortgeführt, und um 1200 n. u. Z. stand hier ein Gutshof, der 100 Jahre später abbrannte. Das heißt, Motta Vallac trug menschliche Behausungen mindestens über 3.000 Jahre hinweg.[195] Das ist ein erstaunliches Ergebnis, doch es ist bezeichnend für das gesamte Oberhalbstein.

Der nächste Ort auf der schnurgeraden Nord-Süd-Linie ist *Salouf,* dessen Kirche wieder außerhalb des Dorfes allein auf einem Hügel steht, was für die alten Kirchen an der Julierroute typisch ist (vgl. Karte 2). Da sich die Kirche von Salouf in der Nord-Süd-Sichtlinie befindet, kann man auch von hier den weiten Talschoß des Oberhalbsteins überblicken: Im Norden sieht man Del und im Süden erblickt man Riom und St. Martin von Savognin. Alles, was wir schon an symbolischen Hinweisen auf die frühen Kulturepochen an solchen Plätzen gefunden haben, ist in dieser Kirche vereinigt:[196] Sie ist dem Ritter Georg, dem Drachentöter, geweiht, was die Missionare in dieser Landschaft wohl als sehr dringend erachteten. Doch im Zentrum des holzgeschnitzten Altars prangt wieder eine Frauen-Dreiheit, nämlich St. Katharina, Madonna mit Kind und St. Barbara (Abb. 4). Der Frauen-Dreiheit sind wir schon zweimal auf so kurzer Distanz begegnet, in Lenz und in Mon. Auch St. Rochus tritt wieder auf, und das nicht ohne Grund, denn der „Heilige Fels" Crap Ses ist nicht weit entfernt. Außerdem gibt es auf dem Gemeindegebiet von Salouf nahe bei Del einen haushohen, sagenumwobenen Stein, der von den „Dialas", den göttlichen Feen, bewohnt sein soll. Nach ihnen heißt er „Crap dellas dialas".[197] Wir dürfen in ihnen Frauen aus dem Alten Volk sehen, die an dieser bedeutungsvollen Stelle als Priesterinnen die Landschaftsgöttin verehrt haben und den späteren Menschen als „göttlich" erschienen. Sie hüteten wohl noch lange solche Plätze und versammelten sich an heiligen Steinen. Im später gekommenen Christentum wurden solche Hüterinnen der alten Naturreligion als „Hexen" verteufelt, verfolgt und hingerichtet – auch von solchen grausamen Berichten ist das Oberhalbstein voll.[198]

Das Herz des Tales

Der Hügel von Riom

Der Burghügel von *Riom/Reams* ist buchstäblich das Herz der weiten Schale des Unteren Oberhalbsteins. Er ist ein isolierter, runder Hügel und fällt zur Julia an seinem Fuße hin ab, und er liegt genau in der Mitte des Tales (vgl. Karte 2). Auf ihm ragt die wuchtige Burg von Riom, ein Zwingbau und Herrschersitz aus dem Mittelalter (um 1200), das Zentrum des Kirchen- und Königsgutes Oberhalbstein. Wesentlich ältere, großräumige Erdarbeiten kennzeichnen den gesamten Hang, denn gut sichtbare Terrassen laufen waagerecht und parallel auf den Hügel von Riom zu und von ihm weg, und eine künstliche Erdgestaltung umgibt

Abb. 5:
Der Burghügel von Riom

den Hügel selbst: Rechts und links biegen sich zwei sichelförmige Wälle um ihn, zum Hügel hin durch breite Gräben abgesetzt. Der rechte ist breit, gleichmäßig und exakt geschnitten, sodass man sofort erkennt, dass er künstlich angelegt und immer wieder erneuert worden ist. Der linke ist etwas eingesunken und unregelmäßig geworden, denn durch den sichelförmigen Graben fließt ein Bach, der hier Erosion verursacht hat (Abb. 5). Man sieht diese sehr interessante Formation am besten vom gegenüberliegenden Ort Cunter aus: Von dort erscheinen die zwei gleichmäßig gebogenen Wälle wie zwei einander zugekehrte Mondsicheln, die zunehmende rechts, die abnehmende links, mit dem vollen, runden Hügel in der Mitte wie der Vollmond (Grafik 1). Diese absichtlich angelegte Formation ist ein sehr bedeutungsvolles Erdbild. Es drückt die Dreiheit der hier einst verehrten Dreifachen Göttin aus, die auch eine Dreifaltige Mondgöttin war. Sie ist die allgegenwärtige Göttin der matriarchalen Kulturen in ganz Europa, Nordafrika und dem Vorderen Orient bis Mesopotamien. Die zunehmende Mondsichel ist grundsätzlich das Symbol für ihre Gestalt als Mädchengöttin, die „Weiße Göttin"; der runde Vollmond bedeutet ihre zweite Gestalt als Frauengöttin, die „Rote Göttin"; die abnehmende Mondsichel kennzeichnet ihre dritte Gestalt, die weise

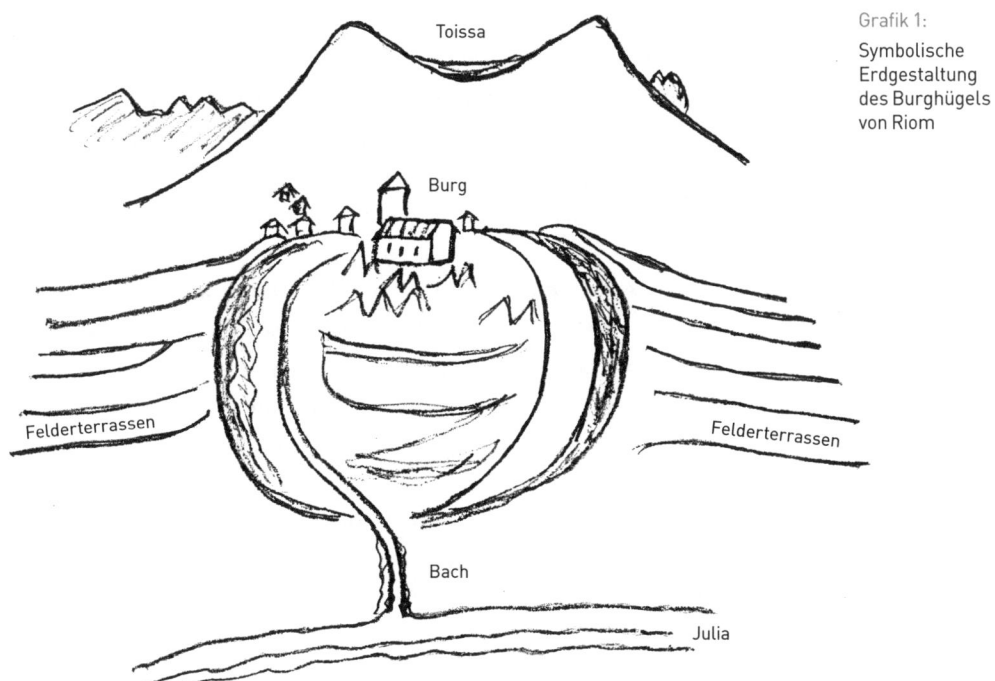

Grafik 1:
Symbolische Erdgestaltung des Burghügels von Riom

Alte, die „Schwarze Göttin".[199] Das Erdbild des Hügels von Riom stellt sie symbolisch dar, was diesen Hügel – bevor er mit der Zwingburg zu einem Zeichen patriarchaler Macht herabgewürdigt wurde – als einen uralten Kultplatz ersten Ranges ausweist. Es ist daher nicht zufällig, dass die Frauen-Dreiheit in den Kirchen entlang der Julierroute so häufig vorkommt: Sie ist der späteste Abglanz der Dreifachen Göttin der matriarchalen Kulturen aus der Jungstein- und Bronzezeit, die hier als erste blühten. Neben diesem Hügel brachten Archäologen Funde aus der Bronzezeit ans Licht und legten einen großen Gutshof aus der Römerzeit frei.[200] Doch die ältesten Schichten liegen vermutlich zugedeckt unter der riesigen Burg, die keine freie Fläche auf dem Hügel mehr lässt, sondern ihn restlos besetzt.

Mit der Mondsymbolik ist es hier nicht genug, denn die frühen Menschen hatten die Gabe, in ein und demselben Landschaftszug eine mehrfache Symbolik zu sehen oder sie zu erschaffen. Die zwei halbmondförmigen Gräben und Wälle formen zugleich einen Schoß, aus dem der Bach wie das fruchtbare Schoßwasser, das Wasser des Lebens, herausrinnt. So betrachtet bildet das Ensemble ein Herz, eben das „Herzstück" des Oberhalbsteins (siehe Abb. 5). Das Herz-Symbol meint seit frühester Zeit – und auch noch in der volkstümlichen Malerei – keineswegs das Organ Herz, dem es nicht ähnlich sieht, sondern es bedeutet den weiblichen Schoß, wobei der Ausgang mit dem Bächlein die Vulva darstellt. Zusammen stellt dies einen göttlichen Erdeschoß an dieser Stelle dar. Der rund gewölbte Burghügel mitten in diesem Schoß könnte dann als das Kind gesehen worden sein, das heißt, dieser Schoß war fruchtbar.

So ist es kein Zufall, dass die Ortschaft, die auf der anderen Seite der Julia dem Hügel von Riom genau östlich gegenüberliegt und von der aus dieses Erdbild am besten zu sehen ist, *Cunter* heißt. „Kunt" ist ein altes, allgemeines Wort, das in vor-indoeuropäischen und indoeuropäischen Sprachen vorkommt, es bedeutet „weiblicher Schoß". Im Baskischen, einer vor-indoeuropäischen Sprache, ist „Gun" gleichbedeutend mit „Frau". Das setzt sich in den indoeuropäischen Sprachen fort: So heißt „Kun-ti" im Vedischen (Indien) ebenfalls „Frau", im Griechischen bedeutet „Gyne" dasselbe. Im Lateinischen meint „Cun-nus" den weiblichen „Schoß", gleichzeitig „Weib" im abwertenden Sinne, und „Cunae" bedeutet „Wiege". Im Altenglischen finden wir „Cund" für „Geburt" und „Cunt" für „Schoß", ebenfalls jetzt negativ gemeint, eine direkte Umkehrung, denn dieser Schoß wurde in vor-patriarchaler Zeit als heilig betrachtet.[201] Es geht hier also klar um den weiblichen Schoß und um Geburt. Dazu passt, dass es ganz in der Nähe des Herzschoßes von Riom einen schwarzen Stein gibt, den „Crap dils Corvs", der ein Ahnin-Stein ist, in dem die Kinderseelen wohnen sollen. Die Frauen des Tales besuchten ihn in früheren Zeiten, um gemäß ihrem Glauben schwanger zu werden, wenn sie sich an dem Stein rieben. Auf diese Weise hofften sie, ein Seelchen von der Stein-Ahnin zu erhalten. Er ist also ein typischer Kinderherkunftstein, wie sie häufig auch in anderen Gegenden vorkommen.[202]

Mit „Cunter" könnte gleichzeitig der schöne Talschoß des gesamten Oberhalbsteins selbst gemeint sein, denn Cunter und Riom befinden sich, rechts und links am Ufer der Julia gelegen, genau in seiner Mitte. Wie ausgeprägt die weibliche Körperanalogie des Tales wahrgenommen wurde, sahen wir schon beim Crap Ses und Motta Vallac, wo die Julia aus dem Schoßtal fließt. So könnte der künstlich geformte Hügel von Riom auch als Abbild im Kleinen für das ganze Tal betrachtet worden sein. Diese Denkweise ist charakteristisch für die jungstein- und bronzezeitlichen Kulturen, die gemäß dem Makrokosmos-Mikrokosmos-Prinzip das Große im Kleinen gespiegelt sehen und umgekehrt.

Die Berggöttin Toissa und ihre Kultlinie

Es gibt noch einen dritten weiblich-göttlichen Schoß, der unübersehbar über Cunter und Riom in der Höhe ragt: die Berggöttin *Piz Toissa* auf der Westseite des Tales (Abb. 6). Sie ist vom Namen und von ihrer Gestalt her ein überaus weiblicher Berg. Isoliert und dem Gebirge im Hintergrund vorgelagert steht sie allein und ist fast kreisrund. Von Cunter im Tal am Fluss Julia aus gesehen erscheint sie mit ihren zwei schönen, ebenmäßigen Gipfeln als ein klassischer Busenberg (Abb. 7). Zwischen ihren spitzen Brüsten liegt ein Kar als ein sanft eingesenktes Schoßtal (Val Gronda) mit einem kleinen Venushügel am Eingang (Grafik 2).

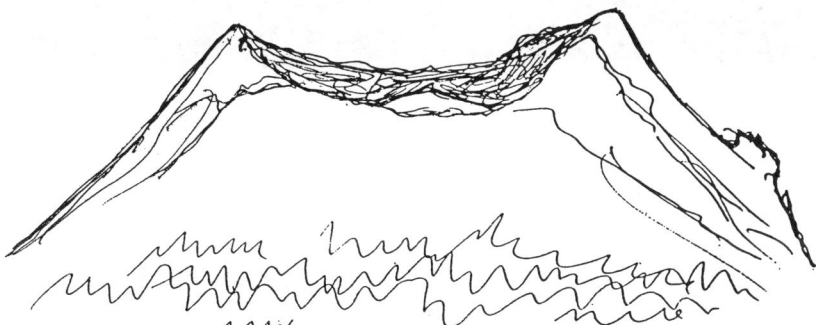

Grafik 2:
Piz Toissa von Cunter im Tal aus gesehen

Cunter und Riom liegen in kurzer, aber exakter Ost-West-Linie auf den Berg ausgerichtet, sodass man zu den beiden Tagundnachtgleichen im Frühling und Herbst die Sonne genau in diesem Bergschoß versinken sieht. Ihre Strahlen spielen dabei fächerförmig um die Büste der Berggöttin, bilden eigenartige Lichterscheinungen und tauchen alles in sanfte Farben. Es ist ein unbeschreiblich schöner und tiefsinniger Anblick, denn es ist ein Bild des Sterbens und des Todes. Die Wiedergeburt als die andere Seite gehört notwendig dazu, und auch dieses Geheimnis bewahrt die Berggöttin Toissa, wie wir noch sehen werden.

Die kurze Ost-West-Achse von Cunter und Riom stellt einen alten Übergang an dieser Stelle über die Julia dar. Zugleich schneidet sie genau auf dem Burghügel von Riom die große Nord-Süd-Längsachse, die sich durchs Untere Oberhalbstein zieht. Auch in dieser Hinsicht ist der Hügel von Riom der zentrale Platz des Tales (vgl. Karte 2). Die Toissa hoch darüber wurde von den frühen Menschen als derart heilig betrachtet und zog sie so magisch an, dass sie diese Ost-West-Achse die

Abb. 6:
Riom und Piz Toissa

Abb. 7:
Die Toissa als Busenberg, vom Tal aus gesehen

Berghänge hinauf bis auf eine Höhe von über 2000 m zu der Berggöttin hin verlängerten. Genau in dieser Achse ragt heute Kirchturm auf Kirchturm bergwärts in gerader Linie, die so exakt ist, dass man vom Kirchhügel von Cunter aus alle Türme bis zum höchstgelegenen hintereinander stehen sehen kann, sich sogar teilweise verdeckend: Burgturm von Riom, Kirche von Riom, Kirche von Parsonz, Kirche von Ziteil (2433 m). Das heißt, es gab hier uralte Kultplätze schnurgerade aufgereiht, auf

Abb. 8:
Piz Mitgel

denen viel später die Kirchen errichtet wurden (siehe Abb. 5 und Karte 2). Alle weisen auf die Berggöttin Toissa hin.

Bevor wir die Nord-Süd-Kultlinie durchs Oberhalbsteiner Tal weiter verfolgen, betrachten wir diese sehr bedeutsame Ost-West-Kultlinie näher, um ihre genaue Bedeutung herauszufinden:

Der Kulthügel von *Cunter* wurde erst im 14. Jh. christlich überbaut, und wir wissen nicht mehr, was vorher hier war. Aber noch die heutige Kirche zeigt zweimal eine heilige Mutter: Maria mit dem Kind auf dem Hauptaltar und auf einem Seitenaltar St. Anna, die Mutter der Maria, die hier auch verehrt wurde.[203] Damit ist der Mutterschoß heilig geblieben und ebenso die Mutterlinie, hier im verchristlichten Sinn von Anna – Maria – Jesus, und zwar genau an diesem Ort mit dem denkwürdigen Namen „Cunter", der sich auf den Mutterschoß in der Landschaft bezieht.

In *Riom* war die erste Kirche die älteste im ganzen Oberhalbstein – natürlich aus missionarischem Grund gerade an diesem zentralen Platz. Sie wurde gleich hinter dem Burghügel errichtet und geht auf das 6./7. Jh. zurück, als der Hügel wohl noch ein römisches Kastell statt eines mittelalterlichen Baues trug. Typischerweise diente sie, die heute unter einer barocken Nachfolgerin verschwunden ist, als christliche Taufkirche für die Oberhalbsteiner „Heiden".[204]

Westlich von Riom liegt als nächste in der kultischen Ost-West-Linie die Kirche von *Parsonz* auf halber Höhe (vgl. Karte 2). Die christliche

151

Grafik 3:
Piz Mitgel von
Parsonz
aus gesehen

Überbauung auf diesem alten Kultplatz erfolgte im 15. Jh. mit einer Kapelle zu Ehren des heiligen Nikolaus, dem auch die heutige Kirche geweiht ist. Jedoch stand auch hier Maria lange im Mittelpunkt auf dem Hauptaltar.[205] Mit Nikolaus tritt an diesem Ort nun auch der männliche Partner zur matriarchalen Göttin hinzu, die durch Maria ersetzt wurde. Denn Nikolaus, dessen Symbol drei goldene Kugeln oder Äpfel sind, verdeckt eine viel ältere männliche Gestalt, nämlich den einstigen Heroskönig der Göttin. Gemäß matriarchaler Mythologie weilt dieser nach seinem Lebensweg im Jenseits-Paradies der Göttin, die ihm die drei goldenen Äpfel schenkt, um ihm zu neuer Jugend und zur Wiedergeburt zu verhelfen.[206] Das ist sehr sinnfällig nahe bei der Berggöttin Toissa, die – landschaftsmythologisch gesehen – den Sonnenheros jährlich zu den Tagundnachtgleichen in ihren dunklen Schoß zurücknimmt. Die symbolischen goldenen Äpfel aus ihrem Paradiesgarten sind die Versicherung, dass sie ihn bald wiedergebären wird.

Der Heros der Göttin erscheint auch in der Landschaft, weshalb man ihn in christlichem Gewand in diese Kirche aufnehmen musste. Wenn man von Parsonz aus den Blick gen Osten richtet, sieht man über Cunter den anderen heiligen Berg des Tales steil aufragen: den *Piz Mitgel* (Michael) (Abb. 8). Man blickt von hier auf seine Flanke, eine sich lang hinziehende, schroffe Kalksteinmauer, aus der sich jäh der steile Gipfelaufbau erhebt, um in einer leicht gebogenen, phallusartigen Spitze zu enden (Grafik 3). Er ist eindeutig männlich und steht der weiblichen Toissa unmittelbar gegenüber, sodass sie als ein polares Paar erscheinen (vgl. Karte 2). Die perfekte Ost-West-Achse verläuft genau zwischen diesen zwei höchst eindrücklichen Bergen des Oberhalbsteins und zeigt damit, dass beide von den frühen Menschen als komplementär zusammengehörend betrachtet wurden. Diese Zusammengehörigkeit zeigen sie zeitlos und unübersehbar, weshalb sich die Missionare sehr angestrengt haben, den männlichen Berg umzutaufen. Denn sogar der Erzengel Michael, ebenfalls ein Drachentöter, wurde als Namenspate bemüht, was jedoch deutlich auf die frühere Heiligkeit des „Piz Mitgel" hinweist. Seinen ursprünglichen Namen kennen wir nicht mehr. Zur Tagundnachtgleiche wirft seine Spitze vor Sonnenaufgang einen schrägen Schattenstrahl in den Himmel und kündigt das Erscheinen der Sonne an. Das verbindet ihn symbolisch mit dem Sonnenheros.

Er wurde als der Bergpartner der Berggöttin Toissa betrachtet, mit der er sich nach uraltem Glauben in der Heiligen Hochzeit verband. Solche Mythen von Berggöttern, die sich mit einer geliebten Berggöttin vermählen, gibt es häufig bei indigenen Völkern auf anderen Kontinenten; beispielsweise erzählt eine Mythe der matriarchalen Mosuo in Südchina: Ihre Berggöttin Gan Mu hatte viele Liebhaber, nämlich alle spitzen Berge, die in der Runde zu sehen sind, doch einen liebte sie am meisten. Nach einer langen Liebesnacht ritt er zurück, doch sein Pferd strauchelte und er stürzte. Aus der großen Vertiefung, die sein Fall in die Erde drückte, entstand der schöne Lugu-See, an dem die Mosuo wohnen.[207]

Eine solche Verbindung hat wohl auch zwischen der Berggöttin Toissa und ihrem felsigen Heros Mitgel bestanden, und die große, magische Zeremonie der Heiligen Hochzeit vereinigte sie in mythischem Sinne. Diese Heilige Hochzeit wurde höchstwahrscheinlich stellvertretend von der Sakralkönigin des Tales und ihrem Partner auf dem uralten Kultplatz von Riom, genau in der Mitte zwischen den beiden Bergen, gefeiert, sozusagen „im Herzen" des Tales. Erstaunlich ist die späte Erinnerung daran noch in der Kirche von Parsonz, in der ein schönes Fresko aus dem Marienleben die Vermählung von Maria mit Joseph zeigt, ebenfalls eine rituelle Heilige Hochzeit. Auf einem anderen Fresko in derselben Kirche „rettet der heilige Nikolaus drei arme Bräute vor der Schande".[208] Allerdings hat sich das früher gerade umgekehrt verhalten: Hinter diesen „drei armen Bräuten" verbirgt sich die Dreifache Göttin, die viel eher ihren Heros gerettet hat, und zwar als Braut in der Heiligen Hochzeit, woraus später seine Wiedergeburt aus dem Tod folgt.[209] Diese matriarchalen mythischen Muster haben sich außerordentlich lang erhalten, sodass die Missionare sich gezwungen sahen, sie in direkter Umkehrung noch in die christliche Mythologie aufzunehmen.

Der letzte und höchste Kultplatz liegt auf 2433 m und ruht an einer Bergschulter direkt neben der Toissa. Es ist eine einsame Stelle auf der Alp *Ziteil* (vgl. Karte 2). Doch sie besitzt eine alte, heilige Quelle und eignet sich vorzüglich für die Fernkommunikation mit Feuer, denn der

Abb. 9:
Marienerscheinung an der Toissa/Cruschetta (Bildstöckl)

Blick schweift von hier durchs gesamte Oberhalbstein und über alle Bergspitzen bis zum Piz Bernina im Oberengadin. Dafür stiegen die Menschen einst hier herauf, doch ebenfalls um ihre Berggöttin aus nächster Nähe zu verehren, was sie in dieser Einsamkeit später noch lange im Geheimen taten.

Auf diese beharrliche Naturverehrung weist der Fanatismus der Missionare hin, sogar diesen sehr hoch gelegenen Platz zu verchristlichen, wenn es auch spät geschah. Erst im 16. Jh. wurde auf der Alp Ziteil eine Kapelle errichtet, die noch später zu einer Wallfahrtskirche ausgebaut wurde, unter großen Mühen, denn es ist der am höchsten gelegene Wallfahrtsort Europas.[210] Die Missionare griffen, um ihr Ziel zu erreichen, sogar zu dem stärksten „Wunder"-Mittel, das sie hatten, nämlich einer Marienerscheinung. Es zeigt den enorm langen Zeitraum, nämlich mehr als ein Jahrtausend, das sie in diesem Tal mit den traditionsbewussten und eigensinnigen Rätoromanen benötigten, um ihnen das „Heidentum" auszutreiben.[211] Doch die Berggöttin Toissa und ihr Partner Piz Mitgel waren nicht zu vertreiben; unbewegt und erhaben blieben sie in ihrer ausdrucksvollen weiblichen und männlichen Gestalt vor den Augen der Menschen über der Mitte des Oberhalbsteins stehen!

Von Ziteil wird sogar von zwei Marienerscheinungen berichtet, was sehr ungewöhnlich ist. Es heißt, dass im Sommer 1580 einem 18-jährigen Mädchen beim Holzsammeln „eine von Statur kleine und weißgekleidete Frau erschien, die ihr Gesicht mit einem weißen Schleier verhüllt hatte" (Abb. 9).[212] Es handelt sich also keineswegs von vornherein um die christliche Madonna, sondern um die „Weiße Frau", die dem Mädchen auf der Cruschetta begegnete, einem kleinen Wiesenplatz mit ehemaligen Quellen in sonst abschüssigem Gelände. Der Platz liegt auf halber Höhe unmittelbar unter dem Schoß der Berggöttin Toissa. Das ist ein sehr bedeutsamer Ort, was zeigt, dass es hier um die Toissa ging. Sie wurde, ihrer Bergnatur entsprechend, wohl auch als die himmlische „Weiße Frau" verehrt, ein Aussehen, das sie besonders im Winterschnee annimmt. Nach der ersten Erscheinung der kleinen, menschengestaltigen „Weißen Frau" zeigte sie sich zum zweiten Mal einem 16-jährigen Hirtenknaben auf der Alp Ziteil, an jenem Platz, wo heute die Wallfahrtskirche steht. Sie kniete an der Quelle, deren Wasser die Pilger noch immer mit sich nehmen.[213] Die kleine Gestalt der Frau und die Verhüllung ihres Gesichts weisen darauf hin, dass sie wahrscheinlich eine Priesterin aus dem Alten Volk gewesen ist, die sich hier oben verbarg und die Verehrung der Berggöttin aufrechterhielt – so wie es auch die Saligen Frauen in anderen Alpengebieten noch lange taten.

Diese Vorkommnisse erinnern an die sogenannten „Marienerscheinungen" an anderen Orten in Gebirgen, wo sich der Glaube an die Weiße Göttin ebenso lange erhalten hatte: zum Beispiel in Lourdes in den Pyrenäen, in Fatima in Portugal und in La Salette in den französischen Alpen. Auch die Hirtin Bernadette von Lourdes sprach nicht von Maria, sondern nur von der „Dame Blanche", die sie gesehen hatte (19. Jh.). Ebenso berichteten die Hirtenkinder von Fatima nur von einer strahlend hellen Frau, der „Dama Blanca", auf den Bergen. Doch die Missionare griffen in jedem dieser Fälle zu einem bewährten Mittel, um die Situation zu ihren Gunsten zu verändern. Ihre Interpretation, die sie den Einheimischen aufzwangen, besagt erstens, dass die „Weiße Frau" die christliche Jungfrau Maria ist, zweitens, dass ihre Erscheinung ein großes Wunder darstellt, und drittens, dass die Einheimischen sich bekehren sollen, nämlich zum Christentum. So verlangt auch die angebliche „Marienerscheinung" von Ziteil von den Leuten Buße, weil sie „so viel sündigen", und droht das Verdorren der Felder und das Sterben des Volkes an, wenn sie sich nicht bekehren.[214] Der angeblichen „Marienerscheinung" von Lourdes wurde Ähnliches in den Mund gelegt, um das Dogma der „Unbefleckten Empfängnis" gegen Kritik durchzusetzen. Die „Marienerscheinung" von Fatima vergießt sogar Tränen über die Verdorbenheit der Menschen. Deren „Sünde" besteht aber lediglich darin, dass sie noch immer die alte Naturverehrung pflegen, und ihre „Buße" muss nun sein, dass sie endlich das Christentum annehmen. Zu diesem Zweck wurde Ziteil im Oberhalbstein ausdrücklich als eine Büßerkirche erbaut; noch der Neubau von 1957 enthält lauter Allegorien der Buße.[215]

Kehren wir noch einmal zum Kulthügel von Riom zurück: Es ist nun klar, warum er in mehrfacher Hinsicht das „Herz" des Oberhalbsteins ist. Er liegt nicht nur in der Mitte des Tales, sondern auch in der Mitte der zwei Kultlinien, der langen Nord-Süd-Linie und der kürzeren Ost-West-Linie, die sich genau hier schneiden. Außerdem liegt er genau zwischen den zwei heiligen Bergen des Tales, der Toissa und dem Piz Mitgel (vgl. Karte 2). So hat man, wenn man auf diesem Hügel steht und die klotzige, die Sicht versperrende Burg umwandert, einen fantastischen Ausblick. Im Osten und Westen schaut man auf die beiden heiligen Berge, die sich ohne Vorgebirge und ohne Umschweife aufeinander beziehen. Zwischen ihnen sieht man die klare Ost-West-Kultlinie, beginnend mit der Kirche von Cunter im Osten und in der entgegengesetzten Richtung sich weit hinaufziehend bis Ziteil. Blickt man gen Norden, schaut man schnurgerade über die Kirche von Salouf hinauf nach Del, und wendet man sich gen Süden, geht es genauso weiter zum weißen Bau von St. Martin (Son Martegn) von Savognin. Man befindet sich anschaubar und fühlbar genau in der Mitte, im „Herzen".

An diesem bedeutenden Kultplatz dürften alle großen Mysterienfeste der matriarchalen Religion im Jahreszeitenzyklus gefeiert worden sein:[216] Die magische Zeremonie der Heiligen Hochzeit haben wir schon erwähnt, symbolisch galt sie als die Hochzeit zwischen der Berggöttin und ihrem Berggeliebten. Es folgten Zeremonien des Abstiegs in die Tiefe zum Jenseits-Paradies der Göttin, wo die goldenen Äpfel der Verjüngung wachsen, was uns der heilige Nikolaus in der Kirche von Parsonz verraten hat. Auch Riten der Geburt und Wiedergeburt dürften hier gefeiert worden sein, wofür der runde Burghügel, das „Kind", mitten im künstlich geformten Herzschoß spricht. Dieser erscheint damit „schwanger" oder „gebärend", und das Fruchtwasser fließt als Bach heraus. Auch der Glaube um den Kinderherkunftstein beim Hügel von Riom weist in diese Richtung. Von diesen Zeremonien ist jedoch im Brauchtum keine Spur erhalten geblieben.

Doch weist ein heute noch lebendiger Brauch auf die Riten der Initiation hin, die zur Heiligen Hochzeit führen. Es ist das „Scheibenschlagen" im Frühling auf dem Burghügel von Riom. Diesen Brauch üben jetzt Knaben aus, vorher waren es junge Männer. Es werden Holzscheiben an einer langen Rute im Feuer glühend gemacht und mit lauten Rufen in die Nacht hinausgeschleudert, sodass sie die Sonnenbahn nachahmen. Bei der ersten Scheibe rufen die Knaben noch immer die Fruchtbarkeitsgöttin an, damit sie ein gutes Jahr beschere. Die nachfolgenden Scheibenwürfe werden jungen Frauen von ihren Verehrern gewidmet, deren Namen dabei genannt werden.[217] Dies lässt das Scheibenschlagen als einen typischen Werbebrauch zur Initiation in die Liebe erkennen. Heute ist er zu einem Kinderspiel herabgesunken.

Das Mysterium der Wiedergeburt erscheint jedoch in noch viel mächtigerer Gestalt als nur auf dem Hügel von Riom, nämlich in der Berggöttin Toissa oberhalb des Ortes.

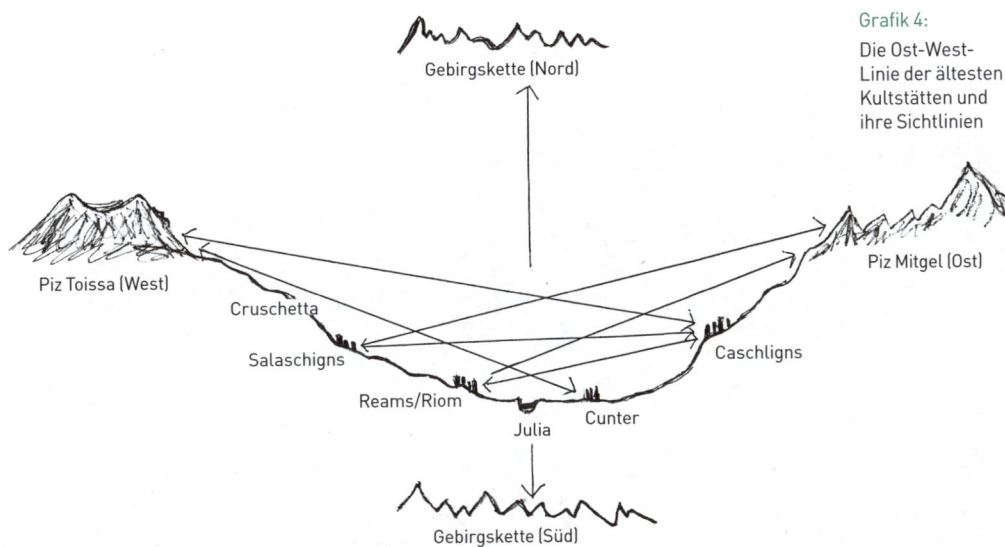

Grafik 4:
Die Ost-West-Linie der ältesten Kultstätten und ihre Sichtlinien

Die Göttin der Wiedergeburt

Die beiden Berggestalten Toissa und Piz Mitgel, die einander in der Achse der Tagundnachtgleichen unmittelbar gegenüberstehen, wurden von den frühen Menschen hoch verehrt. Das zeigen nicht nur die Kulthügel in der Ost-West-Linie, sondern auch die beiden archäologisch ausgewiesenen frühesten Kultstätten Caschligns und Salaschigns. Caschligns liegt hoch über Cunter auf halber Höhe der Toissa gegenüber und Salaschigns in der Nähe von Parsonz auf halber Höhe dem Piz Mitgel gegenüber. Von Caschligns kann man schnurgerade nach Salaschigns auf derselben Höhenstufe blicken (Grafik 4). So bilden sie eine kurze Ost-West-Sichtlinie, die parallel zu der längeren, oben beschriebenen Ost-West-Linie von Cunter-Ziteil verläuft (vgl. Karte 2). Die Bedeutung der Mitte des Oberhalbsteiner Tales wurde dadurch verdoppelt.

Dabei zielt diese kurze Ost-West-Sichtlinie genau auf den Schoß der Toissa einerseits und auf den Phallus-Gipfel des Piz Mitgel andererseits. Außerdem liegt Salaschigns nur wenig unterhalb der Cruschetta, jener Stelle, wo man dem Schoß der Toissa am nächsten kommt und die „Weiße Frau" dem Hirtenmädchen erschien. Ins Tal hinab geht der Blick schräg auf Cunter unten im Tal. Umgekehrt geht der Blick von Caschligns direkt auf Salaschigns auf derselben Höhe und leicht schräg auf den bedeutenden Kulthügel von Riom. So beziehen sich diese beiden wichtigen Kultstätten spiegelbildlich aufeinander (siehe Grafik 4).

Abb. 10:
Die Toissa von Caschligns aus gesehen

Der Platz *Caschligns,* an der Bergflanke oberhalb von Cunter als ein vorgelagerter Hügel auf einem Felssporn gelegen, bietet zudem einen Überblick über den gesamten Talschoß des Oberhalbsteins und einen imposanten Ausblick auf die Zackenketten ferner Gebirge im Norden und Süden.[218] Doch den weitaus interessantesten Ausblick bietet diese Stätte auf die Toissa, die von hier aus gesehen ihre Gestalt verändert hat. Man blickt nicht nur in den geöffneten, fast kreisrunden Schoß der Berggöttin hinein, sondern ihre beiden Gipfel, die von unten wie die Spitzen eines Busenberges aussehen, enthüllen von diesem Sichtpunkt aus ihr wahres Geheimnis: Der linke, südliche Gipfel hat sich verbreitert und zeigt deutlich ein ruhendes Haupt mit markantem Gesicht im Profil, wobei der Mund halb geöffnet ist wie bei einem Schrei. Der rechte Gipfel hat sich verdoppelt und zeigt zwei parallele, abgerundete Zacken wie zwei aufgestellte, spitze Knie. Zwischen diesen Knien auf der Höhe der Vulva tritt ein seltsames Gebilde aus kleinen Zacken hervor: Ein Köpfchen mit ausgeprägtem Gesichtchen aus runder Stirn, spitzer Nase, Mund und Kinn erscheint – das Kind. Es ist ein „Sternguckerlein", denn es blickt nach oben.[219] Die Berggöttin vollbringt gerade die schwere Arbeit der Geburt, in diesem Augenblick und in der steinernen Ewigkeit, solange sie daliegt. Sie liegt mit angezogenen Knien, leicht aufgestützt auf ihre Schultern, der Bauch eingesunken, weil das Kind gerade her-

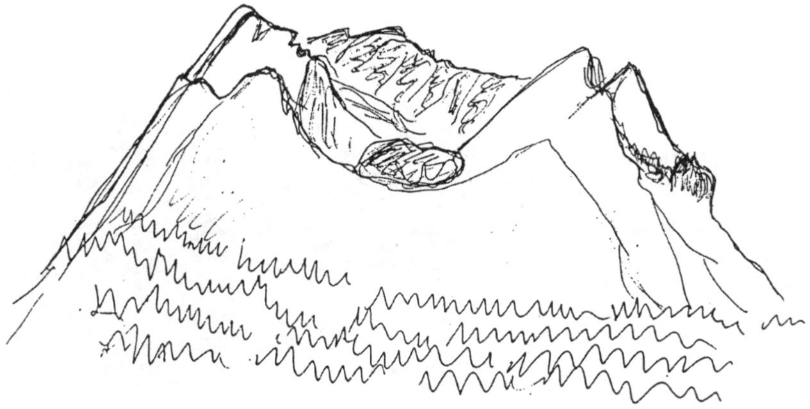

Grafik 5:
Ansicht der Toissa von Caschligns oberhalb von Cunter

austritt, mit halb geöffneten Mund, der auch ihren Schrei ewig in Stein festhält (Abb. 10 und Grafik 5). Diese gebärende Berggöttin ist ein bewegender Anblick, von dem die Betrachtenden ergriffen werden, sobald sie ihn erkennen. Es ist der heilige Augenblick der Geburt, der die Menschen mit Ehrfurcht erfüllt. Die Toissa ist also nicht nur ein sehr weiblicher Berg, sondern zugleich ein „Mutterberg".[220]

Im Glauben der matriarchalen Kulturen ist jede Geburt zugleich eine Wiedergeburt der Ahninnen und Ahnen zu einem neuen Leben. Diese sehr konkrete Vorstellung von Wiedergeburt durchzieht alle ihre religiösen Vorstellungen und kultischen Praktiken. Deshalb wurde die Toissa von der frühen, matriarchalen Kultur des Oberhalbsteins nicht nur als eine gebärende Berggöttin verstanden, sondern zugleich als eine Göttin der Wiedergeburt. Wenn die Sonne abends zu den Tagundnachtgleichen genau in ihrem Schoß versank, was für diese Menschen ein symbolisches Ereignis des Todes war, hatten sie dennoch die Gewissheit, dass der Tod kein Ende war. Denn gleichzeitig verwandelte die Berggöttin hoch über ihren Köpfen den Tod durch die Wiedergeburt wieder in Leben, sodass die Sonne sich am nächsten Morgen mit einem langen Schattenstrahl hinter dem Piz Mitgel zu neuem Leben ankündigen konnte. Sichtbar war für sie das höchste Mysterium hier in Stein gebildet, die Landschaft selbst zeigte es!

Diese Göttin der Wiedergeburt muss auf die frühen Menschen eine magische Anziehung und Macht ausgeübt haben, was die Anzahl der alten Kultplätze beweist, die mit der Toissa in Zusammenhang stehen. Allerdings sind sie nun von ebenso vielen Kirchen zugedeckt. Der Platz Caschligns ist allerdings von einer Kirche verschont geblieben, sodass

Abb. 11:
Das Kirchlein von Salaschigns

auf ihm noch die Reste einer uralten Kultanlage gefunden wurden. Diese steinerne Anlage ist im Alpenraum einzigartig. Sie besteht aus mehreren Terrassen, die gegen die Bergseite hin mit mächtigen, bogenförmigen Trockenmauern umgeben sind, die sich an den Enden zur Talseite hin fast rechtwinklig abstützen. Die Archäologen entdeckten die Fundamente eines früheren Holzbaus und eines späteren Steinbaus, wobei diese Bauten auf der vorderen Terrasse errichtet worden waren und eine große Herdstelle bargen. Neben der Herdstelle fand man drei Bronzebeile, die hier eindeutig mit Absicht deponiert worden waren. Von Anfang an wurde das Bauwerk wegen seiner besonderen Form als eine Kultanlage betrachtet, deren Bedeutung die Archäologen aber nicht erschließen konnten.[221] Wenn man jedoch von der umfassenden Sichtweise der matriarchalen Kultur bei der Landschaftsmythologie ausgeht, dann ist die Bedeutung dieses Bauwerkes keineswegs rätselhaft. Es stellt eine Art offenen Tempel zur Verehrung der Berggöttin Toissa dar, der man Weihegaben darbrachte. Denn an dieser Stelle offenbarte sie ihre Gesamtgestalt als eine Göttin der Wiedergeburt (siehe Grafik 4).

Die Stätte *Salaschigns,* am Hang der Toissa gelegen, nimmt diesen Gedanken auf. Zwar kann man von hier aus die Toissa nicht mehr insgesamt sehen, sondern nur die Teile ihres oberen Aufbaus, weil man sich zu

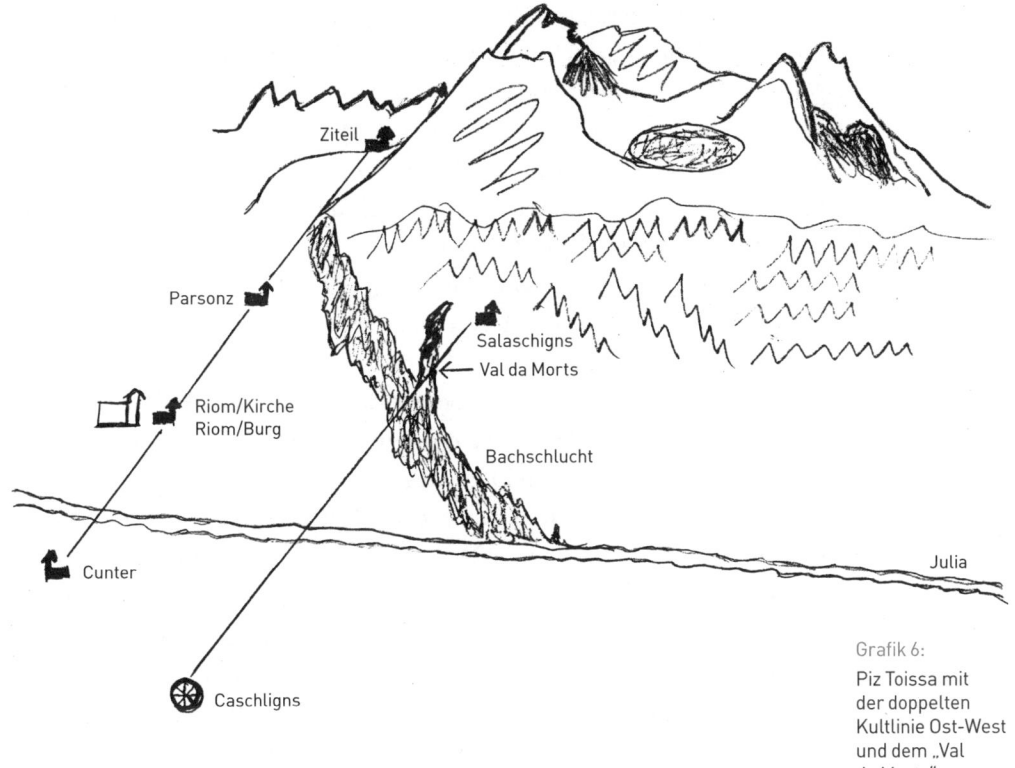

Grafik 6:
Piz Toissa mit der doppelten Kultlinie Ost-West und dem „Val da Morts"

nahe daran befindet. Aber man steht nun unmittelbar unter ihrem Felsenschoß, in genau derselben Falllinie wie die 200 m höher gelegene Cruschetta (siehe Grafik 4). Hier, in der Nähe der ersten „Marienerscheinung", findet man ebenfalls eine Bußkapelle aus dem 15./16. Jh., es ist das einsame Kirchlein von Salaschigns auf seinem kleinen Wiesenplateau (Abb. 11). Schon im Mittelalter stand hier eine erste Kapelle.[222] In der Cruschetta selbst gibt es nur einen Bildstock. Auch von diesem Kulthügel Salaschigns hat man eine bemerkenswerte Fernsicht.

Weshalb der Bau dieser äußerst abgelegenen Kapelle aus missionarischer Sicht so wichtig war, enthüllt eine Wanderung dort hinauf. Unmittelbar neben dieser Seite der Toissa durchschneidet eine wilde Bachschlucht von den oberen Hängen herab bis hinunter zur Julia das Gelände, die „Ruignas". Ihre Ränder sind gezackt wie ein Drachenrücken, sie enthält bizarre Erdpyramiden, seltsame Gebilde, die wie Wächterinnen zu Füßen der Toissa stehen. Vielleicht markierte die Schlucht die Grenze oder heilige Schwelle, die nur schwer überschreitbar war und die Pilger aufhielt, bevor man sich der Berggöttin nähern konnte. Heute kann man die Schlucht auf einer Brücke von Parsonz aus überqueren, und gleich danach zweigt eine kleine Seitenschlucht ab, die von der nicht begehbaren Ruignas-Schlucht steil und gebogen zum Kulthügel von Salaschigns hinaufführt (Grafik 6). Sie trägt den seltsamen Namen „Val da Morts", das „Tal der Toten", und sie wirkt, wie auch die Hauptschlucht, düster und unterweltlich. An ihrem Beginn ist ein künstlich erweiterter Platz, der zum Tal hin von einem großen Stein mit zwei Schalen abgeschlossen wird; er stellt eventuell einen Opferplatz dar, bevor man ins „Tal der Toten" eintrat.

Eine Sage berichtet von diesem engen Tälchen, dass man während der Pestzeit im 17. Jh. die Toten aus dem Oberhalbstein dort begrub. Man band sie auf einen Schimmel, der den Weg von selbst wusste und sie hinauftrug, wo der Totengräber sie dann bestattete. In hellen Mondnächten soll das weiße Ross sogar allein einhergetrabt sein und zu dem unheimlichen Totental hinaufgestiegen sein.[223]

Das weiße Pferd ist in der keltischen Mythologie ein Tier der Unterwelt oder Anderswelt. So wundert es nicht, dass hier ein Schimmel die Toten trägt. Auch wenn Elemente dieser Sage aus späterer Zeit stammen – wie das keltische Totentier und die Pestzeit vom 17. Jh. –, so enthüllt sie doch die Bedeutung dieses kleinen Tales. Als Totental muss es schon sehr viel früher gegolten haben, denn weshalb sollten die Leute in späterer Zeit ihre Toten genau hier begraben, was einen weiten und beschwerlichen Weg erforderlich machte? Der wahre Grund ist die Berggöttin, zu der das Tälchen unmittelbar hinführt. Sie selbst steht im Westen des Oberhalbsteins und wurde deshalb wohl auch als eine Todesmutter betrachtet, welche die Toten in ihrem Bergschoß empfängt und ihre Seelen hütet. Man bettete die Toten stellvertretend in dieses Tälchen zu ihren Füßen, weil es nicht möglich war, sie zum Felsenschoß des Berges hinaufzubringen. Mit dieser rituellen Handlung war in jedem Fall die Hoffnung verknüpft, dass die Toissa, die gleichzeitig eine Göttin der Wiedergeburt ist, die Toten in ein neues Leben wiedergebären würde.

Dieser Zusammenhang gab dem Kulthügel Salaschigns gleich unterhalb ihres Schoßes eine große Bedeutung, er ist eine Stätte von Tod und Wiedergeburt. Nahe bei der Kapelle stieg man aus dem düsteren Tal der Toten wieder ans Licht, erblickte den Himmel und die weite Landschaft wieder. Auch das stellte einen symbolischen Durchgang von Tod und Wiedergeburt dar. Blickt man von dieser Stelle zur Toissa hinauf, so sieht man nur die obere Partie der beiden Gipfelformationen, wegen der Nähe jedoch stark abgesenkt, sodass sie wie zwei abgerundete Erhebungen wirken: Sie bilden den oberen Teil einer Herzform. Zugleich sieht man den Kopf des Kindes, das die Toissa gebiert, nahe vor

Abb. 12 (links): Die Knie der Toissa mit Kindskopf, von Salaschigns aus gesehen

Abb. 13 (rechts): Wandmalerei am Kirchlein von Salaschigns

sich (Abb. 12). So spricht die vielgestaltige Berggöttin auch hier eine deutliche Sprache: Aus ihrem herzförmigen Leib schafft sie neues Leben, eine Verheißung für alle Menschen, die sie hier verehrten.

Noch in christlicher Verkleidung enthält das Kirchlein von Salaschigns diese uralten Glaubensinhalte, seine Symbolik ist äußerst bemerkenswert: Die Kapelle ist mit ihrer Achse auf den Kopf des Kindes ausgerichtet. Ihr Name „Salaschigns", von „Sant Laschient" abgeleitet, bezieht sich auf den heiligen Innozenz, dem sie früher geweiht war.[224] Der Name dieses unbekannten Heiligen heißt „Heilige Unschuld" – was die ursprüngliche heilige Unschuld hier verdecken sollte, nämlich das gerade geborene Kind der Berggöttin.

Ihr gebärender Schoß, ihre Vulva, ist sogar an der Kapelle vorhanden. Tritt man zur Eingangstür, so sieht man darüber ein Fensterchen und über diesem als halbverwitterte Außenmalerei ein Herz. Seine Spitze ist leicht verzogen, doch es ist noch immer leuchtend rot. Um keinen Zweifel an der neuen, herrschenden Religion aufkommen zu lassen, ist ein Kreuz auf das Herz gepflanzt (Abb. 13). Aber die Herzform als Symbol für den Schoß und die Vulva der Göttin der Wiedergeburt ist hier unübersehbar zentral: Sie zeigt sich schon im Kulthügel von Riom, der leicht versetzt unterhalb von Salaschigns liegt (siehe Grafik 6).

Eine zweite Malerei befindet sich unter dem Fensterchen direkt über der Tür. Sie zeigt eine kreisrunde, gelbe Sonne zwischen zwei merkwürdigen „Türmchen" (siehe Abb. 13). Es ist ein symbolisches Zeichen für einen täglichen Vorgang und bedeutet die Sonne, die zwischen den zwei abstrakt stilisierten Gipfeln der Toissa, den „Türmchen", versinkt und in ihrem Schoß ruht – bis zu ihrer Wiedergeburt. Dasselbe besagt auch die Ausrichtung der Kapelle in den Himmelsrichtungen, denn ihre Achse geht von Nordost nach Südwest. Im Südwesten geht zur Wintersonnenwende die Sonne unter, und im Nordosten geht sie zur Sommersonnenwende auf, es ist also eine wichtige Sonnenlinie. Im Südwesten der Kapelle steht die Toissa, die zu dieser Zeit die Sonne in ihrem tiefsten Schoß hält und zugleich wiedergebiert. Denn es ist Winteranfang, die „Weihnachtszeit", in der die Göttin der Wiedergeburt das neue Sonnenkind zur Welt bringt. Nach Nordosten geht der Blick auf zwei jungsteinbronzezeitliche Wohn- und Kulthügel: auf den Padnal und Rudnal bei Savognin, dem heutigen Hauptort des Tales.

An diesem einstigen wichtigen Kulthügel Salaschigns mussten die Missionare zu denselben starken Mitteln greifen wie schon bei Ziteil mit seiner zweiten „Marienerscheinung". Denn das Volk ließ wohl lange nicht von diesem symbolträchtigen Platz seiner Hoffnung auf die Wiederkehr des Lebens ab. Das führte zu der ersten „Marienerscheinung" oberhalb von Salaschigns, um die unübersehbare Göttin des Ortes vergessen zu machen, und das Kirchlein selbst wurde zur anderen Bußkapelle neben Ziteil. Es besaß im Inneren das sogenannte „Fasten- und Hungertuch", eine auf einen Rahmen gespannte, bemalte Leinwand, die Szenen aus der Passion Christi zeigt. In der Fastenzeit wurde es in der Kapelle aufgehängt, um die Leute zur Buße, zum Fasten und anderen Kasteiungen anzuhalten.[225] Doch trotz dieser drastischen Aufforderung kann auch das Innere der Kapelle den wahren Hintergrund des Platzes nicht verleugnen. So befindet sich an der Chorwand zur Linken des Altars eine Malerei, die Maria als Königin des Himmels zeigt, und zur Rechten sieht man Jesus als Auferstandenen, auf den Wolken schwebend. Diese christliche Symbolik weist deutlich darauf hin, dass es sich hier um einen uralten Himmelsplatz handelt, an dem die „Königin des Oberhalbsteins", die in den Himmel ragende Toissa, einst verehrt wurde. Und hier gebiert sie ihren Sonnensohn zu neuer Auferstehung ins Leben wieder.

Die Dreifache Göttin

Wir wenden uns nun, nachdem wir das Zentrum des Oberhalbsteiner Tales landschaftsmythologisch erfasst haben, wieder der großen Nord-Süd-Kultlinie zu. Sie führt von Riom schnurgerade zu der allein und erhaben auf ihrem Hügel stehenden Kirche *Son Martegn* (St. Martin). Schon dieser Umstand macht deutlich, dass sie an der alten Route durchs Oberhalbstein zum Julierpass liegt (vgl. Karte 2). Sie gilt als eine sehr alte Kirche von Savognin, jedoch ist ihre heutige Gestalt nicht der älteste Kirchenbau. Ein romanischer Bau ging einem späteren gotischen Bau voraus, und der jetzige Kirchenbau im Stil des italienischen Barock ist der dritte an dieser Stelle. Es hat also eine wiederholte Überformung stattgefunden, die eine Analyse schwierig macht. Die große Kuppel ist erfüllt von einer pompösen, ebenfalls italienischen Deckenmalerei, die in acht konzentrischen Kreisen eine Fülle von hierarchisch angeordneten Gestalten zeigt, welche die Glorie des Paradieses im Himmel bei Gott darstellen. Trotz ihres künstlerischen Wertes lassen wir sie wegen der späten Entstehung außer Acht und wenden uns stattdessen den aufschlussreicheren Figuren zu.

Der heilige Martin erscheint als Malerei im Gewölbebogen über dem Hauptaltar, wie er, auf einem weißen Ross reitend, seinen Mantel mit einem Bettler teilt. Sein Tag im Heiligenkalender ist der 11. November, ein Datum, das in jener Zeit liegt, als im vor-christlichen Jahreszeitenzyklus die Göttin aus der Anderswelt heraufstieg und umherging, unter ihrem Schutzmantel die Seelchen bergend, die eine neue Mutter für ihre Wiedergeburt suchen. Eine solche Gestalt ist Frau Holle, welche die kleinen Seelen zu Fuß durch die vor-winterliche Landschaft führt.[226] Später wurde in der keltischen Mythologie daraus die Schimmelfrau, die nun zu Pferd dem Seelchenzug voranreitet. Der christliche heilige Martin hat noch später die Schimmelfrau aus der keltischen Mythologie ersetzt, doch der bedeutungsvolle Mantel, den er so aufopferungsvoll mit einem Bettler teilt, ist geblieben. Allerdings ließ in der matriarchalen Mythe die Göttin aus der Anderswelt ihren Mantel ganz, dafür teilte sie ihn nicht nur mit einer Person, sondern mit allen Seelen.

Diese matriarchale Symbolik, die mittels St. Martin vereinnahmt und verdreht wurde, verweist auf Tod, Unterwelt und Wiedergeburt, sodass an diesem alten Kultplatz in früher Zeit wohl die Schwarze Göttin verehrt worden war. Diese Spur wird verstärkt durch das linke und das rechte Seitenaltarbild in dieser Kirche: Das linke Altarbild zeigt eine

Schwarze Madonna mit Kind.[227] Sie bestätigt unmittelbar, dass die Kirche Son Martegn auf dem Kultplatz einer früheren Schwarzen Göttin errichtet wurde. Das rechte Altarbild zeigt Jesus, der am Kreuz gestorben ist, es ist also eine Darstellung des Todes.

Außerdem enthalten beide Altarbilder eine deutliche weibliche Dreiheit, ein Thema, um das es bei Savognin ebenfalls geht: Auf dem linken Altarbild ist auch St. Anna, die Mutter der Maria, als Gestalt der weisen Alten zu sehen. Sie sitzt mächtig groß und in dunkler Tracht auf einer Wolke und zeigt auf ihre Tochter in der Bildmitte. Großmutter Anna, Mutter Maria und das Jesuskind, das ein langes Kleidchen wie ein Mädchen trägt, stellen miteinander eine Dreiheit dar, die der Dreifachen Göttin als Mädchen, Frau und weiser Alten entspricht. Das Dreifache wird sogar ausdrücklich hervorgehoben, denn Maria trägt eine Tiara, die dreifache Krone, auf dem Kopf und eine dreifache Kette um Schultern und Oberarme. Die Dreiheit kommt ebenfalls auf dem rechten Altarbild vor: Das Todeskreuz wird flankiert von Maria und Johannes, doch zu Füßen von Jesus hockt eine weibliche Dreiheit, nämlich die „drei Marien" Maria Magdalena, Maria Salome und Maria Kleopha. Es waren ebenfalls drei Marien, denen Jesus sich nach seiner Auferstehung als Ersten zeigte. Darin liegt noch immer, wenn auch versteckt und christlich umgedeutet, die Verheißung auf Wiederkehr bzw. Wiedergeburt durch die Dreifache Göttin.

Die Dreiheit zeigt sich sofort in der Landschaft. Denn das Städtchen *Savognin,* der heutige Mittelpunkt des Oberhalbsteins, besitzt nicht nur eine, sondern drei alte Kirchen. Sie überspannen in einer geraden Linie das Oberhalbsteiner Tal und den Fluss Julia, auch hier einen alten Übergang markierend. Diese sehr kurze, aber deutliche Kultlinie ist von Nordost nach Südwest ausgerichtet (Karte 3). Im Südwesten befindet sich Son Martegn, also genau dort, wo die Sonne zur Wintersonnenwende untergeht und ihren tiefsten Stand erreicht. Es ist symbolisch gesehen die Himmelsrichtung des Todes, der Unterwelt und der Wiedergeburt, eben der Ort der Schwarzen Göttin.

Im Nordosten von Savognin, dort wo die Sonne zur Sommersonnenwende aufgeht und ihr Licht den höchsten Stand erreicht, steht leicht erhöht am östlichen Hang von Savognin die Kirche *Son Mitgel* (St. Michael). Sie ist heute vom neueren Ortsteil umgeben und beruht auf zwei mittelalterlichen Vorgängerbauten, wovon der erste auf das 8./9. Jh. zurückgeht. Der zweite, gotische Bau stellte in 14 Wandmalereien das Leben der Heiligen Margaretha dar.[228] Die zweite Kirche war also der heiligen

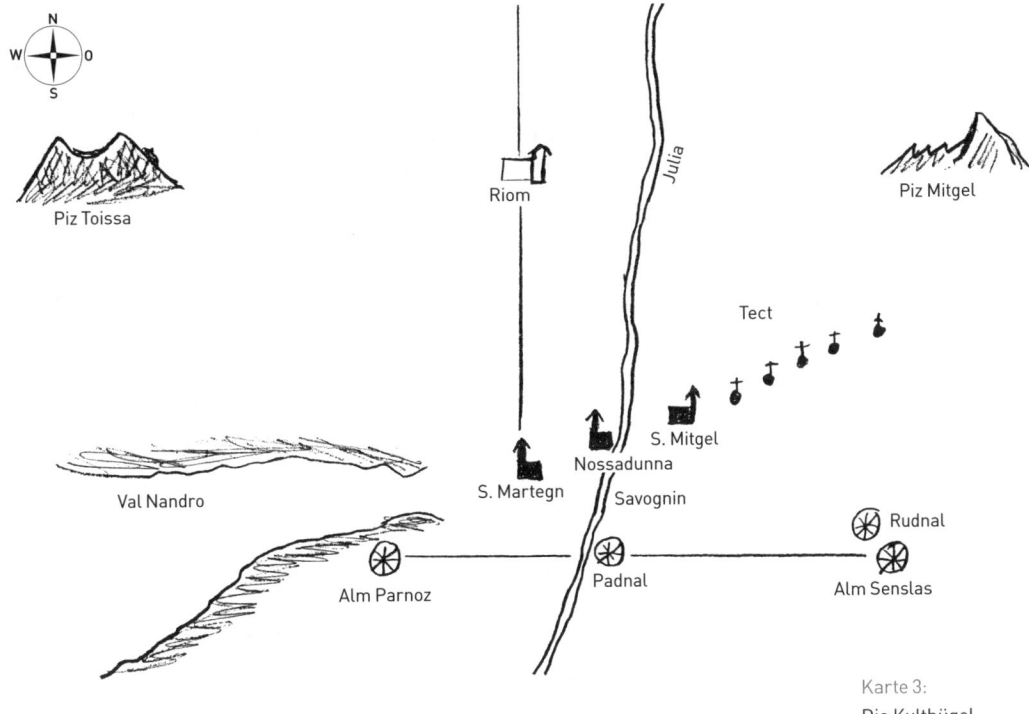

Karte 3:
Die Kulthügel und Kultlinien um Savognin

Margaretha gewidmet – in diesem alten Wohngebiet der Räter keine beliebige Heilige! Wie schon gesagt, enthält ihr Name „Marga-retha" den Namen der Großen Göttin der Räter: „Reitia". So wurde an dieser Stelle ein alter Kulthügel der Göttin Reitia christlich besetzt.

Bei der zweiten Missionierungswelle im Oberhalbstein im 17. Jh. schien diese Erinnerung an die Göttin Reitia den Missionaren hier zu deutlich zu sein, darum widmeten sie den dritten Kirchenbau an diesem östlichen Platz dem Erzengel Michael. Dieser erschlägt nun im Symbol des Drachen ausdrücklich die alte Naturreligion, die mit Margaretha/Reitia noch verknüpft war, und versucht die letzte Erinnerung an die Göttin zu tilgen. Es gelingt nicht ganz, denn die Landschaft zeigt deutlich etwas anderes: Michael tritt hier in der nordöstlichen dieser drei Kirchen auf, die auf den Berg Piz Mitgel ausgerichtet ist (vgl. Karte 3). Der Berg wurde zu seinem Namensvetter gemacht, aber noch immer geht hinter ihm die Sonne strahlend am Morgen auf, und zwar in dieser kurzen Kultlinie der drei Kirchen genau zur Sommersonnenwende, der Zeit der größten Helligkeit.

Obwohl er mörderisch auftritt, ist Michael dennoch ein Engel, das heißt ein Wesen der Luft und des Himmels. Mit Engeln geht es weiter in dieser Kirche: im Gewölbebogen, über dem Altar und an der linken Chorwand Engel in verschiedenen Szenen. Eine solche Schar von Luftwesen fällt auf. Zu guter Letzt zeigt der rechte Seitenaltar Maria als Himmelskönigin, womit die einstige Himmelsgöttin dieses alten Kultplatzes wenigstens ihre Weiblichkeit zurückgewinnt. Es war höchstwahrscheinlich Reitia als Weiße Göttin, umgeben von der Schar ihrer Luftgeister, die hier seit frühen Zeiten lang anhaltend verehrt wurde.

In der Mitte dieser Linie der drei Kirchen befindet sich die Kirche *Nossadunna* (Unsere Frau), eine ausdrückliche Marienkirche (vgl. Karte 3). Sie steht am Ufer der Julia im Talschoß, dicht neben der Steinbrücke im alten Dorfkern, doch ebenfalls auf flachem Hügel. Auch hier begann es mit einer Kapelle. Doch die Missionare aus dem 17. Jh. wirkten abermals intensiv und machten eine Kirche der „Immaculata" oder „Unbefleckten Empfängnis" daraus. Das ist verräterisch, denn es besagt, dass es hier um weibliches Empfangen, also um das Fruchtbarwerden geht. Dies gehört zum Bereich der Roten Göttin als Göttin der Liebe und des Lebens. In der christlichen Mythologie wird Marias Empfängnis dann als „unbefleckt" hingestellt, was jede andere Frau, die ein Kind empfängt, als „befleckt" abwertet und die Erotik selbst ins Unreine zieht. Wie die „Unbefleckte Empfängnis" vor sich geht, wird am Hauptaltar dargestellt, wo der alte, weißbärtige Gottvater seinen abstrakten Heiligen Geist als Taube zu Maria hinabsendet. Die Taube ist ein uraltes, matriarchales Symbol. Sie begleitet stets die Göttin in ihrem Aspekt der Liebe schenkenden Macht, eben als Rote Göttin, so ist zum Beispiel die griechische Aphrodite von Tauben umgeben. Daher ist es kein Zufall, dass Maria auf Bildern in dieser Kirche im roten Gewand auftritt: Bei ihrer Statue am Hauptaltar ist das Kleid silbern, doch der Mantel purpurrot; im Gewölbe über dem Altar erscheint sie auf der Malerei als „Immaculata" in feuerrotem Kleid und gekrönt wie eine Königin der Liebe. Das weitere Gewölbe der Kirche ist mit Szenen aus dem Marienleben ausgemalt, wobei sie meistens in leuchtend rotem Gewand zu sehen ist. Andere Szenen zeigen den Stammbaum Jesu, die ehrwürdigen Patriarchen und Könige, die seine Vorfahren sind[229], doch dieser Stammbaum gilt durch Maria zuletzt nur in der Mutterlinie. Auch die Mutterlinie ist eine Schöpfung der Roten Göttin.

Damit tritt die Dreifache Göttin trotz der christlichen Verkleidung deutlich hervor. Ihr waren die drei alten Kulthügel von Savognin geweiht. Im Namen der Göttin Reitia können wir sie noch fassen, ihre älteren Namen sind nicht mehr bekannt. Als Große Göttin der Räter besaß sie die dreifache Gestalt der Weißen, Roten und Schwarzen Göttin, und in dieser Dreiheit wurde sie hier lange Zeit verehrt.

Was aber machte diese Stelle im Oberhalbsteiner Tal so wichtig, dass hier drei Kultplätze so dicht beieinander liegen? Denn das Städtchen Savognin, heute ein beliebter Ort für Wintersport, gab es damals noch nicht. Die Antwort lässt sich finden, wenn man die kurze Nordost-Südwest-Linie, welche die drei Kirchen bilden, in beide Richtungen weiterverfolgt. Gen Nordost steht 100 m den sanften Berghang hinauf in derselben Linie wieder eine Kapelle, und eine Serie von fünf Bildstöcken steigt schnurgerade zu ihr hinauf (vgl. Karte 3). Dieser Hang ist ein riesiger, breit gelagerter Schuttfächer, heute mit Wald und Wiesen überzogen und von mehreren Reihen klotziger, moderner Hotels besetzt, eine Überbauung, die das Bild der Landschaft erheblich stört. Hier fragt man sich, weshalb die meisten Hotels gerade auf diesem alten Schuttfächer errichtet wurden, der ja nicht die schönste Stelle im Tal ist. Die Antwort findet sich im Südwesten der kurzen Kultlinie der drei Kirchen, denn ihre Verlängerung reicht in ein offenes, liebliches Seitental hinein, ins Val Nandro, das einzige große Seitental, das sich zum Unteren Oberhalbstein hin öffnet (vgl. Karte 3). Durch seine relative Weite dringt sogar noch das abendliche Sonnenlicht ungehindert ins Haupttal, wenn ringsumher schon alles im Schatten der Bergketten versunken ist. So liegt Savognin an einer bevorzugten Stelle, und die kurze Kultlinie seiner drei Kirchen ist auf dieses Seitental ausgerichtet. Der breite Schuttfächer, der sich genau gegenüber der Öffnung des Val Nandro ausbreitet, ist damit die sonnigste Stelle im ganzen Oberhalbsteiner Tal. Das machten sich die Erbauer der Hotels zunutze. Aber nicht nur die modernen Menschen lieben diese Stelle, sondern die Menschen der frühesten Siedlungsepoche besetzten diesen „Platz an der Sonne" als Erste.

Die versunkene Stadt

Eine Sage berichtet, dass der große Schuttfächer östlich von Savognin einst eine ganze Stadt unter sich begraben hat. Er stammt von einem gewaltigen Bergsturz oder Erdrutsch, der in der Höhe losbrach und die schöne Stadt Tect verschüttete. Das soll vor Urzeiten geschehen sein. Zum Beweis wird erzählt, dass einst ein Bauer seinen Acker auf diesem breiten Schuttkegel pflügte und plötzlich sein Zugochse mit den Vorderbeinen einbrach. Der Ochse wurde wieder befreit, und als man nach

Abb. 14:
Kapellen- und Kirchenlinie von Savognin, auf das Val Nandro ausgerichtet; die drei Kirchen von Savognin in der Bildmitte

dem Grund der Sache suchte, entdeckte man, dass da unten im Acker ein Kamin steckte. Später fand man das Loch nicht mehr. Doch die Leute sind überzeugt, dass man die Kapelle und die Bildstöcke oberhalb von Savognin in einer Reihe den Hang hinauf nur deshalb errichtet hat, damit sie die Bewohner vor einem neuen Bergrutsch beschützen.[230]

Niemand kann mit Sicherheit sagen, ob diese Sage einen wahren Kern hat, denn bis heute wurde dieser große Schuttfächer archäologisch noch nicht erforscht. Aber es ist denkbar, dass diese sonnige Stelle mit dem Blick zum Val Nandro schon von den frühesten, sesshaften Menschen besiedelt wurde. Sie bot Platz für eine große Ortschaft, eben die „Stadt Tect". Zumindest die drei heute mit Kirchen besetzten Kulthügel von Savognin, die sehr alt sind und bedeutend waren, weisen darauf hin, denn sie setzen eine größere Bevölkerung voraus, die einst hier gelebt haben musste. Diese Kultstätten befanden sich mit der Stadt Tect

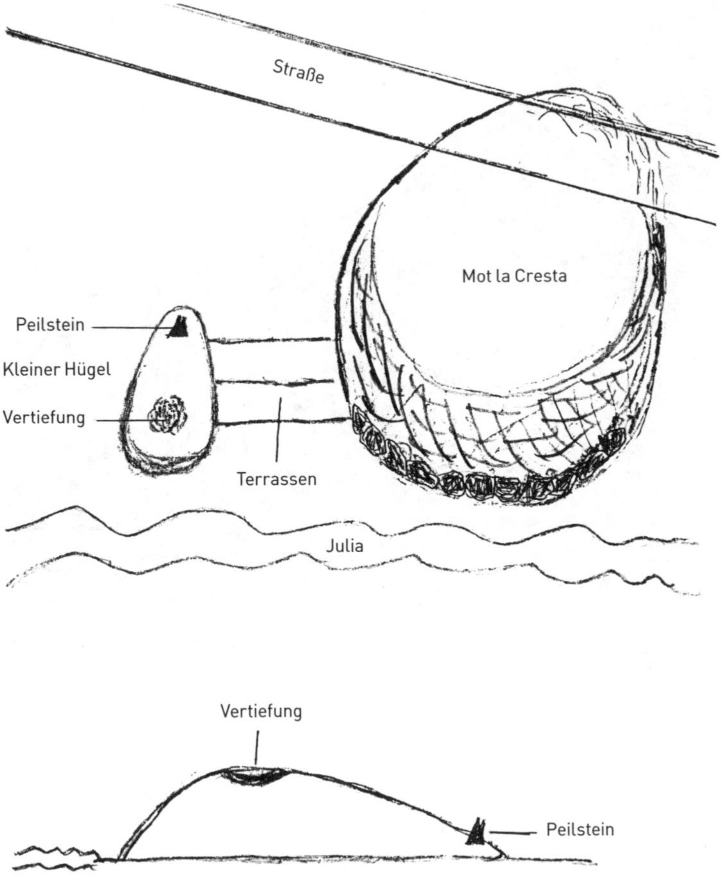

Grafik 7:
Mot la Cresta (Padnal) mit kleinem Seitenhügel (Aufsicht und Seitenansicht)

auf einer geraden Linie, die sich zum Eingang des Val Nandro hinzieht (Abb. 14, vgl. Karte 3). Es entspricht der jungstein-bronzezeitlichen Bauweise für komplexe Anlagen, dass sie durch kurze oder lange Kultlinien untereinander verbunden wurden.

Archäologisch erforscht wurden jedoch zwei andere Plätze nahe beim heutigen Savognin. Der eine ist der künstlich nachgeformte Hügel *Mot la Cresta* im Flurstück *Padnal,* kurz „Padnal" genannt. Er liegt ein wenig südlich hinter dem Ortsausgang von Savognin direkt an der Straße am zur Julia hin geneigten Hang (vgl. Karte 3). Eigentlich ist er ein Doppelhügel, bestehend aus einem großen und einem kleinen Hügel nebeneinander, zwischen denen sich drei ausgeprägte Terrassen befinden (Grafik 7). Der große, ovale Padnal-Hügel wurde an drei Seiten künstlich geformt, was der gleichmäßige Neigungswinkel von 60 Grad zeigt (Abb. 15). Nur die vierte Seite geht fast gerade in den Weg über,

Abb. 15:
Der urgeschichtliche Siedlungshügel Mot la Cresta (Padnal)

sodass man ihn ohne Steigung betreten kann. Gegen den Fluss Julia hin fand man Reste einer alten Steinbefestigung, um den Hügel gegen Abtragung durch das Wasser zu sichern.

Die archäologischen Ausgrabungen haben auf dem Hügel fünf bronzezeitliche Dörfer übereinander mit einem Alter von 1800–1600 v. u. Z. ans Licht gebracht, wobei noch weitere Schichten offengeblieben sind.[231] Die ältesten Gebäude aus der Frühbronzezeit waren ganz aus Holz, später stellte man die Holzbauten auf Trockenmauern, und in der Spätbronzezeit errichtete man Langhäuser bis zu 18 m Länge für die größer gewordenen Sippen. Sie standen in Reih und Glied in Gruppen von je drei Gebäuden. In diesen Siedlungen betrieb man von Anfang an Ackerbau und Viehzucht, die Jagd spielte keine Rolle.

Das Leben in diesen Häusern war vielfältig: Reiche Keramikfunde wurden gemacht, grobes Kochgeschirr und feines Tafelgeschirr, deren Formen Beziehungen zu Kulturen nördlich und südlich der Alpen zeigen. Das beweist den regen Passhandel über die Alpen hinweg, der mit Sicherheit nicht erst in der Bronzezeit begann. Die Handelsrouten reichten bis zur Ostsee, was ein Schatzfund von circa 140 Bernsteinperlen zeigt. Das lässt auf großen Wohlstand durch den Handel schließen, doch noch ein weiterer Grund für den Reichtum kommt hinzu. Die Archäologen fanden nicht nur eine große Anzahl von Bronzegeräten, sondern auch steinerne Gussformen für den Bronzeguss und Hinweise auf die Verhüttung von Erz zu Kupfer. Die frühen Bewohner auf dem Padnal haben also eine regelrechte Metallindustrie betrieben, bei der Kupfer gewonnen und anschließend zu Bronzegegenständen verarbeitet wurde. Zwischen dem Padnal und dem Motta Vallac bestand eine enge Beziehung, denn für die Verhüttung von Erz brauchte man viel Holzkohle, die auf dem Motta Vallac hergestellt wurde.

Der kleine Padnal-Hügel neben dem großen ist gleichmäßig konisch geformt und auch eben auslaufend zum Weg hin. Jedoch ist er oben nicht völlig abgeflacht wie der große, sondern hat eine rundlich ansteigende Oberfläche zur Julia hin, was an eine liegende Göttin mit dickem Bauch erinnert. Am „Kopf" befindet sich wie als „Auge" ein dunkler, stehender Stein, der oben eine Kerbe besitzt, durch die man genau auf die Toissa blickt; er ist also ein Peilstein auf das wichtigste Ziel im Tal (Abb. 16). Die oberste Stelle auf dem „Bauch" zeigt eine kleine, kreisrunde Senke, was auf einen eingesunkenen Hohlraum im Inneren schließen lässt. Vermutlich ist er ein Begräbnishügel neben dem Wohnhügel gewesen, und die Toten ruhen im Bauch der kleinen Göttin aus Erde (siehe Grafik 7). Er wurde archäologisch noch nicht erforscht, doch die Sicht geht von hier unmittelbar auf den alten Kulthügel der Schwarzen Göttin, wo heute die Kirche Son Martegn steht.

Abb. 16:
Kleiner Padnal-Hügel mit Peilstein

Dies alles zeigt, dass zu jenen Zeiten das Oberhalbstein keineswegs ein abgelegenes Alpental war, sondern dass hier reges Leben herrschte. Es bildete die Grundlage für den kultischen Reichtum, der sich in der symbolischen Landschaftsgestaltung durch die vielen Kulthügel manifestiert.

Der Doppelhügel Padnal ist keineswegs der einzige uralte Wohnplatz in der Umgebung des heutigen Savognin. Circa 200 m oberhalb des Padnal

Abb. 17 a/b:
Zwei Steine mit Felszeichnungen auf der Alm Senslas

liegt ein zweiter Hügel, der *Rudnal* (vgl. Karte 3). Auch er wurde von Menschenhand gleichmäßig geformt und birgt gut gebaute Trockenmauern. Noch einmal 400 m höher, bei der Alm Tussagn, befindet sich ein genau gleich geformter, namenloser Hügel, er ist noch nicht erforscht. Das Gelände heißt hier „Sot las Mottas", das heißt „Unter den Hügeln", wobei die „Mottas" alte Kult- und Wohnhügel bezeichnen. Hier wurde also recht dicht gesiedelt. Im archäologisch gefundenen Schutt des Hügels Rudnal stecken viele Eisenschlacken aus vorrömischer Zeit, das heißt, die Verhüttung betrieben hier wohl die Räter. Ausgedehnte Schlackenfelder derselben Art oberhalb von Cunter weisen ebenfalls auf Bergbau und Eisenverarbeitung hin. Im Oberen Surses bei Marmorera hat man gleich vier solche Stellen gefunden, und sogar dicht unterhalb des Julierpasses fand man eine große Menge eiserner Gusskuchen.[232]

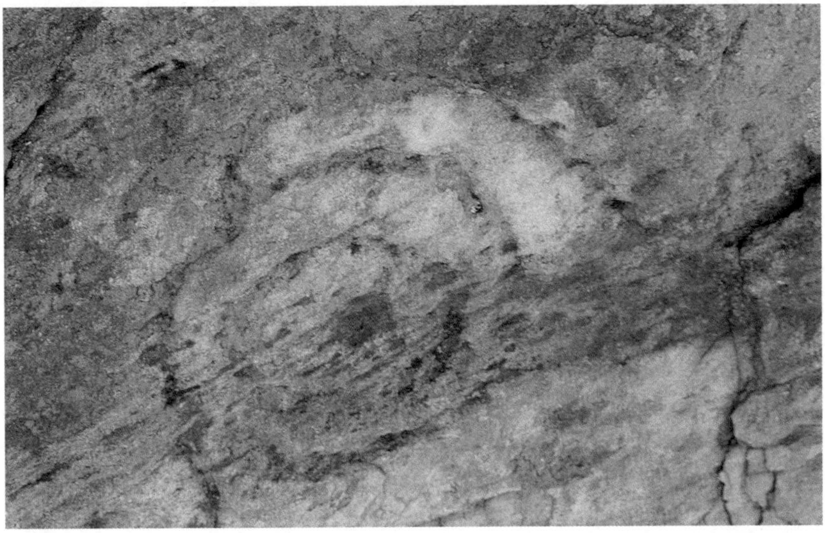

Abb. 18:
Felszeichnung auf der Alm Parnoz

Das heißt, entlang des gesamten Oberhalbsteiner Tales war die Gewinnung und Verarbeitung von Metallen ein wichtiges Gewerbe, das an manchen Stellen bis in sehr alte Zeiten zurückreicht.

Doch die Spuren der Besiedelung in der Umgebung des Padnal zeigen sich noch auf andere Weise. Zwei bemerkenswerte Almen liegen auf einer geraden Ost-West-Linie mit dem Wohnhügel Padnal, der unten an der Julia die Mitte dieser Linie darstellt. Die eine ist die schmale Alm Senslas am Osthang, circa 400 m über dem Padnal gelegen, die andere die große, westliche Alm Parnoz am Eingang des Val Nandro, etwa 200 m höher als der Padnal (vgl. Karte 3).

Auf dem kleinen Almplateau von *Senslas,* nur wenig unterhalb des Hügels Rudnal, finden sich vom Eiszeit-Gletscher glatt geschliffene Steine mit reicher Gravur von konzentrischen Kreisen, ähnlich denen auf der berühmten Carschenna. Zwei flache Steine mit solchen Kreisen auf der Oberfläche liegen direkt nebeneinander (Abb. 17 a/b). Nicht weit davon befindet sich ein dreieckiger, stehender Stein mit konzentrischen Kreisen an der Seite. In einem je bestimmten Winkel zu diesen markierten Steinen befindet sich ein flacher, rechteckiger Block wie ein Altar. Die Winkel, die er zu den beiden markierten Steinsetzungen bildet, entsprechen den Mondextremen. Man blickt von Senslas über den Padnal genau hinüber nach Parnoz.

Die große Alm *Parnoz* breitet sich auf den sanften Hügeln am Eingang des Val Nandro zwischen einer Schlucht und einem Steilhang in

175

mehreren Stufen aus. Sie hat umgekehrt geradewegs eine Sichtlinie über den Padnal auf die Alm Senslas, ebenso auf den benachbarten Hügel Rudnal. Zugleich befindet sich Parnoz genau in der kurzen Kultlinie der drei Hügel der Dreifachen Göttin von Savognin, die mit den heutigen Kirchen Son Martegn, Nossadunna und Son Mitgel besetzt sind (vgl. Karte 3). Die Blickrichtung führt dabei in die Höhe unmittelbar auf den Piz Mitgel, den Berg des Sonnenaufgangs, der sich von hier aus betrachtet in voller Größe und Schönheit zeigt. Zwei Kultlinien treffen also auf Parnoz zusammen, was den Platz zu einem besonderen macht.

Es gibt interessante Erdformationen auf der Alm Parnoz: auf ihrem zentralen Plateau einen deutlichen, großen Halbkreis und einen gebogenen, hohen Hügel. In der Nähe liegt ein flacher, mittelgroßer Stein mit einem großen, sehr ausgeprägten konzentrischen Kreis aus drei Ringen (Abb. 18). Schwache, konzentrische Ringe zeigen noch mehrere Steine auf diesem Plateau, doch leider sind sie stark verwittert. Der schöne Stein mit dem großen, konzentrischen Kreis hat Rautenform, doch nicht regelmäßig, sondern mit einer flacheren und einer steilen Spitze. Die konzentrischen drei Ringe sind in der Mitte eingezeichnet, an der flacheren Spitze des Rhombus befindet sich ein ähnlicher Kreis, und Spuren weiterer Kreise bedecken ihn überall. Die Form des Steines wirkt wie eine Nachahmung des Piz Mitgel, auf den er mit der steilen Spitze ungefähr ausgerichtet ist (Abb. 19). So ist anzunchmen, dass er der Verehrung dieses Berges gedient hat.

Man hat von dieser Stelle eine gute Sicht auf alle östlichen Bergspitzen des Tales, die sich zum Peilen auf die verschiedenen Stände des Sonnenaufganges eignen. Gen Norden blickt man schräg durch eine Landschaftsmulde weit aus dem Oberhalbstein hinaus bis nach Lenz/Lantsch. Vom parallelen Sichtplatz Senslas konnte man durch eine andere Landschaftsmulde umgekehrt weit nach Süden hinausblicken. Damit bieten beide Plätzen zusammen trotz des von hohen Gebirgen umgebenen Oberhalbsteins gute Beobachtungsmöglichkeiten des gesamten Sternenhimmels. Auf diese astronomische Funktion weisen wohl die konzentrischen Kreise auf bestimmten Steinen hin, die sich auf beiden Almplätzen befinden.

Eine sonderbare Sage aus dem Val Nandro bezieht sich, wenn auch verschlüsselt, auf dieses astronomische Wissen der frühen Menschen: Ein Einsiedler im Val Nandro habe sich niemals im Dorf oder gar in der Kirche blicken lassen, bis ihn eines Tages der Pfarrer zu sich vorlud. Der Mann erschien im Pfarrhaus, es war an einem trüben Regentag. Aber

Abb. 19: Rautenförmiger Stein mit den Felszeichnungen auf der Alm Parnoz

als er in die Stube des Pfarrers trat, fiel ein Sonnenstrahl hell durchs Fenster, und der Einsiedler hängte wie selbstverständlich seine Jacke daran auf. Der Pfarrer betrachtete dies als ein Wunder und ließ den Mann fortan in Ruhe, doch das Volk verehrte ihn wie einen Heiligen.[233]

Was für ein Mann ist das, der einen Sonnenstrahl so einfach handhaben kann? Er muss zumindest ein Magier aus dem Alten Volk gewesen sein, den das spätere Volk wegen seines Wissens noch immer verehrte. Der versteckte Hintergrund der Sage ist, dass dieser Mann die Sonnenlinien des Tales genau kennt und mit diesen umgehen kann, als gehörten sie zu ihm. Sie folgen ihm bildlich, wie der Sonnenstrahl am regnerischen Tag, weil er weiß, zu welchen Zeitpunkten bestimmte Sonnenlinien im Lauf des Jahres aktuell werden. Die Alm Parnoz liegt am Eingang des Val Nandro, woher der Mann kam, und es war einst ein hervorragendes Sonnenobservatorium.

Die drei Kulthügel von Savognin, heute besetzt mit den drei Kirchen, außerdem die Wohn- und Arbeitshügel Padnal und Rudnal sowie der Hügel von Tussagn, zusätzlich noch die Almen Senslas und Parnoz mit den Observatorien – das ist für frühe Verhältnisse eine recht dichte Besetzung an dieser Stelle des Oberhalbsteins, wo das Val Nandro sich zum Haupttal hin öffnet (vgl. Karte 3). Das macht es sehr wahrscheinlich, dass es einst – außer der zentralen Siedlung Riom – eine weitere Stadt gegeben hat, bevorzugt an dieser sonnigen Ecke, nämlich die versunkene Stadt Tect.

177

Der Landschaftstempel

Der uralte Handelsweg, der bis Savognin links von der Julia verlief, führte nach dem Übergang am rechten Ufer weiter zum Padnal und dann nach *Tinizong*. Es ist der letzte Ort im Unteren Oberhalbstein, bevor es über einen steilen Anstieg in seinen oberen Teil hinaufgeht. Dieser Ort im Süden des Talschoßes, wo dieser sich verengt, besitzt Sichtlinien zum Padnal, nach Parsonz und weiter bis zum etwas entfernt darüber liegenden Salaschigns (Karte 4). Auch umgekehrt kann man von Salaschigns bis Tinizong blicken, und zwar in der Nordwest-Südost-Linie, der wichtigen Sonnenwendenlinie, denn im Südosten geht die Sonne zur Wintersonnenwende auf und im Nordwesten zur Sommersonnenwende unter. Damit ist Tinizong in das Netz der Sichtlinien einbezogen, denn er gehört zu den alten Orten im Tal, auch wenn er erst viel später urkundlich erwähnt wird.[234] Die archäologischen Untersuchungen stehen noch aus.

Dieses bemerkenswerte Netz von astronomischen Kalender-Linien, die es überall durchziehen, macht das Untere Oberhalbstein zu einem Landschaftstempel. Es ist den frühesten sesshaften Bewohnern und Bewohnerinnen gelungen, durch dieses Netz an exakten Sicht- und Kultlinien das gesamte Tal zu gestalten: Wir haben die große Nord-Süd-Linie von Del-Salouf-Riom-Son Martegn dargestellt und in ihrer Bedeutung entschlüsselt; sie endet auf Son Martegn bei Savognin. Genau bei Riom, dem „Herz" des Tales, kreuzt sie sich mit der Ost-West-Linie von Cunter-Riom-Parsonz-Ziteil. Riom ist daher der zentrale Kreuzungspunkt der geraden Linien durchs Tal, welche die Haupthimmelsrichtungen kennzeichnen. Die Ost-West-Linie wird noch verdoppelt durch die parallele Kultlinie Caschligns-Salaschigns-Cruschetta (vgl. Karte 2).

Außer diesen geraden Linien besitzt das Oberhalbstein auch die diagonalen Linien von Südwest nach Nordost und von Südost nach Nordwest, welche die Zwischenhimmelsrichtungen kennzeichnen. Auch diese haben wir gefunden: Die Südwest-Nordost-Linie geht von der Alm Parnoz aus, und dies hat mit dem Bergstock des Piz Mitgel zu tun. Sie verläuft von der Alm Parnoz über die drei Kulthügel mit den Kirchen Son Martegn, Nossadunna, Son Mitgel und weist direkt auf diesen heiligen Berg (vgl. Karte 4). Eine schwach diagonale Linie geht von der Alm Parnoz über Padnal zur Alm Senslas, sie liegt jedoch nicht genau in den Himmelsrichtungen. Die Nordwest-Südost-Linie von Salaschigns über Parsonz hat zwei Strahlen, die jedoch nahezu parallel verlaufen. Beide führen auch über das Zentrum von Savognin, allerdings mit leichter Beugung

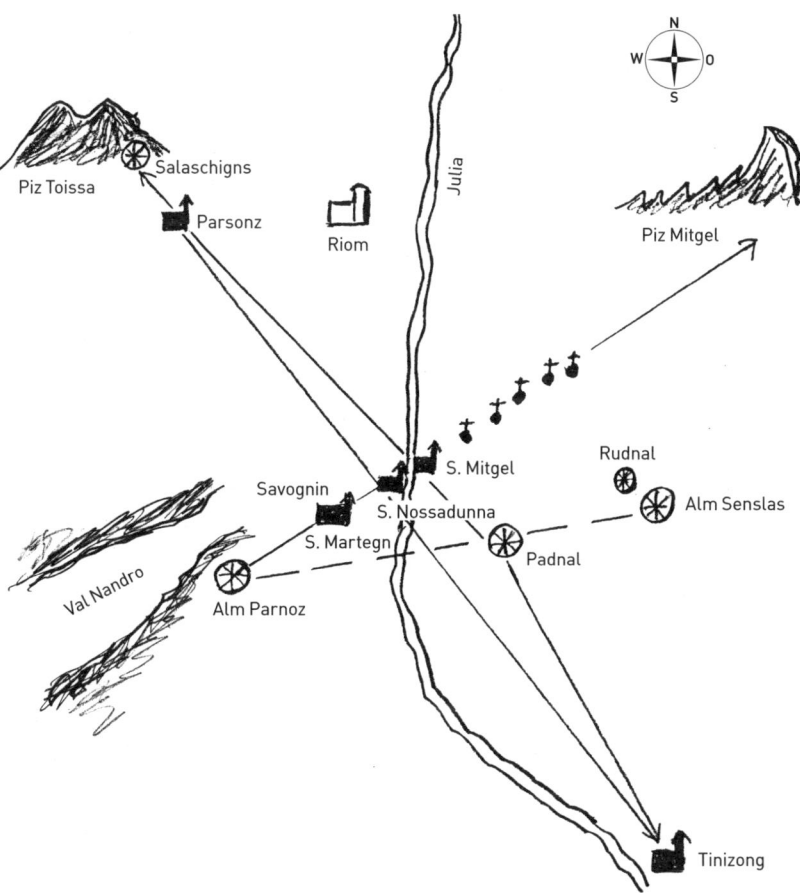

Karte 4:
Die diagonalen Kult- und Sichtlinien im Unteren Oberhalbstein/Surses

nach außen. So zielt die Linie Salaschigns-Parsonz über den Kulthügel von Son Mitgel genau auf den Padnal und geht mit schwacher Biegung weiter bis Tinizong (vgl. Karte 4). Die zweite Linie von Salaschigns-Parsonz verläuft über den Kulthügel von Nossadunna schnurgerade auf Tinizong zu (vgl. Karte 4).

Das heißt, neben Riom, wo sich die geraden Linien kreuzen, ist das Zentrum von Savognin der andere wichtige Kreuzungspunkt, denn hier kreuzen sich die diagonalen Linien. Genauer gesagt kreuzen sich in Savognin drei dieser vier diagonalen Linien, während die vierte, schwach diagonale Linie sich genau auf dem Padnal-Hügel kreuzt (vgl. Karte 4). Diese Kreuzungspunkte sind nun keineswegs beliebige Stätten, wie wir gesehen haben, sondern sind ebenfalls bedeutend. Die Vielzahl der Kulthügel in und um Savognin erklärt sich daraus, dass es eben nicht nur zwei diagonale Linien sind, die sich an einem einzigen Punkt kreuzen, sondern dass es sich hier um vier solcher Linien handelt. Das macht die Sache kompliziert. Die schwache Ungenauigkeit dieser diagonalen Linien hat auch nicht mit der astronomischen Unfähigkeit der damaligen Beobachtenden zu tun, sondern mit der Unregelmäßigkeit des Geländes, dem sie diese Linien anpassen mussten. Es liegt auf der Hand, dass die Unebenheiten und perspektivischen Verschiebungen des Geländes in einem Hochgebirge am größten sind. Erheblich leichter ist dies zu bewerkstelligen, wenn die Landschaft von gleichmäßigen Hügeln umgeben ist, die den Himmel über einem Talschoß offen lassen – wie es die Erforschung des Dreisamtales im Schwarzwald gezeigt hat.[235]

Es ist daher eine erstaunliche Tatsache, dass es den Menschen dieser sehr frühen Kulturepochen gelungen ist, diese Sicht- und Kultlinien mitten in den Alpen einzurichten. Sie haben damit einen Landschaftsstempel geschaffen, der nicht nur sehr akzentuiert ist, sondern auch eindrückliche Schönheit besitzt. Wegen seiner praktischen Eignung als Kalender, aber auch wegen seiner kultischen Bedeutung wurde dieser Landschaftsstempel durch verschiedene Kulturepochen über Jahrtausende tradiert. Er ist nicht einmal in der christlichen Überformung ganz verloren gegangen, sodass wir ihn wiederentdecken konnten.

Landschaftstempel sind durchaus etwas Seltenes, denn nicht überall eignen sich Täler dazu, Landschaftstempel zu werden. Sie müssen eine überschaubare Form haben, sodass Sicht- und Kultlinien längs und quer hindurch möglich sind. Die ovale, geschlossene Form des Oberhalbsteins und seine begrenzte Größe sowie die Offenheit nach oben wie eine Schale, die den Blick nicht hindert, geben diesem Tal die Voraussetzungen dafür. Doch weitere wichtige Faktoren müssen hinzutreten, wie eine seit sehr früher Zeit relativ dichte Besiedelung. Es braucht viele Menschen und ein hohes Kulturniveau, um die natürlichen Gegebenheiten einer geeigneten Landschaft mit Kultorten zu besetzen und sinnerfüllt nachzuformen. Im Oberhalbstein hat nicht nur die freundliche, sonnige Lage, sondern insbesondere der wichtige Fernweg über den Julierpass diese relative Besiedelungsdichte mit sich gebracht und zur Formung des Landschaftstempels durch die frühesten Bewohner und Bewohnerinnen geführt.

Den religiösen Gehalt dieses Tempels hat jedoch die einzigartige Gestalt der Berggöttin Toissa bestimmt, die unübersehbar und unveränderlich bis heute die Wiederkehr des Lebens durch Wiedergeburt verheißt. Hinzu trat die Dreifache Göttin, die später „Reitia" genannt wurde. Diesen war der Landschaftstempel Oberhalbstein gewidmet.

Die Bergfeen auf den Almen und dem Julier

Der Name der Göttin Reitia ist im Oberhalbstein nicht völlig erloschen, weshalb wir sie mit dem Landschaftstempel dieses Tales verknüpfen können. Auch die Dreifaltigkeit der Göttin, der wir schon mehrfach begegnet sind, begleitet uns weiter.

Wir finden sie wieder in der Kirche von Tinizong aus dem 12. Jh., die wie andere Kirchen auf einem flachen, doch deutlich erkennbaren, alten Kulthügel steht. Sie besitzt einen der schönen, holzgeschnitzten, gotischen Hochaltäre, auf dem wieder die Frauen-Dreiheit zu sehen ist, wie schon in Salouf und Lenz: Maria mit dem Kind, Katharina und Barbara. In der alten Kirche von Mon war es die Dreiheit von Dorothea, Katharina und Barbara als Wandgemälde. In Savognin waren ihr einst sogar drei einzelne Kulthügel geweiht. Das ist auf verhältnismäßig kurzer Distanz recht häufig, sodass der gesamte uralte Weg von der heiligen Frauen-Dreiheit begleitet wird.

Dahinter steht die Dreifache Göttin der frühen Kulturen, deren letzter Name rätisch gewesen ist: Reitia. Auf ihren Namen und ihre Gestalt stoßen wir noch in Sagen aus dem Oberen Oberhalbstein, wo steile Seitentäler zu hoch gelegenen, einsamen Almen führen. Auf einer Alm im Val Faller heißt es vom „Wilden Mädchen Madrisa", dass ein junger Bauer seine Kühe dort oben auf der Sommerweide hatte. Jedes Mal, wenn er zu der Alm hinaufstieg, um die Tiere zu versorgen und aus ihrer Milch Butter und Käse zu machen, fand er alle Arbeit schon getan. Da stand er einmal Wache, um herauszufinden, wer dies für ihn tat, und sah eine große und schöne junge Frau, die alles in Stall und Haus besorgte und danach wieder im felsigen Wald verschwand. Das nächste Mal sprach er sie an und bat sie, seine Frau zu werden. Sie willigte unter der Bedingung ein, dass er sie niemals schlagen dürfe. Sie heirateten und lebten glücklich miteinander. Unter der Hand der jungen Frau gedieh dem Bauern die Wirtschaft aufs Beste. Einmal musste der Mann im Herbst verreisen, und als er wieder zurückkam, hatte die Frau schon alles Korn in der Scheune und die Feldfrüchte im Keller. Doch er war nicht erfreut, denn die Sonne lachte vom Himmel, sodass er meinte, es sei zu früh, denn die Ernte war noch nicht völlig ausgereift. Darüber kamen sie in Streit, und er drohte, sie zu schlagen. Da schrie sie auf, ging zur Tür hinaus und war für immer verschwunden. Am nächsten Tag fiel reichlich Schnee, und der Mann erkannte, dass seine Frau richtig gehandelt hatte. Er suchte sie überall, aber fand sie nirgends mehr.[236]

Das Motiv der feenhaften Wilden Frau, das heißt einer Frau aus dem Alten Volk, die den neuen Menschen dient und dadurch unglücklich wird, ist in den Alpen weitverbreitet. Es kommt in vielen Varianten vor, doch immer wird die Wilde Frau durch den Mann gekränkt und verlässt ihn. Schläge oder das Androhen von Schlägen kommt stets dabei vor, was zeigt, dass Frauen aus dem Alten Volk sich nicht auf diese Weise, die im neuen Patriarchat üblich ist, demütigen ließen. Wichtig ist ihr Name „Mad-risa", was „Mater Risa" meint, das heißt: „Mutter Risa" oder „Mutter Rita". (Die Konsonanten s und t sind leicht austauschbar.) Sie ist eine Gestalt der Göttin Reitia selbst in ihrem roten Aspekt, die hier fürsorglich und liebend auftritt, eine schenkende Frau. Außerdem ist sie wetterkundig.[237] In den Rätischen Alpen kommt nicht nur diese Sage von Madrisa mehrfach vor, sondern auch Landschaftszüge tragen ihren Namen, wie das Val Madris im Prättigau.[238]

Die Göttin lässt in der Natur fortwährend die Nahrung und die Heilkräuter für alle Lebewesen wachsen und lehrt die Menschen die Kunst der Sennwirtschaft auf der Alm. Wird sie jedoch gekränkt, zieht sie aus und nimmt allen Segen mit sich fort. Das ist deutlich zu sehen im alten, rätoromanischen Margarethen-Lied, das sich auf den Kunkelspass bei Pfäfers oberhalb der Tamina-Schlucht bezieht.[239] Hier wie dort handelt es sich um eine jener typischen Vertreibungssagen, in denen die gütigen und wissenden Frauen aus dem Alten Volk, die ein Abbild der Göttin sind, wegziehen und die Fruchtbarkeit und Heilkraft der Natur versiegen lassen.

In einer Sage vom Julierpass begegnen wir sogar unmittelbar der göttlichen Frauen-Dreiheit. Darin heißt es, dass drei Feen, die auf dem Berg Julier wohnten, einst einen Knaben aus dem Oberhalbstein entführten. Ein Adler ergriff ihn und trug ihn zu den Frauen in ihren schneeweißen Gewändern, die das Kind in ihrem Kristallpalast aufnahmen. Dort hatte er ein gutes Leben und wuchs zu einem schönen Jüngling heran. Die Liebe zur jüngsten und schönsten der drei Feen erfasste ihn, und sie willigte ein, ihn zu heiraten. Doch vor der Hochzeit wünschte er, seine Eltern noch einmal wiederzusehen. Beim Abschied steckte ihm die Braut einen magischen Ring an den Finger, mit dem er, wenn er dessen Edelstein zum Julier hin drehen würde, sie sofort rufen könne. Seine Eltern freuten sich sehr, aber in dem heimatlichen Tal wollte ihn jemand an ein reiches Mädchen verheiraten. Da drehte er den kostbaren Stein dem Julier zu, und im selben Augenblick stand die Fee an seiner Seite. Ihre Schönheit übertraf die jedes menschlichen Wesens, aber sie war nicht froh, ihre Augen funkelten zornig. Er folgte ihr, doch als er des Nachts schlief, streifte sie ihm den Ring ab und verschwand. Er wanderte unglücklich von Berg zu Berg, aber fand sie nicht mehr.[240]

Diese Sage hat eine Variante, darin geht die Geschichte nicht so traurig aus. Denn die als Greise personifizierten Alpenwinde kommen dem Jüngling zu Hilfe. Der Nordwind trägt ihn ein Stück weit, dann hilft der Südwind, doch beide können den hohen Berg nicht erreichen, auf dem die Braut des Unglücklichen thront. Zuletzt kommt der starke Föhn und trägt ihn auf seinen mächtigen Schwingen direkt zum Kristallpalast im Gletscher. Dort finden sich die Liebenden wieder und leben fortan im Glück.[241]

Diese Erzählung lässt eine Fragen offen: Warum ist die Braut so zornig auf den Jüngling, dass sie ihn verlässt, bis er sie nach langen Mühen wiederfindet? Er hat ihr schließlich kein Unrecht getan. An dieser Stelle ist die Sage unvollständig, doch es gibt aus den Dolomiten eine parallele Erzählung dazu, die Sage von Cian Bolpin, die besser erhalten ist: Auch Cian Bolpin findet in den Bergen seine Liebe zur Fee Dona Kelina, der Adlerfrau. Dies erklärt das sonst blinde Motiv des Adlers in der Juliersage. Allerdings ist die Fee Kelina hier eine einzige Gestalt und nicht drei. Cian Bolpin erhält von ihr ebenfalls den magischen Ring, der sie herbeirufen kann. Das tut er aber aus nichtigem Grund, nämlich um bei einem Schönheitswettbewerb im heimatlichen Dorf zu beweisen, dass seine Geliebte die Schönste ist. Vielleicht war dies auch der Anlass für den Jüngling in der Juliersage. Jedenfalls ist Dona Kelina zornig über solche menschlichen Motive, nimmt Cian Bolpin den Ring ab und verschwindet. Er sucht sie verzweifelt, und zuletzt ist es Orco, der Sturmriese, der ihn als Föhn auf den Berg zu seiner Fee zurückträgt. Sie verzeiht ihm, und die Liebe vereint sie wieder. Niemals mehr kehrte er zu den Menschen zurück.[242]

Im Oberengadin auf der anderen Seite des Passes taucht die Sage von den drei Feen auf dem Julier als Malerei im Chorgewölbe der alten Kapelle im Fextal auf, allerdings im christlichen Gewand. Es zeigt jedoch, wie allgemein bekannt und wichtig sie in dieser Gegend war. Auf dem Gemälde sieht man die drei heiligen Frauen Barbara, Katharina, Margaretha mit einem mächtigen Adler zu ihren Häupten, der auf einem Spruchband ihre Namen zeigt. Katharina im roten Gewand kniet vor Jesus, der als Baby auf dem Arm der Madonna sitzt, und vermählt sich mit einem Ring mit ihm oder er mit ihr. Die Bedeutung dieser in einer Kapelle einzigartigen Szene lässt sich nur durch die Juliersage von den drei Feen und ihrem jungen Heros erklären.[243]

Die Juliersage und die Sage von Cian Bolpin machen die alten, kulturellen Verbindungen zwischen den Ladinern in den Dolomiten und den Rätoromanen im Oberengadin und im Oberhalbstein deutlich. Zugleich zeigen sie die unauslöschliche Liebe der alten Räter zu ihrer Göttin Reitia, die hier in Gestalt der schenkenden Feen erscheint, entweder einzeln oder dreifach. Diese Liebe hat uralte Wurzeln, sie beginnt in der frühesten sesshaften Epoche in diesen Alpentälern.

Das Salz des Lebens

An den Flüssen Saalach und Salzach bei Reichenhall und Hallein

Salz ist lebensnotwendig. Darum haben es die Menschen in früheren Kulturepochen hoch geschätzt und in Ehren gehalten. Die Umgebung des Salzbergbaus und der Salzquellen galt als heiliger Boden. Insbesondere die Salzquellen wurden verehrt, denn sie haben heilkräftige Wirkung. Auch die früheste Salzgewinnung stammt von den Quellen. Frauen gossen Sole auf heiße Steine oder in heiße Pfannen und kratzten das Salz nach dem Verdampfen heraus; man nannte sie die „Salzsiederinnen". Der Römer Tacitus schrieb über die Verehrung des Salzes, dass man in solchen Gegenden dem Himmel näher sei als sonst, und nirgendwo würden die Bitten der Sterblichen so wohlwollend erhört. Allerdings richteten die Menschen an den Ufern der Saalach und Salzach ihre Gebete wohl kaum an den Gott Jupiter, den fernen, römischen Patriarchen. Stattdessen riefen sie ihre heimischen Göttinnen an, die sie als Landschaftsgöttinnen leibhaftig in ihrer Heimat erblickten und denen ihre Verehrung galt. Denn an markanten und gestaltenreichen Bergen mangelt es in dieser Gegend nicht, sie wurden von den Menschen der frühen Kulturepochen beginnend mit der Jungsteinzeit als mächtige Berggöttinnen betrachtet.

Salz war der natürliche Schatz des ganzen Gebietes. Darauf weist die Namensgebung von Flüssen, Bergen und Orten hin. So kommt die wasserreiche „Salzach" aus dem Alpental Pinzgau heran, wendet sich dann nach Norden und strömt jenseits vom Pass Lueg durch das lange, breite

Tal zwischen den „Salzburger Alpen" und dem „Salzkammergut". Hier liegen an ihren Ufern die Städte „Hallein" und „Salzburg". Die kleinere „Saalach" nimmt ihren Lauf ebenfalls aus den Alpen gen Norden, und wo sie das Gebirge fast verlassen hat, fließt sie durch „Bad Reichenhall" und vereinigt sich bei Salzburg mit der Salzach. Die lateinischen Wörter „Sal" oder „Saal" bedeuten ebenfalls „Salz", genauso wie die keltischen Benennungen „Hal" oder „Hall".[244] Diese beiden Flüsse umfließen das Berchtesgadener Land, das sich tief in die Salzburger Alpen hineinschiebt, wo es durch die hohen Bergstöcke ringsum den Blicken völlig verborgen bleibt; die Saalach umfließt es westlich, die Salzach östlich. Auch im Berchtesgadener Land setzen sich die „Salz"-Namen fort. So trägt ein Hügelgebiet unmittelbar neben dem Ort Berchtesgaden den Namen „Salzberg", sogar doppelt als „Untersalzberg" und „Obersalzberg", denn auch hier wurde dieses kostbare Gut gefunden.

Bereits von der frühesten Zeit der Sesshaftigkeit an, das heißt in der bäuerlichen Jungsteinzeit ab 3000 v. u. Z., wurde im Tal der Salzach bei Hallein und im Tal der Saalach bei Reichenhall Salz abgebaut, und teilweise geschieht das noch heute. Der Reichtum an Salz war der Grund, weshalb hier schon in dieser frühen Kulturepoche auf den Hügeln entlang der Flüsse und auf den angrenzenden Berghängen gesiedelt wurde. In der damaligen Warmzeit führten die Bergflüsse viel mehr Wasser als heute, sie waren reißende Gewässer, die – besonders während der Schneeschmelze im Frühling – die Talsohlen ausfüllten. Dabei pendelten sie von Hang zu Hang, teilten sich in Arme und vereinigten sich wieder und schleppten große Mengen von Schotter mit sich. Die Talsohlen waren daher nicht begehbar und schon gar nicht bewohnbar, doch Boote konnten bei ruhigem Wasser die Flüsse als Verbindungswege benutzen. Die Siedlungen aus den frühen Epochen lagen deshalb ausnahmslos auf Hügeln oder an sanften Berghängen oberhalb der Flussbetten. Solche Höhensiedlungen mit dazugehörigem Kultplatz kamen in diesem alten Gebiet der Salzgewinnung zahlreich vor, sodass die beiden Täler der Saalach und der Salzach einen großen archäologischen Reichtum aufweisen. Die Funde datieren von der Jungsteinzeit an und setzen sich über die Bronzezeit, die Kelten und die Römer fort.[245]

Die drei großen Salzorte seit der Jungsteinzeit waren *Salzburg*, hier insbesondere der Felsen, auf dem heute die Festung steht, ferner *Karlstein* in der Nähe von Reichenhall an der Saalach und *Bad Dürrnberg* oberhalb von Hallein an der Salzach. Diese Orte standen untereinander in Verbindung, und zwar nicht nur optisch durch Sichtlinien, sondern auch prak-

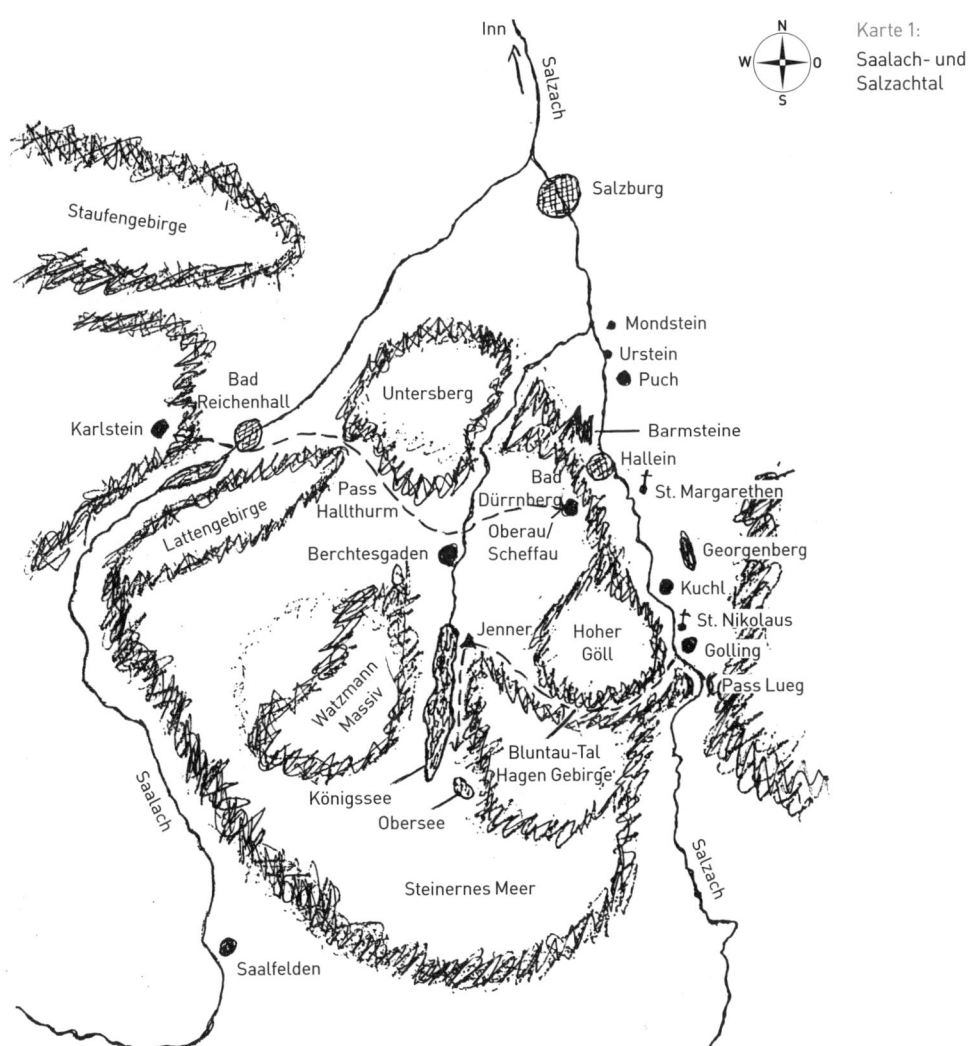

Karte 1: Saalach- und Salzachtal

tisch über die Flüsse Saalach und Salzach, soweit diese in der freundlichen Jahreszeit schiffbar waren. Im Winter und Frühling gab es hingegen Überschwemmungen, die weite Moorgebiete schufen, wie das nördliche Moor zwischen Untersberg und Salzburg, wo sich die beiden Flüsse in einem spitz zulaufenden Dreieck annähern, um hinter Salzburg zusammenzufließen. Diese einst sumpfige Ebene am Alpenrand wurde nicht nur vom Wasser der beiden Flüsse ständig durchnässt, sondern auch von den Schmelzwassern und Quellfluten des Untersberges, der dieses flache Land im Süden begrenzt. Man hat deshalb schon früh einen trockenen Weg gesucht, um die beiden wichtigen Orte Dürrnberg und Karlstein zu verbinden, und dieser führte als kürzeste Route quer durch das Berchtesgadener Land.[246] Es gibt daher seit dieser sehr frühen Zeit einen engen Zusammenhang zwischen den Tälern der Saalach links und der Salzach rechts und dem Berchtesgadener Land in der Mitte (Karte 1).

Aus diesem Grund sind weder die Siedlungsgeschichte noch die kulturellen Wurzeln des Berchtesgadener Landes ohne das, was sich in diesen beiden es umschließenden Tälern kulturgeschichtlich ereignete, zu verstehen. Umgekehrt ist die Bedeutung von Wegen, Almen, Kultplätzen und Kulthandlungen, die mancherorts aus diesen beiden Flusstälern herausführten, ohne ihren Bezug zum Berchtesgadener Land ebenfalls nicht zu verstehen. Es gab zwischen diesen Landschaften, trotz der bergigen Abgeschlossenheit des Berchtesgadener Landes, starke überregionale Bindungen. Sie drücken sich noch in Bräuchen aus, die bis heute gepflegt werden: zum Beispiel die Wallfahrt von Berchtesgaden zum Dürrnberg und nach Hallein an der Salzach und die zweite, noch längere Wallfahrt aus dem Saalachtal (Alm bei Saalfelden) über den Gebirgsstock „Steinernes Meer" hinweg bis zum Königssee im Berchtesgadener Land.

Der kulturelle Reichtum aus der Jungstein- und Bronzezeit ist von den Hügeln und Berghängen, welche die beiden Flüsse Saalach und Salzach vom Oberlauf in den österreichischen Alpen bis zu ihrem Zusammenfluss bei Salzburg begleiten, archäologisch gut belegt.[247] Hier können jedoch nur einige Beispiele gegeben werden. Diesen kulturellen Reichtum zu erschöpfen würde eine eigene landschaftsmythologische Forschung nötig machen, die sowohl diese Flusstäler am Oberlauf in den Zentralalpen als auch Salzburg einschließt. Für uns liegt der Fokus auf dem Unterlauf der Flüsse im Saalach- und im Salzachtal, insbesondere auf der Verbindung mit dem Berchtesgadener Land.[248]

Die „Hexenwand" und das „Mond-Tor": Dürrnberg und Barmsteine im Salzachtal

Besonders häufig sind die Siedlungsfunde aus der Jungstein- und Bronzezeit bei *Dürrnberg*, das auf den Hügeln oberhalb von Hallein liegt.[249] Bisher fand man zwei Wohnsiedlungen aus der Jungsteinzeit auf dem Dürrnberg, und weitere jungsteinzeitliche Funde lagen verstreut auf dem weitläufigen Hügelgelände. Man fand Pfeilspitzen aus Feuerstein, schön polierte Steinäxte, die jedoch recht klein sind und deshalb als Kultäxte und nicht als Werkzeuge zum Fällen von Bäumen gedient haben. An

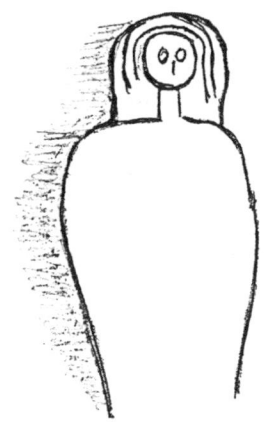 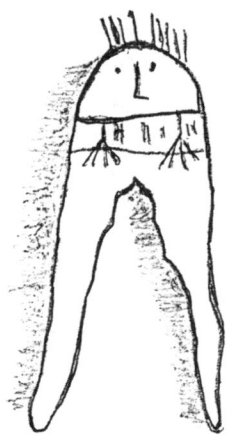

Abb. 1: Felszeichnung von der „Hexenwand", Dürrnberg

manchen Stellen lagen sie sogar ziemlich dicht, man entdeckte beispielsweise bis zu 20 Stück am Moserberg mit der sogenannten „Hexenwand".[250] In der Tiefe des Moserberges wurde Steinsalz abgebaut, auch unter der „Hexenwand", einer kurzen, senkrechten Wand, die einen großen Platz begrenzt, der seit uralter Zeit ein Kultplatz war. An dieser perfekt glatten Wand befinden sich zahlreiche Felsritzungen, von denen die bedeutungsvollsten heute zerstört sind. Unter den Zeichnungen hob sich eine große, weibliche Gestalt ab, deren Körper von 1 m Höhe nur durch einen ovalen Umriss angedeutet war. Auf dem schmalen Hals saß ein zierlicher Kopf mit runden Augen, umgeben von einer mächtigen Haube (Abb. 1). Dies könnte die Darstellung einer Göttin gewesen sein, deren alter Name nicht mehr bekannt ist. Sie war die Göttin des Moserberges, die auf diesem Platz verehrt wurde, und zwar noch lange, worauf die spätere Dämonisierung als „Hexenwand" hinweist. Neben der weiblichen Figur befanden sich ein halb so großes, stark stilisiertes Männchen mit Gürtel, das eine phallische Gestalt besaß, sowie magische Zeichen wie Drudenfüße (Pentagramme), Sonnenrad, „Sanduhren" und Kreuze.[251] Nicht alle diese Zeichnungen stammen aus derselben Kulturepoche. So könnten die Göttin und das stilisierte Männchen aus der Jungsteinzeit stammen, sie wurden später durch das magische „Sanduhr"-Zeichen ergänzt, das ein weibliches und männliches Dreieck in Verbindung zeigt. Das Sonnenrad ist wohl keltischer Herkunft, und die Drudenfüße als „Hexenzeichen" weisen auf das Mittelalter hin, ebenso die christlichen Kreuze, welche die Magie der alten Bilder unschädlich machen sollten.

Die Besonderheit des Platzes an der „Hexenwand" ergibt sich schon daraus, dass daneben eine alte, salzhaltige Heilquelle kräftig sprudelt und sich der Eingang zum Salzstollen in der Nähe befindet. Salzquellen gibt es mehrere auf dem Dürrnberg, die mitsamt ihrer Umgebung als heilig galten. Das hat auch diesem Platz seine Bedeutung gegeben, die so hervorragend gewesen sein musste, dass man sich im Mittelalter genötigt sah, hier intensiv zu verchristlichen. Denn heute prangt über dem großen Becken der Quelle eine Madonnenfigur, und der frühere Kultplatz wurde mit einer pompösen Marien-Wallfahrtskirche überbaut, welche die „Hexenwand" verdeckt. Aber die christliche Symbolik liefert hier, wie auch anderswo, die Anhaltspunkte dafür, welcher Göttin seit der Jungsteinzeit dieser Platz, die Quelle und der ganze Moserberg gewidmet waren und weshalb man ihr Abbild in den Felsen ritzte. Am Hochaltar der Wallfahrtskirche sehen wir Maria als Himmelsfrau: Sie sitzt auf Wolken, von Engeln umschwebt, einen Fuß auf der nach unten gekehrten Mondsichel, um ihr Haupt einen Sternenkranz und Sonnenstrahlen hinter ihrer Gestalt – eine reine Himmelssymbolik. Das erstaunt nicht, denn Dürrnberg ist ein hoch gelegener Ort. So war es eine Himmelsgöttin, die hier, weil ihre Verehrung nicht enden wollte, von der christlichen Madonna und ihrer Wallfahrtskirche verdrängt wurde. Der frühe Missionar, der in Salzburg und an der Salzach tätig war, ist auch in dieser Kirche vertreten. Es ist St. Rupertus, der sich um 700 in der alten Stadt Salzburg niederließ und dort das Christentum verbreitete, triumphierend schwenkt er seitdem ein kleines Salzfass. Seine Kolossalstatue steht in der Dürrnberg-Kirche gegenüber der Kanzel, über und über vergoldet, und zeigt ihn, wie er seinen Schutzmantel über kniende Bergleute ausbreitet, um die Gefahren des Bergbaus von ihnen abzuwenden. Dieser Schutzmantel-Rupertus ist eine sehr seltene und daher auffällige Figur, denn in christlichen Kirchen kommt sonst nur die Schutzmantel-Madonna vor, die er hier imitiert. Die Schutzmantel-Madonna ersetzt ihrerseits eine sehr alte Göttin, deren vor-indoeuropäischen Namen wir nicht mehr wissen, die uns jedoch unter ihrem germanischen Namen als „Frau Holle" überliefert ist. In mehreren ihrer Mythen führt sie unter ihrem weiten Mantel die Seelchen der noch ungeborenen Kinder mit sich, bis diese eine Frau gefunden haben, die Mutter werden und eins von ihnen wiedergebären will.[252] Im Alpengebiet lautet der Name dieser Göttin „Frau Percht", und diese wird, genauso wie Frau Holle, stets mit einer großen Haube abgebildet.

Das Wort „Percht" stammt von althochdeutsch „perachta" und bedeutet „die Prächtige, Helle, Glänzende, Strahlende", eine sehr treffende Bezeichnung für eine Himmelsgöttin. Sowohl Frau Holle als auch Frau

Percht besaßen, neben ihren anderen Eigenschaften, diesen Aspekt. Darum musste es Maria als „Himmelskönigin" sein, welche die alte Göttin ersetzt. Hell und glänzend ist auch das weiße Salz, und Weiß war die symbolische Farbe der Göttin in ihrem Aspekt als Himmelsfrau. Zugleich fand man das Salz in der Tiefe, in der „Unterwelt" unter der Erde, wohin der Schutz der Göttin ebenfalls reicht. Auch von Frau Holle heißt es, dass sie in der Tiefe ihrer heiligen Berge wohnt, wie unter dem Hohen Weißner/Meißner in Hessen oder unter dem Luttenberg bei Herford, wo sie die Seelen hütet, so lange, bis diese in einer neuen Geburt das Licht der Oberwelt wieder erblicken.[253] Dasselbe gilt für Frau Percht, die ja keine andere als Frau Holle ist. Es war ursprünglich sie, die unter ihrem Schutzmantel die Bergleute in der Tiefe beschützte und für ihre glückliche Rückkehr aus dem Stollen sorgte. Der Bergbau war ein gefährlicher Vorgang, der wohl auch symbolisch als eine „Unterweltfahrt" verstanden wurde mit der „glückliche Wiedergeburt", wenn die Männer aus der Erdentiefe zurückkamen.

Zu dieser mythologischen Entschlüsselung des Namens der Göttin tritt eine linguistische Bestätigung hinzu: Der Name des Missionars „Rupertus" ist die latinisierte Version des germanischen Namens „Ruprecht". Dieses Wort enthält die Silben „Ru-precht" oder „Ru-percht", ein von der Göttin Percht abgeleiteter Name, der einst ihren männlichen Gefährten bezeichnete. Als „Knecht Ru-precht" tritt er in der Adventszeit noch neben St. Nikolaus, dem Gabenbringer, auf, als dessen etwas rauer Helfer er betrachtet wird. Jedoch hat dieser Nikolaus Frau Holle oder Frau Percht als die ältere und eigentliche adventliche Gabenbringerin verdrängt, wie ihre Mythen zeigen.[254] So war es früher durchaus stimmig, wenn Frau Percht mit ihrem Helfer Ru-precht ermahnend und Gaben schenkend durch das Land zog.

Sehr aufschlussreich ist in diesem Zusammenhang eine alte „Knappenfahne", das heißt eine Fahne der Bergleute von 1750.[255] Sie wird am Hochaltar in der Marien-Wallfahrtskirche von Dürrnberg aufbewahrt und bildet den Moserberg mit dem Stolleneingang ab, der in die Tiefe führt, während Maria als die beschützende Himmelsfrau genau darüber auf der Bergkuppe thront (Abb. 2). Höhe und Tiefe werden hier sichtbar miteinander verbunden, wie es bei Frau Holle und Frau Percht üblich war, doch ist die Göttin nun durch die christliche Madonna ersetzt. Ebenso sieht man die Knappen auf dem Kultplatz vor dem Stolleneingang – jenem Platz vor der „Hexenwand" – im Kreis tanzen, sie tanzen den sogenannten „Schwerttanz".

Abb. 2:
Alte Knappenfahne in der Marienkirche von Dürrnberg

Dieser Tanz wird heute noch bei besonders festlichen Anlässen aufgeführt, er dürfte sehr alte Wurzeln haben. In seiner ältesten Version war er wohl ein Kulttanz der Knappen zu Ehren der Göttin, die um ihren Segen gebeten wurde, und die Bergleute stammten in dieser frühen Zeit aus dem vor-indoeuropäischen Volk, dem Alten Volk. Der Tanz wurde über extrem lange Zeiträume weitergeführt, denn auch die Salzgewinnung mit ihren Bedingungen und Gefahren dauerte ebenso lange an. Noch heute hat er die Form uralter Kreistänze, wobei das Schwert dazu dient, die Verbindung zwischen den Tanzenden herzustellen und den Kreis zu schließen, denn jeder berührt damit die Schulter des Vordermannes. Das ist eine ungewöhnliche Haltung bei einem „Schwerttanz", denn üblicherweise wird dabei das Schwert mit kriegerischem

Geschrei geschwungen. So war dieses „Schwert" früher – bevor die Bergleute ihre Schätze gegen Feinde verteidigen mussten – keine Waffe, sondern ein Arbeitswerkzeug, nämlich ein Häuereisen. Dies bestand zuerst aus Hartholz und erst ab der Eisenzeit aus Eisen. Der Tanz versinnbildlicht also die Arbeit der Knappen.[256] Außerdem drückt er als Kreistanz, bei dem alle miteinander verbunden sind, die Gemeinsamkeit der Bergleute aus, in Verantwortung für das kostbare Gut aus der Erde und in gegenseitiger Hilfe bei Gefahr.

Den Beleg dafür, dass die Bergleute früher aus dem Alten Volk waren, dem Volk der Göttin, liefert uns eine interessante Sage: Sie berichtet, dass im Dürrnberg kleine Männlein hausten, die sehr fleißig waren und oft den Knappen beim Salzabbau halfen. Sie hauten das Salz und beluden die Wagen, sodass die Häuer bei Tagesanbruch das Werk schon getan vorfanden. Dafür gaben diese den kleinen Bergleuten Brot, Obst und Milch und andere feine Dinge zum Essen, und so ging das lange Zeit gut. Doch als die Knappen auf dem Dürrnberg ein christliches Kirchlein errichteten und eine Glocke läuteten, die weithin schallte, beschweren sich die Zwerge über den Lärm und bekundeten, dass sie nicht dem Herrn Jesus dienen würden. Danach verschwanden sie, von der Glocke verjagt, für immer.[257]

Das ist eine der typischen Sagen vom Auszug des Kleinen Volkes, der sogenannten „Zwerge", mit denen das Alte Volk der frühesten Kulturepochen gemeint ist, das von Statur kleiner war als die später eindringenden Indoeuropäer. Dieser Sagentypus kommt sehr häufig vor, und darin flieht stets die alte Bevölkerung vor den neuen Menschen und ihrem patriarchalen Gott, oder genauer: Es wird von diesen vertrieben. Diese Sage zeigt, seit wie langer Zeit am Dürrnberg Salz gewonnen und die Göttin, die das Salz schenkt, verehrt wurde, denn die kleinen, fleißigen Bergleute waren schon lange vor den späteren Knappen da. In Sagen und Märchen sind die sogenannten „Zwerge" noch immer für ihre Bergbaukunst berühmt. Sie waren es, die diesen kultischen Kreistanz zu Ehren der Göttin zuerst tanzten, der sich danach als Brauch zum Ruhm der Maria vom Dürrnberg bis in die Gegenwart erhalten hat.

Diese enorme zeitliche Dauer belegt auch die Siedlungsgeschichte des Dürrnberges. Sie beginnt an diesem Ort mit der Jungsteinzeit ab 3000 v.u.Z., reicht weiter durch die Bronzezeit und Urnenfelderzeit von circa 2200 bis 750 v.u.Z. Es folgt darauf die Eisenzeit mit der Ankunft der keltischen Eroberer, die von 750 bis 15 v.u.Z. herrschten und wiederum von den Römern 15 v.u.Z. unterworfen und bis Ende des 5. Jh.

nach u.Z. beherrscht wurden. In der Römerzeit brach die Salzgewinnung ab, weil diese lieber das feinere Meersalz aus dem Mittelmeer verwendeten. Doch später wurde sie wiederaufgenommen, und noch heute ist die Salzgewinnung eine Einnahmequelle des Ortes. Die Kontinuität des Kultes der Göttin erklärt sich damit, dass die bronzezeitliche Kultur die matriarchalen, sozialen und kultischen Traditionen aus der Jungsteinzeit weitgehend fortführte. Die eisenzeitlichen Kelten hingegen eroberten die bronzezeitlichen Siedlungen, besetzten sie und zwangen der unterworfenen Bevölkerung ihre eigene frühpatriarchale Gesellschaftsordnung auf. Sie übernahmen jedoch viele Glaubensinhalte und Kultbräuche aus den bronzezeitlichen Vorgängerkulturen, insbesondere behielten sie deren Göttinnen bei und benannten sie lediglich mit keltischen Namen. Ein ähnlicher Vorgang wiederholte sich bei der Eroberung des Landes durch die Römer; nun erhielten die Göttinnen und ihre Kulte lateinische Namen, von denen manche noch später von den germanischen Siedlern germanisiert wurden. Erst die frühchristliche Missionierung ab dem 5. Jh. vollzog einen totalen Bruch, denn nun wurde alles, was Jahrtausende früher gegolten hatte, als „heidnisch" diffamiert und verboten. Aber die älteren Symbole und Kultbräuche ließen sich nicht vollends unterdrücken, sie lebten im Verborgenen weiter. Deshalb wurde ab dem 12. Jh. die Marienverehrung eingeführt und mit ihrer Gestalt die alten Göttinnen-Kultplätze besetzt, wobei man die Symbolik der Göttinnen nun auf Maria übertrug. Dies zeigt, dass die Missionierung einige Jahrhunderte brauchte, bis sie die Bevölkerung in diesen Gebieten annähernd zu Christen machen konnte. Jedoch war es nur um den Preis des Einbeziehens vieler „altheidnischer" Bräuche möglich, wobei das Volk noch lange fortfuhr, in Maria die Göttin zu verehren – zum Teil bis heute. Damit ist der Grund gegeben, weshalb ihre Gestalt überall so durchsichtig ist für ihre göttlichen Vorgängerinnen.

Was die Verbindung von Dürrnberg zum Berchtesgadener Land betrifft, so strahlte der Salzabbau und mit ihm die Besiedelung in der Bronzezeit und Keltenzeit weiter gen Westen aus. Dort liegt das Hügelgebiet von Oberau und Scheffau im Berchtesgadener Land, das mit den Hügeln von Dürrnberg ein zusammenhängendes Gelände darstellt. Man kann es in nur einem Tag von Ost nach West oder umgekehrt durchwandern; heute ist es durch die Nationalgrenze zwischen Österreich und Deutschland künstlich durchschnitten. Mit seinen kleinen, geschützten Mulden und Tälern bietet es einen leichten und seit der Jungsteinzeit genutzten Zugang zum Berchtesgadener Land (vgl. Karte 1).

Es gibt außer dem Dürrnberg noch einen anderen Platz auf den Hügeln oberhalb von Hallein, der von kultischer Bedeutung gewesen ist: die *Barmsteine*, zwei senkrechte Felsen über dem Salzachtal, die von überall zu sehen sind. Zwischen den beiden Barmsteinen gibt es eine alte Salzquelle, was ihre Bedeutung noch mehr hervorhebt.[258]

Schon der Weg dorthin belegt den Kultcharakter der Felsen. Er führt steil am Kotbach hinauf, und man kommt an einer Felswand vorbei, die ebenfalls archaische Felsritzungen besaß. Genauso gab es entlang der gewundenen Straße, die von Hallein hinauf nach Dürrnberg führt, an den Felsen Zeichnungen, denn auch hier ging es hinauf zu einem Kultort von großer Bedeutung, wie wir gesehen haben. Sie wurden jedoch später mit Marien- und Jesus-Bildern überdeckt, und dasselbe geschah mit den Felszeichnungen am Weg zu den Barmsteinen: Es wurde später ein Marienbildnis darüber gemalt, obwohl die Stelle an der Felswand unmittelbar über dem Bach schwer zugänglich ist. Wie es bei solcher Verchristlichung alter heiliger Stätten üblich ist, wurde von den Missionaren ein „Wunder" hinzuerfunden. Es besteht nicht selten in einer Marienerscheinung, und hier sprach man dem Bild selbst Eigenschaften einer Marienerscheinung zu. Denn in der christlichen Legende dazu heißt es, dass eine Hirtenknabe seine Schafe verlor, doch durch den Lichtschein, der von der Malerei ausging, wurde er an diese Stelle geführt. Hier fand er seine Schafe wieder, sie knieten andächtig vor dem leuchtenden Bildnis. Daraufhin wurde eine kleine Marienkapelle unmittelbar über den Bach gebaut, die mit der Rückwand an dem Felsen klebt.[259]

Die Legende zeigt, dass dieser Weg ein alter, vor-christlicher Pilgerpfad war, denn er führt direkt zu den Barmsteinen als einem besonderen Kultplatz hinauf. Um die Bewandtnis, die es mit ihnen hat, herauszufinden, müssen wir ihre Gestalt betrachten. So sehen sie von der Wallfahrtskirche in Dürrnberg wie zwei Türme aus. Betrachtet man sie von der gegenüberliegenden, östlichen Seite des Salzachtales, ist ihre Erscheinung noch interessanter: In der Nähe des Dorfes Puch steht Schloss „Urstein" direkt an der Salzach auf einem steilen Felsen, der in einen sanften Hügel ausläuft. Dieser Urstein-Hügel hat in der Jungsteinzeit eine Siedlung und eine Kultanlage getragen. Von hier aus erscheinen die Barmsteine wie ein Miniatur-Abbild des Watzmann-Massivs im Berchtesgadener Land, mit dem größeren „Watzmann", der kleineren „Watzmann-Frau" und dem U-förmigen Schoß zwischen beiden. In diesem Schoß sitzen beim Watzmann-Massiv sieben kleine Zacken, die man die „Watzmann-Kinder" nennt, wobei die mittlere und größte Zacke

195

Abb. 3:
Die Barmsteine, von Osten aus gesehen

volkstümlich „Jungfrau" heißt. Ganz analog steckt auch im Schoß zwischen den beiden Barmsteinen ein kleiner Felsen, der wie die „Watzmann-Jungfrau" aussieht (Abb. 3).

Auf den ersten Anhöhen bei Puch liegt ein Weiler aus wenigen Häusern mit dem Namen „Mondstein", und aus dieser Perspektive erscheinen die Barmsteine wie zwei gleichmäßige Hörner. Der Name „Mondstein" bezieht sich nämlich nicht auf das Dörfchen selbst, sondern auf das, was man von hier aus sieht: die Barmsteine als Mondhörner. Sie neigen sich scheinbar ein wenig gegeneinander wie die zunehmende und abnehmende Mondsichel, sodass sich die uralte Symbolik der Mondhörner – die bis auf die Altsteinzeit zurückgeht – hier anlagern konnte. Das verbindet sie ausdrücklich mit dem Watzmann-Massiv, denn auch beim Großen und Kleinen Watzmann ist von einer bestimmten Perspektive aus die Symbolik der Mondhörner offensichtlich. In der Betrachtungsweise der frühen Kulturen wurde dieser schöne Bergstock im Berchtesgadener Land deshalb als eine Berggöttin betrachtet, als eine Verkörperung der Weißen Mondgöttin in der Landschaft.[260] Zwischen dem später sogenannten „Watzmann-Massiv" und den Barmsteinen besteht also eine sich spiegelnde Mondsymbolik nach dem Prinzip von Mikrokosmos-Makrokosmos, wobei die Barmsteine das kleine Abbild des großen Watzmann-Massivs darstellen.

Wenn man zu den Barmsteinen hinaufsteigt, geht der Blick von oben weit in das umgebende Land. Einerseits reicht die Sicht nach Norden bis zum Wohn-Kult-Felsen von Salzburg, eine bedeutende Sichtlinie in den frühesten Epochen. Andererseits sieht man von hier oben nach Westen und Südwesten weit in das Berchtesgadener Land hinein, über die Hügel der Scheffau und Oberau hinweg direkt zu der Weißen Berggöttin von Berchtesgaden mit ihren zwei ragenden Mondhörnern. Vom Salzachtal aus kann man sie nicht erblicken, deshalb öffnet sich erst auf den Barmsteinen das Tor zur oberen Welt, symbolisch gesprochen: zum Himmel und zur Mondgöttin. Ihr Anblick war für die Menschen damals sicherlich überwältigend, und so wurden die Barmsteine zu einem außerordentlich wichtigen Kultplatz im Salzachtal.

Gleichzeitig zeigen beide – das sogenannte „Watzmann-Massiv" wie auch die Barmsteine – zwischen den Mondhörnern einen U-förmigen, zum Himmel hin geöffneten Schoß. Das sagt auch der Name „Barm-Steine" aus, denn „barm" ist ein althochdeutsches Wort und heißt „Schoß".[261] Die frühen Menschen pflegten nämlich nicht nur die monumentale, aufragende Form zu sehen, sondern auch die Hohlform, eben den Schoß. Diese „Schoß-Steine" wurden sehr verehrt, was ein bis heute weitergeführter Brauch zeigt: Die Burschen von Hallein wetteifern um die gefährliche Aufgabe, auf der Spitze der Felszacke des kleinen Barmsteins einen Maibaum zu errichten.[262] Dies stellt nicht gerade einen christlichen Brauch dar, denn der Maibaum ist ein uraltes, erotisches Symbol und bedeutet die phallische, männliche Liebeskraft. In der ältesten Bedeutung besagt der Brauch also, dass die jungen Männer im phallischen Symbol der Maibaumstange ihre Liebeskraft zum steinernen Schoß ihrer Göttin hinaufbrachten, ein Bild der erotischen Vereinigung. Dabei besaß für sie der Mikrokosmos der Barmsteine als kleiner, göttlicher Schoß eine magische Verbindung zum Makrokosmos der Weißen Berggöttin von Berchtesgaden als einem fernen, riesigen Schoß. Dieser Brauch symbolisiert die rituelle Heilige Hochzeit der Landschaftsgöttin mit ihrem Volk und diente nach ältester Auffassung dazu, auf magische Weise die Fruchtbarkeit des ganzen Landes zu sichern. Wohl deshalb nahmen die mutigen Buschen die Gefahr in Kauf.

Früher gab es sogar eine Maibaum-Liaison zwischen Berchtesgaden und Hallein, denn die Berchtesgadener Burschen zogen jedes Jahr nach Hallein und richteten dort drei Maibäume auf.[263] Vielleicht waren sie damals daran beteiligt, einen davon auf die Barmsteine zu setzen, um die Verbindung ihrer Mondhörnergöttin mit dem großen Schoß zu den kleineren „Schoß-Steinen" von Hallein feiernd zu bekräftigen. Dieser Brauch zeigt, dass den Menschen bis in so späte Zeit die Analogie zwischen den Barmsteinen und dem sogenannten „Watzmann-Massiv" bewusst war.

Die weißen Wildfrauen: Karlstein und Reichenhall im Saalachtal

Im Saalachtal häufen sich jungsteinzeitliche und bronzezeitliche Funde beim Felsen *Karlstein,* der im Westen von Bad Reichenhall steht und die kleinere Saalach-Ebene überragt und abschließt. Er ist ein anderer Brennpunkt frühester Besiedelung, die durch verschiedene Kulturepochen andauerte. Auch hier liegt der Grund dafür in der Salzgewinnung und den heilkräftigen Solequellen, die noch heute in Bad Reichenhall sprudeln. Bereits in der Jungsteinzeit führte die kürzeste Route von Dürrnberg zum Karlstein quer durch das Berchtesgadener Land, eine Verbindung, welche die Bedeutung dieser beiden Orte hervorhebt (vgl. Karte 1).

Die jungstein- und bronzezeitlichen Häuser mit einer Länge bis zu 18 m gruppierten sich dicht am Fuß der beiden senkrechten Zwillingsfelsen von Karlstein. Hier stößt ein kleines Hochplateau namens „Langacker" an die Felsen, und darauf lagen einst die Felder (Abb. 4).[264] Noch jetzt ist Langacker mit einigen Bauernhöfen besiedelt. Diese Lage der frühen Siedlungsplätze und Felder ist ideal, denn sie befinden sich oberhalb der damals nassen Ebene, geschützt vor den jährlichen Überschwemmungen der Saalach, die das flache Gelände bis Reichenhall in ein Moor verwandelten. Sie stellt einen Grund dar für die lang anhaltende Blütezeit der Siedlungen hier seit den frühesten Anfängen.

Die Zwillingsfelsen von Karlstein sind oben auffallend besetzt und verraten damit die einstigen Kultplätze über den Dächern der Häuser: Der hintere trägt heute die Burgruine „Karlstein", wonach das gesamte Areal benannt wird, und der vordere, weithin sichtbar, das Kirchlein St. Pankraz. Wenn man zu dem Kirchlein hinaufsteigt, öffnet sich ein weiter Blick über die Ebene von Reichenhall und bei klarem Wetter bis zum Felsen von Salzburg. Dabei fallen die größeren und kleineren Hügel im flachen Gelände auf, die Schutt von alten Bergrutschen vom Lattengebirge und vom Untersberg herab sind. Die meisten von ihnen tragen Kapellen oder Burgruinen, was auf einstige Wohn-Kult-Plätze hinweist. Der erhöhte Felsen St. Pankraz ist also ein hervorragender Sichtlinien-Punkt, der eine Kommunikation mithilfe von Feuer in der ganzen Umgebung und bis nach Salzburg erlaubte. Daher ist diese Stelle, landschaftsmythologisch gesprochen, genauso wie Dürrnberg ein Himmelsplatz. Bedeutsam ist außerdem, dass der Blick in Richtung Reichenhall genau nach Osten geht, das heißt zum Sonnenaufgang zu den Tagundnachtgleichen im Frühling und Herbst, und in Richtung Salzburg nach Nord-

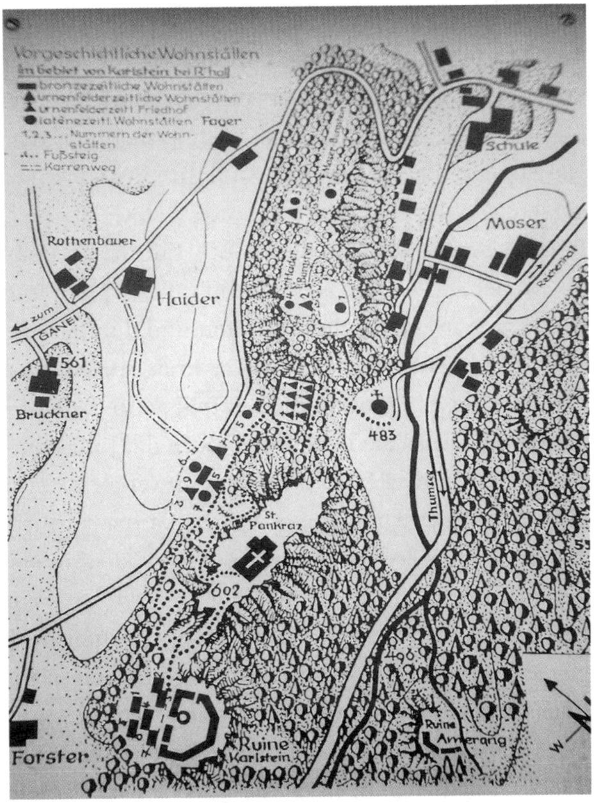

Abb. 4:
Archäologische Karte von Karlstein (Schautafel)

osten, das heißt zum Sonnenaufgang zur Sommersonnenwende. Dies sind sehr wichtige Sichtlinien zur Bestimmung des Kalenders.

Die Frage liegt deshalb nahe, ob auch hier eine Himmelsgöttin verehrt wurde. Der Name der Kirche gibt darüber weiteren Aufschluss, denn „Pankraz" ist ein recht unbekannter Heiliger. Das Wort geht auf die griechisch-römische Bezeichnung „Pan Creator" zurück, ein unverständlicher Begriff für die einfachen Leute, die einen „Pankraz" daraus machten. „Pan Creator" heißt „All-Schöpfer", und das ist kein Titel für einen Heiligen, sondern für Gott selbst als Schöpfer des Universums. Von diesem christlichen Schöpfer wird die matriarchale Himmelsgöttin verdeckt, nämlich das Universum selbst als die Schöpferin, das keinen Gott von außerhalb braucht. Der Aufgang von Sonne, Mond und Sternen konnte von diesem erhöhten Platz aus zu verschiedenen Jahreszeiten perfekt beobachtet werden, das heißt, man blickte unmittelbar ins Universum. Hinzu kommt, dass nach dem matriarchalen Weltverständnis der frühen Menschen der Osten die Himmelsrichtung des Lichts, des Lebens

199

und der Göttin als Schöpferin des Lebens ist. Die Bezeichnung „All-Schöpferin" wäre an diesem Kultplatz für sie daher angemessen und könnte ihr Name in einer vor-indoeuropäischen Sprache gewesen sein.

Die Große Göttin als Schöpferin entsprach dem wichtigen Ort, der Karlstein damals gewesen ist, und ihre Priesterinnen waren lange unvergessen, wie die Sage zeigt. Denn es heißt, dass hier drei geheimnisvolle Frauen umgehen, von denen die Einheimischen noch bis Mitte des 19. Jh. behaupteten, dass sie Naturkatastrophen und schlimme Ereignisse wie Kriege voraussehen konnten und durch Singen oder Jammern ankündigten. Jedes Mal traten diese Ereignisse dann auch ein.[265]

Diese Sage ist sehr aussagekräftig, denn die Dreizahl der Frauen weist auf die matriarchale Dreifache Göttin der Jungstein- und Bronzezeit hin, die durch die drei Frauen symbolisch verkörpert wird. Deshalb hieß der Ort mit seiner Umgebung vorher wahrscheinlich „Frauenstein" statt „Karlstein"; die letztere Bezeichnung wurde ihm erst im 12. Jh. gegeben, als man die Burg nach Karl dem Großen umbenannte. Die besondere Gabe der drei Frauen, die Zukunft voraussehen zu können, sagt ebenfalls viel aus: Priesterinnen der Himmelsgöttin waren in der Regel Sternkundige, die ersten Astronominnen, und als solche kannten sie die Bewegungen von Sonne, Mond und Planeten genau. Die Schwankungsbreite des Sonnenaufganges im Jahresverlauf beobachteten sie anhand der Bergspitzen und Hügel, die in ihrem Blickfeld lagen, und bestimmten danach den Kalender. Dessen Daten bestimmten den Beginn von Aussaat und Ernte der frühesten Ackerbaukultur und ebenso die agrarischen Feste im Jahreszeitenzyklus. Die Priesterinnen kündigten diese exakten Daten an und taten es vermutlich durch kultischen Gesang. Doch sie konnten auch problematische Stern-Konstellationen am Himmel sehen, die nach ihren Erfahrungen Überschwemmungen oder Dürre bedeuteten, und diese wurden von ihnen mit lautem Klagen verkündet. Daher waren sie auch Wetterprophetinnen, und dies brachte ihnen den Ruf des „Voraussehens" ein – was ja seine Richtigkeit hat. Die Sage beschreibt es als das Ankündigen von „Naturkatastrophen und Kriegen" durch die drei Frauen, eine spätere Umdeutung. Das Erstaunliche daran ist aber, wie lange, nämlich bis circa 1850, das Volkswissen diese archaischen Muster noch festhielt! Auch wenn den späteren Einheimischen der kulturgeschichtliche Hintergrund nicht mehr bewusst war, ist die Beharrlichkeit der Übertragung solcher uralten Traditionen bis ins 19. Jh. bemerkenswert.

Wie sehr sich der Status der Frau seit matriarchaler Zeit gewandelt hat, zeigt eine andere, nicht mythische, sondern historisierende Sage vom Karlstein. Sie spielt im Mittelalter, und darin ist von einem Burgfräulein Gisela die Rede, die auf der Burg lebte. Neben der Burg auf einer anderen Felsspitze stand der Turm Amering, den man von Karlstein über eine lederne Brücke erreichen konnte. Gisela sollte zur Heirat mit einem ungeliebten Mann gezwungen werden, doch bevor es zur Hochzeit kam, stürzte sie sich aus Verzweiflung von der Brücke in die Tiefe und fand den Tod.[266] Dieser weitverbreitete Sagentypus von der jungen Burgfrau, die nur noch ein Objekt für die Pläne ihres Vaters ist und darüber verzweifelt, macht den Gegensatz zu den matriarchalen Frauen, die als Priesterinnen der Göttin ihre Gemeinschaften schützten und lenkten, überaus deutlich.

Die drei weisen Frauen vom Karlstein sind nicht die einzigen ihrer Art in dieser Gegend. Etliche Berge und Hügel in der nahen Umgebung und in der Ebene von *Reichenhall* sind, gemäß den Sagen, ebenfalls von wunderschönen Wildfrauen bewohnt. Als „Wildfrauen" werden Frauen aus dem Alten Volk bezeichnet, die durch ihren Rückzug der patriarchalen Welt entfliehen konnten. So heißt es, dass bei Großgmain nicht weit von Reichenhall eine junge Bauernmagd, die viel zu arm war, um heiraten zu können, in Richtung Untersberg unterwegs war. Da begegnete sie einer wunderschönen, weißgekleideten Frau, die Flachsbündel auf dem frisch gefallenen Schnee ausbreitete. Sie winkte die erstaunte Magd zu sich heran und schenkte ihr die Bündel, damit sie Hochzeit feiern könne! Diese gehorchte und sammelte demütig die Gabe in ihre Schürze, die sich jedoch zu Hause in Gold und Edelsteine verwandelte. Das war der Lohn für ihre Bescheidenheit.[267] Diese Sage erinnert deutlich an Frau Holle, die es schneien lässt, wann sie will, und die den Menschen den Flachs zum Herstellen von Kleidung schenkte. Typisch für sie ist ebenfalls, dass sie die Guten belohnt. Wir sahen schon, dass „Frau Holle" der mitteldeutsche Name der alpenländischen „Frau Percht" ist, denn sie ist es, die hier wie schon in Dürrnberg als lichte, beschützende Frau auftritt.

Auch auf dem Hügel von Schloss Plain bei Großgmain wohnten zwei schöne Wildfrauen, weißgekleidet und mit langen, blonden Haaren, die einem Bauern zusetzten, indem sie ihn in ihre Mitte nahmen und quetschten.[268] Warum sie dies taten, bleibt unbekannt, vielleicht hatte er etwas Unehrliches getan, was die Sage nicht erzählt. Die große Schönheit der Wildfrauen wird auch in einer anderen Sage gerühmt; es heißt hier, dass zwei Studenten in derselben Gegend am Untersberg drei Wildfrauen sahen, die ihre goldglänzenden Haare in einer Quelle wuschen.

Als sie diese anschließend in der Sonne trockneten und bürsteten, sprühte es nur so von Funken.[269] Die langen, blonden Haare der Wildfrauen haben nichts mit germanischer Blondheit zu tun, denn das Alte Volk war lange vor den Germanen hier, sondern sie verweisen auf den Flachs, den sie spinnen können. Vom Flachs heißt es, er sei „Frau Holles Haar", weil die feinen Fäden dieser Pflanze wie lichtes Blond aussehen. Wenn die Haare der Wildfrauen obendrein goldglänzend sind und Funken sprühen, dann tritt die Sonnensymbolik hinzu, denn ihre Haare bedeuten die Sonnenstrahlen der Himmelsfrau.

Dies alles vereint sich zum Bild der hellen, freundlichen „Schön-Percht", dem Himmels-Aspekt der Göttin. In den winterlichen Perchtenläufen, sehr alten Bräuchen, die im südlichen Bayern und im Salzburger Land weitverbreitet sind, tritt die „Schön-Percht" noch heute persönlich auf. Stets ist sie dabei in ein weißes Gewand oder Fell gekleidet und trägt einen Kranz von goldenen Sonnenstrahlen ums Haupt.[270] Doch sie hat auch ein zweites Gesicht, die „Schiach-Percht", die „Hässliche Percht", das bei ihren Auftritten bei den Perchtenläufen als schwarze Hexen-Fratze auf dem Rücken getragen wird, sodass sie doppelgesichtig ist (Abb. 5a).[271] Dahinter steht das uralte, matriarchale Muster von der Göttin mit dem hellen und dem dunklen Gesicht, die zugleich Göttin des Lichts und Himmels sowie der Dunkelheit und Unterwelt ist. Ihr dunkles Gesicht war in früheren Kulturen nicht zu einer hässlichen Hexen-Fratze verzerrt, sondern es gehörte mit ihrem hellen Gesicht zusammen wie die beiden Seiten der Welt. Diese doppelgesichtige Gestalt wurde – soweit man die „Schön-Percht" nicht auf Maria übertrug – in der christlichen Interpretation zur bösen „Frau Welt" herabgewürdigt, die vorne schön und hinten abscheulich ist, sodass die Christenmenschen gut daran tun, sich von allen weltlichen Dingen fernzuhalten. Dennoch heißt sie bei den volkstümlichen Perchtenläufen noch immer „Percht", und das ist der alte Göttin-Name.[272]

Die Percht wird auf ihren Umzügen begleitet von wilden Gesellen, die Holzmasken tragen und in Felle oder Strohbündel gehüllt sind (Abb. 5b). Auch sie fielen der christlichen Dämonisierung anheim und gelten als „böse Geister", als teuflische Schreckgestalten des Winters. Gerade die Strohbündel-Kleidung bei den „Buttnmandln" weist jedoch darauf hin, dass sich dahinter Fruchtbarkeitsgeister verbergen, ebenso hinter den wilden Gesellen in Fellen der „Wilde Mann", der auch ein Fruchtbarkeitssymbol ist. So haftete auch den männlichen Perchten als Dienern der Göttin ursprünglich nichts Negatives an. Im Gegenteil waren

Abb. 5a:
Die Percht mit dem doppelten Gesicht

Abb. 5b:
Perchtenlauf

sie den Bauern willkommen und wurden mit Gaben beschenkt, denn es heißt: Wo sie durchzogen, gab es im kommenden Jahr Fruchtbarkeit und Glück.[273] Bemerkenswert ist außerdem, dass die Salzburger Perchten „Ruperti-Perchten" genannt werden.[274] Das soll sich zwar als christliches Mäntelchen auf St. Rupertus beziehen, tradiert aber sehr genau den alten Namen der Gesellen der Percht: „Ru-percht" oder „Ru-precht" und in der Mehrzahl die „Ru-perchten". Die Silbe „ru" geht dabei auf althochdeutsch „rūh" zurück und bedeutet „rau", „haarig", „ungezähmt", und so führen sich die Begleiter der Percht tatsächlich auf.[275]

Die schwarzen Wildfrauen und die Schwarze Percht: Karlstein und das Lattengebirge

In der Umgebung von Karlstein können wir auch die „Schiach-Percht", die angeblich „Hässliche Percht", in den Sagen finden: Vom *Staufen*, einem Felsberg im Norden dieses Gebietes, heißt es, dass er eine Höhle namens „Frauenloch" besitzt, die von Menschenhand nachgeformt ist und in der drei Wildfrauen wohnten. Bezeichnend ist bereits, dass es zu Füßen des Staufen-Gebirgsstocks eine Schwarze Ache und einen Weißbach gibt. Entsprechend sind zwei der Wildfrauen weiß, die dritte jedoch halb weiß und halb schwarz, und vor der Höhle saß ein schwarzer Hund mit glühenden Augen, der einen Schatz hütete. Diese Wildfrauen sagten das

Wetter voraus, indem sie vor schönem Wetter ihre weiße Wäsche am Berg aufhängten, und taten sie dies nicht, wurde das Wetter schlecht. Die Leute im Tal richteten sich nach diesen Wetterprognosen.[276]

Hier sehen wir eine weitere Tätigkeit der Wildfrauen: Sie spinnen nicht nur den Flachs, sondern weben ihn auch zu schöner, weißer Wäsche. Sie werden in dieser Sage allgemein als freundlich geschildert, doch haben sie offenbar auch Bezug zur Unterwelt. Darauf weist der schwarze Hund mit den glühenden Augen hin, der in der Tiefe den Schatz hütet – womit nicht Gold und Geld gemeint sind, sondern die Weisheit der alten Kultur, die in der Tiefe gehütet wurde. Der „Hund", der stets in diesem Sagentypus vorkommt, ist kein Tier, auch kein mythischer Höllenhund, sondern meint den heiligen Dreifuß, der auf bayerisch-tirolerisch „hunt" genannt wird und oft in Tiergestalt geformt ist. Darauf oder darunter brennen glühende Kohlen – was als seine furchterregend „glühenden Augen" geschildert wird. Dieser Dreifuß ist ein Kultgerät der Priesterinnen, auf dem sie heilige Kräuter räuchern oder kochen. So sind der „Schatz" und der „Hund" ein stehender Topos in vielen dieser Frauen-Sagen. In der Sage vom „Frauenloch" ist eine der drei Frauen ambivalent, denn sie ist zur Hälfte schwarz und sie hat einen symbolischen Bezug zum Schwarzen Bach. Zusammen spiegeln die drei Frauen auch hier die Dreiheit der Göttin wider, wobei die halbschwarze Gestalt eine Entsprechung der Göttin der Unterwelt ist.

Ambivalent den Menschen gegenüber verhält sich auch eine andere Wildfrau, sie ist klein und ganz schwarz und ihr Gesicht unter dem breiten Hut ist unsichtbar. Sie wurde das „Weitwiesenweiblein" genannt, denn sie ging in den weiten Moorwiesen um, die sich zwischen Karlstein und Reichenhall dehnten. Stets trug sie eine kleine Lampe bei sich und leuchtete den Verirrten in der Nacht. Meist half sie den Leuten, den richtigen Weg zu finden, doch manchmal führte sie die Wanderer noch mehr in die Irre. Einmal brach einem Fuhrmann ein Rad an seinem Wagen, doch das Weitwiesenweiblein erschien und leuchtete ihm, sodass er es reparieren konnte. Als er sich für die Hilfe bedankte, freute sie sich über die Maßen, doch seither blieb sie für immer verschwunden.[277]

Diese gänzlich schwarze Frau wohnt in einem schwarzen Gelände, dem Moor, das seit uralter Zeit als Todeszone gilt, und sie tritt nur des Nachts auf. Sie verhält sich ambivalent, sie hilft und führt in die Irre, was für die Betroffenen durchaus gefährlich werden kann. Das Lämpchen in ihrer Hand könnte auf Irrlichter im Moor hinweisen, die manchmal richtig, manchmal falsch geleiten. Auch diese Naturerscheinung wurde sicherlich mit der dunklen Göttin verbunden gesehen. Die kleine, schwarze Frau verschwindet, nachdem ihr einmal gedankt wurde, angeblich weil sie nun erlöst sei, doch „Erlösung" ist ein später hinzugefügtes Motiv. Es gibt andere Sagen von Wildfrauen, die ausdrücklich keinen Dank annehmen wollen und sich für immer zurückziehen, nachdem dies einmal geschehen ist. Der Grund ist wohl, dass es die Göttin selbst ist, die für sie sorgt, darum nehmen sie von Menschen keinen Dank an. Durch ihre Weigerung, Dank oder Gaben anzunehmen, bleiben sie unabhängig und unbestechlich.[278]

Dramatischer wird es in der Sage vom „Wegscheidweiblein", deren Geschichte an der *Wegscheid* oberhalb von Plainberg spielt: Von den Felswänden oberhalb von Wegscheid hörten die Leute des Nachts grauenvolle Schreie. Das Winseln und Heulen wurde immer ärger, bis ein mutiger Bergsteiger sich aufmachte, um der Sache nachzugehen. Er kletterte unter äußerster Gefahr in die Klüfte des Untersberges, bis er ein uraltes, zusammengekauertes Weiblein mit einer schwarzen Haube in einer Felsspalte sitzen sah. Sie versuchte ihn zu vertreiben, doch er riss sie aus der Kluft und zwang sie mitzugehen. Sie schritt sicheren Schrittes über die Wände und Abgründe, und als er einmal nicht auf sie achtete, war sie plötzlich verschwunden. Aber noch am selben Tag sah man das steinalte Mütterlein beim Bauernhaus des Seebichlers auf der Bank, wo ihr die Bäuerin einen Krapfen gab. Gleich darauf saß sie beim Bauern Kaitl auf der Bank und erhielt eine Nudel. Doch nie gab das Weiblein auf eine Frage Antwort. Kurz darauf war sie für immer verschwunden.[279]

In einer zweiten Version dieser Sage wird deutlicher, warum das Wegscheidweiblein derart dramatisch klagt. Hier wird ihre Klage mit dem großen Stadtbrand von Reichenhall im Jahr 1834 in Verbindung gebracht: In der Allerseelennacht von 1831 soll es von den Felsen des Karlsteins grauenvoll geschrien haben, sodass die Leute erschraken. Dann geht die Geschichte weiter wie oben: Der Bergsteiger holte die kleine, schwarze Frau aus der Felsspalte heraus, doch sie verschwand plötzlich wieder. Danach sah man sie bei den zwei Bauernhäusern, wo sie nicht sprach, aber drei Finger zum Himmel hob und auf Reichenhall deutete. Drei Jahre später brach der furchtbare Stadtbrand aus, und nun verstanden die Leute, was das Weiblein zum Ausdruck hatte bringen wollen.[280]

In dieser Sage mischt sich ein uraltes mythisches Muster mit einem historischen Ereignis, was nicht selten bei Sagen vorkommt: Die kleine, schwarze Frau verhält sich wie die Priesterinnen vom Karlstein, die Katastrophen voraussagen können und mit ihrem Wehklagen davor warnen. Nicht zufällig spielt eine Version dieser Sage am Karlstein. Gleichzeitig erscheint ein Motiv, das ebenfalls aus Frau-Holle-Sagen bekannt ist: Frau Holle prüft in Gestalt eines armen, alten Mütterchens die Herzen der Menschen und erweist denen Gutes, welche die angebliche „Bettlerin" speisen.[281] Hingegen straft sie die Geizigen und Gierigen konsequent, zum Beispiel vernichtet sie den Hof eines reichen, hartherzigen Bauern durch Blitzschlag und Feuer.[282] In diesen Sagen tritt Frau Holle eindeutig als Schwarze Göttin und Richterin auf, die Segen oder Tod bringen kann. Auch das Wegscheidweiblein ist ein altes Mütterchen, und sie hat übermenschliche Züge, zum Beispiel schreitet sie wie eine Berggöttin leicht über Abgründe hinweg, die der junge Mann nur mit Mühe bezwingt. Sie wird barmherzig genährt, und diese Höfe bleiben von dem Brand verschont, während die Stadt Reichenhall – aus welchem Grund auch immer – in Flammen aufgeht. Wollte sie die Reichenhaller warnen, oder wollte sie diese späteren Menschen, die dem Alten Volk das Land raubten und seine Kultur zerstörten, drei Jahre später vernichten? Diese Frage bleibt hier noch offen.[283]

In einer anderen Sage, diesmal vom *Lattengebirge*, das über Karlstein und Reichenhall steil aufragt, findet diese Frage eine klare Antwort. Darin heißt es, dass beim Predigtstuhl und Hochschlegel, beides Gipfel im Lattengebirge, eine Hexe hauste, welche die Menschen nicht leiden konnte. Besonders die Christen und deren Missionare waren ihr verhasst, und sie verfolgte sie mit fürchterlichem Grimm. Wenn diese betend über den Pass Hallthurm im Lattengebirge heraufkamen, stürzte sie schwere Felsbrocken auf den Weg hinunter und erschlug sie, um den Einzug des Christentums ins Berchtesgadener Land zu verhindern. Als der Missionar Martinus denselben Weg nahm, brachte die Hexe mit Riesenkräften einen Steinblock ins Rollen, den Martinus jedoch mit seinem Kreuz aufhielt. Zur Strafe wurde die Hexe in Stein verwandelt, und noch heute sieht man sie da liegen.[284]

Diese Sage lässt an Eindeutigkeit nichts zu wünschen übrig, obwohl sie christlich stark überformt wurde. Es geht dabei um die besondere Gestalt des Lattengebirges. Es wird bei den Einheimischen noch immer die „Schlafende Hexe" genannt. Denn die Silhouette des dunklen Bergzuges zeigt anatomisch genau ihre liegende Gestalt: den Kopf mit großer Hakennase und einem scharfen, krummen Kinn, während ihr langes Haar zum Pass Hallthurm herabfließt. Nach dem deutlich abge-

Abb. 6:
Die „Schlafende Hexe", Lattengebirge bei Reichenhall

setzten Hals kommt die jugendlich weibliche Brust an entsprechender Stelle, weiter abwärts die im Schlaf gefalteten Hände, und über das leicht angehobene Knie fällt das Gewand sanft abwärts (Abb. 6). Man sieht sie, von Norden her kommend, am besten vom Ort Piding aus. In dieser Perspektive scheint ihr Haar unmittelbar mit dem Untersberg verflochten zu sein, sodass dort kein Durchgang zu sehen ist und nichts dahinter zu liegen scheint. Auf diese Weise riegelt sie buchstäblich das Berchtesgadener Land vor unbefugten Blicken und unerwünschtem Eintritt ab, sie ist die Wächterin der Geheimnisse dieses Landes.

Unfreiwillig gibt die Sage gerade durch die christliche Dämonisierung preis, wen die Menschen seit frühester Zeit in der „Schlafenden Hexe" gesehen haben: Wenn sie Steinlawinen vom Berg herunterstürzt, kann sie keine gewöhnliche Frau, sondern muss sie eine Riesin gewesen sein. Das zeigt eindrücklich die Größe ihrer liegenden Gestalt in der Landschaft, sie ist groß wie ein ganzes Gebirge. Wenn sie die christlichen Missionare hasst, muss sie eine ausgesprochene „Heidin" gewesen sein, und ihr Volk hat diese Eindringlinge nicht weniger gehasst. Sie hat guten Grund, tatkräftig den Einzug des Christentums ins Berchtesgadener Land zu verhindern, denn es war heiliges Land der Weißen Berggöttin mit den Mondhörnern. Wenn sie außerdem den Eroberern den Tod bringen konnte, bis zu ihrer eigenen Niederlage, ist sie selbst eine Göttin: die Schwarze Percht. Später wurde sie dann, wie überall, zur „bösen Hexe" erniedrigt.

Als Schwarze Percht ist sie der dunkle Aspekt der Dreifachen Göttin, die weise und mächtige Alte, die Göttin von Tod und Wiedergeburt. In dieser symbolischen Sichtweise wurde das merkwürdige, felsige Lattengebirge seit der Jungsteinzeit betrachtet. Dessen Züge sind so auffällig, dass die Einheimischen noch heute darin eine schlafende Riesin erblicken. Der Bergzug muss wegen dieser Gestalt eine besondere Heiligkeit gehabt haben, wofür auch die Namen von einzelnen Gipfeln auf seiner Höhe sprechen. In der Nähe der Brust und der gefalteten Hände der Schwarzen Percht heißen die Bergkuppen „Dreisesselberg", „Keilkopf" und „Schreck", und diesen gegenüber liegt der „Predigtstuhl". Der „Dreisesselberg" weist auf einen Sitz von drei Priesterinnen hin, welche die Dreiheit der Göttin verkörperten. Sie saßen hier oben, hüteten und verehrten die Schwarze Percht. Genau diese älteste Bedeutung hat auch der „Dreisesselberg" im Böhmerwald, vom dem die Sagen klar berichten, dass drei Frauen auf ihm thronten.[285] Der Name „Schreck" hat weniger mit Erschrecken zu tun als mit dem althochdeutschen Wort „schrikken" für „springen", „tanzen".[286] Diese Kuppe war vermutlich der Platz der Priesterinnen für ihren kultischen Tanz, später zum Hexentanzplatz gemacht, angesichts dessen die neuen Christenmenschen natürlich einen Schreck bekamen. Auch der „Keilkopf" ist eine seltsame Wortbildung; sie hat jedoch weniger mit „Keil" als mit „Keim" zu tun, worin der germanische Wortstamm „ki" mit der Bedeutung von „keimen, aufbersten, erblühen" steckt – eine passende Bezeichnung für die jugendliche Brust der Berggöttin.[287] Vielleicht war dies der Ort für Fruchtbarkeitsmagie und Segen für das ganze Land. Diesen drei nahe beieinander liegenden, heiligen Kuppen steht der „Predigtstuhl" streng gegenüber, denn von hier aus entheiligte man durch christliche Strafreden und moralische Predigten diese drei Berggipfel und die Schwarze Percht insgesamt.

Der Untersberg, der in einer Linie mit der schlafenden Berggöttin in der Landschaft ragt und ebenfalls den Blick nach Süden abriegelt, gehört zur ihr und stellt mit der Schwarzen Percht ein mythisches Doppelgebirge dar. In vielen Sagen gilt der Untersberg als ein Ort der Unterwelt. Doch er ist nicht nur der sagenreichste Berg der Gegend, sondern auch der formenreichste, denn von verschiedenen Blickwinkeln aus gesehen zeigt er verschiedene Gestalten und hatte daher mehrere landschaftsmythologische Bedeutungen. Verglichen mit ihm ist die Schwarze Percht von klarer, eindeutiger Kontur. Von Norden her gesehen liegt der Untersberg wie ein unförmiges Wesen mit tiefen Klüften und Gräben in seinem Rücken in der Landschaft. Sein westlich absteigender Hang, welcher der Schwarzen Percht zugewandt ist, gleicht einem liegenden Drachenkopf, dessen Nüstern das herabhängende Haar der Berggöttin streifen.[288] Der Drache ist der mythologisch klassische Gefährte der Schwarzen Göttin und ihr heiliges Symboltier, denn er verkörpert die Kräfte der Tiefe. So bewacht sie zusammen mit ihrem Drachen das heilige Land, das unsichtbar hinter beiden Bergzügen verborgen liegt.[289]

Nähert man sich der Schwarzen Percht und ihrem Drachen, so findet man den engen Durchgang zwischen ihnen: Es ist der Pass Hallthurm (vgl. Karte 1). Genau zwischen ihrem Kopf und seinem Drachenmaul geht es hindurch, eine enge und mythologisch gesehen sehr gefährliche Stelle. Doch nicht nur mythologisch war dieser Durchgang äußerst ungemütlich, denn hier gab es häufig Steinschlag, was die Sage in den Taten der „bösen Hexe" festhält. So hatten die Wanderer durchaus Grund zu beten, denn es war nicht gewiss, ob die Berggöttin sie heil hindurchgehen lassen würde. Die Schwelle oder das Tor vor dem Eintritt in heiliges Land ist gemäß matriarchaler Auffassung stets ein Ort der Prüfung auf Leben und Tod, darum war diese Stelle wahrscheinlich auch ein Platz der Verehrung der Schwarzen Percht.

Nachdem das gefährliche Tor durchschritten ist, öffnet sich überraschend ein weites, sonniges Tal wie ein „Paradiesgarten", das sich nahezu eben bis Bischofswiesen ausdehnt. Wenn man hier ankommt und zurückschaut, so liegt die Gestalt der Schwarzen Percht als Berggöttin hinter dem Wanderer, doch genauso scharf konturiert wie von der anderen Seite, nur seitenverkehrt. Sie beherrscht mit ihrer markanten, unverwechselbaren Silhouette nicht nur die Ebene von Reichenhall, sondern auch diese Region des Berchtesgadener Landes. Und wenn man nach vorn schaut, dann enthüllt sich eins der Geheimnisse dieses einst heiligen Landes, denn der Blick fällt auf die ragenden Mondhörner der Weißen Berggöttin – das sogenannte „Watzmann-Massiv" –, prächtig glänzend steht sie über der Landschaft. Von Karlstein her war dies der nördliche Eingang ins Berchtesgadener Land.

Im Tal der Drachen und der Göttin von Tod und Wiedergeburt: von St. Margrethen bis Golling im Salzachtal

Nicht nur die Zugänge von Karlstein über den Pass Hallthurm von Norden her und von Dürrnberg über die Hügel der Scheffau von Osten her erreichten das Berchtesgadener Land und verbanden es mit den Tälern der Saalach und der Salzach. Es gab noch weitere Wege dorthin, die von Südosten aus dem Salzachbecken heraufkamen. Dieses weite, offene Tal dehnt sich südlich von Salzburg bis nach Golling und zum nahe gelegenen Pass Lueg, der es schließlich abriegelt. In diesem langgestreckten Flussbecken reihen sich die jungsteinzeitlich-bronzezeitlichen Wohn- und Kultstätten aneinander wie Perlen an einer Schnur (vgl. Karte 1). Sie liegen wieder erhöht auf einzelnen Hügeln mitten im Tal oder auf angrenzenden Hügeln. Später wurden sie von den Kelten erobert und befestigt, doch sie führten die alten Kulte unter keltischen Namen fort. Wir folgen diesen Plätzen jetzt von Nord nach Süd.

Wir haben schon *Urstein* und *Mondstein* bei Puch in ihrer Beziehung zu den Barmsteinen genannt. Südlich davon folgt *Dürrnberg*, und diesem genau gegenüber am rechten Ufer der Salzach befinden sich zwei bemerkenswerte Plätze: die sogenannten „Bruderlöcher" und das Kirchlein St. Margrethen, beide ebenfalls mit Blick auf die Barmsteine. Die *„Bruderlöcher"* sind großräumige Kulthöhlen und waren seit uralter Zeit in Gebrauch. Sie wurden sehr früh verchristlicht, nämlich im 5. Jh., indem man einen Altarraum in die vorderste Höhle hineinbaute. Die kleine, alte Kirche *St. Margrethen* besitzt ein ungewöhnliches Relief im steinernen Torbogen über dem Portal: Hier sieht man Margaretha auf dem grün schimmernden Drachen sitzen wie auf einem Thron, und sie füttert ihn mit der rechten Hand (Abb. 7). Sie scheint ihn zu lieben statt zu hassen – wie sie doch sollte –, und auch andere Abbildungen von Margaretha zeigen den sanften Umgang dieser Heiligen mit dem Drachen, wie beispielsweise in der Kirche von Obersaxen in der Schweiz, wo sie ihn liebevoll auf den Armen trägt. Allerdings gehört er seit Urzeiten zu ihr, denn Margaretha ist eine späte, verchristlichte Verkörperung der Schwarzen Göttin von Tod und Wiedergeburt mit ihrem Drachen als Symboltier. Wie schon im alpinen Rheintal mit dem früher ungezähmt daherbrausenden, jungen Fluss, auf den sich die Symbolik von Margaretha mit dem Drachen in der Schweiz bezieht[290], so ist auch hier mit dem „Drachen" der Fluss, die wilde, wasserreiche Salzach, gemeint. Denn diese Flüsse können wie Drachen alles niederreißen und Schrecken und

Abb. 7: Margaretha mit dem Drachen, Kirche St. Margarethen bei Hallein

Tod verbreiten, gleichzeitig bringen sie jedoch auch das lebensnotwendige Wasser.

Mit Drachen geht es dann weiter in diesem Tal, was die Kirche auf dem *Georgenberg* bei Kuchl zeigt, die dem Drachentöter St. Georg gewidmet ist. Dieser belässt es nicht beim Zähmen des großen Tieres, sondern will seinen Tod, er durchbohrt es mit dem Speer (Hochaltarbild), wie es schon der Erzengel Michael vor ihm tat. Die missionarische Symbolsprache sagt es klar: Der Drache ist „das Böse", das vernichtet werden muss. Denn mit dem Drachen sind, allgemein gesehen, die mächtigen Kräfte der Natur gemeint, die seit uralter Zeit von den Menschen verehrt wurden. Diese Naturreligion wurde durch die christliche Missionierung mit Gewalt zerstört, genauso wie der Drache durch St. Georg. Nun trägt der gesamte Kulthügel den Namen des Drachentöters.

Von seiner Gestalt her ist der Georgenberg ein langer, steiler Hügel aus Felskonglomerat, der isoliert im Salzachtal liegt und oben ein kleines Plateau als Siedlungsfläche bietet. Hier bestand, als der Hügel nicht bewaldet war, Sichtkontakt zu St. Margrethen mit dem Drachen-Relief und ebenso zum Untersberg, dem „Drachenberg". Der Hügel wurde in der Jungsteinzeit, in der Bronzezeit und von den Kelten bewohnt, dann trug er ein römisches Kastell und wurde zuletzt sehr früh, nämlich auch im 5. Jh., verchristlicht. So stellt er sich heute dar, und bis auf die Kirche mit dem spitzen Turm ist seine kleine Hochfläche nun leer. Das hindert

211

jedoch die einheimischen Knaben aus der Umgebung nicht daran, die alten Bräuche fortzuführen – auch wenn sie nicht mehr wissen, was diese bedeuten. Wir sind den jungen „Perchten" beim Üben begegnet, wie sie mit Masken, Hörnern und Fellen auf den Georgenberg hinaufzogen, um dort diese urigen Wesen weiterleben zu lassen.

Die ehemalige Herrin des Ortes ist auch nicht fern, man trifft sie in einer Sage an: So soll auf dem Georgenberg einst ein Schloss gestanden haben, das einer Frau gehörte. Doch diese galt als böse, denn sie war entweder „verschwenderisch" oder „geizig", sodass sie schließlich mit Schloss und Schätzen in der Tiefe des Berges versank.[291] Eine andere Sage berichtet, dass sich im Georgenberg unterhalb der Kirche eine große Höhle befinde, in der unermesslich reiche Schätze vergraben seien, die aber niemand bisher gefunden habe.[292]

Diese Sagenmotive sind leicht zu erklären: Sie verweisen auf die matriarchale Priesterin oder Königin des Ortes, die einst mit ihrem Volk hier lebte und wohl auch den „Drachen" verehrte, bis ihre Kultur buchstäblich unterging. Der Untergang wird ihrer eigenen Schuld zugeschrieben, denn auch sie muss wie der Drache „böse" sein, ein moralisierendes Motiv von patriarchal-christlicher Herkunft. Dieser Sagentypus kommt sehr häufig vor, es gibt ihn fast von jedem ehemaligen Frauenberg. Die hier erwähnte Höhle mit den „Schätzen" existiert tatsächlich; ihr Eingang befindet sich an der nordwestlichen Ecke des Georgenberges, und sie führt 30 m lang und schmal in das Berginnere hinein. Im Volksmund heißt sie „Schatzloch", und die wahren Schätze, die hier vergraben lagen und gefunden wurden, sind Gegenstände aus der Jungsteinzeit, Bronzezeit und Eisenzeit (Kelten).[293] Sie beweisen, dass es sich auch hier um eine uralte Kulthöhle handelt.

Nur wenige Kilometer südlich vom Georgenberg kommt man zu einem anderen uralten Kulthügel namens *St. Nikolaus*. Dieser Hügel liegt, ebenfalls isoliert, zu Füßen des Kleinen Göll, in der Nähe des Dorfes Torren bei Golling. Schon seine Form ist auffallend: Das Felskonglomerat, aus dem auch er besteht, ist kreisrund mit senkrechten Wänden, auf diese Weise wurde er von Eis und Wasser abgeschliffen. Doch oben ist er weit und flach wie eine Schale, und so bot auch er einen schönen Wohn- und Kultplatz. Heute ist er leer wie der Georgenberg, nur am südlichen Rand ragt die St.-Nikolaus-Kirche auf. Auch hier belegen die Ausgrabungen, dass er ein bevorzugter Siedlungsplatz seit der Jungsteinzeit und in allen folgenden Epochen war.[294] Dafür gibt es guten Grund, denn dieser Kulthügel ist auf den Gollinger Wasserfall bezogen, der gerade 100 m von der Kirche entfernt aus der Ostwand des Kleinen Göll herabstürzt und dessen oberen Teil man vom St.-Nikolaus-Hügel aus erblickt.

Der *Gollinger Wasserfall* selbst war ein hochheiliger Platz, und sein außergewöhnlicher Anblick lässt die Betrachtenden heute noch erschauern. Er ist eine Riesenquelle, die ihr Wasser als sehr starken Strom hoch oben direkt aus einem Felsloch entspringen lässt. Sofort fällt es in starkem Fall herunter, unter einer natürlichen Felsenbrücke hindurch, und bildet eine Stufe tiefer den fächerförmigen, unteren Fall, der in ein kreisrundes Felsenbecken rauscht. Dieser Wasserschoß schäumt weiß an der Fallstelle, doch wo sich das Wasser beruhigt, ist es überaus klar und von jenem tiefen Smaragdgrün, das auch das Wasser vom Königssee im Berchtesgadener Land auszeichnet. Dabei sind Quelle und Wasserfall stets gleich stark und nicht abhängig von den Jahreszeiten.

Wenn man dort ankommt, steht man dem eindrücklichen, unteren Fall unmittelbar gegenüber. Diesem begegneten die Menschen auch in früheren Zeiten, und zugleich hatten sie hier noch eine andere Begegnung, denn wenn man das herabstürzende Wasser eine Weile anschaut, gewahrt man auf der rechten Seite beim Wasser eine hockende, massige Gestalt, die von dem dunklen Felsen gebildet wird. Sie hat fast dieselbe Höhe wie der Wasserfall und kauert mit angedeutetem Gesicht ein wenig vornübergebeugt, sodass feine Wasserstrahlen über ihren Kopf strömen und wie weißes Haar lang über ihren Rücken herabfließen (Abb. 8). Sie erscheint wie eine riesige Erde-Wasser-Frau, die diesen Platz hütet, und so wurde sie von den frühen Menschen auch wahrgenommen. Eine starke Energie geht von diesem Teil des Wasserfalles aus, Wasserstaub hüllt ihn ein, und die kauernde Uralte rührt sich nicht seit Jahrtausenden. Sie ist die Urahnin oder dunkle Göttin des Ortes, ihre steinerne Gestalt wurde hier kultisch verehrt.

Auf eine solche Verehrung weisen mehrere Zusammenhänge deutlich hin: geografische Verhältnisse, lokale Sagen, nicht zuletzt die christliche Symbolik in der St.-Nikolaus-Kirche auf dem heiligen Hügel. So gibt es einen geografischen Zusammenhang zwischen dem Gollinger Wasserfall und dem Königssee auf der anderen Seite des Bergstockes Göll: Der See hat in der fast senkrechten Kaunerwand an seinem südöstlichen Ende ein großes Abflussloch. Der obere Rand des Loches erscheint über der Wasserfläche, während der weitaus größere Teil darunter liegt. Es wird traditionell „Kuchler Loch" oder „Gollinger Loch" genannt, und diese Bezeichnung trifft genau den Sachverhalt. Denn dieses Schluckloch saugt einen starken Wasserstrom aus dem Königssee,

Abb. 8:
Hockende Alte im Gollinger Wasserfall

der als unterirdischer Fluss circa 12 km (Luftlinie) unter dem Hohen Göll hindurchfließt. Der Göll ist wie alle Berge dieser Gegend ein poröser Kalkstock, den das Wasser leicht aushöhlen konnte. Als die mächtige Quelle des Gollinger Wasserfalles tritt der unterirdische Fluss unterhalb des Kleinen Göll bei Torren-Golling, nicht weit von Kuchl, dann plötzlich wieder ans Licht.[295]

Wir dürfen dabei die genaue Naturbeobachtung der frühen Menschen in Betracht ziehen, die das ganze Berggebiet bis zum Königssee begangen haben und diesen See auch mit Booten befuhren, wobei sie diesen Zusammenhang erkannten. Allerdings deuteten sie ihn auf ihre eigene Weise, und das gibt die Sage vom Kuchler/Gollinger Loch wieder. Darin heißt es, dass in diesem Loch der Seegeist wohnt, der die Seelen aller Menschen festhält, die im Königssee ertrunken sind. Er bannt sie unter umgestülpte irdene Gefäße, sodass sie nicht entweichen können, bis sie am Jüngsten Tag daraus erlöst werden.[296]

Wenn wir den späteren christlichen Zusatz vom Jüngsten Tag weglassen, so haben wir in dem „Seegeist" eine Gestalt des Todes vor uns, bei dem es sich wohl eher um eine Todesgöttin gehandelt hat. Sie besitzt irdene Gefäße, das heißt, sie hantiert mit der in der Jungsteinzeit weiblichen Kunst der Keramik, und sie hat die Macht, die Seelen unter ihre umgestülpten Schüsseln und Kelche zu bannen. Dies stellt eine symbolische Handlung dar, denn die Gefäße bilden auf diese Weise ein umgekehrtes U, das ein Todessymbol ist: Der Inhalt wird nach unten zur Tiefe hin ausgeleert. Im Gegensatz dazu steht das nach oben geöffnete, empfangende U, ein Symbol für den Schoß der Geburt und des Lebens. Natürlich können die Seelen der Todesgöttin nicht entkommen, solange sie es nicht will. In dieser mythischen Aussage verbirgt sich zugleich eine Naturbeobachtung, allerdings eine grausige, denn wer in einem See in den Sog eines solchen Schlucklochs gerät, kommt nicht mehr heraus. Er wird „festgehalten", das heißt unwiderstehlich unter Wasser gesogen, und muss ertrinken.

Als diese mächtige Göttin kann auch der gesamte Bergstock Göll gegolten haben, der mit seiner oben rundlichen Form und den schroffen seitlichen Wänden selbst wie ein riesiger, umgestülpter Kelch oder ein umgekehrtes U aussieht und einen sehr weiblichen Charakter hat. Die Göll wäre demnach die große Todesgöttin, und ihr Todesschoß wäre das Kuchler/Gollinger Loch, durch das sie die Seelen in ihren weiten Bauch, ihre unterirdischen Höhlen hineinzieht und sie dort in ihrer Unterwelt „festhält". In der matriarchalen Mythologie ist jede Todesgöttin aber zugleich eine Göttin der Wiedergeburt, so auch die Göll. Sie besitzt nicht nur dieses Todesloch am Königssee, sondern auch ein Geburtsloch, aus dem sie die Seelen wieder entlässt. Dieses ist die Riesenquelle des Gollinger Wasserfalles. In dem Wasserfall, der weiß schäumt und schlank ist wie die Gestalt einer jungen Frau, gebiert sie die Seelen symbolisch wieder ans Licht. Das grüne Wasserbecken, in das er mündet, stellt ihren Seelenteich dar, ihren Schoß zum Leben, in dem die Seelen nun zu Kindern verjüngt schwimmen. Genauso galt der Frau-Holle-Teich auf dem Hohen Weißner/Meißner in Hessen als ein solcher Wiedergeburtsschoß, in dem die Kinderseelen schwimmen, bis junge Frauen, die Mütter zu werden wünschten, sie dort abholten.[297] Am Wiedergeburtsschoß des Gollinger Wasserfalles hockt die dunkle Alte, die Erde-Wasser-Frau mit dem weißen Haar. Zusammen mit dem weißen, schlanken Fall bildet sie eine Doppelgestalt, die der Doppelgesichtigkeit der mächtigen Göttin von Tod und Wiedergeburt entspricht. Als Urahnin sendet sie hier die Seelen aus der Unterwelt wieder ans Licht. Ihre Umrisse ähneln der großen Berggöttin Göll. Im Denken der frühen Menschen kann ein Teil das Ganze spiegeln, ein kleines Abbild das große meinen, und so war es wohl auch hier.

Dieser Zusammenhang von Tod und Wiedergeburt wird durch die christliche Symbolik in der auf den Wasserfall ausgerichteten St.-Nikolaus-Kirche bestätigt. Es gibt darin eine merkwürdige Madonnen-Figur, bei der Maria in derselben gebeugten Haltung wie die hockende Erde-Wasser-Frau am Gollinger Wasserfall dargestellt ist. Ihr Kopf und Körper sind geneigt, ihr Gewand ist jungfräulich weiß wie der sprühende Wasserfall, doch ihr Mantel fällt dunkler herab und gleicht in der Form der kauernden Alten aus Fels (Abb. 9). Diese Darstellung ist äußerst ungewöhnlich und kommt sonst nirgends vor. Sie dokumentiert jedoch, dass hier die Wiedergeburtsgöttin vom Gollinger Wasserfall, die Doppelgestalt aus dem weißen Fall und der kauernden, dunklen Riesin, nachgebildet und auf Maria übertragen wurde.[298]

In diesem Zusammenhang taucht die Frage auf, weshalb die Kirche St. Nikolaus geweiht ist. Das verräterische Attribut von St. Nikolaus sind drei goldene Kugeln, die eigentlich drei stilisierte, goldene Äpfel darstellen. Die goldenen Äpfel sind magische Früchte aus dem Anderswelt-Paradies der Göttin, die Verjüngung und Wiedergeburt schenken, wenn man von ihnen essen darf. Das beschreiben etliche Mythen, zum Beispiel von Fee Morgane auf ihrer Anderswelt-Insel Avalon, wo Bäume mit goldenen Äpfeln wachsen, die genau dies bewirken. Sie verjüngen die

Abb. 9:
Hockende Madonna in der St.-Nikolaus-Kirche von Torren-Golling

gestorbenen Heroen bis zu deren Wiedergeburt durch die Göttin.[299] So war auch Nikolaus ursprünglich ein Heros der Göttin, der bei ihr in der Unterwelt wohnte und drei goldene Äpfel als Gabe erhielt, die ihn ins Leben zurückbrachten. Auf allen christlichen Abbildungen trägt er sie noch mit sich. Daher ist es kein Zufall, dass in den Adventsbräuchen St. Nikolaus die Kinder traditionell mit goldenen Äpfeln und Nüssen beschenkt, auch wenn diese Bräuche stark verchristlicht wurden und St. Nikolaus nun ein kinderlieber Bischof sein soll. Ursprünglich zeigten sich in dem gütigen, weißbärtigen Alten und den Kindern jedoch unmittelbar die beiden Seiten von Alter und Tod sowie Wiedergeburt und Jugend, zwei Lebensstadien, welche die Schwarze Göttin als Herrin von Tod und Wiedergeburt gibt.

In der Torrener St.-Nikolaus-Kirche erhält seine Gestalt noch eine besondere Note: Man sieht an der Nordwand ein älteres Hochaltarbilder des Heiligen hängen, das ihn mit der Bibel in der rechten Hand zeigt, auf der die drei „Goldkugeln", eben die goldenen Äpfel, liegen. Er ist von einer dichten Kinderschar umgeben, doch die Kleinen sehen nicht wie normale Kinder aus. Sie sind in feine, durchsichtige Schleier gehüllt, die sie vollkommen nackt erscheinen lassen, und sie strecken bittend die Händchen zu ihm empor. In der christlichen Legende heißt es, dass er die Kinder aus dem Tod „befreit" hat.[300] Diese „Kinder" sind Seelchen, das heißt Ungeborene, und Nikolaus wirkt wie ihr Hüter. Sie wollen wieder ins Leben zurückkehren, deshalb greifen sie verlangend nach den goldenen Äpfeln. Aber es ist nicht der männliche Nikolaus, der ihnen Wiedergeburt schenken kann. Dies geschieht nur durch die Göttin – so wie es ihr Heros Nikolaus an sich selbst erlebt.

Der Ort, wo er sich mit den Kindern befindet, ist ebenfalls seltsam: Es ist eine Meereslandschaft mit Schiffen, die in der Ferne von einer bläulichen Gebirgskette begrenzt wird. Eine Meereslandschaft mitten in den Alpen? Das macht diese Landschaft zu einem gewissen Grad unwirklich, doch es geht hier eher um Wasser allgemein als um ein bestimmtes Meer. Jedenfalls scheinen die Seelchen um Nikolaus gerade aus dem Wasser hergekommen zu sein. Die Bildsymbolik bezieht sich an diesem Ort klar auf den Schoß des Gollinger Wasserfalles und zeigt, dass er tatsächlich als Seelenteich und Wiedergeburtsschoß betrachtet wurde.

Diese Zusammenhänge enthüllen, dass der Gollinger Wasserfall der Platz eines uralten Ahnenkultes gewesen ist. Auch aus diesem Wasserschoß werden früher junge Frauen – wie beim Frau-Holle-Teich – Seelchen abgeholt haben, wenn sie schwanger werden und Kinder haben wollten. Denn die Göttin Göll schüttete sie brausend aus ihrem Wiedergeburtsloch gerade in diesen Seelenteich hinunter, wo sie, behütet von der Urahnin, auf ihre künftigen Mütter warteten. Solche Kulte waren überall in Europa verbreitet. Dabei wurden die Ahnenseelen in Gestalt von Kindern aus lokalen Steinen, Quellen und Teichen von Frauen abgeholt, um sie in der eigenen Sippe wiederzugebären. So „befreiten" sie als junge Mütter die Ahnen und Ahninnen tatsächlich aus dem Tod. Stets galten die Naturplätze, wo ein solcher Ahnenkult ausgeübt wurde, als außerordentlich heilig.

Wenn wir nach dem alten Namen der Berggöttin Göll fragen, so weisen uns wieder Sagen den Weg. Er ist bei der keltischen „Gwyllion", abgekürzt zu „Gwyll" (sprich: Guill), zu finden; ihr vorkeltischer Name lässt sich nicht mehr erschließen. Von Gwyllion heißt es, dass sie ein Geist der Wildnis war und in den Bergen von Wales wohnte. Dort pflegte sie den Wanderern plötzlich als alte Frau zu erscheinen und wies ihnen oft den falschen Weg, der ein Weg in den Tod war. Daher galt sie als „boshaft", wogegen man sich nur schützen konnte, indem man einen eisernen Gegenstand bei sich trug.[301] Hier ist der „eiserne Gegenstand" verräterisch, er verweist auf die Eisenzeit und die frühpatriarchalen, kriegerischen Kelten. Man sieht deutlich, dass in dieser keltischen Version der Sage eine zeitlich wesentlich ältere Göttin bereits negativ betrachtet und zu einem „bösen Geist" gemacht wird, weil sie Eigenschaften einer archaischen Todesgöttin der Berge hat. Sie mag weder die Kelten noch deren „eiserne Gegenstände", nämlich Waffen, leiden. Die Eigenschaft der Todesgöttin trifft durchaus auch auf den Berg Göll zu, wie wir gesehen haben, doch wurde die Todesgöttin im matriarchalen Weltbild nicht dämonisiert, sondern sie brachte auch neues Leben und Glück.

Das spiegelt die Sage von der „Glücksblume auf dem Hohen Göll". Darin heißt es, dass ein Bauer in allem glücklos war, bis er einmal einer alten Frau begegnet und sie um Rat fragt. Sie ist nicht „boshaft", sondern freundlich und weist ihm den Weg zur Glücksblume auf dem Gipfel des Hohen Göll, damit sich sein Schicksal wendet. Sie gibt ihm eine Haselrute mit auf den Weg, einen heiligen Zweig, der als Wünschelrute zum Ziel führt. Er muss jedoch den gefährlichen Weg nachts bei Mondschein gehen und darf sich nicht umsehen, aber es gelingt ihm. Er findet die Blume und wird von da an ein glücklicher Mann.[302] In dieser Sage tritt die alte Frau ebenfalls als Wegweiserin auf, aber sie wird als gütig und hilfreich dargestellt, denn sie weist dem Mann den richtigen Weg. Sie ist es auch, die ihm den magischen Gegenstand gibt, die Wünschelrute, er muss sich nicht mit einem „eisernen Gegenstand" gegen sie bewaffnen. Ihre Handlungsweise zeigt sie – wie in der walisischen Sage – als Schicksalsgöttin, die schlimmes oder gutes Schicksal geben kann: Auch hier sendet sie den Menschen auf einen gefährlichen Weg, dessen Gefahr sie durch Bedingungen noch erhöht; der Weg stellt einen symbolischen Todesdurchgang dar. Mit ihrer Hilfe kommt er jedoch ans Ziel, kehrt glücklich zurück und kann ein neues Leben beginnen, was symbolisch seine Wiedergeburt bedeutet.

Diese Sage wird durch eine archäologische Tatsache noch bemerkenswerter, denn auf dem Gipfel des Hohen Göll in 2522 m Höhe hat man eine jungsteinzeitliche Lochaxt als Weihegabe gefunden.[303] Diese Gabe galt vielleicht der Suche nach dem Glück, doch in erster Linie galt sie der Berggöttin Gwyll selbst. Diese wurde seit der Jungsteinzeit als Schicksalsgöttin verehrt, denn sie konnte dem Mutigen, der auf ihren Gipfel gelangte, die Erfahrung von Tod und Wiedergeburt und damit neue Lebensfreude schenken.

Die Landschaftsgöttin Gwyll ist als höchste Erhebung in dieser Gegend nicht nur beherrschend, sondern sie gab manchen Orten ihren Namen. So leitet sich die Ortsbezeichnung „Golling" von ihrem ausführlichen Namen „Gwyllion" ab. Auch der Ort „Kuchl", der früher „Gugelan" hieß (lateinisch „Cucullis")[304], geht auf „Gwyllion" zurück. Die Leute, die hier wohnten und der Gegend diese Namen gaben, waren die „Gwyllier", einfacher gesagt: die „Gollier" oder „Gallier", eben die Kelten.

Auch in *Golling* begegnen wir der Göttin Gwyllion, und zwar in Verbindung mit dem Hügel *Rabenstein,* der über dem Ort aufragt. Dieser ist der uralte Siedlungs- und Kultplatz hier, bewohnt seit der Jungsteinzeit bis zur keltischen Eisenzeit.[305] Er liegt in genauer Ost-West-Kultlinie zum Hügel von St. Nikolaus und dem Gollinger Wasserfall. Auch in dieser Gegend gibt es Heilquellen wegen des salzhaltigen und mineralreichen Gesteins, so hat die Göttin Gwyllion hier zusätzlich den Aspekt einer Heilgöttin. Denn auch Heilung ist eine Umwandlung von Todesnähe, eben Krankheit, zu neuem Leben in Gesundheit. Man sieht sie in dieser Bedeutung auf einer neueren Abbildung an einer Hauswand in der Stadtmitte – allerdings vermännlicht zu St. Johannes: Sie hält hier die Symbole Kelch und Schlange in der Hand, wobei die Schlange Tod und Umwandlung und der Kelch als Schoßsymbol die Wiedergeburt bedeuten (Abb. 10). Zugleich sind der Kelch und die Schlange, die sich darum windet oder darin ringelt, Sinnbilder der weiblichen Heilkunst. Johannes – auch wenn er der Stadtpatron von Golling ist – trägt nirgendwo sonst auf Abbildungen diese Symbole, sondern sein Emblem ist der Adler. Zu Füßen dieses „Johannes" in langen, blonden Locken und im Frauengewand hockt auf dem Gemälde jedoch ein Rabe, der einen Ring im Schnabel hält. Auch das ist vom biblischen Johannes weder in Schrift noch im Bild belegt, es bezieht sich aber auf eine Sage von Golling, in der eine Frau im Mittelpunkt steht. Die Frau mit dem Raben, der den Ring trägt, erscheint als „Johannes" auch im Wappen an der alten Burg von Golling; es ist das Wappen der Ortschaft und bezieht sich auf die Sage vom Rabenstein.

Diese Sage hat bereits eine mittelalterlich-patriarchale Umformung erfahren, denn es ist von einer Burgfrau die Rede, der ein Rabe den Ehering, den sie ins Fenster gelegt hat, stiehlt und zum Rabenstein davonfliegt. Nun wird sie vom Burgherrn des Ehebruchs verdächtigt, und ein unschuldiger Ritter muss als ihr angeblicher Geliebter sterben. Später wird der Ring im Rabennest gefunden und die Burgfrau rehabilitiert.[306] Die Motive dieser Sage sind weitverbreitet, doch hier ist das Besondere der damit verknüpfte Rabenstein als alter Kulthügel. Auch fällt auf, dass allein die angeblich treulose Ehefrau im Wappen von Golling geführt wird – wenn auch als „Johannes" verkleidet – und nicht, wie sonst üblich, der Burgherr. Der Rabe hat ebenfalls die Ehre, Wappentier zu sein, obwohl er doch diebisch ist und Unglück gebracht hat; das weist

Abb. 10: Heilgöttin mit Raben, Wandmalerei an einem Haus in Golling

auf seine frühere große Bedeutung hin. Raben waren heilige Tiere von keltischen Göttinnen, zum Beispiel von Branwen, der Schwester des walisischen Bran, die einen Raben als Boten hatte. Auch der germanische Gott Odin/Wotan besaß zwei Raben, die ebenfalls Boten waren, sie versorgten ihn mit Nachrichten aus aller Welt. Ihretwegen hatte er den Beinamen „Rabengott".[307] Raben umfliegen auch den Untersberg, in dem gemäß den Sagen Kaiser Karl der Große schläft, und erst wenn sie den Berg verlassen haben, wird der Kaiser erwachen.[308] Raben galten in der jungsteinzeitlichen Kultur als Tiere der Todesgöttin, nicht nur wegen ihrer schwarzen Farbe, sondern auch weil sie zu den Toten fliegen, denn sie sind Aasfresser. Außerdem sind sie sehr klug, sie können sprechen lernen, was sie als Boten geeignet macht. Dass Kaiser Karl im Untersberg nicht erwachen kann, solange Raben den Berg umfliegen, wird jetzt verständlich, denn in Gegenwart der Raben bleibt er im Bann der Todesgöttin, nämlich versunken in einen totenähnlichen Zustand in ihrer Unterwelt. Auch in der Sage von Golling bringt der Rabe den Tod, denn wegen seines Diebstahls stirbt ein junger Ritter. Das legt nahe, dass wir in der angeblichen „Burgfrau" die Herrin des Rabensteins vor uns haben, nämlich die Göttin Gwyllion. Der Rabe gehört zu ihr, er ist ihr heiliges Tier und ihr Bote. Sie sendet ihn mit dem Ring im Schnabel zu dem jungen Mann, mit dem sie sich in der magischen Zeremonie der Heiligen Hochzeit vermählen will, denn es ist sie, die wählt. Ein später eingeschobener „Ehemann" hat bei dieser matriarchalen Kulthandlung nichts zu suchen, und ein „Ehebruch" kommt auch nicht vor. Diese Erwählung bedeutet für den jungen Mann, ihren Heroskönig, gemäß der matriarchalen Mythologie jedoch eine Jahreszeit später den Tod, als reale oder symbolische Unterweltreise, bis er abermals eine Jahreszeit später durch die Göttin wiedergeboren wird.[309]

Dreiecke und Figuren im Fels: von Golling zu den Berchtesgadener Almen

Nahe bei Golling schließt das Salzachbecken mit den Felsriegeln von Pass Lueg ab. Auch hier gab es seit der Jungsteinzeit einen Siedlungshügel, doch wir folgen diesem Weg gen Süden nicht weiter, sondern wenden uns dem Weg gen Westen zu, der von Golling ins Berchtesgadener Land hineinführt. Er folgt dem Bluntautal, das zwischen der Hohen Gwyll und dem Hagengebirge direkt nach Westen führt und am Torrener Joch endet. Vom Torrener Joch aus führt ein leichter Steig auf dem Grat zum Gipfel des Jenner im Berchtesgadener Land. Von dieser Stelle fällt der Blick tief hinunter auf den smaragdgrünen Königssee, und unmittelbar darüber erhebt sich die Weiße Berggöttin von Berchtesgaden, das sogenannte „Watzmann-Massiv". Dass es sich hier um einen uralten Alpenübergang handelt, belegen die Felszeichnungen im Bluntautal bis hinauf zu den Almen oberhalb des Königssees. Ebenso fand man eine bronzezeitliche Lanzenspitze auf dem Gipfel des Jenner, die – wie die Lochaxt auf der Hohen Gwyll – eine Weihegabe an eine Gottheit ist[310], hier vielleicht an die Weiße Berggöttin über dem Königssee, die einen atemberaubenden Anblick bietet.

Felszeichnungen und -gravuren gibt es in diesem ganzen Gebiet vom Tennengebirge bis ins Berchtesgadener Land, sie finden sich an alten Passwegen und auf Hochalmen. Am Eingang des Bluntautales bei Golling sind sie besonders dicht. Längst nicht alle der hier auf Steine und halbhohe Wände geritzten Symbole sind alt, wie zum Beispiel die mittelalterlichen Drudenfüße, die christlichen Zeichen und die modernen Kritzeleien. Doch es kommen Formen vor, die auch in anderen Ge-

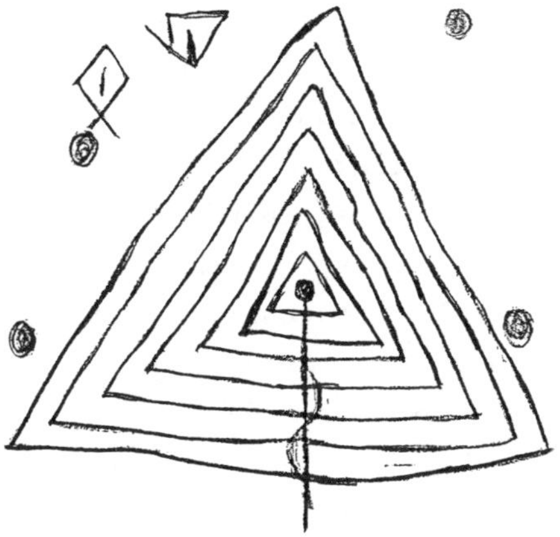

Abb. 11:
Felszeichnung vom „Siebendreieckstein" im Bluntautal

genden mit Felszeichnungen – so im Val Camonica, am Monte Bego, in den Höhlen der Île-de-France – in der Forschung als sehr alt gelten. Dort wie hier im Bluntautal findet man fingergroße Näpfchen und kleine bis große Schalen, weibliche Dreiecke, „Leiter- und Schachbrettmuster" und das sogenannte „Mühlebrett", drei konzentrische, miteinander verbundene Vierecke, wie auch eins auf der Tschötscher Heide in Südtirol in Fels geritzt ist.[311] Besonders eindrücklich ist im unteren Bluntautal die Zeichnung eines großen, weiblichen Dreiecks mit Vulvaspalte, die in einem Näpfchen endet. Sie wurde später mit einer Jagdszene mit Mann, Steinbock, Hund und Pferd überzeichnet, dem sogenannten „Jagdfries", wobei das Pferd auf die Kelten hinweist. Denn die jungstein- und bronzezeitlichen Kulturen kannten keine Pferde, während die keltischen Eroberer hoch zu Ross ankamen. Noch faszinierender sind die konzentrisch ineinander geschachtelten sieben weiblichen Dreiecke mit einem Näpfchen in der Mitte, von dem ein Vulvastrich durch alle sieben Dreiecke ausgeht, der sogenannte „Siebendreieckstein" (Abb. 11).[312] Das sind abstrakte, archaische Symbole, welche die Macht der Göttin in dieser Gegend dokumentieren. Sie betonen mit den weiblichen Dreiecken ihren Schoß, mit dem zentralen Näpfchen ihr Schoßloch, woher sie das Leben gibt oder wohin sie es zurücknimmt, und mit dem Vulvastrich den Weg der Geburt und Wiedergeburt. Dabei erhöhen die sieben konzentrischen Dreiecke ihre göttliche Kraft um das Siebenfache, das heißt, man wollte hier ihre außerordentlich große Macht ausdrücken.

Es gibt einen klaren Bezug dieser Schoß-Dreiecke zu dem zentralen Schoßloch in der Landschaft des Bluntautales, denn nicht zufällig treten diese markanten Felszeichnungen gerade hier auf. In der Mitte des Tales kann man in der Felswand zwei direkt nebeneinander liegende Löcher sehen, aus denen – wie beim Gollinger Wasserfall – zwei starke Ströme austreten und in weißschäumenden Wasserfällen herabspringen: die Bluntau-Wasserfälle. Auch sie sind Riesenquellen, und von der Lage her stehen sie im selben Winkel zum Kuchler/Gollinger Loch im Königssee wie der Gollinger Wasserfall. Sie sind dem Kuchler/Gollinger Loch sogar näher (9 km Luftlinie). So ist anzunehmen, dass der unterirdische Fluss, der von diesem Loch im Königssee herkommt, sich irgendwo im Bergesinneren teilt und hier an einer zweiten Stelle mit doppeltem Strom austritt. Das Wasser fließt nach den Bluntau-Wasserfällen dann tiefgrün aus dem Tal hinaus, es hat dieselbe Farbe wie der Königssee. Die frühen Menschen haben diesen Zusammenhang auch im Bluntautal entdeckt und haben ihm dieselbe symbolische Bedeutung gegeben wie dem Gollinger Wasserfall: Die Berggöttin entlässt hier aus ihrer Vulva die Seelen der Gestorbenen wieder ans Licht, bringt sie in der Wiedergeburt zum Leben zurück. Sogar doppelt kommt hier die Berg-Vulva als Tor ins Leben vor, was in den Augen der frühen Betrachtenden ihre Macht außerordentlich erhöhte. Dies brachten sie mit dem siebenfachen Dreieck zum Ausdruck. In jedem Fall wurde diese Naturerscheinung sehr verehrt, wofür die ältesten Gravuren auf den Steinen hier die Zeugen sind.

Es gab sogar ein abstraktes Abbild der Göttin in diesem Gebiet, wenn auch nicht im Bluntautal, sondern etwas entfernt in der Kienbachklamm bei Strobl im Flachgau, der an den Tennengau angrenzt. In den Felsen war eine aufrecht stehende Figur eingeritzt, die heute verloren ist.[313] Bei dieser Figur gehen Kopf und Kleid ineinander über, sodass sie insgesamt länglich geformt ist wie ein umgekehrtes U (Abb. 12). Ihr Gesicht ist flach und bis auf die Augen nicht sehr kenntlich, dafür ist ihr Kleid oder Mantel umso deutlicher ausgearbeitet. Es besteht aus fünf nebeneinander gelegten „Leitermustern", die zusammen ein „Schachbrettmuster" ergeben. Diese Muster enthalten zahlreiche Vierecke, die geordnet zusammenstehen. Das Viereck bezieht sich in der ältesten Symbolik seit der Altsteinzeit auf die vier Himmelsrichtungen, die den Menschen im Raum Orientierung geben.[314] Im sogenannten „Leitermuster" und „Schachbrettmuster" kommen Vierecke in systematischer Abfolge vor, das heißt, diese Muster stellen symbolisch die Ordnung der Welt dar. Diese Ordnung schenkt die Göttin, weshalb ihr Gewand gänzlich aus diesen Mustern besteht.

Abb. 12:
Felszeichnung einer Göttin, Kienbachklamm bei Strobl im Flachgau

Bemerkenswert ist das Achtspeichenrad, das zu ihren Füßen in den Stein gepickt ist. Das Achtspeichenrad ist ein uraltes Symbol, das von Indien bis Europa vorkommt. Es symbolisiert den von der Göttin gelenkten Kreislauf des Jahres und des Lebens vom Werden und Wachsen zum Welken und Sterben, worauf die glückliche Wiedergeburt folgt. Dieser Zyklus des Jahres und des Lebens wurde in den matriarchalen Kulturen in acht großen Jahreszeitenfesten gefeiert, wofür das Achtspeichenrad als abstrakte Chiffre steht. In dieser außergewöhnlichen Felszeichnung können wir deshalb die Göttin des Lebens, des Todes und der Wiedergeburt erkennen, die damit die Ordnung der Welt geschaffen hat. Sie wurde in der ganzen Gegend verehrt, insbesondere am Gollinger Wasserfall und an den Bluntau-Wasserfällen. Heute ist dieses schöne, aussagekräftige Felsbild zerstört, weil die offiziellen Behörden Felsgravuren nicht als schützenswert betrachten. Andere alte Felszeichnungen sind ebenfalls gefährdet, denn sie werden, ungeschützt in freier Natur, durch jüngere Überkritzelungen beschädigt und unkenntlich gemacht, sodass sie nicht mehr gelesen werden können oder gänzlich verloren gehen.

Vom Torrener Joch führt der Weg auf den Jenner, und von diesem aus sind in Richtung Süden die hügeligen Hochlagen auf der Ostseite oberhalb des Königssees leicht zu erreichen. Hier gibt es Almen, die seit sehr früher Zeit bewirtschaftet wurden, wie die Königsbachalm, die Gotzenalm und die Gotzentalalm. Früheste Hirten und spätere keltische Bauern, die vom Salzachtal aus über das Torrener Joch heraufkamen, haben sie als Sommerweiden genutzt. Alljährlich trieben sie ihr Vieh, Rinder und Schafe, dort hinauf. Im Umkreis dieser Almen auf der Ostseite des Königssees gibt es ebenfalls viele Fundstellen mit Felszeichnungen, die außer den späteren Überkritzelungen auch alte Symbole enthalten, wie mit Linien verbundene Näpfchen, „Schachbrettmuster", Dreiecke, Kreise. Sie treten hier so dicht auf, dass die Forscher vom „Felsbilderzentrum Königssee" sprechen.[315]

Alle diese Almen haben Sicht zur Weißen Berggöttin von Berchtesgaden, dem sogenannten „Watzmann-Massiv", und von der 1685 m hohen Gotzenalm ist es spektakulär: Von einem Felsvorsprung der Alm, dem „Feuerpalfen", das heißt „Feuerfelsen", eröffnet sich ein fantastischer Tiefblick auf den Königssee mit seiner Halbinsel Bartholomä. An dieser Stelle wird der See überragt von der gigantischen Ostwand der Weißen Berggöttin, der man unmittelbar gegenübersteht. So hat auch der Feuerpalfen zur kultischen Verehrung gedient, diesmal der Berggöttin und ihres Sees, und Feuer werden an seinem erhöhten Punkt dabei eine große Rolle gespielt haben. Dies zeigt, dass das verborgene Berchtesgadener Land auch von Südosten her schon in der Jungsteinzeit entdeckt wurde.[316]

Für uns ist wichtig festzuhalten, dass die späteren keltischen Bauern in diesem ganzen Gebiet, welches das Saalachtal, das Salzachtal und das Berchtesgadener Land umfasst, die jungstein- und bronzezeitlichen religiösen Traditionen mit ihrer Landschaftssymbolik fortgeführt haben. Sie gaben den Berggöttinnen lediglich keltische Namen und ergänzten die älteren Traditionen durch ihre eigenen Götter. Daran änderte sich auch nichts, als die keltische Bevölkerung, die sich mit den vorkeltischen Einheimischen vermischt hatte, unter römische Herrschaft geriet. Die Leute passten sich in Sprache, Kleidung und Lebensgewohnheiten zwar den römischen Herren an und sprachen nun eine eigene Mischung aus Keltisch und Lateinisch, die man „kelto-romanisch" nennt. Doch auch jetzt blieben ihre religiösen Anschauungen und kultischen Bräuche gleich. In der unruhigen Zeit der Völkerwanderung, als Alemannen die Täler der Saalach und Salzach unsicher machten und die römische Herrschaft zusammenbrach, zogen sich Teile der kelto-romanischen Bevölkerung zu den verborgenen Tälern und Höhen des Berchtesgadener Landes zurück, das damals heiliges Land war.

Der Garten der Percht

Das Berchtesgadener Land in den deutschen Alpen

Ein „Schlafgemach von Drachen"

Als zu Beginn des 12. Jh. christliche Augustiner-Chorherren ein Kloster auf dem kleinen, erhöhten Felsplateau, das von reißenden Wildwassern umflossen wird, mitten im Berchtesgadener Talkessel errichteten, beschrieben sie diese Gegend so: Sie sei „eine wüste Einöde", ein „Wald voll wilder Tiere und ein Schlafgemach von Drachen". An dieser Einöde und dem „schrecklichen Wald, der von ewiger Kälte und von eisigem Schnee starrte", seien sie schier verzweifelt.[317]

Heute gilt das Berchtesgadener Land als eine der schönsten und bemerkenswertesten Landschaften der nördlichen Alpen. Es besitzt weltberühmte Schönheiten wie den Königssee und gigantische Felsformen wie die Watzmann-Ostwand, die höchste Wand der östlichen Alpen. Kein Geringerer als Alexander von Humboldt machte es nach seinem Aufenthalt hier und in Salzburg im 18. Jh. durch den Ausspruch berühmt: „Die Gegenden von Salzburg und Berchtesgaden, von Neapel und Konstantinopel halte ich für die schönsten der Erde."[318] Heute ist ein großer Teil als Nationalpark und wegen seiner einzigartigen Landschaftszüge auch von der UNESCO als Welterbe geschützt.

Was für eine radikale Änderung der Perspektive! Abgesehen davon entspricht die Aussage der ersten Berchtesgadener Mönche auch nicht der Wahrheit, sondern sie wollten damit vor ihren Kirchenoberen durch gezielte Übertreibung ihre Pionierleistung in dieser Gegend herausstreichen. Denn man fragt sich, wie sie sich in einer angeblich menschenleeren Einöde und in einem von Eis starrenden Wald ernähren und ihre großen christlichen Bauwerke errichten konnten. Weshalb sollten sie ein Interesse daran gehabt haben, hier überhaupt zu wohnen – obendrein noch von Drachen bedroht?

Wir kennen diese Art christlicher Legenden bereits vom Bayerischen Wald und Böhmerwald. Dort wird behauptet, dass die Mönche von den Missionsklöstern an der Donau angeblich als Erste in die Waldwildnis dieser Gebirge vordrangen, dort rodeten und Kultur hinbrachten – was sich als unlautere Propaganda erwiesen hat.[319] Es gibt viele andere Beispiele dieser Art, so aus der amerikanischen Pionierzeit, als von den ersten weißen Siedlern auf diesem Kontinent behauptet wurde, sie hätten menschenleeres Gebiet vorgefunden. Als sich diese Version wegen der offenkundigen Kämpfe mit den einheimischen Völkern nicht aufrechterhalten ließ, wurde sogleich behauptet, dass diese „primitiv" seien und erst durch die Invasion der Europäer mit Sitte und Kultur in Berührung kamen. Man sieht, es handelt sich um die typischen Begleitlegenden von gewaltsamer Landnahme und Missionstätigkeit. Sie kommen sowohl beim neuzeitlichen, kolonialistischen Vorgehen auf anderen Kontinenten vor als auch beim frühen Kolonialismus innerhalb Europas gegenüber der vorher ansässigen, einheimischen Bevölkerung. Die adligen Augustiner-Chorherren erwiesen sich bei ihrer Landnahme im Berchtesgadener Land auch keineswegs als zimperlich. Sie verstanden es, durch eine Urkundenfälschung das Besitzrecht auf diese Wälder und Gewässer vom damaligen Kaiser Heinrich VI. zu erlangen. Auf dieselbe Weise sicherten sie sich auch das Recht auf Nutzung der Bodenschätze, die im Schoß der Berge ruhten: Metalle und Salz. So erwarben die Äbte kaiserliche Hoheitsrechte und wurden zu Fürst-Pröpsten, und zuletzt gelang es ihnen, das gesamte Gebiet des Berchtesgadener Landes unter ihre alleinige Herrschaft zu bringen. Mit dem wiederaufgenommenen Abbau des vielbegehrten Salzes begründete das Kloster schließlich seinen Reichtum.[320]

Dabei hat es mit dem Berchtesgadener Land eine besondere Bewandtnis. Von seinen natürlichen Gegebenheiten her ist seine Lage in sich abgeschlossen, sogar verborgen vor der Außenwelt. Es liegt hinter den schroffen nördlichen Bergen versteckt, dem Lattengebirge und dem Untersberg, die keineswegs einladend aussehen und dieses Gebiet nach Norden hin abriegeln. Von Bad Reichenhall, Hallein und Salzburg aus ist deshalb nichts vom Berchtesgadener Land zu erblicken. An seinen

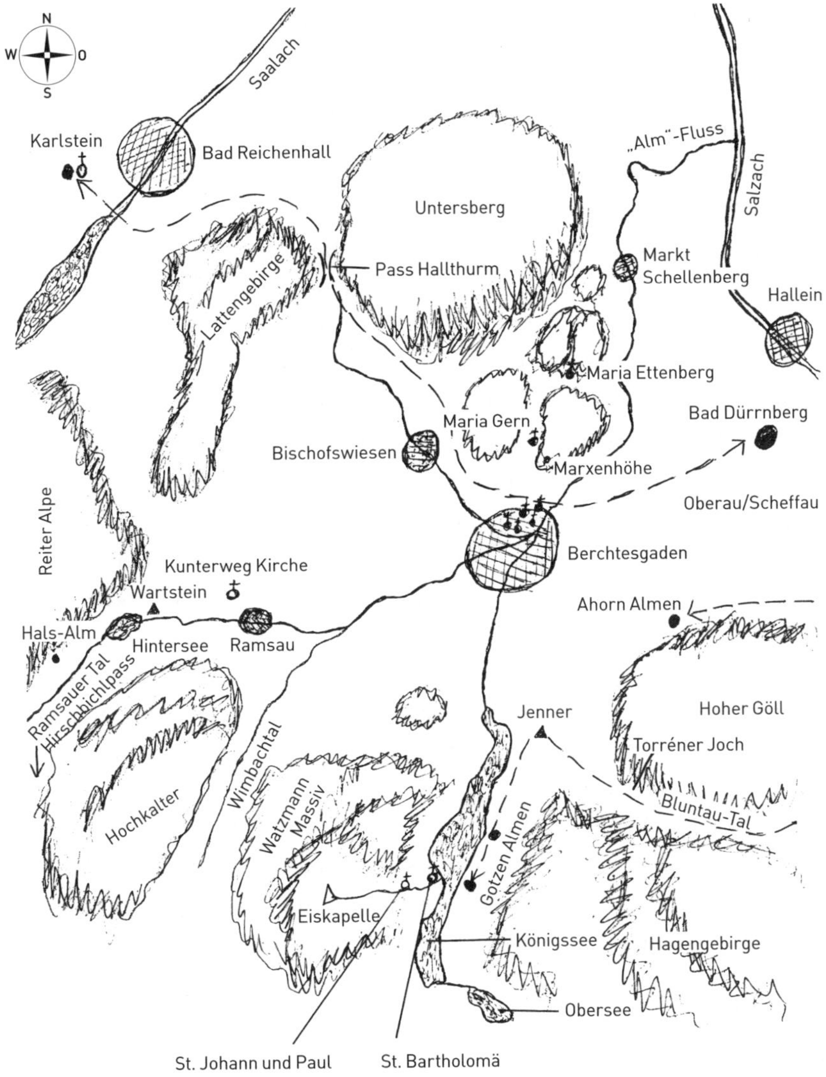

Karte 1:
Das Berchtesgadener Land

anderen Grenzen ragen ringsum von Ost bis West kahle Bergmassive mit abweisenden Wänden und Zacken zum Himmel: der Hohe Göll, der Watzmann, der Hochkalter, die Reiter Alpe – gewaltige Wächter, die das Berchtesgadener Land wie ein Geheimnis hüten (Karte 1). Sind diese vielleicht die „Drachen", vor denen sich die Augustiner-Chorherren fürchteten? Ist der Gedanke vielleicht doch nicht falsch, dass eine derart verborgene und wilde Gegend für die Menschen in den frühen Epochen, die Jahrtausende vor dem Mittelalter lagen, keineswegs anziehend oder gar bewohnbar war?

Diese Frage kann nur die Archäologie beantworten. Doch leider befindet sich diese, was das Berchtesgadener Land betrifft, in einem beklagenswerten Zustand. Gezielte archäologische Ausgrabungstätigkeit fehlt völlig, bis auf eine einzige Ausgrabung im Jahr 1922.[321] Im Gegensatz dazu sind die Täler der Salzach und der Saalach, die das Berchtesgadener Land umschließen, archäologisch sehr gut erforscht.[322] In Hallein prangt sogar ein aufwändig gestaltetes Kelten-Museum, das – wie nicht anders zu erwarten war – den Mann als großen Krieger aufs Podest stellt. Auch im Berchtesgadener Land wurde höchstens bis zu den Kelten geforscht, dennoch gibt es ein paar Zufallsfunde aus der Jungsteinzeit. „Zufallsfund" heißt, dass Bauern zufällig Sachen auf ihren Feldern finden, diese aber möglichst verschwinden lassen, weil sie keinen Ärger mit Archäologen und Ämtern haben wollen, die ihnen, sobald es bekannt wird, die Fundstelle absperren würden. Daher gelangen solche „Zufallsfunde" nur aus unbeackerten Randstreifen oder unbewohntem Gelände an die Öffentlichkeit. Was das markante Felsplateau des Ortes Berchtesgaden über den Wildflüssen betrifft, so haben es die adligen Chorherren mit riesigen Bauten von Klöstern und fünf Kirchen auf engstem Raum zugedeckt. Die Kirchenoberen wollen weder auf diesem wichtigen Platz noch irgendwo sonst Forschung zulassen, da für sie die Geschichte ohnehin erst mit dem 12. Jh. beginnt.

Dennoch haben diese Zufallsfunde genügend Erkenntnisse erbracht, die zeigen, dass das Berchtesgadener Land bereits in der Jungsteinzeit, hier um 2500–2000 v. u. Z., stetig begangen wurde. Der Weg durch dieses Gebiet war nämlich der kürzeste, um die beiden Orte der frühesten Salzgewinnung zu verbinden: Dürrnberg bei der Salzach im Osten, oberhalb von Hallein gelegen, und Karlstein bei der Saalach im Nordwesten, in der Nähe von Bad Reichenhall (vgl. Karte 1).[323] Dürrnberg und Karlstein besaßen schon in dieser sehr frühen Epoche überregionale Bedeutung, darum war eine kurze Wegverbindung zwischen ihnen sehr vorteilhaft. Diese wichtige Route führte von den östlichen Dürrnberger Hügeln über dasselbe Hügelgelände weiter gen Westen zur Berchtesgadener Scheffau und Oberau, eine Strecke, die nicht länger als eine Tageswanderung ist. Dann stieg man hinab zur Berchtesgadener Ache, überquerte sie an einer passenden Stelle und folgte ihr leicht ansteigend, bis man das Felsplateau in der Mitte des Berchtesgadener Talkessels erreichte. Unterhalb dieser Felsenfläche vereinigen sich drei wilde Bergflüsse, um die Berchtesgadener Ache zu bilden, was sicher ein dramatischer Anblick war. Heute werden sie von Straßenbrücken fast völlig verdeckt. Dort hinunter musste man nicht gehen, was nicht nur unbequem, sondern auch gefährlich war, stattdessen wanderten die frühen Menschen am Rand der Hügel entlang gemächlich nach Norden ins breite Tal von Bischofswiesen. Hier öffnete sich das Tor aus dem Berchtesgadener Land hinaus, die Enge zwischen Lattengebirge und Untersberg, der heutige Pass Hallthurm. War dieses Tor durchschritten, kam man in die moorige Ebene von Reichenhall, die man ebenfalls nicht betrat, sondern man zog wieder am Rand der Hügel entlang bis zu den Felsen von Karlstein mit der damaligen Ortschaft an ihrem Fuß (vgl. Karte 1).

Entlang dieser Route, die in beiden Richtungen begangen wurde, entdeckte man mehrere schön geglättete Lochäxte aus der Jungsteinzeit, ebenso Silexklingen und Feuerstein-Pfeilspitzen. Sie befanden sich in der Scheffau, an den beidseitigen Hangterrassen über der Berchtesgadener Ache, ferner an mehreren Plätzen oberhalb des Berchtesgadener Felsplateaus, ebenso im Tal von Bischofswiesen. Zusätzlich machten die Forscher Funde in der Schönau, einem weiten, sonnigen Plateau südlich des Ortes Berchtesgaden, das vor den Felswänden des Königssees liegt.[324] Hier fanden die frühen Menschen eine angenehme, mittlere Höhenlage als Aufenthalt zwischen den engen Überschwemmungstälern der reißenden Flüsse unten und den steilen Felswänden der Bergstöcke oben. Auch auf der Route von Dürrnberg nach Karlstein wird es Raststationen gegeben haben, eine davon mit Sicherheit auf dem jetzt völlig überbauten Felsplateau von Berchtesgaden.

Den erstaunlichsten Fund aus der Jungsteinzeit machte man auf dem Hohen Göll, auf dessen Gipfel man unter Verwitterungsschutt ebenfalls eine Lochaxt fand.[325] Hier oben hat niemand sie als Arbeitsgerät benutzt, denn es gibt keine Bäume mehr. Sie wurde auch nicht zufällig „verloren", dafür ist dieser Platz zu auffällig. Die Archäologen nehmen an, dass sie hier absichtlich und mit tieferer Bedeutung niedergelegt wurde, als ein Geschenk, eine Weihegabe an eine Gottheit. Ähnliches gilt für die meisten jungsteinzeitlichen Funde aus dem Berchtesgadener Land: Sie sind nicht einfach verlorene oder weggeworfene Arbeitsgeräte, denn sie treten als Einzelfunde an der wichtigen Wegverbindung auf. Sie können auch nicht aus Siedlungen oder Gräbern stammen, denn für dauerhafte Besiedelung liegen im Berchtesgadener Land für die Jungsteinzeit keine Beweise vor, jedenfalls bis jetzt nicht. So vermutet man, dass es sich auch bei den anderen Funden um Formen bewusster Deponierung handelt, insbesondere weil die schönen Lochäxte, die auch eine kultische Bedeutung hatten, überwiegen.[326] Solche rituellen Niederlegungen sind auch entlang der gesamten Wegstrecke im unteren Tal der Saalach und im unteren Tal der Salzach bezeugt, und zwar flussaufwärts bis zu den Bergpässen, sogar weit darüber hinaus in die Täler der Zentralalpen. Die Zeitspanne reicht von der Jungsteinzeit bis zur Keltenzeit (ab 3000 bis 500 v. u. Z.).

Die Gründe für diese religiösen Handlungen entlang der Passwege und Alpenübergänge waren wohl Bitte um gutes Wetter für den Weg oder Dank für die geglückte Wanderung. Dabei richteten die Menschen die Gebete an jemand, an eine mächtige Gottheit, und diese war weder abstrakt noch fern, sondern sie steht im Berchtesgadener Land weithin sichtbar über der gesamten Gegend. Das gilt besonders für das Felsplateau von Berchtesgaden, dort sieht man sie strahlend in voller Schönheit in die Höhe ragen: die Weiße Berggöttin, später „Watzmann" genannt. Von fast allen erhöhten Plätzen in diesem Gebiet erblickt man sie, was die jungsteinzeitlichen Wanderer zu ihren Verehrungsgeschenken veranlasst haben mag.

Die Weiße Frau

Im gesamten Berchtesgadener Land, insbesondere aber am Ort Berchtesgaden, ist das stark gegliederte Watzmann-Massiv die dominierende Berggestalt. Wie zwei Hörner, das eine größer, das andere kleiner, die sich einander leicht zuneigen, sticht es in den Himmel (Abb. 1). Während der Herbst- und Wintermonate bis in den Mai hinein erstrahlen sie weiß von Schnee hoch über dem Land, und im Sommer leuchtet der helle Kalkstein des Berges in der Sonne. Diese Gestalt und die Farbe Weiß erinnern an Mondhörner.

Berge mit doppeltem Gipfel waren in der Regel heilige Berge. Ein Beispiel dafür gibt das minoische Kreta: Das Dach des Palastes von Knossos war mit Doppelpaaren von stilisierten, weißen Hörnern wie Zinnen verziert (Rekonstruktion nach kretischen Malereien), und auf einem erhöhten Platz stand ein riesiges Exemplar solcher Hörner. Auch sie waren weiß bemalt und stellen Mondsymbole dar. Sie wurden ebenfalls als Symbole der Hörner des heiligen kretischen Stieres betrachtet, doch die Stierhörner galten selbst als Mondsymbole, da sie wie die zunehmende und abnehmende Mondsichel aussehen. Dieses Paar riesiger Hörner bot eine interessante Aussicht, denn schaut man durch die U-förmige Hohlform zwischen ihnen hindurch, fällt der Blick geradewegs auf einen Doppelgipfel-Berg, welcher der heilige Berg von Knossos war.

Abb. 1:
Das Watzmann-Massiv

Auch zwischen den ragenden Hörnern des sogenannten „Watzmanns" liegt ein breiter U-förmiger Schoß, der zum Himmel hin offen ist, das „Watzmann-Kar" (siehe Abb. 1). Man kann nicht hindurch in die Ferne schauen, aber dieser Bergschoß ist nicht leer: Es sitzen sieben kleine Zacken darin, die noch heute volkstümlich als „Watzmann-Kinder" bezeichnet werden. Wo Kinder sind, kann eine Frau nicht weit sein, so wird das linke, niedrigere Horn die „Watzmann-Frau" genannt, während das höhere Horn der „Watzmann" heißt. Dabei ist „Watzmann-Frau" eine unsinnige Bezeichnung, was wohl darauf hinweisen soll, dass sie die Frau vom Herrn Watzmann ist. Es gibt eine Sage von diesem Berg – „König Watzmann und seine sieben Kinder" –, in der erzählt wird, dass ein König namens „Watzmann" äußerst grausam gegen seine Untertanen war, und seine Königin und Kinder taten es ihm gleich. Ihre Untaten wurden immer übler, und das währte so lange, bis die ganze Familie schließlich durch ein Strafgericht Gottes in Stein verwandelt wurde.[327]

Diese Sage spiegelt deutlich die spätere Patriarchalisierung und Dämonisierung dieser bemerkenswerten Berggestalt und verzerrt die symbolische Bedeutung, die sie zuvor gehabt hatte.[328]

Schon wenn wir den sprachlich absurden Begriff „Watzmann-Frau" in die natürliche Bezeichnung „Watzfrau" zurückverwandeln, die neben dem angeblichen „Watzmann" steht, hört sich das bereits genauer an. Ferner dürfen wir die patriarchale Redewendung von „seinen sieben Kindern" zu „ihren sieben Kinder" verändern, denn sichtbar sitzen diese sieben Kinder in *ihrem* Schoß. Ihr Schoß bildet eine zum Himmel geöffnete, riesige Hohlform, und Hohlformen ebenfalls zu beachten – nicht nur die monumentalen Gipfelgestalten – ist eine für die frühen Kulturen typische Betrachtungsweise. Bezieht man diese Hohlform als großen Bergschoß visuell ein, dann liegt es nahe, dass der ganze Berg einst die „Watzfrau" war.

Diese „Watzfrau" erscheint in einem doppelten, komplexen Symbol: Einerseits ist sie selbst der Bergschoß mit den Kindern, der die Himmelsenergie aufnimmt. Zugleich erscheint sie als die Bergfrau mit den zwei Mondhörnern, die ebenfalls Himmelsenergie zur Erde leiten (siehe Abb. 1). Das heißt, sie selbst wurde als eine Himmlische betrachtet, als eine Erscheinung der Mondgöttin, der Weißen Göttin, die sich in dieser Landschaft als Berggöttin verkörpert. Ein Detail ihrer Berggestalt weist in dieselbe Richtung, denn die mittlere, größte Zacke in dem Bergschoß, die am besten zu sehen ist, trägt außer der banalen Nummer 4 auch die volkstümliche Bezeichnung „Jungfrau".[329] Für diesen Namen gibt es keinen plausiblen Grund, außer dass einst der ganze Berg als „Jungfrau" bezeichnet worden ist. Denn die Mondgöttin als Weiße Göttin ist stets die himmlische Jungfrau, das heißt, sie stellt die Mädchengestalt der Dreifachen Göttin der matriarchalen Kulturen dar.[330]

Können wir noch eine Spur des alten, konkreten Namens dieser Berggöttin finden? Er steckt im Namen der kleinen Stadt Berchtesgaden. „Berchtes-gaden" setzt sich zusammen aus „gaden", was „Sitz" heißt, und „Berchta" oder „Percht", der Benennung der uralten Göttin Bayerns. Berchtes-gaden meint also den Sitz und Kultort dieser Göttin, vor dem sie sich unmittelbar erhebt und einst höchste Verehrung genoss. Dabei stammt der Name „Berchta/Percht" von althochdeutsch „perachta" und bedeutet „die Prächtige, Helle, Glänzende, Strahlende", eine treffende Bezeichnung für die Mondgöttin. Ebenso galt der weiße Mondhörner-Berg selbst als ihr Sitz, denn heilige Berge als Sitze von Gottheiten sind eine weltweit verbreitete, uralte Auffassung.[331]

Als linguistische Erklärung für den Namen dieses Ortes wird behauptet, dass er von einem mythischen „Berchthold" abgeleitet sei oder gar von einem völlig unbekannten „Perchter/Perter".[332] Das sind mühsame Versuche, aus der einseitig-männlich orientierten Weltsicht den einfachen Zusammenhang zu verdunkeln, dass auch diese Benennung von der viel älteren Göttin „Berchta/Percht" abgeleitet ist. Dabei ist der Name dieser Göttin im ganzen südlichen Bayern und im Salzburger Land verbreitet.[333] In anderen Teilen Deutschlands entspricht der Göttin Percht die Gestalt der „Frau Holle" (Mitteldeutschland), „Frau Fricke" oder „Frau Gode" (Norddeutschland).

Die christliche Symbolik, die sich in den alten Kirchen Berchtesgadens findet, gibt uns weitere Aufschlüsse. Sie spricht durch die dahinterstehende Strategie der missionarischen Vereinnahmung und Umkehrung der früheren Glaubensinhalte auch hier eine deutliche Sprache. So wurde die lichte Gestalt der Frau Berchta durch die christliche Maria ersetzt, deren Darstellungen sich hier auffallend häufen; sie soll die eigentliche himmlische Jungfrau des Berchtesgadener Landes vergessen machen. Doch die Art und Weise, wie Maria hier präsentiert wird, ist vielsagend.

Die älteste Kirche ist die Stiftskirche des Augustiner-Klosters, und auf deren Hauptaltar schwebt Maria im weißen Gewand und lichtblauen Mantel, gekrönt von einem Sternenkranz, mit ausgebreiteten Armen gen Himmel – eine typische Himmelsfrau! Im Kirchenschiff befindet sich eine weitere Madonna, sie steht auf der Mondsichel, wobei die Mondsichel liegt und ihre zwei Hörner nach oben streckt, genau so wie der Weiße Berg von Berchtesgaden.

In der Franziskanerkirche, die einst zum Nonnenkloster der Augustinerinnen gehörte und auf dem Felsplateau von Berchtesgaden dem Mondhörnerberg direkt gegenübersteht, kommen allein sechs Madonnen vor. Fünf davon weisen auf die Himmelsgöttin hin: Über dem Hauptportal befindet sich eine Sternenkranz-Madonna und eine zweite mit Sternenkranz und weißem Gewand beim Seiteneingang; außerdem besitzt die Kirche eine Seitenkapelle, die ausschließlich drei weiteren Madonnen-Statuen gewidmet ist. Diese Kapelle ist unmittelbar auf den Berg ausgerichtet und zeigt eine äußerst interessante Symbolik: Die drei Statuen stellen Maria als Mädchen, als Schwangere und als Mutter dar, sonst gibt es hier keine weiteren Figuren. Als Mädchen steht Maria rechts vom Eingang, im weißen Kleid und lichtblauen Mantel auf einer

Abb. 2 (links):
Maria als Mädchen, Marienkapelle in der Franziskanerkirche

Abb. 3 (rechts):
Maria als Mutter, Marienkapelle in der Franziskanerkirche

kleinen Mondsichel, wie die himmlische Mädchengöttin (Abb. 2). Links vom Eingang ist sie als Mutter dargestellt, im weißen Gewand und mit goldenem Mantel, und die große Mondsichel zu ihren Füßen hat hochragende Hörner. Damit bildet auch diese Sichel den Mondschoß des heiligen Berges nach, in dessen Mitte die Himmelsfrau mit dem Kinde steht (Abb. 3). Die dritte Statue befindet sich auf dem Hochaltar in der Mitte der Kapelle, sie ist ein Gnadenbild und sehr berühmt. Es handelt sich um eine „Madonna im Ährenkleid", die seit dem 15. Jh. von Wallfahrern besucht wird, was dem ehemaligen Nonnenkloster großen Wohlstand bescherte.[334] Maria ist hier als Schwangere im blauen Kleid, auf das goldene Ähren aufgemalt sind, dargestellt (Abb. 4). Früher war in den Bauch der Figur eine mandorlaförmige und mit einem Flammenkranz verzierte Höhlung eingelassen, die das Kind im Mutterleib zeigte. Leider wurde diese Höhlung auf Wunsch der prüden Klosterleitung bei der Restaurierung verschlossen und übermalt, das Kind ist nicht mehr vorhanden.[335] Auch diese Madonna symbolisiert keine Erdenfrau, wie man wegen der Ähren meinen könnte. Denn der goldene Flammenkranz um Hals und Ärmel und einst auch um den Mutterleib, obendrein der schöne Sternenkranz um ihr Haupt weisen wieder auf die Himmelsgöttin hin. In deren Erscheinungsbild ist nun auch die Sonne, symbolisiert durch die Flammenkränze, einbezogen.

Abb. 4:
Maria als Schwangere, die „Ährenmadonna" in der Marienkapelle in der Franziskanerkirche

Erstaunlich ist, wie genau diese drei Madonnen die Erscheinung der Berggöttin imitieren: Sie ist mit den weißen Mondhörnern zunächst die Mädchengöttin, der die erste Marienstatue entspricht (siehe Abb. 2). In ihrem großen Bergschoß sitzen aber sieben Kinder, damit ist sie auch die Schwangere, was der schwangeren Maria in der Kirche entspricht (siehe Abb. 4). Ihre Kinder sind jedoch nicht verborgen, sondern weithin sichtbar, sie ist also gleichzeitig Mutter, genau wie die Statue, die Maria als Mutter zeigt (siehe Abb. 3). Die komplexe Mariensymbolik in dieser Kapelle entspricht damit genau der komplexen Gestalt und Bedeutung der Weißen Berggöttin.

Auch die Sternenkränze und Sonnenflammen der Madonnen weisen auf eine alte Himmelssymbolik hin, welche die Berggöttin deutlich zeigt: Denn sie hat genau sieben Kinder, eine magische Zahl! Die Sieben bezeichnete im Altertum die mit bloßem Auge sichtbaren Himmelskörper, die scheinbar um die Erde kreisen, nämlich Sonne, Mond, Merkur, Venus, Mars, Jupiter und Saturn. Mit alledem zeigt die Weiße Berggöttin eine sehr bedeutungsreiche Vielfalt an weiblichen und himmlischen Eigenschaften, und das mag außer ihrer großen Schönheit zu ihrer besonderen Heiligkeit seit der Jungsteinzeit geführt haben.

Den besten Beleg für diesen Zusammenhang zwischen der himmlischen Jungfrau-Mutter Maria, den Hörnern des Mondes, dem sogenannten

Abb. 5:
Maria über dem Berg und der Stadt von Berchtesgaden, Wandmalerei an einer Kapelle am Weg zur Scheffau

„Watzmann-Massiv" und dem Ort Berchtesgaden stellt jedoch ein volkstümliches, naives Madonnenbildnis dar. Es befindet sich als kleine Außenmalerei über der Tür eines Kapellchens, das am Aufgang zu den Hügeln der Scheffau steht (Abb. 5). Hier erblickt man Maria im weißen Kleid und blauen Mantel wieder auf der liegenden Mondsichel, die genau über den Hörnern des Watzmann-Massivs schwebt. Diese Mondsichel ist ein wenig geneigt, sodass ihre Hörner exakt den beiden ungleich hohen Hörnern des Berges entsprechen. Es lässt keinen Zweifel daran, dass mit den Mondhörnern die Hörner des Berges gemeint sind und dass dieser Berg als weiblich betrachtet wurde. Unterhalb des Berges liegt Berchtesgaden mit Stiftskirche und Franziskanerkirche. Damit verdeutlicht dieses kleine, unscheinbare Bild vollkommen den landschaftsmythologischen Zusammenhang im christlichen Gewand: Berchtesgaden ist ein Ort der göttlichen Jungfrau-Mutter. Diese ist der Mondhörnerberg, die Landschaftsgöttin, die über dem Ort aufragt. Über diese alte Himmelsgöttin „Berchta/Percht", nach der Berchtesgaden seinen Namen hat, wird sichtlich die christliche Jungfrau-Mutter gesetzt. Sie ist nun die neue „Mondhörner-Göttin" und ersetzt die frühere sehr direkt, wobei gerade diese Direktheit den wahren Zusammenhang enthüllt.

Es gibt noch ein weiteres Geheimnis zwischen dem Berg und der Madonna, es steckt in dem Namen „Watz-Frau". Er hat zeitlich lange vor dem Namen „Watz-Mann" bestanden und wurde vermutlich auch später gleichzeitig mit diesem gebraucht, bevor er zu „Watzmann-Frau" verunstaltet wurde. Die Silbe „watz" ist eine akustische Entstellung durch die preußischen Kartografen, welche die in bayerischem Dialekt ausgesprochene Silbe „woaz" nicht richtig verstanden und sie falsch in ihre Landkarten eintrugen. Korrekt ausgesprochen handelt es sich also um die „Woaz-Frau". Der Umlaut „oa" in der bayerischen Sprache entspricht dem hochdeutschen „ei", wie zum Beispiel bei bayerisch „dahoam" zu sehen ist, was hochdeutsch „daheim" heißt. Die korrekte Übersetzung von „Woaz-Frau" lautet daher „Weiz-Frau". „Weiz" kann nun zweierlei meinen, nämlich „Weizen" und „Weiß". Diese beiden Wörter bedeuten im Bayerischen sowie in den altgermanischen und keltischen Sprachen dasselbe, nämlich „weiß".[336] Denn die Ähren des Weizens sind sehr hell und das Mehl aus diesen Ähren ist weiß. So meinen „Weißbrot" und „Weizenbrot" dasselbe, und im Bayerischen ist ein „Weißbier" identisch mit einem „Weizenbier".

Die „Woaz-Frau" ist also eine „Weiße Frau" oder „Weizen-Frau". Als „Weiße Frau" ist sie die Mondgöttin, verkörpert in dem Berg, und dieser Titel ist ihre allgemeine, weitverbreitete Bezeichnung als Herrin des Himmels. Was aber hat dieser Berg, auf dessen Zacken und Wänden kein Getreide, noch nicht einmal Gras wächst, mit einer „Weizen-Frau" zu tun? Es steht allerdings eine solche „Weizen-Frau" in der Franziskanerkirche in Berchtesgaden, nämlich das schon erwähnte Gnadenbild der „Madonna im Ährenkleid" (siehe Abb. 4). Jedoch ist ihr Standort hier seltsam, denn in dem rauen Bergklima und auf dem Felsplateau, auf dem Berchtesgaden erbaut ist, gedeiht kein Weizen. Es wurde im Berchtesgadener Land nie große Felderwirtschaft mit Getreide betrieben; dafür fand sich kein Platz in diesem engen Talkessel, der gemäß alten Reisebeschreibungen eher „höher als breit" ist. Hier gab es nur Weidegebiete auf halber Höhe und auf Hochalmen. Dennoch steht die Ährenkleid-Madonna schon seit langer Zeit hier, als ob sie hierher gehörte, und die gestickten Worte auf der Altardecke zu ihren Füßen besagen: „Sei Königin des Berchtesgadener Landes!"

Diese Königin war einst die Mondgöttin in Gestalt der Weißen Berggöttin, die noch immer prachtvoll über Berchtesgaden leuchtet. Das legt nahe, dass diese Ährenkleid-Madonna eher etwas mit dem Berg zu tun hat, auf den sie ausgerichtet ist, als mit einem Weizenfeld. Sie ist wegen der Identität der Wörter sowohl eine „Weizen-Frau", was ihr Kleid zeigt, als auch eine „Weiße Frau" als Himmelsherrin, was ihre himmlischen Attribute Sternen- und Flammenkränze beweisen. Sie wurde hier absichtlich an die Stelle der wahren Königin des Berchtesgadener Landes gesetzt, auch wenn diese missionarische Absicht heute vergessen ist.[337]

Von der „Weißen Frau" zum „Drachennest"

Wie konnte sich diese jungsteinzeitliche Auffassung von der Weißen Berggöttin von Berchtesgaden bis in so späte Jahrhunderte hinein bewahren? Was verbindet geschichtlich diese Mondhörner-Göttin der matriarchalen Kulturen mit den späteren Bayern als einem germanischen, patriarchalen Stamm?

An die Jungsteinzeit schließt sich die Bronzezeit an, und aus dieser Kulturepoche werden die Funde im Berchtesgadener Land dichter (2200–1200 v. u. Z.). Allein 197 Fundstücke in Form von Armringen, Nadeln, Sicheln, Messern, Beilen und Geräten des täglichen Lebens wurden sichergestellt, was längere Besiedelung beweist. Zu diesen Gegenständen kommen verschiedene Pfeilspitzen und eine bronzene Lanzenspitze hinzu, die sich auf dem Gipfel des Jenner befand. Der Jenner ist ein Felsenberg von mehr als 1800 m Höhe am nördlichen Ende des Königssees. Von seinem Gipfel bietet sich eine wunderbare Aussicht auf die „Weiße Frau", den Mondhörnerberg, ebenso auf einen Teil des tiefgrünen Königssees zu ihren Füßen und auf den Berchtesgadener Talkessel (vgl. Karte 1). Auch von der Lanzenspitze auf dem Gipfel des Jenner nehmen die Forscher an, dass es sich um eine kultische Weihegabe handelt.[338] Das zeigt, dass die Verehrung der Weißen Berggöttin in derselben rituellen Art in der Bronzezeit weiterging.

Wie die jungsteinzeitlichen kamen auch die bronzezeitlichen Kultureinflüsse von den überregional bedeutenden Orten der Salzgewinnung Karlstein im Westen und Dürrnberg im Osten in das Berchtesgadener Land. So fand man Siedlungsreste aus der Bronzezeit im Hügelgebiet von Oberau und Scheffau. Auch aus der keltischen Eisenzeit (ab 500 v. u. Z.) sind Wohn- und Kultstätten in der Scheffau/Oberau mehrfach nachgewiesen, man entdeckte eine Siedlungsterrasse und ein kleines Gräberfeld.[339] Auch keltische Landschaftsnamen, wie „Götschen" und „Hohe Götschen", treten hier auf. Dabei pflegten die Kelten in der Regel ältere jungstein- und bronzezeitliche Routen zu nutzen und auf bronzezeitlichen Siedlungsplätzen zu wohnen, die sie eroberten und für sich vereinnahmten.

Außer über das Hügelgebiet der Scheffau gab es noch weitere Zugänge zum Berchtesgadener Land, die Wege kamen aus dem östlich gelegenen Salzachbecken herauf. Diese Routen sind ebenfalls uralt. Ein wichtiger Weg kam von Golling durch das lange Bluntautal heran und endete am Torrener Joch, von wo aus der Jennergipfel erreicht wurde (vgl. Karte 1). Jungsteinzeitliche Felszeichnungen befinden sich im Bluntautal und die schon erwähnte bronzezeitliche Lanzenspitze auf dem Jenner. Vom Jenner aus erreicht man die Hochalmen östlich und südlich um den Königssee, die ebenfalls Fundstellen mit jungstein- und bronzezeitlichen Felszeichnungen aufweisen.[340] Auch hier übernahmen später die keltischen Bauern die Hochweiden und trieben im Sommer ihr Vieh aus dem Salzachtal herauf. Das belegt die Vielzahl keltischer Namen von Gewässern, Bergen und Almen in dieser Gegend, wie „Gotzen-Alm", „Gotzen-Tal", „Gotzen-Stein", „Gotzen-Berg", „Gotzen-Tauern". Auch die Landschaftsnamen „Jenner", „Kauner-Wand", „Fischunkel-Alm", „Funten-See" um den Königssee herum sind keltischer Herkunft.[341] Vom Jenner aus wurden ebenso die nördlich von ihm gelegenen Almen begangen, die sich oberhalb von Urwald und brausenden Bergflüssen in sonniger Lage dehnen; hier liegt die keltisch benannte „Scharitzkehl-Alm" am Kehlstein. Von Kuchl führte ebenfalls ein alter Weg herauf, er ging über den Eckersattel zu den Ahornalmen oberhalb des Obersalzberges. Auch diese Hochweiden trugen früher keltische Namen und hießen „Ladusen-" oder „Larosen-Almen".

Nicht nur hier, sondern überall im Berchtesgadener Land treten keltische Namen auf, was zeigt, dass die ganze Gegend schließlich von einer keltischen Bevölkerung besiedelt wurde. Dabei spielte die Almen-Beweidung eine große Rolle, denn es ist bekannt, dass die Kelten eine hohe Fertigkeit in der Bewirtschaftung von Höhenlagen besaßen. Diese hatten sie von den vor-keltischen Einheimischen erlernt, mit denen sie sich vermischten. So wohnten sie auf allen niederen oder höheren Almen, die ihnen ein weites Blickfeld auf die heiligen Berge in der Runde boten, und setzten trotz ihrer frühpatriarchalen Gesellschaftsform die kultische Überlieferung fort, die sich auf diese Berge bezog. Auch sie betrachteten sie als Göttinnen und benannten sie nun mit keltischen Namen.

Ab 15 v. u. Z. gerieten die Täler der Saalach und Salzach unter römische Herrschaft, die fünf Jahrhunderte andauerte. In dieser langen Zeit wandelte sich die Sprache zum „Kelto-Romanischen", doch die religiösen Anschauungen und kultischen Bräuche der Leute blieben gleich. Als im 5. Jh. germanische Stämme die offenen Täler der Saalach und Salzach unsicher machten und die römische Herrschaft zusammenbrach, zogen sich Teile der kelto-romanischen Bevölkerung zu den verborgenen Tälern und Höhen des Berchtesgadener Landes zurück. Es entstand eine Art Rückzugskultur, die das alte Weltbild konservativ beibehielt. Auch die im 6. Jh. beginnende bayerische Herrschaft im Saalach- und Salzachtal änderte daran nichts, denn das Berchtesgadener Land lag – wie schon für die Römer – im Abseits, ein Waldgebiet mit Jägern, Hirten und Bauern, bei denen keine Schätze zu holen waren. Lediglich die Weiße Berggöttin, die unübersehbare Königin des Landes, erhielt nun den germanischen Namen der Frau Percht oder Berchta.

So kam es dazu, dass die Augustiner-Chorherren im 12. Jh. meinten, in ein „Schlafgemach von Drachen" geraten zu sein. Dieses Urteil fällten sie wegen der Abgeschiedenheit des Berchtesgadener Landes und des Festhaltens der Bevölkerung an ihren alten Glaubensinhalten. Eine „wüste Einöde" war das Land vor ihrer Zeit jedoch keineswegs gewesen, sondern ein seit der Jungsteinzeit begangenes und bewohntes Gebiet. Aber die „Drachen" saßen in den Köpfen der hier ansässigen Menschen, die nicht von der mythisch-symbolischen Betrachtungsweise der Berge und Seen in diesem Land lassen wollten. Deshalb konnte das Christentum erst spät eindringen, und die Missionierung war auch dann nicht von durchgreifendem Erfolg gekrönt. So sahen sich die ersten Mönche schließlich gezwungen, eigenhändig die „Drachen" aufzuspießen und es bildlich in der alten Mutterkirche, der Andreaskirche, zu dokumentieren. Diese symbolische Gewaltaktion ist hier gleich dreimal zu sehen: durch den Engel Michael, den Ritter Georg und einen schwarzen Augustiner-Mönch. Denn den Missionaren schien das Werk der Drachentöter St. Michael und St. Georg nicht zu genügen (Abb. 6).

Aber das Beharrungsvermögen der einheimischen Bauern und Hirten erwies sich als stärker. So ließen sie nicht von ihren uralten „Perchten-Läufen" oder „Berchten-Läufen" ab, die mit der Göttin Percht/Bercht zu tun haben und noch heute im ganzen südlichen Bayern und im Salzburger Land verbreitet sind. Sie finden in der Regel im Winter, in den zwölf Raunächten zwischen Weihnachten und dem 6. Januar, statt, gelegentlich auch in der Adventszeit. Seltsame Gestalten ziehen dann von Haus zu Haus, machen Lärm und fordern Beachtung und Gaben. Ihren

Abb. 6:
Mönch als Drachentöter in der alten Andreas-Kirche

Höhepunkt haben die Perchtenläufe vor dem „Berchta-Tag" (6. Januar), der einst ein hoher Festtag der Göttin gewesen war, bevor die christlichen drei Heiligen Könige daraufgesetzt wurden.[342] Bei manchen Perchtenläufen tritt Frau Percht sogar persönlich auf, und zwar in einer doppelgesichtigen Gestalt. Als „Schön-Percht" hat sie ein liebliches Antlitz, ist in ein weißes Gewand oder Fell gekleidet und trägt einen Kranz von goldenen Sonnenstrahlen ums Haupt. Ihr zweites Gesicht ist die „Schiach-Percht", die „Hässliche Percht", und es wird bei ihren Auftritten als schwarze Hexen-Fratze auf dem Rücken getragen.[343] Dahinter steht das uralte, matriarchale Muster von der Göttin mit dem hellen und dem dunklen Gesicht, die zugleich Göttin des Lichts und Himmels und der Dunkelheit und Unterwelt ist.

Die Percht wird auf ihren Umzügen begleitet von wilden Gesellen, die Holzmasken tragen und in Felle gehüllt sind. Auch sie fielen der christlichen Dämonisierung anheim und gelten als „böse Geister", als teuflische Schreckgestalten des Winters. Doch gerade in Berchtesgaden

Abb. 7:
Die „Buttnmandl" beim Perchtenlauf in Berchtesgaden

blieb eine elementare Art von Perchten erhalten, die „Buttnmandl" mit ihrer Strohbündel-Kleidung, die zeigen, dass sich dahinter Vegetationsgeister verbergen. Sie kommen zu zwölft daher, ihre Strohkleidung steht sternförmig von ihnen ab, und sie lärmen mit Kuhglocken: Es ist ein Fruchtbarkeitsritus für Felder und Vieh. Dabei tragen sie dunkle Holzmasken, von denen einige mit weißen Hörnern – wie zwei Mondsicheln – ausgestattet sind (Abb. 7). Sie waren nicht gefürchtet, sondern den Bauern willkommen, denn wo sie durchzogen, so heißt es, gab es im kommenden Jahr Glück und Segen.[344]

Die Menschen müssen hier die Göttin Percht und dieses Ritual mit Leidenschaft gefeiert haben, denn in Berchtesgaden wurden die Perchtenläufe von kirchlicher und weltlicher Obrigkeit wegen „abergläubischer Zauberei" mehrfach verboten, so in den Jahren 1601, 1642, 1656 und 1708. Der Brauch war jedoch so tief eingewurzelt, dass man das Verbot sogar in das allgemeine Berchtesgadener Landrecht aufnahm und die Perchtenläufer mit Kerker, Verlust von Gut und Leben bedrohte.[345] Aber auch diese drastischen Maßnahmen waren auf lange Sicht fruchtlos, denn heute laufen und „glöckeln" sie wieder durch die Stadt. Es geschieht allerdings um den Preis, dass Frau Percht durch den frömmelnden und ständig zu Gebeten ermahnenden St. Nikolaus ersetzt wurde.[346]

Die Schwarze Percht und ihr Drache

Die Perchtenläufe zeigen uns, dass dort, wo die schöne, lichte Percht erscheint, die alte, schwarze Percht nicht weit ist – und genauso ist es in der Landschaft. Die „Schön-Percht" als die Himmelsgöttin verkörpert sich in Gestalt der Weißen Berggöttin von Berchtesgaden. Doch auch die „Schiach-Percht", die Schwarze Göttin, erscheint hier in einem markanten Bergzug, dem Lattengebirge. Hier soll der Sage nach eine „Hexe" gehaust haben, die den Missionaren mit Steinlawinen den Weg versperrte, wenn sie betend zum Pass Hallthurm heraufkamen. So verhinderte sie den Einzug des Christentums ins Berchtesgadener Land, bis der Missionar Martinus sie besiegte und in Stein verwandelte.[347]

Es geht dabei um die besondere Gestalt des Lattengebirges. Dieses wird bei den Einheimischen noch immer die „Schlafende Hexe" genannt, denn die Silhouette des Bergzuges zeigt anatomisch genau ihre markanten Züge und ihren ruhenden Körper (vgl. Kap. 4, Abb. 6). Sie riegelt das einst heilige Berchtesgadener Land vor unbefugten Blicken und unerwünschtem Eintritt ab, sie ist die Wächterin seiner Geheimnisse (vgl. Karte 1). Diese liegende, dunkle Riesin war niemand anderes als die Schwarze Percht in ihrer Erscheinung als Landschaftsgöttin – so wurde sie seit der Jungsteinzeit wohl betrachtet. Sie verkörpert den Aspekt der weisen und mächtigen Alten aus der Triade der dreifachen Großen Göttin, nämlich die Göttin von Tod und Wiedergeburt. Wie überall ist sie unterm Christentum zur „bösen Hexe" herabgewürdigt worden.[348]

Der Untersberg, der in einer Linie mit der schlafenden Berggöttin in der Landschaft aufragt, gehört zur ihr und stellt mit der Schwarzen Percht ein mythisches Doppelgebirge dar. Er ist der sagenreichste Berg der Gegend und gilt als ein Ort der Unterwelt. Breit wie ein unförmiges Wesen mit tiefen Klüften und steilen Wänden liegt er in der Landschaft, und sein westlich absteigender Hang, welcher der Schwarzen Percht zugewandt ist, gleicht einem liegenden Drachenkopf, dessen Nüstern das herabhängende Haar der Berggöttin berühren (vgl. Karte 1). Der Drache ist der mythologisch klassische Gefährte der Schwarzen Göttin und ihr heiliges Symboltier, denn er ist mit den Kräften der Unterwelt in Verbindung.

Der Untersberg hat nicht nur mit dem Berchtesgadener Land zu tun, sondern auch mit allen wichtigen Städten in der Umgebung. Er liegt in der Mitte von Karlstein-Reichenhall im Westen, Salzburg im Norden,

Dürrnberg-Hallein im Osten, also den bedeutendsten Kulturgebieten seit der Jungsteinzeit, und im Süden schließt sich das Berchtesgadener Land an. Aus jeder Himmelsrichtung gesehen bietet er einen anderen Anblick, sodass er landschaftsmythologisch vielfältig aufgefasst werden kann. Hier interessiert uns vor allem seine Perspektive vom Berchtesgadener Land aus und sein starker Bezug dorthin.

Es handelt sich bei ihm um ein äußerst zerklüftetes Kalkgebirge. Gegen Nordwesten hat er eine allmählich geneigte Oberfläche, die jedoch von wildem Karrengelände und Dolinen zerrissen ist, und gegen Südosten schließt er mit steilen, teils senkrechten Wänden sehr abweisend ab. Als erster Berg am Alpennordrand empfängt er enorme Regenfälle, die das weiche Kalkgestein verwittert und ausgewaschen haben und im Inneren des Berges kilometerlange Höhlensysteme schufen. Darin sammelt sich der Wasserreichtum von oben und bildet unterirdische Seen und Flüsse, die als mächtige Quellen wieder hervortreten, wie zum Beispiel die Riesenquelle Fürstenbrunn mit ihrer Quellhöhle. Sie und weitere Quellen des Untersberges versorgen noch heute die Stadt Salzburg mit Trinkwasser. Außerdem ist der Untersberg von Marmoradern, die an manchen Stellen hervortreten, durchzogen, und Marmor wurde hier abgebaut. Seine zerrissene Oberfläche, die in früherer Zeit sogar Wald besessen haben soll, ist von kriechenden, halbhohen Latschenkiefern bedeckt.

Alle Sagen vom Untersberg weisen darauf hin, dass sich hier seltsame Wesen für lange Zeit versteckt hielten: Wildfrauen von unterschiedlichem Charakter, Riesen und Zwerge, wobei die Zwerge von den Menschen in gute Kleine Leute und böse Kleine Leute unterteilt werden. Sogar ganze Zwergenvölker mit ihren Königen und Königinnen sollen hier gehaust haben, die allgemein die „Untersbergmanndl" und „Untersbergweiblein" genannt werden. Gemäß einiger Sagen schläft auch ein Kaiser im Berg, der auf seine Wiederkehr wartet, wobei nicht klar ist, ob es sich um Karl den Großen (768–814) oder Friedrich II. „Barbarossa" (1152–1190) handelt.[349] In jeder Hinsicht war der Untersberg ein hervorragendes Rückzugsgebiet für das seit der frühpatriarchalen Eisenzeit verfolgte Alte Volk – ähnlich wie König Laurins Rosengarten bei Bozen in Südtirol. Er bot ihnen trockene Höhlen als Wohnung und viel Wasser, wobei die wasserreichen Höhlen nicht zu „Eishöhlen" wurden wie heute, denn damals war es wärmer. Sie konnten sich in dem Höhlenlabyrinth unauffindbar verbergen, doch auch die zerklüftete und bewachsene Oberfläche gewährte ihnen gute Verstecke. Dort hausten nicht

Abb. 8:
Der Untersberg mit den vorgelagerten Hügeln, vom Kehlstein aus gesehen

nur sie selbst, sondern auch ihre Tiere, die Gämsen, die sie zähmten. Ferner waren die Kleinen Leute gemäß den Sagen reich an Gold und wohnten im Inneren des Berges in marmornen Palästen, wie später auch der sagenhafte Kaiser.

Damit war dieses Kalkgebirge nicht nur symbolisch, sondern auch ganz real eine „Unterwelt" mit verborgenen Wesen, was vielleicht zu seinem Namen „Unters-berg" geführt hat. Auch landschaftsmythologisch besitzt er solche Züge, denn außer seinem schon erwähnten westlichen Drachenkopf hat er noch einen zweiten, mächtigeren Drachenkopf im Osten, der sich unmittelbar hinter dem Ort Markt Schellenberg erhebt. Er liegt bizarr und schwer auf der Erde, mit ausgeprägtem Nackenhöcker, Augenwülsten und Nüstern.

Eine Sage aus dieser Gegend bezieht sich auf den Drachen. Sie erzählt, dass es beim Untersberg nach alter Überlieferung ein furchtbares Untier gab, das die Bevölkerung terrorisierte. Unersättlich verschlang es Tiere und Menschen. Erst als Kirchen gebaut wurden, die St. Georg, dem Drachentöter, geweiht waren, verschwand der Drache.[350] Eine Wandmalerei an einem alten Haus mitten in Markt Schellenberg bildet es ab: Hier erschlägt der Ritter Georg den vormals verehrten Drachen, der wie üblich zu einem Untier gemacht wurde. Weiter nördlich von dem Ort gab es eine Höhle, die „Drachenloch" hieß, wo er gewohnt haben soll; die Höhle stürzte 1935 ein.

Im Gegensatz zum Schluss der Sage ist der Drache immer noch da, und zwar zeitlos und unübersehbar, denn es ist der gesamte Untersberg selbst. Wenn man seine steile, südliche Seite von der Scheffau aus betrachtet, am besten auf dem Weg zum Kehlstein, gleichen die schroffen Felswände mit ihren Buckeln und Höckern einem langen Drachenrücken: Im Nordosten ruht ein großer Drachenkopf; daran schließt ein gewaltiger, vorderer Rückenpanzer mit zwei Zacken an (Geiereck und Salzburger Hochthron); es folgt eine breite Einkerbung (Mittagsscharte), die das hintere, langgestreckte Rückenteil absetzt, das wiederum eine Spitze hat (Berchtesgadener Hochthron); danach senkt sich der lange, buckelige Schwanz gen Südwesten und endet mit einem kleineren Drachenkopf; die seitlichen Abhänge gleichen mächtigen Tatzen (Abb. 8). Außerdem speit er in mehrere Richtungen Ströme von Wasser aus. Dieser Anblick bot sich den jungstein-bronzezeitlichen Wanderern und Hirten, später den kelto-romanischen Bauern dar. Sie werden ihn mit Ehrfurcht betrachtet haben, denn er war für sie der Landschaftsdrache der Schwarzen Percht und die Unterwelt dieser Göttin.

Der Riese, der zum Kaiser wurde

Es heißt in den Sagen, dass im Untersberg auch ein Geschlecht von Riesen gewohnt habe, die aber recht gutmütige Gesellen waren. Des Nachts kamen sie oft aus dem Berg und beschauten den Nachthimmel bis zum Sonnenaufgang, dabei stützten sie sich auf die Giebel der Bauernhäuser und auf die Kirchtürme, sodass diese unter der Last zitterten. Noch im Jahr 1645 behaupteten einige alte Männer, dies erlebt zu haben, wobei die Riesen freundlich zu den Leuten sprachen und ihnen moralische Ratschläge gaben.[351] Manchmal wurden sie sogar zu Helfern von armen Bauern, bis deren Wirtschaft wieder gedieh.[352] Diese freundlichen Riesen können ebenso gut die freundlichen Zwerge aus dem Untersberg sein, die den Menschen gelegentlich helfen und sie zum Guten ermahnen. Denn von den Zwergen ist bekannt, dass sie ihre Gestalt wandeln und sehr klein oder sehr groß erscheinen konnten. Dasselbe war auch den Riesen möglich, weshalb man sie „Wandelriesen" nannte, was eine gewisse Identität von Riesen und Zwergen zeigt.[353]

Anders verhält es sich bei dem größten und stärksten der Riesen, der den Namen „Abfalter" trug. Er galt als „echter Riese", und er benahm sich weniger gemütlich. Er saß meistens auf dem Geiereck des Untersberges und pflegte in einem der gewaltig großen Felsgräben zu schlafen, die auf der Nordseite des Kalkstockes zu sehen sind. Wenn er sich langweilte und nicht wusste, was er mit seiner Kraft tun sollte, riss er mächtige Felsbrocken aus dem Berg und schleuderte sie weit in die nördliche Ebene hinaus. So entstanden rings um den Untersberg viele Hügel, auf denen die Menschen später Kirchen, Burgen und Dörfer erbauten.[354]

Dieser mit Steinen werfende Riese ist der Untersberg selbst, denn die zahlreichen Hügel in seiner nördlichen Umgebung, die jetzt mit Kirchen und Burgen besetzt sind, stammen von seinen häufigen Bergstürzen. Sonst war der Riese Abfalter jedoch harmlos, denn er bevorzugte den Schlaf. Das bezieht sich auf den Untersberg in der Gesamtperspektive, der – außer die Gestalt des liegenden Drachen – auch ein Bild des schlafenden Riesen zeigt. Ganze Bergzüge als schlafende Riesen oder andere schlafende Wesen zu betrachten war durchaus üblich. Eine andere Sage aus dieser Gegend, die sich auf den Gebirgsstock des Staufen nördlich von Reichenhall bezieht, beweist es. Sie erzählt, dass der Riese vom Staufen so faul gewesen sei, dass er nicht nur nachts, sondern auch den halben Tag über schlief. Darüber verlor er das Vieh, das er hüten sollte, woraufhin sein Vater ihn verfluchte, dass er nun immer schlafen müsse. Da liegt nun der Riese, den Kopf auf dem Mittelstaufen und den Körper auf dem Zwiesel; man könne sehen, wie er die Hände über dem Bauch gefaltet habe und die Nase keck in den Himmel strecke.[355]

Den Untersberg kann man ebenso als einen schlafenden Riesen ansehen, wenn man ihn aus der Richtung des Kehlsteins betrachtet: Dabei stellen die niedrigeren, bewaldeten Berghänge sein Bett dar und die Partie der helleren Felswände seinen darauf ruhenden Leib. Der Bergabschnitt Geiereck bis Mittagsscharte bildet diesmal den Kopf, wobei der Salzburger Hochthron die Nase darstellt und eine Senke darunter den Mund; die Augen darüber sind ebenfalls angedeutet. Das Geiereck markiert seine schlichte, zackenlose Krone, während der östliche Drachenkopf lediglich die Unterlage darstellt, auf welcher der Kopf des Riesen ruht. Vom Halseinschnitt (Mittagsscharte) abwärts streckt sich der liegende Leib des Riesen lang aus, in der Mitte darüber die gefalteten Händen (Berchtesgadener Hochthron) (siehe Abb. 8). Dass ein und derselbe Landschaftszug von derselben Perspektive aus zweierlei Gestalten und Bedeutungen haben kann, ist im matriarchalen Weltbild durchaus nicht ungewöhnlich. Denn es gibt hier kein Entweder-Oder, sondern stets ein Kontinuum von Bedeutungen, das mehrere Ansichten zulässt.

Der schlafende Riese mit Krone muss in den Augen der frühesten Menschen, die ins Berchtesgadener Land kamen, ein König gewesen sein, und zwar der mythische Partner der Landschaftsgöttin. Nach matriarchaler Auffassung, der zufolge Landschaften sehr lebendig sind, können auch Berge Beziehungen zueinander haben und wurden symbolisch als Paare gesehen – wie beispielsweise Piz Toissa und Piz Mitgel im Schweizer Oberhalbstein/Surses.[356] Doch wir müssen noch suchen, welche Berggöttin die Partnerin des Untersberger Riesen war. Um sie zu finden, ist der Name des Riesen wichtig: Er heißt „Abfalter", ein germanisches Wort, das eine uralte Bedeutung weiterführt. Es geht auf mittelhochdeutsch „apfalter" zurück, worin die Silbe „apfal" oder „apfel" steckt, was „Apfel" heißt, und „apfel-ter" bedeutet „Apfelbaum".[357] Nun ist „Apfelbaum" für einen schroffen Kalkstock, der gelegentlich mit Felsbrocken um sich wirft, ein seltsamer Name, denn kein Apfelbaum wächst auf seinen verkarsteten Höhen. Deshalb liegt die Annahme nahe, dass es sich um einen mythischen Namen mit symbolischer Bedeutung handelt. In der matriarchalen Mythologie erhalten die von der Göttin erwählten Heroskönige von ihr einen Apfel geschenkt, ein Symbol mit mehrfacher Bedeutung: Bei der Inthronisierung des Königs durch die Göttin bedeutet dieser Apfel den „Reichsapfel", denn sie gibt ihm damit die Regentschaft über ihr Volk. Vor der Heiligen Hochzeit überreicht die Göttin ihm den Liebesapfel. Wenn er die Reise in die Unterwelt antritt, erhält er von ihr den Todesapfel, der sich in ihrem Anderswelt-Paradies in den goldenen Apfel verwandelt, der ihm neue Jugend und Wiedergeburt schenkt.[358] Der Apfel ist also ein äußerst bedeutungsreiches Symbol, sodass Heroskönige manchmal den Namen oder Titel „Apfel" trugen, wovon „Apfelbaum" eine Steigerung ist.[359]

Einen König des Alten Volkes gibt es nicht nur auf dem Gipfelkamm des Untersberges, sondern auch in seinem Inneren. Einige Sagen berichten von einem Zwergenkönig, der im Untersberg in prächtigen Hallen thront, umgeben von seinen Edlen.[360] Er wurde von Menschen, die in den Untersberg geführt wurden, gesehen, ebenso die Zwergenkönigin, die von einer menschlichen Hebamme oder Heilerin Hilfe erhielt.[361] Außerdem berichten die Sagen wiederholt und eindringlich, dass die Untersberger von Zeit zu Zeit aus dem Berg in einem Heereszug unter Führung ihres Königs hervorbrechen, in weißen und schwarzen Kriegerscharen. Das gilt als ein böses Omen, denn es bedeutet Krieg in der Welt.[362]

Diese Sagen wurden dann in historisierender Manier mit verschiedenen geschichtlichen Kriegsereignissen verknüpft, mit denen sie gar nichts zu tun haben. Dennoch steckt in ihnen ein wahrer Kern. In jener Zeit, als die frühpatriarchalen, kriegerischen Kelten die alten, matriarchalen Kulturgebiete Salzburg, Karlstein und Dürrnberg eroberten, haben sich große Gruppen des Alten Volkes in die Höhlen des Untersberges zurückgezogen und wurden damit für ihr Feinde „unsichtbar". Eine ähnliche Situation schildern die Sagen vom Alten Volk der Fanes in den Dolomiten, als die Kelten erobernd in ihr Gebiet einbrachen.[363] Wie die Fanes in den Dolomiten haben auch die Untersberger Schutz in den ausgedehnten Höhlensystemen des Berges gefunden. Dort pflegten sie ihre angestammte Kultur im Verborgenen noch lange, obwohl diese auf die Dauer unter der extremen Lebens- und Wirtschaftssituation herabsank. Der Kern der Sagen von den Heereszügen der Untersberger bedeutet in diesem Zusammenhang, dass sie in der Anfangszeit ihres unfreiwilligen Exils im Berg offenbar wohlorganisierte Ausfälle machten, ein Versuch, von ihrem Versteck aus das ihnen entrissene Land zurückzugewinnen. Ähnliches wird vom Kampf des Zwergenkönigs Laurin vom Rosengarten in Südtirol berichtet: Er kämpfte ausdrücklich gegen die späteren Eroberer, die Kelten und Germanen, und war für sie mit seinen magischen Fähigkeiten ein furchtbarer Gegner. Zuletzt unterlag er und mit ihm sein Volk. So gesehen ist es verständlich, dass es „Krieg bedeutet", wenn die Heerscharen der Untersberger aus dem Berg hervorbrechen, doch es geht nicht um irgendeinen Krieg in der Menschenwelt, sondern um den Kampf des Alten Volkes um seine eigene Welt.

Daran knüpfte sich auch das Wunschdenken anderer Gruppen des Alten Volkes, die in dieser Gegend noch ansässig waren, nämlich dass die Heerscharen der Untersberger ihnen die Freiheit vom Joch der keltischen Unterdrücker bringen mögen. Es ist der Glaube an die Wiederkehr einer besseren Welt, in der es Frieden gab – ein in vielen Mythen weitverbreitetes Motiv. Denn solche einschneidenden Erfahrungen in der Menschheitsgeschichte wie der Übergang von einer friedfertigen Kultur, einem „Goldenen Zeitalter", zu kriegerischen Gesellschaften mit all ihren Grausamkeiten hinterlassen Spuren im Gedächtnis der Menschheit. Deshalb blieben auch in der lokalen Gegend, die wir hier betrachten, solche frühgeschichtlichen Ereignisse als Sagen in der Erinnerung. Im Laufe der vielen Jahrhunderte verblasste dann ihr ursprünglicher Sinn, und die Untersberger schrumpften immer mehr zu „Geistern" ohne Realität.

An dieses sehr alte Erfahrungsmuster lagerten sich spätere Ereignisse an, und die Sagen erhielten eine historisierende Schicht, wie die

Erzählung von Kaiser Karl oder Kaiser Friedrich Barbarossa im Untersberg zeigt. Die historisierende Schicht folgt dabei genau dem Muster der ältesten Untersberg-Sagen: Ein Kaiser schläft im Berg in prächtigen Sälen, um ihn sein ganzes Heeresgefolge. Er wartet schon seit Jahrhunderten auf die Erlösung, und sein Bart ist mittlerweile dreimal um den marmornen Tisch, an dem er sitzt, herumgewachsen. Wenn dereinst die Erlösung kommt, bricht der Kaiser mit seinem ganzen Heer aus dem Untersberg hervor, und es gibt einen großen Krieg auf dem Walserfeld vor Salzburg. Er wird dabei die Bösen – das heißt hier: die Unchristlichen – von der Erde tilgen und ein Reich des Friedens wiederbringen.[364]

Solche historisierenden Sagen vom entrückten, schlafenden Kaiser gibt es auch an anderen Orten, zum Beispiel von Friedrich Barbarossa im Kyffhäuser, von Widukind in der Babilonie in Westfalen, von König Dan in einem Hügel bei Eiderstedt. Stets ist damit der Volksglaube an einen geliebten Herrscher verbunden, gepaart mit der Hoffnung, dass er nicht gestorben ist, sondern nur schläft und mit großer Macht wiederkehren wird, um sein später geknechtetes Volk zu befreien und eine bessere Welt zurückzubringen. Auf diese Weise ist bei den Einheimischen die riesige, schlafende Gestalt auf dem Untersberg später zum Kaiser Karl geworden. Denn genauso gut, wie man den Riesenkönig Abfalter dort liegen sehen kann, könnte man in der Silhouette des Berges auch den schlafenden Kaiser erblicken (siehe Abb. 8).

Dabei fällt jedoch auf, dass diese Kaiser- und Königssagen – als späteste Anlagerungen – stets mit Bergen und Höhlen verbunden sind, die uralte Kultorte zur Verehrung einer göttlichen Erdmutter waren. Genauso war der Untersberg die Unterwelt einer Schwarzen Göttin gewesen, die hier als gütige Erdmutter die Seelen bis zur Wiedererweckung oder Wiedergeburt hütete. Die Höhlen im Berg wurden symbolisch als ihr Schoß betrachtet. Ihr Heroskönig wohnt in ihrem Schoß und schläft dort als greiser Ahn eine Art Todesschlaf – was der lange Bart, der dreimal um den Tisch wächst, zeigt. Gleichzeitig erwartet er wie ein ungeborenes Kind die Wiedergeburt, die ihn mit neuer Kraft in die Welt hinausführen soll. Das ist die uralte, mythische Situation von Tod und Wiedergeburt. Sie erhielt nach dem Einbruch des Patriarchats eine politische Wendung: Das Alte Volk glaubte sicher auch, dass sein König Abfalter, als er immer noch nicht die Befreiung aus dem Berge brachte, darin eingeschlafen sei und schon viel zu lange schlafe. Aber eines Tages würde er aus dem Schoß der Göttin wiederkehren oder wiedergeboren werden, um das Goldene Zeitalter zurückzubringen!

Die Liegende Frau

Wir haben herausgefunden, dass König Abfalter jetzt in der Unterwelt der Schwarzen Percht weilt. Das erklärt aber noch nicht seinen lieblichen Namen „Apfelbaum", sodass wir uns nun auf die Suche nach seiner göttlichen Partnerin begeben.

Dazu werfen wir einen Blick auf ein zweites bemerkenswertes Hügelgebiet im Berchtesgadener Land außer den Hügeln der Scheffau. Es liegt genau unterhalb des Untersberges, durch das steil eingeschnittene Flussbett der Berchtesgadener Ache von den Hügeln der Scheffau und Oberau scharf getrennt. Es besteht aus fünf Hügeln, die immer breiter werdend von Markt Schellenberg im Norden bis Berchtesgaden im Süden reichen. Sie werden markant überragt vom südöstlichen Steilabfall des Untersberges, seine schroffen Wände ziehen sich in breitem Band oberhalb dieser fünf Hügel dahin und rahmen sie ein. Auf diese Weise entsteht – von der Scheffau oder vom Kehlstein aus gesehen – ein sehr interessantes landschaftliches Ensemble, das schon in frühester Zeit wahrgenommen wurde (Karte 2).

Auf der Spurensuche nach der Bedeutung dieser besonderen fünf Hügel kommt uns eine andere Sage vom Riesen Abfalter zu Hilfe. Darin wirft er nicht rüpelhaft mit Felsen oder schläft faul auf dem oder im Berg, sondern ist in eine galante Begegnung verwickelt. Es heißt, als er einmal in Richtung Salzburg unterwegs war, begegnete ihm beim Gaisberg eine junge Riesenfrau.[365] Sie hatte in ihre Schürze Felsbrocken gesammelt, weil sie über die Salzach hinüber zum Untersberg strebte, wobei sie die Brocken als Trittsteine gebrauchen wollte, um mit trockenen Füßen über den Fluss zu kommen. Aber eine steinerne Zacke hatte ein Loch in ihre Schürze gerissen, sodass sie unbemerkt die meisten Steine unterwegs verlor. So stand sie in ihrer Verlegenheit am Ufer und konnte nicht über die Salzach hinüber. Als der Riese Abfalter sie bemerkte, wusste er sogleich die Lösung des Problems. Er watete durchs Wasser, hob die schöne Riesin auf die Arme und trug sie mit einem Schritt durch den reißenden Fluss ans andere Ufer.[366]

Diese Sage ist sehr aufschlussreich, denn sie zeigt, dass König Abfalter nicht einsam blieb. Vermutlich war er nicht zufällig in Richtung Salzburg unterwegs, vielleicht wollte er die schöne Riesenfrau abholen? Ihr Ziel war ja gemäß der Sage ausgerechnet der Untersberg. Sie wollte also zu ihm gehen, bis der Fluss sie hinderte. Galant überwand er auch dieses letzte Hindernis, das sie noch trennte, und trug sie auf den Armen zum

Karte 2:
Die Liegende Frau unterm Untersberg

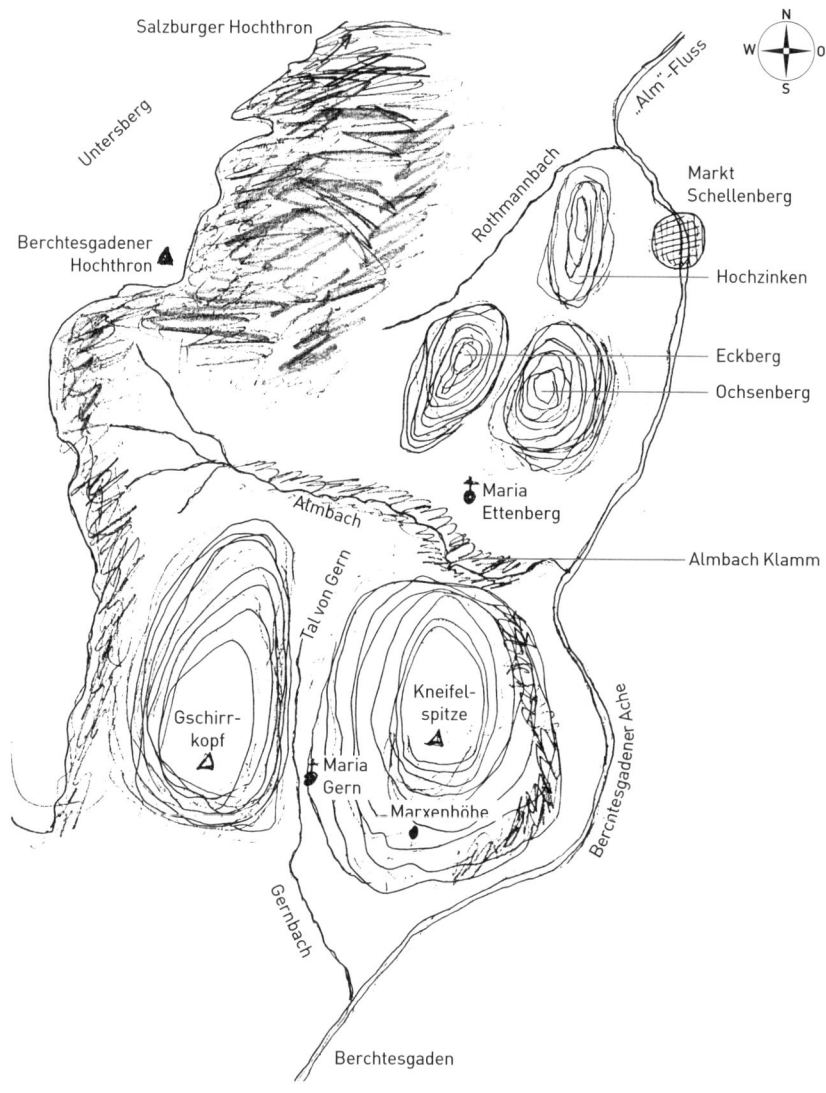

Untersberg, wo er zu Hause war. Das Heimtragen auf den Armen ist eine Geste, die nur einer Braut gebührt und die eine Vorbereitung für die Hochzeit darstellt. So ist anzunehmen, dass der Riese Abfalter und die schöne Riesenfrau ein Paar geworden sind. Das entspricht der Weltsicht des Alten Volkes, in der es nie um Einsamkeit und Keuschheit geht, sondern um Liebe und die Heilige Hochzeit. Diese bedeutsame Zeremonie verband den mythischen König mit der Sakralkönigin, welche die Göttin verkörperte, und bewirkte eine für die Menschen lebensnotwendige Magie. Denn die beiden Repräsentanten taten es der grünenden und blühenden Erde im Sommer gleich, damit diese Früchte tragen und durch gute Ernten Glück und Segen bringen würde. Das stellt jedoch nicht einen primitiven „Fruchtbarkeitszauber" dar – wie diese Zeremonie oft missverstanden wird –, sondern galt dem Bewahren der Balance auf der Erde, im Kosmos und in der Menschenwelt. Wurde dieses Gleichgewicht gestört, etwa indem die Heilige Hochzeit nicht stattfand, so hatte es Unwetter, Missernte und eine Hungerkatastrophe zur Folge.[367]

Damit ist die Frage beantwortet, wer die Landschaftsgöttin ist, mit der König Abfalter in Liebe verbunden war. Wenn man seine Gestalt in der Landschaft von der gegenüberliegenden Höhe betrachtet, wie er ausgestreckt auf dem Untersberg liegt, dann gewahrt man bei genauer Beobachtung, dass die schöne Riesenfrau neben ihm liegt. Sie ruht ebenfalls ausgestreckt und völlig parallel zu ihm, nur erheblich tiefer (siehe Abb. 8). Es sind die besonderen fünf Hügel unterhalb des Untersberges, die ihre Gestalt wiedergeben: Man erkennt unterhalb seines Kopfes ihren kleinen Kopf mit spitzer Nase und genau abgesetztem Hals (Hochzinken bei Markt Schellenberg). Danach sieht man ihre beiden völlig gleichen, schön geformten Brüste (Eckberg und Ochsenberg), und es schließt sich ein glatter, nur schwach betonter Bauch an (Ettenberg). Darunter sitzt ihre Taille, sie ist schmal und markant eingeschnitten (Almbachklamm). Zuletzt folgen ihre zwei breit ausladenden, sehr weiblich gewölbten Hüften (Kneifelspitze und Gschirrkopf); sie sind gegen Berchtesgaden hin geöffnet, und zwischen ihnen liegt ein sanftes Tälchen (das Tal von Gern) (siehe Karte 2). Ohne Zweifel ist die Riesenfrau mit solchen Eigenschaften außerordentlich schön! Sie passt zu einem Heroskönig mit dem Namen „Apfelbaum", denn auf ihren sanften Hügeln sind in wärmeren Zeiten wohl Apfelbäume gewachsen. Vielleicht hat sie davon gepflückt, um ihm den magischen Apfel der Initiation, der Liebe, des Todes und der Wiedergeburt zu den jeweiligen Lebensstadien zu schenken – wie es sich für die Göttin als Rote Frau, als die Partnerin des mythischen Königs gehört.

Diese neue landschaftsmythologische Entdeckung der Liegenden Frau neben dem Untersberg, die ich vor ein paar Jahren machte, findet ihre Bestätigung durch die Kultplätze, die sich auf ihrem Leib befinden. Gleich unterhalb der Busenhügel auf dem sanft gewellten Gelände ihres Bauches steht neben ein paar Bauernhöfen die Wallfahrtskirche „Maria Ettenberg". Man kann diese Kirche nur von Markt Schellenberg auf gewundenem Sträßchen erreichen, denn gleich unterhalb von Ettenberg liegt die jähe Almbachklamm, die früher den Zugang von Berchtesgaden aus verwehrte. Vom Tal der Berchtesgadener Ache her gab es damals ebenfalls keine Zugänge, denn diese Hügel fallen steil, zum Teil mit Felswänden, zu dem Bergfluss ab.[368] Geografisch ist die Liegende Frau damit deutlich zum Untersberg hin orientiert und nicht zum Flusstal der Ache (siehe Abb. 8 und Karte 2).

Die Kirche Maria Ettenberg ist „Mariä Heimsuchung" gewidmet, das heißt, der schwangeren Frau. Denn gemäß christlicher Mythologie wurde Maria vom Erzengel Gabriel aufgesucht und vom Heiligen Geist schwanger. Bald darauf besuchte sie ihre Tante Elisabeth, um ihr freudig die Schwangerschaft mitzuteilen, was „Mariä Heimsuchung" genannt wird. Der Platz der Kirche auf dem Bauch der Liegenden Landschaftsgöttin ist damit vollkommen richtig – und das geschah keineswegs ohne Absicht. Denn die Missionare, die den Platz christlich besetzten, wussten um seine alte Bedeutung: Er war ein Kultplatz der Roten Göttin. Früher war er mit Linden bestanden, und Linden mit ihren herzförmigen Blättern und dem süßen Duft ihrer Blüten galten als der heilige Baum der Liebesgöttin. Weil das Volk aus der ganzen Region bis ins 17. Jh. von der Verehrung der Roten Göttin auf diesem alten Kultplatz nicht ablassen wollte, fand man wunderbarerweise an einem der Lindenbäume plötzlich ein Marienbildnis vor. Noch wunderbarer geht es weiter, denn dieses Bildnis gehörte zum Bauernhaus auf dem Stierlingslehen, einer Lichtung auf dem Hals der Riesenfrau, und hatte sich in der Nacht von selbst zum Lindenbaum auf Ettenberg begeben! Alle Versuche, es wieder an seinen alten Ort zu bringen, nutzten nichts, denn stets begab es sich wieder von ganz allein zu der Linde auf Ettenberg.[369] Diese Legende vom wandernden Marienbild ist von vielen anderen Kultplätzen der Göttin bekannt. Sie spiegelt die trickreich durchgesetzte, christliche Okkupation solcher Plätze mithilfe eines sogenannten „Wunders", wobei das Wunder im nächtlichen Transport des Bildes durch die Missionare besteht, die es auf den alten Kultplatz setzten. Das wurde hartnäckig so lange betrieben, von christlicher Propaganda begleitet, bis die meisten Leute an das „Wunder" glaubten und die Anhänger der Göttin aufgeben mussten.[370]

Erstaunlich ist, dass die Menschen von weither nach Ettenberg reisten, um hier in früher Zeit die Göttin und nach ihr die christliche Maria zu verehren. Sie kamen aus dem Salzachtal aus allen Orten von Salzburg bis Golling hierher gepilgert.[371] Dieser alte Kultplatz ist also sehr wichtig gewesen. Das Innere der Kirche verrät mehr von seiner früheren Bedeutung: Auf dem Hauptaltar steht eine Madonna in rotem Gewand, umgeben von einem tiefroten, neunzackigen Stern – was perfekt zu einem Platz der Roten Göttin passt. Das Merkwürdigste in dieser Kirche ist jedoch eine riesige Figur auf der Orgelempore, die mit einer Größe von 4,30 m nicht in den zierlichen Innenraum dieser Rokoko-Kirche passt. Sie stellt St. Christophorus dar, einen bärtigen Mann mit einem Baumstamm als Wanderstab, auf dessen Schulter das Jesuskind sitzt, das er durch wildes Wasser trägt. Niemand weiß, wer diese Statue gemacht hat und wie sie hierhergekommen ist.[372]

Was macht dieser Riese in der Kirche, und wer ist er? Die Frage ist nicht schwer zu beantworten, denn er ist der verchristlichte Riese Abfalter, der anstelle des Jesuskindes einst seine Geliebte durchs Wasser trug. Christophorus wird noch immer als „Riese" dargestellt, was die Größe der Figur erklärt, und er gilt als Schutzheiliger für gefährliche Wege und Furten. Auf diese Weise imitiert er seinen hilfsbereiten Vorgänger sehr genau. Das gibt uns Klarheit darüber, dass an diesem Platz einst König Abfalter geehrt wurde, welcher der Partner der Roten Göttin war. Hier schenkte sie ihm den Apfel als Zeichen, dass sie ihn zu ihrem König erwählt hatte. Auch das lässt diese Christophorus-Figur noch erkennen, denn das Jesuskind, das er trägt und das die Riesenfrau ersetzt hat, spielt bedeutungsvoll mit einem Reichsapfel. Offenbar konnte und wollte das Volk trotz Missionierung von der Gestalt des Riesen nicht lassen – denn er liegt in mächtiger Größe und unverrückbar als Untersberg gleich hinter der Kirche.

Der Riese mit dem Baumstamm oder der Keule in der Hand ist außerdem eine mythisch weitverbreitete Figur. Er ist identisch mit dem „Wilden Mann" oder „Grünen Mann", der noch in Sagen und Bräuchen auftritt, wobei die große „Keule" oder der „Baumstamm" seinen Phallus symbolisiert. Denn der Grüne Mann stellt die Kraft der männlichen Fruchtbarkeit dar und ist der natürliche Liebespartner der Roten Landschaftsgöttin. Wenn der Platz Ettenberg einst als ihr Bauch betrachtet wurde, der schwanger geworden ist, dann ist die Liebe mit ihrem Riesen Abfalter der Schwangerschaft vorausgegangen. Das heißt, dieser Ort war einst ein Kultplatz des wichtigen, magischen Rituals der Heiligen Hochzeit – was erklären würde, warum die Pilger aus der ganzen Gegend den weiten Weg bis hierher nicht gescheut haben. Die Landschaft selbst stellt es dar: Nicht nur, dass der königliche Riese Abfalter und die schöne Riesin, die Rote Göttin dieser Gegend, nebeneinander liegen, sondern er sendet auch sein fruchtbar machendes Wasser zu ihr. Denn diese Hügel empfangen das Wasser in kleinen und großen Bächen vom Untersberg herab. Der Hauptabfluss zwischen dem Untersberg und der Liegenden Frau trägt den auffallenden Namen „Roth-mann-bach" – was sicherlich auch kein Zufall ist.

Eine mystische Tradition aus dem 13. Jh. verbindet Ettenberg ebenfalls mit der Göttin, diese Tradition geht auf die Tempelritter zurück. Die Templer sind auch als Kreuzritter bekannt, die Jerusalem und das Heilige Land aus den Händen der Türken zu befreien versuchten und dort mit den alten Mythen und Religionen des Vorderen Orients in Kontakt kamen. Aus den Templern sind die Katharer hervorgegangen, die in Südfrankreich große Macht besaßen und vom Beginn des 13. Jh. an von der kirchlichen Inquisition als sogenannte „Ketzer" verfolgt und schließlich vernichtet wurden. Ein wesentlicher Grund für diese erbitterte Verfolgung war, dass die Tempelritter Göttinnen aus den alten Hochkulturen Vorderasiens und Ägyptens und mystische Traditionen um den Gral – als Symbol weiblicher Lebensmacht – mit ihrem christlichen Glauben verbanden.[373] So soll ein adliger Templer aus dem Berchtesgadener Land um 1230 eine Göttin namens Isais, eine Tochter der Isis, mit sich in seine Heimat zurückgebracht haben. In einer Höhle des Untersberges soll er ihr einen Tempel eingerichtet haben, und dort und auf Ettenberg selbst verehrte er sie. Diese Isais wurde als eine Liebesgöttin betrachtet, und ihr Symbol soll ein Gral gewesen sein.[374] Für uns ist daran interessant, dass es eine Zeit zwischen dem alten Kult der Heiligen Hochzeit und der späten Wallfahrtskirche „Mariä Heimsuchung" gegeben hat, in der noch immer eine Göttin mit ihrem Grals-Schoß auf Ettenberg Verehrung genoss. Der einheimische Tempelritter wählte nicht zufällig diesen Platz, denn hier war seit sehr langer Zeit der Kult der Roten Landschaftsgöttin gefeiert worden – an diese uralte Tradition knüpfte er offenbar an.

Der Schoß der Roten Frau

Die zwei ausladenden Hüfthügel der Liegenden Frau (Kneifelspitze und Gschirrkopf) sind leicht geöffnet, sodass sie ein liebliches Tälchen in der Mitte wie einen Schoß bergen: die Gern (vgl. Karte 2). „Gern" ist ein seltsames Wort für ein Tal, doch seine Bedeutung ist einfach zu erschließen. Die germanische Wurzel „ger" heißt „heftig verlangen" und steckt auch in den Begriffen „Begehren" und „Begierde".[375] Das ist eine treffende Bezeichnung für die erotische Stelle zwischen den beiden geöffneten

Hüften der Roten Göttin dieser Gegend. Sie zeigt, dass mit dem germanischen Wort eine uralte Bedeutung dieses landschaftlichen Ortes weitergeführt wird.

Nähert man sich der Gern von Süden von Berchtesgaden her, dann kommt man zu einem sehr engen Eingang zwischen diesen beiden Hügeln, den schwellenden Hüften der Liegenden Frau. Die enge Stelle verwehrt den leichten Zugang, man kann ihr Schoß-Tal nicht ohne Weiteres betreten, sondern muss erst durch diesen schmalen Eingang hindurch. Gemäß der Körperanalogie stellt diese Enge die Vulva der Roten Göttin dar, und genau hier fließt der Gernbach in einem kleinen Wasserfall aus einem Felsentor heraus – so betörend sinnlich zeigt sich diese Landschaftsgöttin. Ein Pfad führt hinein, man folgt ihm in die kurze Klamm, ihre Vulva, und dahinter zieht sich eine hübsche, kleine Schlucht mit dem wasserreichen Bach hin. Diese stellt die Vagina der Liegenden Frau dar, durch die der Bach als ihr Fruchtwasser strömt. Denn hier ist nicht nur der Ort der Erotik, sondern auch der Geburt. Nach der kurzen Vagina-Schlucht öffnet sich die Gern, der Schoß der Roten Frau, als ein liebliches Wiesental, das als zweifache ovale Senke geformt ist (Vordergern und Hintergern). Heute stehen vereinzelte Bauernhöfe darin.

Sowohl der Eingang zur Gern, die Vulva, als auch die Vagina-Schlucht waren einst die heiligsten Stellen der Roten Göttin. An beiden Orten lagen Kultplätze, welche die Missionare zwingend verchristlichen mussten, denn so viel weibliche Schönheit war für sie schwer auszuhalten! Das zeigt jedoch, dass die uralte Bedeutung dieser landschaftlichen Stellen noch lange wohlbekannt war. So befand sich am rechten Hang gleich neben dem Vulva-Eingang früher das „Frauenbründl" mit einem Marien-Bildstock, beide sind heute durch die Angererkapelle ersetzt worden.[376] Der Begriff „Frauenbründl" sagt es selbst, denn hier ist sichtlich ein Frauen-Brunnen, nämlich der sprudelnde Bach, der aus der Klamm hervorspringt: das Liebes- und Lebenswasser der Liegenden Frau. Etwas weiter oben, unmittelbar über ihrer Vagina-Schlucht, steht die Wallfahrtskirche „Maria Gern" ganz allein auf einem alten heiligen Hügel. Die zierliche Kirche ist genau auf die kleine Schlucht ausgerichtet. Auch an diesem ehemaligen Kultplatz ist in früher Zeit das „Begehren" der Roten Göttin verehrt worden. Sogar der bedeutungsvolle Name „Gern" ist geblieben, obwohl „Marias Begehren" recht eigenartig für eine keusche, christliche Jungfrau klingt. Wir wissen zwar, was das Begehren der Roten Göttin war, nämlich die Vereinigung mit ihrem Geliebten, dem Riesen Abfalter – aber was machte das Begehren Marias aus?

Abb. 9:
St. Michael erschlägt die Drachen-Frau, Kirche „Maria Gern"

In der Kirche begegnet sie uns in einer hölzernen Statue mit dem Kind. Dies zeigt – nachdem in „Maria Ettenberg" auf dem Bauch der Landschaftsgöttin der Ort der Schwangerschaft war –, dass hier bei ihrer Vulva und Vagina folgerichtig der Ort der Geburt ist. Das Thema der Geburt ist ebenfalls zentral in den Marien-Fresken an der Kirchendecke im Chor. Die hölzerne, bemalte Marienstatue steht auf dem Hauptaltar, und ohne die üblichen barocken Gewänder sitzt Maria da in leuchtend mohnrotem Gewand. Ihr Fuß trägt einen ebenfalls knallroten Schuh und ist auf eine liegende Mondsichel gestellt, die eine höhere und eine niedrigere Spitze hat. In schönen Falten schwingt der Umhang um sie, reich mit roten Blumen in grünen Ranken bemalt, und unter der edelsteinbesetzten Krone fließt Marias rotes Haar auf die Schultern herab. Selbst das Jesuskind hat fuchsrotes Haar und trägt ein Kleidchen in sanftem Rot. Überdeutlich ist zu erkennen, dass Maria hier die Rote Landschaftsgöttin als Liebende und fruchtbare Mutter ersetzt. Sie ist mit dem erotischen Symbol des roten Schuhs und den Fruchtbarkeitszeichen der blühenden Pflanzenranken und dem Kind unmittelbar von dieser abgeleitet. Wie üblich soll auch dieses Gnadenbild auf wundersamem Weg auf den alten, heiligen Kulthügel gelangt sein, wo es heute steht: Die christliche Legende sagt, dass es nicht bei dem Bauernhaus in der Gern, wo es aufgestellt war, bleiben wollte. Es wanderte oder flog heimlich und wiederholt an diesen Ort, bis man ihm hier eine Kapelle erbaute.[377]

Abb. 10:
Das Watzmann-Massiv von der Kirche „Maria Gern" aus gesehen

Besondere Beachtung verdient noch ein anderes Bild in dieser Kirche, denn gleich über der Marienstatue tritt wieder St. Michael, der Missionsengel, auf. Das Ungeheuer, das er erschlägt, ist jedoch ganz anders dargestellt als sonst. Es ist ein zierlicher, menschengestaltiger Drache in graugrünen Farben, der die schlanke Figur einer Frau hat. Der eidechsenartige Kopf mit Hörnern läuft vorn spitz zu wie der Kopf der Liegenden Landschaftsgöttin; der Oberkörper trägt zwei Brüste über dem sanft gewölbten Bauch; es folgt eine scharf eingeschnittene Taille; zuletzt strampeln zwei schlanke Beine in der Luft, von denen eins als fleischfarbenes Frauenbein dargestellt ist (Abb. 9). Dieses Bild ist äußerst ungewöhnlich. Seine Besonderheit enthüllt perfekt, dass die sich unter dem erhobenen Schwert verzweifelt wehrende Drachin das genaue, aber dämonisierte Abbild der Liegenden Frau, der Roten Landschaftsgöttin ist. Hier wird sie vor aller Augen erschlagen, was lehrreich für die Christen und warnend für die „altheidnische" Bevölkerung gemeint ist. Diese Darstellung ist ein Beweis dafür, wie lange und detailliert sich hier das Wissen über die landschaftsmythologische Symbolik, das heißt über die fünf Hügel als Rote Landschaftsgöttin, erhalten hat.

Tritt man aus der Kirche Maria Gern ins Freie, so sieht man sich unmittelbar der aufragenden Landschaftsgöttin Berchtesgadens gegenüber, der „Woazfrau", der Weißen Frau. Der Blick geht gen Süden unmittelbar und ausschließlich auf sie, die von hier aus die vollendete Form der liegenden Mondsichel zeigt, mit einer höheren und einer niedrigeren Spitze – wie die Mondsichel unter Marias Fuß in der Kirche. Ihr Schoß ist weit geöffnet, und in der Mitte strahlt die kleine Zacke namens „Jungfrau" (Abb. 10). Auch sie wurde vermutlich von hier aus verehrt, und so kommt das Thema des heiligen Schoßes von Landschaftsgöttinnen an diesem Platz nicht nur einmal, sondern zweimal vor. Wendet man sich um und blickt gen Norden, so erhebt sich hinter der Kirche und dem Tal Gern der Untersberg. Seine Felswände ragen von hier aus gesehen imposant in die Höhe, und die Gern hat, als Teil der Roten Frau, ebenfalls landschaftlichen Bezug zu ihm: Es sind insbesondere ihre kleinen, grünen Wiesenschoße, die das Wasser direkt vom Untersberg empfangen, von dem es vielfach herabkommt und sich im Gernbach sammelt. So bewährt er sich als der Liebhaber der Liegenden Frau, der Riese Abfalter, der er für die frühen Menschen war! Auch er ist von diesem Kultplatz früher in die Naturverehrung einbezogen worden, was diesem alten, heiligen Hügel eine große Bedeutung gab.

Außerdem gibt es von hier aus gute Steige hinauf zum Kamm des Untersberges, das rückt die Gern in die Nähe der „Untersberger", jener geheimnisvollen Bewohner der Höhlen in dem Berg. Sie hatten früher engen Kontakt zu den Hügeln der Liegenden Frau, auf denen sie einstmals auch lebten. Darauf weist eine Sage hin, in der eine schöne Wildfrau einer armen Bauernmagd, die von „Maria Gern" nach Hause geht, bei der Almbachhütte erscheint. Die Wildfrau wirtschaftet in der Hütte, als ob sie hier zu Hause sei, und lädt die junge Frau zum Essen ein. Zuletzt führt sie die Magd in den Berg, wo sie sich als die Fürstin der Untersberger zu erkennen gibt. Sie beschenkt die Magd mit einem schönen Gewand und mit Schmuck und führt sie als Braut ihrem Bräutigam zu, sodass die jungen Leute endlich heiraten können. Ein Hof bei Markt Schellenberg bildet das abschließende Hochzeitsgeschenk, womit die Armut des Paares ein Ende hat.[378]

An dieser Sage ist bemerkenswert, dass die Wildfrau die Fürstin der Untersberger ist, ihre Souveränin – was auf matriarchale Verhältnisse hinweist. Denn bisher haben wir nur von kampfbereiten Königen der Untersberger gehört. Diese Fürstin sorgt für die Erfüllung der Liebe sogar bei den Menschen, indem sie die Heirat der beiden jungen Leute möglich macht, was mehr bedeutet als eine profane Gabe, nämlich ihren Segen. Sie tut dies bezeichnenderweise auf der Roten Landschaftsgöttin, denn völlig selbstverständlich bewegt sie sich auf diesen fruchtbaren Hügeln, die früher ihrem Volk gehört haben. Man sollte nicht vergessen, dass bereits der jungsteinzeitliche Weg von Dürrnberg nach Karlstein oberhalb von Berchtesgaden entlangführte, also unmittelbar am Schoß der Roten Göttin vorbei. Den Untersbergern war bei ihrem späteren Rückzugsgebiet die Liegende Frau jedenfalls bestens bekannt, und sie nutzten ihre versteckten Hügel und Almen vielleicht noch lange als Weide.

Königliche Täler und Seen

Eine Königin hat eine königliche Umgebung, und das gilt auch für die Weiße Frau, die „Königin des Berchtesgadener Landes". Oberhalb der Wallfahrtskirche Maria Gern liegt eine schöne Almwiese, die Marxenhöhe, und von hier aus bietet sich eine prächtige Aussicht auf die Umgebung der Weißen Landschaftsgöttin. Man befindet sich der Weißen Frau mit ihren beiden Mondhörnern in gerader Linie gegenüber und schaut in den geöffneten Schoß mit den kleinen Zacken, ihren sieben Kindern. Zu ihrer Linken ragt mit ihrem runden, sehr weiblichen Gipfel und den jähen Westwänden die Berggöttin „Hohe Gwyll" – der keltische, weibliche Name des sogenannten „Hohen Göll".[379] Von einer anderen Perspektive aus erscheint diese als ein hochragender Busenberg mit zwei großen, runden Brüsten.[380] Zur Rechten der Weißen Frau erhebt sich eine dritte Berggöttin. Denn man sieht bereits von hier aus, dass sie keinen Gipfel besitzt, stattdessen einen großen, von steilen Felsen gebildeten, ovalen Schoß, eine ungewöhnliche Formation. Ihr heutiger Name ist „Hochkalter". Das hat jedoch nichts mit „kalt" zu tun, was man leicht anzunehmen geneigt ist, weil ihr Schoß einen kleinen Gletscher birgt. Die Abfolge der Silben lautet eher „Hoch-kal-ter", und die letzte Silbe „ter" ist genauso wie bei dem Namen „Abfal-ter" nur ein Anhängsel. Übrig bleiben die Hauptsilben „Hoch" und „Kal", wobei „Kal" kein germanisches Wort ist. Die Wortreihe „Kal", „Kar", „Car" ist vor-indoeuropäisch und bedeutet „runde Vertiefung, Höhlung, Schoß", was man bei jedem Berg, der ein „Kar" hat, deutlich sehen kann. Auch das Wort „Po-kal" gehört in diese Reihe, genauso wie „Kel-ch", „Chal" und „Gral", die allesamt Urweibliches meinen.[381] Damit lautet der alte Bergname: die „Hohe Kal", womit sie ausdrücklich als ein Schoßberg bezeichnet wird, was ihrem geografischen Aufbau genau entspricht.

Die Hohe Gwyll und die Hohe Kal sind würdige Begleiterinnen der Weißen Frau, der Berchtesgadener Bergkönigin, die mit ihren schönen

Mondhörnern in der Mitte thront. Zusammen sind sie, von der Marxenhöhe aus betrachtet, eine eindrückliche Dreiheit. Auf beiden Seiten der Weißen Frau schneiden zwei schluchtartige Bergtäler tief ein: zur Linken zwischen ihr und der Hohen Gwyll das Königsseer Tal, zur Rechten zwischen ihr und der Hohen Kal das Wimbachtal. Man kann auch das dritte Tal sehen, das zum Berchtesgadener Land gehört, das Ramsauer Tal. Es wird durch den Einschnitt zwischen der Hohen Kal und der Reiter Alpe gebildet, wobei die Reiter Alpe weiter westlich liegt und das Bild der drei erhabenen Berggöttinnen nicht stört (vgl. Karte 1). Jedes dieser Täler liegt zwischen hohen Bergwänden und war am Ende der Eiszeit, als die Alpengletscher schmolzen, mit einem See gefüllt. Noch heute füllt der „Königssee" das Königsseer Tal der ganzen Länge nach aus. Im Wimbachtal gab es einen ebenso langgedehnten See, der jedoch von den mächtigen Schotterströmen von den Bergen herab, die man heute darin sieht, zugeschüttet wurde. Im Ramsauer Tal liegt jetzt noch der kleine „Forchensee" oder „Hintersee"; auch er reichte einst kilometerlang bis zum Talschluss beim Hirschbichlkopf, bis auch er durch das Geröll von den Bergen herab bis auf diesen Rest verlandete (vgl. Karte 1).[382]

Dies alles zusammen ist ein äußerst bemerkenswertes Ensemble, hier sind landschaftliche Schönheiten aufeinandergehäuft wie Edelsteine bei Juwelen: drei eindrucksvolle Berggöttinnen nebeneinander, zwischen ihnen drei steile Täler, darin drei große Seen, die in der Jungsteinzeit noch vorhanden waren. Die frühen Menschen entdeckten sie zuerst, und diese mehrfache Dreiheit – die in der matriarchalen Mythologie heilig war – machte das gesamte Gebiet für sie zu hochheiligem Land. Auch das Felsplateau von Berchtesgaden, das man von der Marxenhöhe unter sich erblickt, besitzt eine Dreiheit, denn hier vereinigen sich drei wilde, brausende Bergflüsse. Aus dem Königsseer Tal kommt die Königsseer Ache und aus dem Ramsauer Tal die Ramsauer Ache, die zuvor den Bach aus dem Wimbachtal aufgenommen hat. Die dritte ist die Bischofswiesener Ache, die aus dem weiten Tal um Bischofswiesen von Norden herankommt. Sie vereinigen sich genau bei Berchtesgaden zur Berchtesgadener Ache, und auch deshalb wurde dieser Felsen als besonders heiliger Ort betrachtet, als bester Platz für den „Sitz der Berchta".

Mit den drei Tälern zwischen den Berggöttinnen hat es eine besondere Bewandtnis, der wir jetzt nachgehen werden.

Weibliche und männliche Natursymbolik: das Königsseer Tal

Dieses Tal ist das berühmteste von ihnen, denn jedes Jahr reisen unzählige Menschen hierher, um ein Naturwunder zu sehen: den Königssee, der lang ausgedehnt und sehr tief zwischen nahezu senkrechten Felswänden ruht. Ihn anzuschauen und auf seinem smaragdgrünen Wasser zu fahren ist in der Tat ein einzigartiges Erlebnis. Deshalb gilt er als der „König" der Seen, wie es der deutsche Name nahelegen will.

Viele Künstler der Romantik haben den Königssee von einem bestimmten Punkt aus gemalt, dem „Malerwinkel", einer Bucht am nördlichen Ufer des Sees. Von hier aus überblickt man ihn bis zu seinem südlichen Ende, wo er in der Ferne an die Wände des Kalkgebirges „Steinernes Meer" stößt. Die Halbinsel St. Bartholomä mit ihrem Kirchlein scheint im hinteren Teil des Sees als winziger Fleck über der weiten Wasserfläche zu schweben. Ihr Anblick in lauter Fels und Wasser ist unwirklich und tröstlich zugleich, denn ohne sie wäre der See zwar großartig, aber einsam und leer. Diese Halbinsel war früher ein Stützpunkt für die königliche Jagd und Fischerei, heute ist sie ein Anziehungspunkt für Tausende von Touristen. In sehr frühen Zeiten bot sie auch den ersten Jägern und Fischern, die hierherkamen, einen guten Platz. Es gibt sogar ein wenig Almwiese auf der Halbinsel, ebenso am noch hinter dem Königssee gelegenen Obersee mit der Fischunkelalm (vgl. Karte 1). Für die Menschen war die tiefgrüne Wasserfläche des Königssees zu keiner Zeit ein Hindernis, sie konnten sie mit Booten stets überqueren. Noch heute pflegen Bauern ihre Kühe auf breiten Flachbooten zu den Almen am Obersee zu fahren.

Wenn man den Königssee vom Malerwinkel aus betrachtet, so fällt auf, dass die Felswände zusammen mit dem Wasser einen tiefen, U-förmigen Schoß in verschiedenen Grün- und Blautönen bilden. Es ist das ausgeprägteste U in der ganzen Gegend. Am jenseitigen Ende wird der See durch das Steinerne Meer begrenzt, dessen oberer Rand von dieser Perspektive aus gesehen wie ein Plateau nahezu waagerecht liegt. Genau in der Mitte des Plateaus erhebt sich als steiler Kegel die Schönfeldspitze, die ihren Namen zu Recht trägt: sie ist „spitz" und durch ihr Gleichmaß „schön". Sie ragt genau über dem U-förmigen Schoß des Sees auf, sodass die Landschaft von diesem Blickwinkel aus eine bemerkenswerte Symmetrie zeigt, welche die Maler angezogen hat (Abb. 11). Solche spitzen Berge gelten in der symbolischen Betrachtungsweise der frühen Menschen als männlich, während der U-förmige Schoß des Sees als

Abb. 11:
Der Königssee, vom „Malerwinkel" aus gesehen

ausgesprochen weiblich aufgefasst wurde. Sie kommen hier zusammen und bieten sich dem Blick als ein symbolisches Paar von vollendeter Schönheit dar, das seit frühester Zeit Verehrung genossen hat. Darauf weisen die zahlreichen Felszeichnungen am und um den Königssee hin.[383]

In den Kulturen jener Frühzeit trug der „Königssee" einen weiblichen Namen, der tradiert wurde und sich noch in der älteren Bezeichnung „Chunigesee" verbirgt.[384] Um ihn herauszufinden, gehen wir der alten Bedeutung von „König" nach. „König" heißt im Gotischen „kuni" und im Althochdeutschen „kunni" und bedeutet hier noch nicht einen Monarchen, sondern das Wort heißt „Geschlecht", meint also eine Person aus adligem Geschlecht.[385] Dabei wird die Herkunft betont, die wichtiger war als die einzelne Person. Die Herkunft des „kuni" kam von „kun", und dieses Wort ist seinerseits sehr alt und weiblich. Im Baskischen, einer vor-indoeuropäischen Sprache, ist „Gun" gleichbedeutend mit „Frau". Das setzt sich in den indoeuropäischen Sprachen fort: So heißt „Kun-ti" im Vedischen (Indien) ebenfalls „Frau", im Griechischen bedeutet „Gyne" dasselbe. Im Lateinischen meint „Cun-nus" den weiblichen „Schoß", gleichzeitig „Weib" im abwertenden Sinne, und „Cunae" bedeutet „Wiege". Es findet wiederum seine Fortsetzung in den germanischen Sprachen: Im Norwegischen heißt „Kona" oder „Kvinn" ebenfalls „Frau". Im Altenglischen finden wir „Cund" für „Geburt" und „Cunt" für „Schoß", ebenfalls abwertend gemeint, analog „Queen" für „Königin", diesmal im aufwertenden Sinne. Im Mittelhochdeutschen bezeichnet „Kun-kel" einen Spinnrocken und gleichzeitig die Frauensippe in der Mutterlinie.[386] Dies alles zeigt, was den „König" erst zu einem König macht, nämlich seine Herkunft aus einem weiblichen Schoß, das heißt gemäß matriarchalen Sitten: seine matrilineare Herkunft von einer Königin-Mutter, die symbolisch die Muttergöttin vertritt.[387] Der sogenannte „Königssee" dürfte daher zuerst als ein „Schoß-See" bezeichnet worden sein – in welcher Sprache auch immer –, was seiner Erscheinung vom Malerwinkel aus, wo man ihn zuerst erblickt, vollkommen entspricht.

Die kultische Verehrung dieses tiefen Wasserschoßes fand nicht nur hier, sondern auch auf der Halbinsel St. Bartholomä statt, über der die gewaltige Watzmann-Ostwand aufragt. „St. Bartholomä" ist der Name der kleinen, malerischen Kirche am Seeufer, die aus der Ferne fast im Wasser zu stehen scheint. Es deutet vieles darauf hin, dass hier vor der christlichen Kirche ein keltischer Tempel stand, der seinerseits einen noch viel älteren Kultplatz überdeckte.[388] Die Architektur des Kirchleins bezieht sich noch darauf, denn es ist mit seinen drei Rundungen und den drei Kuppeln darüber, die gen Osten zum See gerichtet sind, wie ein Kleeblatt geformt. Der Kleeblatt-Grundriss weist auf das heilige Symbol des keltischen Irland hin, das dreiblättrige Kleeblatt. Dieses wiederum geht auf vorkeltische Symbole zurück, zum Beispiel auf das „Triskel", die berühmte dreifache Spirale in der Tempelgrab-Anlage von Newgrange in Irland aus der jungsteinzeitlichen Megalithkultur. Sowohl die dreifache Spirale als auch das Kleeblatt sind ein Emblem der Dreifachen Göttin, deren Verehrung von den Kelten übernommen wurde. So ist es durchaus möglich, dass die Architektur der christlichen Kirche vom vorhergegangenen keltischen Heiligtum angeregt wurde.[389]

Im Inneren der kleinen Kirche finden wir die heilige Katharina gleich dreimal. Sie verkörpert von den „Drei heiligen Madln" Barbara, Katharina und Margaretha – wie es im Bayerischen heißt – die mittlere, die Rote Frau. Ihr Symbol ist das Rad, was auf das Rad der Jahreszeiten und der Lebensstadien hinweist, das heißt, hinter ihr steht die Rote Göttin mit dem Lebensrad.[390] Sie war die alte Herrin des Platzes, und das verwundert nicht, denn die Halbinsel liegt als eine grüne, fruchtbare Oase mitten in dem großen, weiblichen Schoß-See.

Es gibt eine merkwürdige Sage zu St. Bartholomä, in der von den Untersbergern die Rede ist. Sie sollen durch unterirdische Gänge vom Untersberg bis zum Königssee gelangt sein und ebenso unter dem Königssee hindurch nach St. Bartholomä. In der kleinen Kirche hielten sie öfters um Mitternacht feierlich ihre Messen und kehrten schweigend auf demselben Weg in den Untersberg zurück. Es heißt noch, dass diese Untersberger die Mönche aus dem Gefolge des Kaisers Friedrich gewesen seien.[391] An dieser Sage stimmt Verschiedenes nicht: Es ist weder möglich, einen so langen Gang vom Untersberg bis hierher zu bauen, noch sich unter dem Königssee hindurch zu graben, dazu ist er zu tief. Warum sollen diese Untersberger nicht viel einfacher des Nachts mit Booten nach St. Bartholomä gekommen sein, um ihre Geistermessen zu feiern? Ferner ist es fraglich, ob es die christlichen Mönche von Kaiser Friedrich gewesen sind, die der Sage nach doch alle in tiefem Schlaf liegen und keine unterirdischen Gänge zu graben pflegen.

Es gibt eine gleiche Sage von der Kapelle „St. Johann und Paul", die auch auf der Bartholomä-Halbinsel steht. Sie befindet sich ein gutes Stück landeinwärts, und man erreicht sie auf geradem Pfad durch den Wald bis zum Schotterbett des Eisbaches. Am Rand des Bergbaches steht sie einsam, und die Sage berichtet, dass eine Hirtin beobachtete, wie ein

Zug kleiner Untersberg-Männlein mit uralten, bärtigen Gesichtern schweigend zu der Kapelle pilgerte. Darin leuchtete das Licht auf, und die Untersberger feierten eine Messe, nach der sie ebenso schweigend wieder verschwanden.[392] Hier haben wir nun die angeblichen „Mönche" vor uns: Es sind die Untersberger Leute, die nicht schlafen, das Kleine Volk. Sie werden hier, wie so oft, als bärtig und sehr alt dargestellt, was lediglich eine naive, wörtliche Verwechslung damit ist, dass es sich bei ihnen kulturell um das Alte Volk handelt. Nun taucht die Frage auf, was diese nicht-christlichen Untersberger in die christlichen Kapellen treibt.

Die Antwort liegt ein wenig seitwärts von der Kapelle, wo eine kleine Quelle aus dem Boden fließt. Sie heißt beim Volk noch immer „Fieberbründl", und es wird ihr eine heilkräftige Wirkung zugeschrieben. Heilquellen sind heilige Plätze, und ihre Verehrung ist uralt. Da die Menschen in Krankheitsnöten bei ihnen fortgesetzt Heilung suchten und fanden, haben sie über Jahrhunderte, gar Jahrtausende an den alten Quellkulten festgehalten. So auch hier: Wegen ihrer Abgeschiedenheit in der Bergwildnis ist die „Fieberbründl"-Quelle nie gefasst worden, jedoch wurde die christliche Kapelle daneben errichtet. Dieses kleine Bauwerk hinderte die Leute aber nicht, weiterhin das Heilwasser der Quelle aufzusuchen oder ihren Dank abzustatten, und das geschah bis an den Rand der Gegenwart. Auch das Alte Volk vom Untersberg tat dies noch in christlicher Zeit, und zwar gemäß den Sagen heimlich in der Nacht. Dabei haben sie ohne Gewissensbisse die späteren christlichen Bauten, die ihre heiligen Plätze besetzten, einbezogen und mitbenutzt. Die „Messe", die sie darin zelebrierten, wird jedoch kaum eine im christlichen Sinne gewesen sein, sondern eher eine Dankesfeier an die Heilgöttin dieses Ortes.

Dasselbe gilt auch von St. Bartholomä als einem ihrer alten Kultplätze, und es gilt auch für die gesamte Umgebung des Berchtesgadener Landes. Denn diese Sage vom nächtlichen Kirchenbesuch der Untersberger wiederholt sich an vielen Orten: So sollen sie auch im Salzburger Dom ihre Messen gefeiert haben, ebenso in St. Peter in Salzburg und in St. Maximilian in Maxglan; ferner in St. Zeno und der ehemaligen Kirche St. Peter und Paul bei Reichenhall; auch in St. Dyonysius in Vigaun, in St. Peter am Dürrnberg und in der Kirche „Zu unserer lieben Frau auf der Gmain" in Großgmain. Dasselbe geschah in St. Michael in Innzell, in St. Johannes am Högl, in St. Martin bei Lofer, in St. Valentin in Marzoll; auch weiter weg in St. Peter am Tauern, in St. Salvador in Prien am Chiemsee und in den Orten Seekirchen, Feldkirchen, St. Gilgen,

Traunstein.³⁹³ Das ist eine stattliche Liste, die noch fortgesetzt werden könnte. Sie bestätigt die Annahme, dass die kleinen Leute aus dem Alten Volk an ihren kultischen Traditionen festhielten, ebenso die verschiedenen Völker nach ihnen, die diese Traditionen übernommen hatten. Denn alle hier genannten Kirchen stehen auf markanten, alten Kultplätzen, die christlich überbaut und damit vereinnahmt wurden. Die vorchristliche Bevölkerung verschiedener Herkunft ließ sich diese Plätze jedoch nicht wegnehmen, sondern setzte die Feier ihrer Kulte bei und in den Kirchen noch lange Zeit fort.

Abgesehen von dem Kirchlein war die gesamte Halbinsel St. Bartholomä einst heiliges Gelände, denn hier ist auch die Weiße Göttin nicht weit. Wenn man dem Pfad jenseits des Fieberbründls noch eine Stunde weiter folgt, geht man tief in einen mächtigen Bergschoß hinein, der an drei Seiten von hochragenden Wänden gebildet wird. Es ist ein Weg, der erschauern lässt, und dieses Erschauern erfasste wohl auch die frühen Pilger, wenn sie sich in diesen östlichen Schoß der Weißen Berggöttin hineinbegaben. Man konnte sie hier fast berühren, denn der Zugang endet zwischen Geröll und einem wilden Bachbett am Fuß der gigantischen Watzmann-Ostwand. Hier poltern gelegentlich Steine herunter, und es kann zu Felsstürzen kommen, vor allem aber gehen im Frühling Lawinen von der Felswand ab und bleiben am Fuß liegen. Sie werden zu einem Eisfeld zusammengepresst, das als ein großes, weißes Dreieck mit der Spitze nach unten am Fuß der Wand liegen bleibt. Darunter entspringt der Eisbach und gräbt sich eine Höhlung, die als schwarzes Loch im weißen Dreieck erscheint. Tritt man nahe heran, so kann man in die blaugrün schimmernde Eishöhle hineinblicken, die im Sommer so groß ist, dass eine Gruppe von Menschen sich darin bewegen kann.

Dieses seltsame Gebilde heißt „Eiskapelle", was einen Versuch der Verchristlichung zeigt. Eine andere Kapelle gibt es hier nicht, sie würde auch nicht lange stehen bleiben. Denn die Umgebung der sogenannten „Eiskapelle" besteht aus wilden Felsstürzen, und die Eishöhle selbst bricht von Zeit zu Zeit zusammen, um sich im nächsten Frühling wieder neu zu bilden. Warum also der Name „Kapelle" in völliger Wildnis?

Auch dieser Platz muss einst heilig gewesen sein, und zu ihm pilgerten seit sehr früher Zeit Menschen. Es gab eine Bergwallfahrt mit sehr alten Wurzeln, die „Almer Wallfahrt", die von dem Ort Alm bei Saalfelden aus dem Saalachtal übers Steinerne Meer herüberkam. Dieser Weg bedeutete für die Pilger eine überaus steile und steinige Tour aufwärts und ebenso steil abwärts nach St. Bartholomä zu Füßen der Weißen

Göttin, wo die Wallfahrt endete. Bei der verchristlichten Version dieser Wallfahrt wissen die Pilger nicht mehr, worum es dabei geht, doch in ihrer älteren Version muss diese anstrengende Wallfahrt einem sehr wichtigen Ziel gegolten haben: Wahrscheinlich besuchte man das weiße Dreieck aus Eis mit seiner Höhlung und huldigte ihm als dem Heiligsten der Weißen Berggöttin, nämlich ihrem Schoßdreieck und ihrer Vulva, die sich hier im Verborgenen öffnet. Es war der einzige Platz, wo Menschen sich der sonst unnahbaren, himmelstrebenden Weißen Frau nähern konnten.

Für einen besonderen Ort der Naturverehrung spricht auch der Name eines schroffen Felsgebildes von 1400 m Höhe gleich neben der sogenannten „Eiskapelle": Diese Felsspitze heißt „Kirche". Das ist seltsam, denn das Alte Volk kannte keine Kirchen. Die Verchristlichung der Felsspitze weist darauf hin, dass auch sie in die Verehrung dieses bedeutungsvollen Naturplatzes einbezogen war. Vielleicht besaß sie eine Höhle, in welche die frühen Pilger zum Schutz hineingehen konnten.[394] Gleichzeitig wird sie wegen ihrer spitzen, männlichen Form als Gegenstück zum weißen Schoßdreieck der sogenannten „Eiskapelle" betrachtet worden sein. So wiederholt sich das mythische Paar in der Landschaft, wenn auch an diesem Platz in kleinerer Form.

Eine ebenso isolierte Felsspitze gibt es am Ende des Wimbachtales, auch sie trägt den Namen „Kirche" (1580 m).[395] Eine weitere „Kirche" gibt es auf dem Gebirgsstock der Reiter Alpe; hier werden eine Höhle und ein ganzes Gebiet auf circa 1800 m so benannt. Es handelt sich um einen wohlbekannten Kultplatz, denn das Gebiet ist voller Felszeichnungen.[396]

Der Weg zur „Kunt": das Ramsauer Tal

Das zweite Tal, das Wimbachtal zwischen der Weißen Berggöttin und der Hohen Kal (dem sogenannten „Hochkalter"), ist eine Naturschönheit mit seiner dramatischen Eingangsklamm, den riesigen Schotterströmen auf der Talsohle und dem wilden Talabschluss. Aber es bietet in landschaftsmythologischer Hinsicht kaum Anhaltspunkte. Durch das stark zerbröckelnde Gestein sind seine landschaftlichen Gegebenheiten, wie der einstige See und die zugehörigen Kultplätze, verschüttet. Es bleiben nur wenige Stellen von Interesse, zum Beispiel die eben erwähnte „Kirche" nicht weit von der Wimbachgrieshütte.

Wir wenden uns deshalb dem dritten Tal zu, der Ramsau. Wenn man durch den Ort Ramsau geht, fällt die fotogene Kirche gleich neben der

Ache auf, und sie ist auch das Motiv auf zahllosen Bildern. Doch das eigentliche Kleinod dieses Tales ist die außerhalb des Ortes liegende Kunterwegkirche. Sie ist eine lokal bekannte Marien-Wallfahrtskirche, doch nur wenige Touristen kommen hierher. Man erreicht sie auf einem Fußpfad, der sanft ansteigend durch den Wald führt. Die kleine Kirche liegt einsam und verborgen, an eine Felswand geschmiegt, direkt am Weg (Abb. 12). Ihre Lage scheint nicht spektakulär, doch der Ausblick von diesem Platz hat seine Besonderheit (vgl. Karte 1).

Die Kirche, ein anmutiger Bau mit zwei Rundungen, auf denen kleine Kuppeln ruhen, wurde erst im 18. Jh. erbaut. Doch der Pfad zu diesem Platz ist sehr alt, was verschiedene Eigenschaften verraten. Er heißt „Kunterweg" und führt auf den „Kunterwegkogel" („Kogel" heißt „Hügel"). Nach diesen Landschaftsbezeichnungen erhielt die Kirche später den Namen „Maria Kunterweg" oder „Kunterwegkirche". Nicht nur der Platz selbst, sondern auch der Weg dorthin wurden stark verchristlicht: mit einer Kapelle gleich an seinem Anfang, 15 Stationen aus dem Marienleben unterwegs und der Kunterwegkirche als Abschluss. Also muss es mit diesem Weg und Platz etwas auf sich haben!

„Kunt" ist ein altes Wort, das in vor-indoeuropäischen und indoeuropäischen Sprachen vorkommt, es bedeutet, wie schon erläutert, „weiblicher Schoß". Genau an dem Platz, wo die Kirche steht, befindet sich eine halbrunde, konkave Einbuchtung im Felsen, ein steinerner Schoß, so groß, dass er die Kirche überragt. Sie ist so nahe daran gerückt worden, dass man diese Halbhöhle im Felsen nicht mehr betreten kann (Abb. 13). Das ist die „Kunt", der Felsenschoß, von dem dieser Weg und die Gegend ihren Namen haben, das heißt, hier war ein alter Platz der Naturverehrung. Aus dem Felsenschoß entspringt eine Quelle, symbolisch gesehen das Fruchtwasser der Erde, was die „Kunt" noch mehr betont. Das Quellwasser wird heute unter der Kirche hindurchgeleitet und plätschert in einen Brunnen vor dem Gebäude.[397]

Es gibt zu diesem Platz gleich drei aussagekräftige Sagen: In der einen heißt es, dass die Hirten ihr Vieh nicht gern über diesen Weg auf die Almen trieben, weil er als nicht geheuer galt. Es soll dort gespukt haben, gespenstische Erscheinungen und Teufelsfratzen trieben ihr Unwesen. Um das zu unterbinden, wurde zuerst ein Marienbild an den Felsen gehängt, später eine Marienstatue. Es folgten im Jahr 1708 eine kleine Kapelle und in der Mitte desselben Jahrhunderts die Kirche. Seither war es mit dem Spuk vorbei.[398] Die Sage zeigt die übliche Abfolge bei der Verchristlichung eines alten Kultplatzes. Die „Gespenster", die

Abb. 12 (links):
Die Kunterwegkirche bei Ramsau

Abb. 13 (rechts):
Felsenschoß hinter der Kunterwegkirche

dort umgingen, waren das Alte Volk selbst oder spätere kelto-romanische Leute, die den Kultplatz noch in Ehren hielten. Sie feierten hier ihre alten Kultbräuche, bei denen sie wohl Masken trugen, die dann als „Teufelsfratzen" und „Gespenstertreiben" diffamiert wurden.

Eine zweite Sage verrät, dass die Verchristlichung des Ortes jedoch auf Widerstand stieß. Darin wird berichtet, dass die Bürger sich darüber beschwerten, dass die Kirche so nahe an den Felsen gebaut worden war, doch sie stießen bei der Obrigkeit auf taube Ohren. Da versuchten sie die Kirche wegzuschieben, was natürlich nicht gelang.[399] Diese Sage wird wie ein Schwank erzählt, um die Ramsauer Leute lächerlich zu machen. Der wahre Kern der Sage ist jedoch, dass die Kirche erheblichen Anstoß erregte, weil sie den alten Kultplatz versperrt. Offensichtlich waren nicht alle Alteingesessenen mit dieser Besetzung einverstanden, sondern wehrten sich heftig dagegen, was aber leider vergeblich war.

Die dritte Sage gibt wieder, was danach geschah: Die alten kultischen Bräuche an diesem Platz hörten nicht auf. Denn nun treten wieder die

Untersberger auf, die durch einen unterirdischen Gang auch zu dieser Kirche gelangt sein sollen und des Nachts ihre Messen darin feierten. Einmal verscheuchten sie einen Lauscher aus Ramsau, der sie dabei beobachtete.[400] Dieser Sagentypus ist uns schon bekannt, doch die Sage auch hier zu finden betont nochmals die ehemalige Bedeutung des Platzes. Der „unterirdische Gang" ist wieder eine bloße Erfindung, die Begebenheit selbst jedoch nicht. Sie bestätigt, wie wichtig dieser Platz den Leuten war, dass sie auch nach der Verchristlichung die Naturverehrung hier fortführten, wobei nun die neue, störende Kirche einbezogen wurde. Dabei bleibt allerdings offen, ob dies tatsächlich die Untersberger waren, die Reste des Alten Volkes, das einst diese Kultorte geschaffen hatte. Eher könnten diese „Untersberger" in den nicht-christlichen Kelto-Romanen des Tales zu finden sein, denen die geheimnisvollen Untersberger als Ausrede dienten, um auf den altehrwürdigen Plätzen ihre traditionellen Bräuche heimlich weiter auszuüben.

Diese drei Sagen ergänzen einander und zeigen, wie wichtig dieser Kultplatz mit dem Namen „Kunt" einst war. Dabei ist es nicht nur der Felsenschoß mit der Quelle, die ihn bedeutsam machen, sondern auch seine Aussicht. Der Kultplatz Kunt hat nämlich keine Ausrichtung zum Ramsauer Tal hin, sondern zur Reiter Alpe, sogar der Hauptaltar mit dem Gnadenbild der Maria ist auf diesen Bergstock bezogen. Vom Platz vor der Kirche kann man bis zum Abschluss eines kurzen Hochtales in der Reiter Alpe blicken, das zur Kunt hin, wo die Betrachtenden stehen, offen ist. Das Hochtal ist eindrücklich, denn zwei gewaltige Felsstöcke ragen rechts und links empor und bilden eine breite, U-förmige Hohlform. Diese Sicht zeigt also auch eine „Kunt", und zwar den mächtigen Bergschoß, den die Reiter Alpe in ihrem südlichen Teil zwischen ihren höchsten Felstürmen bildet. In diesem Schoß ragt eine kleinere Spitze auf, annähernd halb so hoch wie die Türme. Sie kann nicht als „Kind" im Schoß dieser Berggöttin aufgefasst werden, dazu ist ihre Proportion im Verhältnis zur unmittelbaren Umgebung zu groß. Daher ist anzunehmen, dass auch sie als ein männliches Landschaftssymbol galt – wie die Schönfeldspitze am Königssee –, das sich mitten in dem U-förmigen Schoß befindet und eine erotische Vereinigung darstellt. Dieser mächtige, ferne Bergschoß wurde zusammen mit dem nahen Felsenschoß Kunt, bei dem man steht, verehrt. Das Ensemble der zwei Schoße ließ den Ort zum zentralen Kultplatz im Ramsauer Tal werden und gab ihm wohl überregionale Bedeutung, die später auf die kleine Wallfahrtskirche übertragen wurde.

Auf der Wanderung von der Kunterwegkirche zum Forchensee, heute „Hintersee" genannt[401], kommt man zu einem weiteren Kultplatz im Ramsauer Tal, dem Wartstein. Hier setzt sich das Thema des kultisch verehrten Landschaftsschoßes fort. Der Wartstein ist buchstäblich eine erhöhte „Warte" mit schöner Sicht zur Kunterwegkirche auf der einen Seite und zum großen Schoß der sogenannten „Reiter Alpe" auf der anderen Seite. Damit liegt er zentral auf einer wichtigen Sichtlinie, die hier eine leichte Biegung macht. Zugleich ragt er, eine runde Felskuppe von fast 900 m Höhe, nahe beim vorderen Rand des Hintersees auf, und da dieser See einst viel größer war, könnte er einmal direkt am Ufer gestanden haben mit Blick bis zum Abschluss des Ramsauer Tales (vgl. Karte 1). Die interessanteste Sicht bietet der Wartstein jedoch unmittelbar zum langgezogenen Bergschoß der Hohen Kal (dem sogenannten „Hochkalter") hinauf, der von einem Kranz steiler Zacken umgeben ist und die gesamte Gipfelregion einnimmt – wahrhaftig ein „Hoher Schoß". Hier ist man dieser Berggöttin am nächsten, und sie öffnet ihren Schoß genau zum Wartstein hin. Es ist nicht möglich, bis in die hintere Tiefe des riesigen Ovals dort oben zu blicken, die Ansicht ist dennoch sehr eindrücklich.

Die christliche Symbolik bestätigt abermals, dass genau dies hier gemeint ist, denn auch auf dem Wartstein hat man für die Austreibung des „Heidentums" gesorgt. Es gibt zwar keinen Bildstock und keine Kapelle auf seiner Felskuppe. Doch ein wenig unterhalb des Gipfelplateaus gelangt man zu einer kleinen Halbhöhle in der nackten Felswand, in der sich ein tiefes Felsloch wie eine Vulva öffnet; die Höhle ist genau zum Schoß der Hohen Kal hin ausgerichtet. Sie wurde hier einst zusammen mit jener verehrt, das Große im Kleinen, nach demselben Prinzip wie bei der „Kunt" am Kunterweg mit Sicht auf den Bergschoß der Reiter Alpe. Heute heißt diese Halbhöhle „Magdalenengrotte" und ist mit einer Figur der christlichen Maria Magdalena besetzt, die leidend vor dem gekreuzigten Jesus kniet. In dieser Unterwerfungshaltung wird sie stets abgebildet, denn Maria Magdalena gilt offiziell als die große „Büßerin". Ihre „Sünde" ist die Liebe, denn gemäß der Bibel war sie eine Lebedame und Hetäre, vielleicht auch die Liebesdienerin einer Göttin. Diese Phase ihres Lebens endete, als sie sich dem Christentum zuwandte und die Lieblings-Jüngerin von Jesus wurde. In den apokryphen christlichen Schriften, die von der römisch-katholischen Kirche später verboten wurden, heißt es, sie war Jesus die Liebste von allen Frauen („Evangelium nach Maria").[402] Das mag sich auf sie als Lieblings-Jüngerin bezogen haben, doch ihre Bevorzugung galt nicht nur für die Jüngerinnen, sondern auch für die Jünger. Damit war sie in der Runde um Jesus die Erste, weil sie ihn als gebildete Frau dank ihrer Klugheit am besten verstand und wohl auch beriet; ihr Rang war noch über Petrus. Später wurde sie eine bedeutende Apostelin. Eine neuere Interpretation besagt sogar, sie sei die Geliebte von Jesus gewesen, eben die „Liebste von allen Frauen", und habe von ihm eine Tochter gehabt.[403] Das heißt, ihre Vulva und ihr weiblicher Schoß waren in jeder ihrer Lebensphasen von großer Bedeutung. Sie ist die Schoß-Frau, die Rote Frau im Christentum.[404] Sie tritt hier auf, um vom Schoß der Berggöttin abzulenken, damit man sich von der Natur abkehrt und der christlichen Leidensgeschichte zuwendet. Allerdings verrät Maria Magdalena auf diese Weise umso deutlicher, worum es früher an dieser Stelle in der Landschaft ging.

Vom Wartstein aus kann man, den Hintersee unter sich lassend, zur Halsalm hinaufsteigen, auf der sich ein riesiges Kreuz befindet – ein ungewöhnlicher Aufwand für eine Viehweide! Die Verchristlichung auch dieses Ortes zeigt, dass es sich um den nächsten bedeutsamen Platz handelt: Er liegt genau in der Sichtlinie Kunterwegkirche – Wartstein – Reiter Alpe. Wenn man mit nur wenigen Schritten diese Alm überquert, sieht man sich unmittelbar unter dem gewaltigen Bergschoß der Reiter Alpe – diesen Anblick will das Kreuz verhindern. Der Schoß wird von mächtigen Felstürmen und Steilwänden gebildet, die aus solcher Nähe betrachtet atemberaubend sind (vgl. Karte 1). Die Felsformationen in seinem Halbrund tragen auffällige Namen wie „Teufelskopf", „Grundübelhörner", „Knittelhorn", „Predigtstuhl", „Böselsteig". Sie verraten die diffamierende Absicht dahinter nur zu deutlich: Der „Teufelskopf" ist nämlich ein schöner Drachenkopf, der seitlich hängend bis ins Tal hinabreicht; deshalb wurde er „verteufelt". Die „Grundübelhörner" galten vielleicht als Mondhörner oder eine andere Art von sakralen Hörnern; das reichte, um sie zum „Grund aller Übel" zu machen. Der „Böselsteig" war der Steig hinauf zu den „Bösen", nämlich diesen heiligen Felsen, die den Bergschoß bilden. Doch bezeichnenderweise führt der Pfad am „Predigtstuhl" vorbei, wo man in missionarischem Eifer dem Bösen in dieser Landschaft Einhalt zu gebieten versuchte. Das „Knittelhorn" geht auf „Knüttel" zurück, was sprachlich auch „Keule" bedeutet.[405] Gemeint ist damit die symbolische „Keule", nämlich der riesige Phallus des Wilden Mannes – genau so steht das Knittelhorn aufrecht mitten im Schoß der Berggöttin. Diese auch in der Herabsetzung und Dämonisierung noch vielsagenden Namen kennzeichnen das, was man von der Kunterwegkirche aus als die große „Kunt", den erhabenen Schoß der Berggöttin der Reiter Alpe, sieht. Sowohl dort wie auch auf der Halsalm direkt unterhalb ihres Schoßes wurde sie einst kultisch verehrt. Sehr wahrscheinlich trug die Berggöttin selbst diesen hier so oft vorkommenden Namen und hieß einstmals die „Hohe Kunt", ein Name, der ihrer Erscheinung vollkommen entspricht.

Blickt man schließlich von der Halsalm in die Richtungen, die nicht von den ragenden Felsen der Hohen Kunt versperrt werden, so hat man eine bemerkenswerte Aussicht: Man schaut auf den Hintersee hinab, und früher konnte man von hier den großen, langgestreckten See überblicken, der einst das gesamte hintere Ramsauer Tal vom Wartstein an seinem Anfang bis zum Hirschbichlkopf an seinem Ende ausfüllte. Das war in diesen frühen Zeiten für die Fernkommunikation durch Feuer in der Nacht sehr günstig, denn die Sichtlinie beginnt bei der Kirche von Ramsau und führt über die Kunterwegkirche mit schwacher Biegung zum Wartstein, weiter zur Halsalm und von da bis zum Ende des Ramsauer Tales.

Ähnliche Sichtlinien, die der Fernkommunikation dienten, gab es auch von der schon erwähnten Marxenhöhe oberhalb von Berchtesgaden weit ins Berchtesgadener Land hinein. Sogar rings um den sonst schwer einsehbaren Königssee gab es solche Punkte, sowohl vom Steinernen Meer herab als auch vom Jenner und der hoch gelegenen Gotzenalm oberhalb des Königssees. Bei der Gotzenalm liegt der Aussichtspunkt „Feuerpalfen", der schon durch den Namen seine frühere Funktion verrät. „Palfen" enthält das vor-indoeuropäische Wort „pal", was „Felsen" heißt, und das Feuer wurde auf ihm angezündet, um die Kommunikation nach St. Bartholomä hinunter und weiter in der Runde zu ermöglichen.[406]

Die Wildfrauen

Das lange, zwischen steilen Bergen versteckte Ramsauer Tal endet beim Hirschbichl, einem Passübergang neben dem Hirschbichlkopf. Der Pass war auch früher bekannt, denn von hier gelangt man auf kürzestem Weg ins obere Tal der Saalach und dieser entlang nach Zell am See im Pinzgau (jungsteinzeitliche Funde). Es gibt vom Hirschbichl-Pass eine Sage: Einst lebten hier am Fuß des Hügels drei Wildfrauen, die Zauberkräfte besaßen. Sie hausten in Höhlen, die seither „Frauenlöcher" heißen.

Die Wildfrauen waren trotz ihrer Macht sehr gütig und bestraften nur die Boshaften. Sie pflegten im Bach ihre weiße Wäsche zu waschen und an Stangen zum Trocknen aufzuhängen.[407] Leider erfahren wir nicht mehr von diesen drei Frauen, aber genauso wie an anderen Orten waren sie in ihrer Dreiheit die Priesterinnen der Landschaftsgöttin, hier der Hohen Kunt (der sogenannten „Reiter Alpe"), deren Heiligkeit sie noch lange gehütet haben. Sie mussten sich in Höhlen verbergen wie so viele andere Wildfrauen, was uns zeigt, dass dies ihr letzter Unterschlupf im Rückzug vor einer feindlichen Welt war.

Das Motiv des Waschens weißer Wäsche ist weitverbreitet, denn damit verbindet sich Magie. So heißt es auch von den Wildfrauen im Untersberg, die von feenhafter Schönheit waren und sich wie alle Wildfrauen in weiße Gewänder kleideten, dass sie ebenfalls Wäsche zu waschen pflegten. Hörbar klopften sie diese in manchen Nächten aus, beispielsweise bei der Alm Vierkasern. Angeblich taten sie dies für Kaiser Karl und sein Gefolge, doch weder waren sie dessen Wäscherinnen noch Hausfrauen, denn der Kaiser wurde erst in historischer Zeit in den Berg hineininterpretiert. Ihre Wäsche waren weiße und rote Tücher, die sie ebenfalls an Stangen oder Felszacken zum Trocknen aufhängten.[408]

Das Bild der Wäsche am Berg ist manchmal realistisch gedeutet worden als die Nebel, die oft an den Zacken der Gebirge hängen. Diese Deutung verkennt jedoch den magischen Charakter der Handlungsweise der Wildfrauen. Er kommt in den Sagen vom Berchtesgadener Land nicht mehr vor, aber in den Sagen aus den Dolomiten ist er erhalten geblieben, wo das Aufhängen der Wäsche schönes Wetter ankündigt – was im Widerspruch zu der Nebel-These steht. Wenn die Wildfrauen in den Dolomiten ihre Wäsche hingegen nicht aufhängen, wird das Wetter garantiert schlecht.[409] Das heißt, sie wissen voraus, wie das Wetter wird, und das Aufhängen der Wäsche oder das Unterlassen könnte man als ihren „Wetterbericht" betrachten.

Eine Wettervorhersage ist aber noch keine Magie, diese offenbart sich erst in anderen Sagen von den geheimnisvollen Wäscherinnen. So pflegten die „Witten Wiver", die „Weißen Weiblein" von der Insel Rügen, ihre Wäsche auf Waschsteinen am Meeressaum zu waschen, dass man es weithin klopfen hörte. Solche Steine sind Findlinge, die auch „Schwansteine" heißen, und man sagt, dass daraus die Kinder geholt werden. Dies bringt die „Witten Wiwer" von Rügen mit dem Lebensanfang in Zusammenhang.[410] Aber auch mit dem Lebensende hatten die Wäscherinnen zu tun, wie verwandte Volkssagen aus der Bretagne zeigen, wo die

„Lavandières de nuit", die „Wäscherinnen der Nacht", stets erscheinen und hörbar ihre Wäsche klopfen, wenn ein Mensch vom Tod geholt wird.[411] Daran erkennen wir den Charakter von Schicksalsbringerinnen bei den bretonischen Wäscherinnen, was auch für die „Witten Wiwer" von Rügen und ebenso für die Wäscherinnen in den Alpen gilt. Es würde erklären, warum auch in diesen Bergen die Begegnung mit Wildfrauen bei guten Menschen zu großem Glück und bei boshaften Menschen zum Tod führen kann.

Die Wildfrauen, das heißt Frauen aus der matriarchalen Kultur der Jungstein- und Bronzezeit, die sich später in Rückzugsgebieten noch lange verbargen, waren einst die Herrinnen der Almen in den Alpen und besaßen das entsprechende Wissen. Darauf weisen die vielen Sagen hin, in denen sie den späteren Menschen mit ihren überlegenen Fähigkeiten helfen. Sogar in ihren Verstecken gelang es ihnen noch, ihre unabhängige Lebensweise aufrechtzuerhalten. Sie hüteten hoch oben ihre wilden Ziegen, die Gämsen, und waren gemäß den Sagen den Jägern feind, welche die Tiere abschossen.[412] Frauen als Herrinnen der Almen belegen auch zwei Sagen aus dem Berchtesgadener Land. So heißt es in der Sage vom Kiliansberg am Untersberg, dass drei Sennerinnen die dortige Alm bewirtschafteten. Sie waren außerordentlich schön und hatten „goldenes Haar", das sie hingebungsvoll pflegten. Von dem christlichen Gott und der kirchlichen Messe hielten sie nichts, weshalb sie „böse" waren, das heißt eitel und stolz. Als Folge ereilte sie die Strafe Gottes, indem sie in drei Felszacken verwandelt wurden, die man die „Steinernen Sennerinnen" nennt.[413]

Diese drei Sennerinnen waren Wildfrauen, worauf ihre Schönheit und Unchristlichkeit hinweisen. Da ihnen die Alm auf dem Kiliansberg – der Berg ist ein Teil der Liegenden Frau – höchstwahrscheinlich noch in später Zeit gehörte, mussten sie vertrieben und bestraft werden. Die Sage suggeriert unterschwellig, was geschieht, wenn Frauen Land besitzen, was nach patriarchalen Spielregeln nicht sein darf: Angeblich können sie damit nicht umgehen, weil sie zu viele weibliche Schwächen haben.

Dieselbe patriarchale Botschaft enthält auch die Sage von der „Übergossenen Alm". Die Alm liegt am Hochkönig beim Steinernen Meer, genau gegenüber den zwei Felszacken mit dem auffälligen Namen „Teufelshörner" am Obersee, jenem schönen Bergsee hinter dem Königssee. In der Sage heißt es, dass diese weite Hochfläche am Hochkönig einst eine fruchtbare Alm gewesen war, die von drei jungen Sennerinnen bewirtschaftet wurde. Sie waren sehr reich und hatten das schönste Vieh im ganzen Land, weshalb die jungen Männer von nah und fern um sie warben. Davon wurden sie hochmütig und ließen die Mägde alle Arbeit tun, während sie mit feinen Kleidern und Schmuck nur noch um ihre Schönheit besorgt waren. In ihrem Übermut verschwendeten sie ihren Reichtum, überzogen sogar die Hörner der Stiere mit Gold und hängten den Kühen silberne Glocken um den Hals. Den armen Leuten gaben sie von ihrem Überfluss nichts ab. Vom christlichen Gott und seinen Kirchen wollten sie ebenfalls nichts wissen, sondern luden stattdessen mit lauten Rufen den Teufel von den Teufelshörnern ein. Dieser holte sie schließlich, indem er ein furchtbares Unwetter hereinbrechen ließ, das die ganze Alm zuerst mit Wasser, dann mit Schnee und Eis übergoss. Bis heute ist das Eis nicht gewichen.[414]

Aus dieser Sage geht klar hervor, dass die Alm den Sennerinnen gehörte, denn die Männer warben ihres Besitzes wegen um sie. Es ist auch von „ihrem" Vieh die Rede, das sie so gut zu behandeln verstehen, dass ihre Wirtschaft blüht und sie „reich" sind. Dies straft die patriarchale Botschaft von der Unfähigkeit der Frauen, mit Landbesitz umzugehen, Lügen. Angeblich tun die Mägde alle Arbeit für die Sennerinnen, während diese wiederum „böse" sind, nämlich eitel, stolz, vergnügungssüchtig und hartherzig. Die Sage malt es mit negativen Einzelheiten breit aus, wobei gerade diese, wie das Schmücken der Stiere und Kühe, interessant sind. Denn es stellt eine rituelle Handlung dar. Gold und Silber waren Metalle mit symbolischer Bedeutung und magischen Eigenschaften: Silber galt als Metall des Mondes und Gold als das der Sonne. Wenn die Kühe daher silberne Glocken erhielten, entsprach dies ihrer Weiblichkeit und sollte durch die Kraft des weißen Mondes ihre weiße Milch vermehren. Den Stieren wurden die Hörner vergoldet, was durch die Kraft der Sonne ihre männliche Energie erhöhen sollte. Stierhörner galten außerdem – seit der Altsteinzeit – als klassische Symbole der Mondhörner, sodass sich die Vergoldung auch auf den Mond beziehen kann.[415] Denn der Mond erscheint bei seinem Aufgang und Untergang oft golden.

In der Landschaft waren die Mondhörner ebenfalls nicht weit, denn die Sage bezieht sich auf die sogenannten „Teufelshörner", die über dem Obersee aufragen. Sie wurden früher wohl auch als Mondhörner verehrt. Aber Naturverehrung ist aus christlicher Sicht „Teufelswerk", weshalb die Sennerinnen es mit dem „Teufel" zu tun haben müssen, der sie angeblich zuletzt holt. Alle Eigenschaften dieser Frauen – ihre Schönheit, ihr segensreiches Wirken auf der Alm, ihr rituelles Schmücken der

Tiere, ihre Naturverehrung und ihr Desinteresse am Christentum – kennzeichnen sie als Wildfrauen, als Frauen aus dem Alten Volk, die als unumschränkte Herrinnen auf ihrer Alm wirkten.

Die plötzliche Vereisung ihrer zwischen 2000 und 2500 m hoch gelegenen Alm ist keine Fantasie, sondern geht auf einen allgemeinen Klimasturz zurück. Sie wird allerdings der Schuld der Frauen zugeschrieben – ein später zugefügtes, moralisches Motiv, das für die Patriarchalisierung dieser Sagen typisch ist. Solche Sagen von überraschenden Wetterstürzen, die zur Verwüstung und dauerhaften Vereisung von blühenden Hochalmen führen, kommen im gesamten Alpenraum vor. Eine fast identische Sage gibt es vom Dachstein, wo die Alm auch vereist und die „unzüchtigen" Wildfrauen zu Felszacken versteinert werden. Die berühmteste Sage dieser Art ist die von der Blümlisalp oberhalb von Kandersteg am Blümlisalphorn in der Schweiz, die wegen der „Hure Kathryn" vom ewigen Eis heimgesucht wurde. Die Blümlisalp-Sage kommt gleich mehrfach vor, auch im Kanton Wallis und in der Innerschweiz. In weiteren Sagen dieser Art sollen ganze Städte auf hohen Pässen wegen der Hartherzigkeit ihrer Bewohner der plötzlichen Vergletscherung zum Opfer gefallen sein, wie die Stadt unter dem Theodulgletscher am Matterhorn und die Stadt „Tannaneh" unter dem Gurgler Ferner in Österreich.[416]

Alle diese Sagen haben einen wahren Kern. Ihnen liegen tatsächliche, großräumige Klimastürze in den Hochlagen der Alpen zugrunde, wie durch den weltberühmten, jungsteinzeitlichen „Mann aus dem Eis", volkstümlich „Ötzi" genannt, glänzend bewiesen worden ist.[417] Solche verheerenden Naturereignisse sind nicht nur einmal, sondern mehrfach vorgekommen, was aus den Vorstößen der Gletscher erschlossen werden kann. Die Ursache sind plötzliche, starke Klimaschwankungen, die sich mehrmals und zu verschiedenen Kulturepochen wiederholten. Sie sind der Hintergrund der hier erwähnten Sagen von den verwüsteten Almen, die aus verschiedenen Zeiten stammen. Das Motiv der „Schuld" wurde dabei immer stärker betont, denn das Christentum befand sich im Kampf mit den letzten Oasen der älteren Kulturen. Ein Dorn im Auge waren die letzten freien Wildfrauen, deshalb wurden ihnen Bosheiten und Sünden verschiedener Art unterschoben und sie zu „Huren" und „Hexen" gemacht.

Zugleich zeigt es, dass die Wildfrauen offenbar noch lange in ihren Rückzugsgebieten lebendig geblieben sind, so im Untersberg und anderen Höhlen des Berchtesgadener Landes. Vielleicht stammten sie noch aus dem Alten Volk oder waren längst durch Heiraten mit den späteren Kelto-Romanen verschmolzen; von solchen Heiraten berichten ebenfalls viele Wildfrauen-Sagen. Als Priesterinnen der Natur hüteten sie diese an Berggöttinnen reiche Landschaft und verehrten die hochsymbolische Dreiheit: die Weiße Mondhörner-Frau, die Schwarze Percht (die sogenannte „Schlafende Hexe") und die Rote Liegende Frau unterm Untersberg, doch ebenso die ragenden Schoß-Berge: die Hohe Gwyll, die Hohe Kal und die Hohe Kunt. Vom Untersberg aus konnten sie diese Landschaftsgöttinnen in der ganzen Runde erblicken, mit ihnen kommunizieren und die grünen Täler zu ihren Füßen segnen. Denn ein Land von so außergewöhnlicher Schönheit und Heiligkeit konnten und wollten sie nicht verlassen.

Die Bergkönigin und ihr Drache

Rigi und Pilatus am Vierwaldstättersee

Die „Mythen" und ein „Heiliges Kreuz": zur frühgeschichtlichen Umgebung der Rigi

Die Rigi (1800 m) ist der meistbesuchte und meistbegangene Berg in der Schweiz, und das gilt schon seit Jahrhunderten. Zuerst waren es fromme Pilgerscharen und Heilungsuchende, die schon im 16. Jh. zu den heiligen Stätten von Rigi-Kaltbad und Rigi-Klösterli kamen, angelockt von den „Wundern", die dort geschehen sein sollen. In der zweiten Hälfte des 18. Jh. ließ die Nachfrage nach „Wundern" merklich nach, und nun besuchten die ersten Naturforscher und Touristen diesen Berg. Sie betrachteten ihn weniger als einen christlichen „Berg der Gnade"[418], sondern eher als einen wunderbaren Aussichtspunkt auf die Seen zu seinen Füßen und die Schneeberge in der Ferne. Denn die Rigi ist rings umgeben vom Zugersee im Norden und vom Vierwaldstättersee im Süden und gewährt einen spektakulären Blick auf etliche Schweizer Alpen. Seither ist der Strom der Touristen nicht abgerissen, sodass die Rigi heute in aller Welt bekannt ist.

Dabei geht ihre Geschichte in die enorm weiten Zeiträume vor der Verchristlichung zurück, sie reicht bis in die ältesten Kulturepochen hinein. Um diese zu erfassen, widmen wir uns zunächst der Umgebung der Rigi, insbesondere dem großen Zugersee, der sich mit sanften Ufern nach Norden hin ausbreitet und im Süden an der steilen Flanke dieses

Berges endet. Von jedem Punkt seiner Ufer ist die Rigi als schöne Pyramide zu sehen, als unübersehbares Wahrzeichen der Gegend.

So erblickten schon die altsteinzeitlichen Menschen, die als Erste den Zugersee bereits 13.000 v. u. Z. entdeckten, die Rigi. Sie gelangten von der flachen, nördlichen Seite zum See und hielten sich in den Hügeln bei Cham auf, an die der damals erheblich größere See grenzte. Er bedeckte die gesamte Landfläche zwischen Cham und Zug bis zur Baarburg hinauf, einem kleinen, kreisrunden, sehr auffälligen Tafelberg mitten in diesem Gelände. Auch die Baarburg war ein Sitz der altsteinzeitlichen Menschen, wie die archäologischen Funde beweisen.[419] In der Jungsteinzeit ab 6000 v. u. Z. begann der erste Ackerbau in diesem Gebiet, und mit den zahlreichen Pfahlbaudörfern an den Seeufern sowie den weiter landeinwärts gelegenen Ortschaften gehört der Zugersee zu den ältesten Siedlungslandschaften der Schweiz. Besonders die Gegend um Cham und Zug war relativ dicht besiedelt, und die Dörfer zogen sich weiter am Westufer entlang.[420] Auch in der nachfolgenden Bronzezeit (2200–800 v. u. Z.) blieb der Zugersee ein attraktives Gebiet, wenn auch weniger dicht besiedelt als in der Jungsteinzeit.[421] Als mit den Eroberungszügen der frühpatriarchalen Indoeuropäer, zuerst der Kelten, die Eisenzeit begann (800–500 v. u. Z.), nahm die Siedlungsdichte erheblich ab. Dieser Schwund setzte sich später unter der kelto-römischen Mischbevölkerung fort, die nur noch die ebenen, nördlichen Teile der Seeufer besiedelte (3. Jh. n. u. Z.), und unter den germanischen Alemannen wurden die Wohnplätze noch spärlicher (6. und 7. Jh. n. u. Z.).[422]

Das mag teilweise der archäologischen Fundsituation geschuldet sein. Dennoch fragt man sich, wo die dichte Bevölkerung aus der Jungstein- und Bronzezeit geblieben ist, die vor den frühpatriarchalen, kriegerischen Stämmen jahrtausendelang hier wohnte. Soweit sie nicht umgekommen ist, hat sie sich zurückgezogen, und zwar auf ihren uralten Kultberg, auf die sanften Anhöhen und Almen der Rigi. Auch andere umliegende Berge gehören zu ihren Fluchtorten. In dieser Hinsicht sprechen die Sagen eine deutliche Sprache. In einer von ihnen heißt es wörtlich, dass „die Alemannen die ersten Siedler, die Heidenleute, immer mehr in die Berge zurückdrängten". So verfolgte ein Alemanne einst ein schönes Heidenmädchen, das er hatte singen hören. Doch sie entfloh ihm leichtfüßig und zog sich auf die Mythenmatt zu Füßen der Berge Mythen zurück, während der Verfolger abstürzte.[423]

Dieses „Heidenmädchen" gehörte wohl nicht mehr zur Urbevölkerung, sondern eher zu den Kelto-Romanen, die unmittelbar vor den

Abb. 1:
Die drei Mythen-Berge

Alemannen die Gegend bewohnten. Wie dem auch sei, die Fluchtbewegungen auf die Berge von den verschiedenen früheren Einheimischen, die vor den jeweils späteren Ankömmlingen auswichen, waren an der Tagesordnung. Es sind auch nicht irgendwelche Berge, wohin das Mädchen floh, sondern sie versteckte sich in der Gruppe namens „Mythen". Schon diese Bezeichnung rückt die Berggruppe in den mythischen Bereich, obwohl wir ihre Sagen nicht mehr kennen. Aber die Mythen gehörten eindeutig zu den heiligen Bergen in dieser Gegend.

Ihre Erscheinung bestätigt es: Von zwei hoch gelegenen Doppelhügeln, die heute die Klöster Menzingen und Gubel tragen – was sie ihrerseits als alte Kulthügel ausweist –, hat man eine weite Sicht nicht nur auf die Rigi, sondern auch auf die Mythen. Dabei erkennt man, dass es nicht nur den „Großen Mythen" und den „Kleinen Mythen" gibt, wie es auf den Landkarten steht, sondern dass sie eine Dreiheit mit drei steil aufragenden Gipfeln sind (Abb. 1). Sie haben die Gestalt einer breiten Großen, einer Mittleren und einer Kleinen. Das machte sie in den Augen der jungsteinzeitlichen Menschen zu einer dreifaltigen Berggöttin, die der Verehrung würdig war. Diese Verehrung hörte jahrtausendelang nicht auf, denn sie reichte bis in die Zeit der christlichen Missionierung, welche die „heidnischen" Sitten in dieser Gegend unterband. Dazu diente – wie überall – die Besetzung von alten Kultplätzen mit christlichen Kapellen und Kirchen. So geschah es auch hier: Wenn man den Höhenweg vom Kloster Gubel aus begeht, der einen schönen Blick auf die

Abb. 2:
Die Dreiheit der heiligen Frauen in der auf die Mythen-Berge bezogenen Kapelle

Mythen bietet, so trifft man nach circa 1 km auf ein einsames Kapellchen. Hier wurde der verehrende Blick von der Landschaft weg auf christliche Gestalten im Inneren des Gebäudes gelenkt, um die drei Mythen vergessen zu machen. Nun enthält die Kapelle eine Dreiheit, denn drei heilige Frauen stehen nebeneinander, sonst ist nichts in der Kapelle zu sehen. Es sind St. Barbara mit dem Kelch, St. Verena mit Krug und Brotlaib und in der Mitte St. Anna. Die heilige Anna wird ihrerseits wieder als Dreiheit dargestellt, nämlich als „Anna Selbdritt", das heißt als Großmutter Anna mit Tochter Maria und Enkelkind (Abb. 2). Barbara als die „Helle, Strahlende" ersetzt hier wie auch sonst die Weiße Göttin, denn die Silbe „bar/bor" bedeutet „hell, glänzend, strahlend". Verena mit ihrem erotischen Symbol „Krug", das ihren Schoß bedeutet, und der mütterlichen Gabe Brot verdeckt die Rote Göttin. Anna Selbdritt steht anstelle der Schwarzen Göttin, der Großen Mutter, die alle anderen in sich enthält. So legt diese verchristlichte Dreiheit beredtes Zeugnis dafür ab, wie die Menschen der früheren Kulturepochen die Mythen gesehen haben, nämlich als eine dreifache Berggöttin aus einer breiten, großen „Alten", einer mittleren „Roten" und einer kleinen „Weißen". Diese Berggruppe entspricht damit der Dreifaltigen Göttin ihres matriarchalen Weltbildes.[424] Das „Heidenmädchen" flüchtete wohl deshalb in ihrer Not dorthin, um den Schutz der dreifachen Berggöttin zu suchen. So geschah es, denn den Verfolger ereilte der Tod.

Nicht nur dieser abgelegene Kapellenplatz und die bemerkenswerten Klöster Menzingen und Gubel auf ihren Hügeln sind christlich besetzte

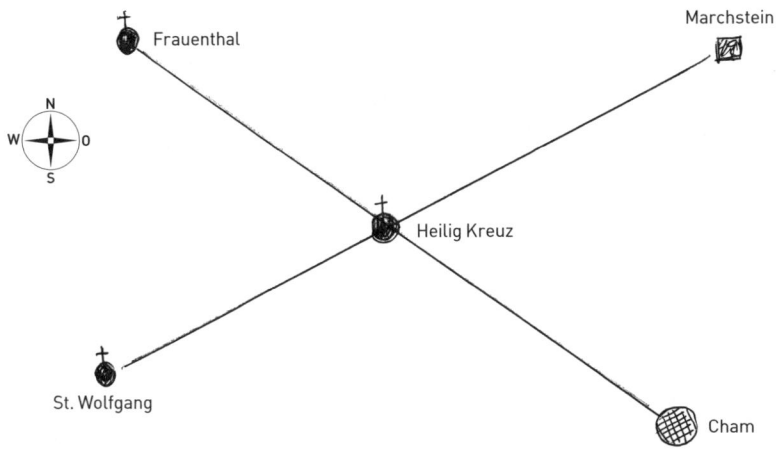

Grafik 1:
Das diagonale Kreuz der Kultlinien bei Cham, Zugersee

Verehrungsstätten aus der Jungsteinzeit, sondern in der gesamten Umgebung von Cham gibt es weitere alte Kultplätze, auf denen ebenfalls Klöster stehen. Zudem hat man überall um diese kleine Stadt archäologische Funde gemacht, besonders häufig aus der Jungsteinzeit, doch auch aus allen späteren Epochen kamen sie ans Licht. Das zeigt, dass Cham ein uralter Siedlungsort ist, was sich auf die felsige Halbinsel bezieht, die in den See hineinstößt und hinter der die Stadt liegt. Am Fuße des Felsens fand man das älteste, jungsteinzeitliche Uferdorf.[425] Daher haben wir Gewissheit, dass der exponierte Felsen der Halbinsel, auf dem heute die Burg von Cham und die Kapelle St. Andreas stehen, ebenfalls ein wichtiger Kulthügel war. Außerdem ist das Wort „Cham" vor-indoeuropäischer Herkunft und bedeutet „See" – was hier sehr sinnfällig ist.

Von der Chamer Burg und Kapelle ausgehend liegt einige Kilometer auf schnurgerader Linie gen Nordwest das Nonnenkloster „Heiligkreuz", auch auf einem erhöhten, alten Kultplatz. Hier fragt man sich, worauf sich dieses Heilige Kreuz in vor-christlicher Zeit wohl bezogen hat, welche Art von Kreuzungspunkt es damals gewesen ist. Folgt man derselben Linie mit gleicher Distanz schnurgerade weiter gen Nordwest, kommt man prompt zum nächsten Kloster. Es ist das Nonnenkloster „Frauenthal", das auf einer mandorlaförmigen Insel liegt, die von zwei Flussarmen der Lorze gebildet wird. Die Insel und das Tal sind ebenfalls ein uralter Kultort, sie waren ein „Tal der Frauen", wie der Name noch sagt. Auf diese Weise haben wir eine kurze Kultlinie gefunden, die von Cham im Südosten nach Kloster Frauenthal im Nordwesten reicht (Grafik 1). Sie ist zugleich eine wichtige astronomische Linie, denn sie bezeichnet die Himmelsrichtung des Sonnenaufgangs zur Wintersonnenwende (Südost) und des Sonnenuntergangs zur Sommersonnenwende (Nordwest).

Eine zweite kurze Kultlinie schneidet diese erste Linie exakt beim Kloster Heiligkreuz: Von hier ausgehend findet man in genau gleicher Distanz schnurgerade gen Südwest die Kirche St. Wolfgang auf dem „Hünenberg", einem alten Kulthügel mit schöner Rundumsicht.[426] Folgt man nun dieser Linie von Heiligkreuz aus in die andere Richtung, nämlich schnurgerade nach Nordost, kommt man zu einem nicht überbauten Kulthügel, dem „Marchstein" (siehe Grafik 1). Neben ihm liegt ein alter Hof namens „Baaregg", was auf den kreisrunden Tafelberg Baarburg in der Nähe hinweist. Diese Kultlinie liegt auf der astronomischen Linie des Sonnenaufgangs zur Sommersonnenwende (Nordost) und des Sonnenuntergangs zur Wintersonnenwende (Südwest).

Beide astronomischen Linien sind außerordentlich bedeutsam, denn sie dienten den frühen Menschen zur Bestimmung ihres Jahreskalenders. Sie bilden ein diagonales Kreuz, in dessen Schnittpunkt das Kloster Heiligkreuz liegt – das war das alte „Heilige Kreuz" dieser Gegend, denn es gab den frühen Menschen Orientierung in der Zeit.[427] Dazu passt genau, dass die christliche Kapelle auf der Chamer Burg St. Andreas gewidmet ist, denn dessen Zeichen, das „Andreaskreuz", stellt selbst das diagonale Kreuz dar. Es sollte wohl das „heidnische" astronomische Kreuz verdecken, doch für uns wird es dadurch umso deutlicher enthüllt.

Bemerkenswert ist außerdem, dass die Nordwest-Südost-Linie Frauenthal – Heiligkreuz – Chamer Burg genau auf die Rigi weist. So kann man noch heute von diesen Plätzen – trotz der hässlichen Überbauung aus moderner Zeit, die sich nördlich des Zugersees ausbreitet – einen tiefen Eindruck gewinnen, wie sehr diese gesamte, uralte Siedlungsgegend auf die Rigi als den wichtigsten Berg in dieser Gegend ausgerichtet war.

Die Kröte und die Quellen: uralte Kultplätze auf der Rigi

Mit dieser Analyse ihrer Umgebung wird deutlich, dass die Rigi nicht nur Fluchtberg der Urbevölkerung war, als deren Kultur zu Beginn der Eisenzeit brutal zerstört wurde. Die astronomisch genaue, geometrische Anordnung der Kultplätze beim Zugersee zeigt, dass sie schon Jahrtausende vorher als der alles überragende, heilige Berg in dieser Gegend galt. Doch wo befanden sich auf den vielgliedrigen Höhenzügen und dem weitläufigen Almengelände der Rigi die Kultstätten der frühen Menschen?

Die Sagen geben wiederum indirekt Auskunft, und die ältesten christlichen Kultstätten auf der Rigi weisen direkt darauf hin. Es sind Rigi-Kaltbad und Rigi-Klösterli, welche die Rigi später zum sogenannten „Berg der Gnade" machen sollten. Davor war sie der Berg der Göttin, genauer gesagt, sie war selbst eine Berggöttin. Nicht ohne Grund heißt es *die* Rigi, denn alles auf diesem Berg erscheint weiblich: ihre sanft geschwungenen Formen, ihre kleinen Bergwälder und lieblichen Almwiesen, die den Hirten mit ihren Herden einen guten Aufenthalt boten, ganz besonders aber ihr großer, weiter Schoß. Die Rigi biegt sich nämlich hufeisenförmig um sich selbst, nach außen mit schroffen Abhängen und nach innen mit einem riesigen, ovalen Schoß, der sich vom Fuß des Berges bis zur Kammhöhe erstreckt. Im oberen Teil des Schoßes liegt ein sanft gewelltes, freundliches Wiesengelände, denn es ist von allen Seiten vor Wind geschützt. Nach unten hin verengt sich der Schoß in einer Schlucht, die in der Körperanalogie den symbolischen Vulva-Ausgang darstellt; dort schießt das Schoßwasser der Rigi hinaus ins Freie.

Auf dem schönen Wiesengelände mitten im Schoß der Rigi wurde im 17. Jh. die Kapelle „Maria zum Schnee" errichtet und daneben das Klösterli, das Domizil für die missionierenden Kapuziner-Mönche. Die Kapelle enthält ein Gnadenbild, dem Wundertätigkeit zugesprochen wurde, womit sie als Wallfahrtsstätte große Bekanntheit erlangte.[428] Es ist das übliche Muster des Vorgehens in der relativ späten Barockzeit: Es geht um die letzten „heidnischen" Plätze in abgelegenen Gebieten, die man mit christlichen Bauten besetzte. Zugleich schuf man mithilfe von „Wundern" eine Wallfahrt, weil durch die Scharen von frommen Pilgern genügend Abgaben in Geld und Naturalien in den Kirchensäckel flossen. Dies ernährte die Mönche und ließ ihre Bauwerke wachsen.[429] Doch gerade die christliche Okkupation verrät, dass diese Stelle seit uralter Zeit ein Kultort gewesen ist.

Eine Sage weist in dieselbe Richtung. Darin ist von einer mächtigen Kröte die Rede, die im Kessibodenloch, einem Felsenschlund zwischen Rigistaffel und Rigikulm, einen großen Schatz hüten soll. Wer sie küsse, könne eine Jungfrau erlösen, die wegen ihrer Habsucht mit all ihrem Gold und Geschmeide in dieses Loch gestürzt wurde. Der Schatz gehöre dann diesem mutigen Mann.[430] Von dieser Sage gibt es eine Variante, in der die Jungfrau sichtbar wird. Sie sitzt auf der Guggerenflue, hütet wie üblich einen Schatz und wartet auf den Erlöser. Auf ihrem Schoß sitzt eine Kröte. Ein paar Burschen haben es versucht, doch die Kröte wurde immer größer, sodass sie schließlich die Flucht ergriffen. Die enttäuschte

Abb. 3:
Rigi-Klösterli aus der Höhe gesehen, Schoß der Rigi

Jungfrau rief ihnen einen Fluch nach und versank tief in den Erdboden.[431]

Abgesehen davon, dass diese Jungfrau nicht erlösungsbedürftig ist und ihr Schatz nicht aus Gold und Geld besteht, sondern aus der Weisheit der alten Kultur, fällt an den beiden Schatzsagen die Kröte auf. Üblicherweise ist es ein Hund mit feurigen Augen, der bei diesem Sagentypus den Schatz bewacht und die Männer in die Flucht schlägt. Die Kröte wird beide Male als riesig oder immer größer werdend beschrieben, sodass sie nicht eine gewöhnliche Kröte sein kann. Klar wird gesagt, dass sie auf dem Schoß der Jungfrau sitzt, als gehöre sie zu ihr. Nun ist die Kröte kein beliebiges Tier, sondern es werden ihr auch in Märchen magische Kräfte zugesprochen. Denn sie ist ein sehr altes, mythologisches Symbol, dessen Bedeutung sich in etlichen Volkssagen erhalten hat. In Dialekten hat sie viele Namen, einer ist „Muml", ein anderer „Bärmutter", was dasselbe meint, nämlich die Gebärmutter, den Uterus der Frau.[432] Das wird unmittelbar deutlich in mehreren Sagen, in denen es um die

Heilung der Gebärmutter geht: Die erkrankten Frauen oder Mädchen begeben sich absichtslos oder mit Absicht zu einem Gewässer und sinken dort in einen Heilschlaf. Während sie schlafen, kriecht die Gebärmutter in Gestalt einer Kröte aus ihrem Mund, badet wohlig im Wasser und kehrt auf demselben Weg wieder zurück. Von da an sind die Frauen gesund.[433] Aus diesem Grund sitzt die Kröte bei der Rigi-Jungfrau auf dem Schoß, genauer gesagt: im Schoß.

Aber die Frage bleibt offen, warum die Kröte so riesig ist. Darüber gibt der Ort Auskunft, auf dem sie als „mächtige Kröte" vorkommt, das Felsenloch am Kamm zwischen Rigistaffel und Rigikulm. „Kulm" ist der breite Gipfel der Rigi, von dem aus man gemächlich und gefahrlos den Kamm entlang zu dem Platz Rigistaffel und weiter nach Staffelhöhe hinabwandern kann. Dabei fällt der Blick unmittelbar hinunter in den weiten Bergschoß der Rigi, der sich gewaltig groß unterhalb des Weges auftut (Abb. 3). Er ist es, der symbolisch mit der riesigen Kröte gemeint ist, denn er stellt die mächtige „Gebärmutter" der Berggöttin Rigi dar. Vor ihrem Anblick nehmen diese späteren Männer Reißaus, statt sie zu verehren. Verehrung wurde dem Schoß, der Gebärmutter der Rigi, in den frühen Kulturepochen von dieser Höhe aus mit Sicherheit zuteil, ebenso von dem Platz mitten darin, wo heute Rigi-Klösterli steht. Die Jungfrau der Sage ist eine letzte Hüterin dieses Heiligsten der Berggöttin, und der Schatz bedeutet ihr Wissen um diese landschaftssymbolische Bedeutung. Doch der Schatz ist nun in der Tiefe versunken, genauso wie ihre uralte Kultur.

Der andere bedeutende, frühe Kultort war Rigi-Kaltbad. Es handelt sich dabei um einen natürlichen Platz, dessen Umgrenzung aus hohen Felsen gebildet wird, die im Viereck senkrecht und leicht überhängend aufragen. Dadurch entsteht eine große, oben offene Grotte. Der Eingang zu diesem Felsenplatz ist sehr schmal und versteckt, sodass noch heute viele Touristen daran vorbeilaufen. Aus einer vulvaförmigen Spalte im Felsen entspringt unmittelbar eine eiskalte Quelle, die nie versiegt und große Heilwirkung besitzen soll. In dieser Form ist Rigi-Kaltbad schon von Natur aus ein heiliger Ort, und man fühlt einen ehrfürchtigen Schauer, wenn man die Felsengrotte betritt (Abb. 4).

Dieser Platz wurde noch früher verchristlicht als der Schoß der Rigi, was die große Bedeutung zeigt, die er für die früheren, „heidnischen" Menschen hatte. Im 16. Jh. errichtete dort ein Einsiedler seine Hütte und eine Kapelle und besetzte damit den Platz. Er wird sicher nicht nur

Abb. 4:
Grotte mit Felsspalte und Quelle auf Rigi-Kaltbad, der „Dreischwesternbrunnen"

still meditiert haben, sondern seine Aufgabe war, die Alphirten, die auf der Rigi wohnten, zu bekehren. Mission zu betreiben war noch lange Zeit nötig, was die Erzählung von den drei Schwestern auf Rigi-Kaltbad zeigt. In der christlich gefärbten Legende zu diesen drei Schwestern heißt es, dass bereits zu Anfang des 14. Jh. drei Frauen bei der Quelle in der Grotte wohnten, die Töchter des Wirtes von Greppen am Fuß der Rigi gewesen sein sollen. Zu jener Zeit herrschten die gewalttätigen habsburgischen Vögte in der Innerschweiz, welche die Bauernbevölkerung mit Frondiensten und Steuern bedrückten und ihre unzüchtigen Lüste an den Frauen ausließen. Bei ihren Trinkgelagen im Wirtshaus warfen sie ihr Auge auch auf die drei schönen Töchter und wollten sie auf ihre Burg entführen. Die Jungfrauen erfuhren jedoch von dem Plan und flohen aus dem väterlichen Haus auf den Berg hinauf. In der Felsengrotte verbargen sie sich und lebten von Kräutern und der Milch ihrer Ziegen. Manchmal blickten sie von einer Felsenkanzel, dem „Känzeli" in der Nähe der Grotte, hinunter auf das weite, blühende Land, doch die

Welt hatte für sie keinen Anreiz mehr. Die Alphirten beobachteten sie und sahen sie lange im Gebet vor dem Bild des gekreuzigten Christus knien, und diese fromme Andacht gab ihnen Vertrauen. Sie errichteten für die Schwestern eine Kapelle, und diese halfen den Hirten mit ihren Heilkräutern, über die sie großes Wissen hatten. Am Todestag der drei Schwestern geschah ein Wunder, denn aus den Felsen entsprang eine kristallklare Quelle. Das Volk hielt diese Schwestern für Heilige und gab der Quelle den Namen „Schwesternbrunnen". Sie wurde durch wundersame Heilungen berühmt, sodass ein großer Strom von Pilgern und Heilungsuchenden hierher Wallfahrten unternahm.[434]

An dieser kirchlichen Legende fallen die krassen Widersprüche auf: Einmal war die Heilquelle schon vor den Schwestern da und ist nicht erst durch sie entstanden. Doch diese Art von christlicher Wunderlegende kommt recht häufig vor, sie dient dazu, alte Quellheiligtümer christlich zu vereinnahmen.[435] Ferner gab es zur Zeit der Schwestern im 14. Jh. noch keine Kapelle auf Rigi-Kaltbad; eine solche wurde erst im Jahr 1585 von einem Bischof eingeweiht.[436] Zuletzt fragt man sich, wenn die drei Schwestern so fromm im christlichen Sinne gewesen wären, weshalb dann noch ein Einsiedler im 16. Jh. nötig war, um die Grotte und Quelle zu verchristlichen und die Hirten zu missionieren?

So können wir die christlich-frömmelnde Schicht getrost beiseitelassen, ebenso die politisierenden Motive von den bösen Habsburger Vögten samt Zeitangabe, denn alle sind spätere Zutaten. Damit tritt der ursprüngliche Sagenkern wieder hervor mit folgenden Motiven: Drei Schwestern wohnen auf der Rigi in einer Felsengrotte mit einer Heilquelle, die nach ihnen „Schwesternbrunnen" heißt. Sie sind weise, denn heilkundig, und sie helfen durch Anwendungen von Wasser und Kräutern den Menschen und ihren Tieren. Diese betrachten sie dafür als heilige Frauen. Manchmal stehen die Schwestern auf der Felsenkanzel in der Nähe der Grotte und blicken über das weite Land.

Diese Motive passen genau auf Frauen aus dem Alten Volk, die wegen ihrer gütigen Handlungsweise oft „Feen" genannt wurden. Ihre Dreizahl weist auf die matriarchale Dreifache Göttin hin, deren Abbild sie sind, denn sie sind Priesterinnen der Göttin des Ortes, nämlich der Rigi und der heiligen Quelle. In späterer Zeit können es auch Frauen aus der kelto-romanischen Bevölkerung gewesen sein, welche die Verehrung der Berggöttin und der Quelle fortsetzten. Das Volk, keineswegs schon christlich, ehrte sie als „heilige Frauen" im vor-christlichen Sinne, das heißt, als weise und gütige Heilerinnen.

Bemerkenswert ist das ausdrücklich betonte Motiv, dass sie oft auf einem Aussichtspunkt des Berges stehen und übers weite Land blicken. Dies taten sie nicht der schönen Aussicht wegen, sondern die Rigi ist für die frühen Kulturen ein Sichtlinien-Berg ersten Ranges gewesen. Sämtliche Sichtlinien von Norden vom Zugersee laufen zur Rigi hin, und dasselbe gilt von den Sichtlinien von Süden her, die von den jungsteinzeitlichen Siedlungsplätzen um den Vierwaldstättersee ausgingen. Der ebenfalls alte Kultplatz im Schoß der Berggöttin, später „Rigi-Klösterli" genannt, besaß keine Sichtlinien, weil er in der Senke liegt. Aus diesem Grund war es nötig, auch Kultplätze auf den Höhenzügen des Berges zu haben, um über Sichtlinien die jungsteinzeitliche Fernkommunikation herzustellen, die mit Feuerzeichen in der Nacht und Rauchzeichen am Tag bewerkstelligt wurde. Das Känzeli auf der Südseite der Rigi war dafür ein guter Platz, wenn auch nicht der einzige, aber hier befand sich nahebei das Quellheiligtum in der Felsengrotte. Die drei Schwestern blickten daher nicht der Welt entsagend über das Land, sondern hielten die Kommunikation über die Rigi als Übersetzungspunkt hinweg aufrecht. Diese Kommunikation galt in erster Linie den astronomischen Daten des Jahres, an denen die großen Feste der agrarischen matriarchalen Kulturen im Jahreszeitenzyklus gefeiert wurden. Solche Sonnen- als auch Monddaten durch Messungen festzustellen und kundzugeben war eine typische Aufgabe der Priesterinnen. Dazu benötigten sie den weiten Horizont, der sich vor den Augen vom Känzeli aus auftut, er reicht von Osten über Süden nach Westen. Die vielen Bergspitzen der Alpen, die man hier sieht, dienten ihnen dabei als Markierungspunkte für die Bewegungen von Sonne und Mond. So konnten sie den Jahreskalender und die richtigen Zeitpunkte für die Feste bestimmen.

Was dem Känzeli bei Rigi-Kaltbad jedoch fehlt, ist die Sicht nach Norden. Dies wurde kompensiert durch die Kuppe Rigi-Scheidegg, die nach Norden blickt. Dort gibt es die zweite alte Heilquelle auf der Rigi, die mit Sicherheit genauso von Priesterinnen gehütet worden war wie die von Rigi-Kaltbad; später geriet diese Quelle in Vergessenheit.[437] Die Sage von den heiligen Frauen dort geriet ebenfalls in Vergessenheit, wir besitzen sie nicht mehr. Jedoch empfängt Rigi-Scheidegg sämtliche Sichtlinien von Norden her und kann sie, zwar nicht direkt zum Känzeli, aber doch zu Rigi-Staffel weitergeführt haben. Immerhin gibt es von Rigi-Staffel die Sage von der schatzhütenden Jungfrau mit der Kröte, die an diesem Platz die Priesterin war. Von Rigi-Staffel wurde die Sichtlinie dann weiter zum Känzeli mit seiner außergewöhnlich weiten Sicht nach Süden geführt – und dasselbe umgekehrt. Von Rigi-Kulm, dem Gipfel des Berges, existiert keine Sage, obwohl man von dort eine grandiose Rundumsicht hat. Der Gipfel war damals wohl nicht bewohnbar, denn ihm fehlt nicht nur der Wetterschutz, sondern auch das notwendige Wasser. Außerdem gab es vermutlich eine religiöse Scheu, das Haupt der Berggöttin zu betreten, denn diese hatte dort, gemäß dem Glauben vieler Alter Völker, selbst ihren Wohnsitz.

Durch die Verchristlichung von Rigi-Kaltbad wurden die drei heiligen Frauen von ihrem „Schwesternbrunnen" vertrieben, aber im Volksglauben verschwanden sie nicht. Denn es heißt, dass im Rigi-Berg verborgene Heilige wohnen, deren liebliche Gesänge zu hören seien.[438] Diese Heiligen sollen die drei Schwestern sein.[439] Das lässt erkennen, dass sich die Priesterinnen des Alten Volkes später in den Schoß ihrer Bergmutter Rigi zurückgezogen haben, wo sie sich in Höhlen versteckten.

Dasselbe wird von ihrem Volk, den „Erdleuten" („Herdleuten") und sogenannten „Pygmäen" erzählt, die als das Kleine Volk betrachtet wurden; sie verbargen sich ebenfalls in der Rigi.[440] Diese Sagen von den Erdmännchen und Erdweibchen, die den Berg als die Urbevölkerung im Rückzug bewohnten, sind in lokaler Hinsicht sehr genau: So heißt es, dass die Erdleute ihre Wohnungen im Bergesinneren hatten, das sie durch tiefe, unterirdische Gänge erreichten. Die Gänge konnte das Menschenauge nicht bemerken, denn sie mündeten in Schluchten oder waagerecht geschichteten, leicht überhängenden Felsen, die lange Durchschlüpfe ließen. Solche Formationen nennt man „Balmen", sie sind sehr häufig auf der Rigi. Die bekannteste ist die doppelte Balmhöhle auf dem Balmboden bei Rigi-Klösterli.[441]

Damit bestätigt diese Sage, dass sich das Alte oder Kleine Volk tatsächlich ins Innere des schützenden Schoßes der Berggöttin, in dem ja Rigi-Klösterli liegt, zurückzog. Dafür nutzte es die Ritzen, Spalten und Gänge im Gestein. Zum Teil vergrößerten sich diese Gänge zu Tropfsteinhöhlen, manche besaßen Wasser als kleine, unterirdische Seen. Als weitere solcher Wohnungen der Erdleute wird die Gruebisbalm genannt, und bei Vitznau am südlichen Fuß der Rigi ist es die Waldisbalm. Diese soll sich sogar quer durch den ganzen Berg bis nach Arth auf seiner Nordseite hingezogen haben.[442]

Weiter wird von den kleinen Erdleuten berichtet, dass sie sehr schnell und gewandt auf den steilsten Berghalden waren und mit den Gämsen Schritt halten konnten. Die wilden Bergziegen waren ihre Nutztiere, sie lebten von ihrer Milch und machten Butter und Käse daraus. Im Sommer liebten die Erdleute wilde Beeren. Darin spiegelt sich ihre Ökonomie im Rückzug, denn auf diese Weise überlebten sie auf dem Berg. Wie üblich verhielten sie sich freundlich und hilfsbereit den späteren Menschen gegenüber, besonders beim Heumachen.[443] Sie halfen sogar einer armen Familie mit Gaben von Obst und Fischen aus der bittersten Not.[444] Aber auch hier geht es so aus wie immer, denn Undank und Bosheit der Menschen haben sie zuletzt für immer vertrieben.[445]

Die mächtige Frau

Welchen Namen hat die mütterliche Berggöttin ursprünglich besessen? Diese Frage ist nicht leicht zu beantworten. Sie wird „die Rigi" genannt, und diese Bezeichnung soll von der populär-lateinischen Form „Regina montium" stammen, was „Königin der Berge" heißt. Obwohl etymologisch vielleicht nicht korrekt, kommt diese Benennung der alten Bedeutung des heiligen Berges jedenfalls näher als die profane Ableitung ihres Namens von den „Riginen", den typischen rötlichen Felsbändern, welche die Rigi durchziehen.[446]

In welcher mythischen Gestalt erscheint diese Bergkönigin in den Sagen? Vielleicht ist das der Weg, um sich ihrem alten Namen anzunähern. Bei dieser Suche stößt man auf eine seltsame Erscheinung mit einem ebenso seltsamen Namen: die „Pfaffenkellerin" oder „Pfaffenkellnerin". Im Volk wird eine Person „Pfaffenkellnerin" genannt, die einem katholischen Priester als Haushälterin dient und Küche und Keller für ihn besorgt. Stets wird sie wegen ihrer Sondersituation verdächtigt, auch die Beischläferin des zölibatären Priesters zu sein. In der Mundart wird es noch deutlicher, wofür die Leute sie halten, denn da heißt sie „Pfaffengällere", wobei das Wort „gälle/gelle" eine Hure bezeichnet. Charakteristisch für das patriarchale Denken ist dabei, dass für diese Verfehlung nicht der Priester, sondern die Frau büßen muss, die nach ihrem Tod besonders hart bestraft wird, weil sie nun dem Teufel dienen muss. Das ist wahrlich weder im Diesseits noch im Jenseits eine königliche Position, weshalb man sich schwertut, die Pfaffenkellnerin mit der Bergkönigin Rigi in Verbindung zu bringen.

Wenn wir die Sagen von der sogenannten „Pfaffenkellnerin" jedoch genauer betrachten, so hat diese Person darin eine erstaunliche Macht. Dieser Macht wegen wird sie sogleich eine „böse Hexe" genannt, die an vielen Orten „ihr Unwesen trieb".[447] Das zeigt jedoch, dass hier eine ganz andere Gestalt als die katholische Haushälterin dämonisiert wurde, denn in keiner Sage ist die Rede davon, dass sie je einem Pfaffen gedient hätte, das heißt, ein Pfaffe kommt überhaupt nicht vor. Es ist einfach so, dass die Schimpfwörter „Pfaffenkellnerin" und „Hexe" synonym gebraucht wurden. Tatsächlich handelt diese „Hexe" vollkommen unabhängig, weitab von den Menschen bewegt sie sich auf dem Berg Rigi. So heißt es, dass sie in einem felsigen Tobel oberhalb des Zugersees hauste, wohin kein Mensch sich wagte. Manchmal sah man sie, wie sie bei Gewittersturm auf den Bergtannen hockte und den strömenden Regen in ihrem Gewand auffing. Wenn der Sturm am wildesten tobte, wiegte sie sich hohnlachend auf den Kronen der Bäume. Ihr Geschrei, das vom Krächzen der Raben begleitet wurde, tönte sogar lauter als das Wüten des Wetters.[448]

Dieses eindrückliche Bild zeigt die angebliche „Hexe" als stärker als eine normale Menschenfrau. Sie erscheint hier als eine mythische Wetterfrau.

Weiter wird erzählt, dass sie die wilden Bergbäche, die von der Rigi herabstürzen, schwellen lassen konnte, sodass sie mit verheerender Wasserflut Hütten und Häuser zerstörten und Menschen dabei zugrunde gingen. Denn „diesem bösen Weib war das wilde Bergwasser dienstbar".[449]

Eine solche Macht über das Wasser hat keine menschliche Frau. Hier wird ganz klar, dass dieses „böse Weib" ein übermenschliches, aber dämonisiertes Wesen ist.

So wird von ihr auch berichtet, dass sie nicht nur in dem felsigen Tobel wohnte, sondern auch in dem See, den es einst auf der Seebodenalp gab. Die Seebodenalp liegt auf der westlichen Außenseite der Rigi auf halber Höhe der Felswände, sie ist den steilen Abhängen wie eine breite Bank oder ein großer Balkon vorgelagert und bietet genug Raum für Wiesen und Almhütten. Vom Känzeli kann man auf einem steilen Pfad zu ihr hinabsteigen. Früher trug sie einen See, der bei Regensturm stark anschwoll. Wenn das geschah, dann sollen sich die Alphirten zugeraunt haben: „Die Hexe ist im See."[450]

Das heißt, dass dieser ehemalige See ein Platz war, welcher der übermenschlichen Frau auf der Rigi in früheren Zeiten geweiht war und an dem sie einst verehrt wurde.

Hier soll die „böse Hexe" gemäß den Sagen ihre größte Untat vollbracht haben, indem sie in einem Herbst viele Tage lang unaufhörlich

Regen fallen ließ. Eines Abends schrien die Raben ungewöhnlich wild in dem Rauschen und Tosen und schossen plötzlich mit Geschrei vom Berg herab und über den Zugersee hinaus. Ihr heiseres Gekrächze bedeutete stets Unglück. Zugleich erscholl am Berg oben ein furchtbares Krachen, die Wasser des Alpsees brachen durch die Ufer, und eine gewaltige Masse von Wasser, Schlamm und Gestein stürzte vom Berg herunter. Sie riss Wälder, Hütten, Ställe und Höfe mit sich, und viele Menschen starben. Auch eine kleine Einsiedelei am Berghang, von einem frommen Mann bewohnt, der warnend mit dem Glöckchen Sturm geläutet hatte, wurde unter der Schlammlawine begraben. Die Lawine raste hinab in den Zugersee, der heftig aufbrandete. Seither ist der See auf der Seebodenalp verschwunden.[451]

Dieses Ereignis führt die ungeheure Macht der sogenannten „Hexe" über die Naturgewalten dramatisch vor Augen und bestätigt ihr übermenschliches Wesen. Da sie in diesen wild gewordenen Gewässern wohnt – im tosenden Regensturm, in den reißend zu Tal schießenden Bächen, in dem ausbrechenden See –, ist sie selbst diese Naturgewalt. Genauer gesagt: Sie ist die Naturgewalt der Rigi und eine personifizierte Erscheinung dieses Berges mit seinen Gefahren, denen sich die Menschen ausgeliefert sahen. Mythologisch betrachtet ist sie die Rigi-Göttin in ihrer Gestalt als unheilbringende Wettermacherin und Todesgöttin. Darauf weisen die sie begleitenden Raben hin, die in der jungsteinzeitlichen Kultur als Tiere der Todesgöttin galten, nicht nur wegen ihrer schwarzen Farbe, sondern auch weil sie zu den Toten fliegen, denn sie sind Aasfresser. Später wurde diese uralte Göttin des Todes von den christlichen Missionaren gründlich dämonisiert – vielleicht hat sie deshalb die Behausung des Einsiedlers schonungslos weggerissen?

Gehen wir ihren Spuren weiter nach, um ihren Charakter gemäß dem Glauben der frühen Menschen noch besser zu erkennen. In einer Sage wird ihr Äußeres beschrieben, das keineswegs einer hässlichen Hexe in zerfetztem Gewand gleicht. Darin heißt es, dass sie in langen, weißen Schleiern zu erscheinen pflegte, nie in Kleidern oder Schuhen, und dass ihr Kopf bekränzt war. Die Schleier erzeugten Rauschen wie eine murmelnde Quelle oder Tosen wie wilde Bäche.[452]

Dies ist das Bild einer Göttin und nicht einer „Hexe". Es stellt eine Wassergöttin als Herrin der Gewässer dar, die selbstverständlich keine Kleider und Schuhe trägt. Mit ihr ist die wasserreiche Rigi selbst gemeint, denn ihre Quellen und Bäche fließen wie weiße, schäumende Schleier aus der Höhe des Berges herunter. Womit ihr Haupt bekränzt war, wird nicht gesagt; vielleicht ist es der Kranz der Sterne, der in der Nacht um ihren Gipfel funkelt.

Es kommen noch weitere Eigenschaften hinzu: Es wird auch erzählt, dass sie stets von jungen Schweinen begleitet gewesen sei, die unsäglich schrien. Es tönte, als ob eine alte Muttersau mit ihren Jungen daherkäme.[453] Dies geschah insbesondere im Advent und um die Weihnachtszeit, dann hörte man ein schauerliches Geschrei, als käme es aus den Kehlen von sieben Schweinen.[454]

Dieses Sagenmotiv hat große Bedeutung, denn das Schwein ist in der matriarchalen Mythologie nicht irgendein beliebiges Tier. Es gehört seit der Jungsteinzeit als Haustier zu den Menschen und genoss in der Frühzeit hohes Ansehen, einerseits als das sehr fruchtbare weibliche Tier, andererseits als das männliche Tier, das geopfert und verzehrt wurde. Schweine galten außerdem als Orakeltiere und Seelentiere, in denen Tote erscheinen konnten.[455] Nicht wenigen Göttinnen war das Schwein heilig, so der palästinensischen Astarte, der griechischen Demeter, der keltischen Cerridwen und der germanischen Freyja. Die Göttin Freyja trug sogar den Titel „Sýr", das heißt „Sau", und erschien in Gestalt einer weißen Sau. Es war ihr Aspekt als Todesgöttin.[456] Besonders interessant ist, dass die grunzende, erdaufwühlende Sau auch mit der Wetterwolke und dem Wirbelsturm in Verbindung gebracht wurde, so heißt in der Schweiz ein aufziehendes Sturmgewölk eine „Moore", was eine Muttersau mit sieben Jungen meint. Die in Mitteleuropa heimische Göttin Frau Holle ist als Wettermacherin ebenfalls mit der Muttersau verknüpft.[457]

Das eröffnet uns eine interessante Perspektive, denn in einem weiteren Sagenbruchstück von der Rigi-Göttin heißt es, dass sie nicht nur von jungen Schweinen, sondern auch von kleinen Kindern begleitet wurde.[458]

Dieses Motiv ist sehr aufschlussreich, denn es enthüllt uns das andere Gesicht der Rigi-Göttin. Die Gegenwart von kleinen Kindern ist ein typischer Aspekt der Frau Holle, die in der Advents- und Weihnachtszeit mit den „Seelchen", den ungeborenen Kindern, umgeht. Die Seelchen suchen junge Frauen, die durch sie schwanger und damit Mütter werden wollen, weil sie wieder ins Leben zurückkehren möchten.[459] Wenn auch die mächtige Frau, die auf der Rigi wohnt, von kleinen Kindern begleitet wird, zeigt sich darin ihre Verwandtschaft mit Frau Holle und ihre gütige Seite als Seelenführerin. Davon erzählt die Sage von „Frau Zälti" – jedoch wurde ihr Zusammenhang mit der angeblich „bösen Hexe" bisher nicht gesehen. Der Name „Frau Zälti" oder „Frau Sälde" geht auf das mittelhochdeutsche Wort „Sälde" zurück und bedeutet nicht weniger als

„Glückseligkeit". Es heißt, dass Frau Zälti allen kleinen Kindern von Herzen zugetan war. Der Grund soll sein, dass keins ihrer Kinder lebendig das Licht der Welt erblickte, auch ungetauft waren sie geblieben. Über diesem großen Kummer starb Frau Zälti, doch als guter Schutzgeist widmet sie sich seither mit aller Liebe den im Mutterleib abgestorbenen Kleinen. An der Grenze von Himmel und Erde führt sie diese Kinder umher, um ihnen Freude zu machen.[460]

Diese Frau Zälti entspricht in rührselig-christlicher Verkleidung der anderen Seite der Rigi-Göttin, die von ihr abgespalten wurde. Sie wirkt wie Frau Holle als „guter Schutzgeist" zwischen Himmel und Erde, denn die Anderswelt ist ihr Reich und sie geht zwischen Diesseitswelt (Erde) und Anderswelt (Himmel) hin und her. Die christlichen Zusätze von den ungetauften Kindern und dem Tod der guten Frau kann man streichen, denn sie ist genauso wie Frau Holle die Seelenführerin der noch ungeborenen, aber nicht der „im Mutterleib abgestorbenen" Kinder. Die Freude oder „Glückseligkeit", die sie als Frau Zälti/Sälde schenkt, ist gerade die Aussicht auf die Wiedergeburt, weil sie die Seelchen zu ihren künftigen Müttern hinführt. Sie zeigt damit das andere Gesicht der Todesgöttin, denn sie verwandelt sich hier zur Göttin der Wiedergeburt.

Die Sage fährt noch fort, dass Frau Zälti an heiligen Tagen fleißig ihre Fäden spinnt, und dabei lässt sie niemand zusehen, weder Mensch noch Gespenst. Sie erscheint dann als weiße Frauengestalt, sitzt mitten auf einer Brücke und spinnt. Ihr Spinnrad ist silbern, der Flachs darauf golden. Keine Frau darf an diesen heiligen Tagen ihr eigenes Spinnrad berühren.[461]

Damit vervollständigt sich das Bild der anderen Seite der Rigi-Göttin, worin sie Frau Holle so sehr gleicht. Denn auch Frau Holle ist als Spinnerin die Weiße Frau, die Nebelfrau im Spätherbst, der mythischen Zeit der Schwangerschaft der Erde.[462] Sie spinnt in dieser Zeit neue Lebensfäden, eine heilige Tätigkeit, bei der niemand zuschauen kann. So heißt es auch von Frau Zälti, und dabei sitzt diese auf einer Brücke, sozusagen „zwischen den Welten". Denn sie spinnt oder sendet aus der Anderswelt neues Leben wieder in die Diesseitswelt zurück. Auch die Motive von Silber und Gold in der Zälti-Sage sind von Frau Holle bekannt, sie spiegeln den Reichtum ihrer Weisheit und Magie. Außerdem ist Frau Holle die Herrin über alle Spinnräder der Frauen und Mädchen, und dasselbe wird hier von Frau Zälti gesagt.

Frau Holle ist auch die Herrin über den Schnee, was jedes Kind aus dem bekannten Märchen mit dem Motiv des Bettenschüttelns bei ihr weiß. Vermutlich galt das auch für Frau Zälti, denn die Rigi trägt im Winter viel Schnee. So ist es sicher kein Zufall, dass die Wallfahrtskapelle mitten im Schoß der Rigi „Maria zum Schnee" heißt, weil angeblich Maria hier den Schnee fallen ließ.

Die Ähnlichkeiten der Rigi-Göttin in ihren beiden Gesichtern mit Frau Holle sind also zahlreich. Sie machen deutlich, dass auch die Rigi zu den heiligen Bergen gehörte, in deren Innerem gemäß uraltem Glauben die Göttin und die Seelen wohnen – genau so wie es vom Hohen Weißner/Meißner in Hessen erzählt wird. Ebenso wird der einstige See auf der Seebodenalp, als einziger See auf der Rigi, ein Seelensee gewesen sein – wie der Holleteich auf dem Hohen Meißner. Denn die Rigi-Göttin hauste darin und konnte ihn gefährlich aufwühlen, wie die Sagen berichten. Es ist der Ort, wo sie als Todesgöttin die Seelen hütete und sie als Wiedergeburtsgöttin erneut ins Leben hinaus sandte. Bezeichnenderweise soll, als der See ausbrach und sich völlig entleerte, womit er als Seelensee verloren war, auch die „böse Pfaffenkellnerin", das heißt die Göttin von der Rigi, verschwunden sein.[463]

Kommen wir noch einmal auf die Anfangsfrage nach dem ursprünglichen Namen der Rigi zurück. Weder der Name „Frau Zälti" noch „Frau Holle" ist ursprünglich. „Zälti" ist nur eine allegorische Bezeichnung, und „Holle" ist germanisch, obwohl Frau Holle keineswegs eine germanische, sondern eine vor-indoeuropäische Göttin mit späterem germanischen Namen ist. Wie ihr vor-indoeuropäischer Name hieß, wissen wir nicht, deshalb kann man auch nicht den uralten Namen der Rigi-Göttin ermitteln.

Jedoch gibt es innerhalb der germanischen Sprachschicht einen interessanten Anknüpfungspunkt. Denn Frau Holle hieß im nordgermanischen Raum „Frau Frīg" mit den Varianten „Frīgga/Frīja/Freyja". Daher sind die Eigenschaften der Göttin Frīg dieselben wie der Frau Holle, sie ist auch die Große Mutter, die Seelenführerin, die Spinnerin der Lebensfäden, die Wolkenfrau und das Mutterschwein.[464] Nun ist dieser Göttin-Name nicht nur in den skandinavischen Ländern für Ortsnamen weitverbreitet, sondern auch in Mitteleuropa, besonders im Gebiet der Alemannen. Es ist daher möglich, dass dieses germanische Volk den Berg als Sitz seiner Göttin Frau Frīg, die mit Frau Holle alias Frau Zälti identisch ist, angesehen hat. Dann trug der Berg den Namen der Göttin und hieß „Frīg", wobei der gehauchte Anlaut „f" leicht verloren gehen konnte. Es bleibt die Stammsilbe „Rīg". Aus „Rīg" wurde dann „Rīgi", denn das „i" ist ein typisches Anhängsel in der Schweizer Sprache mit ihrer alemannischen Wurzel.

Frau Frīg wurde auch als „Frau Freen/Frien" bezeichnet, die in der Schweizer Sprache „Vrein" oder „Vereina/Verena" genannt wird.[465] Die Sage berichtet, dass die böse Pfaffenkellnerin, zu der die Rigi-Göttin herabgewürdigt wurde, „Vreni" geheißen habe.[466] Dies ist eine volkstümliche Abkürzung des Göttin-Namens Vereina. Damit ist die mythologische Nähe zu Freen/Frien oder Frīg auf der Rigi gegeben, was die Ableitung des Bergnamens „Rigi" von dieser Göttin sehr plausibel macht.

Der Drachenberg Pilatus

Der Berg Pilatus (2129 m), der oberhalb von Luzern aufragt, ist das männliche Gegenstück zur Bergkönigin Rigi. Er steht ihr am Vierwaldstättersee westlich gegenüber. Seine Form ist steil und spitz mit vielen dramatischen Wänden und Zacken, also ausgesprochen männlich, und alle Sagen und Legenden, die um diesen Berg ranken, weisen auf seinen männlichen Charakter hin (Abb. 5).

Wenn man den Namen „Pilatus" für diesen wild gezackten, jähen Kalkstock zum ersten Mal hört, fragt man sich, was ein Berg in der Schweiz mit Pontius Pilatus, dem römischen Statthalter von Judäa vor mehr als 2000 Jahren, zu tun hat. Dieser Name ist schlicht unverständlich, und die christliche Legende, die den Bergnamen zu erklären versucht, entzieht sich ebenfalls dem Verständnis. Das Fazit dieser langen Story vom bösen Pilatus – der Jesus Christus zum Tod verurteilte – ist, dass sogar seine Leiche keine Ruhe fand, wo immer man sie in ein Gewässer warf: in den Tiber in Rom, in die Rhône bei Lausanne und zuletzt in den sogenannten „Pilatussee" auf diesem Berg, der dann insgesamt den Namen „Pilatus" erhielt. Überall erzeugte die sündige Seele des Bösewichts aus den Gewässern schwere Gewitter und Verheerungen durch Wasserfluten, sodass man die Leiche nirgendwo haben wollte.[467]

Nun ist ein „böses" Wesen, das aus einem hoch gelegenen, einsamen Bergsee Unwetter sendet, zur großen Not der nahebei wohnenden Menschen, kein neues und auch kein christliches Motiv. Dieses Mythenmotiv ist uralt als die Vorstellung vom Drachen im See, der aus dem Gewässer schwere Gewitter und Wolkenbrüche aufsteigen lässt und menschliche Städte im Tal verwüsten kann. Ein Beispiel dafür finden wir in der Dona-Dindia-Sage aus den Dolomiten, in der Dona Dindias Stadt durch den Drachen, der im See hoch oben an der Zackenkette Croda da Lago wohnte, zerstört wurde.[468]

Abb. 5:
Der Berg Pilatus
überm Nebel

Diese Dolomiten-Sage gibt mit dem „Drachen" und seinem Verhalten ein symbolisches Bild für die geografischen und klimatischen Verhältnisse in jener Gegend. Geografisch gesehen erscheinen die bizarren Felsspitzen der Croda da Lago wie der Rücken eines gefährlichen Drachen. In klimatischer Hinsicht trifft hier feuchtwarme Luft aus der Po-Tiefebene unmittelbar auf hohe, kalte Berge, sodass sich sehr schnell schwere Wolken an ihren Gipfeln bilden. Daraus gehen heftige Gewitter in der ganzen Gegend nieder. Diese Unwetter wurden als die Wirkung des Drachen betrachtet, der in dem geheimnisvollen See direkt an den Wänden der Croda da Lago wohnt. Sehr ähnlich verhält es sich beim Berg Pilatus: Er sieht mit seinen schroffen Felsfluchten und Gipfelzacken ebenfalls wie ein Drache aus. Auch er ist ein Wetterberg, denn hier steigt vom ausgedehnten Vierwaldstättersee im Sommer viel feuchtwarme Luft auf, die in der kalten Gipfelzone zu Gewölk wird. Es türmt sich dort mächtig zu Gewittern auf, die zuletzt mit Regenfluten, die an den steilen Kalkfelsen nicht versickern können, niederstürzen. Wie bei der Rigi verwandeln sich dabei die Bergbäche innerhalb kurzer Zeit in wilde Gewässer, die viel Steinschutt mitreißen. Früher wurden auf diese Weise blühende Almen von Felsstürzen verschüttet und ganze Täler überschwemmt.[469] Auch die Stadt Luzern sah sich zwischen 1333 und 1738 insgesamt 27 Mal durch Ausbrüche des Krienbaches gefährdet, der bei Unwetter als ein reißender Fluss von dem Berg herunterbraust. Noch in so später Zeit betrachtete man dies als Rache des beleidigten Seegeistes auf dem Berg, nämlich jenes angeblichen „Pilatus".[470]

Dasselbe geschah in den um Jahrtausende früheren Kulturepochen der Jungstein- und Bronzezeit, deren Siedlungen sich ebenfalls am Vierwaldstättersee befanden, auch dort, wo heute Luzern liegt. Für sie war es jedoch nicht die historische, negativ-christlich besetzte Gestalt des Pilatus, die in dem See hauste, sondern der Drache. Der später sogenannte Berg „Pilatus" wurde damals als ein Drachenberg betrachtet. Dafür sprechen nicht nur seine Erscheinung, sondern auch die vielen Drachensagen, die mit diesem Berg verknüpft sind.

Der Drache galt erst seit christlicher Zeit als „das Böse" schlechthin, der dann durch den Erzbösewicht Pilatus ersetzt wurde. In den frühen Kulturen war der Drache das archaische, heilige Symbol für die große Macht der Elemente in der Natur. Er wurde nicht als „böse" betrachtet und „rächte" sich auch nicht, denn die Kräfte der Natur sind so, wie sie eben sind. Man respektierte ihre Doppelnatur, die aus einer den Menschen hilfreichen Seite und einer ihnen gefährlichen Seite besteht. Im selben Sinne wurde auch die Todesgöttin nicht als „böse" angesehen und die Wiedergeburtsgöttin nicht als „gut", sondern sie stellten die zwei Seiten, die dunkle und die helle, des Universums und des menschlichen Daseins dar. Dies galt auch für den Drachen im See auf dem sogenannten „Pilatusberg" – den wir besser den „Drachenberg von Luzern" nennen. Obwohl man den Drachen auch hier als den Urheber der Unwetter betrachtete, wurde er verehrt. Denn es gibt Spuren eines alten Wasserkultes an diesem Bergsee, bei dem man Opfergaben ins Wasser warf und den Drachen um seine Gunst bat. Seine gütige Seite bestand nämlich darin, dass er in Dürrezeiten Regen sandte, der mit den Gewittern kam. Gewitter wurden deshalb nicht nur als schrecklich empfunden, sondern sie waren in trockenen Sommern als heilsam und segenbringend erwünscht.[471]

Die Drachensagen, die sich auf diesen Drachenberg von Luzern beziehen, zeigen ihrerseits eine merkwürdige Ambivalenz. Sie wurden sogar noch in sehr später Zeit, nämlich mit großer Beharrlichkeit bis ins 17. Jh. erzählt, was auf eine uralte Verbindung des Berges mit Drachen hinweist. Gemäß dem Klischee von den Bösewichten sollen in den wilden Felsklüften des Berges viele „scheußliche, feuerspeiende, stinkende Drachen gehaust haben, geflügelte Ungeheuer, welche die Menschen, die ihrer ansichtig wurden, in Angst und Schrecken versetzten"[472] – so die landläufige Propaganda von Klerikern und Adligen. Das einfache Volk schien diese Meinung nicht unbedingt zu teilen, was einige Drachensagen zeigen.

Schauen wir die Sagen näher an: Eine aus dem Jahr 1503 berichtet, dass eine Gesellschaft von vornehmen Herren zur Jagd auf den Berg gezogen sei, als einer von ihnen im Wald einen morschen Baumstumpf erblickte. Von dem vermeintlichen Strunk ging ein unausstehlicher Dampf und Gestank aus, worauf der Jäger bemerkte, dass er auf einen schlafenden Drachen gestoßen war. Mutig schlug er mit seiner Axt auf dessen Kopf. Dem Drachen machte der Schlag nichts aus, doch er wachte auf, erhob sich in die Lüfte und flog davon. Der Boden, wo er gelegen hatte, war ganz verbrannt, ebenso die Bäume, die sein Hauch gestreift hatte.[473]

Hier ist zuerst festzuhalten, dass der Drache den Mann keineswegs „in Angst und Schrecken versetzt" hatte, denn er schläft ja. Nicht der Drache verhält sich aggressiv, sondern der adlige Herr aus dieser späten Zeit. Vor ihm ergreift das vermeintliche „Ungeheuer" ohne jeden Angriff die Flucht. Die Beschreibung des Drachen als „stinkend" und seines Ruheplatzes und der Bäume als „verbrannt" weisen auf einen Blitzeinschlag hin. Blitzschläge kommen auf diesem höchsten Berg am Vierwaldstättersee häufig vor, mit brennenden Bäumen, kokelndem Gebüsch und schwarzen Grasflecken als Folge. Darauf bezieht sich das Attribut „feuerspeiend" für die Drachen, denn Gewitterwolken speien Feuer als Blitze; sie wurden selbst als „Drachen" betrachtet.

Wohin der fliehende Drache sich gewendet hat, ist nicht schwer zu erraten. Es heißt nämlich, dass die zahlreichen Drachen in der Gegend vor allem „zwischen Pilatus und Rigi" flogen.[474] Das geschah ausdrücklich im Sommer, dann sah man sie nach Sonnenuntergang „wie einen Feuerbrand" vom Pilatus zur Rigi hinüberschießen.[475] Jedoch gab es lebhaften Drachen-Flugverkehr auch in die andere Richtung, von der Rigi zum Pilatus. Das beobachtete ein Bauer, der um die Mittagszeit mit seinen Knechten und Mägden beim Heuen war, als ein furchtbarer Drache von der Rigi kommend in Richtung Luzern über ihn hinwegflog.[476]

Realistisch gesprochen heißt dies, dass die Gewitterwolken sich vorwiegend zwischen Rigi und Pilatus zu tummeln pflegen und ihre langen, feurigen Blitze zwischen diesen Bergen hin und her schießen. Aus landschaftsmythologischer Sicht weisen diese Aussagen auf die sehr alte, enge Verbindung der beiden Berge hin.

Dies wird bestätigt durch Sagen, dass Drachen auch auf der Rigi heimisch sind, was nicht erstaunt, denn schließlich ist die Rigi ihr Mutterberg und ihre Königin. So wohnte ein Drache einst oberhalb von Vitznau in einer Schlucht auf der Höhe der Rigi, diese Stelle heißt „Drachensessel".[477] Seine Anwesenheit erfüllte die Leute mit Entsetzen, und sie sannen auf seinen Tod. Als er getötet war, brach ein gewaltiges Wasser vom Berg herunter, wodurch das alte Dorf Vitznau vollständig zerstört wurde.[478] Auch dieser Drache auf der Rigi verhält sich nicht aggressiv gegen die späteren Menschen, aber sie können ihn nicht ertragen und töten ihn. Erst seine Ermordung löst die Wasserflut aus, die das Dorf wegschwemmt, nicht aber der Drache selbst. Das bedeutet zweierlei: Erstens sieht man gemäß der ältesten Vorstellung von den Naturkräften, dass nicht nur die Gewitterwolken und Blitze symbolisch als Drachen, als „Feuerdrachen", betrachtet wurden, sondern auch die Gewässer, die von den Bergen Rigi und Pilatus herabstürzen, galten als Drachen. Sie konnten zahm sein, doch nach Unwettern verwandelten sie sich in alles wegreißende „Wasserdrachen". Zweitens erkennt man, dass die späteren Menschen nicht mehr mit diesen Naturkräften umgehen können. Denn die Vitznauer missachteten die Kraft des Wassers und bauten ihr erstes Dorf, laut der Sage, zu hoch hinauf an den Berghang und zu nah an den Sitz des „Wasserdrachen".[479] Die Katastrophe war die Folge, doch die Schuld wurde dem „bösen" Drachen gegeben.

Nach Auffassung der frühen Menschen besitzen die Naturelemente nicht nur große Macht, sondern auch große Weisheit, an der die Menschen teilhaben können, wenn sie diese Kräfte respektieren. Das wird in der eben erwähnten Sage von dem Bauern, der beim Heuen den Drachen von der Rigi heranfliegen sah, deutlich. Vor Schreck fiel er in Ohnmacht, doch als er sich wieder erholt hatte, sah er, dass der Drache etwas zu Boden hatte fallen lassen. Er ging hin und fand einen ausgeschwitzten Klumpen geronnenes Blut, das einen farbigen Stein umhüllte. Dieser Drachenstein hatte wunderbare Kräfte: Er konnte Blutungen stillen, Geschwüre heilen und sogar eine Seuche zurückdrängen.[480] Dieses Geschenk des Drachen an die Menschen symbolisiert die Weisheit der Natur. Denn der Drachenstein besitzt große Heilkraft, die überall in den Naturelementen, die durch die Drachen symbolisiert werden, zu finden ist: Das kalte Wasser kann heilen und ebenso das wärmende Feuer, spezielle Steine und Kristalle können heilen, und eine Vielzahl von Heilkräutern bewirkt dasselbe. Alle sind Geschenke der Natur an die Menschen, an die früheren genauso wie an die späteren.

Doch nicht nur als Wohltäter treten die Drachen in den Sagen auf, sondern sogar als Retter. Das erzählt die Sage von einem Küfer aus Luzern, der auf dem sogenannten „Pilatus", dem Drachenberg, Holz für neue Fässer schlug. Durch einen Fehltritt stürzte er in eine verdeckte Höhle hinab und konnte nicht mehr heraus, denn die Wände waren glatt und überhängend. Zu seinem größten Schrecken fand er die Höhle von zwei ungeheuren Drachen bewohnt. Sie taten ihm jedoch nichts zuleide, sondern zeigten dem Verunglückten, wie er durch Auflecken der Flüssigkeit, die von den Wänden tropfte, Durst und Hunger stillen konnte. So verbrachte der Mann den Winter in der Höhle und lebte von derselben Nahrung wie die Drachen. Als der Frühling kam, flog der eine Drache zur Höhle hinaus, und der andere bedeutete dem Mann, sich an seinen Schwanz zu hängen. Wörtlich heißt es, dass er dies in „einer bittenden, fast liebkosenden Art" tat, bis der Mensch endlich verstand. Auf diese Weise wurde der Mann, sich an den Schwanz des fliegenden Drachen klammernd, aus der Höhle gerettet.[481]

Offensichtlich bleiben die Drachen dieser Gegend den Menschen, obwohl etliche sich feindlich gegen sie verhalten, wohlgesonnen. Es gibt keine Sage vom Drachenberg von Luzern, in der Drachen die Menschen angreifen, verletzen oder gar fressen – was sie doch als „Ungeheuer" tun sollten. So zeigt sich eine seltsame Ambivalenz in diesen Sagen, denn das freundliche Verhalten der Drachen ist das Gegenteil von der christlichen Vorstellung von ihnen als dem „Bösen". Diese Widersprüchlichkeit spiegelt zwei verschiedene Weltsichten, die hier nebeneinander bestehen: In der positiven Darstellung der Drachen zeigt sich die ältere Auffassung von den Naturkräften und ihrem Wirken, an der die einfachen Leute wie Bauern und Handwerker noch teilhatten. Bei den höheren, patriarchal geprägten Schichten spiegelt sich hingegen die christliche Verteufelung der Natur.

Der schwarze See

Der sogenannte „Pilatussee" und seine Umgebung bergen weitere Geheimnisse vom Drachenberg von Luzern. Man erreichte den See früher durch das Eigental auf steilem Anstieg von der Nordseite des Berges her. Weit oben dehnen sich Almen aus, wie die Oberalp und Bründlenalp, und dort lag der See am Fuß steiler, hoher Felsen in einer weiten, fast kreisrunden Senke. Im Jahr 1594 wurde er von Menschen abgegraben, sodass heute davon nur ein Hochmoor übrig geblieben ist (Abb. 6).[482]

Ein Besucher beschrieb den See vor seiner künstlichen Verlandung als ein etwas unheimliches Gewässer, das in einem dunklen Wald verborgen liege. Der kleine See habe keinen Zufluss und keinen Abfluss, nur die sickernden Bergwasser füllen ihn an, deshalb herrsche hier Totenstille. Kein Windhauch würde seine schwärzliche Oberfläche kräuseln, denn die mächtigen Bergwände und der dichte Wald schützten ihn von allen Seiten. So ruhe er unbeweglich, seine Wasserfläche würde nie zunehmen oder abnehmen. Er friere auch nicht im Winter zu, noch ändere die Trockenheit des Sommers seinen Wasserstand, er bleibe sich immer gleich. So wirkte er auf diesen Betrachter wie ein Gewässer der Unterwelt.[483]

Dieser Besucher aus dem 16. Jh. empfand trotz seiner aufgeklärten Rationalität beim Anblick des Sees noch einen „heiligen Schauer". Das ehrt ihn und seine Sensibilität, denn dieser See war ein uraltes Heiligtum: Er galt als der Drachensee auf dem Drachenberg. Mythologisch gesehen verknüpfte ihn dies tatsächlich mit der Unterwelt, er wurde als ein Eingang dorthin betrachtet. Dafür spricht, dass man ihn für unermesslich tief gehalten hat[484] – was er als ein flacher Moorsee kaum gewesen sein konnte. Es handelt sich jedoch um eine Metapher für jeden Ort, der als Eingang in die Unterwelt gesehen wurde. Außerdem befindet sich der Drachenberg mit seinem See im Westen der Bergkönigin Rigi, und bekanntlich liegt die Unterwelt stets im Westen, wo die Sonne untergeht.

Der unterweltliche Charakter des schwarzen Sees wird noch betont, indem der Sage nach nichts in ihn hineingeworfen werden durfte. Das galt nicht, wenn durch das Vieh zufällig ein Steinchen hineinrollte. Aber wenn seine stille Wasserfläche mutwillig durch Steinwürfe beunruhigt wurde oder gar das Schweigen durch freche Sprüche gebrochen wurde, dann löste diese Tat ein heftiges Unwetter mit Verderben bringenden Überschwemmungen im Tal aus. Angeblich rächte sich der böse

Abb. 6:
Das Hochmoor des ehemaligen Pilatussees

Geist des Pilatus auf diese Weise.[485] Doch die wesentlich ältere Vorstellung war wohl, dass der Drache, der im See wohnte, eine solche Entweihung des Heiligtums nicht duldete. Denn die Unterwelt zu beleidigen brachte den sicheren Tod.

Im mittelalterlichen Luzern gab es als Folge der Legende vom sich rächenden Pilatus-Geist ein amtliches Verbot, zu dem schwarzen See hinaufzusteigen. Mit diesem Verbot, das für Jahrhunderte gültig war, wollte man Freveltaten an dem See verhindern. Die großen Überschwemmungen durch den Krienbach vom Pilatus herab, welche die Stadt bedrohten und Menschenleben kosteten, schrieb man ausschließlich der Übertretung dieses Verbotes zu. Konnte man die Frevler fassen, wurden sie hingerichtet. Noch Mitte des 16. Jh. warf man Männer ins Gefängnis, die wegen des verbotenen Besuchs des Sees angeblich Gewitter auf dem Berg ausgelöst hatten. Erst der Stadtpfarrer von Luzern entlarvte dies als Aberglaube, und 1594 hob der Stadtrat alle Verbote auf und befahl, den See abzugraben, was dann auch geschah.[486]

Dabei waren es im Mittelalter gerade die christlichen Missionare gewesen, die diesen Aberglauben erzeugt hatten. Sie erfanden die Pilatus-Legende und setzten sie zusammen mit dem Verbot durch. Warum ihnen dies so wichtig war, fand ein Forscher durch den Vergleich mit einer französischen Tradition um den Berg Helanus heraus:[487] Auch dieser Berg trug einst einen See, von dem man glaubte, dass er Gewitter erzeugen könne. Der See wurde von den vor-christlichen Einheimischen der Gegend immer wieder aufgesucht, um dort zu feiern. Dabei warfen sie Opfergaben von Brot, Käse, Bienenwachs und Schafwolle in den See, um die Seegottheit günstig zu stimmen. Wenn darauf ein Gewitter mit Blitz und Donner folgte, zeigten sich die Leute hocherfreut. Denn sie waren zu dem See gepilgert, um in trockenen Sommern den notwendigen Regen herbeizurufen. Erst die später angekommenen Missionare bezeichneten die alte Seegottheit auf dem Berg Helanus als „bösen Geist" und die Unwetter als „schädlich", doch sie brauchten lange, um diese neue Auffassung durchzusetzen. Schließlich kam es zu dem Verbot, etwas in den See hineinzuwerfen, was letztlich nicht wegen der Gewitter geschah, sondern wegen des alten, „heidnischen" Wasserkultes, der damit unterbunden wurde.[488]

Die gleichen Verhältnisse können wir für den sogenannten „Pilatus", den alten Drachenberg von Luzern, annehmen. Auch hier haben nach alter Auffassung die Opfergaben der Pilgernden den Drachen im schwarzen See nicht beleidigt, sondern im Gegenteil ihn bewogen, den ersehnten Regen über das ausgedörrte Land niedergehen zu lassen. Im Mittelalter musste dann der christliche Übeltäter Pilatus als „böser Geist" figurieren, um auch hier den Leuten den See und ihren Wasserkult abspenstig zu machen.

Ausgelöst durch diese missionarische Pilatus-Legende wurde dann der schwarze See mit dem Namen „Pilatus" verknüpft, der schließlich auf den ganzen Berg übertragen wurde. Jedoch gibt es noch einen zweiten mittelalterlichen Namen des Berges, der aus dem Lateinischen stammt, das aber nur die Gelehrten verstanden. Man nannte ihn auch „Fractus mons" oder „Frackmont", eine Bezeichnung, die noch lange gebraucht wurde.[489] „Frackmont" heißt „Gespaltener Berg" oder „Zerrissener Berg", eine treffende Bezeichnung für das wild zerklüftete Kalkmassiv. Dieser Name kommt der uralten Vorstellung von dem Berg als einem Drachen sehr nahe.

Die frühesten Bewohner und Bewohnerinnen der Gegend hatten diese Vorstellung von dem Berg geschaffen. Sie betrachteten ihn als einen unterweltlichen Drachenberg, der sowohl Segen wie auch Verderben bringen konnte. Er galt ihnen vermutlich als der Gegenpol zur mütterlichen Rigi: In seinem See wohnte ein Drache wie in einem

Schlund der Unterwelt, von dem durchaus auch der Tod über die Menschen in den Tälern kommen konnte. Im ehemaligen See auf der Seebodenalp auf der Rigi sahen sie hingegen die Ahnenseelen wohnen, welche die Berggöttin wieder ins Leben zurück gebar. Außerdem glaubten sie, dass die Rigi die Seelen in ihrem riesigen Schoß hütete und sie daraus verjüngt wieder hervorbrachte. Wie immer sie sich das im Einzelnen vorstellten, galten diese beiden Berge ihnen jedenfalls als ein landschaftsmythologisches Paar aus der weiblichen und der männlichen Urkraft, als die Bergkönigin und ihr männlicher Drache.

Der schlafende Riese und sein Volk

Das gesamte Gelände um den schwarzen See auf dem Drachenberg von Luzern war in jener Frühzeit eine Kultgegend, worauf die sogenannte „Dominikhöhle" in der Nähe des Sees hinweist. Sie öffnet sich auf halber Höhe zwischen den senkrechten Pfeilern der Nordwand des Widderfeldes, nicht weit von der Bründlenalp entfernt, bei der auch der einstige, heilige See lag (Abb. 7). Diese Höhle ist kaum weniger von Geheimnissen umgeben als der See. Denn darin steht, hoch über den Köpfen der Betrachtenden und sehr gut sichtbar, der schlafende Riese. Es handelt sich um ein merkwürdiges, frei stehendes Felsgebilde genau im Höhleneingang, das wie ein riesiger Mann aussieht, der sich mit den Armen leicht aufstützt und mit gekreuzten Beinen dasteht (Abb. 8). Er scheint die Höhle und das Land darunter zu bewachen. Diese von der Natur geschaffene Statue ist von weißem Kalk überzogen und sieht so künstlich gemacht aus, dass viele glaubten, sie sei von Menschenhand geschaffen. Eine nähere geologische Untersuchung im Jahr 1814 erwies das Gebilde jedoch als rein natürlich entstanden.[490]

Es gibt mehrere Sagen, die sich auf diese Statue beziehen, und die späteste davon ist eine christliche Legende. Sie erzählt, dass auf der Bründlenalp eine Kapelle gestanden habe, die von einem Bergsturz verschüttet worden sei. In der Kapelle befand sich eine Statue von St. Dominik, die jedoch durch ein Wunder gerettet und hinauf in diese Höhle in der senkrechten Wand versetzt worden sei. Drei junge Burschen hätten einst der Figur verschiedene Namen zugerufen, aber sie habe nicht geantwortet außer auf den Namen „Domini". Auch jetzt antworte sie nur auf diesen Ruf. Wer aber einen anderen Namen zu ihr hinaufschreit, der stirbt noch im selben Jahr.[491]

Abb. 7:
Die Dominikhöhle auf dem Pilatus

Gerade die Verchristlichung der steinernen Figur durch diese Wunder-Geschichte beweist, dass sie den vor-christlichen Menschen früherer Epochen viel bedeutete und zu ihrem Kult gehörte. Außerdem ist die christliche Legende widersprüchlich, denn niemand wird doch der steinernen Gestalt einen anderen Namen zurufen, wenn durch das „Wunder" bekannt ist, dass dort oben der heilige Dominik steht. Der zweite Teil der Legende ist deshalb ein älteres Bruchstück, das an die Legende angehängt wurde, denn das Rufen des Namens muss eine magische Funktion gehabt haben.

Das Wort „Dominik" oder „Domini/Domine" heißt „Herr" und ist die respektvolle Anrede für ein höheres Wesen. Es liegt nahe, dass ein solches Wesen keine profane Anrede duldet wie etwa „Hans" oder „Klaus" oder „Peter" und darauf nicht antwortet. Der Glaube, dass auf eine solche Respektlosigkeit die Strafe folgt, zeigt, dass dieses steinerne Gebilde verehrt worden ist und nicht beleidigt werden durfte.

Wir fragen uns, wer dieser „Herr" vor seiner Verchristlichung gewesen sein mag. Eine echte Sage zu der Statue gibt nähere Auskunft: Sie berichtet, dass in der Höhle einst ein Riese lebte, der über die Sicherheit des Volkes wachte und zum Kampf aufrief, sobald sich Feinde dem Land näherten. Aber einmal schlief der Riese ein, und als er wieder erwachte, bot sich seinen Augen ein blutiges Schauspiel dar, denn ein Bruderkrieg

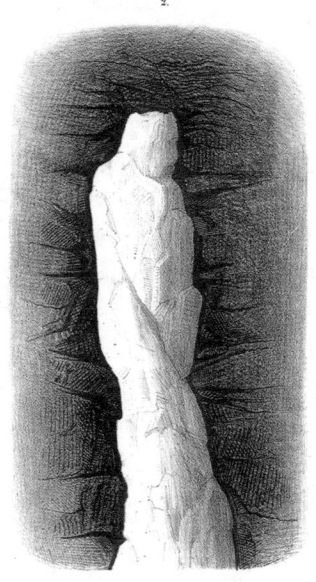

Abb. 8:
Die Figur in der Dominikhöhle, Pilatus

wütete unter den Schweizern. Darüber sei er vor Schmerz zu Stein erstarrt. Aber dennoch sei er nicht tot, sondern schlafe nur in dieser Steingestalt. Er werde wieder erwachen, wenn einmal jeder Schweizer den anderen als Bruder betrachte und liebe.[492]

Der schlafende Riese, auf den sein Volk die Hoffnung auf eine bessere Zukunft setzt, ist ein sehr altes Motiv und keineswegs den Schweizern vorbehalten. Es kommt auch in der Sage vom schlafenden Kaiser Karl im Untersberg vor und bei allen schlafenden Kaisern, Königen und Heroen an verschiedenen Orten, die dereinst ihr Volk befreien sollen.[493] Der Riese in der Dominikhöhle wird hier zwar im Sinne des traditionellen, rein männlichen Schweizer Nationalismus interpretiert, so wie der schlafende Kaiser Karl im Untersberg im Sinne der mittelalterlicher Kaiserherrlichkeit, die er wiederbringen soll. Dies sind jedoch späte historisierende Anlagerungen. In einer weiteren, national eingefärbten Sage ist es sogar der Schweizer Nationalheld Wilhelm Tell, der in Gestalt von drei Tellen im Hintergrund der Dominikhöhle schlafen soll. Es heißt, wenn diese drei Tellen einst erwachen, dann würden sie durch mannhafte Taten noch einmal ihr Land aus der Knechtschaft befreien.[494]

Diese „drei Tellen" beziehen sich auf die drei Männer des Rütlischwurs am Vierwaldstättersee, die das erste Bündnis für eine unabhängige Schweiz geschlossen haben. Wie man sieht, sind der Verwendung

313

des Motivs vom schlafenden Befreier in der politischen Sehnsucht keine Grenzen gesetzt. Aber hinter diesen „drei Tellen" steht der Riese, so wie hinter „Kaiser Karl" sich der Riese vom Untersberg verbirgt. Dieser Riese, der sein Volk beschützt und gerufen werden will, wenn es von Feinden bedroht wird, ist eine archaische mythische Gestalt. Er stammt aus jener Zeit, als die matriarchale Urbevölkerung, die sich in den Sagen durch Feen, Erdweibchen und Erdmännchen manifestiert, durch den Einbruch des Frühpatriarchats besiegt wurde. Die Überlebenden zogen sich nicht nur auf die Rigi und in ihre Höhlen zurück, sondern auch auf den Drachenberg von Luzern. Beide Berge dienten jahrhundertelang als Verstecke für das Alte Volk, wie die Sagen hier belegen.

Manche Stämme dieser Urbevölkerung hatten einen „Herrn", einen Zwergen- oder Riesenkönig, der in sehr kleiner oder sehr großer Gestalt erscheinen konnte, wie zahlreiche Sagen aus verschiedenen Regionen Mitteleuropas zeigen. Als ihre hochstehende Kultur zerstört wurde, blieben die Sehnsucht und der Ruf nach der Wiederkehr ihres Königs wach, der sie befreien und das „Goldene Zeitalter" wiederbringen möge.[495] Das ist der Hintergrund dieses Sagentypus vom schlafenden Riesen oder Kaisers/Königs im Berg. Er stellt die älteste mythisch-kultische Schicht auch für die Steingestalt in der Dominikhöhle dar. Sie wurde später durch verschiedene Schichten mit neueren, politischen Vorstellungen überlagert, bis zu ihrer Verchristlichung.

Dieser Ruf nach dem Befreier des Volkes dürfte vor der Steingestalt in der Höhle wirklich ausgeübt worden sein. Es geschah im Kult, denn der Ruf galt als magisch und sollte den schlafenden Riesen wecken. Eine natürliche Besonderheit lässt das heute noch erahnen, denn es kommt von der Wand ein schönes Echo auf diesen Ruf hin zurück. Das Echo antwortet aber nicht sofort und auch nicht auf andere Laute außer dem langgezogenen Doppelvokal „o-i". Das heißt, es wiederholt nur solche Namen, die wie „Do-mini" und „To-mili" klingen oder abgekürzt wie „To-mli" und „To-mi". Deshalb wird „Tomli" oder „Tomi" vor jedem späteren „Dominik" der alte Name des steinernen Riesen gewesen sein. Seine Leute lauschten, nachdem sie ihn gerufen hatten, ob seine Antwort aus den Bergwänden widerhallen würde, und sie klang stets wie „Tomli" oder „Tomi". Das mag ihnen Trost gegeben haben, dass ihr König noch lebendig war, auch wenn er noch immer nicht aus seinem Schlaf erwachen wollte. Dieser Ruf galt daher als ebenso heilig wie die steinerne Gestalt in der Höhle. In christlicher Zeit wurde er durch den Betruf und das Ave Maria auf der Bründlenalp ersetzt, was von den späteren Hirten ebenso beharrlich ausgeübt wurde und wird wie früher der magische Ruf des Alten Volkes nach seinem Befreier. Diese Verchristlichung sogar des Rufes zeigt, wie wichtig er einst war.

Es gibt einen direkten Beleg für die alte Namensgebung „Tomi". Im Rahmen der Pilatus-Legende wird nämlich erzählt, dass der hohe Berg mit dem See, wohin Pilatus verbannt worden sein soll, „Cartominus" heiße.[496] Trotz seiner lateinischen Endsilbe ist dieser Name nicht lateinisch, sondern sehr alt, er ist sogar der älteste Name, der uns vom Drachenberg von Luzern überliefert ist. Denn die Silbe „car" ist vor-indoeuropäisch und bedeutet „Steinschoß", wie jedes „Kar" in den Bergen zeigt. Die Silben „to-mi" sind ebenfalls vor-indoeuropäisch und geben exakt den Namen der steinernen Gestalt in der Höhle wieder. „Car-tomi-nus" bedeutet also „Tomi im Steinschoß", nämlich den Riesen in der heiligen Höhle. Die Höhle wurde als der steinerne Schoß betrachtet, aus dem er einmal in der Zukunft als Befreier seines Volkes wiederkehren würde.

Von diesem mythischen Tomi oder Tomli, der dem Alten Volk heilig war, wurde dann der Name auf die ganze Umgebung übertragen. So gibt es auf dem Drachenberg von Luzern die Landschaftsnamen „Tomlishorn" und „Tomlis-fluh", ebenso „Tomlis-alp" und „Tomlis-see", manche dieser Namen kommen in unmittelbarer Nähe seines höchsten Gipfels vor.[497] Schließlich wurde der gesamte Berg „Car-tomi" genannt und von den gelehrten Herren zu „Cartominus" latinisiert. Weil dieser Name aus der vor-indoeuropäischen Sprache des Alten Volkes von den späteren Menschen nicht mehr verstanden wurde, ersetzte man ihn schließlich durch den Namen „Frackmont", den „Gespaltenen Berg". Dieser Name erklärt sich von selbst durch den bloßen Anblick des Berges, obwohl ihm alles Mythische abgeht. Zugleich wurde der Berg mit der absurden Pilatus-Legende verknüpft, die sich – wie schon gesagt – zuerst nur auf den See bezog, bis man den Namen ebenfalls auf den ganzen Berg übertrug.

Leider ist der Zwergen- oder Riesenkönig Tomi noch immer nicht erwacht, so musste sein Volk sich selbst helfen. Davon sprechen die Sagen von den Erdleutchen, von denen es heißt, dass sie den Drachenberg alias Cartomi von seinen Spitzen bis herab ins Eigental und nach Hergiswil am Vierwaldstättersee bewohnt haben. Überall besaßen sie unterirdische Gänge als Verstecke, aus denen sie plötzlich hervorkommen und ebenso schnell wieder verschwinden konnten.[498] Auch nahe bei Luzern in dem Hügel mit dem Turm „Seeburg" wohnte ein Erdmännlein in einem solchen Gang.[499] Sie waren jedoch den späteren Menschen meist nicht so freundlich gesinnt wie die Erdleutchen von der Rigi, denn sie fühlten sich sogar auf diesem steilen Berg von ihnen bedrängt.

Der Grund dafür ist leicht einzusehen, wie eine Sage berichtet: Ein vornehmer Mann hatte sein Leben lang Jagd und Fischfang auf dem Drachenberg von Luzern betrieben. Eines Tages sprang ihm beim Fischen ein Erdmännchen von hinten auf den Nacken und drückte ihn mit solcher Kraft in den Bach, dass er zu ertrinken drohte. Zornig rief der Zwerg, dass der Mann zu jenen gehöre, die ihm seine Tierlein und sein Vieh plagen und töten. Dafür würde es ihn jetzt bestrafen! Als der Mann nach Hause kam, war er auf einer Seite lahm und musste seither das Haus hüten.[500] Die „Tierlein" und das „Vieh" der Erdleutchen sind die Fische und die Gämsen. Von ihnen hing das Überleben des Alten Volkes in der Wildnis ab, daher sahen sie sich bedroht, wenn Menschen in ihren Rückzugsgebieten auf den Bergen jagten und in den Bächen fischten. Wie man an dieser Sage sieht, verstanden sie sich zur Wehr zu setzen.

Das Alte Volk griff zu seiner Verteidigung zu noch stärkeren Mitteln. So heißt es in einer anderen Sage, dass die Viehwirtschaft der Alphirten auf dem Pilatusberg sehr geplagt wurde. Der Grund sei, dass die Erdleutchen dort „dämonisch" und „schadenfroh" waren. Wenn die Hirten auf der Bründlenalp abends den christlichen Betruf einmal vergaßen, erschienen die Zwerge mit einer Salzlecke und lockten das Vieh zu sich heran. Dann trieben sie es mit einer Rute vor sich her und jagten es durch die Lüfte davon, wohin natürlich keiner der Hirten folgen konnte. Erst am dritten Tag kam das Vieh wieder zurück, doch es war mager und halbtot und hatte keine Milch mehr.[501]

Hier wird klar, dass auch die Almwirtschaft der Menschen den Erdleutchen in ihrem Rückzugsgebiet nicht willkommen war. Sie wollten die Hirten, die sie verdrängten, nicht auf ihren Almen und ihrem Berg haben. Nebenbei bedienten sie sich an der Milch der Kühe als zusätzliche Nahrung, wie es auch von „Schlangen" behauptet wird, die den Kühen die Milch absaugen, sodass den Hirten nichts mehr übrig blieb.[502] Der christliche Alpsegen soll dies verhindern können, indem er die Schädiger bannt – was uns zeigt, dass man das Alte Volk auf dieselbe schwarze Liste gesetzt hatte wie alle anderen „Bösen". Der traurige Schluss ist dann stets derselbe: Ob die Erdleutchen durch Freundlichkeit und Helfen eine Koexistenz mit den späteren Menschen anstrebten oder ob sie diese durch ihre magischen Kräfte zu vertreiben suchten, immer kommt es in den Sagen zum „Auszug der Zwerge", das heißt zum Wegzug und dem spurlosen Verschwinden des Alten Volkes.

Der Wilde Türst

Der Riese oder Heroskönig Tomi aus den frühen Kulturen und sein Berg Cartomi stehen nicht für sich allein, denn jeder matriarchale Heroskönig ist mit einer Göttin verbunden. Diese Göttin ist nicht weit: Es ist die Rigi gerade gegenüber. Die beiden Berge stellten in der Landschaft am Vierwaldstättersee für die frühen Menschen das polare weiblich-männliche Paar dar. Die überaus weibliche Rigi blickt über den See hinweg direkt zu ihrem männlichen Partnerberg, und genauso blickt er zu ihr. Ihre Zusammengehörigkeit ist offensichtlich und uralt.

Sie war sogar noch in den späten, historisierenden Schichten, die an Tomis Höhle angelagert wurden, bewusst. Denn auf den Heroskönig, auf dessen Wiederkehr das Alte Volk in seinen Verstecken wartete, folgte die Sage von anderen Befreiern des Volkes in den „drei Tellen", die auch in der Höhle schlafen sollen. Diese sind aber eher mythisch als historisch zu verstehen – denn die historischen „drei Tellen" trafen sich auf der Rütli-Wiese. Jedoch stehen auch diese drei männlichen Wesen nicht allein da. Sie haben auf der Rigi ihre weiblichen Gegenüber: Es sind die „drei Schwestern" von Rigi-Kaltbad, die vor-christlichen Heilerinnen und Helferinnen des Alten Volkes. Auch diese Entsprechung ist nicht zufällig, sondern zeigt noch immer die polare Zusammengehörigkeit der beide Berge, eine Sichtweise, die über Jahrtausende hinweg nicht erlosch.

Auch in den Jahrtausenden davor, lang vor dem Heroskönig Tomi, war sie gültig. Diese älteste Auffassung war sehr archaisch, sie bezog sich auf die unmittelbaren Naturerscheinungen der beiden Berge. Darin galt – wie wir schon sahen – der männliche Berg als der Drache der Rigi-Göttin, als das Symboltier ihrer Unterwelt, denn sie wurde als eine mächtige Göttin von Tod und Wiedergeburt betrachtet. Diese Unterwelt zeigte sich im Kleinen in dem schwarzen See, in dem der Drache hauste. Gemäß dieser ältesten Sichtweise gehörten beide Berge als Paar in der Landschaft schon zusammen, bevor das vertriebene Volk seinen Heros Tomi rufen musste.

Was geschah später, als die Kultur des Alten Volkes von den hereinbrechenden Indoeuropäern zerstört und die „Erdleute", wie man sie nennt, in den Rückzug getrieben wurden? Noch in dieser Zeit war bekannt, dass die beiden Berge ein weiblich-männliches Paar bilden, eine Sichtweise, welche die Eroberer von den Eroberten übernahmen. Sie steckt indirekt in den Sagen vom „Wilden Türst" und lässt sich daraus erschließen.

Auch die Kelten und noch später die Germanen brachten dem alten Drachenberg von Luzern eine gewisse Achtung und kultische Verehrung entgegen. Vom Alten Volk übernahmen sie den Wasserkult am schwarzen See und den Bergkult beim Tomi im Steinschoß und passten sie ihrer eigenen Religion an. So soll der gesamte Berg damals dem germanischen Gott Wotan heilig und der schwarze See ein Ort des Wotankultes gewesen sein.[503] Unter dem Namen „Türst" trieb dieser sein Unwesen auf den felsigen Höhen des Drachenberges.

Türst alias Wotan, der „Wütende", ist stets der Anführer des „Wilden Heeres", das im heulenden Sturmwind und im regenpeitschenden Unwetter daherfährt und alles mitreißt, was nicht niet- und nagelfest ist. Er wird begleitet von einer Meute von höllischen Jagdhunden, die grässlich durch die Nacht jaulen. Doch sie stolpern eher, als dass sie rennen, denn sie haben nur drei Beine. Ihr Bellen tönt dumpf und hohl und ist angsteinflößend.[504]

Diese Sagen von Wotan und dem Wilden Heer gibt es in ganz Mitteleuropa. Sie reichen von der Ostsee über Mitteldeutschland bis Bayern und kommen auch im Alpenraum vor.[505] Es verwundert nicht, dass sie gerade auf den Luzerner Drachenberg bezogen wurden, denn als Wetterberg mit heftigen Gewittern und Regensturm entspricht er genau dem Charakter von Wotans Wildem Heer. Noch bevor das römische Gespenst Pilatus in den schwarzen See gebannt wurde, war es also das germanische Gespenst Wotan-Türst gewesen, das die Rolle des Bringers von Unwetter innehatte. Um seinen Wetterzorn zu besänftigen oder um Regen zu bitten, galt der damalige „heidnische" Wasserkult am See dem wütenden Wotan.

Die Sagen von Wotans Wildem Heer haben einen realen Hintergrund. In ihnen spiegelt sich die geschichtliche Invasion der germanischen Reiterkrieger, die Jahrhunderte nach den kriegerischen Kelten nun ihrerseits über die Vorgänger-Kulturen herfielen. Auch im Alpenraum traten sie auf und zerstörten Teile der Mischkultur der Kelto-Romanen und ebenso Teile der Restkultur des Alten Volkes in seinen Rückzugsgebieten. Diese Vorgänge wurden im Bild des Gottes Wotan und seines Wilden Heeres symbolisch festgehalten, denn er war für diese älteren Kulturen der Tod und Verderben bringende Gott.

Als dieser Todesbringer wurde Wotan dann mit einem anderen Sagenkreis verknüpft, nämlich dem von der „Wilden Jagd", der eine viel ältere Herkunft hat und zum Holle-Sagenkreis gehört. Die Wilde Jagd wurde als eine Schar von Totengeistern verstanden, die im Herbst und

Winter durch die Lüfte daherbraust. Bei dieser späteren Verknüpfung wurde Wotan dann selbst zum Gespenst und sein lärmendes, waffenklirrendes Heer zum Totenheer. In dieser Form gibt es die Sage auch vom Drachenberg von Luzern. Es heißt darin, dass nun auch jüngst verstorbene Menschen in Wotans Heer daherfahren und selbst auf Gespensterpferden reiten.[506] Dabei erhebe sich ein gewaltiges Getümmel, als ob hundert Pferde daherspringten. Der Pilatusberg würde davon wie bei einem Erdbeben erzittern.[507]

Dieser Aspekt des Totenzuges wird deutlich im Volksglauben von den sogenannten „Türststraßen". Es wird gesagt, dass Wotan/Türst im ganzen Luzerner Land immer auf bestimmten Wegen daherbraust, die allseits bekannt sind. Schleunigst muss man aus seiner Bahn gehen, sonst wird man von seinem Totenheer mitgerissen. Auch Kreuze an Türen und andere christliche Zeichen an diesen Wegen sollen gegen den Türst helfen.[508] Solche Motive sind weitverbreitet, sie kommen in allen Gegenden vor, wo einst an den Gott Wotan und sein Wildes Heer geglaubt wurde.

Der Gedanke von den Totenwegen ist jedoch Teil einer älteren Anschauung, die weit vor die keltische und germanische Zeit und die sogenannten „Türststraßen" zurückreicht. Nach der Auffassung aus den Jahrtausende früheren, matriarchalen Kulturen ist es der Zug der Ahnenseelen, der auf solchen Wegen daherkommt, und er wurde auch nicht als grausig verstanden, sondern als segenbringend. Die Jahreszeit für den Zug der Ahnenseelen ist im November und um Weihnachten, besonders in den Raunächten, wenn die Tore der Anderswelt offen stehen. Dann ziehen die Ahnenseelen herbei, um die lebenden Mitglieder ihrer Sippen, von denen sie eingeladen wurden, zu besuchen. Ihre Anführerin ist die Göttin Frau Holle oder Frau Percht. Die Ahnenseelen kommen nicht mit Pferd und Waffen und auch nicht zerstörerisch daher, aber sie folgen ganz bestimmten, schnurgeraden Wegen, die man besser nicht betritt. Wenn die Herbst- und Winterstürme tosen, kann dieser Seelenzug auch durch die Lüfte fliegen, voran die Göttin, wobei nicht nur die Seelen von Menschen dahinziehen, sondern auch die von Tieren und Pflanzen, die im vergangenen Jahr starben.[509]

Dies zeigt, dass der Zug der Ahnenseelen einen ganz anderen Charakter hat als Wotans Wildes Heer. Er heißt „Wilde Jagd", obwohl dabei nichts gejagt wird, doch mit diesem Ausdruck wird das unheimliche Wesen der Todesgöttin des Herbstes und Winters umschrieben, das den heftig daherjagenden Stürmen dieser Jahreszeiten entspricht. Vor allem ist dieses Geschehen von zyklischer Art wie die Natur selbst: Man glaubte, dass in den Herbststürmen die Göttin mit den Toten heim in ihre Seelenberge fährt, wo diese als Ahnen und Ahninnen in einer paradiesischen Unterwelt weilen, bis zu ihrer Wiedergeburt. In den Frühlingsstürmen braust die verjüngte Göttin wieder aus ihren Seelenbergen heraus und führt die ebenfalls verjüngten Seelen mit sich, die nun ins Leben zurückkehren.[510] Das Wilde Heer des Wotan ist dagegen linear gedacht, denn auf seinen brutal zerstörerischen Durchzug folgt nichts mehr.

Nun haben wir bereits gesehen, dass Frau Holle eng mit der Rigi-Göttin verwandt ist, ihr sogar unter anderem Namen entspricht. So kommen wir nun zu der Frage, wie sich das Verhältnis von Wotans Wildem Heer auf dem Luzerner Drachenberg zu der Wilden Jagd der Göttin auf der Rigi gestaltet. Bei der Germanisierung der Religion der Göttin wurde die sehr alte Auffassung von ihrer Wilden Jagd mit Wotans Wildem Heer bis zur Unkenntlichkeit vermischt. Zugleich wurde die Göttin dem Gott Wotan als dem obersten Herrn unterstellt: Sie fliegt nun als „Wilde Frau" in Wotans Heer mit, jedoch als eine untergeordnete Gestalt – ein typischer Vorgang bei der Patriarchalisierung vorher unabhängiger Göttinnen. So kam es zu der im Volk weitverbreiteten Vorstellung, dass im Zug von Wotans Totengeistern auch Frau Holle dabei ist.[511] Genauso heißt es vom Türst auf dem Pilatusberg, dass der Türst als Anführer des Wilden Heeres daherfahre, und die Sträggele sei die Frau im Wilden Heer.[512]

Hier ist die Göttin bereits zur „Sträggele", das heißt „Hexe", erniedrigt worden. Sie hat auch keine Macht mehr, sie ist lediglich die Frau in des Gottes Heer. Ihre Rolle ist sogar negativ geworden, denn sie darf nur noch „faule Mägde" und „unfolgsame Kinder" bestrafen.[513] Das heißt, sie soll die Schwächsten der Gesellschaft im Sinne ihrer Herrschaften zurichten.

Doch die Bezeichnung „Hexe" ist in diesem Zusammenhang aufschlussreich, denn wir sind in dieser Gegend bereits einer Hexe begegnet: der sogenannten „Pfaffenkellnerin". Sie ist die ehemals mächtige Rigi-Göttin. Zwei Sagen zeigen, dass die Pfaffenkellnerin und Wotan in einem engen Bezug gesehen wurden. In der einen Sage heißt es, dass die Pfaffenkellnerin, obwohl sie in eine Schlucht auf der Rigi verbannt wurde, sich von Zeit zu Zeit noch immer hören lasse. Besonders im Winter erhebe sich oben auf der Rigi „ein furchtbares Getöse, vermischt mit Hundegekläff und Wehgeschrei, Pferdewiehern und ähnlichen ungeheuren Stimmen". Dieser Lärm brause auf einer bestimmten Strecke über die Rigi hinweg, und wenn etwas im Weg steht, wie etwa eine Scheune, dann gehe es mitten hindurch.[514]

Mit Pferden und Hunden hatte die Rigi-Göttin ursprünglich nichts zu tun. Rasende Pferde und grausige Hunde gehören zum Wilden Heer des Wotan, und auch die festgelegte Bahn gleicht den „Türststraßen". Es wird jedoch ausdrücklich gesagt, dass der Lärm vom Wohnort der Pfaffenkellnerin herkommt und dass sie es ist, die auf dieser geraden Strecke über den Berg fährt. Das heißt, sie ist hier bereits ein Teil von Wotans Heer geworden und mit dem Gott eng verbunden.

Die andere Sage, eigentlich nur ein Fragment, berichtet sogar, dass „an einigen Orten die Pfaffenkellnerin und der Türst in der Gestalt eines Schweins auftraten".[515] Deutlicher kann es nicht gesagt werden, dass die alte Rigi-Göttin und der spätere Wotan zusammen gesehen wurden. Wenn nun sie in seinem Wilden Heer, das ihre entfremdete Wilde Jagd ist, mitziehen musste, so übernahm dafür er ihre alte Symbolgestalt des Schweins. Es schimmert hier nicht nur ihre Gleichrangigkeit als Göttin durch, sondern es verweist zugleich auf den älteren Partner der Göttin Frīg/Freyja, den Heroskönig Freyr, der in der Tiergestalt eines Ebers mit goldenen Borsten erschien. Der sanfte Freyr wurde später von dem gewalttätigen Wotan verdrängt, doch die Göttin ließ sich nicht so leicht eliminieren. Daher nahm Wotan in einer Art Mimikry die Gestalt ihres vorigen Heroskönigs an, des Ebers, und bemächtigte sich so der Göttin selbst.[516]

Diese enge Verbindung von Pfaffenkellnerin und Türst, das heißt von der Rigi-Göttin und Wotan, zeigt, dass die beiden Berge, die ihre Sitze sind, auch in germanischer Zeit als zusammengehöriges Paar galten. Der alte Drachenberg wurde dabei immer wieder anders, doch konsequent männlich besetzt: Drache – Riese Tomi – Gott Wotan, während die Rigi in ihrer großen Weiblichkeit stets dieselbe Göttin blieb, auch noch in der Unterordnung. Erst als die christliche Missionierung hereinbrach, wurde alles, was früher heilig war, verdeckt, ersetzt oder dämonisiert. Die alte Bedeutung und Beziehung der beiden Berge als weiblich-männliches Paar geriet dabei in Vergessenheit und erhielt den Todesstoß, als schließlich der ferne Römer Pilatus auf den männlichen Berg gebannt wurde – leider heißt er heute noch nach ihm! Dieser negativ-verchristlichte Pilatusberg hat scheinbar nichts mehr mit der Rigi zu tun, womit die uralte landschaftsmythologische Verbindung der beiden Berge zerschnitten wurde.

Aber noch immer ragen sie über dem Vierwaldstättersee auf und schauen sich über dessen Wasserfläche hinweg gegenseitig an. Unverkennbar ist er auch heute der imposante, männlich aufragende Berg, und sie ist der sich nach innen rundende, weibliche Schoßberg – eine unübersehbare landschaftliche Tatsache.

Vom Mutterhorn zur Jungfrau

Andere bedeutende Berggöttinnen der Alpen

Das Mutterhorn

Im Zermatter Tal im Wallis, Westschweiz

Das Erscheinungsbild des Matterhorns

Wer zum ersten Mal in den runden Talkessel von Zermatt kommt und des Matterhorns ansichtig wird, starrt wie gebannt hinauf. Nicht ohne Grund ist dieser Berg weltberühmt. Als ein Solitär ragt er wie ein Kristall aus seiner Umgebung auf und zeigt eine formvollendete Gestalt. Kein Berg wird so viel fotografiert wie dieser, deshalb meint man, ihn von den zahllosen Abbildungen her zu kennen. Dennoch ist es ein ganz anderes Erlebnis, wenn man seiner erhabenen Gestalt unmittelbar gegenübersteht. Am eindrücklichsten sieht man das Matterhorn von der Mittelstation der Gornergratbahn aus, jener alten, doch äußerst spektakulären Zahnradbahn.[517] Doch auch von Zermatt und etlichen anderen Plätzen hat man die Gelegenheit, das Matterhorn nicht nur am Tag, sondern auch bei Sonnenuntergang, in der Nacht und bei Sonnenaufgang zu betrachten, was noch mehr von seiner wahren Bedeutung enthüllt.

Abb. 1:
Das Matterhorn

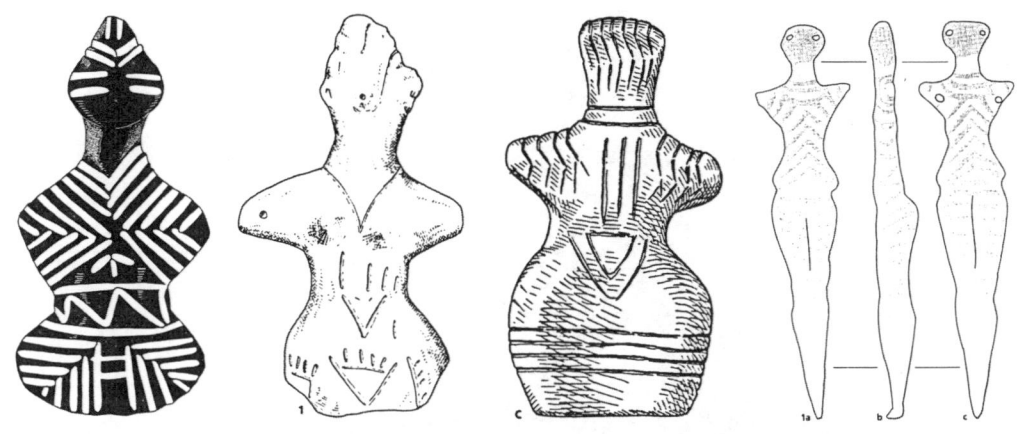

Abb. 2 a–d:
Jungsteinzeitliche
Göttinfiguren

Das Matterhorn verdient weder die Bezeichnung „es" noch „er", denn es ist eine „sie". Nach Osten hin ausgerichtet zeigt dieser Berg nämlich genau die Gestalt einer archaischen Göttinfigur (Abb. 1). Man sieht den großen, dreieckig geformten Kopf, dann breitet sie rechts und links zwei markante Zacken wie Ärmchen aus, ihr glatter Leib fließt nahezu senkrecht hinab und endet in zwei ausladend geschwungenen, sehr weiblichen Hüften. Mit diesen Hüftbögen thront sie auf ihrem waagerechten Felspodest. Stilisierte Göttinnenfiguren aus der Alt- und Jungsteinzeit, wie sie zu Tausenden in Europa gefunden wurden, zeigen dieselbe Form: großer Kopf, die Ärmchen verkürzt zu zwei abstehenden Zacken, breite Hüften, mit oder ohne Beine (Abb. 2 a–d). Die Ähnlichkeit ist so auffallend, dass die steinzeitlichen Menschen, die sich in dieser Gegend aufhielten, im sogenannten „Matterhorn" eine Berggöttin gesehen haben. Denn sie stellt sich riesig groß genauso dar wie ihre eigenen, kleinen Artefakte – es muss ein atemberaubender Anblick für sie gewesen sein! Auch für moderne Menschen ist der Anblick dieser Berggöttin noch immer atemberaubend, doch statt ihre Gestalt zu erkennen, schauen sie lieber in ihre Kameras und fotografieren – was eine spezielle Art von Blindheit darstellt. Aber noch immer pilgern sie aus aller Welt millionenfach hierher, um dieser Berggöttin unwissentlich zu huldigen – so stark ist ihre Anziehungskraft. Man spürt diese Kraft im ganzen Talkessel, denn wie ein Kristall zieht sie die Erdenergie himmelstrebend nach oben.

Am Morgen empfängt die Berggöttin die Sonnenstrahlen zuerst und glüht rot auf. Da sie sich mit ihrer Vorderseite genau nach Osten wendet, scheint es, als ob sie verlangend ihre Ärmchen der Sonne entgegenstreckt, um das Licht zu empfangen (Abb. 3). Es ist ein bewegender

325

Abb. 3:
Matterhorn bei
Sonnenaufgang

Anblick, der die starke Aura dieses Berges noch erhöht. Der Osten galt in der Symbolik der frühen Kulturen als die Himmelsrichtung der Göttin, der Leben schenkenden Macht. Denn von Osten kehrt das Licht zurück und mit dem Licht das Leben.

Wenn der volle Mond im Osten heraufkommt, streckt die Berggöttin ihre Ärmchen genauso seinem silbernen Licht entgegen. Zum Mond hat sie einen besonderen Bezug, denn ihre Rückseite biegt sich sichelförmig vom Gipfel bis nach unten und gleicht damit der zunehmenden Mondsichel (vgl. Abb. 1 und 3). So war sie auch ein gewaltiges Mondhorn aus Stein. Der zunehmende Mond ist in der matriarchalen Mythologie ein Symbol der Weißen Göttin, der jungen, himmlischen Göttin, die das Leben durch Wiedergeburt zurückbringt. Von weißer Gestalt ist diese in den Himmel ragende Berggöttin ohnehin, sowohl im Winter wie im Sommer, weil sie in große Höhe hinaufreicht (4478 m). Ihre Geste, mit der sie die ersten Strahlen von Sonne und Mond empfängt, konnte deshalb so verstanden werden, dass sie das Licht vom Himmel auf die Erde herunterbringt und dadurch den Menschen das Leben in dieser Bergregion ermöglicht.

Warum nennen wir die Weiße Berggöttin vom Zermatter Tal „Mutterhorn"? Dafür gibt es mehrere Gründe: Einmal liegt hier oben ein altes Dörfchen, das „Zmutt" heißt, im Gegensatz zu dem jüngeren, tiefer

Abb. 4:
Kleine Brüste und Kreuz am Matterhorn

gelegenen Dorf „Zermatt", aus dem heute eine Stadt geworden ist. Das zeigt, dass „a" und „u" in diesem Talkessel austauschbar sind, wobei „Z-Mutt" nahelegt, dass „Matterhorn" auch einmal „Mutterhorn" geheißen haben kann. Dafür gibt es auch einen landschaftlich triftigen Grund: Auf der linken Seite der Berggöttin sitzt neben ihr auf dem waagerechten Felspodest ein kleines Horn, das vom Schweizer Volk liebevoll und treffend als „Hörnli" (in der lokalen Mundart „Hirli") bezeichnet wird, was „Hörnlein" heißt (vgl. Abb. 1). Das Hörnlein zeigt fast dieselbe Gestalt wie das große Horn: Es hat eine dreieckige, kindlich kurze Form mit einem spitz zulaufenden Köpfchen und streckt seine Vorderseite mit angedeuteten Ärmchen ebenfalls gen Osten dem Licht entgegen. Damit wiederholt es genau die Haltung des großen Horns im Kleinen. Ohne Zweifel wurde dieses kleine Horn als das Kind der Berggöttin betrachtet, eben des „Mutterhorns". Aus diesem Grund hat die Berggöttin einst so geheißen, denn sie war gleichzeitig eine Bergmutter, die sichtbar ein neues Wesen in Gestalt eines kleinen Berges hervorgebracht hat. Ihren Namen „Horn" (in der lokalen Mundart „Hora/Hore") erhielt sie von ihrer Gestalt als Mondhorn, denn sie war eine Mond-Mutter und ein Mutter-Horn zugleich. Wie ihr Name in der frühen Epoche der Jungsteinzeit genau gelautet hat, können wir nicht mehr herausfinden, denn dieses Wort ist verloren gegangen. Ihr Bergkind wurde jedoch als das sichere

327

Zeichen dafür betrachtet, dass sie eine Weiße Göttin der Wiedergeburt ist, eine Jungfrau-Mutter sozusagen, welche die ewige Wiederkehr des Lebens verheißt.

Ihre Mütterlichkeit manifestiert sich noch in einem anderen Zug: Wenn im Sommer der Schnee auf ihrer Ostseite dünn geworden ist, kann man in der Mitte ihres Oberkörpers, genau zwischen den ausgebreiteten Ärmchen, kleine Brüste erkennen (Abb. 4). Sie liegen am richtigen Ort nebeneinander, allerdings drei an Zahl, was jedoch bei einer Göttin nichts ausmacht. Es sind kleine Brüste wie bei einer jugendlichen Göttin, doch sie symbolisieren gleichzeitig die nährende Eigenschaft des Mutterhorns. So hat das „Hörnli" es sicherlich gut bei ihr! Unmittelbar über der mittleren Brust kann man außerdem ein kleines, gleichschenkliges Kreuz im Felsen erkennen, eine natürliche Erscheinung (vgl. Abb. 4). Das gleichschenklige Kreuz galt als ein magisches Zeichen, denn es bedeutet die vier Himmelsrichtungen, die vier Elemente, die vier Jahreszeiten auf der Erde. Das Mutterhorn trägt es wie einen magischen Schmuck, der sie mit ihrer eigenen Mutter, nämlich der Erdgöttin selbst, verbindet. Denn sie steigt wie deren Tochter aus dem großen, muschelförmigen Schoß des Zermatter Talkessels empor, ein typischer Erdeschoß mit dem charakteristischen, äußerst engen Vulva-Ausgang. Nur der wilde Bergfluss tost hier hindurch. Glücklicherweise hat es bis heute noch kein Autoverkehr geschafft, da hindurch zu gelangen. Nur die kleine Eisenbahn bringt die vielen modernen Pilger durch Tunnels hinauf ins Tal von Zermatt, über dem die Weiße Berggöttin, das Mond-Mutter-Horn, thront.

Verehrung seit uralter Zeit

Dieses Erscheinungsbild des sogenannten „Matterhorns", das wir von jetzt an besser „Mutterhorn" nennen, muss die Menschen der frühesten Kulturepochen, welche die Landschaft symbolisch zu betrachten pflegten, fasziniert haben. Diese Berggöttin mit ihren klaren, stimmigen Eigenschaften war für sie überwältigend und hochheilig. Doch hat es in jener sehr frühen Zeit überhaupt schon Menschen in dieser Bergregion gegeben? Wenn es tatsächlich so war, woher kamen sie? Denn durch das endlos lange, meist schluchtartig enge Vispertal, das von Norden aus dem Rhônetal herauf bis zu der Felsbastion führt, die den Talschoß von Zermatt abriegelt und ihn von unten uneinsehbar macht, haben sie sich wohl kaum aufwärts gekämpft. Erst der heutige Zugang verläuft durchs Vispertal.

Die Archäologie gibt uns eine eindeutige Antwort: Auf der Alp Hermettji nicht weit vom Mutterhorn entfernt fand man in 2600 m Höhe unter einem „Abri", einer überhängenden Felswand, zahlreiche Feuerstellen, ebenso über 300 Steinwerkzeuge und die Keramikscherben von einem Topf. Die Datierung dieser Feuerstellen reicht von der Mittelsteinzeit (ab 9000 v. u. Z.) über die Jungsteinzeit (5000–2300 v. u. Z.) bis zur Bronzezeit (2300–800 v. u. Z.) und darüber hinaus in die Eisenzeit und Römerzeit und noch ins Mittelalter hinein. Auch wenn dieser Platz keine Siedlungsspuren aufweist, war er doch ein sehr wichtiger Ort, eine feste Station, die auf den Wegen der Menschen seit frühester Zeit kontinuierlich besucht wurde.[518] Was aber machte den Ort so bedeutend? Archäologen nehmen an, dass schon in der Mittelsteinzeit Jäger aus dem Aostatal hier heraufkamen und damit den Zugang zur Bergregion von Zermatt von Süden fanden. In dieser Zeit war der Platz ein Jagdlager.[519] In der Jungsteinzeit wurde diese Route regelmäßig von Hirten begangen, die ihre Schafherden den Sommer über hier oben weideten. Es ist dieselbe Situation wie in der Bergregion der Ötztaler Alpen, die auch von Süden her von Jägern und Hirten der Jungsteinzeit erreicht und als Hochalmen während des Sommers in der sogenannten „Transhumanz" bewirtschaftet wurde.[520] Solche südlichen Zugänge in die Alpen gab es relativ häufig, sie führten alle von Norditalien herauf, wo damals sesshafte, matriarchale Kulturen blühten. Während der Jahrtausende der Jungsteinzeit wurde diese Route in die Zermatter Bergregion dann zu einem festen Weg weiterentwickelt, der auch hier von Süd nach Nord führte. Man gelangte auf ihm schließlich ins Rhônetal, wo es schon im 6. Jahrtausend v. u. Z. im oberen Rhônetal dauerhafte, bäuerliche Siedlungen gab, mit dem ältesten Ort bei Sitten/Sion.[521] Auch diese Bauernbevölkerung kam, wie die Hirten, aus dem Aostatal, das sich nach Süden zur Po-Ebene hin öffnet. Der Gesamtverlauf der Route ging aus dem Aostatal durchs Valtournanche zum Theodulpass hinauf, der zwischen dem Mutterhorn und dem prächtigen Kamm der Viertausender, die sich zum Monte Rosa hinziehen, liegt. So gelangte man in die Zermatter Bergregion, wo es auf der Alp Hermettji direkt zu Füßen des Mutterhorns die willkommene Zwischenstation gab. Danach ging es in einem weiten Bogen um das Mutterhorn herum und über den Felsenpass Col d'Hérens ins Val d'Hérens. Dieses führt erheblich kürzer nach Norden als das enge Vispertal und endet genau bei Sitten/Sion (Karte 1). Auf diese Weise hatten die jungsteinzeitlichen Menschen das sonnige Walliser Rhônetal entdeckt und legten hier mehrere größere Siedlungen an.

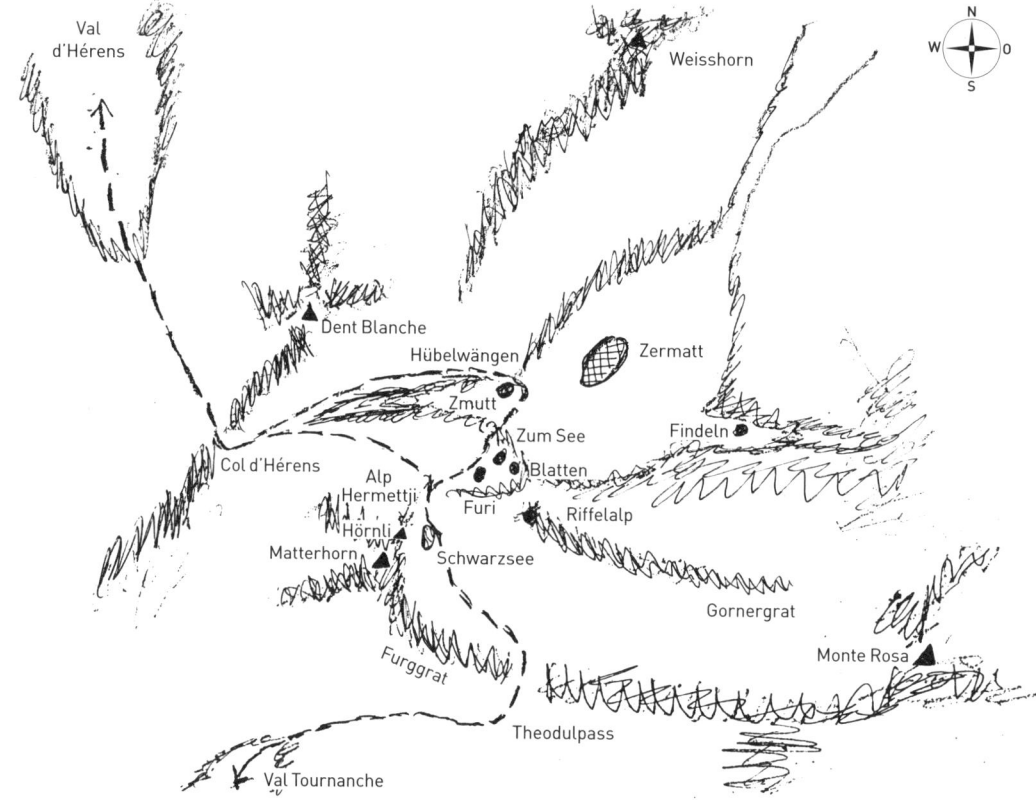

Karte 1:
Der alte Weg von Süd nach Nord durch die Zermatter Bergregion

Künftig diente die Route durch die Bergregion von Zermatt auch als Verbindungsweg für den Handel.[522] Begehrte Handelsgüter – wertvolle Gesteine wie Grünstein und Bergkristall – wurden über diesen Alpenkamm transportiert. In der Bronzezeit intensivierten sich die Besiedelung der hoch gelegenen Seitentäler und die Beweidung der Hochalmen, und der Handel mit Metallen für den Bronzeguss trat hinzu.[523]

Diese archäologischen Ergebnisse zeigen, dass die imposante Berggöttin Mutterhorn den Menschen seit sehr früher Zeit bekannt war und von ihnen verehrt wurde. Von einer solchen Verehrung zeugt ein schönes, schlankes Steinbeil aus glatt poliertem Grünstein, das zu Füßen des Mutterhorns niedergelegt worden war. Es war weder benutzt noch zerbrochen, konnte also nicht verloren oder weggeworfen worden sein, sondern wurde als Weihegabe hier deponiert – wie es jungstein- und bronzezeitliche Menschen auch in anderen Regionen der Alpen zu tun pflegten.[524] Die Verehrung dieser Berggöttin und der benachbarten, hochragenden Berggestalten hielt ungebrochen bis in die römische Zeit

Abb. 5:
Kleinere Platte mit Schälchen bei Zermatt

vom 1. Jh. v. u. Z. bis zum 4. Jh. n. u. Z. an. Zahlreiche römische Silber- und Bronzemünzen, die als Weihegaben auf den Pässen Theodul und Col d'Hérens deponiert wurden, belegen es.[525]

Es gibt noch mehr Zeugnisse für die Aktivitäten der Menschen aus der Jungsteinzeit in der Bergregion von Zermatt. Das sind insbesondere die großen Steinplatten mit Schalen und Felsritzungen. Solche Steine kommen sehr häufig im Aostatal im Süden vor, ebenso im mittleren Rhônetal im Norden; besonders zahlreich sind sie um Sitten/Sion mit seinen bemerkenswerten, jungstein- und bronzezeitlichen Grabanlagen. Im Walliser Rhônetal ziehen sie sich bis zum Genfer See hin.[526] Sie treten auch entlang der gesamten Route hier über den Alpenkamm auf. Oberhalb von Zermatt liegen zwei prächtige Exemplare, die mit Schalen geradezu übersät sind (Abb. 5). Sie befinden sich nahe beieinander auf den Hubelwängen, wo ein Höhenweg oberhalb des Dörfchens Zmutt verläuft. Er ist eine Abzweigung des alten Handelsweges durch die Zermatter Bergregion und bietet bei gutem Wetter wichtige Sichtlinien.

Eine Besonderheit ist die große Platte, die auf fast 2000 m ebenerdig am Wegrand liegt. Sie ist 4,5 m lang und 3,5 m breit und weist über 200 Schälchen auf. Zudem ist sie mit zahlreichen Felsritzungen bedeckt, die wie „Schirmchen" aussehen (Grafik 1, Abb. 6 a/b). Diese „Schirmchen" haben senkrechte Achsen, im oberen Teil läuft eine Achse waagerecht

331

Abb. 6 a/b:
Felszeichnungen auf der großen Platte bei Zermatt

quer, sodass ein Kreuz entsteht. Das Kreuz ist überwölbt von einem schirmförmigen Halbrund. Es sind größere und kleinere dieser Figuren zu sehen, und bei manchen ist der Fuß durch einen Querstrich betont.[527] Am auffälligsten ist, dass sie alle in dieselbe Richtung weisen, von Südost (Fuß) nach Nordwest (Schirm). Südost ist die Himmelsrichtung des Sonnenaufgangs zur Wintersonnenwende und Nordwest des Sonnenuntergangs zur Sommersonnenwende, eine sehr wichtige astronomische Linie. Durch die kreuzende Linie sind auch die anderen diagonalen Himmelsrichtungen betont: Südwest und Nordost. Die Südwest-Achse ist besonders bedeutungsvoll, denn dort ragt über dem Hang mit den Schalensteinen das Mutterhorn auf. Von dem Platz der gravierten Steinplatte ist die Berggöttin wunderbar zu sehen, und auch das „Hörnli" zeigt sich klar. Schnurgerade geht der Blick außerdem auf die Alp Hermettji mit der uralten Raststation zu ihren Füßen; beide Plätze hatten über die Schlucht des Zmuttbaches hinweg direkten Sichtkontakt. Außerdem kann man von hier aus große Teile des alten Weges überschauen, vom Trockenen Steg über die Schwarzseealp bis weit ins Zmutt-Tal hinein, sodass über Feuerzeichen Kommunikation weithin möglich war.

Die Bedeutung der „Schirmchen" auf der Steinplatte hat Rätsel aufgegeben, doch sie ist nicht schwierig herauszufinden. Jedes von ihnen stellt nicht nur einen Kompass der diagonalen Himmelsrichtungen dar, sondern auch ein stilisiertes Kosmogramm – so wie der Kosmos damals verstanden wurde: Das Kreuz in der Mitte symbolisiert die Erde mit den

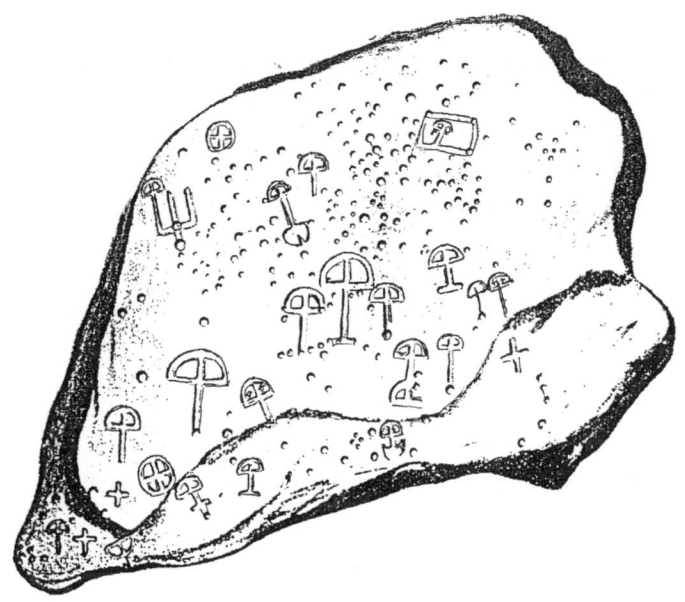

Grafik 1:
Große Platte mit Schälchen und Felszeichnungen bei Zermatt

vier diagonalen Himmelsrichtungen und bezeichnet damit eine Orientierung im Raum. Über dem Erde-Kreuz wölbt sich der Himmel, der mit seinen Gestirnen, besonders dem Mond, die Orientierung in der Zeit gibt. Die senkrechte Achse des Kreuzes ist nach unten hin verlängert, sie reicht bis zur Unterwelt und ist dort fest verankert. Damit ist das Dreistockwerk-Weltbild von Himmel, Erde und Unterwelt gemeint, das charakteristisch für die frühesten Kulturen ist. Gemäß matriarchaler Mythologie wohnt in allen drei Zonen die Große Göttin als himmlische und irdische Macht und als Herrin der Unterwelt.[528]

Mit dem Kosmogramm an dieser auffallenden Stelle kann zugleich die Berggöttin Mutterhorn abstrakt chiffriert worden sein: Sie wurzelt auf ihrem waagerechten Felspodest über dem Talschoß von Zermatt (kurzer unterer Querstrich). Zugleich steigt sie als Berg senkrecht zum Himmel hinauf (langer Kreuzbalken) und breitet quer dazu ihre Ärmchen aus (kurzer Querbalken des Kosmogramms). Über ihr wölbt sich der Himmel (Halbbogen über dem Kreuz). Bei dieser Chiffrierung ist mit gemeint, dass die Berggöttin ebenfalls die drei Zonen der Welt umfasst: Als Berg ist sie eine Erscheinung der Erde. Ihre Mondhorn-Form verbindet sie mit dem Himmel, denn der Mond galt als die Weiße Himmelsgöttin. Die Unterwelt liegt auch hier am Fuß des Berges, nämlich im Gletscher, der von ihren ausladenden Hüften herabfließt. Dort wohnen, wie es die Mythen von vielen Alpengletschern sagen, die Ahnenseelen und warten auf ihre Wiedergeburt.[529] Zugleich hat das Mutterhorn das

Bergkind „Hörnli" hervorgebracht, wie eine Verheißung, dass sie mit Gewissheit die Wiedergeburt aus der Unterwelt schenkt. Deshalb war sie wohl in den Augen der frühen Menschen selbst eine steinerne Große Göttin – wie es dieses Kosmogramm sinnfällig zeigt. An diesem Platz wurde sie kultisch verehrt.

Die göttliche Frauen-Dreiheit

Die Göttin kommt auch kleiner und handlicher vor, sodass man sie wie ein Schutzamulett mit sich tragen konnte. Das beweist die kleine Statue von Geren, einem Ort, der zwar nicht in der Zermatter Bergregion und an diesem Übergangsweg liegt, jedoch an einem anderen Weg von Süden nach Norden. Vom Comer See kam eine parallele, alte Handelsroute herauf und führte über den Nufenenpass ins Goms, dem oberen, steilen Teil des Walliser Rhônetals. Bevor man das Goms erreicht, geht es durch das Gerental, und dort wurde diese kleine Statue geborgen (Abb. 7). Sie ist weiß, hat einen sehr großen Kopf mit schön geformten Augen, und auf der Stirn kräuseln sich spiralige Locken. An ihren Hüften, wo die Statue endet, steht rechts bei ihr ein Kind in schemenhaftem Umriss, und links kräht ein Hahn. Mit dem Mutterhorn hat sie die weiße Farbe und die stolze Haltung gemeinsam, auch die Position des Kindes gleicht der des „Hörnli" an den Hüften der Berggöttin. Der krähende Hahn ruft die Morgensonne herbei, die auch für das Mutterhorn so bedeutsam ist, denn täglich empfängt sie die ersten rötlichen Sonnenstrahlen hoheitsvoll auf ihrer Ostseite. Diese Ähnlichkeit der kleinen Göttinfigur mit der großen Berggöttin ist auffallend, sodass es schwer ist, nur an Zufall zu glauben. Mit Sicherheit jedoch war das Figürchen eine schützende Begleiterin der Wandernden, die durch diese hohen Bergregionen reisten.

Auch in den Sagen und Plätzen der Bergregion von Zermatt lässt sich die Spur der Göttin noch finden, wenn auch sehr verdeckt. Es gibt ein Sagenbruchstück, das von „bösen Geistern" berichtet, die von „Heiligen" auf die Spitzen der höchsten Berge verbannt wurden.[530] Das ist eine eindeutige Umkehrung des früheren Sachverhalts, denn auf den Gipfeln der Berge pflegten Gottheiten zu sitzen, wie es der alte Glaube von Bergvölkern auf der ganzen Welt zeigt. Jene „Heiligen", welche die Göttinnen, die in dieser Gegend auf den Bergspitzen wohnten, zu bösen Dämonen machten, waren die spät angekommenen christlichen Missionare. Die Sage fährt dann fort, dass aber auch gute Personen auf den höchsten

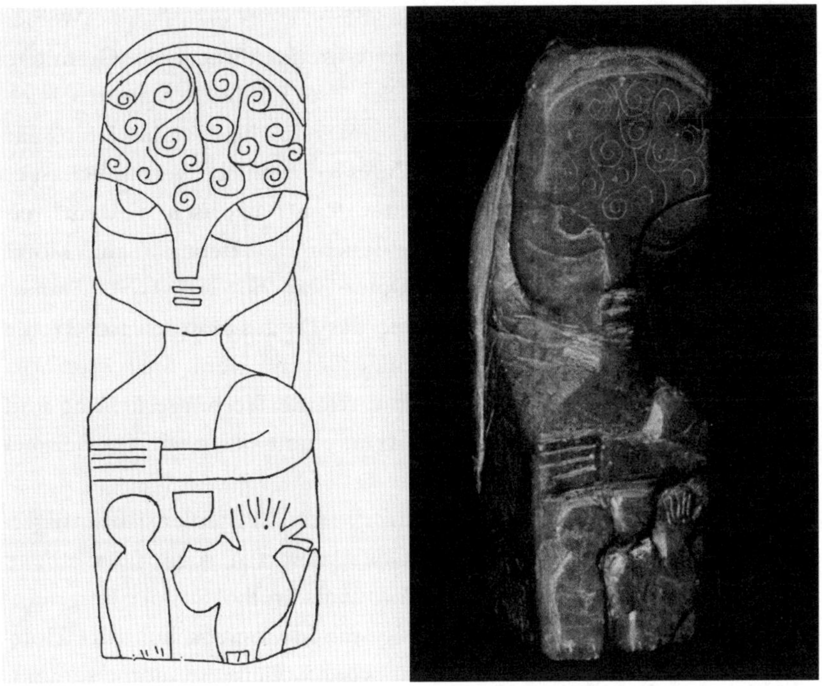

Abb. 7:
Die Statue von Geren

Gipfeln wohnen können, und nennt drei christliche Einsiedler, die auf dem Matterhorn, dem Weißhorn und der Dent Blanche gelebt haben sollen. Sie pflegten beim ersten Sonnenstrahl zu beten und warfen sich danach das einzige Beil zu, um das Holz für das Morgenessen zu spalten.[531]

Hier sind die weiblichen Gottheiten, die auf diesen Bergspitzen thronten, vermännlicht und verchristlicht worden. Derart hohe Bergspitzen – alle sind eisige Viertausender – sind in der Tat sehr einsame Plätze, um dort zu leben und zu beten, und zwar genau beim Aufgang der Sonne, diesem einst auf dem Mutterhorn heiligen Moment. Sogar Holz kann man offenbar da oben abhacken, um die Morgensuppe zu kochen! Die Absurdität dieser Vorstellungen enthüllt ihre Künstlichkeit. Gewaltsam wurden hier drei hohe Weiße Göttinnen ins christliche Weltbild gepresst, das damit wieder in Ordnung ist.

Wir haben bereits gezeigt, dass das sogenannte „Matterhorn" (4478 m) als „Mutterhorn" in den Kulturepochen vor dem Christentum als eine Große Göttin betrachtet wurde. Das Weißhorn (4506 m) teilt mit dem Mutterhorn die steile, schneeweiße Gestalt, und der Name „Horn" verbindet auch diesen Berg mit dem Mond. Sie war ebenfalls eine Mond-Berggöttin wie das Mutterhorn, doch weniger exponiert und weniger

335

vielgestaltig als diese. Der Berg „Dent Blanche" (4357 m), was „Weißer Zahn" heißt, war die dritte der schneeglänzenden, ragenden Gestalten. Alle drei werden ja in der Sage von den drei Einsiedlern ausdrücklich erwähnt. Nun ist ein Horn in der jungsteinzeitlichen Symbolik ein sehr bedeutungsreicher Gegenstand, ein Zahn jedoch nicht. Vermutlich ist es daher ein anderes Wort, das sich hinter dem französischen „Dent" verbirgt. Diese als Nasal ausgesprochene Benennung „Dent Blanche" klingt ganz ähnlich wie das französische „Dame Blanche", was „Weiße Dame" heißt und wohl der eigentliche Name des Berges gewesen ist. „Weiße Dame" ist gleichbedeutend mit „Weißer Göttin". Denn auch das Wort „Dame" bezeichnete genauso wie „Frau" vor der Verbürgerlichung und Abwertung eine hohe Frau, eine Herrin, eine Göttin, wie am Beispiel von „Frau Holle" zu sehen ist.

Was aber bedeutet die „Axt", welche die drei Einsiedler sich sinnigerweise fürs Frühstück von Gipfel zu Gipfel zuwerfen, sogar über etliche Kilometer Entfernung hinweg? Die Axt ist als Symbol aus der Jungsteinzeit und Bronzezeit wohlbekannt, sie war keineswegs nur fürs Holzhacken da. Die Jungsteinzeit kennt die schön polierte, steinerne Kultaxt, und in der Bronzezeit kommt sie sogar als metallene Doppelaxt vor. Solche sieht man beispielsweise auf Fresken im Palast von Knossos auf Kreta, wo eine Göttin oder Priesterin verzierte Doppeläxte hocherhoben in beiden Händen hält. Die Axt ist seit uralter Zeit ein weiblich-göttliches Symbol, denn ihre halbrunde Schneide bedeutet die Mondsichel. Als Doppelaxt, deren Schneiden in zwei Richtungen zeigen, bedeutet sie die zunehmende und die abnehmende Mondsichel und spiegelt damit die ewigen Gesetze von Werden und Vergehen.[532] Das erhellt die ursprüngliche Bedeutung der Sage von den drei Einsiedlern: Es waren einst die drei Weißen Berggöttinnen, die sich keine Axt, sondern die Mondsichel „zuwarfen" oder zuspielten oder sie zwischen ihren Gipfeln hin- und herwandern ließen. Das wiederum weist auf astronomische Beobachtung des Mondes durch die frühen Menschen hin, die seine Bewegungen zwischen diesen Bergspitzen für ihren Kalender gemessen haben. Sie taten es von einem festgelegten Punkt aus, wo sie alle drei Gipfel gleichzeitig sehen konnten. In der Bergregion von Zermatt gibt es solche Punkte, von denen diese drei Berge in gleichem Abstand zueinander erscheinen.

Selbst in der christlichen Zeit wurde die göttliche Frauen-Dreiheit nicht ganz vergessen, was sich in den alten Kapellen in den Dörfern um Zermatt zeigt. In der Kapelle von Zmutt sieht man St. Katharina, die

Schutzherrin des Wallis, im Mittelpunkt, und rechts und links von ihr stehen St. Barbara und St. Margaretha. Sie sind in allen Alpenländern bekannt als die „Drei heiligen Madl" und stellen die christliche Version der matriarchalen Dreifachen Göttin dar. Auf sehr interessante Weise setzt sich dies fort in den Kapellen der drei alten Dörfchen, die oberhalb von Zermatt auf einem sanft absinkenden Almplateau liegen: Furi, Zum See und Blatten. Die Kapelle von Zum See ist St. Barbara gewidmet, sie ist auf dem Hauptaltar mit weißen Blumen im Haar abgebildet und mit einem mächtigen Turm im Hintergrund. Diese Bildsymbolik weist darauf hin, dass sie die weiße, himmlische Gestalt der Dreifachen Göttin vertritt, wobei der „Turm" einen erhöhten Platz meint, der als Himmels-Observatorium dient – wie es sie in den frühen Kulturen zahlreich gab. Die schönen Seitenfenster der Kapelle sind modern, dennoch finden sich hier die beiden anderen Heiligen: zunächst St. Katharina in rotem Gewand und mit einem roten Rad. Sie ersetzt die rote Gestalt der Dreifachen Göttin, die den Aspekt der Liebe und des Lebens zeigt, was im Lebensrad symbolisiert wird. Die dritte heißt hier „St. Rita" und steht im schwarzen Nonnenkleid da. Sie ist ein Ersatz für St. Margaretha (Marga-Rita), die in der Regel mit einem schwarzen Drachen dargestellt wird, dem typischen Symboltier der Göttin der Unterwelt. Denn Margaretha vertritt im christlichen Gewand den schwarzen Aspekt der Dreifachen Göttin, welcher der Tiefe und Unterwelt zugeordnet ist.[533] So finden wir die göttliche Frauen-Dreiheit in Zmutt und Zum See, gleich zweimal auf eng begrenztem Raum!

Die Kapellen von Blatten und Furi sind Marienkapellen, allerdings sehr besonderer Art: In Blatten zeigt der Hauptaltar eine goldene Madonna, eine seltene Darstellung. Sie hat nicht nur ein ganz und gar goldenes Gewand, sondern auch goldenes Haar und steht mit dem goldenen Kind auf dem Arm in einem goldenen Strahlenkranz. Eindeutig ersetzt sie hier eine frühere Sonnengöttin. Außerdem ist ihre Gestalt von einem Kranz aus roten und weißen Rosen umgeben, was auf den Sommer hinweist, besonders die Sommersonnenwende, die Zeit der Fülle der Rosen, des Lebens und der Roten Göttin (Abb. 8). Dafür spricht auch, dass die Kapelle gen Nordost ausgerichtet ist; eine Sichtlinie geht von hier quer über den Talkessel von Zermatt auf das alte Dörfchen Findeln am Eingang des Findeln-Tales, eines Seitentales. Man kann deshalb von Blatten aus die Sonne zur Sommersonnenwende über Findeln aufgehen sehen. Dieser wichtigen Sonnenlinie entspricht die goldene Madonna, an deren Stelle einst die Sonnengöttin verehrt wurde. Hinzu kommt, dass auch

Abb. 8:
Die goldene Madonna in der Kapelle von Blatten

die Kapelle von Findeln auf dem Platz einer früheren Sonnenverehrung steht. Denn es heißt, dass sie in nassen Sommern das Ziel von Prozessionen ist, mit denen man die von Osten kommende Sonne holen will – ein gewiss nicht christlicher Brauch![534]

Die Kapelle von Furi, dem dritten Dörfchen wenig oberhalb von Zum See und Blatten, besitzt im Zentrum eine ausdrucksvolle Skulptur von Maria als „Schmerzensmutter" (Pietà). Hier wird Maria als alte Frau gezeigt, die ihren toten Sohn auf dem Schoß hält, eine Darstellung, die von einer früheren Schwarzen Göttin als Todesmutter abgeleitet ist. Diese empfängt nach uraltem Glauben die Toten in ihrem Schoß, um sie zu einer anderen Zeit wiederzugebären. Die landschaftsmythologische Bedeutung dieses Platzes der Schwarzen Göttin wird klar, wenn man von Findeln her auf Furi blickt: Die Sichtlinie geht nun umgekehrt nach Südwesten, in jene Himmelsrichtung, in der die Sonne zur Wintersonnenwende nach dem kürzesten Tag versinkt. Daher hat diese Himmelsrichtung – im Gegensatz zum Nordosten, woher Licht und Leben kommen – die Bedeutung von Dunkelheit und Tod.

Auf diese bemerkenswerte Weise erscheint hier wieder die Dreiheit der Göttin, aber nicht an einem einzigen Ort, sondern auf diese drei alten Dörfer mit ihren Kapellen, die auf vor-christlichen Kultplätzen stehen, verteilt: in Zum See die Weiße Göttin in Gestalt von St. Barbara, in Blatten die Rote Göttin in Gestalt der Sonnen-Madonna mit den Rosen, in Furi die Schwarze Göttin in Gestalt der christlichen Schmerzensmutter. Das ist nicht zufällig so, denn es hat mit den Sichtlinien zu tun, welche die frühen Menschen hier für ihre Orientierung in Raum und Zeit auf die Bergregion von Zermatt projizierten. Wie schon gezeigt, liegen die drei Dörfer mit dem gegenüberliegenden Dorf Findeln auf der astronomischen Nordost-Südwest-Linie, einem Teil des diagonalen Kreuzes, das schon auf der großen Steinplatte auf den Hubelwängen eingezeichnet ist. Die andere Linie von Südost nach Nordwest ist ebenfalls in der Landschaft durch alte Plätze markiert: Sie verläuft quer über den Zermatter Talkessel von der Riffelalp (SO) genau zum Platz der großen Steinplatte (NW). Von dieser Steinplatte auf den Hubelwängen kann man einen großen Teil des alten Weges überblicken; von der Riffelalp quer gegenüber sieht man dann die anderen Wegstücke, denn man blickt nicht nur auf die drei Dörfer, sondern auch in das lange Tal von Zmutt bis zum entfernten Col d'Hérens.[535]

Diese Sichtlinien, die zugleich Kommunikationslinien waren, sind möglich, weil alle diese Orte auf derselben Höhenstufe zwischen 1800 und 2200 m liegen. Der Talkessel von Zermatt liegt etliche hundert Meter tiefer und ist steil eingesenkt. Er war zu jener frühen Zeit voll undurchdringlichem Urwald und kein guter Ort zum Wohnen, während diese alten Plätze auf mittlerer Höhe freundlichen Aufenthalt mit weiter Sicht boten. Deshalb müssen wir annehmen, dass die Menschen der frühen Epochen nicht nur auf der alten Route durch diese Bergregion hindurchgezogen sind, sondern hier auch blieben und kleine Siedlungen mit Kultplätzen gründeten. Diese liegen alle relativ nahe beieinander und waren vom Schwarzsee und der Alp Hermettji gut zu erreichen.

Die Priesterinnen der Berggöttin

Die Priesterinnen der Berggöttin Mutterhorn haben sich wohl noch lange hier aufgehalten, denn auch sie erscheinen in den Sagen und mit ihnen das Alte Volk, zu dem sie gehörten. In einer Sage heißt es, dass eine „weiße Dame" im Gebiet zu Füßen des Mutterhorns öfters spielenden Kindern erschien. Sie war sehr schön und in ein schneeweißes Gewand gehüllt, ihr Schleier und Mantel reichten bis auf den Boden. Sie winkte und lächelte den Kindern zu, und nach einer Weile verschwand sie spurlos wieder.[536] In dieser Sage bleibt die Annäherung der weißen Dame an die neuen Menschen folgenlos, und wir wissen nicht, warum sie die Kinder heranwinkt. Dennoch ist diese kurze Szene sehr interessant. Sie stellt nämlich den Prototyp all jener Legenden dar, die später im christlichen Sinne als Marienerscheinungen interpretiert und missionarisch eingesetzt wurden. Hier finden wir sie noch ohne diese folgenschwere Umdeutung und Propaganda vor, nämlich nur die weiße Dame, die „Dame Blanche", und die Kinder, denen sie wohl eine Botschaft mitteilen will. Aber sie wird nicht mehr verstanden.

In den meisten Fällen wird bei diesem Sagentypus die schöne Frau als „erlösungsbedürftig" missdeutet. Sie ist dann mit einem Schatz verbunden, den nur der erwerben kann, der sie angeblich „erlöst". Das Motiv des Schatzes kommt hier auch vor, und zwar im selben Gebiet, wo die weiße Dame erschien: zu Füßen des Mutterhorns. In dieser Sage heißt es, dass beim Schwarzsee seit alter Zeit ein Schatz verborgen liege, den ein schwarzer Hund mit feurigen Augen bewache. Zwei Schreiner wollten ihn heben, doch dazu brauchten sie gemäß dem Rat des Pfarrers einen Stummen. Aber als das Unternehmen beginnen sollte, verbarrikadierte sich der Stumme in seinem Haus, sodass nichts aus der Schatzsuche wurde. Also liegt der Schatz noch immer dort.[537] Die weiße Dame und ihr Schatz sind hier in zwei Sagen auseinandergerissen. Doch das Szenario ist dasselbe, was man nicht nur an dem freundlichen Herbeiwinken der Frau sehen kann, sondern auch an dem Requisit „Hund mit feurigen Augen". In Mitteleuropa bezieht sich dieser „Hund" auf das alte Wort „Feuerhund" für den eisernen Dreifuß, der in Tirol und Bayern „Hunt" genannt wurde. Der heilige Dreifuß, oft in Gestalt eines Tieres mit drei Beinen geformt, trug auf seinem Rücken glühende Kohlen, auf denen Gewürz- und Heilkräuter verbrannt wurden. Oder die Glut waberte unter ihm, und auf dem Dreifuß stand ein Kessel mit Heilgetränken.[538] Er ist das klassische Gerät der Priesterinnen der Göttin, und der „Schatz", den sie hüten, ist nicht etwa Gold oder Geld, sondern das reiche Wissen ihrer uralten Kultur. Diese ist buchstäblich in der Tiefe versunken, weshalb die Schatzgräber den sogenannten „Schatz" wieder ausgraben wollen. Da sie völlig missverstehen, worum es dabei geht – selbst wenn die weiße Frau auch ihnen zugewinkt hätte –, gelingt die Schatzsuche niemals.

Die Orte, an denen die geheimnisvollen Frauen mit ihrem Schatz auftreten, sind stets besondere Plätze. In Zermatt ranken sich diese Schatzsagen, von denen es noch weitere gibt, um den Schwarzsee. In einer davon ist es eine Hirtin, die den Schatz in einem Loch unter einer Steinplatte beim Schwarzsee erblickt, doch eine Katze mit glühenden Augen sitzt darauf. Ein andermal sind es wieder zwei Männer, die ihn heben wollen, was ihnen, die halb erfroren heimkommen, ebenfalls nicht gelungen ist.[539]

Was hat es mit dem Schwarzsee für eine Bewandtnis? Er liegt in einer windgeschützten Mulde unter dem Mutterhorn und wird seitlich von ihren breiten Hüften eingerahmt. Genau über ihm ragt das „Hörnli", das Bergkind, auf. Sein Wasser ist sehr klar, und von Weitem erscheint es schwarz. Diese Lage und seine Eigenschaften machten den Schwarzsee in den Augen der jungstein- und bronzezeitlichen Menschen zu einem besonders heiligen Platz, denn er stellte, gemäß der weiblichen Körperanalogie, die Vulva des Mutterhorns dar. Es war der Ort des Eingangs in ihre Unterwelt und des Ausgangs zu einer glücklichen Wiedergeburt – was durch das Bergkind „Hörnli" manifestiert wird. Außerdem liegt der Schwarzsee direkt an dem alten Weg, der seit den frühesten Epochen hier begangen wurde. So hat es beim See einen Kultplatz von großer Bedeutung gegeben, der jetzt von einer Marienkapelle überbaut ist, in der bezeichnenderweise Maria als Mutter mit Kind zu sehen ist. An dieser besonderen Stelle hielten sich die Priesterinnen der Berggöttin auf, worauf der „Schatz" und ihr Kultgerät hinweisen, ebenso das „Loch unter der Platte". Denn diese kleine Höhle war ihr letzter Unterschlupf, weil sie die Verehrung des Mutterhorns, dieses einzigartigen Berges, nicht aufgeben wollten.

Unmittelbar unter dem Mutterhorn, ein Stück entfernt von ihrer Vulva, weitet sich ein riesiger Felsenkessel. Er enthält den Gletscher der Berggöttin und wurde als ihr Schoß betrachtet. Das legt eine andere Sage nahe, die diesen Schoß als „Totenkessel" bezeichnet und mit viel Aberglauben besetzt. Es heißt darin, dass der Furggengrat, der den Furggengletscher des Mutterhorns an seinem südlichen Rand umgibt, als der Rand eines großen Kessels betrachtet wurde. Sogar an schönen Sommertagen würden hier Nebel wie Dämpfe über einem siedenden Kessel aufsteigen. Darin säßen die Toten, und wenn Wind aufkam, glaubten die Leute auf den Almen, „die armen Seelen im Gletscher am Fuß des Matterhorns seufzen" zu hören.[540]

Diese büßenden „Armen Seelen" im Sinne der christlichen Strafmoral waren nach uraltem Glauben die Ahnenseelen. Sie wohnen – wie es auch von anderen Orten erzählt wurde – im Gletscherschoß der Berggöttin, in ihrer Unterwelt, und warten auf die Rückkehr ins Leben. Sie werden aber kaum geseufzt und gejammert haben, denn sie waren bei ihr in Frieden geborgen und die glückliche Wiedergeburt aus der Vulva der Berggöttin am Schwarzsee war ihnen sicher.

Auf welche Weise die Wiedergeburt stattfand, verrät uns unabsichtlich ebenfalls eine Sage, die als christliche Legende getarnt ist. Sie enthält zugleich den Beweis, dass am Schwarzsee ein wichtiger vor-christlicher Kultplatz lag. Er wurde hier zuerst – wie stets – mit einem Marien-Bildstock besetzt, dann wurde eine Legende hinzu erfunden, in der Maria zwei Zermatter aus einem Schneesturm gerettet haben soll, die ihr daraufhin an dieser Stelle eine Kapelle erbauten. Die Kapelle erhielt den Namen „Maria zum Schnee", und an ihrem Festtag pflegen nicht nur alle Zermatter dorthin zu pilgern, sondern vom ganzen Vispertal kommen die Gläubigen heraufgezogen, sodass der Gottesdienst im Freien abgehalten werden muss. Auch war es üblich, dass in der Kapelle „Töchterlein um einen Liebsten beten", ein Wunsch, der von Maria jedes Mal erhört wurde.[541]

Schon der Zudrang der Frommen weist auf einen bedeutenden, alten Kultplatz hin, zu dem man seit sehr frühen Zeiten im Sommer zum Mutterhorn pilgerte. Noch interessanter ist das Gebet der jungen Frauen, das aber kaum einem männlichen „Liebsten" gegolten hat, sondern an diesem Ort ging es eher um „ein Liebstes", nämlich um ein Kind. Sie trugen nicht einen Ehewunsch, sondern ihren Kinderwunsch der Berggöttin vor. Das haben Frauen schon seit Urzeiten getan, genau an der geheimnisvollen Vulva des Mutterhorns, über der das Bergkind steht. Denn hier konnten sie nach ihrem Glauben eine Ahnenseele abholen, die durch sie ins Leben zurück geboren werden wollte. Im Schwarzsee handelt es sich daher um einen Kinderherkunftsort, und solche Plätze galten den Frauen über lange Epochen hinweg als überaus heilig (Abb. 9).

Als Folge der späteren, gewaltsamen Christianisierung gedieh und gedieh unter den Leuten der Aberglaube. Der alte Glaube an die Ahnenseelen in den Gletschern des Tales, so auch im Zmuttgletscher und im Findelengletscher, wurde nun durch die Vorstellung von den „Armen Seelen" ersetzt, die im Eis büßend und wehklagend ihre Sünden absitzen müssen. Sie kamen sogar daraus hervor und streiften in langen Zügen durch die Gegend von Zermatt, belästigten und ängstigten nachts die Leute. Es galt als äußerst gefährlich, ihnen zu begegnen, denn nach solchen unfreiwilligen Begegnungen starben die davon Betroffenen in der Regel.[542] Das sind die Sagen von der Totenprozession oder dem „Gratzug", die einen sehr archaischen Hintergrund haben.[543] Dieser Sagentypus kommt hier überaus häufig vor, doch sind die Sagen verbogen zu Erzählungen von gruseligen Gespenstern. In neuerer Zeit wurde dieser Gespensterglaube sogar auf die vielen am Mutterhorn abgestürzten Bergsteiger übertragen, die man besonders in der Berghütte bei Nacht spuken zu hören glaubt.[544] Auf diese Weise hat das Christentum die Natur und ältere Glaubensvorstellungen dämonisiert und die „bösen Geister", die es doch vertreiben wollte, erst erzeugt. Doch der Aberglaube war ihm dienlich, denn die nun der Natur entfremdeten Menschen, die sich vor ihr zu fürchten begannen, hielten sich fleißig an die Kirchen, Kreuze und Rosenkränze.

Abb. 9:
Blick von der Marienkapelle auf den Schwarzsee

Was ist dabei aus den letzten Priesterinnen der Berggöttin im Zermatter Tal geworden? Obwohl sie sich noch lange am Schwarzsee verborgen hielten, verschwanden sie zuletzt spurlos oder sie wurden zu „Hexen" gemacht. So soll eine „Hexe" bei Zmutt „in der Steinmatte" gewohnt haben. Diese Steinmatte sind jene abschüssigen Wiesen von Hubelwängen, wo sich noch heute die Felsplatten mit den Schalen und Felszeichnungen befinden. Bezeichnenderweise wird die „Hexe" mit diesen gravierten Steinen in Verbindung gebracht, denn es heißt, dass sie so große Kraft hatte, dass sie den größten Stein ganz allein an seine Stelle schaffen konnte. Es scheint ein Kinderspiel für sie gewesen zu sein, denn beim Tragen des Steines hat sie nebenbei noch Strümpfe für sich gestrickt.[545] Dasselbe vermochten die Feen in bretonischen Sagen, welche die großen Megalithanlagen der Bretagne erbaut haben sollen, indem sie die Riesensteine auf dem Kopf oder der Hand trugen oder einfach aus der Schürze schüttelten.[546] In jedem Fall sind es Frauen aus dem Alten Volk, die diese Kultstätten hüteten, bevor sie zu „Hexen" herabgewürdigt wurden. Eine andere sogenannte „Hexe" wohnte auf der Alp Momat gleich unter dem Hörnli, wo sie ihr Unwesen getrieben haben

343

soll. Denn sie konnte Wetter machen – was ebenfalls den Feen nachgesagt wird –, doch sie machte es angeblich in böser Absicht, um den Bauern Schaden zuzufügen. Dafür wurde sie gefangen genommen, auf den Scheiterhaufen gezerrt und lebendig verbrannt.[547]

Das Goldene Zeitalter

Wenn man heute zum Theodulpass beim Furggengrat neben dem Mutterhorn blickt, dann sieht man dort nur Eis. Der Theodulgletscher liegt in der Einsenkung und breitet sich danach aus, fließt in langer Zunge herab, sodass man in diesem Gebiet noch im Sommer Ski fahren kann. Ein guter Übergang scheint das nicht zu sein, deshalb fragt man sich, wie die Menschen der Jungstein- und Bronzezeit diesen Pass von Süden her für ihre regelmäßigen Hirtenwanderungen nutzen und sogar als ständigen Handels- und Pilgerweg gebrauchen konnten. Die klimatischen Verhältnisse waren in jenen Epochen allerdings anders als heute. Nach dem Ende der letzten Eiszeit herrschte eine lang anhaltende Warmzeit, die bis in solche Höhen sehr günstige Bedingungen schuf. Die heute vereisten Pässe waren frei, und saftige Wiesen reichten bis an den Rand der Felsen. Die Waldgrenze lag bei 2400 m, sodass Bäume noch so weit oben das Holz für den täglichen Bedarf lieferten. Dies ist das Ergebnis von paläo-biologischen Untersuchungen in verschiedenen Alpenregionen.[548]

Solche angenehmen Verhältnisse sind im Gedächtnis der Menschen haften geblieben und schlagen sich in den Sagen vom „Goldenen Zeitalter" bei Zermatt nieder. Darin wird gesagt, dass es auf den Pässen damals keinen Schnee gab und die Weiden für die Tiere vom Aostatal durchs Valtournanche ohne Unterbrechung bis herauf in diese Bergregion reichten. Man hielt nicht nur Schafe hier oben, sondern auch Kühe, und das fette Gras stand bis zu ihren Knien. Schon ab März konnten sie auf den Almen grasen.[549] Eine Straße führte über den Theodulpass und den Col d'Hérens, und es herrschte reger Verkehr zwischen Italien und Sitten/Sion im Rhônetal. Sogar Städte sollen an dieser Straße gestanden haben, eine am Theodulpass und eine andere im hinteren Tal von Zmutt, wo heute der Zmuttgletscher liegt.[550] Weiter wird berichtet, dass in den geschützten Talsenken Nussbäume wuchsen und Südfrüchte in Mengen reiften und im Seitental von Findelen sogar der beste Wein gedieh. So heißt eine Flurbezeichnung dort, wo heute der bizarr zerrissene Findelengletscher liegt, „In den Reben".[551] Im Tal des riesigen Gornergletschers, der vom Monte Rosa, dem Lyskamm und den anderen hohen Bergen herunterkommt, sollen einst große Wälder gewogt haben, in denen sich die weidenden Tiere verliefen, sodass die Hirten sie lange suchen mussten. Auch ein fischreicher See lag dort, umgeben von Laubbäumen voller Vögel und Schmetterlinge. Um das Mutterhorn herum tummelten sich damals Rudel vom Gämsen und Hirschen, weshalb man den Berg „Mont Cervin", das heißt „Hirschberg", nannte.[552]

So lautet die Beschreibung der früheren paradiesischen Verhältnisse in der Zermatter Bergregion. Offensichtlich stammen nicht alle Züge aus der Jungsteinzeit, denn Weinanbau kannte man damals noch nicht und auch nicht den Namen „Mont Cervin". Spätere günstige klimatische Bedingungen vermischen sich hier im Gedächtnis des Volkes mit früheren, denn in den Alpen gab es immer wieder Schwankungen zwischen warmen und kalten Perioden. Noch in römischer Zeit und auch im Mittelalter waren zu bestimmten Zeiten diese Pässe weniger vereist und konnten passiert werden.[553] Die jüngste Vereisung, in der die Gletscher weit vorstießen, geht auf die „Kleine Eiszeit" im 19. Jh. zurück.

Dennoch gibt diese Beschreibung ein ungefähres Bild davon, wie angenehm die Verhältnisse in der sehr warmen Periode der Jungsteinzeit gewesen sind. Eine andere Sage kommt dazu: Sie berichtet von einem geheimnisvollen, paradiesischen Tal, das es einst im Massiv des Monte Rosa gegeben haben soll.[554] Dieses kleine Tal sei ganz von Gletschern umgeben gewesen, die es mit Wasser speisten. Es war teilweise von Wald bestanden, hatte auch wunderbar grüne Wiesen, und Apfel- und Pflaumenbäumen reihten sich daran. Die Gämsen und viele wilde Tiere aus der Umgebung überwinterten darin. Das Tal wurde „Zum Hohen Laub" genannt.[555]

Auch diese Sage hat einen wahren Kern, denn in der Jungsteinzeit hatten sich die Gletscher des Monte Rosa weit zurückgezogen. Daraus könnte sich ein besonderer Landschaftszug, auf den diese Beschreibung passt, ergeben haben. Heute, wo die Gletscher wieder zurückweichen, tritt eine Gestalt des Monte Rosa zutage, die mit zwei runden Brüsten, einer großen, ausgeprägten Vulva und einer deutlichen Schoßmulde zwischen breiten Hüften überaus weiblich aussieht (Abb. 10). Immerhin ist es der „Rosa Berg" oder „Rosenberg", was den weiblichen und mütterlichen Charakter hervorhebt. Warum soll ihr Wasser nicht ein kleines, grünes Tal getränkt haben, wo es doch auch die großen Wälder, die einst im Gornertal standen, wachsen ließ?

Abb. 10:
Die Bergmutter
Monte Rosa

Dieses „Goldene Zeitalter" ging jäh zu Ende. Als die Warmzeit um 4000–3000 v. u. Z. von einer Kälteperiode abgelöst wurde, hörten die glücklichen Verhältnisse, die eisfreie Pässe und Siedlungsmöglichkeiten bis hinauf an den Rand der Felsen geboten hatten, überall in den Alpen auf. Schneestürme tobten, Gletscher stießen rasch vorwärts und bedeckten ehemals blühende Almen, auch die Hochtäler wurden rau und kahl. Diese Veränderungen sind offenbar nicht langsam, sondern abrupt als ein Klimasturz aufgetreten, und solche Klimastürze ereigneten sich wiederholt. Die Fülle der Sagen aus dem gesamten Alpenraum, die sich auf dieses Thema beziehen, belegt, dass solche Wechsel, zu welcher Zeit auch immer, schlagartig und überraschend kamen.

Immer ist dabei auch von Problemen in der Gesellschaft die Rede und die Vereisung deshalb von Warnungen und Verfluchungen begleitet. Die Menschen der matriarchalen Kultur müssen diesen Klimawechsel als Strafe der Göttin wegen eines gewissen Verfalls ihrer traditionellen Sitten empfunden haben, darauf weisen die moralisierenden Motive in den

Untergangssagen hin. Wie im Ötztal die sagenhafte Stadt Dananä wegen des Frevels der verweigerten Gastfreundschaft unterm Eis der Gletscher versank[556], so soll es auch in der Zermatter Bergregion geschehen sein. Die Sage berichtet, dass ein ruheloser, müder Wanderer in die Stadt am Theodulpass kam, an jede Tür klopfte und um Herberge bat, aber niemand nahm ihn auf. Da verfluchte er die Stadt von der Passhöhe aus, und Schnee und Eis begruben sie binnen einer Nacht unter sich. Sie wurde nie mehr aufgefunden, doch zu Weihnachten kann man ihre Glocken in der Tiefe des Gletschers läuten hören.[557]

Später gingen noch in anderer Hinsicht paradiesische Zeiten zu Ende, wovon die Sagen vom Auszug des Alten Volkes, des matriarchalen Volkes der Göttin, Zeugnis geben. Dieser Sagentypus kommt ebenfalls im ganzen Alpenraum und darüber hinaus überall in Europa vor. Stets werden die Leute aus dieser freundlichen, hilfreichen Urbevölkerung beleidigt oder gar verletzt, sodass sie es vorziehen, mit der neuen Menschheit nichts mehr zu tun zu haben. Häufig machen diese Auszugssagen deutlich, dass die Menschen des Alten Volkes den später Angekommenen kulturell überlegen waren, so auch hier. Es heißt in einer Sage, dass der erste Bewohner des Valtournanche ein riesenhafter „Wilder Mann" gewesen sei. Er lehrte die späteren Sennen die Zubereitung von Käse und zeigte ihnen, mit welchen Kräutern sie die Krankheiten der Tiere heilen konnten. Damit die Tiere gediehen, streute er ihnen Salz auf die Gräser. Doch er wird von einem Hirten verspottet und zieht fort, sein Wissen mit sich nehmend.[558]

Dieser „Wilde Mann" steht symbolisch für die Urbevölkerung dieser Gegend, die hier als erste siedelte. In der Almwirtschaft und der Heilkunst waren diese Leute Meister. Dabei wird das Alte Volk manchmal als „Riesen", manchmal als „Zwerge" bezeichnet, und beides ist herabsetzend gemeint. Denn die Riesen galten als dumm, sodass man sie übertölpeln konnte, und die Zwerge als kleine, boshafte Wichte. Es ist die Perspektive der Sieger gegenüber der älteren, besiegten Bevölkerung. Auch in der Gegend von Zermatt werden die Orte, wo die „Gottwärgini" oder „Zwerge" wohnten, genau benannt. Doch es mangelte auch hier nicht an Kränkungen, welche die Männer und Frauen des Alten Volkes erdulden mussten. Schließlich verließen sie das Tal und ihren heiligen Berg Mutterhorn und nahmen den Segen der Göttin mit sich fort.[559]

Die „Weiße Kuh"

Das Lötschental im Wallis, Westschweiz

Die Steine des Alten Volkes

Vom Haupttal im Wallis entlang der Rhône zweigen nach Norden hin zwei „weiße" Täler ab. Von dem Ort Leuk geht es hinauf in das kurze Tal von Leukerbad, und etwas westlich von Visp gelangt man in das lange Lötschental. „Leuk" geht auf das griechische Wort „leukos/leuzos" für „weiß" zurück, was das Leukertal als „weißes Tal" kennzeichnet. Nicht anders verhält es sich mit dem Lötschental, durch das der kleine Fluss Lonza fließt. Auch „Lonza" heißt die „Weiße", was ihr Aussehen als weißlichen Gletscherfluss charakterisiert. In keltischer Aussprache des griechischen Wortes heißt sie „Lötsche", und der Name „Lötschental" ist von ihr abgeleitet.

Wir befinden uns hier also in einer „weißen" Gegend, und weißes Land war heiliges Land der Göttin. Denn es spiegelt ihre Farbe als Mondgöttin wider, die als Weiße Göttin und Himmlische verehrt wurde. Die Mondgöttin, die umgeben von den Sternen das Universum repräsentierte, galt als die umfassende kosmische Göttin der matriarchalen Kulturen der Jungsteinzeit.[560] Der Mondkalender wurde von ihren Phasen abgeleitet und war in der Tat für einen detaillierten Bauernkalender mit genauen Aussaat- und Ernte-Daten sehr wichtig. Überall auf ihren Wanderungen und langen Besiedelungsreisen fanden diese frühen Menschen „weißes Land" vor, zum Beispiel Südengland mit seinen Kreidefelsen und ebenso die Insel Rügen in der Ostsee. Noch der römische Name „Albion", die „Weiße", für Südengland sagt es aus, und auch auf Rügen häufen sich, diesmal germanisiert, die „weißen" geografischen und mythischen Namen.[561]

Das Lötschental war bis zum Bau der Simplonbahn im Jahr 1906 eine völlig abgeschlossene, alpine Landschaft, denn eine gewaltige Schlucht trennte es von der Außenwelt. Deshalb bewahrten die wenigen Bewohner hier noch viel Althergebrachtes, und auch der Zerstörungsgrad des Geländes ist gering. Das Altertümliche beginnt mit den großen Steinen, die jeder Person auffallen, die das Lötschental auf dem alten Weg durchwandert. Sie stehen als isolierte Monolithen da, und fast an

Abb. 1:
Der „Grrynstein" oder Holzmutter-Stein

jeden von ihnen knüpft sich eine Sage. Diese Sagen sprechen eine deutliche Sprache. So gelangt man, wenn man von Blatten-Eisten den Pfad zu einer Dorfstätte hinaufgeht, deren Häuser heute verschwunden sind, zu einem gewaltigen Felsblock. Er heißt „Grrynstein" und nahm die Mitte des ehemaligen Grryndorfes ein, wobei seine mächtige Gestalt die breite Diamantform oder Raute zeigt, die grundsätzlich als weiblich gilt.[562] Es handelt sich also um einen weiblichen Stein. Auf der Spitze der steinernen Raute sitzt ein christliches Kreuz, was ein Beweis dafür ist, dass der Grrynstein ein vor-christlicher Kultstein war (Abb. 1). Zu diesem Stein gibt es eine Sage, die berichtet, dass einst ein Waldweiblein, das „Holzmütterchen" genannt, den Stein auf ihrem Rücken herantrug. Gemütlich strickte die Zwergenmutter dabei noch an einem Kleidchen. Als sie jedoch von den Buben verspottet wurde, stellte sie den Stein mitten im Dorf ab, wo er heute noch steht.[563]

Diese Sage gleicht jener vom „Hexenstein in der Steinmatte" von Zermatt. Allerdings ist die Zwergenmutter hier noch nicht zur Hexe dämonisiert worden, und die bösen Buben werden für ihr Verhalten sogar gerügt. Auch hier wird der Zusammenhang von Frauen aus dem Alten Volk, oft „Feen" genannt, mit den Megalithsteinen deutlich, die sie transportieren und daraus Kultorte erbauen. Diese sogenannte „Zwergenmutter" kann auch eine Riesenmutter gewesen sein, jedenfalls hat sie riesige Kräfte. Der weibliche Stein selbst steht als ein Symbol für die Erdmutter, und die Zwergen- oder Riesenmutter in der Sage verschmilzt durch den Stein mit ihr. Wahrscheinlich stand der Grrynstein schon lange an diesem Platz, bevor hier ein Dorf errichtet wurde.

Dieselbe ungeheure Kraft wird den Zwergen im Lötschental allgemein zugeschrieben, wie die Sage von einem anderen Stein, dem „Zwergenstein", zeigt. Er steht auf der Lauchneralp, der Heimat der Zwerge in diesem Tal. Aber im ganzen Lötschental verstreut stehen Riesensteine als Denkmäler ihrer Kraft. So wurde nicht nur der Koloss von Grryn von einer Zwergenfrau dorthin gestellt, sondern auch der gewaltige „Jüngste Stein" oben im Birchkinn, und den riesigen „Mühlstein" setzte ein Zwerg auf den höchsten Grat im Oberen Ferden.[564]

Das Motiv von den Riesenkräften der Kleinen Leute drückt überall das Erstaunen der späteren Menschen aus, wie es ihnen möglich war, diese gewaltigen Steine zu bewegen und damit zu bauen. Denn solche Megalithbauten gibt es in ganz Europa, und die Sagen dazu ähneln sich. Sonst kehren in den Lötschentaler Sagen die üblichen Zwergen-Motive wieder: Sie sind gut zu den Guten und bestrafen die Bösen; sie belohnen Hilfe mit unscheinbaren Dingen, die sich später in Gold verwandeln; zuletzt bestreiten sie ihren Lebensunterhalt durch Diebstahl, was die Sage von den „Kurzen Dieben" beim Jüngsten Stein berichtet. Man weiß im Lötschental sogar noch, dass es sich bei diesen um die Urbevölkerung gehandelt hat, die sich auf der Schattenseite des Tales unter dem großen Jüngsten Stein versteckte. Sie trugen Felle und Pelze und Masken vor dem Gesicht, um nicht erkannt zu werden. Aus den Bauernhöfen stahlen sie Wurst, Fleisch und Honig, auch Kinder entführten sie, doch einer von ihnen war ein Held. Er befreite das Wallis von einem fürchterlichen Riesen, der das ganze Gebiet unsicher machte und viele Männer erschlug, bis der Kleine Mann ihn mit Riesenkraft besiegte.[565]

Diese Schilderung zeigt das Alte Volk im völligen Zusammenbruch seiner Kultur. Die Kleinen Leute waren in äußerster Not, sodass sie zu Dieben werden mussten. Die Erzählung vom Sieg des kleinen Helden über den Riesen ist eine letzte glorreiche Episode, doch hat diese Befreiungstat dem Alten Volk wenig genützt. Schließlich verschwand es aus dem Lötschental, wie es auch anderswo geschah. Die Steine und die Sagen geben noch Zeugnis von ihrer einstigen Anwesenheit in diesem Alpental.

Abb. 2:
Fels mit eingravierten Rillen (Gletscherstafel)

Die Weiße Frau und die „Weiße Kuh"

Mit welchen Augen haben die jungstein- und bronzezeitlichen Menschen, eben das Alte Volk, diese Gegend gesehen, und wer war ihre Göttin in diesem Tal? Um die Frage zu beantworten, betrachten wir ihre Gravuren auf den Gletscherplatten, die es hier gibt, denn nicht nur die großen Monolithen sind Relikte dieser frühen Kulturen. Die Gletscherplatten sind vom Eis glatt geschliffene Felsen, deren Oberfläche von den Menschen für ihre Felszeichnungen gebraucht wurde. Auch im Lötschental belegen sie ihre Anwesenheit in jenen frühen Epochen. Das letzte Dörfchen im Tal bei Fafleralp heißt „Gletscherstafel", und hier liegen mitten in der lockeren Häusergruppe etliche dieser Platten beisammen. Solche Platten sollen sich auch auf anderen Almen befinden und noch bis zum Talschluss hinaufziehen. In Gletscherstafel zeigen mehrere Felsen senkrechte, von der oberen Kante parallel herablaufende Rillen (Abb. 2), ebenso gibt es Platten mit Schälchen (Abb. 3) oder eine Kombination aus Rillen und Schälchen. Die Rillen kommen insbesondere bei Steinen vor, die Rutschrinnen aufweisen, was deren Bedeutung wohl betonen soll (Abb. 4). Denn diese Rillen können durch Kultschläge oder Kultritzungen bei den Rutschen entstanden sein.[566] Ein besonderer Stein heißt „Rittplatte". Er ist ein 50 m langer und 4 m hoher, glatt geschliffener Felsrücken, der eine ausgeprägte, sehr breite Rutschrinne

Abb. 3:
Kleine Platte mit zahlreichen Schälchen (Gletscherstafel)

Abb. 4:
Rutschrinne in Gletscherstafel

Abb. 5:
Rutschrinne auf der „Rittplatte"

besitzt (Abb. 5). An seinem westlichen Ende trägt er eine Serie tiefer Rillen und ebensolche direkt über der Rutsche. Noch heute benutzen Kinder diese Rutschrinne zum Spaß. In den frühen, matriarchalen Kulturen taten dies Frauen, sie rutschten oder „ritten" auf der Felsplatte hinab, ein uralter Brauch, von dem es Zeugnisse auch an anderen Plätzen in den Alpen gibt. So steht bei Heiden im Kanton St. Gallen in der Ostschweiz der „Chindlistein", der eine lange Rutschrinne hat und sich in einem Ensemble von mächtigen Steinen befindet, die ebenfalls rituell gebraucht wurden. Er ist ein „Kinderstein", wie sein Name sagt, genauer: ein Kinderherkunftstein. Dort wie auch hier im Lötschental handelt es sich um Ahnfrauen-Steine, von denen die Frauen der frühen Kulturen die Kinder abholten. Sie glaubten, dass Ahnenseelen in diesen Steinen wohnen, und wenn sie möglichst nackt hinabrutschten, hatte jedes Mal eine Seele die Gelegenheit, in eine Frau zu schlüpfen. Diese wurde davon schwanger und würde die Ahnin oder den Ahn neun Monate später als kleines Kind wiedergebären.

Diese bemerkenswerte Rittplatte war den Missionaren verdächtig und wurde schleunigst verchristlicht, um den alten Brauch des Kinderholens zu unterbinden. Deshalb wurde zuerst ein großes Kreuz darauf gepflanzt und dann eine kleine Marienkapelle errichtet (Abb. 6). Sie stehen vor der großen Rutschrinne und verdecken sie. Dennoch finden wir in der winzigen Kapelle die ehemalige Göttin des Tales in verchristlichter Gestalt wieder: als eine kleine, gänzlich weiße Marienstatue, die auf silbernen Schlangen steht. Eindeutig ersetzt Maria in diesem „weißen" Tal die Weiße Frau und erscheint in den Farben des Mondes Weiß und Silber.

Auch in der Mitte des Tales in der kleinen Kirche des Ortes Kühmatt, die ebenfalls auf einem alten Kultplatz steht, ist Maria die Hauptfigur. Man erzählt, diese Marienstatue sei von hellen Lichtern umgeben, die bei Tagesanbruch erlöschen. Das heißt, sie leuchtet in der Nacht – genauso wie der Mond. Auch Wunder werden ihr zugeschrieben, denn in dieser Kirche kehrten ein toter Arbeiter und zwei totgeborene Kinder wieder ins Leben zurück.[567] Damit vollbringt Maria an diesem Ort dasselbe, was vor ihr eine einstige Göttin der Wiedergeburt tat. Diese war die Weiße Göttin als Mondgöttin, die Wandelbare, die es am Himmel vormacht, wie das Sterben und Wiederkehren geht, und die aus dem Tod ins Leben zurückführt. Das zeigt, dass es sich hier um einen einstigen Kultplatz der Mondgöttin handelt.

In anderen Sagen erscheint die Weiße Frau dann persönlich, bevor sie von der christlichen Maria verdeckt wurde. Eine Sage berichtet, dass an der Grenze des Lötschentales zum Aletschtal eine Anzahl Steine liegt, die flach wie Tische sind. Dort soll sich einst ein Schatz befunden haben, den eine schöne, junge Frau hütete. Manchmal war sie zu sehen, wie sie weiße Tücher über die Steinplatten breitete und kostbares Silbergerät darauf häufte. Einmal winkte sie einen jungen Hirten herbei, der aber vor Angst davonrannte. Später reute ihn seine Flucht, doch bei der Rückkehr zu dem Platz fand er nur einen Schwarm bunter Schmetterlinge bei den Steinen vor.[568] Bei diesen tischebenen Steinen handelt es sich um einen in große Platten gespaltenen Felsen, wobei einige Platten wie Tische flach aufliegen. Durch die Anwesenheit der jungen Frau wird deutlich, dass diese Felsformation auch ein Kultstein war, denn die Frau ist eine Priesterin der Mondgöttin und hütet diesen alten, heiligen Platz. Darauf weisen ihre weißen Tücher und ihr kultisches Silbergerät hin, die sie aus rituellen Gründen auf den Steinplatten ausbreitet. Sie tut es nicht für einen Mann, der sie „erlösen" soll, denn sie ist nicht erlösungsbedürftig. Das ist die übliche patriarchale Verzerrung, die diesem Sagentypus übergestülpt wurde. Im Gegensatz dazu hat sie teil an der Macht der Mondgöttin, wie das Motiv der Schmetterlinge am Schluss

Abb. 6:
Marienkapelle und Kreuz auf der „Rittplatte"

der Sage zeigt. Seit der Jungsteinzeit ist der Schmetterling ein tiefsinniges Symbol der Metamorphose von Leben, Tod und Wiedergeburt: als Raupe, die sich wie im Todesstadium verpuppt, und als Schmetterling, der aus der Puppe neu und wunderschön hervorkommt. Die junge Frau, die dieses Mysterium kennt und es im Symbol der Schmetterlinge auf magische Weise zeigt, ist damit ein Abbild der Mondgöttin als Göttin der Wiedergeburt.

Auch eine andere, der Magie mächtige Jungfrau kommt in einer Sage vor, die von der Entstehung des Langen Gletschers handelt. Es ist jener Gletscher, der den hinteren Teil des Lötschentales mit seinem langen, geraden Eisfluss ausfüllt. In sanftem Gefälle schiebt er sich von der Höhe allmählich ins Tal hinunter. In dieser Sage heißt es, dass dort, wo jetzt der Gletscher liegt, einst liebliche Wiesen grünten und Bauern wohnten. Aber es mangelte den Leuten an Wasser, deshalb baten sie einen Mann, der sich auf Magie verstand, ihnen zu helfen. Auf seinen Rat hin sandten die Leute eine reine Jungfrau auf die Anhöhe, wo das Tal endet, die je ein Stückchen von sieben verschiedenen Gletschern dort niederlegte. Diese schmolzen jedoch nicht, sondern wuchsen jährlich von Eis und Schnee immer größer und höher. So entstand der Lange Gletscher, der noch heute das Tal mit Wasser versorgt.[569]

Diese Sage ist in mehrfacher Hinsicht aufschlussreich: Ökonomisch weist sie auf die Wasserverhältnisse im gesamten Wallis hin, das in den südlichen Alpen liegt und sehr sonnig, aber auch heiß und trocken ist. Deshalb bauten die Menschen für den Ackerbau in den Tälern und für die Weiden auf den Almen überall Bewässerungssysteme aus steinernen und hölzernen Leitungen. Diese Leitungen wurden von den Gletschern mit Wasser gespeist. In der Jungsteinzeit war es noch wärmer als heute, und Wiesen gab es bis weit hinauf, wie die Sage berichtet. Der Wasserbedarf war also noch größer, weshalb anzunehmen ist, dass schon die ersten Bauern solche Bewässerungssysteme anlegten, eine Technik, die schon sehr früh in der Menschheitsgeschichte entwickelt wurde. So erinnert die Sage von der Entstehung des Langen Gletschers daran, wie notwendig das Gletscherwasser für die Menschen war und noch ist. Deshalb wird der Gletscher hier als ein freundliches, helfendes Wesen betrachtet. Er wird sogar personifiziert, denn der Magier ermahnt die Leute zuletzt, tiefer ins Tal hinabzuziehen, „wenn dann die weiße Kuh von der Anhöhe herabschaut".[570] Der Gletscher wird, wie man hier sieht, als ein weibliches Wesen betrachtet, als eine weiße Kuh, die den Menschen Leben und Wohlstand spendet – genau wie es die Kuh mit ihren Strömen von Milch vermag. Noch heute wird das weißliche Gletscherwasser oft „Gletschermilch" genannt, was zeigt, dass dieses Bild vom Gletscher als einer schenkenden Kuh nicht nur auf das Lötschental beschränkt ist.

Auch mythologisch ist die Sage sehr aussagekräftig. Denn diejenige, die den Gletscher geschaffen hat, wird als „Jungfrau" bezeichnet. Der Magier war es nicht, er konnte nur den Rat geben, aber dieses Werk nicht ausführen. Die Jungfrau hingegen ist außerordentlich mächtig, denn eine Menschenfrau kann eine solche Tat nicht vollbringen. Von Bedeutung ist dabei die Zahl Sieben, denn von sieben verschiedenen Gletschern nahm die Jungfrau die Stücke. Die Sieben bezieht sich in der traditionellen Zahlensymbolik auf die sieben im Altertum sichtbaren Gestirne, deren Bewegungen am Himmel beobachtet werden konnten: Sonne, Mond und die Planeten Merkur, Venus, Mars, Jupiter und Saturn. Es ist eine kosmologische Zahl. Das heißt, diese Jungfrau hat mit dem Himmel, genauer: mit den Sternen zu tun. Sie ist göttlich und niemand anderes als die Mondgöttin selbst, die von Sternen umgeben ist. In der matriarchalen Mythologie trifft die Bezeichnung „Jungfrau" oder „Junge Frau" auf den himmlischen Aspekt der dreifachen Großen Göttin zu, auf die Weiße Göttin, eben die Mondgöttin.

Der symbolische Zusammenhang reicht aber noch weiter, denn diese Jungfrau ist auch die „Weiße Kuh". Die Sicheln oder Hörner des Mondes, die er bei seinem Zunehmen oder Abnehmen zeigt, wurden als die Hörner der weißen Himmelskuh betrachtet. Das Symbol der Mondhörner wurde auch auf den Himmelsstier übertragen, den Partner der

Himmelskuh, man verwendete es je nach Kontext weiblich oder männlich. In jedem Fall galten die Hörner sowohl von Kühen als auch von Stieren in der matriarchalen Sichtweise als Mondsymbole. So verschmilzt hier die Gestalt der „Jungfrau" mit der „Weißen Kuh", denn beide Benennungen beziehen sich auf die Mondgöttin. Sie ist es ja schließlich, die den Langen Gletscher, der auch „Weiße Kuh" genannt wird, zum Wohle der Menschen erschafft, nämlich als ein Abbild von sich selbst auf der Erde.

Diese Symbolik ist im Lötschental keineswegs zufällig, sie hat hier eine landschaftliche Entsprechung. Wenn man dem Langen Gletscher entgegenwandert, wie er von der Anhöhe sanft herabkommt, so erscheint er wie die gewölbte Stirn eines riesigen Tieres. Dahinter sieht man nur blauen Himmel, sodass dieses Tier aus dem Himmel zu kommen scheint. Rechts und links krönen steile Gipfel das weiß glänzende Wesen, und deren Namen besagen, dass sie allesamt als Hörner gesehen wurden: das „Breithorn" auf der linken Seite, hinter ihm das „Großhorn", rechts das „Schinhorn" und dahinter das „Aletschhorn". Alle sind hohe, vergletscherte Berge und bilden die weiß glänzenden Hörner der Weißen Kuh. Auch das ganze Tal abwärts folgt ein Horn auf das andere: ein zweites „Breithorn" auf der rechten Seite, dann „Tschingelhorn", „Breitlauihorn" und so weiter – es ist ein gänzlich „gehörntes" Tal. Wenn man also zum Langen Gletscher schaut, sieht man Paare von prachtvollen, weißen Hörnern auf seinen beiden Seiten aufragen (Abb. 7). Auf diese Weise kann man buchstäblich die „Weiße Kuh" erblicken, denn die Gestalt der Landschaft zeigt ihr Bild. Das Lötschental wurde in den frühen Kulturepochen daher als das heilige Tal der Weißen Kuh betrachtet, mit allem, was dieses komplexe Symbol den Menschen damals bedeutet hat.

Eine weitere Sage bestätigt diese Sichtweise, sie erzählt von der „weißen Frau im Milchbach": Eine Mutter aus Wiler schickte ihre kleine Tochter mit einer Milchkanne zum Heu machenden Vater auf die Alpe, um ihn zu versorgen. Das Kind musste dazu auf einem Steg den „Milibach", eben den Milchbach, überqueren. Auf dem Steg rutscht die Kleine aus und stürzt ins Wasser. Doch sie ertrinkt nicht, weil sie einer weißen Frau in den Schoß fällt. Das berichtet sie hernach weinend ihrem erschrockenen Vater, und als dieser die Milchkanne öffnet, ist kein einziger Tropfen daraus verloren.[571]

In dieser Erzählung wird das Gewässer „Milchbach" genannt, was sein Aussehen als milchweißes Gletscherwasser beschreibt. Auch der

Abb. 7:
Der Lange Gletscher als „Weiße Kuh"

Name des kleinen Flusses Lonza bedeutet die „Weiße", denn auch er führt milchiges Gletscherwasser durchs Tal. Dies zeigt, dass die früheren und späteren Menschen den Fluss und die Bäche im Lötschental tatsächlich als die Milch der „Weißen Kuh", die der Lange Gletscher für sie war, betrachteten. Mit ihrer Gletschermilch tränkte sie die Erde und schenkte den Menschen saftig grüne Wiesen, sattes Vieh und Wohlstand – ein mütterliches Verhalten, wie es der göttlichen Kuh eigen ist. Gleichzeitig kommt sie in dieser Sage auch in ihrer Gestalt als Weiße Frau vor, die offenbar in der Milch der göttlichen Kuh weilt und das fallende Kind rettet. Das bestätigt, dass die Weiße Kuh und die Weiße Frau dieselbe mythische Gestalt in zwei Erscheinungsformen sind. Auch die Weiße Frau verhält sich mütterlich, denn sie bewahrt das Kind vor dem Tod, indem sie es in ihrem Schoß auffängt. Es ist eine anrührende Schutzgeste, und zugleich stellt das Bild vom Kind im Schoß der Frau symbolisch die Wiedergeburt dar. Wie schon bei den anderen Sagen zu sehen war, hat die Weiße Frau als Erscheinung der Mondgöttin mit Tod und Wiedergeburt zu tun. Das Kind erlebt im kurzen Moment des Sturzes vom Steg seinen Tod und im Aufgefangenwerden im Schoß der göttlichen Frau seine Wiedergeburt, es ist ein symbolischer Todesdurchgang im Zeitraffer. Seine Tränen drücken diese erlebte Erschütterung aus. In ihrer Güte sorgt die milchspendende Weiße Frau oder Weiße Kuh zugleich dafür, dass kein Tropfen Milch aus der Kanne verschüttet wird. Wie sollte das auch möglich sein, da die Kleine doch in ihre göttliche Milch, ihre eigene Gabe an die Menschen, gefallen ist!

Der Name der Göttin

Es gibt Hinweise in den Lötschentaler Sagen, die uns sogar den uralten Namen der Weißen Frau verraten. Dieser Name kommt als Landschaftsbezeichnung im hinteren Abschluss des Lötschentales vor. Dieser Talschluss heißt „die Aanu", und man gelangt dort zu einem einsamen Seelein, das den Namen „Aanu-See" trägt. Es heißt, dass nur Jäger oder Hirten in die Aanu gehen, auch die Sommerwohnung einer reichen Frau soll dort oben gewesen sein.[572] Dieser Name „Aanu" ist uralt, er stammt aus einer vor-indoeuropäischen Sprache und hat zugleich weiteste Verbreitung. Er kommt ebenso als „Ana" oder mit Anlaut als „D'Ana" und „D'Anu" vor. „Ana" oder „Dana" bezeichnet eine uranfängliche, schöpferische Erd- oder Wassermutter. Die Ureinwohner Griechenlands, die Pelasger, nannten sich „Danaër", und die Selbstbezeichnung der Phönizier war „Danaiten". In archaischer Zeit wanderte ein Volk, das sich „Túatha Dé Danaan" nannte, das „Volk der Göttin Dana", in Irland ein.[573] Die Verehrung der Göttin Ana oder Dana war allgemein europäisch und umfasste den gesamten kulturellen Raum des Mittelmeeres und Vorderen Orients (Westasien). „Ana" oder „Anna" ist die Urmutter, wie die Göttinnen-Namen „In-anna" aus Sumer, „Ana-hita" aus Persien, „Diktyanna" und „Danaë" aus Kreta zeigen, und noch die biblische Mutter der Maria in Palästina hieß „Anna".

Auch als Landschaftsbezeichnung ist dieser Name häufig. In Irland nennt man zwei völlig gleiche Hügel „Paps of Danu", das heißt „Brüste der Dana", was dieses Land als Erdmutter charakterisiert. In Leicestershire in England liegt der „Dane's Hill" mit einem uralten Höhlenschrein. Auch „Däne-mark" ist als „Land der Dana" die Erdmutter selbst. In Bayern verkörpert sie sich in der Donau, deren Name auf „Dana-Aue" zurückgeht, dort ist sie die Fruchtbarkeit schenkende Wassermutter.[574] Auch in den Alpen erscheint ihr Name in der Landschaft, so im schweizerischen En-gadin, als der Garten der „En" oder „An". Noch der Fluss „Inn" leitet seinen Namen von „En" her, er entspringt im Oberen Engadin. Alle diese Varianten heißen schlicht „Mutter", genauer „Große Mutter", und kommen als ein Urwort in vielen Sprachen vor. Noch das deutsche Wort „Ahne" für die weibliche Vorfahrin kommt daher, sie ist die Ahnfrau, die schützende Große Mutter in der Jenseitswelt.

So heißt dieser einsame Talschluss „die Aanu" im Lötschental übersetzt „die Mutter" oder „die Ahne". Wenn man sich in dieser Gegend umschaut, sieht man sie unmittelbar vor sich: Sie ist hier eine gefrorene Wassermutter, nämlich der Gletscher, die „Weiße Kuh", deren Gletschermilch das Tal tränkt und nährt. Deshalb betrachteten die Menschen den Gletscher mit Dankbarkeit als eine hilfreiche Macht. Als die göttliche Kuh-Mutter und zugleich die Mond-Mutter heißt sie genauso wie der hintere Talschoß und trägt den altehrwürdigen Namen „Aanu".

Wie der Name besagt, ist sie außerdem die Große Ahnfrau, denn auch hier wohnen nach altem Glauben in ihrem Gletscherschoß die Seelen. Es ist ein Glaube, der sich in den frühen Kulturen auf alle Alpengletscher bezogen hat. Jedoch wurden mit der Christianisierung die Ahnenseelen in der Aanu – wie im Zermatter Tal – ebenfalls zu klagenden und büßenden „Armen Seelen" degradiert, wie eine Sage zeigt.[575] Der kleine Aanu-See selbst war einst – wie der Schwarzsee beim Mutterhorn – ebenfalls ein Seelensee, wo früher die Frauen die Kinder von der Großen Ahnfrau abholten. Heute ist diese Gegend rau und öde, und der Seelensee liegt verlassen da.

Aber es ist nicht immer so gewesen, denn auch im Lötschental gibt es die Sage vom Goldenen Zeitalter. Darin heißt es, dass ganz früher, bevor die Jungfrau den Langen Gletscher auf Wunsch der Leute schuf, es hier Wald, grüne Wiesen und reiche Felder gab, sogar Weinstöcke konnten gedeihen, und die Menschen, die hier siedelten, waren wohlhabend.[576] Der Beweis für diese glücklichen Zeiten soll sein, dass ein Geißhirt, der hier seine Ziegen weidete, einen Stein fand, groß wie ein Fass und innen hohl. Oben hatte der Stein ein Loch, und daraus konnte der Hirt mit einem Rohr den köstlichsten Wein schlürfen. Man nennt ihn den „Aanu-Stein", und er gilt als ein versteinertes Weinfass. Er soll ein Zeuge dafür sein, dass es im Aanu-Tal einst die schönsten Reben gab.[577] Wie bei der Sage vom Goldenen Zeitalter in Zermatt sind hier sehr frühe mit späteren Elementen vermischt, denn Weinanbau gab es in der Jungsteinzeit noch nicht. Die Wälder und saftigen Wiesen waren in jener frühen Warmzeit jedoch eine Realität, auch die Siedlungen der Leute in diesen Höhenlagen. Der Lange Gletscher war noch weit zurückgezogen und schenkte auch der Aanu-Gegend Wasser und Wohlstand. Erst später begann er vorzurücken, sodass die Bauern ihre Siedlungen tiefer ins Tal verlegen mussten. Denn auch in den frühen Epochen gab es plötzliche Klimaveränderungen mit Abkühlung. Weil jener Magier sie aber rechtzeitig gewarnt hatte, dass sie ins untere Tal hinabziehen sollten, wenn die „Weißen Kuh" herabkomme, traten im Lötschental die von vielen Orten bezeugten Katastrophen nicht ein. Auch Flüche und Schuldzuweisungen waren deshalb nicht nötig. Vielleicht konnten sich deshalb auch die späteren Menschen im Lötschental eine freundliche Haltung gegenüber dem Gletscher bewahren.

„Gratzug"

Wie im Tal von Zermatt häufen sich auch im Lötschental die Geistersagen, darunter solche von der Totenprozession, auch „Gratzug" genannt. Gemäß diesen Berichten sieht man im Gratzug schon früher und erst kürzlich Verstorbene in langer Prozession auf schnurgeradem Weg durchs Tal ziehen. Es ist sehr gefährlich, ihnen zu begegnen, denn entweder muss der Beobachter, der es noch schafft, ihnen auszuweichen, bald darauf sterben, oder man wird von dem Zug mit höherer Gewalt mitgerissen und ist für die Lebenden verloren. Die Bezeichnung „Gratzug" kommt daher, dass man die Totenprozession in den Zacken von Berggraten zu sehen glaubte. Auch die Eistürme von Gletscherbrüchen betrachtete man als die Gestalten von Toten. Kamen die Toten vom Gletscher her, so waren sie in der Regel in weiße Gewänder gehüllt, doch sonst wurden sie in altmodische Tracht gekleidet beschrieben. Seit der christlichen Missionierung galten die Ziehenden als „Arme Seelen", die für ihre Sünden büßen müssen, und die Leute wurden zu dem frommen Werk angehalten, für sie zu beten und Messen für sie lesen zu lassen. Diese Messen mussten bezahlt werden, was eine gute Einnahmequelle für die Pfarrer darstellte.

Hier beschäftigen uns zwei Fragen: Was ist der Hintergrund dieser Sagen vom Gratzug? Und warum ist der Weg, auf dem die Totenprozession daherzieht, stets schnurgerade?

Sehen wir uns einige Beispiele von diesem Sagentypus an: Im Lötschental pflegt der Gratzug vom Langen Gletscher her zu kommen und genau durch die Aanu herabzuziehen – was sehr bezeichnend ist! Der Weg des Zuges wird detailliert beschrieben und hat einen besonderen Namen, er heißt „Schwaltweg". Ist der Gang der Toten zu Ende, kehren sie auf demselben Pfad zum Gletscher zurück.[578] Dieser Weg ist in gewisser Weise tabu: Man soll nichts darauflegen und auch nichts darauf vergessen, es würde den Totenzug hindern und könnte Verderben bringen. So hatte ein Bauer am Berg Bäume gefällt und die gesammelten Stämme vorerst liegen gelassen. In der Nacht hörte er dreimal einen Ruf, mit dem er aufgefordert wurde, das Holz schnellstens aus dem Schwaltweg zu räumen. Er folgte dem Befehl und arbeitete hart, zuletzt rettete er sich mit Mühe aus der Bahn des Zuges, wurde aber noch am Fuß berührt. Als Folge davon hinkte der Mann zeitlebens.[579]

Stets begleitet der Hauch des Todes den Gratzug. So geht von ihm ein sanfter oder heftiger Wind aus, der diejenigen, die er streift, krank und siech werden lässt.[580] Viele Sagen berichten auch, dass Lebende, die man im Gratzug erblickte, bald darauf starben. Es kam auch vor, dass die Beobachter sich selbst in der Schar der Toten sahen, was die Vorankündigung ihres eigenen Todes war, der kurz darauf folgte.[581] Ebenso schlecht konnte es Lebenden ergehen, die der Totenprozession zu nahe kamen, und sei es nur aus Zufall. Sie wurden einfach mitgerissen und mussten mit den Toten ziehen. Nur in seltenen Fällen konnten sie gerettet werden, wie es einem Vater gelang, der sein vermisstes Töchterlein gerade noch rechtzeitig aus dem Gratzug herauszog.[582] Manchmal hörten Lebende auch ihren Namen aus der Totenschar gerufen, wie jener Knabe, der die Stimme seiner kürzlich verstorbenen Mutter vernahm. Danach drängte es ihn, mit dem Gratzug zu gehen, und niemand konnte ihn zurückhalten.[583]

Eine bemerkenswerte Eigenschaft der Totenprozession ist, dass sie, wenn ihr Weg an Hirtenhütten vorbeiführt, stets genau über die offene Feuerstelle vor der Hütte zieht.[584] Es kam sogar vor, dass sie mitten durch die Behausung von Lebenden geht. Das wird von der Hütte zweier Sennerinnen berichtet, bei der die vordere und die hintere Tür nie verschlossen, sondern nur angelehnt waren, sowohl im Sommer als auch im Winter. Die klugen Sennerinnen hatten vorgesorgt, denn der Gratzug ging mitten durch die Hütte hindurch und direkt über die offene Herdstelle hinweg.[585] Zweifellos stand diese Hütte genau auf ihrem Weg, deshalb zogen die Toten hindurch, jedoch ohne Schaden anzurichten. In einer der Sagen findet die Vorliebe der Totenschar für Feuerstellen die naive Erklärung, dass sich die Toten dort für einen kurzen Moment wärmen wollten.

Wenn man diese Beschreibungen des Gratzuges insgesamt betrachtet, dann erscheinen die „Toten" darin nicht allzu tot, sondern recht lebendig. Auch passt ihr Verhalten nicht zu jammernden „Armen Seelen", denn sie treten sehr bestimmend auf. Sie sind auch keineswegs „böse", wie sie manchmal hingestellt werden.[586] Wenn man sie respektiert und ihnen bei Gelegenheit hilft, schenken sie sogar Segen. So erging es einem Mann, der einer Seele im Totenzug ihren zu langen Rock, über den sie ständig stolperte, aufraffte und in die Hand gab. Sie rief ihm einen Segensspruch zu.[587] Gleiches erlebte eine Frau, die einer nackten Seele aus Mitleid eins ihrer Kleider gab. Diese schenkte aus Dankbarkeit der Frau und ihrer Familie die Gabe des Singens und der Musik.[588] Sie helfen auch, wenn man sie in einer schwierigen Situation demütig bittet, wie es einem Fuhrmann geschah, dessen Pferd abstürzte, sodass er es nicht retten konnte. Als die Totenschar vorüberkam, sprach er sie an, und kaum war sie vorbeigezogen, stand sein Pferd wieder gesund da.[589] Eine solche Macht können büßende „Arme Seelen" keineswegs haben.

Außerdem besitzt die Totenprozession die Kraft, diejenigen, die sie missachten oder verspotten, zu bestrafen, wie es einem Mann erging, der seinen Schlitten voll Holz nicht aus ihrem Weg räumen wollte. Am andern Morgen fand er ihn in tausend Stücke zertreten vor der Tür.[590] Ein anderer Mann, der eine Seele aus dem Gratzug verspottete, verlor sein Augenlicht und erblindete. Erst als er seine Verfehlung ein Jahr später durch einen Segensspruch wiedergutmachte, konnte er wieder sehen.[591] Am schlimmsten traf es einen Burschen, der sich dem Totenzug absichtlich in den Weg legte, weil er ihn nicht ernst nahm. Als Folge davon fand er sich am anderen Morgen ganz zerschunden auf dem Gipfel des Triffthorns wieder. Er wurde von Helfern heruntergeholt, doch bald darauf starb er.[592]

Die mysteriöse Lebendigkeit und die Kraft, ihren Weg einzufordern, ebenso die Macht, Frevler zu strafen und Gute zu segnen, haben diese Seelen im Gratzug mit den Ahnen gemeinsam, wie matriarchale Völker früher und heute sie sich vorstellen. Dafür spricht bereits, dass sie aus dem Langen Gletscher hervorkommen und durch die Aanu mit dem Seelensee herabziehen und nach beendetem Gang wieder dorthin zurückkehren. Denn die Gletscher wurden allgemein als der Schoß der jeweiligen Berggöttinnen betrachtet, welche die Ahnenseelen bis zu deren Wiedergeburt hüten. In dieser Jenseitswelt oder Anderswelt waren sie nicht tot, sondern lebten bei der gütigen Mutter der Seelen ein anderes Leben weiter. Der Gratzug ist daher ein Zug der Ahnenseelen.

In matriarchalen Kulturen werden die Ahnen nicht dämonisiert wie in der patriarchalen Religion des Christentums, deshalb muss man sie auch nicht fürchten.[593] Stattdessen versuchen die Menschen, mit ihnen in gutem Kontakt zu bleiben, damit die Ahnen den Lebenden ihren Segen schenken mögen. Ahnenverehrung ist ein festes Merkmal von matriarchalen Kulturen in Vergangenheit und Gegenwart, und sie reicht weit darüber hinaus, denn man findet sie auch bei patriarchalen Kulturen und Zivilisationen, wie zum Beispiel im Alten China. Ein allgemein verbreitetes Ritual im Rahmen der Ahnenverehrung ist ihre Speisung, sei es mit Mehl oder Früchten oder dem Blut von geschlachteten Tieren. Denn in der Anderswelt lebten sie ja auch und wollten essen, und dieser Notwendigkeit wurde mit einem Speiseopfer entsprochen. Wenn die Ahnen ab und zu die Lebenden besuchen kamen – wie es im Gratzug bildhaft geschieht –, wurde ihnen ehrerbietig Speise angeboten. Eine Sage aus dem Lötschental verrät, dass dieser Brauch in manchen Alpenregionen bis in späte Zeit hinein nicht erloschen war. So ist von einem reichen Bauern die Rede, in dessen Haus die Bäuerin zwei Speisekästen hütete, einen für die Familie und einen für die Ahnenseelen. Täglich legte sie in beide Kästen frisches Brot und frischen Käse, und als sie es einmal vergaß, wurde sie durch Klopfen im Kasten daran erinnert. Es heißt noch, dass jede Mutter im Tal es früher genauso machte.[594] Wie üblich werden die Ahnenseelen auch in dieser Sage wieder in die erbarmungswürdigen „Armen Seelen" umgedeutet. Doch die übliche Hilfestellung für solche ist das Beten und Messelesen; sie zu speisen ist ganz ungewöhnlich und im Christentum auch nicht vorgesehen. Offensichtlich haben wir es hier mit einem Rest des uralten Brauchs der Ahnenspeisung zu tun.

In denselben Zusammenhang gehört auch das merkwürdige Verhalten der Ahnenseelen, mit ihrem Zug direkt über die offenen Feuerstellen zu gehen, ob diese nun außerhalb oder innerhalb der Hütten liegen. Es wird aber verständlich, weil seit uralter Zeit die Feuerstelle oder der offene Herd als ein heiliger Platz galt, wo die Menschen sich wärmten, ihre Mahlzeiten genossen und die Sippe sich für ihre Beratungen versammelte. Am heiligen Herd wurde von den Frauen die Göttin des Feuers und des Hauses angerufen, wie im antiken Griechenland die Göttin Hestia, ebenso die Feuergöttin bei den Mongolen und den matriarchalen Mosuo in Ostasien. Täglich verehrten sie hier auch die Ahnen, mit denen sie sich zwanglos in persönlichem Gebet und Gespräch verbanden und ihren Segen erbaten. Dazu gossen sie ein paar Tropfen eines Trankopfers ins Feuer und warfen eine Handvoll Mehl dazu, damit die Ahnen von der Speise der Lebenden ihren Anteil erhielten. In diesem Sinne war der heilige Herd, wo die Matriarchin oder die älteste Frau saß und das offene Feuer hütete, im praktischen und spirituellen Sinne das

Zentrum des Hauses.[595] Es ist daher nicht erstaunlich, dass noch in den Alpensagen die Ahnen sich an die Feuerstellen hielten, denn an diesem Platz waren sie, zusammen mit den Lebenden, zu Hause.

Dennoch haftet den Ahnenseelen etwas Unheimliches an, schließlich kommen sie aus dem Reich der Anderswelt, zu dem die Lebenden keinen Zugang haben. Die Sagenmotive, dass man durch ihre Nähe krank werden oder gar sterben kann, weisen deutlich darauf hin. Die Ahnen sind mächtiger als die Lebenden, aber auch weiser. Wenn sie noch lebende Personen im Gratzug zeigen oder mit ihrer Stimme rufen, so ist das eine Vorankündigung, denn sie wissen das Schicksal der Betreffenden voraus. Auch die große Schnelligkeit, mit der sie herankommen, wirkt beängstigend. Sie kommen wie ein Wind oder ein Sturm, der diejenigen, denen der Tod bestimmt ist, einfach mitreißt.

Mit dieser letzten Eigenschaft erinnern sie an die „Wilde Jagd", die auch als ein Totenzug heranbraust oder gar durch die Lüfte fliegt und alles mitreißt, was ihr in den Weg gerät. Dieser Zusammenhang wird bestätigt durch ein Sagenfragment, in dem es heißt, dass der Gratzug im Frühling aus den Alpen herauskam und im Herbst mit großem Getöse wieder in die Berge hineinfuhr.[596] Genauso wird die Wilde Jagd der Frau Holle in Mitteleuropa beschrieben. Von ihr heißt es, dass sie im Frühling aus ihrem Seelenberg, dem Hohen Weißner/Meißner in Hessen, herauskommt und im Herbst, nachdem sie die Seelen aller in diesem Jahr gestorbenen Wesen eingesammelt hat, mit dieser großen Schar unter heftigem Brausen wieder hineinfährt.[597] Ähnliches wird vom mythischen Hörselberg in Thüringen berichtet, er galt als „Geisterberg", in dem man die Seelen lärmen hörte. Sie kommen im Winter als Wilde Jagd in langem Zug aus dem Berg hervor, angeführt von Frau Holda oder der Wilden Urschel, brausen während der Zwölf Raunächte durch die Lüfte und verschwinden am Dreikönigstag „mit einem harten Klang" wieder im Berg.[598] In Bayern ist es gemäß den Sagen und Bräuchen die Göttin Percht, die mit ihren „Perchten" von den Raunächten bis zum Winteraustreiben als Wilde Jagd daherbraust.[599] In Tirol sind es die „Hulden" oder „Hollenweiber", die angeführt von der Holla stürmend einherfahren. Von der Göttin Holla heißt es, dass sie sich im Herbst als Wilde Jagd mit ihrer Schar in ihren Berg zurückzieht und im Frühling genauso stürmend wieder daraus hervorbricht.[600] Das Motiv von den Frühlingsstürmen zeigt, dass diese Göttinnen keineswegs immer mit Totengeistern umherfahren, sondern genauso oft bringen sie mit den Frühlingsstürmen die verjüngten Seelen wieder ins Leben zurück.[601]

Jenes Walliser Sagenfragment deutet damit auf die klassische Mythe von der Wilden Jagd als Unterweltreise der Ahnenseelen und ihre verjüngte Wiederkehr hin. Das zeigt die uralten Wurzeln aller Gratzug-Sagen auf. Es ist klar, dass man dieser Art von Wilder Jagd nicht widerstehen kann, sondern mitgerissen wird, weil sich in ihr die Gesetzmäßigkeit des Schicksals alles Lebendigen, nämlich Tod und Wiederkehr, manifestiert. Sie stellt eine Natur- und Seelenmythe aus dem matriarchalen Weltbild seit der Jungsteinzeit dar.

Maskenumzüge und schnurgerade Wege

Es gibt sehr alte Bräuche, die mit der Vorstellung von den Umzügen der Ahnenseelen in Zusammenhang stehen: die Maskenumzüge, wie sie in Süddeutschland, Österreich und der Schweiz noch heute stattfinden. Ihre Zeit sind die Raunächte, aber das Maskentreiben kommt auch im November und beim Winteraustreiben zu Frühlingsbeginn vor. Gemeint sind hier die altertümlichen Masken aus Holz und Zweigen, verbunden mit wilder Kleidung aus Fellen oder Stroh. In Süddeutschland und Österreich kennt man sie als die „Perchten", deren Name sich noch klar auf die Göttin Percht/Perchta/Berchta bezieht.[602] Im Lötschental sind sie nicht mehr mit einem Göttin-Namen verknüpft, die Masken haben aber besonders altertümliche Formen bewahrt (Abb. 8).

In diesen Maskenumzügen wird ganz konkret das Umgehen der Ahnenseelen verbildlicht, eben der „Gratzug", wie es in den Alpen heißt, auch wenn dies den Akteuren nicht mehr bewusst ist. Dafür spricht das Verhalten dieser Masken eine umso deutlichere Sprache:[603] Sie kommen zu der Zeit, wenn – mythologisch gesprochen – die Tore der Anderswelt offen stehen, im Herbst und Winter, besonders in den Raunächten. Dann ziehen sie Gaben heischend von Hof zu Hof. Dieses Einfordern von Nahrungsgaben – das kein Betteln ist – gemahnt an ihr Recht, Ahnenspeisung zu erhalten.[604] Man spendet ihnen gern, auch wenn sie sich recht ungebärdig benehmen, denn sie sind ja keine Menschen, sondern Seelen aus der Anderswelt. Für die Gaben segnen sie die Spender und Spenderinnen mit Liedern und Sprüchen, so wie es den Ahnen eigen ist. Allgemein verbreitet war auch der Glaube, dass ihr Treiben dem Land im nächsten Jahr Fruchtbarkeit bringen wird und, wo sie durchzogen, Felder, Wiesen und Obstgärten im kommenden Jahr besonders prächtig gedeihen. Deshalb waren diese Bräuche trotz wiederholter

Verbote vonseiten der Obrigkeit nicht auszurotten.

Zugleich enthüllt dies ihren tieferen Sinn. Das Bizarre ihres Äußeren bedeutet, dass man damit das Unheimliche und Numinose, das aus dem Totenreich kommt, zu verkörpern versuchte, obwohl man es eigentlich nicht abbilden kann. Ebenso zeigen die meist seltsamen Benennungen der Masken, dass man die Ahnen aus Scheu nicht unmittelbar beim Namen zu nennen wagte.[605] Will jemand das den Ahnen gebührende Opfer nicht geben, so gibt es verschiedene Formen von „Strafen". Sie singen Spottverse, was den Geizigen bloßstellt. Oder sie holen sich eine Gabe mit Gewalt; dies drückt aus, dass die Ahnen mächtiger und stärker sind als die Lebenden. Oder sie drohen, ein Kind zu entführen; damit inszenieren sie das „Mitgerissenwerden" vom Ahnenzug. Aber die Familie kann das Kind jedes Mal mit einer Gabe auslösen. In erster Linie sind sie jedoch gut, denn sie schenken auch, und ihre Geschenke sind magisch: beispielsweise eine Ähre oder ein Zweig, die Glück bringen. Sie pflegen auch junge Frauen anzufassen oder anzuschwärzen oder auf andere Weise Kontakt mit ihnen aufzunehmen, es ist ebenfalls eine weitverbreitete Sitte. Sie hat aber nichts mit sexuellem Geplänkel zu tun, denn auch dahinter steht ein uralter Glaube. Die Ahnenseelen drücken damit ihren Wunsch aus, dass die jungen Frauen sie doch annehmen möchten, um sie als Kinder wieder ins Leben zurück zu gebären.[606]

Abb. 8: Maskenträger im Lötschental

Zuletzt bleibt noch die Frage zu beantworten, warum der Gratzug als Prozession der Ahnenseelen stets den schnurgeraden Weg bevorzugt und diesen, falls es Hindernisse gibt, im Zweifelsfalle auch erzwingt.

Dazu gibt es ebenfalls einen interessanten Hinweis: Der Gratzug wird in dem erwähnten Sagenbruchstück, das von seinem Herauskommen aus den Alpen im Frühling und von seiner Heimkehr im Herbst berichtet, „Alpusidla" genannt.[607] Dieser Ausdruck geht auf ein keltisches Wort zurück, denn diese „Sidla" entsprechen den „Sidhe" in der keltischen Mythologie. Die Sidhe sind die der Magie mächtigen Feen, Elben, Elfen und Zwerge, eben das Alte Volk, das später zu „Geistern" gemacht wurde. „Alpusidla" heißt also „Alpengeister", genauer: „Alpenfeen/-elben/-elfen/-zwerge". Bei den schnurgeraden Pfaden handelt es sich nämlich weniger um die Bahnen von Ahnen, die Personen sind, die man noch kannte, sondern um eine Jahrtausende ältere Erscheinung. Es sind die uralten „Feenwege". In ganz Europa kennt man solche schnurgeraden Geisterwege, auf denen gemäß den Sagen die Totenprozession entlangzieht. Doch in Irland sind diese Pfade ausdrücklich als „Feenwege" bekannt. Hier weiß man auch noch, dass sie die sogenannten „Feenburgen" miteinander verbinden, das heißt solche Monumente wie einzeln stehende Steine (Menhire), Steinkreise (Cromlechs) und Großsteingräber (Dolmen), ebenso alte Ringwallanlagen, die allesamt Bauten aus der Jungsteinzeit sind. Außerdem liegen natürliche, alte Kultplätze auf ihnen wie besondere Quellen, Seen und Bäume, auch bestimmte Hügel und Berge, die man „Spukberge" nennt.[608] Im Lötschental kann man beobachten, dass die schnurgeraden Wege die Gletscherplatten mit den Felszeichnungen und die Riesensteine, jene Monolithen, an denen Sagen haften, miteinander verbinden.

Damit löst sich das Rätsel. Es handelt sich bei ihnen um die sogenannten „Leylinien", genauer gesagt, um die Kultlinien aus der Jungsteinzeit, die schnurgerade von einem Kultplatz zum nächsten führen. Sie entstanden aus den Sichtlinien zwischen besonderen Plätzen, die der Fernkommunikation mit Feuerzeichen dienten, und solche Sichtlinien sind immer schnurgerade. Die frühen Menschen besetzten sie mit Raststationen und Kultanlagen und schufen auf diese Weise in einer damals unbesiedelten Landschaft die ersten Wege, die schnurgerade über Land führen. Denn warum sollten sie in der damaligen Wildnis mühsame Umwege machen?[609]

Als sich das Alte Volk zurückzog und im Gedächtnis der späteren Menschen immer mehr verblasste, bis es sich allmählich in „Geister" verwandelt hatte, wurden diese alten Pfade zu sogenannten „Geisterwegen". Zunächst waren diese „Geister" noch die verehrten Ahnenseelen, worauf die oben genannten Bräuche hinweisen. Doch später verstand man im christlichen Aberglauben darunter die „Armen Seelen" als die unerlöst herumspukenden Toten, die nun nicht mehr auf den alten Kultlinien, sondern angeblich von einem Friedhof zum anderen ziehen. Auf diese Weise entstand in der Volkserinnerung das Gemisch aus den magischen Wesen des Alten Volkes, aus den mächtigen und gütigen Ahnenseelen, die in der Totenprozession daherziehen, und aus den spukenden Toten als den büßenden „Armen Seelen" – ein wildes Durcheinander, was sich in den Sagen spiegelt.

Eindeutig geblieben sind jedoch die schnurgeraden Wege, die heute als jungsteinzeitliche Kultwege wiederentdeckt werden. Denn die meisten Plätze der „Feen", das heißt: des Alten Volkes, gibt es noch heute in der Landschaft.

Wo die Dreifaltige ragt ...
Im Berner Oberland in der Zentralschweiz

Jungfrau, Mönch und Eiger

Diese Dreifaltige Berggöttin ist äußerst berühmt, obwohl kaum jemand sie so nennt. Ihr Ruhm hat nicht zuletzt damit zu tun, dass man sie, wenn man sich von Norden her der Zentralschweiz nähert, überall sieht. Sie ist weder verborgen noch zurückhaltend, sondern zeigt sich aus verschiedenen Blickrichtungen in voller Pracht. Ihr dreifacher Name ist jedem geläufig wie ein stets wiederholtes Mantra: „Eiger, Mönch und Jungfrau". Dabei müsste es heißen „Jungfrau, Mönch und Eiger", denn die weiße Jungfrau ist die erste und höchste (4158 m), der sogenannte „Mönch" die zweite und zweithöchste (4099 m) und der unheimliche „Eiger" die dritte Berggestalt (3970 m). Diese Reihenfolge wird bei Bergen, die eine Dreiergruppe bilden, nie vertauscht.[610] Drei derart hohe Berge in einer Reihe beisammen, die weithin sichtbar sind, ist spektakulär und war es zu allen Zeiten. Bereits vom Schweizer Jura aus, jenem Mittelgebirgszug, der sich parallel zur westlichen Alpenkette hinzieht, kann man sie an klaren Tagen aus 100 km Entfernung bewundern. Alle exponierten Jura-Kuppen von der Bölchenflue über Chellenchöpfli, Weißenstein, Chasseral, Vue des Alpes bis Chasseron bieten diesen grandiosen Fernblick. Die drei überragen majestätisch sogar Städte wie Bern und deklassieren das dortige menschliche Getriebe.

Diese Dreiheit mächtiger Berge war den Menschen seit der frühesten Epoche bekannt. Sie erblickten sie schon vom Schweizer Jura aus, der ein seit ältester Zeit begangenes und besiedeltes Gebiet ist. Der Jura bot den frühesten Menschen zahlreiche Höhlen und Grotten und den ersten Ackerbauern fruchtbare Täler. Zu seinen Füßen am Südrand liegen drei Seen: der große Neuenburger See, der Bielersee und der kleine Murtensee. Der Jura und besonders dieses Drei-Seen-Land sind reich an archäologischen Funden, bemerkenswerten Kultplätzen und schönen Menhire-Gruppen wie Les Pyramides und die Steinreihen bei Yverdon-Clendy und bei Lutry. Sie beweisen die Anwesenheit weit entwickelter Kulturen aus der Jungsteinzeit und Bronzezeit.[611] Die Göttinnenverehrung begann hier bereits in der Mittelsteinzeit, was die 13.000 Jahre alte kleine Göttinfigur, die bei Neuchâtel-Monruz gefunden wurde, zeigt.

Aber wie nahe sind die frühesten Bewohner dieses Gebietes der erhabenen Gletscherwelt von Jungfrau, Mönch und Eiger gekommen, sodass sie in ihrer Erscheinung eine dreifaltige Berggöttin erkennen konnten? Hat nicht gerade diese Gletscherwelt, die heute die Touristen anzieht, sie eher abgeschreckt? Im Gegensatz zu ihrer eisigen Größe ist diese Berggruppe jedoch relativ leicht zugänglich, sodass dieselbe kulturgeschichtliche Situation bis zu ihr hinaufreicht. Der Zugang beginnt bei Interlaken, jener Stadt, die das Tor zu ihr öffnet. Sie liegt zwischen den beiden Alpengewässern Thunersee und Brienzersee, an deren Ufern es zahlreiche bemerkenswerte Gegenden und Kultplätze gibt. Beispielsweise liegt am Nordrand des Thunersees der Habkern-Wald mit dem Seefeld, einem labyrinthischen Karrenfeld mit der sogenannten „Beatushöhle", die vor der Verchristlichung eine uralte Kulthöhle war. Es gibt in diesem Gebiet zahlreiche Sagen von „Zwergen", eben dem Kleinen oder Alten Volk, das hier noch lange gelebt haben soll. In der Tat bietet das verkarstete Kalkgelände – genauso wie der Untersberg bei Berchtesgaden oder die Fanes-Alpe in den Dolomiten – ein ideales Rückzugsgebiet. Daneben erhebt sich der Kulthügel Harderberg mit dem riesigen Felsgesicht des „Hardermannes", an das sich eine Sage knüpft. Das Felsgesicht blickt direkt über Interlaken hinweg zur Jungfrau.[612] Gleich auf der gegenüberliegenden Seeseite liegt wieder ein wichtiger Kulthügel, der Kleine Rugen, der einen hervorragenden Blick auf die Umgebung und ebenfalls auf die Jungfrau bietet. Oben auf seiner Kuppe trägt er einen „Kindlistein", einen Kinderherkunftstein, was den Hügel mit sehr alten, kultischen Bräuchen verknüpft.[613]

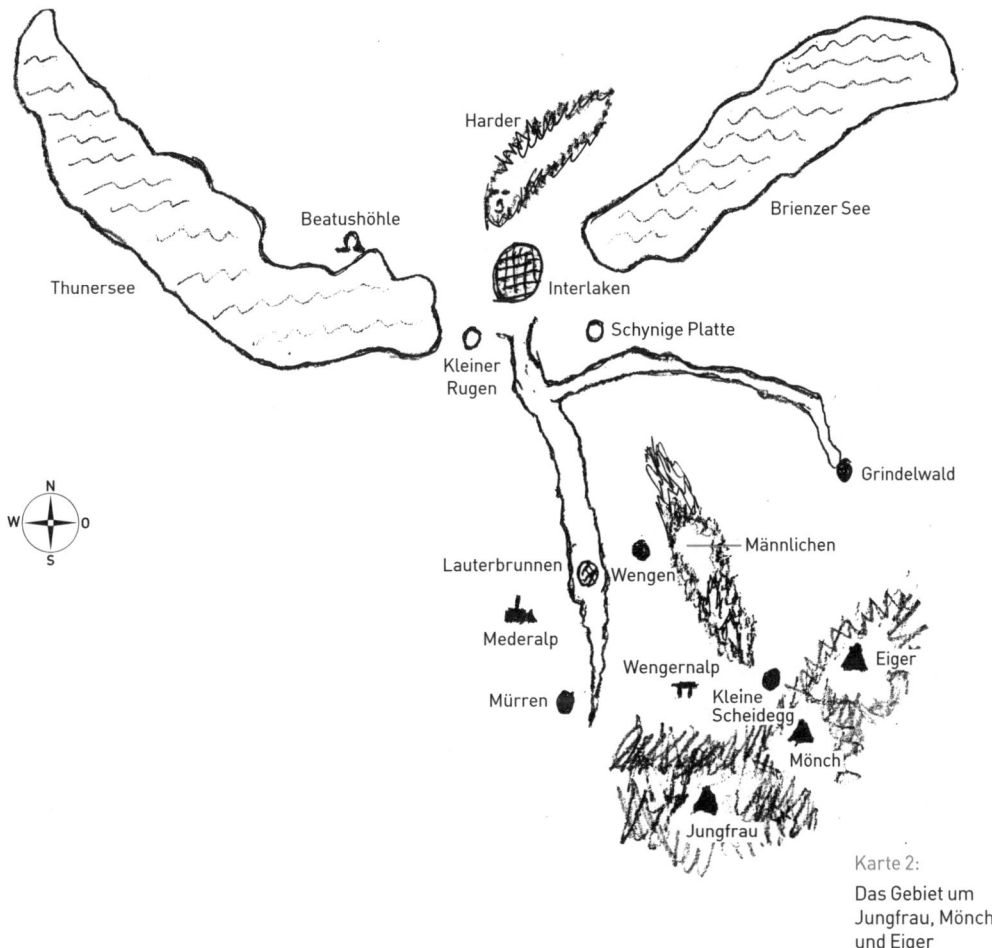

Karte 2:
Das Gebiet um Jungfrau, Mönch und Eiger

Von Interlaken aus geht es dann nahezu eben in das schöne Tal von Lauterbrunnen hinein, wo man direkt zu Füßen der Jungfrau steht, ohne jedoch ihre ganze Gestalt erblicken zu können. Es ist ein Trogtal, das sich mit seinen senkrechten Wänden wie ein riesiger Kelch ausnimmt, und hohe, schlanke Wasserfälle rieseln über die Felsen herunter, wie der Staubbachfall beim Dorf Lauterbrunnen. Lauterbrunnen liegt in der Mitte dieses Kelchtales, und wieder ist es ein alter Kultplatz, auf dem seine Kirche steht (Karte 2).

Von Lauterbrunnen führt eine Zahnradbahn am Berghang bequem nach Wengen hinauf, einem heute berühmten Wintersportort auf halber Höhe, der ebenfalls uralte Wurzeln hat. Früher stieg man zu Fuß dort hinauf, was etwas steil, doch ohne Schwierigkeit war. Hat man die Höhe von Wengen erreicht, erscheint zunächst die Jungfrau in voller Gestalt und gleißendem Licht vor dem Blick (vgl. Karte 2). Auch bei

Wengen gibt es Kultplätze, welche die Anwesenheit der jungsteinzeitlichen Menschen belegen, so der „Chilchstein" oberhalb der Ortschaft. „Chilchstein" heißt „Kirchstein", obwohl an diesem riesigen Felsblock nie eine Kirche oder Kapelle stand. Dennoch verrät sein Name, dass er ein heiliger Stein war, und das wird bestätigt durch eine Höhle und die senkrechte Spalte, die ihn genau in der Mitte von oben bis unten durchzieht. Diese Spalte macht ihn zu einem Vulva-Stein oder Ahnin-Stein, bei dem die Frauen von Wengen in den frühesten Kulturen die Kinderseelen abholten.[614]

Ein weiterer besonderer Stein steht auf der Mederalp auf der anderen Talseite direkt gegenüber von Wengen; es ist ein großer Felsblock, auf dem eine natürliche, schlanke Steinsäule aufragt. Diese war früher wesentlich höher als heute und wird von den Einheimischen „Vreneli" genannt.[615] Das weist auf die Göttin Vereina hin, die später zu St. Verena verchristlicht wurde. Diese bemerkenswerten Steine bei Wengen und ihre Namen zeigen uns, dass die Göttinnenverehrung bis hinauf zu den drei hohen Bergen reichte.

Dabei ist Wengen nicht einmal der letzte Ort an diesem Berghang, denn auf einem angenehmen Wanderweg geht es zur Wengernalp hinauf. Nun erscheinen außer der Jungfrau auch der Mönch und dahinter der Eiger, alle drei nebeneinander in eindrücklicher Größe. Dieser Anblick wird zu der jungsteinzeitlichen Steinsetzung geführt haben, die man hier oben fand und die wohl zur Verehrung der drei heiligen Berge gedient hat. Noch weiter aufwärts erreicht man das begrenzte Höhenplateau der Kleinen Scheidegg, und hier ragen nun Jungfrau, Mönch und Eiger als die Dreifaltige in aller Pracht vor dem staunenden Blick (vgl. Karte 2). Zugleich ist dieses Almengelände völlig gefahrlos für ihre damaligen wie heutigen Bewunderer, denn eine tiefe Schlucht trennt sie von den eisgepanzerten Bergriesinnen. In diese Schlucht senden alle drei ihre starken Schmelzwasser, und die Jungfrau schickt im Frühling und Sommer gelegentlich donnernde Eislawinen dort hinab. So stehen die Betrachtenden hier oben ihrem mächtigen Wirken unmittelbar und schaudernd gegenüber.

Eine ziemlich lächerliche Sage knüpft sich an die erhabene Dreiheit dieser Berggestalten, die den Touristen erzählt wird und die späteren Bergnamen erklären soll. Nach ihr soll der Eiger ein Jäger gewesen sein, der in die Jungfrau verliebt war und sie in ihn. Zur Rettung der Keuschheit der Jungfrau stellte sich ein sittenstrenger Mönch zwischen beide, womit die Sache dann erledigt war. – An dieser Version ist alles falsch und patriarchal. Denn „Jungfrau" wird hier im sexistischen Sinne verstanden als sexuell unberührte Frau, während es im matriarchalen Sinne die junge, starke, unabhängige Frau bedeutet, die über ihre Liebhaber selbst entscheidet und keinen Mönch zu ihrer Rettung braucht.

Es gibt eine originale, längere Version dieser Sage, auch wenn sie zu einer romantischen Liebesgeschichte gedehnt wurde. Sie bezieht sich jedoch nicht auf die drei Berge, sondern auf die steinerne Säule, die „Vreneli" genannt wird. In dieser Version geht es um den Jäger Peter, der die Jungfrau Verena liebt, doch der landgierige Vater, der sie mit einem reichen Bauern verheiraten will, tritt zwischen die Liebenden. Die Geschichte endet tragisch mit der Versteinerung der Verena und ihres Vaters.[616] Von dieser Version ausgehend wurde das touristische Kürzel erfunden und fälschlich auf die drei Berge übertragen, wobei der „Vater" durch den „Mönch" ersetzt wurde. Jedoch wurde in dieser älteren Version der Sage der Jäger Peter nicht versteinert, sodass nicht einmal die Zahl der Berge übereinstimmt.

Eine weitere Sage bezieht sich hingegen direkt auf die drei Berge. Sie will erklären, wie Jungfrau, Mönch und Eiger entstanden sind, die eine Familie von Riesen aus Tochter, Sohn und Vater gewesen sein sollen. Wegen unterlassener Gastfreundschaft wurden sie in Stein verwandelt.[617] Dies ist zwar auch eine Versteinerungssage, aber das Handlungsmuster ist völlig verschieden von der Vreneli-Sage.

Ganz abgesehen davon hat man ursprünglich keinen der drei Berge als männlich betrachtet, wie es diese stark patriarchalisierten Sagen tun, sondern alle drei wurden als weibliche Gestalten angesehen, die in der weiblichen Dreifaltigen vereint sind. Erst später wurden zwei dieser Berge vermännlicht, doch der wahre männliche Partner der weiblichen Berg-Dreiheit ragt an einem anderen Ort in der Landschaft, den wir noch aufsuchen werden. Für die Menschen der Jungsteinzeit mit ihrem sakralen matriarchalen Weltbild war diese weibliche Dreifaltigkeit eine sichtbare Erscheinung der Großen Göttin. Denn diese ist stets die Dreieinige aus den Gestalten der Weißen, der Roten und der Schwarzen Göttin. Die Weiße Göttin gilt als die Herrin des Himmels, die Rote als die Herrin von Land und Wasser und die Schwarze als die Herrin der Unterwelt.[618]

Wie sich die drei Berge bei symbolischer Betrachtungsweise – die den frühen Menschen eigen war – in dieses matriarchale Weltbild einfügen, wollen wir anhand ihres Erscheinungsbildes jetzt zeigen.

Jungfrau, die vielgestaltige Berggöttin

Der Name „Jungfrau" wurde zwar in germanischer Sprache überliefert, die erst spät in diesem Gebiet ankam, doch er setzt die alten Namen fort, die man diesem Berg einst gab. Denn auch spätere Sprachschichten, welche die vor-indoeuropäische Sprache der Urbewohner überdecken, haben sehr oft die alten Bedeutungen von Bergen, Flüssen, Seen aufgenommen. So spricht der Name „Jungfrau" für sich. Er gilt als ein stehender Titel der Weißen Göttin als himmlischer Jungfrau, sie stellt die Mädchengestalt der dreifachen Großen Göttin der matriarchalen Kulturen dar. Die Weiße Göttin ist identisch mit der Mondgöttin der frühesten Kulturen, und zwar seit der Altsteinzeit. Sie erscheint nur bei Nacht zwischen den vielen Sternen und steht daher stellvertretend für das ganze Universum, das man ja nur bei Nacht sieht. Außerdem wechselt sie ständig ihre Gestalt, was ihr eine gewisse Vielheit gibt, die jedoch drei klare Aspekte zeigt: als Sichelmond den weißen Aspekt, als Vollmond, wenn sie rund am Horizont aufgeht, den roten Aspekt und als Leermond, wenn sie für ein paar Tage verschwunden ist, den schwarzen Aspekt. So ist sie umfassend und dennoch nur die Eine, die Weiße Göttin. Dieses Denken, dass drei in einer vereinigt sind, obwohl sie in verschiedenen Gestalten erscheinen, ist charakteristisch für die frühen matriarchalen Kulturen.[619] Genau dieser Gedanke wurde viel später für die rein männliche, christliche Dreieinigkeit übernommen. Aber da sogar sie nicht ganz ohne Weiblichkeit auskommt, wurde zusätzlich die Jungfrau Maria geschaffen, deren Gestalt im Zuge der christlichen Missionierung viele uralte Himmels- und Mondgöttinnen verdeckte und unsichtbar machte.[620]

Dies legt nahe, dass der Berg Jungfrau – der sich nicht durch Maria ersetzen ließ – die wichtigste Berggestalt der ganzen Gruppe ist. Das Lauterbrunner Tal führt unmittelbar zu ihr hin, und von dessen Talboden auf circa 800 m steigt sie ohne Vorgebirge stufenweise auf die imposante Höhe von über 4000 m empor. Sie ist der glänzend weiße Berg, der weithin leuchtet und als die Weiße Göttin der ganzen Gegend angesehen wurde. Den ersten spektakulären Anblick bietet sie von Interlaken aus, der Stadt zwischen den zwei Seen fast zu ihren Füßen. Dort erscheint sie zwischen den nahen, bewaldeten Hängen in der Form einer schneeweißen Raute (Abb. 1). Die Rautenform besteht aus einem doppelten Dreieck – eins nach oben und eins nach unten gerichtet – und war für die frühen Menschen höchst bedeutungsvoll. Ob sie nun als

Abb. 1:
Der Berg Jungfrau, von Interlaken aus gesehen

Gefäßmalerei, als Stein oder aus bestimmter Perspektive als Berg vorkommt, stets galt die Raute als ein weibliches Symbol. Denn sie ist eher breit als hoch, wobei die Breite die weiblichen Hüften symbolisiert und das nach unten zeigende Dreieck den weiblichen Schoß. Genauso erscheint die Jungfrau aus dem Blickwinkel von Interlaken: Das obere Dreieck der Raute zeigt ihren Oberkörper und ihr Haupt, das untere Dreieck stellt ihr weißes Gewand mit dem reichen Faltenfall aus Gletscherspalten dar und mündet in ihren Schoß.[621]

Aus der Nähe betrachtet kann man die weiblichen Eigenschaften der Jungfrau noch besser erkennen: Der Oberkörper zeigt ihre schneeweißen Brüste, die von zwei isolierten Bergkegeln an der richtigen Stelle geformt werden (Abb. 2, siehe auch Abb. 1). Einer trägt den schönen Namen „Silberhorn". Die Brüste stehen deutlich hervor und sind so spitz und jugendlich, dass an der Mädchenhaftigkeit der Jungfrau kein Zweifel besteht. Sehr nahe bei ihr im hinteren Lauterbrunner Tal gibt es die

Abb. 2:
Die „Brüste"
der Jungfrau

Landschaftsnamen „Busental", „Busenegg" und „Busenalp" mit Plätzen, wo man unmittelbar auf den Busen der Jungfrau blickt. So wird ihre Schönheit ausdrücklich gewürdigt.

Die höchste Spitze des nach oben gerichteten Rautendreiecks ist der Jungfraugipfel. Dieser ist wie ein kleiner Kopf geformt, bei dem man sogar das Gesicht mit zwei Äuglein und einer feinen Nase erkennen kann (Abb. 3). Am besten sieht man das Köpfchen der Jungfrau von dem Höhenweg aus, der auf der westlichen Seite des Lauterbrunner Tales zum Ort Mürren führt. Im Verhältnis zu ihrem großen Leib ist das Köpfchen winzig. Doch genau dieses Verhältnis ist bei vielen altstein- und jungsteinzeitlichen Göttinnenfigürchen zu sehen, die eher den Leib als den Kopf betonen. Nähern wir uns der Jungfrau auf diesem Weg in intensiver Betrachtung, so kommt das Gefühl auf, dass sie uns von ganz oben beständig ansieht und zugleich gelassen auf das Gewimmel zu ihren Füßen herabschaut.

Der untere Teil ihres Körpers ist von ihren Gletschern umhüllt, sie bilden mehrere muldenartige, nach unten hin ausschwingende, große Schoße. So senkt sich ein Gletscherschoß gleich unterhalb ihrer Brüste hinab (siehe Abb. 2), und der Hauptgletscher fließt breit in der Mitte

Abb. 3:
Die Jungfrau im Abendlicht mit dem „Köpfchen" und dem Hauptgletscher

des Berges als ein gewaltiger Schoß herunter (siehe Abb. 1 und 3). Ihre Schoße sind so vielgestaltig wie sie selbst und reichen zuletzt bis zum Rand jener Schlucht, die sich vom Lauterbrunner Talboden bis zur Wengernalp hinzieht.

In dieser unverwechselbaren Gestalt ist sie weithin zu sehen. Aus gewissem Abstand zeigt sie noch mehr von ihrer Weiblichkeit, nämlich dann, wenn keine Vorberge ihre untere Partie mehr verdecken. Dann kann man erkennen, dass sich unterhalb ihrer hängenden Gletscherschoße eine riesige, dunkle Vulva öffnet. Es ist der Eingang zu der großen Schlucht, durch den ihre Schmelzwasser herunterkommen und sich in den mächtigen Wasserfällen des Trümmelbaches ins Lauterbrunner Tal ergießen.

Gleichzeitig kann man beobachten, dass sie eine doppelte Gestalt hat. Denn ihr glänzend weißer Leib reicht nicht nur senkrecht vom Haupt oben bis zur Vulva unten, sondern dehnt sich auch waagerecht am Horizont entlang, sodass sie gleichzeitig liegend erscheint. Halb aufgerichtet ruht sie, auf eine seitliche dunkle Felsrippe wie auf ihre Schulter gestützt, und streckt sich von ihren spitzen Brüsten an nach rechts auf den niedrigeren Bergen aus (Grafik 1). Wo ihre lässig daliegende

Grafik 1:
Die doppelte Gestalt der Jungfrau, aufrecht und liegend (die charakteristischen Eigenschaften sind vergrößert)

Gestalt endet, streckt sie keck ein „Füßchen" aus dem langen Schneegewand hervor, das von den Lobhörnern gebildet wird (Abb. 4). So zeigt sie sich in ihrem komplexen Aufbau auf vielfältige Weise als weiblich, sogar als ausgesprochen jungfräulich in ihrem gen Himmel geschwungenen Weiß, ihrer leichten, lichten und anmutigen Erscheinung.

Wie bei allen anderen heiligen Berggöttinnen in den Alpen wohnen auch in den Gletscherschoßen der Jungfrau, gemäß uraltem Glauben, die Ahnenseelen. Doch die jungen Frauen werden sie nicht dort abgeholt haben, dazu waren die Gletscher der Weißen Göttin zu entfernt, zu gefährlich und nicht begehbar. Viel eher bot es sich an zu warten, bis die Weiße Göttin die Seelen selbst aus ihren Gletschern herabschickte. Denn im Strom ihrer Schmelzwasser gebiert die Berggöttin die Ahnenseelen fortwährend aus der Schlucht, ihrer Vulva, heraus – so wie es nach matriarchalem Glauben die Göttinnen der Wiedergeburt als Jungfrau-Mütter überall tun. Dieser Fluss aus Gletscherwasser trägt den Namen „Weiße Lütschine". Das Wort „Lütschine" ist keltisch und bedeutet ebenfalls die „Weiße", nicht anders als bei „Lonza/Lötsche" im Lötschental. Das Gewässer heißt also die „Weiße Weiße" in doppelter Betonung dieser Eigenschaft, und es ist auch die „Weiße" von der „Weißen", nämlich der weiße Gletscherfluss von der Weißen Berggöttin. Es stellt ihr Lebenswasser dar und zugleich ihre „Milch", worin sie die Ahnenseelen wieder ans Licht bringt.

An leichter zu erreichenden Orten holten die Frauen dann die Ahnenseelen ab, um sie selbst nach neun Monaten als kleine Kinder in ihren Clan wiederzugebären. Solche Orte waren die Kinderherkunftsteine in der Umgebung, insbesondere der „Chilchstein" bei Wengen, der sich so nahe an der Jungfrau befindet. Aber auch dort unten, wo der weiße Strom ihres Lebenswassers mit den darin schwimmenden Ahnenseelen aus der Vulva der Berggöttin unmittelbar hervorkommt, muss es einen

Abb. 4:
Die Lobhörner als „Füßchen" am Jungfrau-Massiv

solchen Platz gegeben haben. In der Nähe ihrer riesigen Vulva liegt außerdem Lauterbrunnen mit seiner Kirche an der Weißen Lütschine, und dieser leicht erhöhte Platz dürfte ebenfalls ein uralter Kultort der Kinderherkunft gewesen sein. Dieser Kirchplatz befindet sich außerdem genau in der Mitte des großen Kelchtales von Lauterbrunnen, das selbst einen riesigen Schoß darstellt (Abb. 5). Genau da, wo die Lütschine zuletzt aus diesem Kelchtal herausfließt, liegt der Hügel Kleiner Rugen bei Interlaken. Auf ihm thront der „Kindlistein", wiederum ein eindeutiger Ort der Kinderherkunft.

Dieses landschaftliche Ensemble von der Vulva der Weißen Berggöttin und dem großen Kelchtal von Lauterbrunnen, durch das ihr Lebenswasser fließt, diesem Eingang zu ihr und Ausgang von ihr, stellt einen Naturtempel dar. Er war den frühen Menschen hochheilig, was man heute noch fühlen kann, wenn man das Lauterbrunner Tal betritt. Dieser Naturtempel verlängert sich bis nach Interlaken, das vom Kleinen Rugen und vom Harderberg flankiert wird, die beide uralte Kultberge sind.[622]

Kommen wir noch einmal zurück auf die Vreneli-Sage von der Mederalp gegenüber Wengen. Die Steinsäule mit dem Namen „Vreneli" auf dieser Alp steht eindeutig mit der Berggöttin Jungfrau in Beziehung und weist auf sie hin. Aber der Inhalt der Sage besteht aus einer Liebesgeschichte, sodass die Frage aufkommt, was sie mit der Jungfrau als ausgesprochen Weißer Göttin zu tun haben soll. Allerdings kommt es in

Abb. 5:
Die Kirche von Lauterbrunnen mitten in dem Kelchtal, nahe bei der „Vulva" der Jungfrau (linker Hand zwischen den beiden Felsen)

der Erzählung nicht zur Erotik, sie wird ja brutal verhindert. Das arme Vreneli bleibt also eine „Jungfrau" im patriarchalen Sinn.

Eine solche Erklärung ist jedoch zu einfach und enthüllt uns nicht den Charakter der Göttin Verena in Bezug zur Berggöttin Jungfrau, denn Verena wurde erst viel später derart herabgesetzt und verkleinert. Ursprünglich handelt es sich in ihr um eine Rote Göttin, wie ihre Symbolik deutlich zeigt: Sie wird mit einem Krug und einem Kamm dargestellt, und man sieht sie auch mit prächtig wallendem, offenem Haar (Kirche von Zurzach). All dies passt keineswegs zu einer keuschen Heiligen, die sie später als St. Verena sein soll. Denn der Kamm und das wallende Haar sind erotische Symbole, besonders wenn es ums Kämmen geht – wie man bei der bekannten Loreley am Rhein feststellen kann. Mit dem Kämmen ihres schönen Haares pflegen Rote Göttinnen ihren Geliebten anzulocken, mit dem sie die Heilige Hochzeit feiern wollen.[623] Genau in diesem Sinne kommt Verena in der Schweizer Tannhäuser-Sage vom Kulthügel Thierget (Tiergarten) im Sarganser Tal vor, der ein roter Kultplatz zur Feier dieser magischen Zeremonie war. Im Mittelalter wurde Verena deshalb mit der Göttin Venus identifiziert.[624]

Ebenso ist Verenas Krug ein erotisches Symbol, denn Krug, Schüssel, Schale oder Kelch bedeuten den weiblichen schöpferischen Schoß. Diese Schoßsymbole gehören zur Roten Frau, der Göttin der Liebe und des Lebens, die Verena ursprünglich war. Dazu passt, dass sie auch als

Wassergöttin verehrt wurde, die aus ihrem „Krug" das Wasser des Lebens schenkt. Sie ist deshalb mit Quellen und Flüssen verbunden, genauso wie ihre mythologische Schwester Loreley mit dem großen Strom Rhein. Als Wassergöttin vermochte Verena dank der ihr geweihten Heil- und Thermalquellen nicht nur zu heilen, sondern sie wässerte auch den Boden, machte ihn fruchtbar und versorgte so die Menschen mit Mehl und Brot, eben mit Nahrung.[625] Auch mit Brot wird sie gelegentlich dargestellt, was zu ihr als der mütterlich nährenden Roten Frau passt.

Wenn wir dies bedenken, so dürfte es bei der Steinsäule der Verena auf der Mederalp eher auf den Krug der Göttin angekommen sein als auf irgendeine fiktive „Jungfräulichkeit". Der Krug symbolisiert ihren Schoß, und von dieser Alp aus gesehen zeigen sich die mächtigen Gletscherschoße der Berggöttin Jungfrau. Die Schoße geben den Ahnenseelen einen Ort, und die Weiße Göttin gebiert sie aus ihren Wassern fortwährend zurück ins Leben. Sie ist also die Jungfrau-Mutter, eben die Göttin des wiederkehrenden Lebens, und diese Eigenschaft verbindet sie mit Verena. Auch aus dem Krug der Verena strömt das Lebenswasser rauschend hervor. Die frühen Menschen mögen deshalb auch das enge Kelchtal von Lauterbrunnen, durch das die Wasser der Jungfrau strömen, symbolisch als den „Krug" der Verena betrachtet haben. Denn diesem Wassergefäß gleicht das Tal durchaus (siehe Abb. 5).

Mönch, die verkappte Rote, und Eiger, die „Schreckliche"

Der Name „Mönch" für die zweite Berggestalt der erhabenen Dreiheit entstand sehr spät, denn er stammt aus dem Mittelalter. Zudem zeigt eine solche Benennung mitsamt der frömmelnden Touristen-Sage, dass hier etwas Wichtiges verkappt wurde und der christlichen Missionierung, die vom Kloster Interlaken aus betrieben wurde, zum Opfer fiel. Aber was war es, das hier verdeckt werden musste?

Diese zweite Berggöttin ist die Rote in der Reihe, was nicht nur symbolisch, sondern auch real gilt. Denn sie besteht zur Gänze aus rötlichem Gestein (Abb. 6 und 7). Im Sommer, wenn sie nicht völlig von Schnee verhüllt ist, tritt dies deutlich hervor und muss in der warmen Periode der Jungsteinzeit, als ihre Vergletscherung geringer war, noch mehr aufgefallen sein. Die Rote Göttin war den Missionaren überall am meisten im Weg, denn sie ließ sich nicht zur Jungfrau Maria umstilisieren und nicht zur finsteren Hexe dämonisieren. Sie war und blieb die

Abb. 6:
Die Berge Mönch und Eiger von der Kleinen Scheidegg aus gesehen

Rote, die Göttin der Liebe und des Lebens. Daher haben die ihr gewidmeten Berge sehr starke Umdeutung und ihre Kultplätze am häufigsten Zerstörung erfahren.

Wenn wir den älteren Namen des Berges, der später so unsinnig „Mönch" genannt wurde, entschlüsseln können, nähern wir uns seiner ursprünglichen Bedeutung wieder an. Diese Benennung ist eine Verzerrung des mittelhochdeutschen Wortes „māne" oder „mān", das ausdrücklich in weiblicher Form vorkommt, also die „mān(e)". Das Wort heißt „Mond".[626] Im Althochdeutschen lautet dasselbe Wort „mān(in)" oder „moen(in)" mit klar weiblicher Endung, und in indoeuropäischen Sprachen kommt es allgemein als „mēn" vor.[627] Aus „mēn" oder „moen" konnte dann assoziativ der „Mönch" gemacht werden und die unerwünschte Mondin verdecken.[628]

Wie kommt diese schöne, wie eine ebenmäßige Pyramide geformte Berggöttin zu dem Namen „Mondin"? Wegen ihres rötlichen Aussehens kann damit nur der Vollmond gemeint sein, der ebenfalls rötlich erscheint, wenn er abends am Horizont aufsteigt. Neben ihr ragt die Jungfrau in den Himmel, die – wie wir gesehen haben – auch mit der Mondgöttin symbolisch verbunden wurde, in ihrem Aspekt als die Weiße Göttin. So liegt es nahe, dass die frühen Menschen ihre rötliche Nachbarin symbolisch mit dem Vollmond als dem roten Aspekt der Mondgöttin verknüpften. Darum nennen wir den sogenannten „Mönch" ab jetzt die „Rote Berggöttin".

Abb. 7:
Das rötliche Gestein des Berges „Mönch"

Als dritte Berggestalt kommt der vermännlichte „Eiger" hinzu. Er ist ein dunkler Berg, denn sein Gestein ist grauschwarz. Nach Norden hin fällt er circa 2000 m fast senkrecht in der schwarzen, schaurigen Eiger-Nordwand ab, die tief beschattet von seinem Gipfel bis zum Fuß hinabreicht (Abb. 8). Von dem Dorf Grindelwald aus ist diese Wand in voller Höhe zu sehen, und von hier aus steigen Bergkletterer ein, die beim Durchklettern der Eiger-Nordwand ihr Leben aufs Höchste gefährden. Bevor der moderne Alpinismus begann, gab es wegen ihrer Gefährlichkeit ein amtliches Verbot, in diese Wand einzusteigen. Seit dieses Verbot aufgehoben wurde, hat es tatsächlich viele tödliche Unfälle gegeben, bei denen Bergsteiger in der berüchtigten Eiger-Nordwand entweder abstürzten oder erfroren oder vom Steinschlag getroffen wurden. So umgibt diesen Berg noch heute die Aura des Todes.

Auch den frühen Menschen, die ihn sahen, muss dieser Berg unheimlich erschienen sein, obwohl es ihnen nicht in den Sinn gekommen wäre, durch seine Nordwand hinaufzusteigen. Aber diese Wand ragte auch über ihnen unnahbar, erbarmungslos und derart jäh auf, dass sie noch nicht einmal einen Gletscherschoß als Wohnort für die Ahnenseelen bot. Sie sahen in dieser Berggestalt die Schwarze Göttin als Todesgöttin verkörpert, die sie symbolisch mit dem schwarzen Aspekt der Mondgöttin verknüpften. So vollendet diese dunkle Berggestalt die Dreifaltige, die sich hier in einer Reihe als Dreiheit von Berggöttinnen zeigt, die symbolisch mit der dreifaltigen Mondgöttin verbunden gesehen wurden.

Abb. 8:
Die Dreifaltige aus Jungfrau, Mönch und Eiger, links Eiger mit der Nordwand

Doch was bedeutet der Name „Eiger"? Es ist viel darüber gerätselt worden, aber er meint gewiss nicht den Namen jenes Jägers, der angeblich die Jungfrau aus Liebe verfolgt haben soll, bis der Mönch sie vor seinen Nachstellungen rettete. Wenn man den Namen nicht wie „A-iger" ausspricht, wie es in jüngerer Zeit üblich wurde, sondern genauer als „E-iger", so kommt man der Lösung näher. Denn die Silbe „e-i" kann sich leicht zu einem langgezogenen „ē" wandeln, sodass die ältere Aussprache des Namens vermutlich „Ē-ger" war. Nun gibt es ein mittelhochdeutsches Wort „ēge", das die Bedeutung „Furcht" und „Schrecken" hat.[629] Die „Eiger" wurde demnach ursprünglich „Ēger" genannt, was die „Schreckliche" heißt. Das weist noch in germanischer Sprache auf eine uralte, vor-germanische Bezeichnung dieser Berggestalt hin, die sehr passend ist. Denn die Menschen der frühesten Kulturen haben sie als die Schwarze Berggöttin und Todesbringerin gesehen. Sie empfanden sie als die „Schreckliche", und diese Benennung ist einer der üblichen Titel für die Schwarze Göttin im Allgemeinen. Noch im Mittelalter hat er sich in dem germanischen Wort niedergeschlagen, denn das Aussehen des Berges hat sich in den Jahrtausenden nicht verändert. Wohl auch im Zuge der Missionierung wurde diese Berggöttin dann vermännlicht und das Wort „Ēger" zu dem ähnlich klingenden „Jäger" umgebogen – genauso wie „mān/mēn/moen" zu „Mönch" verzerrt wurde.

Für die jungstein- und bronzezeitlichen Menschen in dieser Gegend wurde die Todesfurcht, die sie angesichts der Schwarzen Berggöttin empfanden, jedoch in Hoffnung verwandelt. Das geschah durch die strahlend Weiße Berggöttin als einer Göttin der Wiedergeburt. Sie gab den Seelen der Ahnen in ihrem Gletscherschoß eine Heimat und gebar sie im Schmelzwasser aus ihrer Vulva wieder ins Leben. So vollendete sich in ihrem zyklischen Denken der Kreislauf von Leben, Tod und Wiedergeburt angesichts der Dreiheit dieser Berggöttinnen.

Die Dreifaltige und der „Männlichen"

Eine Dreifaltige Göttin wünscht sich vielleicht einen männlichen Berg als Partner. Diese Auffassung hatten die frühen Menschen auch bei dieser Dreiheit aus der Weißen, Roten und Schwarzen Berggöttin. Jedoch ist keiner in der Umgebung vorhanden, der ihrer Größe und Erhabenheit entspricht. Zumindest gilt dies von der Perspektive der frühen Menschen aus, die sich in den Tälern und auf den Almen aufhielten und nicht hinter die Jungfrau blicken konnten. Erst in jüngster Zeit wurde der Blick auf die hohen Eisgipfel hinter die Jungfrau möglich dank der Bergbahn, die zum Jungfraujoch hinaufführt.

Es gibt jedoch ein niedrigeres Vorgebirge, das von Nord nach Süd in rechtem Winkel direkt auf die drei Berggöttinnen zu verläuft und die beiden Täler von Lauterbrunnen und Grindelwald trennt. Dieser unbedeutende Bergzug trägt den Namen „Männlichen" (2343 m). Von der Kleinen Scheidegg aus kann man ihn erwandern oder ihn etwas entfernter von der Schynigen Platte aus betrachten.

Sein Name „Männlichen" ist sehr seltsam, wenn man ihn losgelöst von der Landschaft hört, in der er vorkommt. Bezieht man die Landschaft mit ein, dann ist er in der heutigen Vorstellung von ihr ebenfalls unverständlich, denn was sollte der Männlichen mit Eiger und Mönch, die auch als männlich gelten, oder mit einer asexuellen Jungfrau zu tun haben? Das ändert sich jedoch völlig, wenn man davon ausgeht, dass es sich bei dieser Dreiheit um drei weibliche Berggestalten handelt.

Die konkrete Anschauung des Männlichen hilft, seine symbolische Bedeutung für die frühen Menschen herauszufinden. Wenn man von

Abb. 9:
Schoßrund der Roten Berggöttin (dem sogenannten „Mönch")

der Schynigen Platte aus dieses dunkle Vorgebirge betrachtet, das aus schwarzem Schiefer gebildet ist, hat man es in der verkürzenden Perspektive der Aufsicht vor sich. Zugleich erblickt man die drei Berge, welche die Dreifaltige Göttin darstellen, in Seitenansicht auf schönste Weise nebeneinander. Auf der Schynigen Platte steht man der Hauptkuppe des Männlichen am nächsten, die wie ein flaches Dreieck geformt ist und die anderen Teile dieses Bergzuges nicht verdeckt.[630] Nicht weit hinter ihr sieht man einen Kegel aufragen („Tschuggen"), der als Teil des kurzen Bergzuges Männlichen ausgesprochen phallisch wirkt (siehe Abb. 8). Ein niedrigerer Kegel folgt, der twie seine angezogenen Knie erscheint („Lauberhorn"). Dann senkt sich der Bergzug zur Kleinen Scheidegg, wo er die Gruppe der Dreifaltigen genau auf der Höhe der Roten Berggöttin berührt. Aus dieser Perspektive betrachtet ragt auch der phallische Kegel zu der Roten hin, die ihm am nächsten ist (siehe Abb. 8). Die Weiße Berggöttin Jungfrau steht rechts weiter entfernt, und ihre Gletscherschoße sind in eine andere Richtung gewendet. Mit der Schwarzen Berggöttin, der „Schrecklichen", möchte der Männlichen sichtlich nichts zu tun haben, denn sie befindet sich links in gewisser

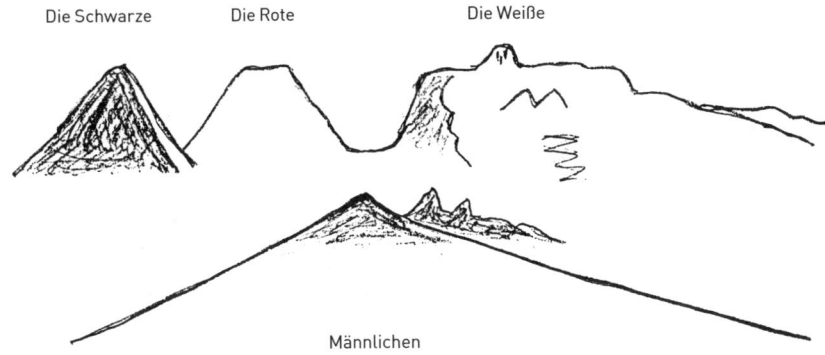

Grafik 2:
Der Bergzug Männlichen und die Dreifaltige Berggöttin (Blick von Schynige Platte)

Entfernung. Dafür richtet sich sein Phallus genau auf das riesige, rötliche Schoßrund der Roten Berggöttin, das sich unterhalb ihres Gipfelaufbaus weit öffnet (Abb. 9). So kann man von diesem Punkt aus die Dreifaltige Berggöttin und ihren Partner zusammen betrachten, wie er ihr von Liebe entbrannt buchstäblich zu Füßen liegt (Grafik 2). Völlig zu Recht trägt er den nun verständlichen Namen „Männlichen".

Dieser erotische Zusammenhang in der Landschaft tritt in der symbolischen Betrachtungsweise der Menschen aus den frühen Kulturepochen sehr deutlich hervor. Höchstwahrscheinlich gab es auf der heute völlig verbauten Kleinen Scheidegg früher auch einen Kultplatz, der dieser als heilig geltenden, weiblich-männlichen Verbindung der Berge gewidmet war. Auch den Menschen aus den viel späteren, keltischen und germanischen Epochen musste er noch bekannt gewesen sein. Denn sonst hätte es kaum einen Grund für die christlichen Missionare gegeben, diesen Zusammenhang zu zerreißen, indem sie ihn mit dem Namen „Mönch" für die Rote Berggöttin verdunkelten.

Wir konnten jedoch den symbolischen Zusammenhang in dieser Landschaft wiederfinden, indem wir der Anschauung der frühen Menschen, die auf diese Anhöhen stiegen und auf den Almen ihr Vieh weideten, gefolgt sind. Auf faszinierende Weise formt die Natur hier Berggestalten, die ihrem matriarchalen Weltbild entsprachen und ihnen deshalb in höchstem Grad der Verehrung würdig waren.

Anmerkungen

1. Der Begriff „Landschaftsmythologie" wurde von Kurt Derungs geprägt, der insbesondere Schweizer Landschaften mit dieser Methode erschlossen und zahlreiche Arbeiten dazu veröffentlicht hat (siehe Literaturliste). Wir nennen es jedoch ausdrücklich „matriarchale Landschaftsmythologie", um den besonderen frühgeschichtlichen und kulturellen Zusammenhang hervorzuheben.
2. Heide Göttner-Abendroth: *Matriarchale Landschaftsmythologie. Von der Ostsee bis Süddeutschland*, Stuttgart 2014, Kohlhammer-Verlag.
3. Heide Göttner-Abendroth: *Die Göttin und ihr Heros. Die matriarchalen Religionen in Mythen, Märchen, Dichtung*, Stuttgart 2011, Kohlhammer-Verlag, erweiterte Neuausgabe (zuerst München 1980); Marija Gimbutas: *Die Sprache der Göttin. Das verschüttete Symbolsystem der westlichen Zivilisation*, Frankfurt 1995, Verlag Zweitausendeins. – Zur internationalen Modernen Matriarchatsforschung siehe Heide Göttner-Abendroth (Hg.): *Gesellschaft in Balance*; dieselbe (Hg.): *Societies of Peace. Matriarchies Past, Present and Future*, (Selected Papers First World Congress on Matriarchal Studies, 2003, Second World Congress on Matriarchal Studies, 2005), Toronto/Canada 2009, Inanna Publications, York University.
4. Vgl. dazu Marija Gimbutas: *Die Zivilisation der Göttin. Die Welt des Alten Europa*, Frankfurt 1996, Verlag Zweitausendeins. Gimbutas nennt diese Gesellschaftsordnung „matristisch", meint aber dasselbe, wie es die neue Definition von „matriarchal" besagt.
5. Diese neue und adäquate Definition wurde aus der ethnologischen Forschung entwickelt von Heide Göttner-Abendroth: *Das Matriarchat II, 1. Stammesgesellschaften in Ostasien, Indonesien, Ozeanien*, Stuttgart 1999 (2. Auflage), Kohlhammer-Verlag; dieselbe: *Das Matriarchat II, 2. Stammesgesellschaften in Amerika, Indien, Afrika*, Stuttgart 2000, Kohlhammer-Verlag; dieselbe: *Matriarchat in Südchina. Eine Forschungsreise zu den Mosuo*, Stuttgart 1998, Kohlhammer-Verlag. – Vgl. eine kurze Diskussion zu neueren Thesen zur Jungsteinzeit, die angeblich voll Gewalt und patriarchal gewesen sein soll, in der Einleitung von H. Göttner-Abendroth: *Matriarchale Landschaftsmythologie*.
6. Solche typischen Veränderungen, „Transformationsregeln" genannt, wurden schon bei der Analyse der Überlagerungen in Mythen erarbeitet, siehe Heide Göttner-Abendroth: *Die Göttin und ihr Heros*.
7. Siehe dazu die Strukturanalyse von Mythologien und deren kulturelle Bedeutung in: Heide Göttner-Abendroth: *Die Göttin und ihr Heros*.
8. Ebd. – Mit den „Transformationsregeln" werden genau diese späteren Zusätze systematisch erfasst und eliminiert.
9. Dieses Kapitel ist die überarbeitete Version der Erstpublikation: Heide Göttner-Abendroth: „Auf den Spuren von Ötzis Göttin", erschienen in: *Planet Alpen, Thema 1. Der Mann aus dem Eis*, Ötztal Archiv, Bd. 13, 2002, Hg. Alpenbüro, Kulturverein Schnals, Pro Vita Alpina S. 13–40.
10. „v. u. Z." heißt „vor unserer Zeitrechnung" und entspricht damit der Abkürzung „v. Chr." Von heute aus zurückgerechnet kommen zu jedem Datum circa 2000 Jahre hinzu; 3350 v. u. Z. sind also von heute aus gesehen absolut 5350 Jahre.
11. Heide Göttner-Abendroth: „Die philosophischen Grundlagen der Modernen Matriarchatsforschung", in Mathias Behmann et al. (Hg.): *Verantwortung, Anteilnahme, Dissidenz: Patriarchatskritik als Verteidigung des Lebendigen: Festschrift zum 70. Geburtstag von Claudia von Werlhof*, Frankfurt am Main 2013, Peter Lang Edition, S. 271–283. – Siehe zur Entwicklung der modernen Matriarchatsforschung das Hauptwerk von Heide Göttner-Abendroth: *Das Matriarchat II, 1.* und *Das Matriarchat II, 2.*
12. Die populäre Bezeichnung „Ötzi" wird von uns immer in Anführungszeichen gesetzt, denn der Mann aus dem Eis hatte wohl einen würdevolleren Namen gehabt, den wir aber leider nicht mehr wissen.
13. Siehe das alte Margarethen-Lied in rätoromanischer und deutscher Sprache in: Christian Caminada: „Das Rätoromanische St. Margaretha-Lied", in: *Graubünden*.

Die verzauberten Täler. Die urgeschichtlichen Kulte und Bräuche im alten Rätien, Disentis 1992 (zuerst Olten 1961), Desertina Verlag, S. 246–256.

14 Ernst Risch: „Die Räter als sprachliches Problem", in: *Das Räterproblem in geschichtlicher, sprachlicher und archäologischer Sicht*, Schriftenreihe des Rätischen Museums Chur, Nr. 28, 1984, S. 22–30.

15 Osmund Menghin: „Die Räter in Tirol", in: *Das Räterproblem in geschichtlicher, sprachlicher und archäologischer Sicht*, S. 54–59.

16 Linus Brunner/Alfred Toth: *Die rätische Sprache enträtselt. Sprache und Sprachgeschichte der Räter*, Hg. Amt für Kulturpflege des Kantons St. Gallen, 1987, S. 48. – Sie vermuten hinter der altorientalischen Sprache das Akkadische.

17 Siehe „Die Herrin vom Rosengarten", in: Karl Paetow: *Frau Holle*, Husum 1986, Husum Druck- und Verlagsgesellschaft, S. 57.

18 Siehe die Sagen von den Saligen speziell im Ötztal und Schnalstal in: Hans Haid: *Sagen und Geschichten aus den Ötztaler Alpen*, Hg. Ötztal Archiv Schriftenreihe, Bd. 1, Innsbruck 1997, Edition Löwenzahn, Bd. 1.

19 Hans Haid: *Aufbruch in die Einsamkeit, 5000 Jahre Überleben in den Alpen*, Rosenheim 1992, Rosenheimer Verlagshaus, S. 86–91.

20 Göttner-Abendroth: *Das Matriarchat II, 1*, S. 58 ff.

21 Göttner-Abendroth: *Das Matriarchat II, 2*, S. 241 ff.

22 Siehe die *Hymnen der Inanna*, nach Keilschrifttexten aus Sumer um 2000 v.u.Z.; Übersetzung der Keilschrifttexte: Samuel Noah Kramer, Überarbeitung und Ausgabe in Englisch von: Diane Wolkstein: *Inanna, Queen of Heaven and Earth*, New York 1983, Harper & Row.

23 Haid: *Sagen und Geschichten*, S. 123, 218 und 219.

24 A.a.O., S. 221.

25 Karl Felix Wolff: *Dolomitensagen*, Innsbruck-Wien-München 1957, Tyrolia-Verlag, 9. Auflage, S. 117.

26 Siehe zur allgemein europäischen Verbreitung des Göttin-Namens „Dana /D'Ana / Danu /Donu" auch: Miriam Robbins Dexter: "Reflections on the Goddess Donu", in: *The Mankind Quarterly*, Washington, DC, (30/1–2, 1990), Council for Social & Economic Studies, S. 45–58.

27 Claire French-Wieser: „Mutmaßungen über den Namen Danay", in: *Der Schlern*, Bozen, 73. Jg., März 1999.

28 Paetow, S. 55.

29 A.a.O., S. 59.

30 Wolff, S. 117.

31 A.a.O., S. 441.

32 Paetow, S. 105, 108, 112. – Frau Percht/Berchta und Frau Holle sind dieselbe Göttin unter regional verschiedenen Namen: Sie heißt in Bayern Frau Percht/Berchta, in Mitteldeutschland Frau Holle, in Norddeutschland Frau Harke, Frau Frigg und Frau Hertha. Siehe Paetow, a.a.O., und Heide Göttner-Abendroth: *Frau Holle. Das Feenvolk der Dolomiten*, Königstein 2005, Ulrike Helmer Verlag, 1. Teil.

33 Haid: *Sagen und Geschichten*, S.182 und 213.

34 Göttner-Abendroth: *Die Göttin und ihr Heros*, S. 80.

35 Paetow, S. 16, 26, 44, 65.

36 Haid: *Sagen und Geschichten*, S. 212.

37 „Diala" ist der rätoromanische Ausdruck für Fee und heißt wörtlich „kleine Göttin".

38 Haid: *Sagen und Geschichten*.

39 Dies hat der Heimatforscher Hans Luis (Hansi) Platzgummer herausgefunden, auf den ich mich im Folgenden beziehe.

40 Hansi Platzgummer: „Schalensteine und Kultplätze im Schnalstal", in: *Planet Alpen, Thema 1. Der Mann aus dem Eis*, S. 75–76.

41 A.a.O., S. 77.

42 Hans Tappeiner: „Steinzeichen, Wegzeichen, Zeitzeichen", in: *Planet Alpen, Thema 1. Der Mann aus dem Eis*, bes. S. 93–95.

43 Platzgummer, S. 78–79. – Eine andere neolithische Siedlung war Katharinaberg tiefer unten im Schnalstal, wo man eine Sichel mit einer Schneide aus Silex gefunden hat.
44 Hanspeter Staffler: „Wald und Mensch in prähistorischer Zeit", in: *Planet Alpen, Thema 1. Der Mann aus dem Eis,* S. 86.
45 A.a.O., S. 86–88.
46 Ich verdanke der ortskundigen Führung von Hans Haid viele Informationen und Einblicke zu den Plätzen im Niedertal.
47 Walter Leitner: „Der Hohle Stein. Eine steinzeitliche Jägerstation im hinteren Ötztal/Tirol", in: K. Spindler et al. (Hg.): *Der Mann im Eis. Neue Funde und Ergebnisse,* Wien 1995.
48 Im Englischen nennt man die Rautenform „diamond shaped", das heißt „diamantförmig".
49 Als „Muma Veglia" bezeichnete Steine gibt es mehrfach im rätoromanischen Teil der Schweiz, vgl. dazu Kurt Derungs: „Mythologische Landschaft Graubünden", in: Kurt Derungs (Hg.): *Mythologische Landschaft Schweiz,* Grenchen/Schweiz 2010, Edition Amalia, besonders S. 287–289.
50 Hans Haid: *Mythen der Alpen,* Wien-Köln-Weimar 2006, Böhlau Verlag, S. 47–52.
51 Siehe die Sage von den „Schlern-Hexen", die auf dem Dolomitenstock Schlern ums Feuer tanzten. Ihr Feuerplatz ist der archäologisch erforschte „Burgstall" auf der Spitze des Schlern, eine uralte Kultstätte, die auf einem zentralen Sichtlinien-Punkt liegt.
52 Göttner-Abendroth: *Die Göttin und ihr Heros.*
53 Erni Kutter: *Der Kult der Drei Jungfrauen,* München 1997, Kösel-Verlag; dieselbe: *Heilige Weibsbilder,* Bozen 2014, Edition Raetia; Sigrid Früh (Hg.): *Der Kult der drei Heiligen Frauen,* Bern 1998, Edition Amalia.
54 Kurt Derungs/Isabelle M. Derungs: *Magische Stätten der Heilkraft,* Grenchen 2006, Edition Amalia, S. 93.
55 Göttner-Abendroth: *Das Matriarchat II, 1,* S. 29–32.
56 Ludwig Steub: *Drei Sommer in Tirol,* 2 Bände, München 1895, 3. Auflage, Hugendubel, S. 391.
57 Haid: *Sagen und Geschichten,* S. 122.
58 Luigi Dematteis: „Älteste Steinbauten in den Alpen", in: *Planet Alpen, Thema 1. Der Mann aus dem Eis,* S. 51–55.
59 A.a.O., S. 53.
60 Diese Platte zeigte mir „in situ", das heißt an Ort und Stelle, Hansi Platzgummer, dem ich eine fachkundige Führung im Tisental und Finailtal verdanke. Soviel mir bekannt ist, hat er die Widderkopf-Platte entdeckt. Heute befindet sie sich gut aufbewahrt im Archeoparc Schnals/Val Senales.
61 Eine Abbildung des Widderkopfes auf Finailgrub befindet sich in: Platzgummer, S. 81, Foto links oben; rechts daneben das Foto von kleinen Schalen als Orientierungskreuzen.
62 Grabungen 2009/10 durch den Landesarchäologen Andreas Putzer; persönliche Information von Hansi Platzgummer in einer E-Mail vom 15. Juni 2013.
63 Das Wort „Frau" entspricht in seiner ältesten Bedeutung dem Begriff „Göttin", wie an den Beispielen „Frau Holle" und „Frau Venus" zu sehen ist.
64 Diese Steinplatte mit „Seelenloch" befindet sich heute ebenfalls im Archeoparc Schnals/Val Senales.
65 Haid: *Sagen und Geschichten,* S. 221–224.
66 Haid: *Aufbruch in die Einsamkeit,* S. 145.
67 Haid: *Sagen und Geschichten,* S. 106–109.
68 Siehe zur Dreifachen Göttin der matriarchalen Kulturen: Göttner-Abendroth: *Die Göttin und ihr Heros.*
69 Diesen Hinweis erhielt ich von Hansi Platzgummer.
70 Siehe dazu die Beschreibung und Darstellung von „Ötzis" Tod im Archeoparc Schnals/Val Senales, die heute als Standard gelten, wobei alle anderen Möglichkeiten kategorisch ausgeschlossen werden.

71 Paul Gleirscher: „Ausstattungselemente als Rangzeichen", in: *Planet Alpen, Thema 1. Der Mann aus dem Eis*, S. 65–72.
72 Siehe dazu auch die steinernen Stelen der Remedello-Kultur von Sitten/Sion im Walliser Rhônetal, Schweiz.
73 Gleirscher, S. 71.
74 Siehe dazu die ethnologische Forschung von Göttner-Abendroth: *Das Matriarchat II, 1* und *Das Matriarchat II, 2*.
75 Dies ist hervorragend dokumentiert durch die seit Henri Lewis Morgan ethnologisch gut erforschten fünf Stämme der Irokesen-Liga in Nordamerika; siehe auch Barbara Mann, eine Seneca-Irokesin, über ihre eigene Gesellschaft in: *Iroquoian Women: The Gantowisas*, New York 2002, 2004, Peter Lang Publishing.
76 Haid: *Sagen und Geschichten*, S. 211.
77 A.a.O., S. 106–109.
78 Hugh Mynne: *The Fairy Way. A healing journey to other worlds*, St. Paul MN, USA 1996, Llewellyn Publications.
79 Wolff, S. 135.
80 Siehe „Die blaue Blume von Tirol", in: Paetow, S. 55–57.
81 Siehe die Darstellung von Heinrich Tillys Überlegungen in: Haid: *Aufbruch in die Einsamkeit*, S. 145–151. – Von einer rituellen Hinrichtung, das heißt einem „Opfer", geht auch der amerikanische Archäologe Johan Reinhard aus.
82 Siehe die Ausstellung im Südtiroler Archäologiemuseum, Bozen, wo „Ötzis" Leichnam aufbewahrt wird, und den Katalog dazu von Fleckinger/Steiner: *Der Mann aus dem Eis*, Bozen 1998.
83 Göttner-Abendroth: *Die Göttin und ihr Heros*, dies.: *Das Matriarchat II, 2*, Kapitel 7.
84 Hypothese des Archäologen Alessandro Vanzetti, Rom, Ende August 2010, zitiert bei Hans Haid: „Ötzi und die Ideologie und wie weiter?", in: *20 Jahre Ötzi-Fund*, Zeitschrift des Vereins Pro Vita Alpina, Nr. 125, Februar 2012, S. 21–23. Ebenso Hans Haid: „Ötzis Göttinnen. Auf den Spuren von Sagen zu Stätten matriarchaler Kulturen in den Ötztaler Alpen", in: *Alpenvereinsjahrbuch 2004*, Hg. Österreichischer und Deutscher Alpenverein, S. 90–91.
85 Wolff: *Dolomitensagen*, S. 117 f.
86 A.a.O., S. 118. Siehe auch die Nacherzählung dieser Sage und ihre kulturhistorische Deutung in: Göttner-Abendroth: *Frau Holle. Das Feenvolk der Dolomiten*, 2. Teil, S. 181 f.
87 Siehe zur allgemein europäischen Verbreitung des Göttin-Namens „Dana /D'Ana / Danu /Donu" auch Dexter: "Reflections on the Goddess Donu", S. 45–58.
88 Siehe Kapitel 1 in diesem Buch.
89 Wolff, S. 441 f.; ebenso Göttner-Abendroth: *Frau Holle. Das Feenvolk der Dolomiten*, S. 188 f. und kulturhistorischer Kommentar.
90 Ebd.
91 Siehe zu den Sagen vom „Gratzug" Kapitel 7, Abschnitt 1 (Wallis) und Abschnitt 2 (Lötschental) in diesem Buch.
92 Siehe Kapitel 1 in diesem Buch; siehe zur Entschlüsselung des Namens „Similaun" Derungs/Derungs: *Magische Stätten*, S. 93.
93 Wolff, S. 242; Göttner-Abendroth: *Frau Holle. Das Feenvolk der Dolomiten*, S. 188 f. und Kommentar.
94 Ebd. – „Heilige Hochzeit" ist ein Fachbegriff aus der Mythenforschung (griech: *hieros gamos*), womit kein privates Fest zweier Menschen, sondern eine magische Zeremonie der matriarchalen Kulturen gemeint ist.
95 Ebd.
96 Wolff, S. 127, 132, 165; Göttner-Abendroth: *Frau Holle. Das Feenvolk der Dolomiten*, S. 197 f. und Kommentar.
97 Ebd.
98 Siehe diese Sage bei Wolff, S. 135 f.; Göttner-Abendroth: a.a.O., S. 201 f. und Kommentar.
99 Ebd.
100 Wolff, S. 137.

101 Spielmannslied aus dem 13. Jh., abgedruckt als „Das Lied von Tannhäuser", in: Richard Wagner: *Tannhäuser*, Reclam Nr. 5636, Stuttgart 1988, S. 61–64. – Inhalt und Sinn des alten Spielmannsliedes unterscheiden sich sehr von der späteren, verchristlichten Version, in der Tannhäuser wegen seiner Liebe zu Frau Venus zum frommen Büßer werden muss. Im Spielmannslied wird hingegen der Papst kritisiert, der Tannhäuser nicht verzeihen will, worauf dieser zu seiner Liebesgöttin zurückkehrt.
102 Wolff, S. 148–149.
103 Siehe Kapitel 3 in diesem Buch.
104 Siehe zu diesem allgemeinen Mythenmuster: Göttner-Abendroth: *Die Göttin und ihr Heros*. – Außer der Analyse von verschiedenen Mythologien von Indien über den Mittelmeerraum bis Europa, die dieses Muster besitzen (1. Teil dieses Buches), wird darin auch dargestellt, wie diese Mythenstruktur in den internationalen Zaubermärchen weiterlebt (2. Teil). Es wird außerdem gezeigt, wie sie noch mittelalterlichen Romanen zugrunde liegt, sehr deutlich dem Roman *Iwain* von Hartmann von Aue, doch auch anderen (Teil 3). Das heißt, diese Mythenstruktur ist nicht nur räumlich sehr weitverbreitet, sondern hat auch zeitlich eine sehr lange Dauer.
105 Ulrike Kindl (Hg.): *Märchen aus den Dolomiten*, München 1992, Eugen Diederichs Verlag, S. 95–101; siehe auch G. Zangrandi: *Leggende delle Dolomiti*, Milano 1951. Vgl. auch Wolff, S. 301–303.
106 Siehe die Archäologin Marija Gimbutas: *Die Zivilisation der Göttin*; ferner den Archäologen James Mellaart: *Çatal Hüyük. Stadt aus der Steinzeit*, Bergisch Gladbach 1967, Verlag Lübbe.
107 Siehe Kapitel 1 in diesem Buch.
108 Staffler: „Wald und Mensch in prähistorischer Zeit", in: *Planet Alpen, Thema 1. Der Mann aus dem Eis*.
109 Hinweis von Wolff, S. 324 (herübergezogene Fußnote von S. 323).
110 Kindl: *Märchen*, S. 99–100.
111 Wolff, S. 301.
112 Kindl: *Märchen*, S. 101. – Das Motiv des Reitens auf Pferden in der Dona-Dindia-Sage passt nicht in die Kupferzeit. Denn Pferde kamen erst seit keltischer Zeit in die Alpen. Es handelt sich um einen späteren Zusatz, der mit der Romantisierung der Sage zu einer ritterlichen Geschichte entstanden ist.
113 Wolff, S. 312 f., besonders S. 316, 317.
114 Unter diesen Sammlern ist zuerst Karl Felix Wolff zu nennen, der die Fanes-Sagen mit viel patriarchaler Fantasie bearbeitete und verzerrte (a.a.O., S. 469–551). Jedoch ist bereits ihm aufgefallen, dass gerade im südöstlichen Alpenraum die Gestalt der mächtigen Frau als Fürstin oder Königin recht oft vorkommt, so in den Fanes-Sagen, bei Dona Dindia, bei Dona Kelina u.a. Er sieht darin eine Erinnerung der Volksüberlieferung an sehr alte, mutterrechtliche Verhältnisse, die allmählich durch vaterrechtliche Verhältnisse zersetzt und vernichtet wurden (a.a.O., S. 460). – Diesen richtigen Gedanken vom matriarchalen Hintergrund der Sagen verfolgten die Forscherinnen Claire French-Wieser und Ulrike Kindl weiter; siehe C. French-Wieser: „Das Reich der Fanes – Eine Tragödie des Mutterrechts", in: *Der Schlern*, Bozen 1975, Verlag Athesia; U. Kindl: *Kritische Lektüre der Dolomitensagen von Karl Felix Wolff*, 2 Bände, San Martin de Tor 1983 und 1997, Institut Cultural Ladin. – Der matriarchale Kulturzusammenhang dieser Sagen wurde ausdrücklich von Heide Göttner-Abendroth auf dem Boden der modernen Matriarchatsforschung wiederhergestellt; siehe H. Göttner-Abendroth: *Frau Holle. Das Feenvolk der Dolomiten*, 2. Teil, die Nacherzählung insgesamt und besonders der kulturhistorische Kommentar.
115 Heute noch sind solche Clannamen bei den matriarchalen Mosuo in Südwestchina üblich, doch sie sind auch bei indigenen matriarchalen Völkern in anderen Kontinenten verbreitet. Siehe Göttner-Abendroth: *Matriarchat in Südchina*.
116 Wolff, S. 469–479; Göttner-Abendroth: *Frau Holle. Das Feenvolk der Dolomiten*, S. 207–219 und Kommentar.
117 Zur alten Hirtinnenkultur in den Alpen siehe Kapitel 1.
118 Wolff, S. 473–476.

119 A.a.O., S. 469–470.
120 A.a.O., S. 477–478.
121 Sagen von den „Fanes"- oder „Fenes-Leuten" waren im gesamten deutschsprachigen Raum verbreitet. Man stellte sie sich als ein uraltes Volk oder als elbische Wesen vor, das heißt als Feen, Elfen und Zwerge. Stets waren ihre Wohnorte in Höhlen im Gebirge (Wolff, S. 459/460).
122 Risch: „Die Räter als sprachliches Problem", S. 22–30.
123 Menghin: „Die Räter in Tirol", S. 54–59.
124 Brunner/Toth: *Die rätische Sprache enträtselt*, S. 48.
125 Wolff, S. 456–457.
126 A.a.O., S. 472–475; Göttner-Abendroth: *Frau Holle. Das Feenvolk der Dolomiten*, S. 207–219 und Kommentar.
127 Wolff, S. 523; Göttner-Abendroth, a.a.O., S. 281 und Kommentar.
128 Wolff, S. 459.
129 Ebd. – „Tjaldira" bezeichnet ein Gelände, während „fana" nur die Bratpfanne meint und keine geografische Gegebenheit.
130 Zur Dreifachen Göttin siehe: Göttner-Abendroth: *Die Göttin und ihr Heros*.
131 Solche Pisten wurden im Gebiet der Dolomiten während des Gebirgskrieges zwischen Österreich und Italien (1915–1918), der ein Teil des Ersten Weltkriegs war, in die Felsen gebaut und gesprengt, um Fahrwege für die Militärfahrzeuge zu schaffen.
132 Wolff, S. 478.
133 Dies belegen Funde in der Conturines-Höhle, die sich auf 2750 m Höhe befindet, in dem heute völlig kahlen und verkarsteten Gipfelbereich. Man fand dort Knochen vieler Höhlenbären, besonders von weiblichen Tieren mit Jungen, ebenso von Höhlenlöwen und Ur-Murmeltieren. Sie haben sich dort nur ernähren können, wenn die Vegetation einst erheblich höher hinaufreichte und reichhaltiger war (vgl. *Im Reich der Tiere. Naturpark Fanes-Sennes-Prags*, Bozen 2001, Hg. Autonome Provinz Bozen – Südtirol, S. 47).
134 Diesen Fund machte der Bozner Archäologe Georg Innerebner und berichtete darüber in der Zeitschrift *Der Schlern*, Bozen 1953, Athesia Verlag, S. 292–295 (mit Abbildungen).
135 Siehe Göttner-Abendroth: *Die Göttin und ihr Heros*.
136 Wolff, S. 551. – Wolff spricht hier und an anderen Stellen von einem „Adler", was jedoch unrichtig ist, denn das ladinische Wort „varyùl" heißt „Geier". Der Lämmergeier war bis zu seiner Ausrottung der größte Vogel in den Alpen.
137 Mellaart: *Çatal Hüyük*.
138 Wolff, S. 487; Göttner-Abendroth: *Frau Holle. Das Feenvolk der Dolomiten*, S. 225 und Kommentar.
139 Wolff, S. 380.
140 A.a.O., S. 500 f.
141 A.a.O., S. 502.
142 Dies hat zuerst Anita Pichler erkannt; siehe Anita Pichler/Markus Vallazza: *Die Frauen aus Fanis*, Innsbruck 1992, Haymon-Verlag.
143 Siehe dazu die hervorragende Entschlüsselung des Ranges und der Rolle der Zikúta bei Ulrike Kindl: *Kritische Lektüre*, Bd. II: *Sagenzyklen*, S. 198–220. Ebenso Göttner-Abendroth: *Frau Holle. Das Feenvolk der Dolomiten*, S. 219 f. und Kommentar.
144 Wolff, S. 501–504.
145 A.a.O., S. 483 f.
146 A.a.O., S. 483–485.
147 A.a.O., S. 502.
148 Siehe dazu die ausgezeichnete Analyse der Verwandtschaftsverhältnisse bei U. Kindl: *Kritische Lektüre*, Bd. II, S. 198–220.
149 Wolff, S. 485.
150 Ebd. und die Interpretation bei Göttner-Abendroth: *Frau Holle. Das Feenvolk der Dolomiten*, S. 234 f. und Kommentar.
151 Wolff, S. 485.

152 A.a.O., S. 486, Fußnote.
153 A.a.O., S. 445.
154 A.a.O., S. 486, Fußnote.
155 Ebd.
156 Ebd.
157 Göttner-Abendroth: *Frau Holle. Das Feenvolk der Dolomiten*, S. 301–303 und Kommentar.
158 Siehe dazu die Version von Karl Felix Wolff: *Dolomitensagen*. – Sein Verdienst ist, dass er die Dolomiten-Sagen einschließlich des Fanes-Zyklus gesammelt hat, sie wären sonst verloren gegangen. Aber er machte eine patriarchale Geschichte daraus, weil er die in den Sagen enthaltenen matriarchalen Muster nicht verstand. So verzerrt er diesen Sagen-Zyklus zu einer romantischen Held/inn/en-Story, wobei er alle Klischees der patriarchalen Geschlechterrollen bedient. Von dieser Überfremdung wurden die Fanes-Sagen befreit und im matriarchalen Kontext neu erzählt von Heide Göttner-Abendroth: *Frau Holle. Das Feenvolk der Dolomiten*. Ihre Version integriert die wichtigen Arbeiten von Claire French-Wieser, Anita Pichler und Ulrike Kindl. Die Kurzdarstellung hier folgt dieser matriarchalen Version.
159 Wolff, S. 492, 493, 497, 498.
160 A.a.O., S. 522.
161 A.a.O., S. 523–529.
162 A.a.O., S. 549–550.
163 Dieses Kapitel beruht auf einem Vortrag, den Heide Göttner-Abendroth im Jahr 2001 an der „Rätischen Akademie" in Zuoz gehalten hat.
164 Siehe Kapitel 1 in diesem Buch.
165 Pascal Couchepin (Hg.): *Auf den Spuren der Pfahlbauer*, Reihe: AS. Archäologie der Schweiz, Heft Nr. 27, 2004/2, Übersichtskarte auf S. 3.
166 Siehe *Terra Grischuna. Zeitschrift für Natur, Kultur und Freizeit in Graubünden*, 6/2000, Chur, Terra Grischuna Verlag, S. 49.
167 Ortsnamen in Graubünden werden doppelt benannt: mit einer deutschsprachigen Version und einer rätoromanischen Version.
168 Vgl. dazu Heide Göttner-Abendroth: *Matriarchale Landschaftsmythologie*, besonders Kapitel 5
169 „Via Mala" heißt „Schlimmer Weg".
170 Pascal Couchepin (Hg.), Übersichtskarte S. 3.
171 Die archäologische Situation ist nicht sehr günstig in diesen Alpentälern, doch immerhin ist man durch vermehrte Grabungen in jüngster Zeit bis zur frühen Bronzezeit vorgestoßen. Bei intensiver Forschung werden sich auch die jungsteinzeitlichen Schichten auffinden lassen.
172 Risch: „Die Räter als sprachliches Problem", S. 22–30.
173 Menghin: „Die Räter in Tirol", S. 54–59.
174 Siehe auch Kapitel 2 in diesem Buch.
175 Benedikt Frei: „Urgeschichtliche Räter im Engadin und Rheintal", in: *Das Räterproblem in geschichtlicher, sprachlicher und archäologischer Sicht*, S. 37–50, siehe Übersichtskarte S. 49; ergänzt durch Jürg Rageth: „Nachtrag zum Aufsatz von Benedikt Frei", a.a.O., S. 51–53.
176 Walter Frei-Cantieni: *Das Oberhalbstein*, Abschnitt „Die Menschen", Reihe Schweizer Heimatbücher, Bündner Reihe, Bd. 13, Nr. 122, Bern 1965, Verlag Paul Haupt, S. 13.
177 Ambros Sonder: *Kirchen und Kapellen an der Julierroute*, Chur 1998 (2. Auflage), Calanda-Verlag, S. 53, 63.
178 A.a.O., S. 71.
179 A.a.O., S. 21–33, und Frei-Cantieni, S. 8.
180 Siehe dazu die interessante, kulturvergleichende Studie von Miriam Robbins Dexter und Victor H. Mair: *Sacred Display*, Amherst N.Y. 2010, Cambria Press.
181 Sonder, S. 7.
182 René Wyss: „Die archäologische Erforschung des Oberhalbsteins", in: *helvetia archaeologica*, Hg. Rudolf Degen, Nr. 29/30, Basel, Verlag Schwabe & Co., S. 4.
183 Sonder, S. 86.

184 Siehe das alte Margarethen-Lied in rätoromanischer und deutscher Sprache; aus der oralen Tradition aufgezeichnet von Hanns in der Gand (1937/38); wieder abgedruckt bei Caminada: „Das Rätoromanische St. Margaretha-Lied", S. 243–256.
185 Sonder, S. 86.
186 A.a.O., S. 113.
187 Die Linie ist nicht exakt nord-südlich ausgerichtet, sondern verläuft wegen der geografischen Gegebenheit schwach nach Südosten geneigt.
188 Sonder, S. 114.
189 Siehe auch „roc" im Französischen und „rock" im Englischen in derselben Bedeutung.
190 Siehe Kapitel 1 in diesem Buch.
191 René Wyss: „Motta Vallac, eine bronzezeitliche Höhensiedlung im Oberhalbstein", in: *helvetia archaeologica*, S. 36.
192 Frei-Cantieni, S. 15.
193 Wyss, S. 39–46.
194 A.a.O., S. 47–50.
195 Sonder, S. 103, 104.
196 A.a.O., S. 104–109.
197 Caminada, S. 125.
198 Siehe zum Beispiel in: Gion Peder Thöni (Hg.): *So viel Geheimnisvolles Ob dem Stein. Die Sagen des Oberhalbstein*, Chur, Bündner Monatsblatt 2003. – Die Einkerkerung, Folterung und Hinrichtung von sogenannten „Hexen" wird hier in ungebrochen patriarchaler Denkweise ohne jeden Anflug von Mitgefühl für die Opfer wiedergegeben.
199 Siehe Göttner-Abendroth: *Die Göttin und ihr Heros*.
200 Jakob Bill: „Eine Lanzenspitze aus Riom", und Jürg Rageth: „Römische Funde in Riom", beide in: *helvetia archaeologica*, S. 56–57 und S. 74–77.
201 Siehe auch Kapitel 5 in diesem Buch.
202 Kurt Derungs: *Kultplatz Zuoz-Engadin. Die Seele einer alpinen Landschaft*, Bern 2001, Edition Amalia, S. 25.
203 Sonder, S. 133 und 193.
204 A.a.O., S. 119, 120.
205 A.a.O., S. 125–127.
206 Göttner-Abendroth: *Die Göttin und ihr Heros*.
207 Göttner-Abendroth: *Matriarchat in Südchina*.
208 Sonder, S. 127, 128.
209 Vgl. zu diesem Muster die *Hymnen der Inanna*, in Englisch von: Diane Wolkstein: *Inanna, Queen of Heaven and Earth*.
210 Sonder, S. 117.
211 Diese späte Missionierung kann als Gegenreformation der Kapuziner im Oberhalbstein-Surses nicht den Reformierten gegolten haben, wie erklärt wird. Denn die Leute im Oberhalbstein nahmen die Reformation kaum an, sondern blieben offiziell katholisch bzw. pflegten unter diesem Deckmantel ihren alten Naturglauben weiter. Die Verehrung der Natur ist auch in anderen abgelegenen Gebieten Europas, die als Rückzugsgebiete gelten, wie Gebirge, große Wälder und Moore, erst sehr spät erloschen.
212 Kirchenführer *Die Wallfahrt nach Ziteil*, Text: Duri Loza, Salouf 1980, Verlag: Wallfahrtsort Ziteil, S. 2, 3.
213 A.a.O., S. 4–6.
214 A.a.O., S. 2.
215 Mit dieser Wahl ist auch die häufig vorkommende Legende von Marias Wahl des Platzes verknüpft. Diesmal wandert nicht das Marienbild selbst, sondern die Steine, die zum Kapellenbau benötigt wurden, was zeigt, dass es um den Ort ging. Vgl. Kirchenführer *Ziteil*, S. 6.
216 Göttner-Abendroth: *Die Göttin und ihr Heros*.
217 Caminada, S. 84–86.

218 Dieser Blick wird heute durch den dichten Wald gestört. Doch wenn man auf die Alm Promatsgel gleich oberhalb von Caschligns hinaufgeht, kann man ihn noch genießen.

219 „Sternguckerlein" ist die Bezeichnung von Hebammen für ein Kind, das in dieser etwas schwierigen Lage geboren wird.

220 Am deutlichsten kann man diese Formation erkennen, wenn ein zarter Schneefall den Berg bedeckt und seine Konturen hervorhebt. – Das merkwürdige, kopfartige Gebilde, das „Kind", sieht man bereits von Cunter im Tal aus. Aber da man von unten die liegende, gebärende Göttin nicht erkennt, kann man sich den seitlich aus dem Berg austretenden Kindskopf schlecht erklären.

221 Silvio Nauli: „Eine bronzezeitliche Anlage in Cunter/Caschligns", in: *helvetia archaeologica*, S. 25–34.

222 Sonder, S. 129.

223 Arnold Büchli: *Mythologische Landeskunde von Graubünden*, Bd. 3, Disentis 1990, S. 370.

224 Sonder, S. 129.

225 A.a.O., S. 131.

226 Siehe dazu Paetow: *Frau Holle*. – Diese Sammlung von Holle-Mythen wurde systematisch bearbeitet, nacherzählt und mit einem kulturhistorischen Kommentar versehen von Göttner-Abendroth: *Frau Holle. Das Feenvolk der Dolomiten*.

227 Es ist eine Kopie des Gnadenbildes von Oropa in Italien, eine der ältesten Stätten der Marienverehrung in Europa. Vgl. Sonder, S. 139, 140.

228 Sonder, S. 153.

229 A.a.O., S. 150.

230 Thöni, S. 47, 48.

231 Siehe für dies und das Folgende Jürg Rageth: „Die bronzezeitliche Siedlung auf dem Padnal bei Savognin", in: *helvetia archaeologica*, S. 12–24.

232 Wyss: „Die archäologische Erforschung des Oberhalbsteins", S. 3.

233 Arnold Büchli: *Sagen aus Graubünden*, 2. Teil, Aarau 1942, Verlag Sauerländer, S. 46/47.

234 Solche urkundlichen Erwähnungen unterliegen völlig dem Zufall. Topografische Karten fertigte man damals noch nicht an, die erste urkundliche Erwähnung geschah erst im Jahr 1387, als man eine befahrbare Straße dort bauen ließ. Doch der Name „Tinizong" geht auf ein keltisches, später römisches Wort zurück und ist unter Umständen noch viel älter (vgl. Sonder, S. 159).

235 Siehe zur Erforschung des Dreisamtales: Göttner-Abendroth: *Matriarchale Landschaftsmythologie*, Kapitel 4.

236 Büchli: *Mythologische Landeskunde*, Bd. 3, S. 380.

237 Genauso verhält sich die namentlich genannte „Madrisa" in einer Sage von Saas; siehe Dietrich Jecklin: *Volkstümliches aus Graubünden*, Zürich 1986, Edition Olms, S. 19.

238 Derungs: *Kultplatz Zuoz-Engadin*, S. 26–27.

239 Siehe das alte Margarethen-Lied in rätoromanischer und deutscher Sprache, bei Caminada, S. 246–256.

240 Thöni, S. 101–103; Georg Luck: *Rätische Alpensagen*, Chur 1990 (3. Auflage), Verlag Bischofberger, S. 42–43.

241 Luck, S. 43.

242 Wolff: *Dolomitensagen*, S. 135. – Siehe auch Kapitel 2 in diesem Buch.

243 Siehe auch Derungs, *Kultplatz Zuoz-Engadin*, S. 70–72.

244 Friedrich Kluge: *Etymologisches Wörterbuch der deutschen Sprache*, Hg. Walther Mitzka, Berlin 1963, Walter de Gruyter, S. 622.

245 Andreas Lippert: *Österreich und Südtirol*, 1987, S. 698, zitiert in Walter E. Irlinger: „Die Vor- und Frühgeschichte", in: Walter Brugger/Heinz Dopsch/Peter F. Kramml (Hg.): *Geschichte von Berchtesgaden*, Bd. I, Zwischen Salzburg und Bayern, Berchtesgaden 1991, Verlag Anton Plenk, S. 153 und 154.

246 Siehe Kapitel 5 in diesem Buch; Irlinger, S. 155.

247 Lippert: *Österreich und Südtirol*; Herbert Nowak/Franz Wollenik: *Salzburger Felsbilder. Der Tennengau*, Hallein 1986, Burgfried-Verlag, Übersichtskarten S. 22.

248 In diesem Sinne hängen die beiden Kapitel 4 und 5 eng zusammen und ergänzen einander.
249 Auf die alten Siedlungsplätze im Tal der Salzach, die hier erwähnt werden, machte mich Brunhild Griesner aus Österreich aufmerksam. Sie zeigte mir auf einer landschaftsmythologischen Exkursion Dürrnberg, Georgenberg und St. Nikolaus sowie die Bruderhöhlen und die Kirche St. Margrethen. Außerdem verdanke ich ihr eine Reihe wichtiger Hinweise, die sie mir durch ihre landschaftsmythologische Sammlung (unpubliziert) zu diesen Orten gab.
250 Martin Hell: „Die neolithischen Funde vom Dürrnberg bei Hallein", Wien 1933, in: *Wiener Prähistorische Zeitschrift*, XX, S. 124–126. – Die genannten Fundstücke sind ausgestellt im „Keltenmuseum" in Hallein.
251 Ernst Burgstaller: *Felsbilder in Österreich*, Linz 1972, S. 56–58, Tafel 31, Foto 69 und 70; Nowak/Wollenik, S. 40 und 41.
252 Siehe die Holle-Mythen: „Der Heimchenkönigin Überfahrt über die Saale", „Die ausgeblasenen Lichtlein", „Das Tränenkrüglein" u.a. in der Sammlung von Paetow: *Frau Holle*, S. 105, 108, 112; siehe auch die Nacherzählungen mit kulturhistorischem Kommentar von Göttner-Abendroth: *Frau Holle. Das Feenvolk der Dolomiten*.
253 Siehe die Holle-Mythen: „Der Frau Hollenteich am Meißner", „Die goldene Wiege von Herford" u.a. in: Paetow, S. 7 und 15; Göttner-Abendroth: *Frau Holle. Das Feenvolk der Dolomiten*, S. 18–20 und Kommentar.
254 Siehe die Holle-Mythen: „Die Schimmelfrau vom Baunatal bei Kassel", „Der Bergmann und sein Weib" u. a. in: Paetow, S. 95 und 100; Göttner-Abendroth: *Frau Holle. Das Feenvolk der Dolomiten*, S. 53–55 und Kommentar.
255 Kirchenführer *Pfarr- und Wallfahrtskirche Bad Dürrnberg*, Reihe Christlicher Kunststätten Österreichs, Nr. 15, Salzburg 1960 (4. Auflage), Verlag St. Peter, S. 18.
256 Karl Zinnburg/Franz Kurz: *Alles Wissenswerte über den Dürrnberg*, Hg. Kurverwaltung Bad Dürrnberg, Eigenverlag; ebenso persönlicher Hinweis von Brunhild Griesner.
257 Gisela Schinzel-Penth: *Sagen und Legenden um das Berchtesgadener Land*, Andechs/Frieding 1982 (4. Auflage), Verlag Ambro Lacus, S. 138–140.
258 Hell, S. 124–126.
259 Schinzel-Penth, S. 156.
260 Siehe Kapitel 5 in diesem Buch.
261 Kluge, S. 237.
262 Rudolf Kriss: *Sitte und Brauch im Berchtesgadener Land*, Berchtesgaden 1998 (4. Auflage), Verlag: Berchtesgadener Anzeiger, S. 115.
263 A.a.O., S. 114, 115.
264 Lage von Karlstein, Foto von der Schautafel am Ort; Quelle Hubert Vogl: *Vom Viertausendjährigen Karlstein*, München 1973, Verlag: Verkehrsverein Karlstein.
265 Schinzel-Penth, S. 208; Quelle: Friedrich Panzer: *Bayerische Sagen und Bräuche*, Hg. Will-Erich Peuckert, Bd. I und II, Göttingen 1954, Verlag Otto Schwarz.
266 Ebd.
267 A.a.O., S. 77.
268 A.a.O., S. 78.
269 Ebd.
270 Alfons Schweiggert: *Winter- und Weihnachtsgeister in Bayern*, Dachau 1996, Verlag „Bayerland", Fotos auf S. 19 (Bayern) und S. 79 (Salzburg).
271 Ebd.
272 Varianten des Namens „Percht" sind in Bayern und den Alpen „Pert", „Perscht", „Bercht" und „Beaschd".
273 Schweiggert, S. 58–69 und 100.
274 A.a.O., S. 79 und 100.
275 Kluge, S. 586.
276 Panzer: *Bayerische Sagen und Bräuche*, Bd. I, S. 9.
277 Schinzel-Penth, S. 216, 217.

278 Siehe den Schluss der Holle-Mythe: „Die Herrin der Tiere und ihre saligen Fräulein", in: Paetow, S. 60; Göttner-Abendroth: *Frau Holle. Das Feenvolk der Dolomiten,* S. 52 und Kommentar.
279 Schinzel-Penth, S. 213, 214.
280 Alfred Dieck (Hg.): *Sagen, Märchen und Geschichten um Karlstein im Landkreis Berchtesgadener Land,* Hg. Gemeinde Karlstein, Berchtesgaden, Verlag Anton Plenk, S. 34–35.
281 Siehe die Holle-Mythe: „Frau Holle am Hörselberg" u.a., in: Paetow, S. 11–13; Göttner-Abendroth: *Frau Holle. Das Feenvolk der Dolomiten,* S. 32–33 und Kommentar.
282 Siehe die Holle-Mythe: „Der Honighof bei Wickenrode", in: Paetow, S. 16–18; Göttner-Abendroth: *Frau Holle. Das Feenvolk der Dolomiten,* S. 88–90 und Kommentar.
283 Die Jahreszahlen spielen hier keine Rolle, da in dieser Sage uralte mythische Motive mit historischen Ereignissen vermischt werden. Sie könnten ebenso mit anderen historischen Ereignissen verknüpft werden, was sicherlich auch geschah, wobei die mythische Bedeutung dennoch dieselbe bleibt. Diese Zeitangabe Mitte des 19. Jh. zeigt eher an, wie lange solche mythischen Inhalte für die Leute in diesem Gebiet noch Glaubensinhalte waren. Das ist jedoch nicht nur auf diese Gegend beschränkt, denn auch für die Leute um den Hohen Weißner/Meißner, den wichtigsten Holle-Berg, waren die Mythen von Frau Holle bis ins 18. Jh. und noch später keine Märchen, sondern Ausdruck ihres Glaubens an die gütige und gerechte Große Mutter.
284 Schinzel-Penth, S. 204–205.
285 Göttner-Abendroth: *Matriarchale Landschaftsmythologie,* Kapitel 7.
286 Kluge, S. 679.
287 A.a.O., S. 362.
288 Am besten sieht man diesen Drachenkopf, wenn man von Bischofswiesen im Berchtesgadener Land aus zurückblickt.
289 Mehr zum Untersberg in Kapitel 5 in diesem Buch.
290 Göttner-Abendroth: *Matriarchale Landschaftsmythologie,* Kapitel 3.
291 „Die Schatzkiste im Georgenberg", in: Josef Brettenthaler/Mathias Laireiter: *Das Salzburger Sagenbuch,* Salzburg 1976, Verlag der Salzburger Druckerei, S. 164–166.
292 Schinzel-Penth, S. 160.
293 Nowak/Wollenik, S. 22–25.
294 Ebd.
295 Dieses Abflussloch wird neuerdings „Ofenloch" genannt, was den geografischen Zusammenhang verdunkelt. Eine neuere Farbprobe hat ihn nicht bewiesen, jedoch ist es der Sage nach mit Holzspänen gelungen. Außerdem ist die einzigartige Farbe des Wassers des Königssees, das tiefe Grün, mit der Farbe des Wasserfalles identisch, während die Gewässer hier sonst das typische Eisblau der kalten Bergflüsse haben.
296 Schinzel-Penth, S. 40.
297 Göttner-Abendroth: *Matriarchale Landschaftsmythologie,* Kapitel 2.
298 Auf diesen Zusammenhang des Gollinger Wasserfalles mit der Madonna in der St.-Nikolaus-Kirche machte mich Brunhild Griesner aufmerksam, die ihn zuerst erkannt hat.
299 Siehe zur Symbolik von Nikolaus-Kirchen auch Kapitel 3 in diesem Buch.
300 Siehe auch Robert Hoffmann/Erich Urbanek: *Golling. Geschichte einer Marktgemeinde,* Golling 1991, Eigenverlag, S. 390.
301 Patricia Monaghan: *Lexikon der Göttinnen,* Bern-München-Wien 1997, Scherz Verlag/O. W. Barth, S. 114. – Eine keltische Göttin namens „Gula", die von manchen als linguistische Erklärung für „Göll" genannt wird, ist hingegen nirgends belegt.
302 Schinzel-Penth, S. 143–146.
303 Irlinger, S. 159.
304 Heinz Dopsch: „Siedlung und Recht. Zur Vorgeschichte der Berchtesgadener Stiftsgründung", in: Brugger/Dopsch/Kramml (Hg.): *Geschichte von Berchtesgaden,* S. 179.
305 Nowak/Wollenik, S. 22–25.
306 „Wie Golling zu seinem Wappen kam", in: Brettenthaler/Laireiter, S. 174.
307 Ulf Diederichs (Hg.): *Germanische Götterlehre,* München 1984 (6. Auflage), Eugen Diederichs Verlag, S. 241.

308 Schinzel-Penth, S. 57–59.
309 Göttner-Abendroth: *Die Göttin und ihr Heros.*
310 Information von den Schautafeln im Heimatmuseum Berchtesgaden.
311 Marie E. P. König: *Unsere Vergangenheit ist älter. Höhlenkult Alteuropas,* Frankfurt 1980, Fischer-Verlag, (Lizenzausgabe Buchclub Ex Libris Zürich), S. 198 und insgesamt.
312 Nowak/Wollenik, S. 60–61, 64–66.
313 Diese Figur ist als Zeichnung abgebildet bei Erika Kittel: „Höhlenforscher aktiv", in Erika Kittel/Franz Wollenik: *Felsbilder Salzburg, Tennengebirge-Hagengebirge-Lofer,* Wien 1986, S. 1.
314 Marie E. P. König: *Am Anfang der Kultur. Die Zeichensprache des frühen Menschen,* Berlin 1973, Gebr. Mann Verlag.
315 Siehe dazu auch den Pionier der Felsbilder-Forschung E. Burgstaller.
316 Siehe Kapitel 5 in diesem Buch.
317 Dopsch: „Siedlung und Recht", S. 175, Quellenangabe: Fußnoten 1 und 2.
318 Kirchenführer *St. Bartholomä am Königssee,* München 1991 (6. Auflage), Verlag: Bayerische Verwaltung der staatlichen Schlösser, Gärten und Seen, S. 8, 9.
319 Göttner-Abendroth: *Matriarchale Landschaftsmythologie,* Kapitel 6 und 7.
320 Dopsch, S. 280–291.
321 Irlinger: „Die Vor- und Frühgeschichte", S. 153, 155.
322 Siehe Kapitel 4 in diesem Buch.
323 Irlinger, S. 155.
324 A.a.O., S. 155–157.
325 A.a.O., S. 159; siehe auch Kapitel 4 in diesem Buch.
326 A.a.O., S. 162.
327 Schinzel-Penth, S. 17, 18; Quelle: Panzer: *Bayerische Sagen und Bräuche.* – Solche Versteinerungssagen gibt es häufig in den Alpen, zum Beispiel auch die Versteinerungssage von König Serles aus dem Stubaital in Österreich. Der König oder auch die Frau oder Jungfrau, die versteinert werden, gelten stets als böse und die Versteinerung als Strafe Gottes. Dies stellt eine Dämonisierung ehemals heiliger Berge und natürlicher Steinstatuen dar, die im Volk noch lange Verehrung genossen.
328 Diese Sage wird manchmal mit dem Wüten des Wotan in Verbindung gebracht und der Name „Watzmann" entsprechend als Verkürzung von „Wotansberg" gedeutet. Dagegen sprechen mehrere Gründe: 1. Das Wort müsste dann „Wotans-Mann" und nicht „Wotansberg" heißen, eine sprachliche Bildung, die nirgends vorkommt. 2. Wotan mit seinem wütenden Reiterheer ist an die frühen germanischen Invasionen gebunden (ab 5. Jh. v. u. Z.), die sich in Nord- und Mitteldeutschland ausbreiteten, jedoch den Alpenraum, auch das Berchtesgadener Land, nicht erreichten. Die ersten Germanen sind die Bajuwaren (Bayern), die erst im 8. Jh. n. u. Z. in dieser Gegend auftraten. 3. In den Sagen vom wütenden Wotan mit seinem Heer kommen keine Frauen und Kinder vor. In der Sage von „König Watzmann" ist jedoch ausdrücklich die Rede von seiner Frau und den Kindern.
329 Siehe *Spezialführer Nationalpark Berchtesgaden,* Berchtesgaden 2002/3 (47. Auflage), Verlag Anton Plenk, S. 105 (Abbildung).
330 Siehe dazu Göttner-Abendroth: *Die Göttin und ihr Heros.*
331 Aus diesem Grund wurden in den später verchristlichten Ländern überall Kreuze auf die Gipfel der Berge gesetzt, um die alten Gottheiten von ihren Sitzen zu vertreiben.
332 So soll „Berchtesgaden" früher „Berchtoldsgaden" geheißen haben, und es gibt eine spät erfundene, sentimentale Sage zu diesem Berchthold. Dies ändert an der Sachlage jedoch wenig, denn „Berchthold" bedeutet „jener, welcher der Berchta lieb (hold) ist", ein Name für den Gefährten und Heiligen König der Göttin. Siehe dazu Göttner-Abendroth: *Die Göttin und ihr Heros.*
333 Varianten des Namens „Bercht/Percht" sind in diesen Alpenländern „Pert", „Perscht" und „Beaschd".
334 Kriss, S. 232.
335 Kirchenführer *Franziskanerkirche Berchtesgaden,* Kunstführer Nr. 2371, Regensburg 1999, Verlag Schnell & Steiner, S. 2–4.

336 Kluge, S. 852.
337 Eine solche Verbindung gibt es mehrfach in dieser Gegend, so auch bei Salzburg und noch südlicher davon in Zell am See (Pinzgau). Dort stand anstelle der heutigen Friedhofskapelle eine Frauenkirche, in der die „Weiße Frau im Pinzgau" verehrt wurde, eine Ährenkleid-Madonna im blauen Gewand, das mit goldenen Weizenähren bestickt war. In der heutigen Kapelle steht noch eine weiße Marmorstatue, die in der rechten Hand goldene Ähren trägt. Sie wird vom Volk „Woazfrau" genannt und bei der Fronleichnamsprozession mitgetragen (nach Franz Jantsch, Information von Brunhild Griesner).
338 Information von den Schautafeln im Heimatmuseum Berchtesgaden.
339 Irlinger, S. 165–170.
340 Siehe dazu Kapitel 4 in diesem Buch.
341 Siehe für dies und das Folgende: Dopsch, S. 176–186; Wolf-Arnim Frhr. von Reitzenstein: „Siedlungsnamen, Flurnamen und Lehennamen im Land Berchtesgaden", in: Brugger/Dopsch/Kramml (Hg.), S. 85–93.
342 Schweiggert: *Winter- und Weihnachtsgeister in Bayern.*
343 A.a.O., Fotos auf S. 19 (Bayern) und S. 79 (Salzburg); siehe auch die Fotos in Kapitel 4 in diesem Buch.
344 A.a.O., S. 58–69 und 100.
345 Kriss, S. 73, 74. – Diese Bräuche sind sehr alt und entstanden nicht erst in der Zeit, als sie urkundlich belegt wurden. Das Perchtenlaufen in Bayern und Österreich wird bereits um das Jahr 1000 erwähnt, und zwar in einem Mondseer Glossar, und um 900 klagte ein Mönch aus dem Kloster Attel am Inn darüber, dass die Leute nicht Christus, sondern dem „Teufel" dienten (siehe Schweiggert, S. 60). Dies ist die Zeit früher Missionierung, und die Leute werden nicht erst dann diese Bräuche erfunden haben. Abgesehen davon pflegte das Volk seine Bräuche nicht aufzuschreiben.
346 Schweiggert, S. 72, 73.
347 Schinzel-Penth, S. 204, 205.
348 Mehr zum Lattengebirge als „Schlafender Hexe" in Kapitel 4 in diesem Buch.
349 Es gibt viele Sagensammlungen vom Untersberg, hier als Beispiele: Christian F. Uhlir: *Im Schattenreich des Untersberges,* Norderstedt 2004, Books on Demand (Eigenverlag); in: Dieck, S. 14–33; in: Schinzel-Penth, S. 56–126.
350 Schinzel-Penth, S. 193.
351 A.a.O., S. 65–66; Uhlir, S. 22.
352 Dieck, S. 36.
353 A.a.O., S. 35.
354 Schinzel-Penth, S. 66; Uhlir, S. 23.
355 Dieck, S. 35, 36.
356 Siehe Kapitel 3 in diesem Buch. – Auch die matriarchalen Mosuo in Südwest-China, die nahe Tibet wohnen, betrachten ihren heiligen Berg am Lugu-See namens „Gan Mu", die „Bergmutter", als ihre Landschaftsgöttin und als große Liebesgöttin. Alle anderen Berge in der Umgebung mit spitzen Schneegipfeln gelten als männlich und sind ihre Liebhaber. Siehe Göttner-Abendroth: *Matriarchat in Südchina.*
357 Kluge, S. 27.
358 Göttner-Abendroth: *Die Göttin und ihr Heros.*
359 Ranke-Graves leitet den Namen „Apoll" von „abol", das heißt „Apfel", ab. Dabei war die Bezeichnung „Apoll" – bevor sie zum Namen eines patriarchalen, griechischen Gottes wurde – der Titel matriarchaler Heroskönige der prä-hellenischen Urbevölkerung. Siehe Robert von Ranke-Graves: *Griechische Mythologie. Quellen und Deutung,* Reinbek bei Hamburg 1994, Verlag Rowohlt, S. 47.
360 Schinzel-Penth, S. 81–85; Uhlir, S. 28–31; Dieck, S. 25, 26.
361 Uhlir, S. 31–33; Dieck, S. 26.
362 Schinzel-Penth, S. 94–99; Uhlir, S. 35, 38–39.
363 Siehe Kapitel 2 in diesem Buch. Ebenso: Göttner-Abendroth: *Frau Holle. Das Feenvolk der Dolomiten,* 2. Teil.
364 Schinzel-Penth, S. 57–65; Uhlir, S. 43–45; Dieck, S. 17–18.

365 Das Wort „Gais" oder „Geis" ist keltisch und bedeutet „Zauber", „Magie". Der „Gaisberg" bzw. „Geisberg" ist also eine Art Zauberberg und gut geeignet für eine besondere Begegnung.
366 Schinzel-Penth, S. 66, 67; Uhlir, S. 23.
367 Diese Auffassung wird deutlich in den walisischen Mythen der *Vier Zweige des Mabinogi*, Dritter Zweig. Hier löst Pryderi, der Heroskönig von Wales, durch seine magische Verfehlung ein Unwetter aus, welches das Land verwüstet und sein Volk verschwinden lässt. In den ursprünglichen Parzival-Mythen, deren Vorbild dieser Teil der Mabinogi ist, kommt derselbe Zusammenhang vor. Siehe Claire French-Wieser: *Als die Göttin keltisch wurde. Ursprung und Verfall einer alteuropäischen Mythologie*, Bern 2001, Edition Amalia, 3. Teil; Heide Göttner-Abendroth: *Fee Morgane. Der heilige Gral. Die großen Göttinnenmythen des keltischen Raumes*, Königstein/Taunus 2005, Ulrike Helmer Verlag, 2. Teil.
368 Das gilt für frühere Zeiten, bevor die modernen Wanderpfade durch die Klamm und an den Steilseiten der Hügel angelegt wurden.
369 Schinzel-Penth, S. 131; siehe auch Kirchenführer *Wallfahrtskirche Maria Ettenberg*, Hg. Pfarramt Markt Schellenberg, Ottobeuren 1995, Hannes Oefele Verlag, S. 4.
370 Siehe auch Kapitel 1 in diesem Buch, ebenso Göttner-Abendroth: *Matriarchale Landschaftsmythologie*, Kapitel 4, 5, 6 und 7.
371 Kirchenführer *Wallfahrtskirche Maria Ettenberg*, S. 4.
372 Schinzel-Penth, S. 132, 133.
373 Siehe zum Thema des Grals in seiner ältesten Bedeutung: Göttner-Abendroth: *Fee Morgane. Der heilige Gral*, 2. Teil.
374 Siehe www.wfg-gk.de/mystik. Ähnliche Legenden gibt es über die biblische Gestalt der Maria Magdalena, die auch mit einem Gral nach Europa gekommen sein soll.
375 Kluge, S. 250.
376 Kirchenführer *Wallfahrtskirche Maria Gern*, Reihe: Christliche Kunst in Bayern, Nr. 10, Salzburg 2003, Verlag St. Peter, S. 30.
377 Schinzel-Penth, S. 136.
378 A.a.O., S. 73–77.
379 Siehe zur Entschlüsselung des alten Namens des Hohen Göll Kapitel 4 in diesem Buch.
380 Diese Ansicht bieten die Gipfel Hoher Göll und Großer Archenkopf vom Hintersee und Wartstein (Ramsauer Tal) aus gesehen.
381 Siehe dazu die Übersicht über die „Kal/Kall"-Wörter bei Richard Fester: „Das Protokoll der Sprache", in: Richard Fester/Marie König/Doris F. Jonas/David A. Jonas: *Weib und Macht*, Frankfurt am Main 1979, Fischer-Verlag, S. 84–92.
382 *Spezialführer Nationalpark Berchtesgaden*, S. 6.
383 Siehe Kapitel 4 in diesem Buch.
384 Die kleine Kirche St. Bartholomä hieß zuerst „Basilica Chunigesee", siehe den Kirchenführer *St. Bartholomä am Königssee*, S. 27.
385 Kluge, S. 391.
386 Fester, S. 88, 89.
387 Die Königin-Mutter als sakrales Oberhaupt der Gesellschaft und Mutter des amtierenden Königs ist weitverbreitet auch bei gegenwärtigen matriarchalen Völkern, zum Beispiel bei den Khasi in Ostindien und den Akan-Völkern in Westafrika. Siehe Göttner-Abendroth: *Das Matriarchat II, 1* und *Das Matriarchat II, 2*.
388 Siehe auch Klaus Pfnür: *Der Königssee*, Berchtesgaden 2002, Verlag Plenk.
389 Es wird behauptet, dass diese kleeblattförmigen Kirchen, die es mehrfach in der weiteren Umgebung gibt, von der Architektur des Salzburger Domes (1614–1628) stammen (siehe Kirchenführer *St. Bartholomä am Königssee*, S. 33, 34). Das ist kein Gegenargument, denn Salzburg selbst und die gesamte Umgebung ruhen auf keltischem Kulturerbe und noch viel älterer Kultur.
390 Siehe Kutter: *Der Kult der Drei Jungfrauen*, und Früh (Hg.): *Der Kult der drei Heiligen Frauen*.
391 Schinzel-Penth, S. 61 und 117.
392 A.a.O., S. 118.

393 Wilhelm Herzog (Hg.): *Die Untersbergsage,* Graz-Wien-Leipzig 1929; Uhlir, S. 36–37; Schinzel-Penth, S. 119–123.
394 Solche spitzen Felsformationen mit einer Höhlung gibt es auch auf Island, sie werden dort „Âlvar-kirkja" genannt, das heißt „Elfenkirche". Die „Elfen" gelten in Island nicht als zwergenhaft kleine Leute, sondern sie sind ebenso groß wie Menschen, besitzen magische Fähigkeiten und werden als ein Altes Volk betrachtet. Noch heute werden Elfen-Plätze in der Natur von den Isländern sehr respektiert.
395 Die „Kirche" an der Watzmann-Ostwand am Königssee und jene im Wimbachtal sind noch nicht erforscht.
396 Hinweise von Rainer Limpöck aus Reichenhall (Brief vom 13. November 2009). Siehe dazu auch sein Buch: *Mythos Untersberg,* Wien-Graz-Klagenfurt 2011, Pichler Verlag/Verlagsgruppe Styria, S. 50, 51. – Limpöck gibt darin noch weitere Hinweise auf weiblich konnotierte Naturgegebenheiten am Königssee und im Berchtesgadener Land. Er bezieht sich dabei u.a. auf einen landschaftsmythologischen Vortrag, den ich 2009 in Berchtesgaden gehalten habe.
397 Siehe zu einer anderen Landschaft, wo der Schoß und der Name „Cunter" eine große Rolle spielen, Kapitel 3 in diesem Buch.
398 Schinzel-Penth, S. 186–189.
399 A.a.O., S. 189–190.
400 A.a.O., S. 119–121.
401 Der Name „Forchensee" ist der ältere. „Forke", „Forgge" oder „Forche" heißt „Gabel" und bezeichnet hier eine Talgabelung (siehe Kluge, S. 212). Beim Forchensee zweigt ein Seitental vom Ramsauer Tal ab.
402 Katharina Ceming/Jürgen Werlitz: *Die verbotenen Evangelien. Apokryphe Schriften,* Wiesbaden 2007, Marix Verlag, S. 241–244.
403 Ebd.
404 Vgl. zu Maria Magdalena auch Göttner-Abendroth: *Matriarchale Landschaftsmythologie,* Kapitel 5.
405 Kluge, S. 382.
406 Siehe auch Kapitel 4 in diesem Buch.
407 Schinzel-Penth, S. 186.
408 A.a.O., S. 67; Helga Veit-Gommel/Rita Schöning (Hg.): *Sagen und Märchen aus dem Berchtesgadener Land,* Berchtesgaden 1998, Verlag Anton Plenk, S. 43.
409 Siehe die Sage von Cian Bolpin und Dona Kelina, in: Kindl (Hg.): *Märchen aus den Dolomiten,* S. 18–27, bes. S. 19.
410 Siehe Göttner-Abendroth: *Matriarchale Landschaftsmythologie,* Kapitel 1.
411 Siehe „Les lavandières de nuit", in: Yann Brekilien: *Les Mythes traditionnels de Bretagne,* Monaco 1998, Edition du Rocher; ebenfalls „Les lavandières du Ranco", in: Jean Markale: *Contes populaires de toutes les Bretagne,* Rennes 1977–1993, Editions Ouest-France.
412 Siehe dazu Kapitel 1 in diesem Buch.
413 Schinzel-Penth, S. 132–135.
414 A.a.O., S. 28–32.
415 König: *Am Anfang der Kultur.*
416 Diese Beispiele und etliche weitere werden angeführt in: Haid: *Mythen der Alpen,* S. 113–134.
417 Siehe Kapitel 1 in diesem Buch.
418 Anton Michael Bucher: *Die Kapelle von Rigi-Kaltbad,* Vitznau 1979, Bucher Verlag, S. 35.
419 Ebbe H. Nielsen: „Steinzeitliche Jäger und Sammlerinnen im Kanton Zug", in: *Archäologie der Schweiz,* Nr. 19, 2, Bern 1996, S. 36–42.
420 Ebd., S. 41; ebenso Sibylle Hafner/Stefan Hochuli: „Die ersten Bauern im Zugerseegebiet", a.a.O., S. 43–47.
421 Stefan Hochuli: „Beginn und Entwicklung des bronzenen Zeitalters im Kanton Zug", a.a.O., S. 59–63; Ursula Gnepf/Patrick Moser/Johannes Weiss: „Morastige Wege und stattliche Häuser im mittelbronzezeitlichen Cham", a.a.O., S. 64–67; Sabine Bolliger/Ursula Gnepf/Mathias Seifert: „Die Spätbronzezeit im Kanton Zug", a.a.O., S. 68–72.

422 *Archäologie der Schweiz*, S.73–79, S. 85–89 und S. 94–98.
423 Hans Steinegger (Hg.): *Schwyzer Sagen*, Bd. 3, Schwyz, 1979–1985, Riedter Verlag, S. 200.
424 Vgl. Göttner-Abendroth: *Die Göttin und ihr Heros*.
425 Hafner/Hochuli, S. 44.
426 Hügel und Gräber mit dem Namen „Hünenberg", „Hünengrab" sind stets megalithische Kultplätze aus der Jungsteinzeit.
427 Vgl. zur Bedeutung solcher Kreuzungspunkte, die später verchristlicht wurden, Göttner-Abendroth: *Matriarchale Landschaftsmythologie*, Kapitel 4.
428 Bucher, S. 33.
429 Vgl. Göttner-Abendroth: *Matriarchale Landschaftsmythologie*, Kapitel 6.
430 Steinegger, Bd. 3, S. 33.
431 Steinegger: *Schwyzer Sagen*, Bd. 2, S. 245.
432 Panzer: *Bayerische Sagen und Bräuche*, Bd. II, S. 201 (Nr. 333).
433 A.a.O., Bd. II, S. 201–203 (Nr. 333, 334, 336, 337, 339).
434 Bucher, S. 11–19; ebenso Steinegger, Bd. 3, S. 77–78 und 86–87.
435 So auch von St. Odilie im Schwarzwald und St. Hermann in Ostbayern, vgl. Göttner-Abendroth: *Matriarchale Landschaftsmythologie*, Kapitel 4 und 6.
436 Bucher, S. 21.
437 A.a.O., S. 33.
438 A.a.O., S. 89.
439 Steinegger, Bd. 3, S. 87.
440 Bucher, S. 89.
441 Steinegger, Bd. 3, S. 37.
442 A.a.O., S. 38, und Peter Keckeis (Hg.): *Sagen der Schweiz*. Luzern, Zürich 1986, Ex Libris Verlag, S. 100.
443 Steinegger, Bd. 2, S. 143–144.
444 Keckeis, S. 102–103.
445 A.a.O., S. 102.
446 Vgl. Pirmin Meier: *Schweiz. Geheimnisvolle Welt im Schatten der Alpen*, München 1993, Goldmann Verlag, S. 46.
447 Steinegger, Bd. 3, S. 100.
448 Ebd.
449 A.a.O., S. 101.
450 A.a.O., S. 100.
451 A.a.O., S. 101–105.
452 A.a.O., S. 184 und 100.
453 A.a.O., S. 184.
454 A.a.O., S. 202.
455 Bächtold-Stäubli/Hoffmann-Krayer (Hg.): *Handwörterbuch des deutschen Aberglaubens*, Berlin-Leipzig 1936, Verlag Walter de Gruyter, Bd. 7, S. 1474 *[Handwörterbuch]*.
456 Barbara Walker: *The Women's Encyclopedia of Myths and Secrets*, San Francisco 1983, Harper & Row, S. 956.
457 *Handwörterbuch*, S. 1471–1472.
458 Steinegger, Bd. 3, S. 184.
459 Vgl. Paetow: *Frau Holle*.
460 Steinegger: *Schwyzer Sagen*, Bd. 1, S. 78–79.
461 A.a.O., S. 79 und 136–137.
462 Vgl. Göttner-Abendroth: *Frau Holle. Das Feenvolk der Dolomiten*.
463 Steinegger, S. 102.
464 *Handwörterbuch*, Bd. 3, S. 103–104.
465 A.a.O., S. 109.
466 Steinegger, Bd. 3, S. 201.
467 „Die Pilatus-Sage in der ältesten Luzerner Fassung", in: Kuno Müller (Hg.): *Die Luzerner Sagen*, Luzern 1943, Reuss-Verlag, S. 69–73.
468 Siehe Kapitel 2 in diesem Buch.

469 Vgl. die Sage von der verwüsteten Kastelenalp, in: Hans Pfister: *Pilatus. Sagen und Geschichten,* Luzern 1991 (3. Auflage), Verlag Eugen Haag, S. 30–31.
470 Keckeis, S. 58; Meier, S. 56.
471 Heinrich Runge: „Pilatusberg am Vierwaldstättersee", in: Kurt Derungs (Hg.): *Mythologische Landschaft Schweiz,* S. 241–242.
472 Pfister, S. 16.
473 Keckeis, S. 53.
474 Pfister, S. 58.
475 Keckeis, S. 53.
476 Ebd. und Pfister, S. 16–18.
477 Josef Muheim (Hg.): *Sagenhaftes Habsburgeramt und Rigigebiet,* Bd. 5, Hitzkirch 1994, Comerius Verlag, S. 68.
478 Keckeis, S. 106.
479 Ebd.
480 Keckeis, S. 53, und Pfister, S. 16–18.
481 A.a.O., S. 54, und Pfister, S. 23–25.
482 A.a.O., S. 57.
483 „Die Exkursion Vadians an den Pilatussee, 1518", von Theodor Schlatter (Hg.), Sonderdruck aus *Die Alpen. Zeitschrift des Schweizer Alpenclub,* Bern 1955, Heft 11 (Jg. 31), Verlag Stämpfli, S. 263–264; vgl. auch Keckeis, S. 57.
484 Keckeis, ebd.
485 Ebd.
486 A.a.O., S. 58; Pfister, S. 11; „Die Exkursion Vadians", S. 263.
487 Runge, S. 241–243.
488 Ebd.
489 Müller, S. 73.
490 Pfister, S. 38–40; Runge, S. 245.
491 Ebd. und Runge, S. 246.
492 Ebd. und Runge, S. 247.
493 Siehe Kapitel 5 in diesem Buch.
494 Runge, S. 246.
495 Dieser Zusammenhang tritt ganz deutlich in den Untersberg-Sagen im Hinblick auf das Alte Volk der „Untersberger" hervor; siehe Kapitel 5 in diesem Buch.
496 Müller, S. 73.
497 Runge, S. 247.
498 Keckeis, S. 69.
499 A.a.O., S. 68.
500 A.a.O., S. 66–68, und Pfister, S. 61–62, und Müller, S. 85 (Nr. 172).
501 A.a.O., S. 58–59 und 48.
502 A.a.O., S. 81.
503 Meier, S. 57–58.
504 Keckeis, S. 27 und 56–57.
505 Vgl. Göttner-Abendroth: *Matriarchale Landschaftsmythologie,* Kapitel 1 und 2.
506 Keckeis, S. 49.
507 Ebd.
508 A.a.O., S. 27–28.
509 Göttner-Abendroth: *Matriarchale Landschaftsmythologie,* Kapitel 2; dieselbe: *Frau Holle. Das Feenvolk der Dolomiten,* 1.Teil. Siehe auch Kapitel 7 in diesem Buch.
510 Ebd.
511 Siehe Schweiggert.
512 Keckeis, S. 27.
513 A.a.O., S. 28.
514 Steinegger, Bd. 3, S. 105.
515 Steinegger, Bd. 1, S. 190.
516 Göttner-Abendroth: *Die Göttin und ihr Heros,* S. 156 ff. und insgesamt.

517 Die Mittelstation der Gornergratbahn heißt Riffelberg. Die Endstation ist der Gornergrat auf 3200 m Höhe.
518 Philippe Curdy, Catherine Leuzinger-Piccand, Urs Leuzinger: „Ein Felsabri auf 2600 m ü.M. am Fuße des Matterhorns – Jäger, Hirten und Händler im Hochgebirge", Sonderdruck aus der Reihe *Archäologie der Schweiz*, Nr. 21. 2, Basel 1998, Mitteilungsblatt der Schweizerischen Gesellschaft für Ur- und Frühgeschichte, S. 65–67.
519 A.a.O., S. 69.
520 Siehe Kapitel 1 in diesem Buch.
521 Curdy/Leuzinger-Piccand/Leuzinger, S. 69.
522 A.a.O., S. 66, 69.
523 A.a.O., S. 69, 70.
524 Siehe Kapitel 4 und 5 in diesem Buch.
525 Curdy/Leuzinger-Piccand/Leuzinger, S. 69, 70.
526 Pierre Corboud: „Felszeichnungen und Schalensteine", in: *Das Wallis vor der Geschichte*, Ausstellungskatalog, Sion 1986, Kantonsmuseum, S. 136–138.
527 Sie werden, weniger anschaulich, auch „Phi-Formen" genannt. Diese Formen kommen ebenfalls im Aostatal, im Valchiusella, im Veltlin und im berühmten Val Camonica sowie am Monte Bego vor.
528 Göttner-Abendroth: *Die Göttin und ihr Heros*.
529 Siehe Kapitel 1 und 2 in diesem Buch.
530 „Die drei Einsiedler", in: Karl Lehner: *Zermatter Sagen und Legenden*, Visp 1982, 3. Auflage, Eigenverlag, S. 102.
531 Ebd.
532 Im selben Sinne wurde die Doppelaxt auch mit dem Symbol des Schmetterlings verknüpft, das ebenso die Gesetzmäßigkeit von Werden, Vergehen und Umwandlung zu Neuem bedeutet.
533 Vgl. zur Symbolik und Namensgebung dieser drei heiligen Frauen: Göttner-Abendroth: *Matriarchale Landschaftsmythologie*, Kapitel 2; ebenso Kutter und Früh.
534 Dieser Hinweis bei Walter Schmid: *Zermatt*, Bern 1965 (4. Auflage), Verlag Hallwag, S. 73.
535 Zusätzlich ist zu beachten, dass die Riffelalp und das Tal von Zmutt genau in Ost-West-Linie liegen, während der Talkessel von Zermatt zur Riffelalp die Nord-Süd-Linie bildet. Die Riffelalp (2200 m), von der aus man alle anderen Plätze sehen kann, war deshalb ein sehr wichtiger Übersetzungspunkt der Kommunikation.
536 „Die weiße Dame", in: Lehner, S. 192.
537 „Der Schatz auf Schwarzsee", a.a.O., S. 69.
538 Vgl. Hans Christoph Schöll: „Die Drei Ewigen", Jena 1936, S. 138 ff.; auszugsweise wieder abgedrckt in: Früh, S. 33–83.
539 „Der Schatz im Eistje unterhalb Schwarzseehotel", in: Lehner, S. 86.
540 „Der Totenkessel am Furggengrat", a.a.O., S. 102.
541 Ebd.
542 Beispiele davon a.a.O., S. 20, 29, 31, 33–35, 42, 43, 68, 60–62, usw.
543 Siehe dazu mehr in Kapitel 7, Abschnitt 2 (Lötschental) in diesem Buch.
544 Lehner, S. 23, 63.
545 „Der Hexenstein in der Steinmatte", a.a.O., S. 109.
546 Vgl. Brekilien: *Les Mythes traditionnels de Bretagne*.
547 „Die letzte Hexe von Zermatt", in: Lehner, S. 52–54.
548 Siehe auch Kapitel 1 in diesem Buch.
549 „Das goldene Zeitalter nach Theophil Lehner", in: Lehner, S. 35–37.
550 Ebd.
551 Ebd.
552 Ebd.
553 Curdy/Leuzinger-Piccand/Leuzinger, S. 70, 71.
554 „Das verlorene Tal" und „La vallée perdue", in: Lehner, S. 9–15.
555 A.a.O., S. 12.
556 Siehe Kapitel 1 in diesem Buch.

557 „Die Stadt am St. Theodul-Pass" und „Der ewige Jude auf dem Theodulpass", in: Lehner, S. 103 und 74. – Dieser ruhelose Wanderer soll der „ewige Jude" gewesen sein, zu dem der Wanderer später umgedeutet wurde, eine negative Auffassung, die aus dem judenfeindlichen, christlichen Mittelalter stammt.
558 „Der Wilde Mann", a.a.O., S. 103–104.
559 Solche Zwergensagen aus dem Tal von Zermatt sind: „Zwerge, Gottwärgini", „Gottwärgini 2", „Gottwärgini 3", „Gottwärgini 4", a.a.O., S. 74–77.
560 Göttner-Abendroth: *Die Göttin und ihr Heros.*
561 Göttner-Abendroth: *Matriarchale Landschaftsmythologie,* Kapitel 1.
562 Vgl. dazu die Steine der riesigen Megalithanlage von Avebury in Südengland. Ihre Steinkreise werden aus geraden, „männlichen" Steinen und aus rautenförmigen, „weiblichen" Steinen gebildet, die sich abwechseln; siehe Kapitel 1 in diesem Buch.
563 „Die Holzmiätära und der Grrynstein", in: Hans Bloetzer (Hg.): *Steinalte Sagen aus Lötschen,* Eigenverlag, S. 62–64.
564 „Das Gnomenvolk beim Zwärglistein" und „Der Zwerggeist und der Millärstein", a.a.O., S. 118 und 127.
565 „Die Schurten Diebe beim Jüngsten Stein", a.a.O., S. 51–61.
566 Kultschläge oder Kultritzungen entstehen durch wiederholtes Gravieren an derselben Stelle und sind ein Teil des religiösen Brauchtums.
567 „Die Kapelle in Kühmatt", in: Josef Guntern (Hg.): *Walliser Sagen,* Olten-Freiburg im Br., 1965, Walter-Verlag, S. 232–233.
568 „Die Gräfin zu den Tischen", in: Peter Keckeis (Hg.): *Sagen der Schweiz. Wallis,* Zürich 1986, Ex Libris, S. 133–134.
569 „Der Lange Gletscher", in: Guntern, S. 234.
570 Ebd.
571 „Die weiße Frau im Milibach", a.a.O., S. 241–242.
572 „Der Kirchenzehnte", a.a.O., S. 230.
573 Dexter: "Reflections on the Goddess Donu", S. 45–58; dieselbe: *Whence the Goddess. A Source Book,* New York and London 1990, Teachers College Press, Columbia University, S. 42–46.
574 Vgl. Göttner-Abendroth: *Matriarchale Landschaftsmythologie,* Kapitel 5.
575 „Die zwei armen Seelen im Langen Gletscher", in: Guntern, S. 235–236.
576 „Der durstige Geißhirt am Aanustein", in: Bloetzer, S. 80–86.
577 Ebd.
578 „Die Totenschar am Alpligstein" (Lötschental), a.a.O., S. 137.
579 A.a.O., S. 140–141.
580 A.a.O., S. 138.
581 A.a.O., S. 142; ebenso Guntern, S. 328, 329, 333 und 336.
582 Bloetzer, S. 142–146.
583 „Der Ruf der Mutter" (Lötschental), in: Keckeis, *Wallis,* S. 202–203.
584 Bloetzer, S. 137 und 142.
585 „Die offene Hütte" (Lötschental), in: Keckeis, *Wallis,* S. 201–202.
586 Guntern (Törbel, Wallis), S. 336.
587 „Der lange Rock" (Visperterminen, Wallis), a.a.O., S. 325–326.
588 „Die Gabe der Musik" (Obergesteln, Wallis), a.a.O., S. 330.
589 A.a.O. (Visp, Wallis), S. 331.
590 A.a.O. (Gampel, Wallis), S. 327.
591 A.a.O. (Bellwald, Wallis), S. 334–335.
592 „Den Weg kreuzen" (Saas-Grund, Wallis), a.a.O., S. 327–328.
593 Wenn wir von „Ahnen" sprechen, sind darin die männliche Variante „der Ahn" und die weibliche Variante „die Ahne" inbegriffen. Der Plural ist stets „die Ahnen". Die weibliche Bildung „die Ahnin/die Ahninnen" ist erst neueren Datums.
594 „Der armen Seelen Speisekasten" (Lötschental), in: Guntern, S. 236.
595 Dies konnte auf einer Forschungsreise der Akademie HAGIA zu den matriarchalen Mosuo in Südwest-China am lebenden Beispiel beobachtet werden; siehe Göttner-Abendroth: *Matriarchat in Südchina.*

596 Guntern (Binn, Wallis), S. 338.
597 Göttner-Abendroth: *Matriarchale Landschaftsmythologie*, Kapitel 2; vgl. auch Kapitel 6 in diesem Buch.
598 Ebd.
599 Vgl. Kapitel 5 in diesem Buch. Siehe auch: Schweiggert: *Winter- und Weihnachtsgeister in Bayern.*
600 Kutter, S. 273.
601 Ebd. – Siehe auch: Göttner-Abendroth: *Frau Holle. Das Feenvolk der Dolomiten*, 1.Teil.
602 Siehe Kapitel 5 in diesem Buch; ebenso Schweiggert.
603 Dieser Zusammenhang wurde herausgearbeitet von Karl Meuli: „Masken – Gesichter einer Landschaft", in: Derungs (Hg.): *Mythologische Landschaft Schweiz*, S. 238–268; wieder abgedruckt in der Neuauflage, Grenchen 2010, S. 309–327. – Dass im Maskentreiben die Ahnen verkörpert werden, tritt klar hervor bei noch lebenden matriarchalen Völkern, wie zum Beispiel den Hopi in Arizona; siehe dazu Göttner-Abendroth: *Das Matriarchat II,2.*
604 Meuli, 1997, S. 244.
605 A.a.O., S. 255.
606 Dies kommt bei den Maskentänzen der Hopi deutlich zum Ausdruck, besonders wenn sie jungen Frauen ein kleines Abbild von sich selbst schenken (die Kachinas); den Akteuren ist dieser Sinn noch bekannt.
607 Guntern (Binn, Wallis), S. 338.
608 Siehe Paul Devereux: „Leys – auf den Boden gebracht. Das Phänomen der schnurgeraden Geisterpfade", in: HAGIA CHORA, Nr. 27, Klein Jasedow 2007, Verlag Human Touch GmbH, S. 70–75, besonders S. 73.
609 Siehe Göttner-Abendroth: *Matriarchale Landschaftsmythologie*, Kapitel 6.
610 Siehe zum Beispiel die drei höchsten Gipfel des Böhmerwaldes Arber, Rachel, Lusen; vgl. dazu Göttner-Abendroth: *Matriarchale Landschaftsmythologie*, Kapitel 7.
611 Kurt Derungs: *Mythen und Kultplätze im Drei-Seen-Land*, Bern 2002, Edition Amalia.
612 Kurt Derungs: *Der Kult der heiligen Verena*, Baden und München 2007, AT-Verlag, insbesondere S. 100–101.
613 A.a.O., S. 99–101.
614 A.a.O., S. 97–98.
615 A.a.O., S. 88, 93.
616 Vgl. Toni Fuchs: „Vreneli und die Lobhörner", in: *Jahrbuch vom Thuner- und Brienzersee*, Interlaken 1988.
617 „Wie Eiger, Mönch und Jungfrau entstanden sind", in: Hans Michel (Hg.): *Ein Kratten voll Lauterbrunner Sagen*, Interlakenn 1980 (2. Auflage), Verlag Schlaefli, S. 100–101.
618 Göttner-Abendroth: *Die Göttin und ihr Heros.*
619 Ebd.
620 Siehe dazu Kapitel 5 in diesem Buch.
621 Vgl. auch die weiße Raute des heiligen Berges Similaun in derselben Bedeutung; man sieht diese Raute von Norden her aus dem Niedertal. Siehe Kapitel 1 in diesem Buch.
622 Dazu auch die Überlegungen von Derungs: *Der Kult der heiligen Verena*, S. 100–101.
623 Göttner-Abendroth: *Matriarchale Landschaftsmythologie*, Kapitel 3.
624 Ernst L. Rochholz: „Verena und Frau Venus", in: Derungs (Hg.): *Mythologische Landschaft Schweiz*, S. 146.
625 A.a.O., S. 135–146.
626 Kluge, S. 485.
627 Ebd.
628 Ich folge hier nicht der Ableitung des Namens von „muna" (keltisch) für „Anhöhe". Es wäre doch sehr merkwürdig, wenn ein Viertausender als „Anhöhe" bezeichnet worden wäre, und außerdem sagt diese Bezeichnung nichts aus.
629 Matthias von Lexer: *Mittelhochdeutsches Taschenwörterbuch*, Stuttgart 1961, 30. Auflage, Hirzel Verlag, S. 35.
630 Heute heißt nur noch der Hauptgipfel dieses Vorgebirges „Männlichen", doch vermutlich hat sich der Name einmal auf den ganzen Bergzug bezogen, der eine Einheit darstellt.

Bildverzeichnis

Die Quellen sowie die Rechtsinhaber der abgedruckten Bilder sind untenstehend aufgelistet. Gemeinfreie Quellen und Bilder aus dem Internet werden nicht genannt. Etwaige Rechtsinhaber, die nicht ausfindig gemacht werden konnten, werden gebeten, sich mit dem Verlag in Verbindung zu setzen.
Falls nicht anders angegeben, stammen die Fotos, Karten und Grafiken von der Autorin.

Auf den Spuren von „Ötzis" Göttin
Abb. 1, 5, 6, 7 a/b: Wolfgang Haid
Abb. 2 a/b: Burl: Prehistoric Avebury, New Haven-London 1979, S.52 f.
Abb. 4: Hans Haid
Abb. 3, 8, 9: Gerlinde Haid
Abb. 12: Heimrum Möschl

Im Reich der Fanes-Königinnen
Abb. 20 von A. Gruber, Lajen

Die gebärende Berggöttin und ihr Tal
Abb. 1, 3, 5–8, 10–13, 15–16, 18–19: Cécile Keller
Abb. 2, 4, 9, 14, 17 a/b: Kurt Derungs

Das Salz des Lebens
Abb. 2, 3 und 9: Brunhild Griesner
Abb 6 und 8 von Cécile Keller
Abb. 5 a: Wolfgang Lauter
Abb. 5 b: J. Schmalhofer
Zeichnung 1 von der Autorin, nach E. Burgstaller, 1972
Zeichnung 11 von der Autorin, nach Nowak/Wollenik, 1986, S. 61
Zeichnung 12 von Erika Kittel: *Höhlenforscher aktiv*

Der Garten der Percht
Abb. 7: Martin Siepmann
Abb. 9: Ellen U. Schaaf
Abb. 8 von unbekannt

Die Bergkönigin und ihr Drache
Abb. 3, 4, 5: Christina Schlatter
Abb. 7 und 8: Illustrationen zu einem Artikel von Heinrich Runge: „Pilatus und St. Dominik", in: Mittheilungen der antiquarischen Gesellschaft in Zürich, Bd. 12, Heft 4, S. 157–176, Tafeln I und II, Staatsarchiv des Kanton Zürich

Vom Mutterhorn zur Jungfrau

Das Mutterhorn
Zeichnungen 2 a–d aus Marija Gimbutas: Die Sprache der Göttin, Frankfurt 1995, Verlag Zweitausendeins, Abb. 15, 476, 149, 274
Abb. 4: Colour Photo Klopfenstein, Adelboden
Foto und Zeichnung 7 aus: Emil Schmid: Steinkultur im Wallis, Brig 1986, Rotten-Verlag
Abb. 8: Cécile Keller
Grafik 1: B. Reber, 1896

Die „Weiße Kuh"
Abb. 8: Colour Photo Klopfenstein, Adelboden

Wo die Dreifaltige ragt …
Abb. 1: Rud Surer, Oberrieden-Zürich
Abb. 2 und 3: Fritz Lauener, Wengen

Literaturliste

Bächtold-Stäubli/Hoffmann-Krayer (Hg.): *Handwörterbuch des deutschen Aberglaubens*, Berlin-Leipzig 1936, Verlag Walter de Gruyter.

Bill, Jakob: „Eine Lanzenspitze aus Riom", und Rageth, Jürg: „Römische Funde in Riom", beide in: *helvetia archaeologica*, Hg. Rudolf Degen, Nr. 29/30, Basel, Verlag Schwabe & Co.

Bloetzer, Hans (Hg.): *Steinalte Sagen aus Lötschen*, Eigenverlag.

Bolliger, Sabine/Gnepf, Ursula/Seifert, Mathias: „Die Spätbronzezeit im Kanton Zug", in: *Archäologie der Schweiz*, Nr. 19, 2, Bern 1996.

Brekilien, Yann: *Les Mythes traditionnels de Bretagne*, Monaco 1998, Edition du Rocher.

Brettenthaler, Josef/Laireiter, Mathias: *Das Salzburger Sagenbuch*, Salzburg 1976, Verlag der Salzburger Druckerei.

Brunner, Linus/Toth, Alfred: *Die rätische Sprache enträtselt. Sprache und Sprachgeschichte der Räter*, Hg. Amt für Kulturpflege des Kantons St. Gallen, 1987.

Bucher, Anton Michael: *Die Kapelle von Rigi-Kaltbad*, Vitznau 1979, Bucher Verlag.

Büchli, Arnold: *Mythologische Landeskunde von Graubünden*, Band 3, Disentis 1990.

Büchli, Arnold: *Sagen aus Graubünden*, 2. Teil, Aarau 1942, Verlag Sauerländer.

Burgstaller, Ernst: *Felsbilder in Österreich*, Linz 1972, Landesinstitut für Volksbildung und Heimatpflege.

Caminada, Christian: „Das Rätoromanische St. Margaretha-Lied", in: *Graubünden. Die verzauberten Täler. Die urgeschichtlichen Kulte und Bräuche im alten Rätien*, Disentis 1992 (zuerst Olten 1961), Desertina Verlag.

Ceming, Katharina/Werlitz, Jürgen: *Die verbotenen Evangelien. Apokryphe Schriften*, Wiesbaden 2007, Marix Verlag.

Corboud, Pierre: „Felszeichnungen und Schalensteine", in: *Das Wallis vor der Geschichte*, Ausstellungskatalog, Sion 1986, Kantonsmuseum.

Couchepin, Pascal (Hg.): *Auf den Spuren der Pfahlbauer*, Reihe: AS. Archäologie der Schweiz, Heft Nr. 27, 2004/2.

Curdy, Philippe/Leuzinger-Piccand, Catherine/Leuzinger, Urs: „Ein Felsabri auf 2600 m ü.M. am Fuße des Matterhorns – Jäger, Hirten und Händler im Hochgebirge", Sonderdruck aus der Reihe *Archäologie der Schweiz*, Nr. 21,. 2, Basel 1998, Mitteilungsblatt der Schweizerischen Gesellschaft für Ur- und Frühgeschichte.

„Das Lied von Tannhäuser", Spielmannslied aus dem 13. Jh., abgedruckt in: Richard Wagner: *Tannhäuser*, Reclam Nr. 5636, Stuttgart 1988.

Dematteis, Luigi: „Älteste Steinbauten in den Alpen", in: *Planet Alpen, Thema 1. Der Mann aus dem Eis*, Ötztal Archiv, Band 13, 2002, Hg. Alpenbüro, Kulturverein Schnals, Pro Vita Alpina.

Derungs, Kurt: *Kultplatz Zuoz-Engadin. Die Seele einer alpinen Landschaft*, Bern 2001, Edition Amalia.

Derungs, Kurt: *Mythen und Kultplätze im Drei-Seen-Land*, Bern 2002, Edition Amalia.

Derungs, Kurt/Derungs, Isabelle M.: *Magische Stätten der Heilkraft*, Grenchen/Schweiz 2006, Edition Amalia.

Derungs, Kurt: *Der Kult der heiligen Verena*, Baden und München 2007, AT-Verlag.

Derungs, Kurt: *Mythologische Landschaft Schweiz*, Grenchen/Schweiz 2010, Edition Amalia.

Devereux, Paul: „Leys – auf den Boden gebracht. Das Phänomen der schnurgeraden Geisterpfade", in: HAGIA CHORA, Nr. 27, Klein Jasedow 2007, Verlag Human Touch.

Dexter, Miriam Robbins: "Reflections on the Goddess Donu", in: *The Mankind Quarterly*, Washington, DC, (30/1–2, 1990), Council for Social & Economic Studies.

Dexter, Miriam Robbins: *Whence the Goddess. A Source Book*, New York and London 1990, Teachers College Press, Columbia University.

Dexter, Miriam Robbins/Mair, Victor H.: *Sacred Display*, Amherst N.Y. 2010, Cambria Press.

Dieck, Alfred (Hg.): *Sagen, Märchen und Geschichten um Karlstein im Landkreis Berchtesgadener Land*, Hg. Gemeinde Karlstein, Berchtesgaden, Verlag Anton Plenk.

Diederichs, Ulf (Hg.): *Germanische Götterlehre*, München 1984 (6. Auflage), Eugen Diederichs Verlag.

Dopsch, Heinz: „Siedlung und Recht – Zur Vorgeschichte der Berchtesgadener Stiftsgründung", in: Walter Brugger/Heinz Dopsch/Peter F. Kramml (Hg.): *Geschichte von Berchtesgaden,* Berchtesgaden 1991, Verlag Anton Plenk.

Fester, Richard: „Das Protokoll der Sprache", in: Richard Fester/Marie König/Doris F. Jonas/A. David Jonas: *Weib und Macht,* Frankfurt am Main 1979, Fischer-Verlag.

Fleckinger/Steiner: *Der Mann aus dem Eis,* Ausstellung und Katalog des Südtiroler Archäologiemuseums, Bozen 1998.

Frei, Benedikt: „Urgeschichtliche Räter im Engadin und Rheintal", in: *Das Räterproblem in geschichtlicher, sprachlicher und archäologischer Sicht,* Schriftenreihe des Rätischen Museums Chur, Nr. 28, 1984.

Frei-Cantieni, Walter: *Das Oberhalbstein,* Abschnitt „Die Menschen", Reihe Schweizer Heimatbücher, Bündner Reihe, Bd. 13, Nr. 122, Bern 1965, Verlag Paul Haupt.

French-Wieser, Claire: „Das Reich der Fanes – Eine Tragödie des Mutterrechts", in: *Der Schlern,* Bozen 1975, Verlag Athesia.

French-Wieser, Claire: „Mutmaßungen über den Namen Danay", in: *Der Schlern,* 73. Jg., Bozen 1999, Athesia Verlag.

French-Wieser, Claire: *Als die Göttin keltisch wurde. Ursprung und Verfall einer alteuropäischen Mythologie,* Bern 2001, Edition Amalia.

Früh, Sigrid (Hg.): *Der Kult der drei Heiligen Frauen,* Bern 1998, Edition Amalia.

Fuchs, Toni: „Vreneli und die Lobhörner", in: *Jahrbuch vom Thuner- und Brienzersee,* Interlaken 1988.

Gimbutas, Marija: *Die Zivilisation der Göttin. Die Welt des Alten Europa,* Frankfurt 1996, Verlag Zweitausendeins.

Gleirscher, Paul: „Ausstattungselemente als Rangzeichen", in: *Planet Alpen, Thema 1. Der Mann aus dem Eis,* Ötztal Archiv, Band 13, 2002, Hg. Alpenbüro, Kulturverein Schnals, Pro Vita Alpina.

Gnepf, Ursula/Moser, Patrick/Weiss, Johannes: „Morastige Wege und stattliche Häuser im mittelbronzezeitlichen Cham", in: *Archäologie der Schweiz,* Nr. 19, 2, Bern 1996.

Göttner-Abendroth, Heide: *Die Göttin und ihr Heros. Die matriarchalen Religionen in Mythen, Märchen, Dichtung,* Stuttgart 2011, erweiterte Neuausgabe (zuerst München 1980), Kohlhammer-Verlag.

Göttner-Abendroth, Heide: *Matriarchat in Südchina. Eine Forschungsreise zu den Mosuo,* Stuttgart 1998, Kohlhammer-Verlag.

Göttner-Abendroth, Heide: *Das Matriarchat I. Geschichte seiner Erforschung,* Stuttgart 1995 (3. Auflage), Kohlhammer-Verlag.

Göttner-Abendroth, Heide: *Das Matriarchat II, 1. Stammesgesellschaften in Ostasien, Indonesien, Ozeanien,* Stuttgart 1999 (2. Auflage), Kohlhammer-Verlag.

Göttner-Abendroth, Heide: *Das Matriarchat II, 2. Stammesgesellschaften in Amerika, Indien, Afrika,* Stuttgart 2000, Kohlhammer-Verlag.

Göttner-Abendroth, Heide: „Auf den Spuren von Ötzis Göttin", in: *Planet Alpen, Thema 1. Der Mann aus dem Eis,* Ötztal Archiv, Band 13, 2002, Hg. Alpenbüro, Kulturverein Schnals, Pro Vita Alpina.

Göttner-Abendroth, Heide: *Fee Morgane – Der heilige Gral. Die großen Göttinnenmythen des keltischen Raumes,* Königstein/Taunus 2005, Ulrike Helmer Verlag.

Göttner-Abendroth, Heide: *Frau Holle – Das Feenvolk der Dolomiten. Die großen Göttinnenmythen Mitteleuropas und der Alpen,* Königstein/Taunus 2005, Ulrike Helmer Verlag.

Göttner-Abendroth, Heide: „Die philosophischen Grundlagen der Modernen Matriarchatsforschung", in Mathias Behmann et al. (Hg.): *Verantwortung, Anteilnahme, Dissidenz: Patriarchatskritik als Verteidigung des Lebendigen: Festschrift zum 70. Geburtstag von Claudia von Werlhof,* Frankfurt am Main 2013, Peter Lang Edition.

Göttner-Abendroth, Heide: *Matriarchale Landschaftsmythologie. Von der Ostsee bis Süddeutschland,* Stuttgart 2014, Kohlhammer-Verlag.

Guntern, Josef (Hg.): *Walliser Sagen,* Olten-Freiburg im Br., 1965, Walter-Verlag.

Hafner, Sibylle/Hochuli, Stefan: „Die ersten Bauern im Zugerseegebiet", in: *Archäologie der Schweiz,* Nr. 19, 2, Bern 1996.

Haid, Hans: *Aufbruch in die Einsamkeit, 5000 Jahre Überleben in den Alpen,* Rosenheim 1992, Rosenheimer Verlagshaus.

Haid, Hans: *Sagen und Geschichten aus den Ötztaler Alpen,* Hg. Ötztal Archiv, Innsbruck 1997, Edition Löwenzahn.

Haid, Hans: „Ötzis Göttinnen. Auf den Spuren von Sagen zu Stätten matriarchaler Kulturen in den Ötztaler Alpen", in: *Alpenvereinsjahrbuch 2004,* Hg. Österreichischer und Deutscher Alpenverein.

Haid, Hans: *Mythen der Alpen,* Wien-Köln-Weimar 2006, Böhlau Verlag.

Haid, Hans: „Ötzi und die Ideologie und wie weiter?", in: *20 Jahre Ötzi-Fund,* Zeitschrift des Vereins Pro Vita Alpina, Nr. 125, Februar 2012.

Hell, Martin: „Die neolithischen Funde vom Dürrnberg bei Hallein", Wien 1933, in: *Wiener Prähistorische Zeitschrift,* XX.

Herzog, Wilhelm (Hg.): *Die Untersbergsage,* Graz-Wien-Leipzig 1929, Leuschner & Lubensky.

Hochuli, Stefan: „Beginn und Entwicklung des bronzenen Zeitalters im Kanton Zug", in: *Archäologie der Schweiz,* Nr. 19, 2, Bern 1996.

Hoffmann, Robert/Urbanek, Erich: *Golling. Geschichte einer Marktgemeinde,* Golling 1991, Eigenverlag.

Hymnen der Inanna, nach Keilschrifttexten aus Sumer um 2000 v. u. Z., Übersetzung der Keilschrifttexte: Samuel Noah Kramer, Überarbeitung und Ausgabe in Englisch von: Diane Wolkstein: *Inanna, Queen of Heaven and Earth,* New York 1983, Harper & Row.

Im Reich der Tiere. Naturpark Fanes-Sennes-Prags, Bozen 2001, Hg. Autonome Provinz Bozen – Südtirol.

Innerebner, Georg: „Der Burgstall in der Fanes-Gruppe", in: *Der Schlern,* Bozen 1953, Athesia Verlag.

Irlinger, Walter E.: „Die Vor- und Frühgeschichte", in: Walter Brugger/Heinz Dopsch/Peter F. Kramml (Hg.): *Geschichte von Berchtesgaden, Bd. I, Zwischen Salzburg und Bayern,* Berchtesgaden 1991, Verlag Anton Plenk.

Jecklin, Dietrich: *Volkstümliches aus Graubünden,* Zürich 1986, Edition Olms.

Keckeis, Peter (Hg.): *Sagen der Schweiz. Luzern,* Zürich 1986, Ex Libris Verlag.

Keckeis, Peter (Hg.): *Sagen der Schweiz. Wallis,* Zürich 1986, Ex Libris Verlag.

Kindl, Ulrike (Hg.): *Märchen aus den Dolomiten,* München 1992, Eugen Diederichs Verlag.

Kindl, Ulrike: *Kritische Lektüre der Dolomitensagen von Karl Felix Wolff,* 2 Bände, San Martin de Tor, 1983 und 1997, Institut Cultural Ladin.

Kirchenführer *Die Wallfahrt nach Ziteil,* Text: Duri Loza, Salouf 1980, Verlag: Wallfahrtsort Ziteil.

Kirchenführer *Franziskanerkirche Berchtesgaden,* Kunstführer Nr. 2371, Regensburg 1999, Verlag Schnell & Steiner.

Kirchenführer *Pfarr- und Wallfahrtskirche Bad Dürrnberg,* Reihe Christlicher Kunststätten Österreichs, Nr. 15, Salzburg 1960 (4. Auflage), Verlag St. Peter.

Kirchenführer *St. Bartholomä am Königssee,* München 1991 (6. Auflage), Verlag: Bayerische Verwaltung der staatlichen Schlösser, Gärten und Seen.

Kirchenführer *Wallfahrtskirche Maria Ettenberg,* Hg. Pfarramt Markt Schellenberg, Ottobeuren 1995, Hannes Oefele Verlag.

Kirchenführer *Wallfahrtskirche Maria Gern,* Reihe: Christliche Kunst in Bayern, Nr. 10, Salzburg 2003, Verlag St. Peter.

Kittel, Erika: „Höhlenforscher aktiv", in: Erika Kittel/Franz Wollenik: *Felsbilder Salzburg, Tennengebirge-Hagengebirge-Lofer,* Wien 1986, Hollender und Kittel.

Kluge, Friedrich: *Etymologisches Wörterbuch der deutschen Sprache,* Hg. Walther Mitzka, Berlin 1963, Walter de Gruyter.

König, Marie E. P.: *Am Anfang der Kultur. Die Zeichensprache des frühen Menschen,* Berlin 1973, Gebr. Mann Verlag.

König, Marie E. P.: *Unsere Vergangenheit ist älter. Höhlenkult Alteuropas,* Frankfurt 1980, Fischer-Verlag, (Lizenzausgabe Buchclub Ex Libris Zürich).

Kriss, Rudolf: *Sitte und Brauch im Berchtesgadener Land,* Berchtesgaden 1998 (4. Auflage), Verlag: Berchtesgadener Anzeiger.

Kutter, Erni: *Der Kult der Drei Jungfrauen,* München 1997, Kösel-Verlag.

Kutter, Erni: *Heilige Weibsbilder,* Bozen 2014, Edition Raetia.

Lehner, Karl: *Zermatter Sagen und Legenden,* Visp 1982, 3. Auflage, Eigenverlag.

Leitner, Walter: „Der Hohle Stein. Eine steinzeitliche Jägerstation im hinteren Ötztal/Tirol", in: K. Spindler et al. (Hg.): *Der Mann im Eis. Neue Funde und Ergebnisse,* Wien 1995.

Lexer, Matthias von: *Mittelhochdeutsches Taschenwörterbuch,* Stuttgart 1961, 30. Auflage, S. Hirzel Verlag.

Limpöck, Rainer: *Mythos Untersberg,* Wien-Graz-Klagenfurt 2011, Pichler Verlag/Verlagsgruppe Styria.

Lippert, Andreas (Hg.): *Österreich und Südtirol,* Reclams Archäologieführer Österreich und Südtirol, Stuttgart 1985, Reclam.

Luck, Georg: *Rätische Alpensagen,* Chur 1990 (3. Auflage), Verlag Bischofberger.

Mann, Barbara (Seneca-Irokesin): *Iroquoian Women: The Gantowisas,* New York 2002, 2004, Peter Lang Publishing.

Markale, Jean: *Contes populaires de toutes les Bretagne,* Rennes 1977–1993, Editions Ouest-France.

Meier, Pirmin: *Schweiz. Geheimnisvolle Welt im Schatten der Alpen,* München 1993, Goldmann Verlag.

Mellaart, James: *Çatal Hüyük. Stadt aus der Steinzeit,* Bergisch Gladbach 1967, Verlag Lübbe.

Menghin, Osmund: „Die Räter in Tirol", in: *Das Räterproblem in geschichtlicher, sprachlicher und archäologischer Sicht,* Schriftenreihe des Rätischen Museums Chur, Nr. 28, 1984.

Meuli, Karl: „Masken – Gesichter einer Landschaft", in: Kurt Derungs (Hg.): *Mythologische Landschaft Schweiz,* Grenchen 2010, Edition Amalia.

Michel, Hans (Hg.): *Ein Kratten voll Lauterbrunner Sagen,* Interlakenn 1980, 2. Auflage, Verlag Schlaefli.

Monaghan, Patricia: *Lexikon der Göttinnen,* Bern-München-Wien 1997, Scherz Verlag/O. W. Barth.

Müller, Kuno (Hg.): *Die Luzerner Sagen,* Luzern 1943, Reuss-Verlag.

Muheim, Josef (Hg.): *Sagenhaftes Habsburgeramt und Rigigebiet,* Bd. 5, Hitzkirch 1994, Comerius Verlag.

Mynne, Hugh: *The Fairy Way. A healing journey to other worlds,* St. Paul MN, USA 1996, Llewellyn Publications.

Nauli, Silvio: „Eine bronzezeitliche Anlage in Cunter/Caschligns", in: *helvetia archaeologica,* Hg. Rudolf Degen, Nr. 29/30, Basel, Verlag Schwabe & Co.

Nielsen, Ebbe H.: „Steinzeitliche Jäger und Sammlerinnen im Kanton Zug", in: *Archäologie der Schweiz,* Nr. 19, 2, Bern 1996.

Nowak, Herbert/Wollenik, Franz: *Salzburger Felsbilder. Der Tennengau,* Hallein 1986, Burgfried-Verlag.

Paetow, Karl: *Frau Holle,* Husum 1986, Husum Verlag.

Panzer, Friedrich: *Bayerische Sagen und Bräuche,* Hg. Will-Erich Peuckert, Band I und II, Göttingen 1954, Verlag Otto Schwarz.

Pfister, Hans: *Pilatus. Sagen und Geschichten,* Luzern 1991 (3. Auflage), Verlag Eugen Haag.

Pfnür, Klaus: *Der Königssee,* Berchtesgaden 2002, Verlag Anton Plenk.

Pichler, Anita/Vallazza, Markus: *Die Frauen aus Fanis,* Innsbruck 1992, Haymon-Verlag.

Platzgummer, Hansi: „Schalensteine und Kultplätze im Schnalstal", in: *Planet Alpen, Thema 1. Der Mann aus dem Eis,* Ötztal Archiv, Band 13, 2002, Hg. Alpenbüro, Kulturverein Schnals, Pro Vita Alpina.

Rageth, Jürg: „Nachtrag zum Aufsatz von Benedikt Frei", in: *Das Räterproblem in geschichtlicher, sprachlicher und archäologischer Sicht,* Schriftenreihe des Rätischen Museums Chur, Nr. 28, 1984.

Rageth, Jürg: „Die bronzezeitliche Siedlung auf dem Padnal bei Savognin", in: *helvetia archaeologica,* Hg. Rudolf Degen, Nr. 29/30, Basel, Verlag Schwabe & Co.

Ranke-Graves, Robert von: *Griechische Mythologie. Quellen und Deutung,* Reinbek bei Hamburg 1994, Verlag Rowohlt.

Reitzenstein, Wolf-Arnim Frhr. von: „Siedlungsnamen, Flurnamen und Lehennamen im Land Berchtesgaden", in: Walter Brugger/Heinz Dopsch/Peter F. Kramml (Hg.): *Geschichte von Berchtesgaden,* Berchtesgaden 1991, Verlag Anton Plenk.

Risch, Ernst: „Die Räter als sprachliches Problem", in: *Das Räterproblem in geschichtlicher, sprachlicher und archäologischer Sicht,* Schriftenreihe des Rätischen Museums Chur, Nr. 28, 1984.

Rochholz, Ernst L.: „Verena und Frau Venus", in: Kurt Derungs (Hg.): *Mythologische Landschaft Schweiz,* Grenchen 2010, Edition Amalia.

Runge, Heinrich: „Pilatusberg am Vierwaldstättersee", in: Kurt Derungs (Hg.): *Mythologische Landschaft Schweiz.*

Schinzel-Penth, Gisela: *Sagen und Legenden um das Berchtesgadener Land,* Andechs/Frieding 1982 (4. Auflage), Verlag Ambro Lacus.

Schlatter, Theodor (Hg.), Sonderdruck aus *Die Alpen. Zeitschrift des Schweizer Alpen-Club,* Bern 1955, Heft 11 (Jg. 31), Verlag Stämpfli.

Schweiggert, Alfons: *Winter- und Weihnachtsgeister in Bayern,* Dachau 1996, Verlag „Bayerland".

Sonder, Ambros: *Kirchen und Kapellen an der Julierroute,* Chur 1998 (2. Auflage), Calanda-Verlag.

Spezialführer Nationalpark Berchtesgaden, Berchtesgaden 2002/3 (47. Auflage), Verlag Anton Plenk.

Staffler, Hanspeter: „Wald und Mensch in prähistorischer Zeit", in: *Planet Alpen, Thema 1. Der Mann aus dem Eis,* Ötztal Archiv, Band 13, 2002, Hg. Alpenbüro, Kulturverein Schnals, Pro Vita Alpina.

Steinegger, Hans (Hg.): *Schwyzer Sagen,* 4 Bände, Schwyz, 1979–1985, Riedter Verlag.

Steub, Ludwig: *Drei Sommer in Tirol,* 2 Bände, München 1895, 3. Auflage, Hugendubel.

Tappeiner, Hans: „Steinzeichen, Wegzeichen, Zeitzeichen", in: *Planet Alpen, Thema 1. Der Mann aus dem Eis,* Ötztal Archiv, Band 13, 2002, Hg. Alpenbüro, Kulturverein Schnals, Pro Vita Alpina.

Terra Grischuna. Zeitschrift für Natur, Kultur und Freizeit in Graubünden, 6/2000, Chur, Terra Grischuna Verlag.

Thöni, Gion Peder (Hg.): *So viel Geheimnisvolles Ob dem Stein. Die Sagen des Oberhalbstein,* Chur 2003, Bündner Monatsblatt.

Uhlir, Christian F.: *Im Schattenreich des Untersberges,* Norderstedt 2004, Books on Demand (Eigenverlag).

Veit-Gommel, Helga/Schöning, Rita: *Sagen und Märchen aus dem Berchtesgadener Land,* Berchtesgaden 1998, Verlag Anton Plenk.

Vogl, Hubert: *Vom Viertausendjährigen Karlstein,* München 1973, Verlag: Verkehrsverein Karlstein.

Walker, Barbara: *The Women's Encyclopedia of Myths and Secrets,* San Francisco 1983, Harper & Row.

Wolff, Karl Felix: *Dolomitensagen,* Innsbruck-Wien-München 1957, Tyrolia-Verlag, 9. Auflage.

Wyss, René: „Die archäologische Erforschung des Oberhalbsteins", in: *helvetia archaeologica,* Hg. Rudolf Degen, Nr. 29/30, Basel, Verlag Schwabe & Co.

Wyss, René: „Motta Vallac, eine bronzezeitliche Höhensiedlung im Oberhalbstein", in: *helvetia archaeologica,* Hg. Rudolf Degen, Nr. 29/30, Basel, Verlag Schwabe & Co.

Zangrandi, G.: *Leggende delle Dolomiti,* Milano 1951.

Zinnburg, Karl/Kurz, Franz: *Alles Wissenswerte über den Dürrnberg,* Hg. Kurverwaltung Bad Dürrnberg.

Dr. Heide Göttner-Abendroth

Geb. 1941 und Mutter von drei Kindern. Sie lehrte zehn Jahre an der Universität München Philosophie und Wissenschaftstheorie, ab 1976 war sie Mitbegründerin der Frauenforschung. Durch ihre lebenslange Forschungsarbeit und ihre in mehreren Bänden erscheinende Reihe „Das Matriarchat" (Kohlhammer-Verlag, Stuttgart) wurde sie die Begründerin der Modernen Matriarchatsforschung.

Seit 1998 ist sie Mitglied des „Institute of Archaeomythology" in Californien, USA. 2012 erhielt sie den Saga-Award von der Organisation „Women & Mythology" in den USA.

2005 wurde sie von der weltweiten Initiative „1000 Frauen für den Friedensnobelpreis" als eine dieser Frauen aus der ganzen Welt ausgewählt.

Ingrid Runggaldier

Frauen im Aufstieg
Auf Spurensuche in der Alpingeschichte

Ein Mosaik an Lebensgeschichten von Alpinistinnen, Wissenschaftlerinnen, Schriftstellerinnen, Wirtinnen und Trägerinnen.

328 Seiten mit vielen Abbildungen
23,5×29 cm
Hardcover mit Schutzumschlag
ISBN: 978-88-7283-346-9
Euro 29,90

Edition RAETIA

www.raetia.com

Erni Kutter | Fotos von Ida Prinoth

Heilige Weibsbilder
Gelehrt eigenwillig streitbar

„Heilige Weibsbilder" ist ein ganz besonderes Frauenbuch, das mit viel altem Wissen inspirierend und anregend die Gegenwart beschenkt." Vorarlberger Kirchenblatt

208 Seiten mit vielen Abbildungen
16,5×23,5 cm | Broschur
ISBN: 978-88-7283-498-5
Euro: 24,90

www.raetia.com

Edition RAETIA